SCHWEIZER
VERLAGSHAUS

Betty Mahmoody
William Hoffer

Nicht ohne meine Tochter

Aus dem Amerikanischen übersetzt von
Herlind Grau und Klara D. Klein

Schweizer Verlagshaus
Zürich

Titel des Originals:
Not Without My Daughter

CIP-Titelaufnahme der Deutschen Bibliothek

Mahmoody, Betty:

Nicht ohne meine Tochter / Betty Mahmoody;
William Hoffer. Aus d. Amerikan. übers. von Herlind Grau u.
Klara D. Klein. – Zürich: Schweizer Verl.-Haus, 1989

Einheitssacht.: Not without my daughter <dt.>
ISBN 3-7263-6623-7

NE: Hoffer, William [Bearb.]

Die gebundene Ausgabe erscheint im
Schweizer Verlagshaus, Zürich

Schutzumschlag: Wolfgang Sterz, Stuttgart
Satz: Fotosatz Froitzheim, Bonn
Druck und Bindung: Druckerei Ueberreuter, Korneuburg

Printed in Austria

ISBN 3-7263-6623-7

11 12 10

1

Meine Tochter war auf ihrem Fensterplatz an Bord der Maschine der British Airways eingenickt. Ihre rotbraunen Locken umrahmten ihr Gesicht und fielen ungebändigt bis zu ihren Schultern herunter. Sie waren noch nie geschnitten worden.

Wir schrieben den 3. August 1984.

Mein geliebtes Kind war von unserer langen Reise erschöpft. Am Mittwochmorgen hatten wir Detroit verlassen, und als wir uns dem Ende dieses letzten Reiseabschnitts näherten, ging die Sonne bereits zum Freitag auf.

Moody, mein Mann, blickte von den Seiten seines Buches, das auf seinem Schoß ruhte, auf. Er schob die Brille auf seine höher werdende Stirn. »Du machst dich jetzt besser fertig«, sagte er.

Ich öffnete meinen Sicherheitsgurt, nahm meine Handtasche und machte mich auf den Weg durch den schmalen Gang zur Toilette im Heck des Flugzeugs. Das Personal war schon dabei, die Abfälle einzusammeln und die Landung vorzubereiten.

Es ist ein Fehler, sagte ich mir. Wenn ich bloß auf der Stelle aus diesem Flugzeug aussteigen könnte. Ich schloß mich in der Toilette ein und sah im Spiegel eine Frau an der Grenze zur Panik. Ich war gerade neununddreißig geworden, und in dem Alter sollte eine Frau ihr Leben im Griff haben. Wie, fragte ich mich, hatte ich die Kontrolle verloren?

Ich frischte mein Make-up auf, um möglichst gut auszusehen und um mich abzulenken. Ich wollte nicht hier sein, aber ich war hier, also mußte ich das Beste daraus machen. Vielleicht würden diese zwei Wochen ja schnell vorübergehen. Wenn wir wieder zu Hause in Detroit waren, würde Mahtab in die Vorschulklasse einer Montessori-Schule in der Vorstadt kommen. Moody würde sich wieder in seine Arbeit vertiefen. Wir würden den Bau unseres Traumhauses in Angriff nehmen. Du mußt nur diese beiden Wochen durchstehen, sagte ich mir.

Ich suchte in meiner Handtasche nach der dicken schwarzen Strumpfhose, die ich auf Moodys Anweisung hin gekauft hatte. Ich zog sie an und strich den Rock meines konservativen dunkelgrünen Kostüms glatt. Noch einmal betrachtete ich mein Spiegelbild und verwarf den Gedanken, mir mit der Bürste durch mein braunes Haar zu fahren. Wozu der Aufwand? fragte ich mich. Ich band das dicke grüne Kopftuch um, das ich, wie Moody gesagt hatte, immer tragen mußte, wenn wir aus dem Haus gingen. Mit dem Knoten unter dem Kinn sah ich aus wie eine alte Bauersfrau.

Prüfend betrachtete ich meine Brille. Ich fand mich ohne sie attraktiver. Es war die Frage, wie sehr ich Moodys Familie beeindrucken oder wieviel ich von diesem problembeladenen Land sehen wollte. Ich ließ die Brille auf, da ich einsah, daß das Kopftuch schon irreparablen Schaden angerichtet hatte.

Schließlich kehrte ich zu meinem Platz zurück.

»Ich habe mir überlegt, daß wir unsere amerikanischen Pässe besser verstecken sollten«, sagte Moody. »Wenn sie die finden, werden sie sie uns wegnehmen.«

»Was sollen wir denn tun?« fragte ich.

Moody zögerte. »Deine Handtasche werden sie durchsuchen, weil du Amerikanerin bist«, sagte er. »Gib mir die Pässe. Mich werden sie kaum visitieren.«

Das war vermutlich richtig, denn mein Mann gehörte in seiner Heimat zu einer berühmten Familie, eine Tatsache, die sich schon aus seinem Namen ersehen ließ. Persische Namen haben – jeder für sich – eine besondere Bedeutung, und jeder Iraner konnte aus Moodys vollem Namen – Sayyed Bozorg Mahmoody – eine Menge schließen. »Sayyed« ist ein religiöser Titel, der auf einen direkten Nachkommen des Propheten Mohammed auf beiden Seiten der Familie hinweist, und Moody besaß einen komplizierten, in Farsi geschriebenen Stammbaum, um dies zu untermauern. Seine Eltern hatten ihm den Namen »Bozorg« gegeben, in der Hoffnung, er werde die Größe, Würde und Ehre eines Tages erlangen, die der Name verheißt. Der Familienname hatte eigentlich Hakim gelautet, aber Moody wurde um die Zeit geboren, als der Schah ein Edikt erließ, das islamische Namen wie diesen verbot, so daß Moodys Vater den Familiennamen in Mahmoody änderte, was eher persisch als islamisch ist. Er ist von Mahmud, was soviel wie »der Gepriesene« bedeutet, abgeleitet.

Zum Glanz seines Namens kam noch das Prestige der Ausbildung. Obgleich Moodys Landsleute offiziell alles Amerikanische hassen, genießt das amerikanische Erziehungssystem bei ihnen hohes Ansehen. Als ein in Amerika ausgebildeter Arzt würde Moody ganz sicher zur privilegierten Elite seiner Heimat zählen.

Ich stöberte in meiner Handtasche, fand die Pässe und gab sie Moody. Er ließ sie in die Innentasche seiner Anzugjacke gleiten.

Bald darauf befand sich das Flugzeug im Anflug auf Teheran. Die Motoren wurden merklich gedrosselt, und die Nase des Flugzeugs neigte sich ungewöhnlich tief nach unten, so daß wir steil und schnell abstiegen. »Wir müssen so schnell hinunter wegen der Berge, die die Stadt umgeben«, sagte Moody. Die ganze Maschine bebte unter der

Belastung. Plötzlich aufgeschreckt erwachte Mahtab und umklammerte meine Hand. Beunruhigt sah sie zu mir auf.

»Alles in Ordnung«, erklärte ich ihr. »Wir landen gleich.«

Wie kam ich als Amerikanerin dazu, in ein Land zu fliegen, das sich von allen Ländern der Welt den Amerikanern gegenüber so unverhüllt feindselig verhielt? Warum brachte ich meine Tochter in ein Land, das in einen erbitterten Krieg mit Irak verwickelt war?

So sehr ich mich auch bemühte, es gelang mir nicht, die unbestimmbare Furcht zu verdrängen, die mich verfolgte, seit Moodys Neffe Mammal Ghodsi diese Reise vorgeschlagen hatte. Ein zweiwöchiger Urlaub war überall zu ertragen, wenn man sich darauf freuen konnte, danach in die gewohnte Normalität zurückzukehren. Ich aber war von einer Ahnung besessen, die, wie mir alle meine Freunde versicherten, grundlos war: daß Moody, wenn er Mahtab und mich einmal in den Iran gebracht hätte, versuchen würde, uns für immer dort festzuhalten.

Das würde er niemals tun, hatten mir meine Freunde versichert. Moody war durch und durch amerikanisiert. Zwei Jahrzehnte lang hatte er in den Vereinigten Staaten gelebt. Sein gesamter Besitz, seine Arztpraxis – die Summe seiner Gegenwart und seiner Zukunft – befanden sich in Amerika. Warum sollte er erwägen, sein vergangenes Leben wieder aufzunehmen?

Auf einer rationalen Ebene waren die Argumente überzeugend, aber keiner kannte Moodys widersprüchliche Persönlichkeit so gut wie ich. Moody war ein liebevoller Ehemann und Vater und neigte dennoch dazu, mit dumpfer Gleichgültigkeit die Bedürfnisse und Wünsche seiner eigenen Familie zu übergehen. In seinem Kopf saß brillante Intelligenz neben düsterer Verwirrung. Kulturell gesehen war er eine Mischung aus Ost und West; nicht einmal er selbst wußte, welcher der Einflüsse in seinem Leben vorherrschend war.

Moody hatte allen Grund, uns nach unserem zweiwöchigen Urlaub wieder nach Amerika zu bringen, und er hatte jedes Recht, uns zum Verbleib im Iran zu zwingen.

Warum hatte ich angesichts dieser erschreckenden Möglichkeit in die Reise eingewilligt?

Mahtab.

In den ersten vier Lebensjahren war sie ein glückliches, aufgewecktes Kind gewesen; voller Lebensfreude und mit einer herzlichen Beziehung zu mir, zu ihrem Vater und zu ihrem Hasen, einem billigen, plattgedrückten Stofftier, ungefähr ein Meter zwanzig groß, mit weißen Pünktchen auf grünem Grund. An den Pfoten hatte der Hase Gummis, so daß sie ihn auf ihren Füßen befestigen und mit ihm tanzen konnte.

Mahtab.

In Farsi, der offiziellen Sprache der Islamischen Republik Iran, bedeutet das Wort »Mondschein«.

Für mich aber heißt Mahtab »Sonnenschein«.

Als die Räder der Maschine auf der Landebahn aufsetzten, sah ich zuerst Mahtab und dann Moody an, und mir war klar, warum ich in den Iran gekommen war.

Wir traten aus dem Flugzeug in die erdrückende schwüle Sommerhitze von Teheran – eine Hitze, die uns physisch fertigzumachen schien, als wir über das Stück Asphalt vom Flugzeug zu einem wartenden Bus gingen, der uns zum Terminal brachte. Und es war erst sieben Uhr morgens.

Mahtab klammerte sich fest an meine Hand und nahm mit ihren großen braunen Augen diese fremde Welt auf.

»Mommy«, flüsterte sie, »ich muß mal.«

»Gut, dann suchen wir eine Toilette.« Als wir in den Terminal kamen und eine große Empfangshalle betraten, wurden unsere Sinne von einer weiteren unangenehmen Wahrnehmung überschwemmt – dem überwältigenden Gestank von Körperausdünstungen, der durch die Hitze noch verstärkt wurde. Ich hoffte nur, daß wir da bald wieder rauskamen, aber in dem Raum waren Passagiere von verschiedenen Flügen zusammengepfercht, und alle drängelten und schubsten zu dem einzigen Paßkontrollschalter, der auch der einzige Ausgang aus dieser Halle war.

Wir waren gezwungen, uns durchzudrängeln, uns wie die anderen unseren Weg nach vorne zu bahnen. Ich nahm Mahtab auf den Arm, um sie vor den Menschenmassen zu schützen. Um uns herum war schrilles Stimmengewirr. Mahtab und ich waren naß geschwitzt.

Ich wußte zwar, daß die Frauen im Iran ihre Arme, Beine und ihre Stirn verhüllen mußten, aber ich war überrascht zu sehen, daß alle weiblichen Flughafenangestellten ebenso wie die meisten weiblichen Passagiere fast vollständig in etwas eingehüllt waren, was Moody als *Tschador* bezeichnete. Ein *Tschador* ist ein großes halbmondförmiges Tuch, das um Schultern, Stirn und Kinn gewunden wird und nur Augen, Nase und Mund freiläßt. Das Resultat erinnert an die Tracht einer Nonne aus vergangener Zeit. Die strenggläubigeren Iranerinnen ließen nur ein Auge hervorlugen. Frauen, die mehrere schwere Gepäckstücke in einer Hand trugen, weil sie die andere dazu brauchten, das Tuch unter dem Kinn zusammenzuhalten, huschten durch den Flughafen. Die langen, fließenden, schwarzen Stoffbahnen ihrer *Tschadors* bauschten sich weit. Am meisten faszinierte mich die Tatsache, daß der *Tschador* freiwillig getragen wurde. Es gab andere Gewänder, die die strengen Kleidungsvorschriften erfüllten, aber diese moslemischen Frauen hatten beschlossen, den *Tschador* trotz der erdrückenden Hitze noch über allen anderen Sachen zu tragen. Ich staunte über die Macht, die ihre Gesellschaft und ihre Religion auf sie ausübten.

Wir brauchten eine halbe Stunde, um uns unseren Weg durch die Menge bis zur Paßkontrolle zu bahnen, wo sich ein finster dreinblickender Beamter den iranischen Paß ansah, der uns alle drei auswies, ihn stempelte und uns durchwinkte. Dann folgten Mahtab und ich Moody eine Treppe höher um eine Ecke in die Gepäckausgabe, einem anderen großen, mit Passagieren vollgestopften Raum.

»Mommy, ich muß mal«, sagte Mahtab wieder und trat unruhig von einem Bein auf das andere.

Auf Farsi fragte Moody eine *Tschador*-verhüllte Frau nach dem Weg. Sie deutete auf das entgegengesetzte Ende des Raums und eilte geschäftig weiter. Mahtab und ich ließen Moody zurück, um auf unser Gepäck zu warten, und machten die Toilette ausfindig. Als wir uns dem Eingang näherten, zögerten wir, abgeschreckt durch den Gestank. Widerstrebend gingen wir hinein. Auf der Suche nach einer Toilette blickten wir in dem verdunkelten Raum umher, aber alles, was wir fanden, war ein Loch im Zementboden, inmitten einer flachen, ovalen Porzellanschüssel. Überall auf dem Boden lagen mit Fliegen übersäte Haufen, weil die Leute das Loch entweder nicht getroffen oder einfach nicht beachtet hatten. »Das stinkt ja widerlich!« stieß Mahtab hervor und zog mich weg. Wir liefen schnell zu Moody zurück.

Mahtabs Nöte waren offensichtlich, aber sie hatte keinen Antrieb, nach einer anderen öffentlichen Toilette zu suchen. Sie wollte lieber warten, bis wir im Haus ihrer Tante, Moodys Schwester, angekommen waren, einer Frau, von der er immer in ehrfürchtigem Ton sprach. Sara Mahmoody Ghodsi war die Matriarchin der Familie, die von jedem voll Respekt mit Ameh Bozorg, »ehrwürdige Tante«, angesprochen wurde. Es wird alles besser werden, wenn wir erst bei Ameh Bozorg zu Hause sind, dachte ich.

Mahtab war erschöpft, aber sie konnte sich nirgendwo hinsetzen, so daß wir schließlich den Kinderwagen auseinander klappten, den wir als Geschenk für einen von Moodys neugeborenen Verwandten mitgebracht hatten. Erleichtert setzte sich Mahtab hinein.

Während wir auf unser Gepäck warteten, für dessen

Auftauchen es keinerlei Anzeichen gab, hörten wir einen schrillen Schrei, der in unsere Richtung kam. *»Da'idschan!!«* kreischte die Stimme. *»Da'idschan!«*

Als er die Worte »lieber Onkel« auf Farsi hörte, drehte sich Moody um und rief einem Mann, der in unsere Richtung eilte, einen freudigen Gruß entgegen. Die beiden Männer umarmten sich mehrmals, und als ich Tränen auf Moodys Gesicht sah, hatte ich plötzlich ein schlechtes Gewissen, weil ich nur so zögernd in diese Reise eingewilligt hatte. Hier war seine Familie. Hier waren seine Wurzeln. Natürlich wollte, mußte er seine Verwandten sehen. Er würde sich zwei Wochen an ihnen freuen, und dann würden wir wieder nach Hause fahren.

»Das ist Zia«, sagte mir Moody.

Zia Hakim schüttelte mir herzlich die Hand.

Er war einer von den unzähligen jungen männlichen Verwandten, die Moody unter dem praktischen Begriff »Neffe« zusammenfaßte. Zias Schwester Malouk war mit Mostafa verheiratet, dem dritten Sohn von Moodys ehrenwerter älteren Schwester. Zias Mutter war die Schwester von Moodys Mutter, und sein Vater war der Bruder von Moodys Vater oder umgekehrt: die Verwandtschaftsverhältnisse wurden mir nie ganz klar. »Neffe« war die einfachste Bezeichnung.

Zia war sehr gespannt auf die erste Begegnung mit Moodys amerikanischer Ehefrau. In geschliffenem Englisch hieß er mich im Iran willkommen. »Ich bin so froh, daß ihr gekommen seid«, sagte er. »Wie lange haben wir darauf gewartet!« Dann riß er Mahtab an sich und überhäufte sie mit Umarmungen und Küssen.

Er war ein gutaussehender Mann mit edlen arabischen Gesichtszügen und einem gewinnenden Lächeln. Er war größer als die meist kleinwüchsigen Iraner um uns herum, und sein Charme und seine Kultiviertheit waren offensichtlich. So, hatte ich gehofft, würde Moodys Familie sein. Zias rotbraunes Haar war modisch geschnitten. Er trug einen ordentlichen, maßgeschneiderten Anzug und ein frischgebügeltes Hemd mit offenem Kragen. Und das Beste von allem, er war sauber.

»Draußen warten so viele Leute, um euch zu sehen«, sagte er strahlend. »Sie sind schon seit Stunden hier.«

»Wie bist du durch den Zoll gekommen?« fragte Moody.

»Ein Freund von mir arbeitet hier.«

Moodys Miene heiterte sich auf. Verstohlen zog er unsere amerikanischen Pässe aus seiner Jackentasche. »Was sollen wir mit denen machen?« fragte er. »Wir wollen nicht, daß sie konfisziert werden.«

»Ich werde sie für euch aufbewahren«, sagte Zia. »Hast du Geld?«

»Ja.« Moody zählte mehrere Banknoten ab und übergab sie Zia zusammen mit unseren amerikanischen Pässen.

Ich war beeindruckt. Zias Erscheinung und der Eindruck von Macht, den er ausstrahlte, bestätigte das, was Moody mir über seine Familie erzählt hatte. Die meisten waren gebildet, viele hatten einen Universitätsabschluß. Sie waren Mediziner wie Moody oder arbeiteten in der Wirtschaft. Ich hatte mehrere seiner »Neffen«, die uns in den Vereinigten Staaten besucht hatten, kennengelernt, und sie alle schienen ein gewisses gesellschaftliches Ansehen bei ihren Landsleuten zu genießen.

Aber es sah so aus, als ob nicht einmal Zia das Tempo der Gepäckarbeiter beschleunigen konnte. Alle bewegten sich hektisch und redeten fortwährend, aber das schien wenig zu bewirken. Schließlich standen wir über drei Stunden lang in der Hitze, zuerst, um auf unser Gepäck zu warten, und dann in einer schier endlosen Schlange vor dem Zoll. Mahtab blieb still und geduldig, obwohl ich wußte, daß sie Höllenqualen ausstehen mußte. Endlich erreichten wir schiebend und drängend den Anfang der Schlange, Moody voran, ich, Mahtab, den Kinderwagen im Gefolge.

Der Zollbeamte durchsuchte sorgfältig jedes unserer Gepäckstücke und hielt inne, als er einen ganzen Koffer voll verschreibungspflichtiger Medikamente entdeckte. Er und Moody führten eine lebhafte Diskussion in Farsi. Moody erklärte mir in Englisch, er habe dem Zolllbeamten gesagt, daß er Arzt sei und die Medikamente mitgebracht habe, um sie für das hiesige medizinische Versorgungszentrum zu Verfügung zu stellen.

Da sein Mißtrauen geweckt worden war, stellte der Zollbeamte weitere Fragen. Moody hatte zahlreiche Geschenke für seine Angehörigen mitgebracht. Die mußten ausgepackt und kontrolliert werden. Der Zollbeamte öffnete unsere Kleiderkoffer und fand Mahtabs Hasen, eine in der letzten Sekunde vorgenommene Ergänzung unseres Gepäcks. Es war ein reiseerfahrener Hase, der uns schon nach Texas, Mexiko und Kanada begleitet hatte. In dem Augenblick, als wir in Detroit das Haus verlassen wollten, hatte Mahtab entschieden, daß sie nicht ohne ihren besten Freund in den Iran reisen konnte.

Der Zollbeamte erlaubte uns, den Koffer mit Kleidungsstücken und – zu Mahtabs Erleichterung – den Hasen zu behalten. Der Rest des Gepäcks, sagte er, würde uns später zugeschickt werden, nachdem es gründlich untersucht worden wäre.

So erleichtert, verließen wir ungefähr vier Stunden, nachdem unsere Maschine gelandet war, das Flughafengebäude.

Augenblicklich war Moody in einer Menge von festlich gekleideten, verschleierten Menschen eingeschlossen, die an seinem Anzug zerrten und vor Begeisterung heulten. Mehr als hundert Verwandte drängten sich um uns und kreischten, schrien, schüttelten seine Hand, umarmten und küßten ihn, küßten mich, küßten Mahtab. Alle schienen Blumen zu haben, die sie Mahtab und mir in die Hand drückten. Schon bald hatten wir beide Arme voll.

Warum trage ich nur dieses blöde Kopftuch? fragte ich

mich. Mein Haar klebte mir am Kopf. Schweißgebadet dachte ich, daß ich mittlerweile wie die anderen riechen mußte.

Moody weinte Freudentränen, als Ameh Bozorg ihm um den Hals fiel. Sie war eingehüllt in den allgegenwärtigen dicken, schwarzen *Tschador*, aber ich erkannte sie dennoch von Fotos her. Ihre Hakennase war unverkennbar. Sie war eine grobknochige, breitschultrige Frau und um einiges älter als Moody mit seinen siebenundvierzig Jahren. Sie hielt ihn fest umklammert, warf ihre Arme um seine Schultern, stieß sich mit den Füßen vom Boden ab und schlang ihre Beine um ihn, als würde sie ihn nie wieder loslassen.

In Amerika war Moody ein chiropraktischer Anästhesist, ein angesehener Mediziner mit einem Jahreseinkommen von ungefähr einhunderttausend Dollar. Hier war er nur Ameh Bozorgs kleiner Junge, wie früher. Moodys Eltern, beide Ärzte, waren gestorben, als Moody erst sechs Jahre alt war, und seine Schwester hatte ihn wie ihren eigenen Sohn aufgezogen. Seine Rückkehr nach einer fast zehnjährigen Abwesenheit überwältigte sie so, daß andere Verwandte sie schließlich von ihm wegziehen mußten.

Moody stellte uns vor, und sie überschüttete uns mit ihrer Zuneigung, umarmte mich heftig, küßte mich ab und plapperte die ganze Zeit in Farsi. Ihre Nase war so riesig, daß ich kaum glauben konnte, daß sie echt war. Sie ragte unter zwei grünlich-braunen Augen hervor, die vor Tränen glasig waren. Ihr Mund war voller schiefer, fleckiger Zähne.

Moody stellte auch ihren Mann, Baba Hadschi, vor. Er sagte, der Name bedeute »Vater, der in Mekka gewesen ist«. Er war ein kleiner, mürrischer Mann, in einen ausgebeulten, grauen Anzug gekleidet, dessen Hose weit über seine Leinenschuhe fiel. Er sagte nichts, sondern starrte nur vor mir auf den Boden, damit seine Augen, die tief in seinem braunen, runzeligen Gesicht lagen, meinen Blick nicht trafen. Sein spitzer, weißer Bart war eine exakte Kopie von dem, der den Ayatollah Khomeini ziert.

Plötzlich spürte ich, wie ein schwerer Blumenkranz, größer als ich selbst, so über meinen Kopf gelegt wurde, daß er auf meinen Schultern ruhte. Das schien eine Art Signal zu sein, denn die Menge bewegte sich nun geschlossen zum Parkplatz. Alle rannten zu einer Gruppe von gleich aussehenden kleinen, weißen, kastenförmigen Autos, und sechs, acht, sogar zwölf von ihnen quetschten sich in einen Wagen, überall waren nur Arme und Beine zu sehen.

Moody, Mahtab und ich wurden feierlich zu einem besonderen Wagen, einem großen, geräumigen, türkisfarbenen Chevy, Baujahr Anfang der siebziger Jahre, geführt. Wir nahmen auf dem Rücksitz Platz. Ameh Bozorg saß vorne neben ihrem Sohn, dem, weil er ihr ältestes männliches Kind war, die Ehre zukam, uns zu fahren. Zohreh, die älteste unverheiratete Tochter, saß neben Mutter und Bruder.

In dem mit Blumengirlanden geschmückten Auto führten wir die lärmende Prozession vom Flugplatz weg. Wir fuhren direkt um den gigantischen Schayad-Turm herum, der auf vier elegant geschwungenen Füßen stand. Fahlgrau mit eingelegten türkisfarbenen Mosaiken strahlte er in der Mittagssonne. Er war vom Schah erbaut worden, als ein erlesenes Beispiel persischer Architektur. Moody hatte mir erzählt, daß Teheran für diesen eindrucksvollen Turm berühmt war, der wie ein Wächter am Rande der Stadt stand.

Am Turm vorbei, bogen wir auf eine Schnellstraße ab. Hossein trat das Gaspedal durch und beschleunigte den alten Chevy auf einhundertdreißig Stundenkilometer Höchstgeschwindigkeit.

Als wir so dahinrasten, drehte Ameh Bozorg sich plötzlich um und warf mir ein in Geschenkpapier eingepacktes Paket zu. Es war schwer.

Ich sah Moody fragend an. »Mach es auf«, sagte er.

Ich öffnete es und fand einen großen langen Mantel, der mir bis zu den Knöcheln reichen würde. Er war überhaupt nicht modisch geschnitten, besaß nicht den leisesten Ansatz einer Taille. Wie Moody mir erklärte, war das Gewebe eine teure Wollmischung, aber es fühlte sich eher wie Nylon oder ein anderer Kunststoff an. Es war ziemlich dünn, aber so eng gewebt, daß es die Sommerhitze bestimmt noch verstärken würde. Ich fand die Farbe schrecklich: ein helles Oliv-Grau. Ich entdeckte auch ein großes, grünes Kopftuch, viel dicker als das, was ich trug.

Ameh Bozorg lächelte über ihre Großzügigkeit und sagte etwas, was Moody übersetzte: »Der Mantel heißt *Manto*. Den tragen wir hier. Das Kopftuch heißt *Rusari*. Im Iran mußt du das immer tragen, wenn du aus dem Haus gehst.«

Das hatte man mir vorher nicht gesagt. Als Mammal, der vierte Sohn von Baba Hadschi und Ameh Bozorg, diese Reise während eines Besuchs bei uns in Michigan vorgeschlagen hatte, hatte er mir gesagt: »In der Öffentlichkeit mußt du lange Ärmel, ein Kopftuch und dunkle Strümpfe tragen.« Aber von einem langen, viel zu warmen Mantel in dieser schrecklichen Sommerhitze hatte er nichts gesagt.

»Mach dir darüber keine Gedanken«, sagte Moody. »Sie hat ihn dir als Geschenk gegeben. Du mußt ihn nur tragen, wenn du nach draußen gehst.«

Ich machte mir darüber aber Gedanken. Als Hossein den Wagen von der Schnellstraße herunterlenkte, betrachtete ich die Frauen, die über die von Menschen wimmelnden Bürgersteige von Teheran huschten. Sie waren vollständig verhüllt, von Kopf bis Fuß, und die meisten trugen schwarze *Tschadors* über Mänteln und Kopftüchern, die aussahen wie der *Manto* und der *Rusari*, die mir gerade geschenkt worden waren. Alle waren graubraun. Was werden sie mit mir machen, wenn ich das *nicht* anziehe, fragte ich mich. Sperren sie mich dann wohl ein? Ich stellte Moody diese Frage und er antwortete schlicht mit »Ja«.

Meine Besorgnis über die hiesigen Kleidungsvorschriften waren schnell vergessen, als Hossein zum Angriff auf den Stadtverkehr überging. Die engen Straßen waren verstopft, die Autos förmlich ineinander verkeilt. Jeder Fahrer suchte nach einer Lücke, und wenn er eine gefunden hatte, drückte er gleichzeitig auf Gaspedal und Hupe. Aufgebracht durch einen Stau, legte Hossein brutal den Rückwärtsgang ein und schleuderte mit dem Chevy rückwärts durch eine Einbahnstraße. Ich sah das Nachspiel mehrerer Karambolagen: Die Fahrer und die übrigen Insassen standen auf der Straße und schrien sich gegenseitig an, manchmal kam es sogar zu Handgreiflichkeiten.

Mit Hilfe von Moodys Übersetzung erklärte Ameh Bozorg, daß es freitags normalerweise wenig Verkehr gab, denn das war der moslemische Feiertag, an dem sich die Familien im Haus des ältesten Verwandten versammelten, um zusätzliche Zeit im Gebet zu verbringen. Aber jetzt kam die Stunde des Freitagsgebets, das im Zentrum der Stadt von einem der heiligsten der heiligen Männer des Islam abgehalten wurde. Diese heilige Pflicht übte meistens der Präsident Hodschatoleslam Seyed Ali Khamenei (nicht zu verwechseln mit dem Ayatollah Ruhollah Khomeini, der als religiöser Führer rangmäßig noch höher steht als der Präsident) aus. Er wurde unterstützt von Hodschatoleslam Ali Akbar Hashemi Rafsandschani, dem Sprecher des Parlaments. Millionen – nicht nur Tausende, wie Ameh Bozorg betonte – nahmen am Freitagsgebet teil.

Mahtab ließ diese Szene still über sich ergehen. Sie klammerte sich nur bei den Anblicken, Geräuschen und Gerüchen dieser fremden, neuen Welt mit vor Erstaunen weit aufgerissenen Augen an ihren Hasen. Ich wußte aber, wie nötig sie zur Toilette mußte.

Nach einer Stunde, in der unser Leben in Hosseins Hand lang, fuhren wir schließlich vor dem Haus unserer Gastgeber Baba Hadschi und Ameh Bozorg vor. Moody gab damit an, in was für einer vornehmen Gegend das Haus seiner Schwester am Nordrand Teherans lag; es war nur zwei Haustüren von der chinesischen Botschaft entfernt. Von der Straße wurde es durch einen großen Zaun aus grünen, eng zusammengefügten Eisenstangen abgeschirmt. Wir traten durch ein zweiflügeliges Stahltor in einen zementierten Hof.

Mahtab und ich wußten schon, daß im Haus keine Schuhe erlaubt waren. Also folgten wir Moodys Beispiel, zogen die Schuhe aus und ließen sie im Hof. Es waren schon viele Gäste angekommen, so daß eine beachtliche Anzahl von Fußbekleidungen ein Ende des Hofes bedeckte. Drei Gasgrills, an denen eigens für diesen Anlaß engagierte Servierer beschäftigt waren, befanden sich ebenfalls im Hof.

Auf Strümpfen betraten wir in dem riesigen Haus aus Beton, das ein Flachdach hatte, eine Halle, die mindestens zweimal so groß war wie ein amerikanisches Wohnzimmer. Wände und Türen aus massivem Walnußholz waren mit der gleichen farbenprächtigen Vertäfelung überzogen. Drei bis vier kostbare Perserteppiche übereinander bedeckten den größten Teil des Bodens. Darauf lagen dekorative *Sofres*, Wachstücher, bedruckt mit bunten Blumenmustern. Außer einem kleinen Fernsehgerät in einer Ecke gab es keine Möbel in dem Raum.

Durch die Fenster am Ende des Zimmers konnte ich einen flüchtigen Blick auf ein hinter dem Haus gelegenes Schwimmbad werfen, in dem das Wasser leuchtend blau schimmerte. Obwohl ich gar nicht gern schwimme, sah das kühle Wasser an diesem Tag doch besonders einladend aus.

Mehrere Gruppen von fröhlich plappernden Verwandten zwängten sich aus ihren Autos und folgten uns in die Halle. Moody sprudelte sichtlich über vor Stolz auf seine amerikanische Frau. Er strahlte, als seine Verwandten Mahtab bemutterten.

Ameh Bozorg zeigte uns unser Zimmer in einem Flügel, der abseits vom Rest des Hauses links von der Halle lag. Es war ein kleiner quadratischer Raum mit zwei zusammengeschobenen Betten, deren Matratzen in der Mitte durchgelegen waren. Ein großer freistehender Holzschrank war das einzige Möbelstück.

Schnell fand ich für Mahtab eine Toilette am Ende des Korridors, an dem unser Schlafzimmer lag. Als ich die Tür öffnete, schreckten Mahtab und ich beim Anblick der größten Kakerlaken, die wir je gesehen hatten und die dort über den feuchten Marmorboden huschten, zurück.Mahtab wollte nicht hineingehen, aber mittlerweile war das absolut nötig geworden. Sie zog mich mit hinein. Wenigstens hatte dieses Badezimmer eine Toilette nach amerikanischer Art – und sogar ein Bidet. Anstelle von Toilettenpapier hing jedoch nur ein Wasserschlauch an der Wand.

Der Raum roch nach Schimmel, und ein eklig saurer Gestank wehte durch ein Fenster herein, das zu einer angrenzenden persischen Toilette hin geöffnet war. Dennoch war es eine Verbesserung gegenüber den sanitären Anlagen auf dem Flughafen. Mit mir an ihrer Seite fand dann Mahtab auch endlich Erleichterung.

Wir kehrten zur Halle zurück, wo Moody auf uns wartete. »Kommt mit mir«, sagte er. »Ich möchte euch etwas zeigen.«

Mahtab und ich folgten ihm zurück nach draußen durch die Eingangstür und in den Hof.

Mahtab schrie auf. Eine frische, leuchtend rote Blutlache lag zwischen uns und der Straße. Mahtab wandte ihr Gesicht ab.

Moody erklärte ganz ruhig, seine Familie hätte ein Schaf gekauft, von einem Straßenhändler, der es uns zu Ehren geschlachtet hatte. Das hatte eigentlich vor unserer Ankunft geschehen sollen, so daß wir, als wir das Haus zum ersten Mal betraten, durch das Blut hätten gehen können. Nun mußten wir noch einmal hereinkommen, sagte er, und zwar durch das Blut.

»Also, hör mal, du kannst das ja machen«, sagte ich. »Aber ich werde so etwas Albernes nicht tun.«

Moody sagte ruhig aber bestimmt: »Du mußt es tun. Du mußt ihnen Respekt zollen. Das Fleisch wird nachher armen Leuten gegeben.«

Ich fand, daß das ein verrückter Brauch war, aber ich wollte niemanden beleidigen, also willigte ich zögernd ein. Als ich Mahtab auf den Arm nahm, vergrub sie ihr Gesicht an meiner Schulter. Ich folgte Moody um die Blutlache herum zur Straßenseite und schritt durch sie hindurch, während seine Verwandten ein Gebet anstimmten. Nun waren wir offiziell willkommen geheißen.

Geschenke wurden überreicht. Es ist üblich, daß eine iranische Braut Goldschmuck von der Familie ihres Mannes bekommt. Ich war zwar keine Braut mehr, aber ich wußte genug von den gesellschaftlichen Gepflogenheiten dieser Menschen, um bei unserem ersten Zusammentreffen Gold erwarten zu können. Aber Ameh Bozorg ignorierte diesen Brauch. Sie schenkte Mahtab zwei goldene Armreifen, aber für mich gab es keinen Schmuck. Das war eine deutliche Zurechtweisung; ich wußte, wie es sie aus der Fassung gebracht hatte, als Moody eine Amerikanerin geheiratet hatte.

Sie schenkte uns beiden, Mahtab und mir, dekorative *Tschadors*, die wir im Haus tragen sollten. Meiner war cremefarben mit einem pfirsichfarbenen Blumenmuster. Mahtabs war weiß mit rosafarbenen Rosenknospen.

Ich murmelte ein Dankeschön für die Geschenke.

Ameh Bozorgs Töchter, Zohreh und Fereschteh, eilten geschäftig hin und her, boten den wichtigeren Gästen auf Tabletts Zigaretten an und reichtem jedem Tee. Überall rannten schreiende Kinder herum, die von den Erwachsenen ignoriert wurden.

Es war jetzt früher Nachmittag. Während Frauen das Essen hereintrugen und es auf die *Sofres* stellten, die über den Teppichen ausgebreitet waren, nahmen die Gäste auf dem Fußboden der großen Halle Platz. Es gab unzählige Salatplatten, garniert mit Rettichen, die in schöne Rosen geschnitten waren, und Möhren, die man fächerförmig ausgebreitet hatte, so daß sie wie Pinien aussahen. Große Schüsseln voll Joghurt, Platten mit dünnen Brotfladen, große Stücke scharfen Käses und Tabletts, auf denen frisches Obst hoch aufgetürmt war, wurden überall auf dem Boden verteilt. *Sabzi* (Platten mit frischem Basilikum, Minze und grünen Porréeblättern) wurden hinzugestellt, um das leuchtende Farbenpanorama zu vervollständigen.

Dann brachten die Servierer das Geschirr nach draußen auf den Hof und trugen das vom Restaurant vorbereitete Essen herein. Zwei riesige Töpfe mit Reis – einer mit normalem weißen Reis und einer mit »grünem« Reis, mit *Sabzi* gekocht und mit großen grünen Bohnen, die wie Limabohnen aussahen – waren nach iranischer Art zubereitet, wie Moody es mir vor langer Zeit gezeigt hatte: Zuerst wird der Reis gekocht, dann mit Öl glasiert und gedünstet, so daß sich eine braune Kruste bildet. Dieser Hauptbestandteil der iranischen Ernährung wird dann mit vielen verschiedenen Saucen abgerundet, die *Khoresch* heißen und aus Gemüse und Gewürzen und oft aus kleinen Fleischstückchen bestehen.

Die Servierer verteilten den Reis auf Platten und bestreuten den weißen Reis entweder mit kleinen sauren roten Beeren oder überzogen ihn mit einem gelben Streifen Safranlösung. Sie brachten die Reisplatten in die Halle und stellten sie zu der Fülle der anderen Gerichte. Für diesen Anlaß waren zwei Sorten *Khoresch* vorbereitet worden, von denen eine zu unseren Lieblingssorten zu Hause zählte. Sie wurde aus Auberginen, Tomaten und Lammfleischstückchen gemacht. Die andere *Khoresch* enthielt Lammfleisch, Tomaten, Zwiebeln und ein paar gelbe Erbsen.

Das Hauptgericht war Huhn, eine köstliche iranische

Delikatesse, zuerst mit Zwiebel gekocht und dann in Öl gebraten.

Die Iraner saßen im Schneidersitz auf dem Boden oder hockten auf einem Knie und stürzten sich auf das Mahl wie eine Herde wilder Tiere in verzweifelter Gier auf ihr Fressen. Das einzige an Besteck, das zur Verfügung stand, waren große Löffel, ähnlich wie Schöpfkellen. Einige benutzten diese zusammen mit ihren Händen oder einem Stück Brot, das zu einer Schaufel zusammengeklappt wurde; andere plagten sich gar nicht erst mit dem Löffel. Innerhalb von Sekunden war überall Essen. Es wurde wahllos in die plappernden Münder geschaufelt, kleine Stückchen wurden überall auf die *Sofres* und Teppiche gespuckt oder tropften wieder in die Servierschüsseln zurück. Die unappetitliche Szene wurde von Farsi-Dissonanzen begleitet. Jeder Satz schien mit *Insch-Allah*, »wie Allah es will« zu enden. Offensichtlich war es überhaupt nicht ungebührlich, den heiligen Namen Allahs anzurufen, während man gleichzeitig unbeabsichtigt Essensstückchen überall herumspuckte.

Niemand sprach Englisch. Niemand beachtete Mahtab oder mich.

Ich versuchte zu essen, aber es fiel mir schwer, mich vorzubeugen, um an das Essen zu kommen und sowohl mein Gleichgewicht wie auch meine Sittsamkeit zu behalten. Der enge Rock meines Kostüms war nicht dazu gemacht, auf dem Boden zu Abend zu essen. Irgendwie gelang es mir aber doch, einen Teller zu füllen.

Moody hatte mir beigebracht, viele iranische Gerichte zu kochen, und Mahtab und ich hatten beide gelernt, nicht nur das Essen aus dem Iran, sondern aus vielen islamischen Ländern zu schätzen. Aber als ich dieses Festessen probierte, fand ich es unglaublich fett. Öl ist im Iran ein Zeichen von Reichtum – sogar Speiseöl. Und da dies ein besonderer Anlaß war, schwammen die Speisen in reichlichen Mengen davon. Weder Mahtab noch ich konnten viel essen. Wir stocherten in den Salaten herum, denn uns war der Appetit vergangen.

Unser Ekel vor dem Essen war leicht zu verbergen, denn allein Moody galt die gesamte Aufmerksamkeit seiner Familie. Ich verstand und akzeptierte dies zwar, aber ich fühlte mich einsam und isoliert.

Trotzdem halfen mir die seltsamen Ereignisse dieses nicht enden wollenden Abends dabei, meine kalte Angst zu beschwichtigen, daß Moody versuchen könnte, diesen Besuch über das festgesetzte Datum unserer Rückkehr in zwei Wochen hinaus auszudehnen. Sicher, Moody war begeistert, seine Familie zu sehen. Aber dieses Leben entsprach nicht seinem Stil. Er war Arzt. Er kannte den Wert von Hygiene, und er schätzte eine gesunde Ernährung. Er war so viel vornehmer als diese Leute hier. Außerdem war er ein großer Liebhaber von Komfort, genoß es, sich zu unterhalten und machte auch gern ein Mittagsschläfchen, wenn er in seinem Lieblings-Dreh-Schaukelstuhl saß. Hier auf dem Boden war er zappelig, da er nicht an den Schneidersitz gewöhnt war. Es war ausgeschlossen, das wußte ich jetzt, daß er den Iran Amerika vorziehen konnte.

Mahtab und ich tauschten vielsagende Blicke. Dieser Urlaub war eine kurze Unterbrechung unseres ansonsten normal verlaufenden amerikanischen Lebens. Wir konnten ihn ertragen, aber er mußte uns nicht gefallen. Von diesem Moment an begannen wir die Tage zu zählen, bis wir wieder nach Hause fliegen konnten.

Die Mahlzeit zog sich hin. Während die Erwachsenen weiter Essen in sich hineinschaufelten, wurden die Kinder unruhig. Sie fingen an, sich zu zanken, bewarfen sich gegenseitig mit Essensresten und rannten kreuz und quer über die *Sofres*, wobei ihre schmutzigen nackten Füße manchmal in den Schüsseln landeten. Dabei kreischten sie in den höchsten Tönen. Mir fiel auf, daß einige Kinder Geburtsfehler hatten oder an unterschiedlichen Mißbildungen litten. Andere hatten einen seltsam leeren Gesichtsausdruck. Ich fragte mich, ob das, was ich hier sah, die Folgen von Inzucht waren. Moody hatte versucht mir zu erklären, daß das im Iran keine gesundheitsschädlichen Auswirkungen hatte, aber ich wußte, daß viele der Paare in diesem Raum miteinander verheiratete Cousins und Cousinen waren.

Nach einiger Zeit stellte Reza, der fünfte Sohn von Baba Hadschi und Ameh Bozorg, mich seiner Frau Essey vor. Ich kannte Reza gut. Er hatte einige Zeit bei uns in Corpus Christi, Texas, gewohnt. Obwohl seine Anwesenheit dort für mich eine Last gewesen war, so daß ich schließlich, was für mich sehr untypisch ist, Moody ein Ultimatum gestellt hatte, um Reza aus dem Haus zu bekommen, war er hier unter diesen Umständen ein erfreulicher Anblick für mich und einer der wenigen, die Englisch mit mir sprachen. Essey hatte in England studiert und sprach auch passables Englisch. Sie wiegte einen Säugling in ihren Armen.

»Reza spricht viel von dir und Moody«, sagte Essey. »Er ist so dankbar für alles, was ihr für ihn getan habt.«

Ich fragte Essey nach ihrem Baby, und ihr Gesicht wurde ernster. Mehdi war mit mißgebildeten, nach hinten gedrehten Füßen geboren worden. Auch sein Kopf war mißgebildet, die Stirn war zu groß für sein Gesicht. Ich wußte, daß Essey sowohl Rezas Cousine wie auch seine Frau war. Wir sprachen nur ein paar Minuten, bevor Reza sie mit auf die andere Seite des Raumes nahm.

Mahtab schlug erfolglos nach einem Moskito, der einen dicken roten Fleck auf ihrer Stirn hinterlassen hatte. Die Hitze dieses Augustabends war zu viel für uns. Wie ich gehofft hatte, war das Haus zwar mit einer Klimaanlage ausgestattet, die auch eingeschaltet war, aber aus irgendeinem Grunde hatte Ameh Bozorg weder die Türen, die keinen Fliegendraht hatten, noch die Fenster geschlossen – eine offene Einladung für die Hitze und die Moskitos.

Ich konnte sehen, daß Mahtab sich genauso unwohl fühlte

wie ich. Jemandem aus dem Westen erscheint eine normale iranische Unterhaltung wie eine erhitzte Diskussion mit schrillem Geschnatter und ausladenden Gesten, alles unterstrichen mit *Insch Allah*. Der Lärmpegel ist verblüffend.

Ich bekam Kopfschmerzen. Der Geruch des fetten Essens, der Gestank der Menschen, das endlose Plappern unzähliger Zungen und die Auswirkungen der Zeitverschiebung verlangten ihren Tribut.

»Mahtab und ich wollen ins Bett gehen«, sagte ich zu meinem Mann. Es war früh am Abend, und die meisten Verwandten waren noch da, aber Moody wußte, daß sie mit ihm reden wollten und nicht mit mir.

»Gut«, sagte er.

»Ich habe entsetzliche Kopfschmerzen«, sagte ich. »Hast du etwas dagegen?«

Moody entschuldigte sich für einen Moment, brachte Mahtab und mich in unser Schlafzimmer und fand ein verschreibungspflichtiges Schmerzmittel, das die Zollbeamten übersehen hatten. Er gab mir drei Tabletten und ging zurück zu seiner Familie.

Mahtab und ich kletterten ins Bett, so müde, daß die durchgelegenen Matratzen, die muffigen Laken und die kratzenden Kissen den Schlaf nicht mehr aufhalten konnten. Ich wußte, Mahtab würde mit dem gleichen Gebet einschlummern, das ich in meinem schmerzenden Kopf hatte: Lieber Gott, bitte laß diese zwei Wochen schnell vorübergehen.

2

Es war ungefähr vier Uhr am nächsten Morgen, als Baba Hadschi an die Tür unseres Schlafzimmers trommelte. Er rief etwas in Farsi.

Draußen tönte die Stimme eines *Azan* über einen Lautsprecher. Mit einem traurigen, langgezogenen Heulton rief er die Gläubigen zu ihren religiösen Pflichten.

»Zeit zum Beten«, murmelte Moody. Er räkelte sich gähnend und ging ins Bad, wo er sich einer rituellen Waschung unterzog. Dazu bespritzte er beide Unterarme, Stirn und Nase, sowie die Oberseiten seiner Füße mit Wasser.

Mein Körper schmerzte nach der Nacht in der tiefen Mulde der dünnen, sprungfederlosen Matratze. Mahtab, die zwischen Moody und mir schlief, konnte auf der Ritze zwischen den beiden Einzelbetten keine Ruhe finden, denn der harte Holzrahmen peinigte sie. Sie war in die Mulde auf meiner Seite gerutscht und schlief jetzt so fest, daß ich sie nicht von der Stelle bewegen konnte. Wir lagen dort zusammen, trotz der Hitze dicht aneinandergedrängt, als Moody sich zum Gebet in die Halle begab.

In wenigen Minuten verschmolz seine Stimme mit denen von Baba Hadschi, Ameh Bozorg, ihren Töchtern Zoreh und Fereschteh und Madschid, der mit dreißig ihr jüngster Sohn war. Die anderen fünf Söhne und ihre Tochter Ferree hatten mittlerweile ein eigenes Zuhause.

Ich weiß nicht, wie lange das Gebet andauerte, denn ich

nickte immer wieder ein und merkte nicht, wann Moody wieder ins Bett kam. Selbst da war die religiöse Erbauung der Familie noch nicht zu Ende. Baba Hadschi blieb auf und las, aus Leibeskräften singend, aus dem Koran vor. Ich konnte Ameh Bozorg im Schlafzimmer am anderen Ende des Hauses hören: auch sie las im Koran. So machten sie stundenlang weiter, und ihre Stimmen nahmen einen hypnotisierenden Ton an.

Baba Hadschi hatte schon, bevor ich aufstand, seine Andacht beendet und war ins Geschäft gegangen – er hatte eine Im- und Exportfirma mit dem Namen H.S. Ghodsi und Söhne.

Mein erster Gedanke war, mich unter der Dusche von den Spuren der Hitze des gestrigen Tages zu reinigen. Es gab im Badezimmer keine Handtücher. Moody meinte, Ameh Bozorg besäße wahrscheinlich keine, deshalb nahm ich ein Laken vom Bett, das wir alle drei als Ersatz benutzten. Es gab auch keinen Duschvorhang; das Wasser lief einfach durch ein Abflußloch im schrägen Marmorfußboden ab. Trotz dieser Unbequemlichkeiten war das Wasser erfrischend.

Mahtab duschte nach mir, und, während ich mich sittsam in Rock und hochgeschlossene Bluse kleidete, Moody.Ich tupfte mir ein bißchen Make-up ins Gesicht und frisierte mich sorgfältig. Im Haus bei der Familie, so hatte Moody mir gesagt, würde ich mich nicht verschleiern müssen.

Ameh Bozorg arbeitete geschäftig in der Küche, sie war in einen gemusterten Alltags-*Tschador* gehüllt. Weil sie beide Hände für die Arbeit brauchte, hatte sie das flatternde Tuch ein weiteres Mal um ihren Körper gewunden und hielt es unter ihren Achselhöhlen fest. Damit es nicht verrutschte, mußte sie die Arme fest an die Seiten gepreßt halten.

So gefesselt arbeitete sie in einem Raum, der wie das ganze Haus einst wunderschön gewesen, aber jetzt insgesamt baufällig war. Die Wände waren mit den fettigen Ablagerungen vieler Jahrzehnte überzogen. Große Metallregale, die denen in amerikanischen Großküchen ähnelten, rosteten vor sich hin. Es gab eine Doppelspüle aus rostfreiem Stahl, in der sich schmutziges Geschirr türmte. Töpfe und Pfannen aller Art waren auf der Arbeitsfläche und auf einem kleinen quadratischen Tisch gestapelt. Da sie keinen Platz auf der Arbeitsfläche hatte, benutzte Ameh Bozorg einfach den Küchenfußboden. Der Fußboden war aus hellbraunem Marmor, der zum Teil mit einem rotschwarzen Teppich bedeckt war. Der Boden war mit Essensresten, klebrigen Ölspritzern und geheimnisvollen Zuckerspuren übersät. Ich war überrascht, einen »General Electrics«-Kombischrank – Kühl- und Gefrierschrank komplett mit einer Eismaschine – zu sehen. Ein Blick hinein offenbarte ein Durcheinander weiterer Schüsseln ohne Deckel, in denen noch die Servierlöffel steckten. Die Küche war außerdem mit einer in Italien hergestellten Trommelwaschmaschine und dem einzigen Telefon im Haushalt ausgestattet.

Die größte Überraschung war für mich, daß Moody vor mir prahlte, Ameh Bozorg habe extra unserer Ankunft zu Ehren das ganze Haus geputzt. Ich fragte mich, wie das Haus wohl aussah, wenn es dreckig war.

Eine alternde, dünne Dienstmagd, deren verfaulte Zähne zum Zustand ihres marineblauen *Tschadors* paßten, reagierte lustlos auf Ameh Bozorgs Anordnungen. Auf dem Küchenfußboden stellte sie auf einem Tablett Tee, Käse und Brot zusammen und servierte es uns auf dem Fußboden der Halle. In *Estekans*, kleinen Gläsern, die nicht mehr als ein Viertel einer normalen Tasse enthalten, wurde der Tee in strenger Reihenfolge angeboten: zuerst Moody, dem einzigen anwesenden Mann, dann Ameh Bozorg, der ranghöchsten Frau, dann mir und schließlich Mahtab.

Ameh Bozorg süßte ihren Tee mit Zucker, schaufelte ihn löffelweise aus der Schale in ihr Glas. Dabei hinterließ sie eine dicke Zuckerspur auf den Teppichen, sozusagen als Frühstückseinladung für die Kakerlaken.

Ich fand den Tee stark und heiß, überraschend wohlschmeckend. Als ich ihn probierte, sagte Ameh Bozorg etwas zu Moody.

»Du hast keinen Zucker genommen«, sagte er.

Ich bemerkte, daß Moody ganz anders sprach als zu Hause, viel förmlicher, wie viele Menschen, für die Englisch eine Fremdsprache ist. Schon vor langer Zeit hatte Moody sich angewöhnt, wie ein Amerikaner zu sprechen. Weshalb nun die Veränderung? fragte ich mich stumm. War er wieder dazu übergegangen, in Farsi zu denken und vor dem Sprechen ins Englische zu übersetzen? Laut antwortete ich auf seine Frage.

»Ich möchte keinen Zucker«, sagte ich. »Er schmeckt gut.«

»Sie ist beunruhigt über dich«, sagte er. »Aber ich habe ihr gesagt, daß du süß genug bist. Du brauchst keinen Zucker.«

Ameh Bozorgs tiefliegenden Augen war deutlich zu ersehen, daß sie den Scherz nicht zu würdigen wußte. Tee ohne Zucker zu trinken war offensichtlich taktlos, aber das war mir gleichgültig. Ich erwiderte den funkelnden Blick meiner Schwägerin, nippte an meinem Tee und brachte ein Grinsen zustande.

Das Brot, das uns angeboten wurde, war ungesäuert, geschmacklos, flach und trocken und hatte die Konsistenz schlaffer Pappe. Der Käse war scharfer Schafskäse. Mahtab und ich mögen beide gern Schafskäse, aber Ameh Bozorg wußte nicht, daß man ihn mit Flüssigkeit bedeckt lagern muß, damit er seinen Geschmack behält. Dieser Käse roch wie schmutzige Füße. Mahtab und ich würgten soviel hinunter, wie wir konnten.

Später an dem Morgen setzte sich Madschid, der jüngste Sohn, lange zu mir. Er war gutmütig und freundlich, und sein Englisch war leidlich. Es gab so viele Dinge, die er uns zeigen wollte. Wir müßten den Schah-Palast sehen, sagte er, und den Mellatt-Park, in dem es eine Teheraner Rarität gab: Rasen. Außerdem wollte er mit uns zum Einkaufen fahren.

Das würde alles warten müssen, das war uns klar. Die ersten paar Tage würden wir dem Empfang von Besuchern widmen müssen. Verwandte und Freunde von nah und fern wollten Moody und seine Familie sehen.

An diesem Morgen bestand Moody darauf, daß wir meine Eltern in Michigan anriefen, und das wurde ein Problem. Meine Söhne Joe und John, die sich bei meinem Ex-Mann in Michigan aufhielten, wußten, wo wir waren, aber ich hatte sie zur Verschwiegenheit verpflichtet. Ich wollte nicht, daß Mom und Dad es wußten. Sie würden sich Gedanken machen. Und im Moment hatten sie zu viele andere Sorgen. Dad kämpfte mit einer Krankheit, die als unheilbarer Darmkrebs diagnostiziert worden war. Ich hatte meine Eltern nicht noch stärker belasten wollen, deshalb hatte ich ihnen nur gesagt, daß wir nach Europa fuhren.

»Ich möchte ihnen nicht sagen, daß wir im Iran sind«, sagte ich.

»Sie wußten doch, daß wir fahren«, sagte er.

»Nein, das wußten sie nicht. Ich habe ihnen gesagt, daß wir nach London fahren.«

»Als wir sie zum letzten Mal gesehen haben«, sagte Moody, »habe ich ihnen beim Hinausgehen gesagt, daß wir in den Iran fahren.«

Also riefen wir an. Fast um die halbe Welt hörte ich die Stimme meiner Mutter. Nach der Begrüßung fragte ich nach Dad.

»Es geht ihm ganz gut«, sagte Mom. »Aber die Chemotherapie macht ihm sehr zu schaffen.«

Schließlich erzählte ich ihr, daß ich aus Teheran anrief.

»O mein Gott!« sagte sie. »Das habe ich befürchtet.«

»Macht euch keine Sorgen. Hier ist alles bestens«, schwindelte ich. »Am siebzehnten sind wir zu Hause.«

Ich ließ Mahtab ans Telefon und sah, wie ihre Augen aufleuchteten, als sie die vertraute Stimme ihrer Oma hörte.

Nach dem Anruf drehte ich mich zu Moody um. »Du hast mich angelogen!« beschuldigte ich ihn. »Du hast gesagt, sie wüßten, wohin wir fliegen, und sie wußten es nicht.«

»Tja, ich hatte es ihnen gesagt«, sagte er achselzuckend.

Mich überkam ein Anflug von Panik. Hatten meine Eltern ihn nicht verstanden? Oder hatte ich Moody bei einer Lüge ertappt?

Moodys Verwandte kamen in Scharen, drängten sich zum Mittag- oder Abendessen in die Halle. Den Männern überreichte man an der Tür bequeme Pyjamas. Sie gingen schnell in ein anderes Zimmer, zogen sich um und kamen dann zu uns in die Halle. Ameh Bozorg hielt einen steten Vorrat an bunten *Tschadors* für die Besucherinnen bereit, die erstaunlich geschickt darin waren, sich aus dem schwarzen Straßen-*Tschador* zu pellen und die farbenfrohen Gesellschaftsmodelle überzustreifen, ohne das kleinste bißchen verbotene Gesichtshaut zu zeigen.

Die Besuche waren ganz dem Reden und Essen gewidmet.

Auch während ihrer Gespräche machten die Männer endlose Andachtsübungen. Jeder hatte einen Perlenstrang in der Hand – Gebetsperlen aus Plastik, Glas oder Edelstein – und zählte damit unablässig dreiunddreißig Wiederholungen von *Allahu akbar*, »Allah ist groß«, ab.

Wenn die Gäste morgens kamen, begannen sie gegen Mittag mit der langwierigen Abschiedszeremonie. Wieder in ihren Straßenkleidern, küßten sie sich zum Abschied, machten ein paar Schritte in Richtung Tür, schwatzten weiter, küßten sich wieder und machten noch ein paar Schritte, redeten, schrien, umarmten sich – noch eine halbe bis dreiviertel oder sogar eine ganze Stunde lang. Keiner schien sich je um die Einhaltung eines Zeitplans Sorgen zu machen.

Sie schafften es jedoch immer, vor dem frühen Nachmittag zu gehen, denn jene Stunden waren für einen Mittagsschlaf reserviert, der wegen der Hitze und des anstrengenden Gebetsplans erforderlich war.

Wenn Besucher zum Abendessen kamen, blieben sie bis spät in die Nacht hinein, denn wir warteten immer mit dem Essen, bis Baba Hadschi von der Arbeit kam – das geschah nie vor zehn Uhr – und sich einem Raum voller Männer in Pyjamas und in *Tschadors* gehüllter Frauen zur Abendmahlzeit zugesellte.

Normalerweise scherte ich mich nicht darum, daß ich meinen Kopf innerhalb des Hauses bedeckt halten sollte, aber einige der Besucher waren anscheinend frommer als andere. Gelegentlich war ich gezwungen, mich zu verhüllen. Eines Abends, als unerwartet Gäste kamen, lief Ameh Bozorg in unser Schlafzimmer, warf mir einen schwarzen *Tschador* hin und bellte Moody etwas zu.

»Zieh ihn schnell über«, befahl Moody. »Wir haben Gäste. Es ist ein Turbanmann dabei.« Ein Turbanmann ist der Leiter einer *Masdsched* – einer Moschee. Er entspricht einem christlichen Priester oder Pastor. Weil er stets ein *Aba*, eine capeförmige Robe, und die Kopfbedeckung, die ihm seinen Beinamen eingebracht hat, trägt, ist ein Turbanmann leicht von anderen Iranern zu unterscheiden, die entweder einfach einen Anzug oder einen Trenchcoat und keine Kopfbedeckung tragen. Ein Turbanmann ist eine hohe Respektsperson.

Daher hatte ich keine Möglichkeit, mich Moodys Befehl zu widersetzen, aber als ich den hinderlichen *Tschador* überzog, merkte ich, daß er verdreckt war. Der Schleier, der den unteren Teil des Gesichts bedeckt, war mit getrocknetem Speichel verschmiert. Ich hatte im ganzen Haushalt noch keine Stoff- oder Papiertaschentücher gesehen. Was ich gesehen hatte, war, daß die Frauen statt dessen diese Schleier benutzten. Der Geruch war widerlich.

Der Turbanmann war Aga Maraschi. Seine Frau war Baba Hadschis Schwester. Auch mit Moody war er entfernt verwandt. Auf einen handgeschnitzten Stock gestützt, wackelte er unsicher in die Halle; seine über drei Zentner waren eine schwere Last. Er ließ sich langsam zu Boden sinken und stöhnte vor Anstrengung. Da er nicht wie alle anderen im Schneidersitz sitzen konnte, streckte er seine riesigen Beine V-förmig aus und machte die Schultern krumm. Unter seiner schwarzen Kleidung rieb sich sein Bauch auf dem Boden. Zoreh brachte schnell ein Tablett mit Zigaretten für den Ehrengast herbei.

»Bring mir Tee«, befahl er barsch und zündete jeweils an der Kippe gleich eine neue Zigarette an. Er hustete und schnaufte geräuschvoll und dachte nicht daran, die Hand vor den Mund zu halten.

Der Tee wurde augenblicklich serviert. Aga Maraschi schaufelte sich einen gehäuften Teelöffel Zucker in sein *Estekan*, zog an seiner Zigarette, hustete und nahm noch einen zweiten Löffel Zucker in seinen Tee. »Ich werde dein Patient«, sagte er zu Moody. »Ich muß meine Diabetes behandeln lassen.«

Ich konnte nicht entscheiden, was mich mehr abstieß, der verschleimte *Tschador*, den ich fest vor mein Gesicht hielt, oder der Turbanmann, zu dessen Ehre ich ihn tragen mußte.

Ich stand den Besuch still im Sitzen durch und versuchte, mich nicht zu übergeben. Als die Gäste gegangen waren, warf ich den Tschador ab und sagte Moody, wie entsetzt ich über den unhygienischen Zustand sei. »Diese Frauen nehmen ihn zum Naseputzen«, beschwerte ich mich.

»Das stimmt nicht«, entgegnete er. »Du lügst.«

»Schau her.«

Erst als er den Schleier selbst untersucht hatte, gab er zu, daß ich die Wahrheit sagte. Ich fragte mich, was für merkwürdige Dinge Moody wohl durch den Kopf gingen. War es ihm so leichtgefallen, wieder in die Umgebung seiner Kindheit zurückzurutschen, daß ihm alles natürlich erschien, bis ich ihn darauf aufmerksam machte?

In jenen ersten Tagen verbrachten Mahtab und ich viel Zeit in unserem Schlafzimmer und kamen nur heraus, wenn Moody uns sagte, es seien neue Gäste da. In unserem Zimmer konnten wir wenigstens auf dem Bett sitzen statt auf dem Fußboden. Mahtab spielte mit ihrem Hasen oder mit mir. Meistens war uns heiß, wir langweilten uns und waren unglücklich.

Spätnachmittags gab es im iranischen Fernsehen Nachrichten in englischer Sprache. Moody machte mich auf die tägliche Sendung aufmerksam, und ich begann mich darauf zu freuen, nicht wegen der Inhalte, sondern einfach, um meine eigene Sprache zu hören. Die Nachrichten begannen etwa um halb fünf und waren fünfzehn bis zwanzig Minuten lang, aber die Sender waren nie pünktlich.

Der erste Nachrichtenabschnitt handelte unweigerlich vom andauernden Krieg mit dem Irak. Jeden Tag gab es glorreiche Berichte über tote irakische Soldaten, aber nie wurden iranische Kriegstote erwähnt. Stets gab es ein paar Bilder von eifrigen jungen Männern und Frauen, die in den heiligen Krieg marschierten (die Männer kämpfen; die Frauen kochen und übernehmen auch die eigentlich männliche Aufgabe des Brotbackens), gefolgt von einem patriotischen Aufruf nach weiteren Freiwilligen. Dann kamen fünf Minuten libanesische Nachrichten – weil die Schiiten im Libanon, eine starke, gewalttätige Gruppe, vom Iran unterstützt werden und dem Ayatollah Khomeini treu ergeben sind. Danach folgte eine dreiminütige Zusammenfassung der Weltnachrichten, was soviel hieß wie negative Berichte über die USA. Die Amerikaner starben wie die Fliegen an *AIDS*. Die amerikanische Scheidungsrate war schwindelerregend hoch. Wenn der Irak einen Tanker im Persischen Golf bombardierte, dann nur, weil die Amerikaner es befohlen hatten.

Mir wurde die Propaganda bald zuviel. Wenn sie dies in den englischen Nachrichten sagten, fragte ich mich, was sagten sie dann den Iranern?

Sayyed Salam Ghodsi, den wir Baba Hadschi nannten, war mir ein Rätsel. Er war selten zu Hause, und er sprach fast nie mit seiner Familie, außer um sie zum Gebet zu rufen oder ihnen aus dem Koran vorzulesen, und doch war sein Einfluß im Haus allgegenwärtig. Wenn er frühmorgens nach seinen Andachtsstunden, stets in den gleichen verschwitzten grauen Anzug gekleidet, Gebete murmelnd und Gebetsperlen abzählend aus dem Haus ging, ließ er seinen eisernen Willen zurück. Den ganzen Tag über, wenn er seine Geschäfte durch kurze Ausflüge in die Moschee unterbrach, bestimmte die schwere Aura seiner düsteren Gegenwart die Stimmung im Haus. Sein Vater war ein Turbanmann gewesen. Sein Bruder hatte kürzlich im Irák den Märtyrertod gefunden. Seiner besonderen Stellung stets eingedenk, war sein Auftreten das eines Menschen, der weiß, daß er etwas Besonderes ist.

Am Ende seines langen Tages voll Arbeit und Gebet verursachte Baba Hadschi beim Nachhausekommen stets einigen Aufruhr. Das Geräusch des Eisentores, das sich gegen zehn Uhr öffnete, war der Auslöser. »Baba Hadschi«, sagte dann jemand, und die Warnung verbreitete sich schnell durch das ganze Haus. Zoreh und ihre jüngere Schwester Fereschteh verhüllten sich tagsüber nur mit einem *Rusari*, aber wenn der Vater kam, warfen sie sich schnell noch einen *Tschador* über.

Wir waren ungefähr fünf Tage Baba Hadschis Gäste gewesen, als Moody mir sagte: »Du mußt anfangen, im Haus einen *Tschador* zu tragen, oder wenigstens einen *Rusari.*«

»Nein«, sagte ich. »Du und Mammal habt mir beide vor

der Reise versichert, daß ich mich zu Hause nicht verhüllen müßte. Du hast gesagt, sie würden das verstehen, weil ich Amerikanerin bin.«

Moody fuhr fort. »Baba Hadschi ist sehr ärgerlich, weil du dich nicht verschleierst. Es ist sein Haus.« Moodys Stimme hatte einen autoritären Unterton – einen fast drohenden Klang. Ich kannte diese Seite seiner Persönlichkeit sehr wohl und hatte schon in der Vergangenheit damit zu kämpfen gehabt. Aber dies war sein Land, sein Volk. Es blieb mir offensichtlich keine Wahl. Aber jedesmal, wenn ich mir den verhaßten Schal überwarf, um mich in Baba Hadschis Gegenwart aufhalten zu können, dachte ich daran, daß wir bald nach Hause in mein Land, nach Michigan, zu meinem Volk fahren würden.

Im Laufe der Zeit wurde Ameh Bozorg weniger herzlich. Sie beschwerte sich bei Moody über unsere verschwenderische amerikanische Gewohnheit, jeden Tag zu duschen. Als Vorbereitung auf unseren Besuch war sie ins *Hammun*, das öffentliche Bad gegangen – wo das Ritual einen ganzen Tag dauert. Seitdem hatte sie nicht wieder gebadet und hatte offenbar auch in der nahen Zukunft keinerlei Absicht, dies zu tun. Sie und der Rest ihrer Sippe zogen Tag für Tag die gleichen schmutzigen Kleider an, trotz der schweißtreibenden Hitze.

»Ihr könnt nicht jeden Tag duschen«, sagte sie.

»Wir müssen jeden Tag duschen«, erwiderte Moody.

»Nein«, sagte sie. »Ihr wascht euch alle Zellen von der Haut, und ihr werdet euch den Bauch erkälten und krank werden.«

Der Streit ging unentschieden aus. Wir duschten weiter täglich. Ameh Bozorg und ihre Familie stanken weiter.

Obwohl er auf seiner eigenen Reinlichkeit beharrte, hatte Moody erstaunlicherweise kein Auge für den Schmutz in seiner Umgebung, bis ich seine Aufmerksamkeit darauf lenkte. »Im Reis sind Käfer«, jammerte ich.

»Das stimmt nicht«, sagte er. »Du hast dich bloß entschlossen, es hier nicht schön zu finden.« Abends beim Essen rührte ich verstohlen im Reis und sammelte mehrere schwarze Käfer in einer Portion, die ich auf Moodys Teller häufte. Es ist unhöflich, etwas auf dem Teller zu lassen. Und da es ihm unmöglich war, taktlos zu sein, aß Moody die Käfer. Er hatte mich verstanden.

Moody bemerkte jedoch ebenfalls den widerlichen Geruch, der jedesmal durch das Haus wehte, wenn Ameh Bozorg befand, es sei an der Zeit, den bösen Blick abzuwehren. Dazu verbrannte sie übelriechende schwarze Samenkörner in einem Durchschlag, einem Metallgefäß mit Löchern wie in einem Sieb. Ein Durchschlag ist unentbehrlich, wenn man Reis auf iranische Art kochen will; er verteilt die Hitze gleichmäßig und erlaubt so die Bildung der Kruste. Aber in Ameh Bozorgs Händen, angefüllt mit schwelenden Samenkörnern und in jeden Winkel des Hauses getragen, war es ein Folterinstrument. Moody war der Geruch genauso verhaßt wie mir.

Manchmal spielte Mahtab ein bißchen mit den Kindern, die zu Besuch kamen, und lernte dabei ein paar Worte Farsi, aber das Milieu war so fremd, daß sie immer in meiner Nähe und bei ihrem Hasen blieb. Einmal zählte sie zum Zeitvertreib die Mückenstiche in ihrem Gesicht. Es waren dreiundzwanzig. Ihr ganzer Körper war mit roten Beulen übersät.

Im Verlauf der Tage schien Moody immer mehr zu vergessen, daß Mahtab und ich auch noch da waren. Zuerst übersetzte er jedes Gespräch, jeden noch so seichten Kommentar. Nun machte er sich nicht länger diese Mühe. Mahtab und ich wurden für die Gäste auf den Präsentierteller gesetzt und mußten dann stundenlang stillsitzen und ein freundliches Gesicht machen, obwohl wir kein Wort verstanden. Es vergingen mehrere Tage, an denen nur Mahtab und ich miteinander sprachen.

Zusammen warteten wir auf – ja lebten wir nur für – den Moment unserer Rückkehr nach Amerika.

Ein Topf voll Essen dampfte unablässig auf dem Herd, für jeden, der gerade Hunger hatte. Häufig sah ich, wie Leute an der großen Schöpfkelle probierten und den Rest aus ihrem Mund wieder in den Topf oder einfach auf den Fußboden träufeln ließen. Die Arbeitsflächen und der Fußboden waren mit Zuckerspuren überkrustet, die unachtsame Teetrinker hinterließen. Die Kakerlaken gediehen prächtig in der Küche und im Bad.

Ich aß fast nichts. Ameh Bozorg kochte meistens ein *Khoresch* aus Lammfleisch zu Abend, unter großzügiger Beigabe von dem, was sie *Dombe* nannte. Das ist ein Fettbeutel von etwa fünfundvierzig Zentimetern Durchmesser, der beim iranischen Fettschwanzschaf unter dem Schwanz hängt und wackelt, wenn das Tier läuft. Das Fett hat einen ranzigen Geschmack, der dem iranischen Gaumen mundet, und dient als billiger Ersatz für Speiseöl.

Ameh Bozorg hatte einen *Dombe* im Kühlschrank und begann jeden Tag das Kochen damit, daß sie einen Klumpen Fett abschnitt und ihn in einer Pfanne zerließ. Dann dünstete sie darin oft Zwiebeln, fügte ein paar Stücke Fleisch hinzu und warf hinein, was an Bohnen und anderem Gemüse vorhanden war. Das dünstete dann den ganzen Nachmittag und den ganzen Abend, und der beißende Geruch des *Dombe*-Fettes durchzog das ganze Haus. Beim Abendessen konnten weder Mahtab noch ich den Anblick von Ameh Bozorgs Essen ertragen. Und selbst Moody schmeckte es nicht.

Allmählich gerieten seine medizinische Ausbildung und sein gesunder Menschenverstand in Konflikt mit seinem Respekt für seine Familie. Weil ich mich ständig über die unhygienischen Zustände beklagte, nahm Moody schließlich genug Notiz davon, um sie zur Sprache zu bringen.

»Ich bin Arzt, und ich meine, ihr solltet auf meinen Rat

hören«, sagte er seiner Schwester. »Ihr seid nicht reinlich. Ihr solltet duschen. Du mußt deinen Kindern beibringen zu duschen. Ich bin wirklich unglücklich über eure Lebensweise.«

Ameh Bozorg ignorierte die Worte ihres jüngeren Bruders. Wenn er nicht hinsah, schoß sie einen haßerfüllten Blick in meine Richtung ab, um mich wissen zu lassen, daß sie mich als den Störenfried betrachtete.

Die tägliche Dusche war nicht die einzige westliche Sitte, durch die meine Schwägerin sich beleidigt fühlte. Eines Tages, als Moody aus dem Haus gehen wollte, gab er mir einen flüchtigen Abschiedskuß auf die Wange. Ameh Bozorg bekam das mit und wurde sofort wütend. »Das kannst du in diesem Haus nicht machen«, schimpfte sie mit Moody. »Hier gibt es Kinder.« Die Tatsache, daß das jüngste »Kind«, Fereschteh, bald ihr Studium an der Universität von Teheran aufnehmen wollte, spielte anscheinend keine Rolle.

Nach mehreren Tagen des Eingesperrtseins gingen wir endlich einkaufen. Moody, Mahtab und ich hatten uns auf diesen Teil der Reise und die Gelegenheit, exotische Geschenke für unsere Freunde und Verwandten daheim zu kaufen, gefreut. Wir wollten außerdem die relativ niedrigen Preise in Teheran ausnutzen, um Schmuck und Teppiche für uns selbst zu kaufen.

An mehreren aufeinanderfolgenden Vormittagen wurden wir von Zoreh oder Madschid in die Stadt gefahren. Jede Fahrt war eine abenteuerliche Reise in eine Stadt, die in den vier Jahren seit der Revolution von fünf auf vierzehn Millionen Einwohner angewachsen war. Es war unmöglich, genaue Zahlen zu bekommen. Ganze Dörfer waren durch den wirtschaftlichen Zusammenbruch vernichtet worden; in ihrer Not flohen die Bewohner nach Teheran. Tausende – vielleicht Millionen – Flüchtlinge aus dem Krieg in Afghanistan strömten ebenfalls nach Teheran.

Überall trafen wir auf Menschenhorden, die eilig mit grimmiger Miene ihren Geschäften nachgingen. Nirgends war ein Lächeln zu sehen. Zoreh oder Madschid steuerten das Auto durch unglaubliche Verkehrsstaus, in denen es von Fußgängern wimmelte, die ihr schäbiges Leben aufs Spiel setzten, und von Kindern, die chaotisch kreuz und quer über die überfüllten Straßen schossen.

Die Straßen wurden von breiten Gräben begrenzt, durch die das Wasser aus den Bergen rauschte. Die Bevölkerung benutzte dieses kostenlos zur Verfügung stehendes Wasser für verschiedene Zwecke. Es war eine »Müllabfuhr«, das den Abfall wegschwemmte. Ladenbesitzer tauchten ihre Scheuerbesen hinein. Manche Leute urinierten hinein; andere wuschen sich darin die Hände. An jeder Straßenecke mußten wir über den schmutzigen Bach springen.

Überall in der Stadt wurde gebaut, alles in Handarbeit und scheinbar willkürlich. So baute man Tür- und Fensterrahmen nicht aus Kanthölzern, sondern aus Baumstämmen von etwa zehn Zentimeter Durchmesser, die zwar entrindet, aber noch grün und oft verzogen waren. Ohne sich viel Gedanken über Genauigkeit zu machen, setzten Bauarbeiter Balken verschiedener Größe wie billiges Spielzeug zusammen und schufen damit Häuser von zweifelhafter Qualität und Haltbarkeit.

Die Stadt befand sich im Belagerungszustand, jede Aktivität wurde von schwerbewaffneten Soldaten und finster dreinblickenden Polizisten überwacht. Es war beängstigend, vor geladenen Gewehren die Straße entlangzugehen. Männer in dunkelblauen Polizeiuniformen waren überall, die Läufe ihrer Gewehre, geschult im Umgang mit Demonstranten, zielten auf uns. Was wäre, wenn ein Schuß sich versehentlich löste?

Revolutionssoldaten in Tarnanzügen waren allgegenwärtig. Sie hielten Autos wahllos an und durchsuchten sie nach verbotenen Waren wie Drogen, Schriften, die sich mit dem schiitischen Islam kritisch auseinandersetzten, oder in Amerika hergestellten Kassetten. Für letzteres Vergehen konnte man bis zu sechs Monaten im Gefängnis landen.

Außerdem gab es die bedrohliche *Pasdar*, eine polizeiliche Sondertruppe, die in kleinen Nissan-Geländewagen mit Vierradantrieb die Straßen durchstreifte. Jeder schien eine Horrorgeschichte über die *Pasdar* parat zu haben. Sie war die Antwort des Ayatollah auf die *Savak*, die Geheimpolizei des Schah. Über die *Pasdar*, deren Mitglieder wenig mehr als Straßendiebe mit plötzlicher Machtbefugnis waren, gab es schnell düstere Geschichten.

Eine der Aufgaben der *Pasdar* war es, darauf zu achten, daß Frauen ordnungsgemäß gekleidet waren. Für mich war es schwer zu begreifen, was unter den Begriff der Schicklichkeit fiel. Frauen stillten ihre Babies in aller Öffentlichkeit, gleichgültig dafür, wieviel sie von ihrem Busen zeigten, solange Kopf, Kinn, Handgelenke und Knöchel bedeckt waren.

In den Reihen dieser fremdartigen Gesellschaft zählten wir, wie Moody mir gesagt hatte, zur Elite. Wir genossen das Prestige einer angesehenen Familie, die weit kultivierter war als die Norm. Selbst Ameh Bozorg war, verglichen mit den Menschen in den Straßen Teherans, ein Muster an Weisheit und Reinlichkeit. Und wir waren, im herkömmlichen Sinn, reich.

Moody hatte mir gesagt, daß er Reiseschecks im Wert von zweitausend Dollar mitnehmen wollte, aber er hatte offensichtlich viel mehr mitgebracht und war willens, das Geld mit vollen Händen auszugeben. Auch genoß Mammal es, uns mit Bargeld zu überhäufen, um seine Macht und sein Ansehen zur Schau zu stellen und uns für alles, was wir in den USA für ihn getan hatten, zu entschädigen.

Der Wechselkurs für Dollar in Rial war schwer zu verstehen. Die Banken zahlten etwa hundert Rial für einen Dollar, aber Moody sagte, der Kurs sei auf dem schwarzen Markt günstiger. Ich nahm an, das sei der Grund für einige der Wege, die er ohne mich machte. Moody hatte soviel Bargeld, daß es unmöglich war, es alles bei sich zu haben. Er stopfte viel in die Taschen seiner Kleider, die bei uns im Schlafzimmer im Schrank hingen.

Nun wußte ich, warum Leute auf der Straße offen mit zehn Zentimetern dicken Geldpaketen herumliefen. Um überhaupt etwas zu kaufen, brauchte man riesige Mengen Rial. Im Iran wird nicht mit Kreditkarten oder Schecks bezahlt.

Moody und ich verloren beide jede Übersicht über den relativen Wert unseres Bargeldes. Es war angenehm, reich zu sein, und wir kauften entsprechend ein. Wir kauften handbestickte Kissenbezüge, handgemachte Bilderrahmen mit Emblemen aus zweiundzwanzigkarätigem Gold, und feingearbeitete Drucke von Miniaturen. Moody kaufte für Mahtab in Gold gefaßte Brillantohrringe. Mir kaufte er einen Ring, ein Armband und ein Paar goldene Brillantohrringe. Er machte mir außerdem ein besonderes Geschenk, eine goldene Halskette, die den Gegenwert von dreitausend Dollar hatte. Ich wußte, sie würde in Amerika ein Vielfaches wert sein.

Mahtab und ich bewunderten lange, bunte Kleider aus Pakistan; Moody kaufte sie uns.

Wir suchten uns Möbel für zwei ganze Zimmer aus, aus poliertem Hartholz mit Intarsien aus Blattgold und Polstern mit exotischen Bezügen. Wir wählten ein Eßzimmer sowie ein Sofa und einen Sessel für unser Wohnzimmer. Madschid sagte, er wolle sich nach den Vorschriften für das Verschiffen nach Amerika erkundigen. Moodys Bereitschaft, diese Einkäufe zu tätigen, trug dazu bei, meine Befürchtungen zu mildern. Er plante wirklich, nach Hause zurückzukehren.

Eines Morgens machte Zoreh sich fertig, um Mahtab und mich zusammen mit ein paar anderen weiblichen Verwandten zum Einkaufen zu fahren. Moody übergab mir großzügig einen dicken Packen von nicht abgezählten Rial. Meine besondere Entdeckung an jenem Tag war ein italienischer Wandteppich, etwa 1,50 m mal 2,50 m. Ich wußte, er würde sich bei uns an der Wand phantastisch machen. Er kostete ungefähr zwanzigtausend Rial, rund zweihundert Dollar. Am Ende des Tages hatte ich noch den größten Teil des Geldes übrig; ich behielt es für den nächsten Einkauf. Moody gab sein Geld so großzügig aus, daß ich wußte, es wäre ihm gleich – er würde es nicht einmal bemerken.

Fast jeden Abend fand bei jemandem aus der riesigen Menge von Moodys Verwandten eine Feier statt. Mahtab und ich waren immer die Außenseiter, die Kuriositäten. Die Abende waren bestenfalls langweilig, aber sie gaben uns einen Grund, Ameh Bozorgs schreckliches Haus zu verlassen.

Schon bald fiel mir auf, daß Moodys Verwandte erkennbar zwei verschiedenen Kategorien angehörten. Die Hälfte der Sippe lebte wie Ameh Bozorg; dem Schmutz gegenüber gleichgültig, voller Verachtung für westliche Sitten und Ideale klammerten sie sich fanatisch an ihre Auslegung von Ayatollah Khomeinis schiitischem Islam. Die andere Hälfte schien etwas verwestlicht zu sein, offener für Abwechslung, kultivierter und freundlicher und auf alle Fälle hygienebewußter. Sie waren eher bereit, Englisch zu sprechen und weitaus höflicher zu Mahtab und mir.

Wir genossen unsere Besuche bei Reza und Essey. Bei sich zu Hause war Moodys Neffe zu mir freundlich und zuvorkommend. Auch Essey schien mich zu mögen. Sie ergriff jede Gelegenheit, in Gesprächen mit mir ihre bescheidenen Englischkenntnisse anzuwenden. Essey und ein paar der anderen Verwandten halfen, die Langeweile und Frustration ein wenig zu lindern.

Aber nur selten ließ man mich vergessen, daß ich als Amerikanerin eine Feindin war. Eines Abends waren wir zum Beispiel zu Moodys Cousine Fatimah Hakim eingeladen. Einige iranische Frauen nehmen bei der Heirat den Familiennamen ihres Mannes an, aber die meisten behalten ihren Mädchennamen. In Fatimahs Fall war die Frage müßig, denn sie war als eine Hakim geboren und hatte einen Hakim, einen nahen Verwandten, geheiratet. Sie war eine herzliche Frau von Ende Vierzig oder Anfang Fünfzig, die es wagte, Mahtab und mich mit häufigem Lächeln zu beehren. Sie sprach kein Englisch, aber während des Abendessens auf dem Fußboden erschien sie mir sehr freundlich um uns besorgt. Ihr für einen Iraner ungewöhnlich großer Mann verbrachte den größten Teil des Abends damit, Gebete zu murmeln und Koranverse zu singen, während um uns herum das mittlerweile vertraute Plappern der Verwandten lärmte.

Fatimahs Sohn war ein Mensch von merkwürdigem Aussehen. Er mochte fast Mitte Dreißig sein, aber er war kaum einen Meter zwanzig groß und hatte jungenhafte Züge. Ich fragte mich, ob er vielleicht einer der vielen genetischen Abweichungen war, die ich in Moodys Familie gesehen hatte, wo viele untereinander heirateten.

Während des Essens sprach dieses gnomenhafte Wesen kurz mit mir Englisch, mit einem sauberen, typisch britischen Akzent. Obwohl ich froh war, Englisch zu hören, war seine Art beunruhigend. Als frommer Mann sah er mich nicht einmal an, während er mit mir sprach.

Nach dem Essen starrte er in eine entfernte Ecke und sagte zu mir: »Wir würden uns freuen, wenn ihr uns nach oben begleiten würdet.«

Moody, Mahtab und ich folgten ihm die Treppe hinauf, wo wir zu unserer Überraschung ein Wohnzimmer vorfanden, das mit amerikanischen Möbeln angefüllt war. Englische Bücher säumten die Wände. Fatimahs Sohn führte mich zu einem Platz in der Mitte einer niedrigen Couch. Moody und Mahtab wurden rechts und links von mir plaziert.

Während ich mit den Augen die wunderbar vertraute

Einrichtung aufsog, kamen andere Familienmitglieder herein. Sie nahmen nach einer streng hierachischen Sitzordnung Platz, in der Fatimahs Mann der Ehrenplatz zustand.

Ich warf Moody einen fragenden Blick zu. Er zuckte mit den Achseln, denn auch er wußte nicht, was uns erwartete.

Fatimahs Mann sagte etwas in Farsi, und der Sohn übersetzte, indem er an mich die Frage richtete: »Magst du Präsident Reagan?«

Überrascht, im Bemühen höflich zu sein, stammelte ich: »Na, ja.«

Weitere Fragen wurden in schneller Folge auf mich abgefeuert. »Mochtest du Präsident Carter? Was hast du von Carters Beziehungen zum Iran gehalten?«

Darauf gab ich keine Antwort mehr, denn ich war nicht bereit, gefangen in einem iranischen Wohnzimmer, mein Vaterland zu verteidigen. »Ich will über diese Dinge nicht diskutieren. Ich habe mich noch nie für Politik interessiert.«

Sie bedrängten mich weiter. »Nun«, sagte der Sohn, »ich bin sicher, daß du vor deiner Reise eine Menge darüber gehört hast, wie Frauen im Iran unterdrückt werden. Jetzt, da du eine Weile hier bist, siehst du doch ein, daß dies alles nicht wahr ist, daß es alles Lüge ist?«

Diese Frage war zu lächerlich, um sie zu übergehen. »Das ist ganz und gar nicht, was ich sehe«, sagte ich. Ich war drauf und dran, eine Tirade gegen die Unterdrückung der iranischen Frauen loszulassen, aber überall um mich herum kauerten anmaßende, arrogante Männer mit ihren Gebetsperlen und murmelten *»Allahu akbar«*, während die Frauen unterwürfig und still in ihre *Tschadors* gewickelt dasaßen. »Ich will solche Fragen nicht diskutieren«, sagte ich plötzlich. »Ich werde keine Fragen mehr beantworten.« Ich drehte mich zu Moody um und murmelte: »Du mußt mich hier rausholen. Ich habe keine Lust, auf der Anklagebank zu sitzen.«

Moody war die Sache unbehaglich, er war zwischen der

Sorge um seine Frau und der Pflicht, seinen Verwandten Respekt zu zollen, gefangen. Er tat nichts, und das Gespräch wandte sich der Religion zu.

Der Sohn zog ein Buch aus dem Regal und schrieb eine Widmung hinein: »Für Betty. Dies ist ein Geschenk aus meinem Herzen für Dich.«

Es war ein Buch mit belehrenden Aussprüchen des Imam Ali, des Gründers der schiitischen Sekte. Man erklärte mir, daß Mohammed selbst Imam Ali zu seinem Nachfolger ernannt hatte, daß aber die Sunniten sich nach dem Tod des Propheten an die Macht gekämpft und sich im größten Teil der islamischen Welt die Vorherrschaft gesichert hatten. Das war auch heute noch der größte Streitpunkt zwischen Sunniten und Schiiten.

Ich versuchte das Geschenk so höflich wie möglich anzunehmen, aber der Abend endete trotzdem im Mißklang. Wir tranken Tee und gingen.

In unserem Schlafzimmer bei Ameh Bozorg angekommen, stritten Moody und ich uns. »Du warst nicht höflich«, sagte er. »Du hättest ihnen zustimmen müssen.«

»Aber es ist nicht die Wahrheit.«

»Doch, das ist es«, sagte er. Zu meinem Erstaunen schleuderte mir mein eigener Ehemann die Parolen der schiitischen Parteilinie entgegen, die besagen, Frauen hätten die meisten Rechte von allen Menschen im Iran. »Du steckst voller Vorurteile«, sagte er. »Frauen werden im Iran nicht unterdrückt.«

Ich traute meinen Ohren nicht. Er hatte doch mit eigenen Augen gesehen, wie die iranischen Ehefrauen die Sklavinnen ihrer Männer waren, wie ihre Religion und ihre Regierung sie bei jedem Schritt behinderten, eine Praxis, die sich beispielhaft an ihrem überheblichen Beharren auf einer veralteten und ungesunden Kleiderordnung erkennen ließ.

An jenem Abend gingen wir im Zorn aufeinander ins Bett.

Mehrere Familienmitglieder bestanden darauf, daß wir einen der Paläste des ehemaligen Schahs besichtigen sollten. Als wir ankamen, wurden wir nach Geschlechtern getrennt. Ich folgte den anderen Frauen in einen Vorraum, wo wir nach illegalen Waren durchsucht und auf angemessene Kleidung hin kontrolliert wurden. Ich trug *Manto* und *Rusari*, die Ameh Bozorg mir gegeben hatte, und dicke schwarze Strümpfe. Kein Jota Bein war zu sehen, aber dennoch bestand ich die Inspektion nicht. Mit Hilfe eines Dolmetschers informierte mich eine Aufseherin, daß ich außerdem noch eine dicke lange Hose überzuziehen hätte.

Als Moody kam, um sich nach dem Grund für die Verzögerung zu erkundigen, erhob er Einwände. Er erklärte, daß ich Ausländerin sei und keine lange Hose bei mir habe. Aber die Erklärung reichte nicht, und die ganze Gesellschaft mußte warten, bis Mammals Frau Nasserine zum Haus ihrer Eltern in der Nähe fuhr und eine Hose ausborgte.

Moody beharrte darauf, daß nicht einmal das eine Repression war. »Das ist nur eine einzelne, die sich wichtig tut«, murmelte er. »So sind die Dinge hier nicht wirklich.«

Als wir schließlich den Palast besichtigen durften, war er eine Enttäuschung. Khomeinis plündernde Revolutionäre hatten eine Menge der sagenhaft prunkvollen Einrichtung davongetragen, und einiges von dem, was übriggeblieben war, war zertrümmert. Es war nichts mehr aus der Zeit des Schahs vorhanden, aber der Führer beschrieb uns den sündhaften, verschwenderischen Reichtum des Schahs und ließ uns anschließend aus dem Fenster auf die Elendsviertel in der Nachbarschaft schauen, damit wir uns fragten, wie der Schah so im Glanze hatte leben können, während nebenan die Massen im Elend hausten. Wir wanderten durch kahle Säle und warfen kurze Blicke in spärlich möblierte Zimmer, während ungewaschene und unbeaufsichtigte Kinder herumrasten. Die größte Attraktion schien ein Kiosk zu sein, an dem es islamische Literatur zu kaufen gab.

Obwohl es ein Erlebnis ohne Bedeutung war, konnten Mahtab und ich es als einen Tag weniger für unseren Aufenthalt im Iran verbuchen.

Die Zeit verging unendlich langsam. Mahtab und ich vergingen vor Sehnsucht nach Amerika, nach Normalität.

In der Mitte der zweiten Woche unseres Urlaubs verschafften Reza und Essey uns eine Gelegenheit, einen Hauch von Heimat zu verspüren. Eine von Rezas liebsten Erinnerungen an seine Zeit bei uns in Corpus Christi war Thanksgiving, das amerikanische Erntedankfest. Nun fragte er, ob ich bereit wäre, ein Abendessen mit Truthahn zu bereiten.

Ich war begeistert. Ich gab Reza eine Einkaufsliste, und er verbrachte einen ganzen Tag damit, die Zutaten zu beschaffen.

Der Truthahn war ein dürrer Vogel, noch mit Kopf, Füßen und dem größten Teil der Federn und allen Eingeweiden. Er stellte eine Herausforderung dar, eine Aufgabe, die einen ganzen Tag ausfüllte. Esseys Küche war zwar auch verdreckt, aber immer noch steril im Vergleich zu Ameh Bozorgs, und ich arbeitete dort relativ zufrieden, um ein amerikanisches Festessen zu kreieren.

Essey besaß keinen Bräter. Ja, sie hatte noch nie den Ofen ihres Gasherds benutzt. Ich mußte den Puter in mehrere große Stücke hacken und diese in Töpfen braten. Ich hielt Reza und Moody beschäftigt, während ich zwischen Ameh Bozorgs und Rezas Küche hin und her eilte, um genaue Kochanweisungen zu geben.

Ich mußte zahlreiche Zutaten durch andere ersetzen. Es gab kein Salbei für die Soße, also nahm ich *Marze*, ein würziges Küchenkraut, und frischen Sellerie, den Reza nach einigen Stunden Suche auf den Märkten entdeckt hatte. Ich backte eine Art Baguette für die Füllung. Ich stampfte die Kartoffeln, eine seltene Delikatesse, mit einem hölzernen, kegelförmigen Stößel durch ein Sieb; noch einmal mit dem Stößel durchgeschlagen, verwandelte sich das Mus in Kartoffelpüree.

Jeder Arbeitsschritt wurde durch die kulturellen Unterschiede behindert. Es gab weder Geschirrtücher noch Topflappen; die sind bei Iranern unbekannt. Es gab kein Wachspapier und keine Klarsichtfolie; im Iran verwendet man Zeitungen. Meine Pläne für einen Apfelauflauf wurden durch das Fehlen einer Kuchenform zunichte gemacht, deshalb backte ich einen Nachtisch mit Äpfeln und Streuseln. Ich mußte die Ofentemperatur nach Gefühl einstellen, denn ich konnte mit den Zahlen auf der Skala nichts anfangen, und Essey stand auch vor einem Rätsel, denn sie hatte den Ofen ja noch nie benutzt.

Das Kochen dauerte den ganzen Tag, und ich brachte einen Puterbraten zustande, der trocken, zäh und ziemlich geschmacklos war. Aber Reza, Essey und ihre Gäste waren begeistert, und auch ich mußte zugeben, daß dies, verglichen mit dem fettigen, schmutzigen Essen, das man uns bisher im Iran vorgesetzt hatte, ein wahres Festessen war.

Moody war sehr stolz auf mich.

Endlich war der letzte Tag unseres Besuches gekommen. Madschid bestand darauf, daß wir den Morgen im Park Mellatt verbrachten.

Das war schön. Madschid war das einzige wirklich sympathische Mitglied von Ameh Bozorgs Haushalt, der einzige mit einem Funken Leben in den Augen. Madschid und Zia – der mich am Flughafen so beeindruckt hatte – besaßen gemeinsam eine Fabrik zur Herstellung von Kosmetika. Ihr wichtigstes Produkt war ein Deodorant, obwohl davon in Ameh Bozorgs Haus nichts zu merken war.

Sein Geschäft schien Madschid reichlich Freizeit zu lassen, und er benutzte sie, um mit den vielen Kindern der Sippe herumzutollen. Er war überhaupt der einzige unter den Erwachsenen, der sich für die Kinder zu interessieren schien. Mahtab und ich nannten ihn den »Spaßvogel«.

Der Ausflug in den Park Mellatt war nur für uns vier – Madschid, Moody, Mahtab und mich. Er war das Vergnüglichste, was ich mir für den letzten Tag dieser mir endlos erschienenen zwei Wochen vorstellen konnte. Mahtab und ich zählten schon die Stunden bis zu unserer Abreise.

Der Park war eine Oase mit grünen Rasenflächen, die von Blumengärten umgeben waren. Mahtab war überglücklich, einen Ort zum Herumtollen gefunden zu haben. Sie und Madschid spielten glücklich und liefen voraus. Moody und ich gingen langsam hinterher.

Wieviel mehr Spaß würde mir der Park machen, dachte ich, wenn ich nur diesen lächerlichen Schal und den lächerlichen Mantel loswerden könnte. Wie ich die Hitze und den überwältigenden Geruch ungewaschener Menschen haßte, der sogar in dieses Paradies eindrang. Wie mir der Iran verhaßt war!

Plötzlich merkte ich, daß Moody meine Hand hielt, ein kleiner Verstoß gegen schiitische Sitten. Er war nachdenklich und traurig.

»Etwas ist geschehen, bevor wir von zu Hause abgereist sind«, sagte er. »Du weißt davon noch nichts.«

»Was?«

»Ich bin entlassen worden.«

Ich zog meine Hand weg, denn ich argwöhnte einen Trick, witterte Gefahr, spürte, wie meine Ängste wiederkehrten. »Warum?« fragte ich.

»Die Klinik wollte jemanden für viel weniger Gehalt an meine Stelle setzen.«

»Du lügst«, sagte ich giftig. »Das stimmt nicht.«

»Doch, es ist die Wahrheit.«

Wir setzten uns auf den Rasen und redeten weiter. Ich sah in Moodys Gesicht die Anzeichen der tiefen Depression, die ihn in den letzten zwei Jahren gequält hatte. Als junger Mann hatte er seine Heimat verlassen, um im Westen sein Glück zu suchen. Er hatte hart gearbeitet, sich sein Studium selbst verdient und schließlich seinen Abschluß als Chiropraktiker gemacht. Er hatte sich als Anästhesist spezialisiert und niedergelassen. Zusammen hatten wir seine Praxis geführt, zuerst in Corpus Christi, später in Alpena, einer kleinen Stadt im nördlichen Teil von Michigans südlicher Halbinsel. Wir hatten gut gelebt, bis der Ärger begann. Ein großer Teil davon war selbstgeschaffen, obwohl Moody dazu neigte, das nicht zu sehen. Einige der Schwierigkeiten entstanden durch rassistische Vorurteile; andere durch Pech. Was immer die Ursache war, Moodys Einkommen war kräftig gesunken, und seine Berufsehre war schwer angekratzt. Wir waren gezwungen, Alpena, die Stadt, die uns so lieb war, zu verlassen.

Er war seit über einem Jahr in der Klinik in der Vierzehnten Straße in Detroit beschäftigt, eine Arbeit, die er erst angenommen hatte, nachdem ich ihn angetrieben hatte. Nun war die anscheinend auch weg. Aber die Zukunft sah keineswegs düster aus. Dort im Park wischte ich mir die Tränen ab und versuchte, ihn zu trösten.

»Das macht doch nichts«, sagte ich. »Du kannst eine andere Stelle finden, und ich arbeite auch wieder.«

Moody war untröstlich. Sein Blick wurde trübe und leer, wie bei so vielen anderen Iranern.

Später am Nachmittag begannen Mahtab und ich ein aufregendes Abenteuer: packen! Das, was wir mehr als alles andere auf der Welt wollten, war nach Hause zu kommen. Ich wollte noch nie so verzweifelt von irgendwo fort. Nur noch ein einziges iranisches Abendessen! sagte ich mir. Nur noch ein Abend unter Leuten, deren Sprache und Sitten ich nicht verstand.

Irgendwie mußten wir in unserem Gepäck Platz finden für all die Schätze, die wir angehäuft hatten, aber es war eine freudige Aufgabe. Mahtabs Augen leuchteten vor Glück. Morgen, das wußte sie, würden sie und ihr Hase auf einem Platz im Flugzeug für den Heimflug festgeschnallt werden.

Ein Teil von mir fühlte mit Moody. Er wußte, daß ich seine Heimat und seine Familie verabscheute, und ich sah keinen Grund, diese Tatsache auch noch dadurch zu betonen, daß ich meiner großen Freude über das Ende des Urlaubs Ausdruck verlieh. Dennoch wollte ich, daß auch er sich fertig machte.

Als ich in dem kleinen, kargen Zimmer nachschaute, ob ich irgend etwas vergessen hatte, bemerkte ich, daß er auf dem Bett saß und immer noch grübelte. »Komm schon«, sagte ich, »laß uns unsere Sachen zusammenpacken.«

Ich warf einen Blick in den Koffer voller rezeptpflichtiger Medikamente, die er mitgebracht hatte, um sie hier den Ärzten zu schenken. »Was willst du damit machen?« fragte ich.

»Ich weiß nicht«, sagte er.

»Warum schenkst du sie nicht Hossein?« schlug ich vor. Baba Hadschis und Ameh Bozorgs ältester Sohn war ein erfolgreicher Apotheker.

In der Ferne klingelte ein Telefon, aber ich achtete kaum auf das Geräusch. Ich wollte mit dem Packen fertig werden.

»Ich habe mich noch nicht entschieden, was ich damit mache«, sagte Moody. Seine Stimme war weich, weit weg. Er wirkte nachdenklich.

Bevor wir uns weiter unterhalten konnten, wurde Moody zum Telefon gerufen, und ich folgte ihm in die Küche. Der Anrufer war Madschid, der losgefahren war, um unseren Flug bestätigen zu lassen. Die beiden Männer sprachen ein paar Minuten lang zusammen in Farsi, bevor Moody auf Englisch sagte: »Da sprichst du besser mit Betty.«

Als ich meinem Mann den Hörer aus der Hand nahm, durchschauerte mich eine Vorahnung. Plötzlich schien sich alles zu einem entsetzlichen Mosaik zusammenzufügen.

Moodys überwältigende Freude beim Wiedersehen mit seiner Familie und seine offensichtlichen Sympathien für die islamische Revolution. Ich mußte an seine Leichtfertigkeit beim Ausgeben unseres Geldes denken. Und die Möbel, die wir gekauft hatten? Dann fiel mir ein, daß Madschid immer noch nicht ihre Verschiffung nach Amerika arrangiert hatte. War es Zufall, daß Madschid heute morgen mit Mahtab im Park verschwunden war, damit Moody und ich allein miteinander sprechen konnten? Ich mußte an all die heimlichen Gespräche zwischen Moody und Mammal in Farsi denken, als Mammal bei uns in Michigan wohnte. Schon damals hatte ich den Verdacht gehabt, daß sie eine Verschwörung gegen mich planten.

Nun wußte ich, daß irgend etwas Schreckliches im Gange war, noch bevor ich Madschid am Telefon zu mir sagen hörte: »Ihr werdet morgen nicht abreisen können.«

Ich bemühte mich, meiner Stimme keine Panik anmerken zu lassen und fragte: »Was meinst du damit – wir werden morgen nicht abreisen können?«

»Man muß seine Pässe drei Tage vor der Abreise zum Flughafen bringen, um sie bestätigen zu lassen, damit man ausreisen darf. Ihr habt eure Pässe nicht rechtzeitig abgegeben.«

»Das wußte ich nicht. Dafür bin ich nicht verantwortlich.«

»Jedenfalls könnt ihr morgen nicht fliegen.«

In Madschids Stimme lag eine Spur Herablassung, als wollte er sagen, ihr Frauen – besonders ihr Frauen aus dem Westen – werdet nie begreifen, wie die Welt funktioniert. Aber da war noch etwas, eine kalte Präzision in seinen Worten, die beinahe auswendig gelernt klangen. Ich mochte Madschid nicht mehr.

Ich schrie ins Telefon: »Wann geht der erste Flug von hier, den wir nehmen *können*?«

»Das weiß ich nicht. Ich muß nochmal nachsehen.«

Als ich den Hörer auflegte, war mir, als wäre mein Körper plötzlich völlig blutleer. Ich hatte überhaupt keine Kraft mehr. Ich spürte, daß ich es hier mit etwas zu tun hatte, das weit über ein bloß bürokratisches Problem mit unseren Pässen hinausging.

Ich schleppte Moody zurück ins Schlafzimmer.

»Was geht hier vor?« verlangte ich zu wissen.

»Nichts, nichts. Wir werden den nächstmöglichen Flug nehmen.«

»Warum hast du dich nicht um unsere Pässe gekümmert?«

»Das war ein Fehler. Keiner hat daran gedacht.«

Jetzt war ich der Panik nahe. Ich wollte meine Haltung nicht verlieren, aber ich fühlte, wie ich begann, am ganzen Leib zu zittern. Meine Stimme wurde höher und lauter, und ich konnte nicht verhindern, daß sie zitterte. »Ich glaube dir nicht!« schrie ich. »Du belügst mich. Hol die Pässe. Pack deine Sachen zusammen. Wir fahren zum Flughafen. Wir werden ihnen sagen, daß wir nichts von der Dreitagesfrist wußten, und vielleicht lassen sie uns auf unseren Flug. Wenn nicht, bleiben wir dort, bis wir abfliegen können.«

Moody schwieg einen Moment lang. Dann seufzte er tief. Wir hatten einen großen Teil der sieben Jahre unserer Ehe damit verbracht, Konflikte zu vermeiden. Wir waren beide die reinsten Verdrängungskünstler, wenn es darum ging, die schweren, wachsenden Probleme unseres gemeinsamen Lebens anzugehen.

Nun wußte Moody, daß er es nicht weiter vor sich her schieben konnte, und ich wußte, schon bevor er damit herausrückte, was er mir zu sagen hatte.

Er setzte sich neben mich auf das Bett und versuchte, mir seinen Arm um die Taille zu legen, aber ich rückte weg. Er sprach ruhig und fest mit einem wachsenden Gefühl der Macht in seiner Stimme. »Ich weiß wirklich nicht, wie ich es dir sagen soll«, sagte er. »Wir fahren nicht nach Hause. Wir bleiben hier.«

Obwohl ich das Ergebnis dieses Gesprächs einige Minuten im voraus geahnt hatte, konnte ich meine Wut nicht im Zaume halten, als ich schließlich die Worte vernahm.

Ich sprang vom Bett auf. »Lügner! Lügner! Lügner!« schrie ich. »Wie kannst du mir das antun? Du weißt, daß ich nur aus einem einzigen Grund mitgekommen bin. Du mußt mich nach Hause lassen!«

Vor Mahtab, die nicht in der Lage war, die düstere Veränderung im Verhalten ihres Vaters zu begreifen, knurrte mich Moody an: »Ich muß dich keineswegs nach Hause lassen. Du mußt das tun, was ich sage, und du bleibst *hier.*« Er versetzte mir einen Stoß gegen die Schultern, so daß ich rücklings auf das Bett fiel. Seine Schreie nahmen einen unverschämten Ton an, ja, er lachte beinahe, als wäre er der schadenfrohe Sieger in einem langanhaltenden, nicht erklärten Krieg. »Du wirst den Rest deines Lebens hierbleiben. Hast du das verstanden? Du wirst den Iran nicht verlassen. Du bleibst hier, bis du stirbst.«

Stumm und wie betäubt lag ich auf dem Bett, Tränen liefen mir über das Gesicht, und ich hörte Moodys Worte, als kämen sie vom anderen Ende eines Tunnels.

Mahtab schluchzte und klammerte sich an ihren Hasen. Die kalte, schreckliche Wahrheit war betäubend und niederschmetternd. War es wirklich wahr? Waren Mahtab und ich eingesperrt? Geiseln? Gefangene dieses gehässigen Fremden, der einst ein liebevoller Ehemann und Vater gewesen war?

Es mußte doch einen Weg aus diesem Wahnsinn geben. Mit dem Gefühl rechtschaffener Empörung wurde mir klar, daß ironischerweise sogar Allah auf meiner Seite war.

Tränen der Wut und der Frustration schossen mir aus den Augen, als ich aus dem Schlafzimmer rannte und Ameh Bozorg und noch ein paar anwesenden Familienmitgliedern gegenübertrat, die wie gewöhnlich herumsaßen.

»Ihr seid allesamt Lügner!« schrie ich.

Niemand schien zu verstehen, was Moodys amerikanische

Frau plagte. Ich stand da vor ihren feindseligen Gesichtern und fühlte mich lächerlich und machtlos.

Meine Nase lief. Tränen rollten mir über die Wangen. Ich hatte kein Taschentuch, keine Tempotücher, so daß ich mir wie alle anderen in Moodys Familie die Nase an meinem Schal putzte. Ich schrie. »Ich verlange ein Gespräch mit der ganzen Familie, sofort!«

Irgendwie wurde die Botschaft weitergegeben, und es erging der Befehl an die gesamte Verwandtschaft, zusammenzukommen.

Ich verbrachte mehrere Stunden im Schlafzimmer mit Mahtab, weinend, gegen Übelkeit ankämpfend, zwischen Zorn und Lähmung schwankend. Als Moody mein Scheckheft verlangte, reichte ich es ihm demütig.

»Wo sind die anderen?« fragte er. Wir hatten drei Konten.

»Ich hab nur eins mitgenommen«, sagte ich. Die Erklärung stellte ihn zufrieden, und er machte sich nicht die Mühe, meine Handtasche zu durchsuchen.

Dann ließ er mich allein, und ich schaffte es irgendwie, meinen ganzen Mut zusammenzukramen, um meine Verteidigung zu planen.

Zu später Abendstunde, nachdem Baba Hadschi von der Arbeit gekommen war, nachdem er gegessen hatte, nachdem die Familie meinem Aufruf gefolgt war und sich versammelt hatte, betrat ich die Halle, nicht ohne mich zuvor zu versichern, daß ich ordnungsgemäß und anständig verhüllt war. Mein Plan stand fest. Ich würde auf die religiöse Moral setzen, wie Baba Hadschi sie verkörperte. Für ihn waren Recht und Unrecht klar umrissen.

»Reza«, sagte ich und bemühte mich, meine Stimme ruhig zu halten, »übersetze dies für Baba Hadschi.«

Beim Klang seines Namens blickte der alte Mann kurz auf und senkte dann seinen Kopf wie immer, denn seine Frömmigkeit verbot ihm, mich direkt anzusehen.

In der Hoffnung, daß meine Worte richtig ins Farsi übersetzt wurden, stürzte ich mich verzweifelt in meine Verteidigungsstrategie. Ich erklärte Baba Hadschi, daß ich nicht in den Iran hatte kommen wollen, daß mir klar gewesen war, daß ich mit meinem Kommen in den Iran die Grundrechte jeder amerikanischen Frau aufgab. Davor hatte ich Angst gehabt, denn ich wußte, daß Moody, solange ich im Iran war, mein absoluter Herr war.

Warum war ich also gekommen?, fragte ich rhetorisch.

Ich war gekommen, um Moodys Familie kennenzulernen, ihr die Möglichkeit zu geben, Mahtab zu sehen. Es gab noch einen weitaus tieferen und erschreckenderen Grund für mein Kommen, aber den konnte ich nicht, wagte ich nicht, in Worte zu fassen und Moodys Familie mitzuteilen. Statt dessen erzählte ich ihnen die Geschichte von Moodys Gotteslästerung.

Als ich Moody zu Hause in Detroit mit meiner Befürchtung, er könnte mich im Iran festhalten, konfrontiert hatte, hatte er mit der einzigen Handlung reagiert, die seine gute Absicht beweisen konnte.

»Moody schwor auf den Koran, daß er nicht versuchen würde, mich gegen meinen Willen hierzubehalten«, sagte ich und fragte mich, wieviel Baba Hadschi wohl gehört und verstanden haben mochte. »Ihr seid ein gottesfürchtiger Mann. Wie könnt Ihr zulassen, daß er mir dies antut, nachdem er auf den Koran geschworen hat?«

Moody ergriff nur ganz kurz das Wort. Er gab zu, daß meine Geschichte von seinem Versprechen auf den Koran der Wahrheit entsprach. »Aber mir ist verziehen«, sagte er. »Gott wird mir vergeben, weil sie, wenn ich es nicht getan hätte, nicht mitgekommen wäre.«

Baba Hadschis Entscheidung war schnell und duldete keinen Widerspruch. Rezas Übersetzung erklärte: »Wir werden *Da'idschans* Wünschen folgen, wie immer sie lauten mögen.«

Ich spürte die Bösartigkeit förmlich, und ich schlug verbal zurück, obwohl ich wußte, daß alle Argumente vergebens waren.

»Ihr seid ein Haufen Lügner!« schrie ich. »Ihr wußtet alle schon vorher davon. Es war ein Trick. Ihr habt ihn seit Monaten geplant, und ich hasse euch alle!« Ich weinte jetzt heftig und schrie meine Worte heraus. »Eines Tages zahle ich euch das heim. Ihr habt den Islam für eure Zwecke benutzt, weil ihr wußtet, daß ich ihn respektieren würde. Eines Tages werdet ihr dafür bezahlen. Gott wird euch strafen!«

Die ganze Familie schien sich nicht um meine Verwünschung zu kümmern. Sie tauschten verschwörerische Blicke und waren sichtlich davon angetan zu sehen, wieviel Macht Moody über diese amerikanische Frau hatte.

3

Mahtab und ich weinten stundenlang, bis sie endlich vor Erschöpfung in tiefen Schlaf fiel. Ich blieb die ganze Nacht wach. Mein Kopf dröhnte. Ich verachtete und fürchtete diesen Mann, der auf der anderen Seite des Bettes schlief.

Zwischen uns wimmerte Mahtab im Schlaf, daß es mir fast das Herz brach. Wie konnte Moody nur so tief und fest neben seiner kleinen, so verängstigten Tochter schlafen? Wie konnte er ihr dies antun?

Ich hatte ja zumindest eine Wahl getroffen, aber die arme Mahtab hatte in dieser Angelegenheit nichts zu sagen. Sie war eine unschuldige Vierjährige, gefangen in den brutalen Realitäten einer seltsamen, getrübten Ehe, die sich irgendwie – ich verstand immer noch nicht ganze wie – zu einem Melodrama entwickelt hatte, zu einer Randerscheinung im unergründlichen Verlauf der weltpolitischen Ereignisse.

Die ganze Nacht lang machte ich mir Vorwürfe. Wie konnte ich sie hierher bringen?

Aber ich kannte die Antwort. Wie konnte ich es *nicht* tun?

So seltsam sich das auch anhörte, die einzige Möglichkeit, die ich gesehen hatte, Mahtab auf Dauer außerhalb des Irans zu halten, war eben die gewesen, sie für einen begrenzten Zeitraum hierher zu bringen. Und jetzt war auch dieser verzweifelte Versuch fehlgeschlagen.

Ich hatte mich nie für Politik oder internationale Intrigen interessiert. Alles, was ich jemals gewollt hatte, war Glück und Harmonie für meine Familie. Aber in jener Nacht, als sich tausend Erinnerungen in meinem Gedächtnis abspulten, schien es, als wären auch die wenigen Monate des Glücks, die wir erlebt hatten, nicht frei von Schmerz gewesen.

Es war in der Tat Schmerz gewesen, der Moody und mich vor mehr als einem Jahrzehnt zusammengebracht hatte, ein Schmerz, der auf der linken Seite meines Kopfes begann und sich schnell über den ganzen Körper ausbreitete. Im Februar 1974 quälten mich Migräneanfälle, die Schwindel, Übelkeit und ein allgemeines Gefühl von Schwäche mit sich brachten. Es tat entsetzlich weh, auch nur die Augen zu öffnen. Schon das kleinste Geräusch jagte mir Schmerzkrämpfe den Nakken und die Wirbelsäule hinunter. Nur mit starken Medikamenten konnte ich schlafen.

Die Beschwerden waren besonders unangenehm, weil ich glaubte, jetzt endlich, im Alter von achtundzwanzig Jahren, in der Lage zu sein, mein eigenes Leben zu beginnen. Ich hatte direkt von der Schulbank weg geheiratet und mich in einer lieblosen Verbindung befunden, die mit einer langwierigen, schwierigen Scheidung endete. Aber dann begann für mich eine Phase der Stabilität und des Glücks, und zwar als direktes Ergebnis meiner eigenen Anstrengungen. Mein Job bei ITT Hancock in der Kleinstadt Elsie, mitten im Herzen von Michigan, verhieß Aussichten auf eine Karriere im Management. Ursprünglich war ich eingestellt worden, um in Nachtschicht Rechnungen auszustellen, und ich hatte mich bis in meine jetzige Position hochgearbeitet, in der ich dem gesamten Büropersonal vorstand und dem Betriebsleiter direkt unterstellt war. Mein Gehalt reichte aus, um ein bequemes, wenn auch bescheidenes Heim für mich und meine Söhne Joe und John zu unterhalten.

Bei der örtlichen Vereinigung der an Muskelschwund Erkrankten hatte ich eine dankbare ehrenamtliche Tätigkeit gefunden. Ich half dabei, ihre über das Jahr verteilten Aktivitäten zu koordinieren, die dann schließlich in der Jerry-Lewis-Fernseh-Marathon-Sendung gipfelten. Am vergangenen ersten Mai war ich in Lansing im Fernsehen aufgetreten. Ich fühlte mich gut und genoß meine neuerworbene Fähigkeit, mein Leben selbst zu meistern.

Alles deutete auf Fortschritt hin, auf den vagen aber dennoch wirklichen Vorsatz, den ich als Teenager gefaßt hatte. Um mich herum sah ich eine Menge Arbeiter, Männer und Frauen, die sich meiner Ansicht nach mit zu bescheidenen Zielen zufriedengaben. Ich wollte mehr vom Leben, vielleicht einen Collegeabschluß, vielleicht eine Karriere als Gerichtsreporterin, vielleicht meine eigene Firma, vielleicht – wer konnte das sagen? Ich wollte *mehr* als das trübselige Leben, das ich um mich herum wahrnahm.

Aber ausgerechnet dann begannen die Kopfschmerzen. Tagelang war es mein einziges Streben, diese elenden, lähmenden Schmerzen loszuwerden.

Verzweifelt nach Hilfe suchend, ging ich zu Dr. Roger Morris, unserem langjährigen Hausarzt, und an demselben Nachmittag überwies er mich ins Krankenhaus von Carson City, eine chiropraktische Klinik, eine halbe Autostunde westlich von Elsie gelegen.

Ich lag im Bett in meinem Privatzimmer bei geschlossenen Vorhängen und abgeschaltetem Licht, zusammengerollt wie ein Fetus, und hörte ungläubig zu, als die Ärzte die Möglichkeit in Betracht zogen, ich könnte an einem Gehirntumor leiden.

Meine Eltern kamen mit dem Auto von Bannister, um mich zu besuchen, und brachten Joe und den kleinen John mit ins Zimmer, obwohl sie eigentlich noch nicht alt genug dafür waren.

Ich war sehr froh, meine Söhne zu sehen, aber diese Übertretung der üblichen Besuchsregeln im Krankenhaus ängstigte mich. Als unser Pfarrer am nächsten Tag vorbeischaute, erklärte ich ihm, ich wollte ein Testament vorbereiten.

Mein Fall war verzwickt. Die Ärzte verschrieben täglich Physiotherapiesitzungen mit einer anschließenden Manipulationsbehandlung. Danach wurde ich in mein dunkles, ruhiges Zimmer zurückgeschickt. Die Manipulationstherapie ist einer der Hauptunterschiede zwischen Chiropraktik und der allgemein bekannten allopathischen Behandlung, wie sie von herkömmlich ausgebildeten Ärzten durchgeführt wird. Ein Chiropraktiker hat dieselbe Ausbildung durchlaufen wie normale Ärzte, aber in seinen theoretischen Konzepten unterscheidet er sich deutlich von ihnen. Chiropraktiker arbeiten auf den gleichen Gebieten der modernen Medizin wie herkömmliche Ärzte – als Anästhesisten, Chirurgen, Geburtshelfer, Kinderärzte und Neurologen, um nur ein paar zu nennen. Ein Chiropraktiker vertritt aber eine ganzheitliche Heilmethode. Die Manipulationstherapie versucht, Schmerzen auf natürliche Weise zu lindern, indem die betroffenen Nervenstellen stimuliert und angespannte, schmerzende Muskeln entspannt werden. In der Vergangenheit hatte das bei mir immer gute Erfolge erzielt, mir bei verschiedenen Leiden Erleichterung verschafft, und ich hoffte, daß die Methode auch diesmal wirken würde, denn ich suchte verzweifelt nach Linderung.

Ich litt solche Qualen, daß ich dem Assistenzarzt der hereinkam, um die erste Manipulationsbehandlung durchzuführen, kaum Beachtung schenkte. Ich lag mit dem Gesicht nach unten auf einem hartgepolsterten Tisch, der den Druck auffing, als seine Hände meine Rückenmuskulatur bearbeiteten. Seine Berührung war sanft, sein Benehmen höflich.

Er half mir, mich auf den Rücken zu drehen, so daß er die Behandlung an meinen Hals- und Schultermuskeln wiederholen konnte. Der letzte Teil der Behandlung bestand in einer schnellen, gezielten Drehung des Halses, die ein knakkendes Geräusch hervorrief, weil Gas von den Wirbeln freigesetzt wurde, was sofort ein Gefühl der Erleichterung brachte.

Während ich auf dem Rücken lag, sah ich mir den Doktor näher an. Er schien ungefähr sechs Jahre älter als ich zu sein – und damit war er älter als die meisten Assistenzärzte. Sein Haar begann schon dünner zu werden. Seine Reife war vorteilhaft für ihn, sie verlieh ihm Autorität. Er war nicht besonders schön, aber seine starke, untersetzte Statur wirkte anziehend. Eine intellektuell aussehende Brille saß in einem Gesicht mit leicht arabischen Zügen. Seine Haut war eine Schattierung dunkler als meine. Außer einem leichten Akzent waren sein Verhalten und seine Persönlichkeit amerikanisch.

Er hieß Dr. Sayyed Bozorg Mahmoody, aber die anderen Ärzte riefen ihn einfach bei seinem Spitznamen: Moody.

Dr. Mahmoodys Behandlungen wurden die Lichtblicke meines Krankenhausaufenthaltes. Sie verringerten zeitweilig die Schmerzen, und schon seine bloße Anwesenheit hatte therapeutische Wirkung. Er war der fürsorglichste Arzt, dem ich je begegnet war. Ich sah ihn täglich zur Behandlung, aber er schaute auch mehrmals während des Tages einfach nur herein, um zu fragen: »Wie geht es Ihnen?«, und spät am Abend, um Gute Nacht zu sagen.

Eine Reihe von Tests schloß die Möglichkeit eines Gehirntumors aus, und die Ärzte kamen zu dem Ergebnis, daß ich an einer schweren Form von Migräne litt, die eventuell von selbst wieder verschwinden würde. Die Diagnose war vage aber offensichtlich richtig, denn nach einigen Wochen begannen die Schmerzen nachzulassen. Ich behielt von dem Zwischenfall auch keine körperlichen Spätfolgen zurück, mein Leben aber sollte sich dramatisch ändern.

An meinem letzten Tag im Krankenhaus war Dr. Mahmoody gerade mitten in meiner letzten Manipulationsbehandlung, als er sagte: »Ich mag Ihr Parfum. Ich verbinde diesen Wohlgeruch mit Ihnen.« Er meinte *Charlie*, das Eau de Toilette, das ich immer verwendete. »Wenn ich abends nach Hause gehe, kann ich Ihr Parfum noch an meinen Händen riechen.«

Er fragte, ob er mich anrufen dürfte, wenn ich wieder zu Hause wäre, um zu erfahren, wie es mir ginge. »Natürlich«, sagte ich. Sorgfältig notierte er meine Adresse und Telefonnummer.

Und dann, als die Behandlung beendet war, beugte er sich ruhig und sachte vor und küßte mich auf den Mund. Ich hatte noch keine Ahnung, wohin dieser einfache Kuß führen würde.

Moody sprach nicht gern über den Iran. »Ich will *niemals* dorthin zurückkehren«, sagte er. »Ich habe mich verändert. Meine Familie versteht mich nicht mehr. Ich passe einfach nicht mehr zu ihnen.«

Obwohl Moody den *American Way of Life* mochte, haßte er den Schah dafür, daß er den Iran amerikanisiert hatte. Was ihn am meisten verdroß war, daß man *Tschelonkebab* – ein iranisches Schnellgericht, Lammfleisch auf Reis – nicht mehr an jeder Straßenecke kaufen konnte. Statt dessen schossen überall McDonalds und andere westliche Schnellimbißketten wie Pilze aus dem Boden. Es war nicht mehr dasselbe Land wie das, in dem er aufgewachsen war.

Er war in Schuschtar, im Südwesten des Irans geboren, aber nach dem Tod seiner Eltern zog er zu seiner Schwester nach Khorramschahr, in derselben Provinz. Der Iran ist insofern typisch für die Länder der Dritten Welt, als es einen deutlichen Unterschied zwischen den oberen und den unteren Klassen gibt. Wenn er in eine Familie der Unterschicht hineingeboren worden wäre, hätte Moody sein Leben vermutlich wie die unzähligen Armen Teherans verbracht und in einer kleinen provisorischen Hütte aus zusammengesuchten Baumaterialien vegetiert. Er wäre gezwungen gewesen, um Gelegenheitsjobs und Almosen zu betteln. Aber seine Familie war mit Reichtum und Ansehen gesegnet; daher hatte er den finanziellen Rückhalt, um kurz nach dem High School-Abschluß sein Glück zu suchen. Auch er wollte mehr vom Leben.

Damals verließen wohlhabende Iraner scharenweise ihr Land. Die Regierung des Schahs unterstützte die Ausbildung im Ausland, weil sie hoffte, daß das die Verwestlichung des Landes vorantreiben würde. Diese Strategie schlug aber am Ende fehl. Die Iraner weigerten sich hartnäkkig, die westliche Kultur zu übernehmen. Sogar diejenigen, die jahrzehntelang in den Vereinigten Staaten lebten, blieben oft isoliert und schlossen sich hauptsächlich ausgewanderten Iranern an. Sie bewahrten ihren islamischen Glauben und ihre persischen Sitten. Ich habe einmal eine iranische Frau getroffen, die zwanzig Jahre in Amerika gelebt hatte und nicht wußte, was ein Geschirrtuch war. Als ich ihr eins zeigte, fand sie, es sei eine wunderbare Erfindung.

Was die vielen iranischen Studenten übernahmen, war die Erkenntnis, daß das Volk seine Regierungsform bestimmen konnte, und es war dieses wachsende politische Bewußtsein, das schließlich den Sturz des Schahs herbeiführte.

Moodys Erfahrung war ziemlich untypisch. Fast zwei Jahrzehnte lang übernahm er viele Verhaltensweisen der westlichen Gesellschaft und hielt sich, anders als viele seiner Landsleute, von Politik fern. Er fand eine Welt vor, die sich sehr von der seiner Kindheit unterschied, eine, die Wohlstand, Kultur und elementare Menschenwürde bot, die alles übertrafen, was es in der iranischen Gesellschaft gab. Moody wollte wirklich westlich sein.

Zuerst reiste er nach London, wo er zwei Jahre lang Englisch lernte. Nachdem er am 11. Juli 1961 mit einem Studentenvisum in die USA gekommen war, machte er seinen ersten Abschluß an der Northeast Missouri State University und unterrichtete einige Jahre lang Mathematik für weiterführende Schulen. Als hochintelligenter Mann, der jedes Studienfach meistern konnte, entdeckte er, daß seine vielfältigen Interessen ihn rastlos nach größeren Leistungen streben ließen. Er entwickelte eine Vorliebe für den Ingenieurberuf, drückte weiter die Schulbank und arbeitete dann für eine Firma unter der Leitung eines türkischen Geschäftsmanns. Als Zulieferer der NASA war die Firma am Apollo-Programm beteiligt. »Ich habe dabei geholfen, einen Mann auf den Mond zu schicken«, sagte Moody oft voller Stolz.

Mit Anfang Dreißig wurde er wieder rastlos. Nun konzentrierten sich seine Interessen auf den Beruf, den seine Landsleute am meisten verehrten und den seine verstorbenen Eltern beide ausgeübt hatten. Er beschloß, Arzt zu werden. Trotz seiner ausgezeichneten akademischen Zeugnisse wurde ihm aufgrund seines Alters die Zulassung an mehreren medizinischen Fakultäten verweigert. Schließlich nahm ihn das Kansas City College für chiropraktische Medizin auf.

Zu der Zeit, als wir begannen, zusammen auszugehen, ging er auf das Ende seines Praktikums in Carson City zu und wollte schon bald seine dreijährige Assistenzzeit am chiropraktischen Krankenhaus in Detroit aufnehmen. Er plante, sich dort als Anästhesist zu spezialisieren.

»Eigentlich solltest du praktischer Arzt werden«, sagte ich ihm. »Du kannst so gut mit Patienten umgehen.«

»Aber mit Anästhesie kann man das große Geld machen«, gab er zur Antwort und bewies damit, daß er wirklich amerikanisiert war. Er erhielt seine Grüne Karte, die es ihm erlaubte, überall in den Vereinigten Staaten zu praktizieren, und ihm für seinen Antrag auf die amerikanische Staatsbürgerschaft den Weg ebnete.

Er schien alle Bindungen an seine Familie vollständig lösen zu wollen. Er schrieb kaum je einen Brief an seine Verwandten, noch nicht einmal an seine Schwester Ameh Bozorg, die von Khorramschahr nach Teheran gezogen war, und dieser fehlende Kontakt zu seiner Familie betrübte mich ein wenig. Ich hatte selbst Probleme mit meinen Verwandten, sicher, aber dennoch blieb ich fest in meinem Glauben an natürliche Bindungen.

»Du solltest sie wenigstens ab und zu mal anrufen«, sagte ich. »Du bist Arzt. Du kannst es dir leisten, einmal im Monat in den Iran zu telefonieren.«

Ich war es, die ihn zum Besuch seiner Heimat ermunterte. Nachdem er im Juli sein praktisches Jahr beendet hatte, machte er widerwillig einen zweiwöchigen Besuch bei Ameh Bozorg. Während er dort war, schrieb er mir täglich, um mir zu sagen, wie sehr er mich vermißte. Auch ich war überrascht, wie sehr er mir fehlte. In der Zeit bemerkte ich, daß ich auf dem besten Wege war, mich zu verlieben.

Während der gesamten drei Jahre von Moodys Assistenzzeit trafen wir uns regelmäßig, und er machte mir den Hof, wie das damals Mode war. Jedesmal wenn er kam, gab es Süßigkeiten für Joe und John und Blumen, Schmuck oder Parfum für mich.

Seine Geschenke trugen eine persönliche Note. Mein erster Mann hatte Feiertage nie beachtet, aber Moody dachte auch an die kleinsten Anlässe, oft indem er eigens dafür eine Karte entwarf. Zu meinem Geburtstag schenkte er mir eine feingearbeitete Spieldose, die mit dem Relief einer Mutter, die ihr Kind in den Armen wiegt, verziert war. »Weil du eine so gute Mutter bist«, sagte er. Ich benutzte sie, um John abends mit der Melodie von Brahms' »Wiegenlied« in den Schlaf zu wiegen. Es regnete plötzlich rote Rosen in meinem Leben.

Aber ich machte meinen Standpunkt deutlich, daß ich nicht wieder heiraten wollte. »Ich will meine Freiheit«, sagte ich ihm. »Ich will an niemanden mehr gebunden sein.« Das war damals auch seine Einstellung.

Während seiner Assistenzzeit am chiropraktischen Krankenhaus in Detroit arbeitete Moody auch schwarz als Arzt für Allgemeinmedizin an der Fourteenth Street Clinic. Ich widmete mich, mittlerweile wieder zu Hause in Elsie, eifriger denn je meinen Pflichten als Oberhaupt meines eigenen Haushalts. Ich erfüllte mir auch einen alten Jugendtraum, als ich mich an der Nebenstelle des Lansing Community College in Owosso immatrikulierte. Ich studierte Industriemanagement und bekam eine ganze Reihe Einsen.

Wann immer er an den Wochenenden frei bekommen konnte, fuhr Moody dreieinhalb Stunden, um mich und die Jungen zu besuchen, und immer erschien er beladen mit Geschenken. An Wochenenden, an denen er Bereitschaftsdienst hatte, fuhr ich nach Detroit und wohnte in seinem Apartment.

Moodys Kuß ließ mich alles vergessen. Er war ein zärtlicher Liebhaber, dem meine Freude und Lust so wichtig waren, als ob es seine eigenen gewesen wären. Noch nie hatte mich jemand körperlich so stark angezogen. Es schien uns, als ob wir uns nicht nah genug sein konnten. Die ganze Nacht lang schliefen wir eng umschlungen.

Unser Leben war geschäftig und glücklich. Moody war ein guter Teilzeitvater für meine Kinder. Gemeinsam machten wir mit Joe und John Ausflüge in den Zoo oder Picknicks und fuhren oft nach Detroit zu Festen ethnischer Gruppen, auf denen wir Bekanntschaft mit der östlichen Kultur machten.

Moody zeigte mir, wie man islamisches Essen kocht, das hauptsächlich aus Lammfleisch, Reis, der mit exotischen Saucen übergossen wird, und viel frischem Gemüse und Obst besteht. Meine Söhne, meine Freunde und ich fanden schnell Geschmack an diesem Essen.

Ohne es zu bemerken, gab ich mir immer mehr Mühe, ihm zu gefallen. Gern hielt ich seine Wohnung in Ordnung, kochte und kaufte für ihn ein. Bei seinem Junggesellenapartment war es dringend nötig, daß mal eine Frau Hand anlegte.

Moody hatte selbst wenig Freunde, aber meine wurden schnell auch seine. Er besaß eine große Sammlung Witz- und Zauberbücher, und aus diesen Quellen schöpfte er, um sich bei gesellschaftlichen Zusammenkünften ganz natürlich und unaufdringlich zum Mittelpunkt des allgemeinen Interesses zu machen.

Mit der Zeit machte Moody mich mit einigen Grundregeln des Islam vertraut, und ich war beeindruckt, wie viele prinzipielle Vorstellungen er mit der jüdisch-christlichen Tradition gemeinsam hatte. Der islamische Allah ist dasselbe höchste Wesen, das ich und die anderen Mitglieder meiner Freien Methodistenkirche als Gott verehren. Die Moslems glauben, daß Moses ein von Gott gesandter Prophet war und die Thora das den Juden gegebene Gesetz Gottes ist. Sie glauben, daß auch Jesus ein Prophet Gottes war, und daß das Neue Testament ein heiliges Buch ist. Mohammed war nach ihrer Religion der letzte und bedeutendste Prophet, der direkt von Gott erwählt wurde. Sein Koran hat, als das jüngste heilige Buch, Vorrang vor dem Alten und dem Neuen Testament.

Wie Moody erklärte, ist der Islam in zahlreiche Sekten gespalten. Wie ein Christ ein Baptist, ein Katholik oder ein Lutheraner sein kann, können die religiösen Grundsätze einzelner Moslems sich beträchtlich voneinander unterscheiden. Moodys Familie gehörte zu den schiitischen Moslems, über die man im Westen kaum etwas weiß. Er erklärte mir, daß sie fanatische Fundamentalisten seien. Obwohl ihre Sekte im Iran sehr dominant war, hatten sie keinen Einfluß auf die pro-westlich eingestellte Regierung des Schahs. Moody praktizierte diese extreme Form des Islam, in der er erzogen worden war, nicht mehr.

Obwohl er Schweinefleisch verschmähte, trank er doch

gern ein Glas Alkohol. Nur manchmal holte er seinen Gebetsteppich hervor und verrichtete seine religiösen Pflichten.

Schon bald, nachdem ich zum Wochenende in Detroit angekommen war, klingelte das Telefon in Moodys Wohnung. Er sprach kurz mit dem Anrufer und sagte mir dann: »Es ist ein Notfall. Ich bin zurück, so schnell ich kann.«

Kaum war er gegangen, rannte ich nach draußen zu meinem Auto und holte nacheinander Klappstühle herein, Kisten mit Geschirr und Weingläser und Platten mit persischem Essen, das ich zu Hause in Elsie vorbereitet hatte.

Kurze Zeit später kamen Dr. Gerald White und seine Frau und brachten weitere Gerichte mit, die ich bei ihnen deponiert hatte, und außerdem die Torte, die ich extra bestellt hatte. Sie war mit einer rot-weiß-grünen iranischen Fahne und der in Farsi geschriebenen Aufschrift »Herzlichen Glückwunsch zum Geburtstag« verziert.

Andere Gäste strömten herein, zusammen waren es ungefähr dreißig, die ihre Ankunft zeitlich so geplant hatten, daß sie in Moodys arrangierte Abwesenheit fiel. Als er zurückkam, waren sie schon in Feierstimmung.

»Überraschung!« jubelte die Menge.

Er grinste über das ganze Gesicht, und seine Freude wurde noch größer, als wir »Happy Birthday« sangen.

Er wurde neununddreißig Jahre alt, aber er reagierte mit der Begeisterung eines Schuljungen. »Wir habt ihr denn das bloß geschafft?« fragte er. »Ich kann nur staunen, wie ihr das hingekriegt habt.«

Ich hatte das angenehme Gefühl, daß wirklich alles perfekt war; ich hatte ihn glücklich gemacht.

Immer mehr wurde dies zum eigentlichen Ziel meines Lebens. Als ich zwei Jahre mit ihm zusammen war, war er der Mittelpunkt meiner Gedanken geworden. Der Alltag verlor seine Faszination. Nur die Wochenenden schienen wichtig.

Sogar meine Karrierepläne verblaßten. Ich war in eine Position aufgerückt, wo ich die Arbeit tat, die vorher ein Mann erledigt hatte, aber ich bekam weniger Geld dafür. Außerdem wurde es immer schwieriger, die Annäherungsversuche eines höheren Firmenangestellten abzuwimmeln, der annahm, nur weil ich eine alleinstehende Frau war, wäre ich auch verfügbar. Er gab mir schließlich zu verstehen, ich würde nicht weiterkommen, wenn ich nicht mit ihm schliefe.

Das Theater wurde unerträglich, und ich brauchte die Wochenenden mit Moody, um mich von dem Streß zu erholen. Dieses nun war besonders erfreulich gewesen, denn ich hatte nicht nur Moody, sondern auch mich selbst überrascht. Ich war stolz darauf, daß ich dazu in der Lage war, die Party über diese Entfernung zu organisieren. Ich war die tüchtige Gastgeberin einer Gesellschaft von Ärzten und ihren Frauen, und diese Gesellschaftsschicht unterschied sich sehr von meiner Kleinstadtwelt.

Die Party dauerte bis nach Mitternacht. Als der letzte Gast sich zum Gehen aufgerafft hatte, legte Moody den Arm um meine Taille und sagte: »Ich liebe dich für all das.«

Im Januar 1977 machte er mir einen Heiratsantrag. Drei Jahre früher hätte ich mich noch heftig gegen einen Antrag gewehrt, ob von Moody oder sonst irgend jemand. Aber jetzt wurde mir klar, daß ich mich geändert hatte. Ich hatte meine Freiheit erfahren und festgestellt, daß ich durchaus in der Lage war, für mich und meine Familie zu sorgen. Ich fand nicht länger Gefallen daran, allein zu leben. Ich haßte es, als Geschiedene gebrandmarkt zu sein.

Ich liebte Moody und wußte, daß er mich liebte. In drei Jahren hatten wir keinen einzigen Streit gehabt. Jetzt hatte ich die Wahl, ein neues Leben als hauptamtliche Ehefrau und Mutter zu beginnen. Ich freute mich darauf, perfekte Gastgeberin bei zahlreichen gesellschaftlichen Anlässen zu sein, zu denen wir als Dr. Mahmoody und Frau einladen würden. Vielleicht würde ich das College abschließen. Vielleicht würden wir zusammen ein Kind haben.

Sieben Jahre danach, als ich mich eine schreckliche schlaflose Nacht lang im Bett neben meiner Tochter und dem Mann, den ich einmal geliebt hatte, hin und her wälzte, öffnete mir eine späte Einsicht die Augen. Es hatte so viele Hinweise auf dieses Ende gegeben, die ich ignoriert hatte.

Aber wir leben unser Leben nicht rückblickend. Ich wußte, daß es mir jetzt nicht helfen würde, die Vergangenheit heraufzubeschwören. Hier saßen wir nun, Mahtab und ich, Gefangene in einem fremden Land. Die Gründe, die zu unserer Misere geführt hatten, waren im Augenblick zweitrangig. Was zählte, war die Wirklichkeit der Tage, die vor uns lagen.

Tage?

Wochen?

Monate?

Wie lange würden wir durchhalten müssen? Ich konnte mich nicht dazu durchringen, in Zeiträumen von Jahren zu denken. Moody würde – konnte – uns das nicht antun. Er würde den Dreck um sich herum sehen, und der würde ihn anwidern. Es würde ihm klar werden, daß seine berufliche Zukunft in Amerika und nicht in einem rückständigen Land, das noch die einfachsten Grundregeln von Hygiene und sozialer Gerechtigkeit lernen mußte. Er würde seine Meinung ändern. Er würde uns nach Hause bringen, ungeachtet der Möglichkeit, daß ich in dem Augenblick, in dem meine Füße amerikanischen Boden berührten, Mahtab bei der Hand nehmen und zum nächsten Anwalt rennen könnte.

Was, wenn er seine Meinung nicht änderte? Bestimmt würde uns jemand zu Hilfe kommen. Meine Eltern? Meine Freunde zu Hause? Die Polizei? Das Außenministerium? Mahtab und ich waren amerikanische Staatsbürger, selbst wenn Moody es nicht war. Wir hatten gewisse Rechte. Wir mußten nun einen Weg finden, diese Rechte geltend zu machen.

Aber wie?

Und wie lange würde das dauern?

4

Nachdem Moody verkündet hatte, daß wir im Iran bleiben würden, vergingen mehrere Tage in einem alptraumartigen Nebel.

Irgendwie hatte ich in dieser ersten Nacht die Geistesgegenwart besessen, eine Bestandsaufnahme meiner finanziellen Situation zu machen. Moody hatte zwar mein Scheckheft verlangt, hatte aber vergessen zu fragen, wieviel Bargeld ich bei mir hatte. Als ich meine Handtasche auspackte, fand ich ein kleines Vermögen, das wir beide in unserer Kaufwut vergessen hatte. Ich besaß fast zweihunderttausend Rials und einhundert Dollar in amerikanischer Währung. Die Rials waren ungefähr zweitausend Dollar wert, und das amerikanische Geld konnte versechsfacht werden, wenn es mir gelang, ein Tauschgeschäft auf dem Schwarzmarkt zu arrangieren. Ich versteckte mein Vermögen unter der dünnen Matratze meines Bettes. Morgens früh, wenn Moody und der Rest der Familie ihre Gebete anstimmten, holte ich mein Geld hervor und versteckte es unter den vielen Schichten meiner Kleidung für den Fall, daß sich während des Tages eine unvorhergesehene Gelegenheit ergeben würde. Das Geld war alles, was ich hatte, es war meine Rettung. Ich hatte noch keine Ahnung, was ich damit anfangen konnte, aber vielleicht gelang es mir, damit meine Freiheit zu erkaufen. Irgendwann, irgendwie sagte ich mir, würden Mahtab und ich aus diesem Gefängnis herauskommen.

Denn es war ein Gefängnis. Moody besaß unsere amerikanischen und iranischen Pässe und auch unsere Geburtsurkunden. Ohne diese wichtigen Dokumente konnten wir den Iran nicht verlassen, selbst wenn es uns gelang, aus dem Haus zu fliehen.

Viele Tage lang verließen Mahtab und ich unser Schlafzimmer kaum. Eine ganze Menge Krankheiten plagten mich: Ich konnte nur gewöhnlichen weißen Reis in kleinen Mengen essen. Obwohl ich sehr schwach war, konnte ich nicht schlafen. Moody gab mir Medikamente.

Meistens ließ er uns allein, da er uns Zeit geben wollte, unser Schicksal zu akzeptieren, uns damit abzufinden, daß wir den Rest unseres Lebens im Iran verbringen würden. Mich behandelte er – jetzt eher Gefängniswärter als Ehemann – mit Verachtung, aber er ließ die widersinnige Hoffnung erkennen, daß Mahtab, die kurz vor ihrem fünften Geburtstag stand, sich leicht und mit Freuden an diese Umwälzung ihres Lebens gewöhnen würde. Er versuchte, sich ihre Zuneigung zu erschleichen, aber sie blieb zurückhaltend und mißtrauisch. Immer wenn er sie bei der Hand nehmen wollte, zog sie sie weg und griff nach meiner. In ihren braunen Augen spiegelte sich die Verwirrung darüber, daß ihr Daddy plötzlich unser Feind war.

Jede Nacht weinte Mahtab im Schlaf. Sie hatte immer noch Angst, allein zur Toilette zu gehen. Wir litten beide an Magenkrämpfen und Durchfall, so daß wir einen guten Teil der Tage und Nächte in dem von Kakerlaken wimmelnden Badezimmer verbrachten, das zum Zufluchtsort geworden war. Dort murmelten wir gemeinsam, sicher und ungestört ein feierliches Gebet: »Lieber Gott, bitte hilf uns, aus dieser schwierigen Lage herauszukommen. Bitte hilf uns, einen sicheren Weg zu finden, auf dem wir zusammen nach Hause nach Amerika zu unserer Familie kommen.« Ich machte ihr klar, daß wir immer zusammenbleiben mußten. Meine größte Angst war, daß Moody sie mir wegnehmen konnte.

Meine einzige Zerstreuung war der Koran in einer englischen Übersetzung von Dr. phil. Rashad Khalifa, Imam der Moschee von Tucson, Arizona. Den hatte man mir zu meiner Erbauung zur Verfügung gestellt. Ich suchte so verzweifelt nach irgendeiner Beschäftigung, daß ich sehnsüchtig wartete, bis die ersten Strahlen der Morgendämmerung durch das Fenster des lampenlosen Schlafzimmers fielen, damit ich lesen konnte. Baba Hadschis beschwörende Gesänge in der Halle dröhnten im Hintergrund, während ich aufmerksam die islamische Heilige Schrift las und nach Stellen suchte, die das Verhältnis von Ehemann und Ehefrau definierten.

Immer wenn ich im Koran einen Absatz fand, der für meine Situation zu sprechen schien, weil er für die Rechte von Frauen und Kindern eintrat, zeigte ich ihn Moody und den anderen Familienmitgliedern.

In *Sure* (Kapitel) 4, Vers 35, fand ich folgenden beunruhigenden Ratschlag Mohammeds:

> Männer sollen vor Frauen bevorzugt werden (weil sie für diese verantwortlich sind), weil Allah auch die einen vor den anderen mit Vorzügen begabte und auch weil jene diese erhalten. Rechtschaffene Frauen sollen gehorsam, treu und verschwiegen sein, damit auch Allah sie beschütze. Denjenigen Frauen aber, von denen ihr fürchtet, daß sie euch durch ihr Betragen erzürnen, gebt Verweise, enthaltet euch ihrer, sperrt sie in ihre Gemächer und züchtigt sie. Gehorchen sie euch aber, dann sucht keine Gelegenheit, gegen sie zu zürnen; denn Allah ist hoch und erhaben.

Im folgenden Vers 36 fand ich jedoch Grund zur Hoffnung:

> Befürchtet ihr Entzweiung zwischen Ehegatten, so beauftragt Schiedsrichter aus seiner und ihrer Familie,

und suchen sie dann wieder friedliche Einigung, so wird Allah ihnen huldvoll sein; denn er ist allwissend und allweise.

»Unsere beiden Familien sollten uns bei unseren Problemen helfen«, sagte ich zu Moody und zeigte ihm den Vers.

»In deiner Familie sind keine Moslems«, antwortete Moody. »Sie zählt nicht.« Und er fügte hinzu: »Außerdem ist es *dein* Problem, nicht unseres.«

So waren diese schiitischen Moslems, die sich immer noch im Erfolg der Revolution sonnten und mit dem selbstgerechten Mantel des Fanatismus schmückten. Wie konnte ich – als Christin, Amerikanerin und Frau – es wagen, meine Auslegung des Korans über die Ansichten des Imam Reza, des Ayatollah Khomeini, Baba Hadschis und auch meines eigenen Ehemanns zu stellen? Jeder war der Meinung, daß ich als Moodys Frau seine Leibeigene war. Er konnte mit mir machen, was er wollte.

Am dritten Tag unserer Haft, an dem wir eigentlich wieder zu Hause in Michigan hätten ankommen sollen, zwang mich Moody, meine Eltern anzurufen. Er schrieb mir vor, was ich zu sagen hatte, und folgte der Unterhaltung aufmerksam. Sein Verhalten war drohend genug, um mich gehorsam zu machen.

»Moody hat beschlossen, daß wir ein bißchen länger hier bleiben«, erklärte ich meiner Familie. »Wir kommen jetzt noch nicht zurück.«

Mom und Dad waren bestürzt.

»Macht euch keine Sorgen«, sagte ich und versuchte, fröhlich zu klingen. »Wir werden bald wieder zu Hause sein. Auch wenn wir noch ein Weilchen bleiben, kommen wir doch in absehbarer Zeit zurück.«

Das beruhigte sie. Ich haßte es, sie anzulügen, aber mit Moody im Rücken hatte ich keine Wahl. Ich sehnte mich danach, bei ihnen zu sein, Joe und John in die Arme zu schließen. Würde ich jemals einen von ihnen wiedersehen?

Moody wurde launisch. Oft war er mürrisch und bedrohte jetzt auch Mahtab genauso wie mich. Zu anderen Zeiten versuchte er sanft und freundlich zu sein. Vielleicht, dachte ich, war er ebenso verwirrt und durcheinander wie ich. Er machte gelegentlich Versuche, mir bei der Anpassung zu helfen. »Heute abend kocht Betty für uns alle«, verkündete er Ameh Bozorg eines Tages.

Er nahm mich mit auf den Markt. Trotz meiner anfänglichen Freude über die warmen Sonnenstrahlen waren die Anblicke, Geräusche und Gerüche der Stadt fremder denn je. Wir gingen mehrere Häuserblocks weit zu einer Metzgerei, nur um uns sagen zu lassen: »Wir bekommen erst um vier Uhr heute nachmittag neues Fleisch. Kommen Sie dann wieder.« In mehreren anderen Geschäften gab man uns dieselbe Antwort. Als wir die Expedition am Nachmittag wiederholten, fanden wir schließlich einen Rinderbraten in einem Geschäft, das mehr als drei Kilometer von unserem Haus entfernt lag.

In Ameh Bozorgs verkommener Küche tat ich mein Bestes, die Küchengeräte zu scheuern, ein bekanntes amerikanisches Gericht zuzubereiten und die finsteren Blicke meiner Schwägerin zu ignorieren.

Nach dem Essen machte Ameh Bozorg an diesem Abend wieder ihren mütterlichen Einfluß auf ihren jüngeren Bruder geltend. »Unsere Mägen vertragen kein Rindfleisch«, sagte sie zu Moody. »In diesem Haus wird es kein Rindfleisch mehr geben.«

Im Iran wird Rindfleisch als minderwertiges Fleisch angesehen. Was Ameh Bozorg wirklich sagen wollte war, daß ich ein Essen gekocht hatte, das unter ihrer Würde war. Unfähig, sich gegen seine Schwester aufzulehnen, ließ Moody das Thema fallen. Es war klar, daß Ameh Bozorg sich weigerte, irgendeinen Beitrag zu akzeptieren, den ich zum täglichen Ablauf in ihrem Haus beisteuern konnte. In der Tat ignorierte mich ihre gesamte Familie; man drehte mir den Rükken zu, wenn ich ein Zimmer betrat, oder sah mich böse an. Die Tatsache, daß ich Amerikanerin war, schien schwerer zu wiegen als meine zweifelhafte Position als Moodys Ehefrau.

In dieser ersten Woche der Gefangenschaft sprach nur Essey freundlich mit mir. An einem Tag, als sie und Reza zu Besuch waren, gelang es Essey, mich für einen Augenblick beiseite zu nehmen. »Es tut mir wirklich leid«, sagte sie. »Ich mag dich, aber sie haben uns allen befohlen, uns von dir fernzuhalten. Wir dürfen nicht bei dir sitzen oder mit dir reden. Du tust mir leid für das, was du durchmachen mußt, aber ich kann es mir nicht leisten, mich mit der ganzen Familie anzulegen.«

Erwartete Ameh Bozorg, daß ich auf unbegrenzte Zeit in Isolation und Verachtung leben sollte? fragte ich mich. Was ging vor in diesem Irrenhaus?

Moody schien damit zufrieden zu sein, von der Großzügigkeit seiner Familie zu leben. Vage murmelte er davon, sich um einen Job zu kümmern, aber seine Vorstellung von Arbeitssuche bestand darin, einen seiner Neffen loszuschikken, damit der sich nach der Anerkennung seiner Arztlizenz erkundige. Er war sicher, daß seine Ausbildung als amerikanischer Mediziner ihm sofort Eintritt in das hiesige Gesundheitswesen verschaffen würde. Er würde hier seinen Beruf ausüben.

Dem Durchschnitts-Iraner schien Zeit nichts zu bedeuten, und Moody gewöhnte sich leicht wieder an diese Einstellung. Er verbrachte seine Zeit mit Radiohören, Zeitunglesen und plauderte viele müßige Stunden lang mit Ameh Bozorg. Selten nahm er Mahtab und mich mit auf einen kurzen Spaziergang, aber er hielt ein wachsames Auge auf uns. Manchmal nachmittags oder abends, wenn er sich vergewissert hatte, daß seine Familie auf mich aufpaßte, ging er mit seinen Neffen andere Verwandte besuchen. Einmal nahm er an einer gegen die USA gerichteten Demonstration teil und kam mit vielen dummen Parolen gegen die Vereinigten Staaten zurück.

Tage vergingen – zahllose, unglückliche, heiße, schwache, langweilige, beängstigende Tage. Ich versank immer tiefer in Melancholie. Es war, als würde ich sterben. Ich aß wenig und schlief nur unruhig, obwohl Moody mich ständig mit Beruhigungsmitteln versorgte. Warum half mir denn nicht irgend jemand?

Eines Abends in der zweiten Woche unserer Gefangenschaft stand ich zufällig neben dem Telefon, als es klingelte. Instinktiv hob ich den Hörer ab, und der Schreck durchfuhr mich, als ich die Stimme meiner Mutter aus Amerika hörte. Sie sagte, sie hätte schon viele Male versucht, mich zu erreichen, verschwendete dann aber keine Zeit mehr mit unnötigem Reden. Schnell stieß sie Telefonnummer und Adresse der amerikanischen Interessenvertretung bei der Schweizer Botschaft in Teheran hervor. Mein Herz raste, ich behielt die Zahlen im Gedächtnis. Sekunden später riß Moody mir wütend den Hörer aus der Hand und unterbrach die Verbindung.

»Du hast keine Erlaubnis, mit ihnen zu reden, außer wenn ich dabei bin«, verfügte er.

In der Nacht dachte ich mir einen einfachen Kode aus, um die Adresse und Telefonnummer der Botschaft zu verschlüsseln, und notierte alles in meinem Adreßbuch, das ich zusammen mit meinem Geld unter der Matratze versteckte. Als weitere Vorsichtsmaßnahme wiederholte ich die Zahlen die ganze Nacht lang immer wieder im Geiste. Endlich hatte sich mir eine Möglichkeit der Rettung aufgetan. Ich war amerikanische Staatsbürgerin. Bestimmt würde die Botschaft Mahtab und mich hier herausholen können – wenn ich nur einen Weg fand, zu einem verständnisvollen Beamten Kontakt aufzunehmen.

Die Gelegenheit kam schon am nächsten Nachmittag. Moody ging fort, ohne sich die Mühe zu machen, mir zu sagen, wohin. Ameh Bozorg und der Rest der Familie versanken in ihrem täglichen Siesta-ähnlichen Stumpfsinn. Mein Herz klopfte vor Angst, als ich in die Küche schlich, den Hörer aufhob und die Nummer wählte, die ich auswendig gelernt hatte. Die Sekunden erschienen mir wie Stunden, während ich darauf wartete, daß am anderen Ende jemand abnahm. Es klingelte – einmal, zweimal, dreimal – ich betete, daß sich schnell jemand melden möge. Ausgerechnet dann, als endlich jemand abhob, kam Ameh Bozorgs Tochter Fereschteh in die Küche. Ich versuchte, ruhig zu bleiben. Sie hatte nie Englisch mit mir gesprochen, und ich war sicher, daß sie das Gespräch nicht verstehen konnte.

»Hallo«, sagte ich mit gedämpfter Stimme.

»Sie müssen lauter sprechen«, sagte eine Frauenstimme am anderen Ende der Leitung.

»Ich kann nicht. Bitte helfen Sie mir. Ich werde hier gefangen gehalten!«

»Sie müssen lauter sprechen. Ich kann Sie nicht verstehen.«

Ich kämpfte gegen die Tränen der Enttäuschung an und flüsterte etwas lauter. »Helfen Sie mir! Ich bin eine Geisel!« sagte ich.

»Sie müssen lauter sprechen«, sagte die Frau. Dann hängte sie ein.

Zehn Minuten nachdem Moody nach Hause gekommen war, stürzte er in unser Schlafzimmer, riß mich vom Bett hoch und schüttelte mich brutal hin und her. »Mit wem hast du telefoniert?« wollte er wissen.

Ich war völlig überrascht. Ich wußte zwar, daß sich das ganze Haus gegen mich verbündet hatte, aber ich hatte nicht erwartet, daß Fereschteh mich sofort, wenn er nach Hause kam, bei ihm verpetzen würde. Ich versuchte, schnell eine Lüge zu erfinden.

»Mit niemandem«, sagte ich schwach, und das war die halbe Wahrheit.

»Doch, das hast du. Du hast heute mit jemandem telefoniert.«

»Nein. Ich habe versucht, Essey anzurufen. Aber ich habe sie nicht erreicht. Ich hatte die falsche Nummer.«

Moody grub seine Finger tief in meine Schultern. Hinten in einer Ecke schrie Mahtab.

»Du lügst mich an!« brüllte Moody. Er warf mich zurück aufs Bett und tobte noch mehrere Minuten lang, bevor er aus dem Zimmer stolzierte und im Herausgehen mir noch einen letzten Befehl zuschrie: »Du wirst das Telefon nie wieder anfassen!«

Moody brachte mich immer wieder aus der Fassung. Und da ich sein Verhalten mir gegenüber von einem Tag zum anderen nie vorhersagen konnte, war es schwer, einen Schlachtplan zu entwerfen. Wenn er mich bedrohte, bestärkte das meinen Entschluß, irgendwie Kontakt mit der Botschaft aufzunehmen. Wenn er sich um mich bemühte, wuchs meine Hoffnung er würde seine Meinung ändern und uns nach Hause bringen. Er spielte ein Spiel mit mir, das jedes Handeln unmöglich machte. Jede Nacht suchte ich Trost bei den Tabletten, die er mir gab. Jeden Morgen begegnete ich ihm in Ungewißheit.

Eines Morgens gegen Ende August, als wir fast einen Monat im Iran waren, fragte er: »Willst du am Freitag für Mahtab eine Geburtstagsparty veranstalten?« Das war seltsam. Mahtab wurde am Dienstag fünf Jahre alt, am 4. September, nicht am Freitag. »Ich möchte die Party an ihrem Geburtstag feiern«, sagte ich.

Moody wurde ungeduldig. Er erklärte, daß eine Geburtstagsparty im Iran ein größeres gesellschaftliches Ereignis war, das immer freitags stattfand, wenn die Gäste nicht zur Arbeit mußten.

Ich sträubte mich weiter dagegen. Wenn ich schon nicht bei Moody für meine eigenen Rechte eintreten konnte, würde ich für jedes bißchen Glück kämpfen, das ich für Mahtab finden konnte. Ich gab nicht einen Heller auf iranische Bräuche. Zu meiner Überraschung und zur Verärgerung seiner Familie stimmte Moody einer Party am Dienstag nachmittag zu.

»Ich möchte ihr eine Puppe kaufen«, sagte ich, meinen Vorteil ausnutzend.

Moody willigte auch darin ein und brachte Madschid dazu, uns zum Einkaufen zu fahren. Wir schlenderten durch zahlreiche Geschäfte, verschmähten aber die iranischen Puppen, weil sie uns zu schäbig waren. Schließlich fanden wir eine japanische Puppe, die einen rot-weißen Pyjama trug. Sie hatte einen Schnuller im Mund, und wenn man ihn herausnahm, lachte oder weinte sie. Sie kostete den iranischen Gegenwert von dreißig Dollar.

»Das ist viel zu teuer«, entschied Moody. »Wir können nicht so viel Geld für eine Puppe ausgeben.«

»Das müssen wir aber«, erklärte ich trotzig. »Sie hat hier keine Puppe, also kaufen wir diese.«

Und das taten wir.

Ich hoffte, daß die Party Mahtab Freude machen würde – die ersten fröhlichen Augenblicke seit einem Monat. Sie erwartete sie mit wachsender Begeisterung. Es war so schön, sie strahlen und lachen zu sehen!

Zwei Tage vor dem großen Ereignis kam es jedoch zu einem Zwischenfall, der ihrer freudigen Stimmung einen Dämpfer aufsetzte. Beim Spielen in der Küche fiel Mahtab von einem kleinen Hocker. Er zerbrach unter ihrem Gewicht, und die scharfe Spitze eines Holzbeins bohrte sich tief in ihren Arm. Auf ihr Schreien kam ich herbeigeeilt und war entsetzt, als ich Blut aus einer Schlagaderverletzung spritzen sah.

Moody legte schnell einen Druckverband an, während

Madschid sein Auto bereitmachte, um uns in ein Krankenhaus zu fahren. Ich wiegte mein schluchzendes Kind auf dem Schoß und hörte Moody sagen, ich solle mir keine Sorgen machen. Ein paar Häuserblocks von unserem Haus entfernt lag ein Krankenhaus.

Aber wir wurden abgewiesen. »Wir behandeln keine Notfälle«, erklärte uns der Angestellte an der Aufnahme, unberührt von Mahtabs Qualen.

Madschid jonglierte den Wagen durch den Verkehr und raste mit uns zu einem anderen Krankenhaus, einem, das eine Notfallbereitschaft hatte. Wir eilten hinein und fanden ein schreckliches Bild des Drecks und der Unordnung vor, aber wir konnten nirgendwo anders hingehen. Der Warteraum für Notfälle war voll mit wartenden Patienten.

Moody schnappte sich einen Doktor und erklärte ihm, daß er Arzt in Amerika und hier auf Besuch sei und daß seine Tochter genäht werden mußte. Der iranische Doktor nahm uns sofort mit in den Behandlungsraum und bot aus kollegialer Höflichkeit an, die Behandlung umsonst auszuführen. Mahtab klammerte sich argwöhnisch an mich, als der Arzt die Wunde untersuchte und seine Instrumente bereitlegte.

»Machen die hier keine Anästhesie?« fragte ich ungläubig.

»Nein«, sagte Moody.

Mein Magen drehte sich. »Mahtab, du mußt jetzt ganz tapfer sein«, sagte ich.

Sie schrie auf, als sie die Nadel sah. Moody fuhr sie an, sie solle still sein. Seine muskulösen Arme hielten sie auf dem Behandlungstisch fest. Ihre kleine Faust zerquetschte mir fast die Hand. Gefangen in Moodys Gewalt und hysterisch schluchzend, kämpfte Mahtab immer noch. Ich wandte meinen Blick ab, als die Nadel in ihre Haut stach. Jeder Schrei, der durch das Behandlungszimmer hallte, schien mein Herz zu durchbohren. Eine Welle des Hasses durchlief meinen Körper. Das war alles Moodys Schuld, denn er hatte uns in diese Hölle gebracht.

Die Prozedur dauerte mehrere Minuten. Tränen liefen mir über das Gesicht. Es gibt keinen größeren Schmerz für eine Mutter, als hilflos dabeizustehen, wenn ihr Kind leidet. Ich wollte diese Tortur für meine Tochter auf mich nehmen, aber das konnte ich nicht. Mein Magen rebellierte, und auf meiner Haut stand der kalte Schweiß, doch es war Mahtab, die die körperlichen Schmerzen ertragen mußte. Es gab nichts, was ich tun konnte, außer ihre Hand zu halten und ihr so durchhalten zu helfen.

Nachdem er mit dem Nähen fertig war, schrieb der iranische Arzt ein Rezept für eine Tetanus-Spritze, händigte es Moody aus und gab ihm noch einige Anweisungen.

Wir fuhren los. Mahtab wimmerte an meiner Brust, als Moody uns das fremdartige Verfahren erklärte, nach dem wir dann vorzugehen hatten. Wir mußten eine Apotheke finden, die ein Tetanusgegenmittel vorrätig hatte, dann zu einer anderen Klinik fahren, die die Genehmigung hatte, Spritzen zu verabreichen.

Ich konnte nicht begreifen, wie Moody sich dazu entschließen konnte, hier anstatt in Amerika zu praktizieren. Er beanstandete die Arbeit des iranischen Arztes. Wenn er seine eigenen Instrumente dabeigehabt hätte, sagte er, hätte er Mahtabs Wunde viel besser nähen können.

Mahtab war erschöpft, als wir endlich wieder bei Ameh Bozorg zu Hause ankamen, und fiel sofort in einen unruhigen Schlaf. Sie tat mir so leid. Ich beschloß, die nächsten beiden Tage ein fröhliches Gesicht zu machen, extra für ihren Geburtstag.

Zwei Tage später, frühmorgens an Mahtabs fünftem Geburtstag, gingen Moody und ich zu einer Bäckerei, um eine große Torte zu bestellen, die ungefähr einen Meter zwanzig lang sein und die Form einer Gitarre haben sollte. In Farbe und Konsistenz war sie einem amerikanischen *Yellow cake* ähnlich, nur relativ geschmacklos.

»Warum verzierst du sie nicht selbst?« schlug Moody vor. Das war eine meiner besonderen Fähigkeiten.

»Nein, ich habe nichts, womit ich das machen könnte.«

Unbeirrt prahlte Moody beim Bäcker: »Sie verziert nämlich Torten!«

Sofort sagte der Bäcker auf Englisch: »Möchten Sie das vielleicht hier machen?«

»Nein«, erwiderte ich bissig. Ich wollte im Iran nichts tun, was nur im entferntesten nach Arbeit aussah.

Wir fuhren nach Hause und bereiteten die Party vor. Es sollten mehr als einhundert Verwandte kommen, obwohl sie sich für den Anlaß eigens freinehmen mußten. Ameh Bozorg arbeitete angestrengt in der Küche und bereitete eine Art Hühnersalat vor, der reichlich mit Mayonnaise übergossen wurde. Darauf schrieb sie mit Erbsen Mahtabs Namen in Farsi. Ihre Töchter bereiteten Platten mit Kebabs und kalten Lammfleischscheiben, mit weißem Käse und Gemüseschößlingen, die in feinen Mustern angeordnet wurden.

Morteza, der zweite Sohn Baba Hadschis und Ameh Bozorgs, kam zum Helfen herüber und brachte seine Frau Nastaran und ihre einjährige Tochter Nelufar mit, ein süßes Kleinkind mit funkelnden Augen und einem freundlichen Wesen. Mahtab spielte mit ihr, während Morteza und Nastaran die Halle mit Luftballons, Fähnchen und bunter Folie schmückten. Mahtab vergaß den Schock vom Vortag und redete die ganze Zeit über ihre Geschenke, die sie nachher auspacken würde.

Die Gäste strömten ins Haus und brachten bunt eingepackte Pakete mit. Mahtabs Augen wurden immer größer, als sie den wachsenden Berg der wunderbaren Dinge betrachtete.

Morteza, Nastaran und Nelufar gingen weg und kamen später mit einer Überraschung zurück – einer Torte, die genauso aussah wie die, die wir bestellt hatten. Im selben Moment brachte Madschid auch unsere Torte vom Bäcker nach Hause. Wie sich herausstellte, war die Doppelung ein glücklicher Zufall, denn als Madschid mit unserer Torte das Haus betrat, griff Nelufar ganz aufgeregt danach und riß sie ihm aus der Hand. Sie fiel auf den Boden und ging zu Madschids und Nelufars Bestürzung kaputt.

Zumindest hatten wir noch eine Torte.

Mammal eröffnete die Party und klatschte zur Begleitung einiger fremdklingender Kinderlieder rhythmisch in die Hände. Mittlerweile war ich zu dem Schluß gekommen, daß es im Iran gesetzwidrig sein mußte, zu lächeln. Keiner schien je fröhlich zu sein. Doch heute teilte die Familie wirklich die Freude über den Geburtstag unserer Tochter.

Das Singen dauerte ungefähr eine Dreiviertelstunde. Mammal und Reza waren in Feierstimmung und spielten ausgelassen mit den Kindern. Dann, wie auf ein Signal, stürzten sich diese erwachsenen Männer auf den Berg von Geschenken und begannen, die Verpackungen aufzureißen.

Mahtab konnte gar nicht glauben, was da geschah. Große Tränen rollten über ihre Wangen. »Mommy, die machen alle meine Geschenke auf«, schluchzte sie.

»Ich will das nicht«, sagte ich zu Moody. »Laß sie doch ihre eigenen Geschenke selbst auspacken.«

Moody redete mit Mammal und Reza. Widerwillig ließen sie Mahtab einige Geschenke selbst auspacken. Aber als Reza und Mammal weiterhin das bunte Geschenkpapier überall verstreuten, erklärte Moody, es sei üblich, daß die iranischen Männer die Geschenke der Kinder auspackten.

Mahtabs Enttäuschung wurde am Ende durch die große Ausbeute gelindert. Sie bekam viel iranisches Spielzeug, einen hübschen rot-weißen Engel, der an einem Seil schaukelte, einen Ball, eine Schwimmweste und einen Schwimmreifen für den Pool, eine lustig aussehende Lampe mit Ballons drauf, viele Kleidungsstücke – und ihre Puppe.

Es waren viel zuviel Spielsachen, um gleichzeitig damit zu spielen. Mahtab umklammerte ihre Puppe, aber ein Heer fremder Kinder grabschte nach den übrigen Geschenken, zankte sich darum und warf sie im Zimmer umher. Wieder brach Mahtab in Tränen aus, aber es gab keine Möglichkeit, diese vielen ungestümen Kinder zu bremsen.

Mahtab hielt ihre Puppe sicher auf dem Schoß und war während des Abendessens ziemlich mürrisch, aber beim Anblick der Torte hellte sich ihre Miene auf. Mit bekümmertem Herzen sah ich zu, wie sie ihr Stück Kuchen verschlang, denn ich wußte, daß ich ihr das Geschenk, das sie sich am meisten wünschte, nicht hatte geben können.

Nach Mahtabs Geburtstag wurde die Melancholie immer schlimmer. Es war September. Vor drei Wochen hätten wir zu Hause sein sollen.

Schon bald folgte ein anderer Geburtstag, und der verstärkte meine Depression noch. Es war der von Imam Reza, dem Gründer der schiitischen Sekte. An einem solchen heiligen Tag soll ein guter Schiite das Grab des Imam besuchen, aber da er im Feindesland Irak begraben liegt, mußten wir uns mit dem Grab seiner Schwester in Rey, der früheren Hauptstadt des Iran, ungefähr eine Autostunde südlich von Teheran, zufriedengeben.

Ausgerechnet an diesem Morgen kam die drückende Sommerhitze noch einmal zurück. Ich war sicher, daß es über 50°C im Schatten hatte. Ich dachte an mein schweres Gewand und konnte die Vorstellung einer einstündigen Fahrt in einem überladenen Auto in dieser schrecklichen Hitze nicht ertragen, nur um ein heiliges Grab zu besuchen, das für mich keinerlei Bedeutung hatte.

»Ich will nicht mitfahren«, sagte ich zu Moody.

»Du mußt aber«, sagte er, und damit war die Sache erledigt.

Ich zählte die Menschen, die sich bei Ameh Bozorg

versammelt hatten. Zwanzig Leute waren bereit, sich in zwei Autos zu quetschen.

Mahtab war genauso gereizt wie ich, und ihr war ebenso elend zumute.

Bevor wir losfuhren, sprachen wir noch einmal unser Badezimmer-Gebet: »Lieber Gott, bitte finde eine sichere Möglichkeit für uns, zusammen nach Hause zu kommen.«

Moody zwang mich, zu dieser feierlichen Gelegenheit meinen dicken schwarzen *Tschador* zu tragen. In dem völlig überladenen Wagen mußte ich auf seinem Schoß sitzen und Mahtab auf meinem. Nach einer elenden Stunde Autofahrt kamen wir in einem Staubsturm in Rey an und purzelten aus dem Auto direkt in eine Schar schwarz gewandeter, drängender, laut rufender Pilger. Mechanisch folgten Mahtab und ich den Frauen zu ihrem Eingang zum Grab.

»Mahtab kann mit mir kommen«, sagte Moody. »Ich trage sie.«

»Nein«, schrie sie.

Er griff nach ihrer Hand, aber sie scheute zurück. Leute drehten den Kopf, um den Grund der Unruhe zu sehen.

»Ne-e-i-i-n!« kreischte Mahtab.

Durch ihren Trotz verärgert, packte Moody sie bei der Hand und zerrte sie barsch von mir weg. Gleichzeitig trat er sie heftig in den Rücken.

»Nein!« brüllte ich ihn an. Ich stürzte, behindert durch den schwarzen *Tschador*, hinter meiner Tochter her.

Sofort richtete Moody seinen Zorn gegen mich und schrie mir aus voller Kehle alle englischen Obszönitäten entgegen, die ihm einfielen. Ich fing an zu weinen, plötzlich ohnmächtig gegen seine Wut.

Dann versuchte Mahtab mich zu retten, indem sie sich zwischen uns schob. Moody sah auf sie herab, als wenn sie ihm da erst wieder eingefallen wäre. In blinder Wut schlug er ihr mit dem Handrücken brutal ins Gesicht. Blut quoll aus einem Schnitt rechts an der Oberlippe und tropfte in den Staub.

»Nadsches«, murmelten die Menschen um uns herum, »schmutzig.« Blut wird im Iran als Verunreinigung angesehen und muß sofort weggewischt werden. Aber niemand griff ein in das, was deutlich nach einem Familienstreit aussah. Weder Ameh Bozorg noch sonst jemand von der Verwandtschaft machte den Versuch, Moodys Wut zu beschwichtigen. Sie starrten auf den Boden oder in die Luft.

Mahtab weinte vor Schmerzen. Ich nahm sie auf den Arm und versuchte mit dem Zipfel meines *Tschadors* das Blut zu stillen, während Moody die Flut von Obszönitäten nicht abreißen ließ und mir unflätige Ausdrücke an den Kopf warf, die ich noch nie von ihm gehört hatte. Durch einen Tränenschleier sah ich, wie sich sein Gesicht zu einer haßerfüllten, fürchterlichen Grimasse verzerrte.

»Wir müssen Eis für ihre Lippen besorgen«, schrie ich.

Der Anblick von Mahtabs blutverschmiertem Gesicht ließ Moody etwas ruhiger werden, auch wenn er keine Reue zeigte. Er hatte sich wieder in der Gewalt, und zusammen suchten wir einen Verkäufer, der bereit war, ein paar Eisstückchen von einem großen schmutzigen Block abzuschlagen und uns einen Becher voll zu verkaufen.

Mahtab wimmerte. Moody war mürrisch, kein bißchen reumütig. Und ich versuchte mit der Entdeckung fertig zu werden, daß ich mit einem Verrückten verheiratet war und in der Falle saß, in einem Land, in dem die Gesetze ihn zum absoluten Herrscher über mich machten.

Fast ein Monat war vergangen, seit Moody uns gefangen genommen hatte, und je länger wir im Iran blieben, desto mehr gab er der unbegreiflichen Anziehungskraft seiner ursprünglichen Kultur nach. Irgend etwas in Moodys Innerem war schrecklich durcheinandergeraten. Ich mußte meine Tochter und mich aus diesem Alptraum befreien, bevor er uns umbrachte.

Einige Tage später, während der trägen Nachmittagsstunden, als Moody weggegangen war, beschloß ich, eine verzweifelte Flucht in die Freiheit anzutreten. Ich fischte ein paar iranische Rials aus ihrem Versteck, nahm Mahtab und verließ eilig das Haus. Wenn ich mit der Botschaft nicht per Telefon Kontakt aufnehmen konnte, mußte ich irgendwie selbst dorthin finden. In meinen *Manto* und meinen *Rusari* eingewickelt, hoffte ich, nicht als Ausländerin aufzufallen. Ich hatte keine Lust, jemandem mein Verhalten erklären zu müssen. Ich hatte meinen *Rusari* tief ins Gesicht gezogen, um nicht die Aufmerksamkeit der *Pasdar*, der allgegenwärtigen, schreckenerregenden Geheimpolizei zu erregen.

»Wohin gehen wir, Mommy?« fragte Mahtab.

»Ich sage es dir gleich. Beeil dich.« Ich wollte ihr keine Hoffnungen machen, bevor ich uns nicht in Sicherheit glaubte.

Wir gingen schnell, eingeschüchtert durch das wilde Treiben in der geschäftigen Stadt, und wußten nicht, in welche Richtung wir uns wenden sollten. Mein Herz klopfte vor Angst. Wir hatten uns entschieden. Ich konnte die Grausamkeit von Moodys Verhalten nicht voraussagen, wenn er erst herausgefunden hatte, daß wir geflohen waren, aber ich hatte auch nicht vor, zurückzukehren. Ich erlaubte mir einen leisen Seufzer der Erleichterung über die erfreuliche Tatsache, daß wir ihn nie wiedersehen würden.

Schließlich fanden wir ein Gebäude mit einem Schild, auf dem das Wort »Taxi« in englischer Sprache zu lesen war. Wir gingen hinein, um uns nach einem Taxi zu erkundigen, und in fünf Minuten waren wir auf dem Weg in die Freiheit.

Ich versuchte, dem Fahrer zu erklären, daß er uns zur amerikanischen Vertretung in der Schweizer Botschaft bringen sollte, aber er konnte mich nicht verstehen. Ich wiederholte die Adresse, die meine Mutter mir am Telefon durchgegeben hatte: »Park Avenue und siebzehnte Straße.« Bei dem Wort »Park Avenue« heiterte sich sein Gesicht auf, und er fuhr los, mitten durch das Verkehrschaos.

»Wohin fahren wir, Mommy?« fragte Mahtab wieder.

»Wir fahren zur Botschaft«, sagte ich. Jetzt, wo wir auf dem Weg dorthin waren, konnte ich wieder leichter atmen. »Dort sind wir sicher. Von da aus können wir nach Hause fliegen.«

Mahtab jubelte.

Nachdem er mit seinem Wagen ungefähr eine halbe Stunde lang durch die Straßen von Teheran gerast war, hielt der Fahrer an der australischen Botschaft in der Park Avenue. Er sprach mit einem Wachposten, der ihn um die Ecke wies. Einige Augenblicke später fuhren wir vor unserer Zufluchtsstätte vor, einem großen modernen Betongebäude mit einer Tafel, die es als Amerikanische Vertretung in der Schweizer Botschaft auswies. Der Eingang war mit Stahlgittern geschützt und von einem iranischen Polizisten bewacht.

Ich bezahlte den Taxifahrer und drückte den Knopf einer Gegensprechanlage am Tor. Mit einem elektronischen Summen wurde das Tor geöffnet, und Mahtab und ich stürzten hinein auf Schweizer – nicht auf iranischen Boden.

Ein Englisch sprechender Iraner kam auf uns zu und fragte nach unseren Pässen. »Wir haben unsere Pässe nicht«, sagte ich. Er betrachtete uns vorsichtig und stellte fest, daß wir Amerikanerinnen waren, also ließ er uns eintreten.

Wir mußten uns einer Leibesvisitation unterziehen. Mit jedem Augenblick hob sich meine Stimmung angesichts der wunderbaren Erkenntnis, daß wir frei waren.

Schließlich erhielten wir die Erlaubnis, den Verwaltungsbereich zu betreten, wo eine ernste, aber freundliche armenische Iranerin, die Helen Balassanian hieß, uns still zuhörte, als ich mit der Geschichte unserer einmonatigen Gefangenschaft herausplatzte. Helen war eine große schlanke Frau, vermutlich Mitte Vierzig. Sie war deutlich un-iranisch gekleidet, trug ein Kostüm nach westlicher Mode mit einem knielangen Rock. Ihr Kopf war in gotteslästerlicher Weise unbedeckt. Sie sah uns mit verständnisvollem Blick an.

»Geben Sie uns Asyl«, flehte ich sie an. »Und dann finden Sie eine Möglichkeit, uns nach Hause zu bringen.«

»Wovon sprechen Sie?« erwiderte Helen. »Sie können nicht hier bleiben.«

»Wir können aber nicht zurück zu ihm nach Hause gehen.«

»Sie sind iranische Staatsbürgerin«, sagte Helen sanft.

»Nein, ich bin *amerikanische* Staatsbürgerin.«

»Sie sind Iranerin«, wiederholte sie. »Und Sie müssen sich den iranischen Gesetzen beugen.«

Nicht unfreundlich, aber bestimmt erklärte sie, daß ich in dem Moment, als ich einen Iraner heiratete, nach iranischem Gesetz iranische Staatsangehörige geworden bin. Rechtlich waren sowohl Mahtab wie auch ich also tatsächlich Iranerinnen.

Ein kalter Schauer lief mir über den Rücken. »Ich will keine Iranerin sein«, sagte ich. »Ich bin als Amerikanerin geboren. Ich will die amerikanische Staatsangehörigkeit haben.«

Helen schüttelte den Kopf. »Nein«, sagte sie sanft. »Sie müssen zu ihm zurückkehren.«

»Er wird mich verprügeln«, rief ich. Ich zeigte auf Mahtab. »Er wird *uns* verprügeln!« Helen konnte sich in meine Lage versetzen, aber sie hatte einfach keine Befugnis, uns zu helfen. »Wir werden in diesem Haus festgehalten«, sagte ich, versuchte es noch einmal, als mir große Tränen über die Wangen rollten. »Es ist uns bloß gelungen, durch die Vordertür zu fliehen, weil alle geschlafen haben. Wir können nicht zurückgehen. Er wird uns einschließen. Ich habe solche Angst davor, was mit uns geschehen wird.«

»Ich verstehe nicht, warum Amerikanerinnen so etwas

machen«, murmelte Helen. »Ich kann Ihnen Kleider besorgen. Ich kann ein paar Briefe für Sie wegschicken. Ich kann mit Ihrer Familie Kontakt aufnehmen und ausrichten, daß es Ihnen gut geht. So etwas kann ich für Sie tun, sonst nichts.«

Es war eine simple, bedrückende Tatsache: Mahtab und ich waren den Gesetzen dieses fanatischen Patriarchats vollkommen ausgeliefert.

Die nächste Stunde in der Botschaft verbrachte ich in einem Schockzustand. Wir taten, was wir konnten. Ich telefonierte nach Amerika. »Ich bin dabei, eine Möglichkeit zu suchen, nach Hause zu kommen«, schrie ich meiner Mutter entgegen, die Tausende von Kilometern entfernt war. »Sieh zu, was du von dort aus tun kannst.«

»Ich habe schon mit dem Außenministerium Kontakt aufgenommen«, sagte meine Mutter, ihre Stimme klang gebrochen. »Wir tun, was wir können.«

Helen half mir, einen Brief an das US-Außenministerium aufzusetzen, der über die Schweiz befördert werden sollte. Darin wurde dargelegt, daß ich gegen meinen Willen im Iran festgehalten wurde, und daß ich nicht damit einverstanden war, daß mein Mann unser Vermögen aus den USA abzog.

Helen füllte Formulare aus und fragte mich nach Einzelheiten über Moody. Besonders interessierte sie, welche Staatsangehörigkeit er hatte. Moody hatte nie versucht, die US-amerikanische Staatsangehörigkeit zu erlangen, nachdem er in die Unruhen der iranischen Revolution verwickelt worden war. Helen erkundigte sich nach seiner Grünen Karte, seiner offiziellen Aufenthalts- und Arbeitserlaubnis für Amerika. Bis jetzt konnte er noch in die Vereinigten Staaten zurückkehren, um dort wieder zu arbeiten. Aber wenn er zu lange wartete, würde seine Grüne Karte ablaufen, und er hätte keine Erlaubnis mehr, dort als Arzt zu praktizieren.

»Ich habe viel mehr Angst davor, daß er hier einen Job bekommen könnte«, sagte ich. »Wenn er hier arbeiten kann, sitzen wir in der Falle. Wenn er hier keine Stelle bekommen kann, wird er sich vielleicht dazu entschließen, in die Staaten zurückzukehren.«

Ich beschloß, wenn ich konnte, dafür zu sorgen. Ich würde das Leben im Iran für Moody so unerträglich wie nur möglich machen.

Nachdem Helen getan hatte, was sie konnte, sprach sie schließlich die befürchtete Aufforderung aus: »Sie müssen jetzt zurückfahren«, sagte sie ruhig. »Wir werden alles tun, was in unserer Macht steht. Haben Sie Geduld.«

Sie rief ein Taxi für uns. Als es vorfuhr, kam sie mit an die Straße und sprach mit dem Fahrer. Sie gab ihm eine Adresse in der Nähe von Ameh Bozorgs Haus. Wir würden die letzten Blocks zu Fuß gehen, damit Moody uns nicht im Taxi ankommen sah.

Mein Magen verkrampfte sich, als Mahtab und ich uns wieder in den Straßen Teherans befanden und nirgendwo anders hingehen konnten als zu einem Ehemann und Vater, der die Rolle unseres allmächtigen Gefängniswärters angenommen hatte.

Ich versuchte einen klaren Gedanken zu fassen, obwohl es in meinem Kopf pochte. Vorsichtig sprach ich mit Mahtab: »Wir können weder Daddy noch sonst irgend jemandem erzählen, wo wir gewesen sind. Ich werde ihm sagen, daß wir spazierengegangen sind und uns verlaufen haben. Wenn er Fragen stellt, sag einfach nichts.«

Mathab nickte. Sie wurde gezwungen, sehr schnell erwachsen zu werden.

Moody wartete schon auf uns, als wir endlich ankamen.

»Wo seid ihr gewesen?« knurrte er.

»Wir sind spazierengegangen«, log ich. »Dabei haben wir uns verlaufen. Wir sind einfach weiter gegangen als wir vorhatten. Es gibt ja so viel zu sehen.«

Einen Moment lang dachte Moody über meine Erklärung nach und verwarf sie dann. Er wußte, daß ich einen ziemlich guten Orientierungssinn hatte. Seine Augen funkelten drohend im gerechten Zorn eines Moslems, der von einer Frau geärgert worden war. Er griff nach mir, grub die Finger einer Hand in meinen Arm und zog mit der andren an meinen Haaren. Er zerrte mich vor die Familienmitglieder, die sich in der Halle herumräkelten, insgesamt waren es ungefähr zehn. »Sie darf dieses Haus nicht verlassen!« befahl er.

Und zu mir sagte er: »Wenn du noch einmal versuchst, dieses Haus zu verlassen, *bringe ich dich um*!«

Zurück in das einsame Schlafzimmer, zurück zu den Tagen des Nichts, zurück zu Übelkeit und Erbrechen, zurück zu den tiefen Depressionen. Wann immer ich mein Zimmer verließ, wurde ich auf Schritt und Tritt von Ameh Bozorg oder einer ihrer Töchter verfolgt. Ich fühlte, daß mein Wille schwächer wurde. Bald, das war mir klar, würde ich mein Unglück einfach akzeptieren und für immer von meiner Familie und meiner Heimat getrennt sein.

Abgeschnitten von der Welt, entdeckte ich mit einer gewissen Ironie, daß es Kleinigkeiten waren, die mich bedrückten. Jetzt war der letzte Monat der Baseball-Saison angebrochen, und ich hatte keine Ahnung, wie es den »Tigern« ergangen war. Sie hatten in der Liga geführt, als wir in den Iran aufgebrochen waren. Eigentlich hatte ich geplant, Dad zu einem Spiel nach meiner Rückkehr einzuladen, weil ich wußte, daß es seine letzte Gelegenheit sein konnte, eins zu sehen.

Ganz in Heimweh versunken, versuchte ich an einem Nachmittag, einen Brief an meine Eltern zu schreiben, ohne genau zu wissen, wie ich ihn zur Post bekommen sollte. Zu meiner Bestürzung stellte ich fest, daß meine Hand zu schwach dafür war. Ich konnte noch nicht einmal meinen eigenen Namen kritzeln.

Stunden vergingen, in denen ich über die Bedeutung

dieses Geschehens nachgrübelte. Ich war krank, entnervt, depressiv; ich war dabei, meinen letzten Halt in der Realität zu verlieren. Moody schien damit zufrieden zu sein, daß er mich in die Enge getrieben hatte. Er war davon überzeugt, daß ich weder dazu in der Lage war, noch den Willen aufbringen konnte, mich gegen ihn zu erheben und für meine Freiheit zu kämpfen. Ich sah mein Kind an. Mahtabs zarte Haut war mit großen Flecken von den unzähligen Mückenstichen bedeckt. Der Sommer ging vorbei. Bald würde es Winter werden.

Bevor ich es merkte, würden die Jahreszeiten – würde die Zeit an sich – im Nichts verschwimmen. Je länger wir hierblieben, um so leichter würde es uns fallen, uns zu ergeben.

Dads bevorzugte Parole kam mir in den Sinn: »Wo ein Wille ist, ist auch ein Weg.« Aber selbst wenn ich den Willen hätte, wer wüßte einen Weg, um uns zu helfen?, fragte ich mich. Gab es irgend jemanden, der mich und mein Kind aus diesem Alptraum herausreißen würde? Langsam, trotz des Nebels, in den mich die Krankheit und die Betäubungsmittel, die mir Moody verabreichte, hüllten, wurde mir die Antwort klar.

Keiner konnte uns helfen.

Nur ich allein konnte uns hier herausholen.

5

Ich befand mich eines Abends kurz nach Einbruch der Dunkelheit in der Halle von Ameh Bozorgs Haus, als ich das bedrohliche Dröhnen von tieffliegenden Düsenjägern hörte, die sich unserem Stadtteil näherten. Grelle Blitze aus Flugabwehrgeschossen erhellten den Himmel, gefolgt vom scharfen, donnernden Echo der Detonationen in der Luft.

Mein Gott! dachte ich, der Krieg ist nach Teheran gekommen.

Ich wandte mich suchend nach Mahtab um, um mit ihr an einen sicheren Ort zu laufen, aber Madschid sah meinen ängstlichen Gesichtsausdruck und bemühte sich, mich zu beruhigen. »Es ist nur eine Demonstration«, sagte er, »zur Kriegswoche.«

Moody erklärte mir, daß die Kriegswoche einmal im Jahr stattfindet, um den ruhmreichen islamischen Kampf im Krieg mit dem Irak zu feiern. Und, weitergedacht, auch mit Amerika, weil die ganze Propaganda den Iranern erklärte, daß der Irak lediglich eine von den Amerikanern bewaffnete und kontrollierte Marionette sei.

»Wir befinden uns im Krieg mit Amerika«, berichtete Moody mir mit unverhohlener Freude. »Das ist gerecht. Dein Vater hat meinen Vater umgebracht.«

»Was willst du damit sagen?«

Moody erklärte, daß sein Vater im Zweiten Weltkrieg, während mein Vater bei den amerikanischen Streitkräften in Abadan im südlichen Iran gedient hatte, als Lazarettarzt gearbeitet und zahlreiche G.I.s gegen Malaria behandelt hatte und sich schließlich selbst mit dieser, in seinem Fall tödlichen, Krankheit angesteckt hatte. »Nun werdet ihr dafür bezahlen müssen«, sagte Moody. »Dein Sohn Joe wird im Golfkrieg sterben. Darauf kannst du dich verlassen.«

Mir war zwar klar, daß Moody mich reizen wollte, aber ich konnte die Realität und seine sadistischen Phantasien nicht auseinanderhalten. Dies war einfach nicht der Mann, den ich geheiratet hatte. Wie sollte ich also wissen, ob irgend etwas der Wirklichkeit entsprach?

»Komm«, sagte er, »wir gehen auf das Dach.«

»Wozu?«

»Eine Demonstration.«

Das konnte nur eine anti-amerikanische Demonstration sein. »Nein«, sagte ich. »Ich komme nicht mit.«

Ohne ein Wort schnappte Moody Mahtab und trug sie aus dem Zimmer. Sie schrie vor Überraschung und vor Angst auf, zappelte in seinem festen Griff, aber er packte zu und folgte dem Rest der Familie auf das Dach.

Bald hörte ich entsetzliche Geräusche, die durch die geöffneten Fenster hereinfluteten.

»Marg bar Amrika!« brüllten Stimmen im Chor von allen Dächern der Umgebung. Mittlerweile kannte ich den Schlachtruf gut, denn er war ja stets in den iranischen Nachrichtensendungen zu hören: »Nieder mit Amerika!«

»Marg bar Amrika!« Die Rufe wurden lauter und leidenschaftlicher. Ich hielt mir die Ohren fest zu, aber das fanatische Gebrüll wurde nicht schwächer.

»Marg bar Amrika!«

Ich rief nach Mahtab, die mit den anderen Familienmitgliedern auf dem Dach war und sich im harten Griff eines wahnsinnigen Vaters wand, der verlangte, sie solle sich gegen ihr Land wenden.

»Marg bar Amrika!« In Teheran erhoben sich in jener Nacht bis zu vierzehn Millionen Stimmen als eine. Von

Dach zu Dach rollend, ein Crescendo bildend, die Bevölkerung in einen hypnotischen Taumel versetzend, schnitt mir der niederschmetternde, nervenaufreibende, furchterregende Gesang in die Seele.

»Marg bar Amrika! Marg bar Amrika! Marg bar Amrika!«

»Morgen fahren wir nach Ghom«, verkündete Moody.

»Was ist das?«

»Ghom ist das religiöse Zentrum des Iran. Eine heilige Stadt. Morgen ist der erste Freitag des *Moharram*, des Trauermonats. Dort befindet sich ein Grabmal. Du wirst einen schwarzen *Tschador* tragen.«

Ich mußte wieder an unseren Besuch in Rey denken, ein traumatischer Ausflug, der damit endete, daß Mahtab von ihrem Vater geschlagen wurde. Warum mußte die Familie Mahtab und mich auf ihre lächerlichen Pilgerfahrten mitschleppen?

»Ich will nicht mit«, sagte ich.

»Wir fahren.«

Ich kannte mich in islamischen Gesetzen ausreichend aus, um einen gültigen Einwand zu machen. »Ich kann nicht zu einem Grabmal«, sagte ich. »Ich habe meine Regel.«

Moody runzelte die Stirn. Jede Regel erinnerte ihn daran, daß ich trotz der fünf Jahre, die seit Mahtabs Geburt vergangen waren, nicht in der Lage gewesen war, ihm ein weiteres Kind, einen Sohn, zu schenken.

»Wir fahren«, sagte er.

Mahtab und ich wachten am nächsten Morgen sehr deprimiert auf. Mahtab hatte Durchfall, ein Zeichen für die Spannung, unter der sie stand, an das ich mich langsam gewöhnte.

»Sie ist krank«, sagte ich zu Moody. »Sie sollte zu Hause bleiben.«

»Wir *fahren*«, wiederholte er streng.

In tiefer Melancholie zog ich die Uniform an, schwarze

Hose, lange schwarze Strümpfe, schwarzer, langärmeliger *Manto*, schwarzer *Rusari* um den Kopf geschlungen. Über diese ganze Ausrüstung kam der verhaßte schwarze *Tschador*.

Wir würden mit im Auto von Morteza fahren, einem Neffen Moodys, und uns zusammen mit Ameh Bozorg, ihrer Tochter Fereschteh, Morteza, seiner Frau Nastaran und ihrer Tochter, der glücklichen kleinen Nelufar, hineinzwängen. Wir brauchten Stunden, um die Autobahn zu erreichen, und dann noch zwei Stunden, in denen wir Stoßstange an Stoßstange mit anderen Autos voller Gläubigen durch eine Landschaft rasten, die so trostlos war wie meine Seele.

Ghom war eine Stadt aus hellem rot-braunen Staub. Keine der Straßen war asphaltiert, und die Autos der versammelten Menge wirbelten eine erstickende Staubwolke auf. Als wir aus dem Auto kletterten, zogen unsere schweißdurchnäßten Kleider eine Hülle aus Schmutz an.

Mitten auf einem großen Platz war ein Wasserbecken mit Olympiamaßen, umgeben von schreienden Pilgern, die versuchten, an den Wasserrand zu gelangen, um ihre rituellen, gebetsvorbereitenden Waschungen zu vollziehen. Der Mob zeigte keine Anzeichen von Nächstenliebe. Ellenbogen wurden wahllos eingesetzt, und sorgfältig plazierte Tritte halfen einigen, sich einen Platz am Wasserrand zu sichern. Hier und dort gab es ein plötzliches Platschen, gefolgt vom wütenden Gebrüll eines Gläubigen, der eine unfreiwillige Taufe bekommen hatte.

Da weder Mahtab noch ich planten, am Gebet teilzunehmen, machten wir uns nicht die Mühe, uns in dem schmutzigen Wasser zu waschen. Wir warteten auf die anderen.

Dann wurden wir nach Geschlechtern getrennt. Mahtab und ich folgten Ameh Bozorg, Fereschteh, Nastaran und Nelufar in die Frauenräume der Moschee. Wir hatten nicht genug Platz, um uns zum Schuheausziehen zu bücken, deshalb streiften wir sie mit einem Tritt ab und stießen sie in einen wachsenden Haufen von Schuhwerk.

Mein Kind, gegen das von allen Seiten gedrängelt wurde, klammerte sich ängstlich an meine Hand, als wir in einen riesigen Saal eintraten, dessen Wände mit Spiegeln verkleidet waren. Islamische Musik schmetterte aus den Lautsprechern, aber selbst das reichte nicht, um die Stimmen von Tausenden von Frauen im schwarzen *Tschador* zu übertönen, die auf dem Boden saßen und sich gegen die Brust trommelten, während sie ihre Gebete sangen. Tränen der Trauer strömten ihnen über die Wangen.

Die riesenhaften Spiegel waren mit Gold und Silber verziert, und der Glanz des kostbaren Metalls wurde von Spiegel zu Spiegel reflektiert. Ihr Funkeln bildete einen scharfen Kontrast zum schwarzen *Tschador* der Betenden. Anblick und Geräuschkulisse hatten eine hypnotische Wirkung.

»*Beschin*«, sagte Ameh Bozorg, »setzt euch.«

Mahtab und ich setzten uns hin, und Nastaran und Nelufar hockten sich neben uns.

»*Beschin*«, wiederholte Ameh Bozorg. Mit Gesten und ein paar einfachen Worten Farsi bedeutete sie mir, ich solle die Spiegel anschauen. Sie und Fereschteh gingen fort zu einem großen, reichverzierten Sarg in einen angrenzenden Raum.

Ich betrachtete die Spiegel. In wenigen Augenblicken spürte ich, wie ich in eine Art Trance hineinglitt. Spiegel, die immer wieder Spiegel reflektierten, erzeugten eine Illusion von Unendlichkeit. Die islamische Musik, das rhythmische Trommeln der Frauen, die sich gegen die Brust klopften, und ihr Klagegesang fingen den Verstand wider Willen ein. Für Gläubige mußte die Erfahrung überwältigend sein.

Ich wußte nicht, wieviel Zeit so vergangen war. Irgendwann bemerkte ich, daß Ameh Bozorg und Fereschteh in den Saal zurückkehrten, in dem Mahtab und ich mit

Nastaran und Nelufar warteten. Das alte Weib kam geradewegs auf mich zu, schrie so laut sie konnte in Farsi und zeigte mit einem knochigen Finger auf mein Gesicht.

Was mache ich nun? fragte ich mich.

Ich verstand Ameh Bozorgs Worte nicht, nur eins: *»Amrika.«*

Zornestränen strömten ihr aus den Augen. Sie langte sich unter den *Tschador*, um sich die Haare zu raufen. Die andere Hand trommelte auf ihre Brust und dann auf ihren Kopf.

Mit einer wütenden Bewegung forderte sie uns zum Gehen auf, und wir folgten ihr alle aus der *Masdsched* zurück in den Hof, nur innehaltend, um unsere Schuhe wiederzufinden.

Moody und Morteza hatten ihre Andachtsübungen schon beendet und warteten auf uns. Ameh Bozorg rannte schreiend und sich gegen die Brust trommelnd zu Moody hinüber.

»Was ist los?« fragte ich ihn.

Er wandte sich mit zornigen Blicken mir zu. »Warum hast du dich geweigert, in den *Haram* zu gehen?«

»Ich habe mich gar nicht geweigert«, sagte ich. »Was ist ein *Haram*?«

»Das Grab. *Haram* ist das Grab. Du bist nicht mitgegangen.«

»Sie hat mir befohlen, mich hinzusetzen und die Spiegel anzuschauen.«

Das erschien mir wie eine Wiederholung des Fiaskos in Rey. Moody tobte, er war so wütend, daß ich Angst hatte, er würde mich schlagen. Ich schob Mahtab hinter mich in Sicherheit. Die niederträchtige Alte hatte mich hereingelegt, das war mir klar. Sie wollte zwischen mir und Moody Unfrieden säen.

Ich wartete, bis Moody in seiner Tirade eine Pause einlegte. So sanft ich konnte, sagte ich mit aller Entschiedenheit: »Sei lieber still und überlege, was du sagst. Sie hat mir befohlen, mich hinzusetzen und die Spiegel anzuschauen.«

Moody wandte sich an seine Schwester, die sich immer noch dramatisch aufführte. Sie wechselten ein paar Worte, dann sagte Moody zu mir: »Sie hat dir gesagt, du solltest dich hinsetzen und die Spiegel anschauen, aber sie meinte nicht, daß du da bleiben solltest.«

Wie ich die böse Frau haßte! »Nastaran ist auch nicht gegangen«, bemerkte ich. »Warum ist sie nicht böse auf Nastaran?«

Moody richtete die Frage an Ameh Bozorg. Er war immer noch so wütend auf mich, daß er begann, die Antwort seiner Schwester zu übersetzen, bevor er ihre Bedeutung erfaßte. »Nastaran hat ihre Regel«, sagte er. »Sie kann nicht...« Dann fiel ihm ein, daß ich auch meine Regel hatte.

Ausnahmsweise durchdrang die Logik seinen Wahnsinn. Sein Verhalten mir gegenüber wurde sofort freundlicher, und er wandte nun seinen Zorn gegen seine Schwester. Sie stritten viele Minuten lang und führten die Diskussion weiter, als wir uns schon ins Auto gezwängt hatten und auf dem Weg zum Haus ihres Bruders waren.

»Ich habe ihr gesagt, daß sie ungerecht ist«, sagte Moody zu mir mit nunmehr von Sanftmut und Mitgefühl erfüllter Stimme. »Du verstehst die Sprache nicht. Ich habe ihr gesagt, sie habe nicht genug Geduld mit dir.«

Wieder einmal hatte er mich in einem unachtsamen Moment erwischt. Heute war er verständnisvoll. Wie würde er sich morgen verhalten?

Das Schuljahr fing an. Am ersten Schultag führten die Lehrer in ganz Teheran die Kinder zu einer Massendemonstration auf die Straße. Hunderte von Schülern einer nahegelegenen Schule marschierten an Ameh Bozorgs Haus vorbei und skandierten vereint die häßliche Parole: »*Marg bar Amrika!*« Und fügten einen weiteren Feind hinzu: »*Marg bar Israil!*«

Mahtab hielt sich in unserem Schlafzimmer die Ohren zu, aber sie hörte es dennoch.

Schlimmer noch, dieses Beispiel für die Rolle der Schule im Leben eines iranischen Kindes inspirierte ihren Vater. Er war entschlossen, Mahtab zu einer gehorsamen iranischen Tochter zu machen. Ein paar Tage später verkündete er plötzlich: »Mahtab kommt morgen in die Schule.«

»Nein, das kannst du nicht machen!« rief ich. Mahtab klammerte sich besitzergreifend an meinen Arm. Ich wußte, sie würde furchtbare Angst ausstehen, wenn sie von mir weg mußte. Und wir wußten beide, daß das Wort »Schule« etwas Dauerhaftes hatte.

Aber Moody gab nicht nach. Mahtab und ich stritten ein paar Minuten mit ihm, ohne Erfolg.

Zu guter Letzt sagte ich: »Ich will die Schule erstmal sehen«, und Moody willigte ein.

Am frühen Nachmittag gingen wir zur Schule, um sie zu inspizieren. Ich war erstaunt, ein sauberes modernes Gebäude vorzufinden, mit einem hübschen, gepflegten Garten, einem Schwimmbad und Toiletten wie in Amerika. Moody erklärte, dies sei die private Vorschule. Wenn ein Kind für die iranische erste Klasse reif ist, muß er oder sie eine staatliche Schule besuchen. Dies würde das letzte Jahr sein, in dem Mahtab für die Vorschule zugelassen war, und er wollte, daß sie hier anfing, bevor sie in die strengere Umgebung einer staatlichen Schule übergehen mußte.

Ich war entschlossen, dafür zu sorgen, daß Mahtab in Amerika eingeschult würde, aber ich zügelte meine Zunge, während Moody mit dem Direktor sprach und meine Fragen übersetzte.

»Spricht hier auch jemand Englisch?« fragte ich. »Mahtabs Farsi ist nicht sehr gut.«

»Ja«, kam die Antwort. »Aber sie ist im Moment nicht da.«

Moody erklärte, er wünsche, daß Mahtab gleich am nächsten Tag anfangen solle, aber der Direktor sagte, es gebe eine sechsmonatige Warteliste.

Mahtab seufzte erleichtert, als sie das hörte, denn das löste das unmittelbare Problem. Aber auf dem Weg zurück zu Ameh Bozorg schwirrte mir der Kopf. Wenn Moody seinen Plan hätte durchsetzen können, hätte ich mich zunächst besiegt gefühlt. Es wäre ein konkreter Schritt zur Einrichtung unseres Lebens im Iran gewesen. Aber vielleicht wäre das auch ein Zwischenschritt zur Freiheit. Vielleicht wäre es eine gute Idee, eine Fassade der Normalität zu errichten. Moody war allzeit wachsam, jede kleine Handlung von mir erfüllte ihn mit Mißtrauen. Es gab unter den gegenwärtigen Umständen für mich keinen Weg, erste Schritte zu unternehmen, die Mahtab und mich aus dem Iran hinausbringen würden. Mir wurde allmählich klar, daß ich Moody nur dazu bringen konnte, seine Wachsamkeit zu mildern, indem ich ihn glauben machte, daß ich zum Leben hier bereit war.

Den ganzen Nachmittag und Abend über versuchte ich, in meinem zur Gefängniszelle gewordenen Schlafzimmer eingesperrt, mir einen Aktionsplan zurechtzulegen. Mein Verstand war durcheinander, aber ich zwang mich, rational zu sein. Zuerst, das wußte ich, mußte ich auf meine Gesundheit achten. Von Krankheit und Depressionen gequält, wenig essend und kaum schlafend, hatte ich mich in Moodys Medikamente geflüchtet. Damit mußte Schluß sein.

Irgendwie mußte ich Moody überzeugen, von Ameh Bozorg wegzuziehen. Die ganze Familie fungierte als mein Gefängniswärter. In den sechs Wochen, die wir dort wohnten, behandelten Ameh Bozorg und Baba Hadschi mich mit wachsender Geringschätzigkeit. Baba Hadschi verlangte mittlerweile, daß ich an den unaufhörlichen täglichen Gebetsübungen teilnahm. Dieser Punkt war zwischen ihm und Moody strittig. Moody erklärte, ich sei dabei, den Koran zu studieren und in meinem eigenen Tempo etwas über den Islam zu lernen. Er wollte mir die Gebete nicht aufzwingen. Als ich darüber nachdachte, fiel mir auf, daß Moody tatsächlich hoffte, ich würde mich akklimatisieren.

Bestimmt wollte er nicht, daß seine Familie für immer so lebte. Wir hatten uns seit sechs Wochen nicht mehr geliebt. Mahtab konnte ihre Abneigung gegen ihn nicht verbergen. Irgendwo in seinem desorientierten Hirn mußte Moody der phantastischen Vorstellung anhängen, daß wir uns eines Tages hier in Teheran für ein normales Leben einrichten würden. Die einzige Möglichkeit, ihn dazu zu bringen, seine Wachsamkeit einzuschränken, war ihn zu überzeugen, daß ich jene Vorstellung teilte und seine Entscheidung, im Iran zu leben, akzeptierte.

Beim Nachdenken über meine Aufgabe kamen mir neue Zweifel. Der Weg in die Freiheit würde von mir die Fähigkeiten einer erstklassigen Schauspielerin verlangen. Ich würde Moody wirklich glauben machen müssen, daß ich ihn immer noch liebte, obwohl ich inzwischen wahrhaftig um seinen Tod betete.

Meine Bemühungen begannen am nächsten Morgen. Zum ersten Mal seit einigen Wochen frisierte ich mich und legte Make-up auf. Ich suchte ein hübsches Kleid aus, ein blaues pakistanisches Baumwollkleid mit langen Ärmeln und einem Volant am Rock. Moody bemerkte die Veränderung sofort, und als ich sagte, daß ich mit ihm sprechen wollte, stimmte er zu. Wir traten hinaus auf den hinteren Hof beim Schwimmbecken, wo wir ungestört waren.

»Ich habe mich nicht sehr wohl gefühlt«, begann ich. »Ich werde schwach. Ich kann nicht einmal meinen Namen schreiben.«

Er nickte mit scheinbar echtem Mitleid.

»Ich werde keine Medikamente mehr nehmen.«

Moody stimmte zu. Als Chiropraktiker war er schon von seiner Einstellung her gegen den übermäßigen Gebrauch von Medikamenten. Er habe versucht, mir über schwere Zeiten hinwegzuhelfen, sagte er. Aber vielleicht sei jetzt der Zeitpunkt gekommen, damit aufzuhören.

Von seiner Antwort ermutigt, sagte ich: »Ich habe mich endlich mit der Vorstellung abgefunden, daß wir in Teheran leben werden, und ich möchte, daß wir unser Leben hier in Angriff nehmen. Ich möchte hier für uns ein Leben aufbauen.«

Moodys Gesichtsausdruck wurde wachsam, aber ich stürmte voran.

»Ich möchte ein Leben für uns aufbauen, aber ich brauche deine Hilfe. Ich kann das nicht allein, und ich kann es nicht in diesem Haus.«

»Das wirst du müssen«, sagte er mit etwas lauterer Stimme. »Ameh Bozorg ist meine Schwester. Ich schulde ihr Respekt.«

»Ich kann sie nicht ausstehen«, sagte ich. Tränen strömten mir über die Wangen, und plötzlich spuckte ich Gift und Galle: »Ich hasse sie. Sie ist schmutzig, dreckig. Jedesmal wenn man in die Küche kommt, ißt jemand über dem Herd, und das Essen tropft wieder in den Topf. Sie servieren Tee und waschen dann nicht die Gläser, und im Essen sind Käfer, und im Reis Würmer, und das Haus stinkt. Willst du, daß wir so wohnen?«

Trotz meines sorgfältig zurechtgelegten Plans machte ich nun den Fehler, seinen Zorn zu erregen. »Wir müssen hier leben«, knurrte er.

Wir stritten erbittert fast den ganzen Vormittag über. Ich versuchte, ihn dazu zu bringen zuzugeben, wie verdreckt Ameh Bozorgs Haus war, aber er verteidigte standhaft seine Schwester.

Schließlich sah ich ein, daß mein Plan fehlschlagen würde und rang um Fassung, damit ich in der Rolle der unterwürfigen Frau die Initiative übernehmen konnte. Ich nahm den dicken Saum meines Kleides in die Hand und wischte die Tränen mit dem Volant ab. »Bitte«, sagte ich, »ich will dich doch glücklich machen. Ich will Mahtab glücklich machen. Bitte, tu etwas, um mir zu helfen. Du mußt mir aus diesem Haus heraushelfen, wenn wir einen neuen Anfang machen und es in Teheran schaffen sollen.«

Moody reagierte mit sanfteren Worten. Er wußte, daß ich die Wahrheit sagte, aber er wußte nicht, wie er die Bedürfnisse seiner Frau und seiner Schwester unter einen Hut bringen sollte. »Wir können sonst nirgendwo hin«, sagte er.

Darauf war ich vorbereitet. »Frag Reza, ob wir bei ihm wohnen können.«

»Du magst Reza nicht.«

»Doch. Er ist netter zu mir, seitdem ich im Iran bin. Essey auch.«

»Nun ja«, sagte Moody, »ich weiß nicht, ob das gehen wird.«

»Aber er hat uns schon mehrmals eingeladen, ihn zu besuchen«, bemerkte ich.

»Das ist nur *Ta'arof*. Er meint das nicht wirklich.« *Ta'arof* ist ein iranisches Gesprächsverhalten, in dem man höfliche, aber nicht ernstgemeinte Angebote macht.

»Nun«, sagte ich, »nimm ihn bei seinem *Ta'arof*-Wort.«

Ich setzte Moody ein paar Tage lang zu. Er konnte sehen, daß ich mich bemühte, der Familie gegenüber freundlicher zu sein. Meine Stimmung hob sich tatsächlich, als ich Moodys Medikamente absetzte, und verstärkte meinen Willen, die schwierige Aufgabe, die vor mir stand, auf mich zu nehmen. Schließlich berichtete Moody mir, daß Reza abends zu uns kommen wollte, und er erlaubte mir, mit ihm darüber zu reden, ob wir zu ihm ziehen könnten.

»Sicher könnt ihr das«, sagte Reza. »Aber nicht heute abend. Wir müssen noch irgendwo hin.« *Ta'arof.*

»Wie wäre es mit morgen?« drängte ich.

»Sicher. Ich werde mir ein Auto leihen, und wir kommen und holen euch ab.« *Ta'arof.*

Moody erlaubte mir nur ein paar Sachen aus unserem

mageren Kleidungsvorrat einzupacken. So sehr sie mich haßte, war Ameh Bozorg zutiefst beleidigt, daß wir vorhatten, ihr Haus zu verlassen. Moody versuchte durch das Zurücklassen des größten Teils unserer Habe zu signalisieren, daß unser Besuch bei Reza und Essey von kurzer Dauer sein würde. Aber er verbrachte den Tag damit, die finsteren Blicke seiner Schwester zu meiden.

Um zehn Uhr abends war Reza immer noch nicht eingetroffen, um uns zu sich nach Hause zu holen, also bestand ich darauf, daß Moody mich anrufen ließ. Er blickte mir über die Schulter, während ich wählte. »Wir warten auf dich«, sagte ich zu Reza. »Du bist nicht gekommen, um uns abzuholen.«

»Oh, naja, wir waren beschäftigt«, sagte Reza. »Wir kommen morgen vorbei.« *Ta'arof.*

»Nein, ich kann nicht bis morgen warten. Können wir bitte heute abend noch kommen?«

Reza bekam endlich mit, daß er sein Versprechen einlösen mußte. »Gut, ich komme«, sagte er.

Ich war bereit aufzubrechen, sowie er zur Tür hereinkam, aber Reza bestand darauf, sich Zeit zu lassen. Er zog einen Salonpyjama an, trank Tee, aß Obst und unterhielt sich ausgiebig mit seiner Mutter, Ameh Bozorg. Sein Abschiedsritual mit Küssen, Umarmungen und Plaudern dauerte eine volle Stunde.

Es war lange nach Mitternacht, als wir endlich aufbrachen und die paar Minuten Richtung Süden zu dem zweistöckigen Haus an einer kleinen Gasse fuhren, das Reza gemeinsam mit seinem Bruder Mammal besaß. Reza und Essey wohnten unten mit ihrer dreijährigen Tochter Maryam und ihrem vier Monate alten Sohn Mehdi. Mammal und seine Frau Nasserine und ihr Sohn Amir wohnten oben.

Als wir ankamen, war Essey hektisch mit Saubermachen beschäftigt, was Rezas Verzögerungstaktik erklärte. Sie hatten überhaupt nicht mit Besuch gerechnet und sich ganz auf

Ta'arof verlassen. Trotzdem hieß Essey uns freundlich willkommen.

Es war so spät, daß ich sofort in unser Schlafzimmer ging und ein Nachthemd anzog. Ich versteckte mein Geld und mein Adreßbuch unter der Matratze. Dann, nachdem Mahtab ins Bett gesteckt war und schlief, leitete ich die nächste Phase meines Planes ein.

Ich rief Moody zu mir ins Schlafzimmer und berührte ihn leicht am Arm. »Ich liebe dich, weil du uns hierher gebracht hast«, sagte ich.

Er legte seine Arme sanft um mich und suchte Ermunterung. Es war sechs Wochen her. Ich schob mich an ihn heran und hob mein Gesicht, um mich küssen zu lassen.

In den nächsten paar Minuten mußte ich mir alle Mühe geben, mich nicht zu übergeben, aber ich schaffte es dennoch irgendwie, Vergnügen vorzutäuschen. Ich hasse ihn! Ich hasse ihn! Ich hasse ihn! wiederholte ich stumm während des schrecklichen Aktes.

Doch als es vorbei war, flüsterte ich: »Ich liebe dich.«

Ta'arof!!!

6

Am nächsten Morgen stand Moody früh auf und duschte, um, wie es das islamische Gesetz forderte, alle Spuren von Sex vor dem Gebet abzuwaschen. Die laute Dusche war für Reza und Essey und auch für Mammal und Nasserine ein Stockwerk höher das Zeichen, daß Moody und ich uns gut verstanden.

Das stimmte natürlich überhaupt nicht. Sex mit Moody war nur eines von vielen unangenehmen Erlebnissen, die ich im Kampf für die Freiheit durchstehen mußte, das war mir klar.

An unserem ersten Morgen bei Reza und Essey spielte Mahtab mit der dreijährigen Maryam und deren großer Spielzeugsammlung, die ihr die in England lebenden Onkels geschenkt hatten. Maryam hatte sogar eine Schaukel hinten im Hof.

Der Hof war eine kleine abgeschiedene Insel inmitten der von Menschen wimmelnden Stadt. Umgeben von einer drei Meter hohen Ziegelsteinmauer, umschloß er nicht nur die Schaukel, sondern auch eine Zeder, einen Granatapfelbaum und viele Rosenstöcke. Weinstöcke rankten an den Backsteinmauern empor.

Das Haus selbst lag mitten in einem Block trister, gleichförmiger Wohnungen, die alle durch gemeinsame Mauern verbunden waren. Jedes Haus hatte einen Hof in gleicher Größe und Form wie dieses. An der Rückseite der Höfe verlief ein ebensolcher Block von Reihenhäusern.

Essey war in mancher Hinsicht eine weit bessere Hausfrau als Ameh Bozorg, auch wenn ein solcher Vergleich nur relativ war. Obwohl sie den vergangenen Abend mit Putzen zugebracht hatte, war ihr Haus, gemessen an amerikanischen Vorstellungen, immer noch schmutzig. Überall liefen Kakerlaken herum. Immer, wenn wir unsere Schuhe anziehen wollten, um nach draußen zu gehen, mußten wir zuerst die Insekten herausschütteln. Die allgemeine Unordnung wurde noch durch Uringestank betont, denn Essey ließ das Baby Mehdi ohne Windeln auf dem Teppich liegen, so daß er sich dort jederzeit erleichtern konnte. Essey entfernte zwar die Haufen schnell, aber der Urin sickerte einfach in den Perserteppich hinein.

Vielleicht weil ihm der Gestank zu viel wurde – obwohl er das nie zugegeben hätte –, nahm Moody Maryam, Mahtab und mich am ersten Morgen in einen nahegelegenen Park, ein paar Häuserblocks entfernt, zu einem Spaziergang mit. Er war nervös und wachsam, als wir aus der Eingangstür in einen engen Seitenweg traten, der zwischen den Häusern und der Gasse verlief. Er blickte um sich, um sicher zu sein, daß uns niemand beobachtete.

Ich versuchte, ihn zu ignorieren, und sah mir die Einzelheiten meiner neuen Umgebung an. Das Muster dieses Blocks – zwei Reihen Häuser mit Flachdächern, zwischen Höfe gezwängt – wiederholte sich immer wieder, soweit ich blicken konnte. Hunderte, vielleicht Tausende von Menschen drängten sich in diesen wenigen Innenstadtblocks zusammen und ließen die winzigen Gäßchen vor Betriebsamkeit schwirren.

Der schöne, sonnige Tag Ende September trug bereits erste Anzeichen des Herbstes. Als wir den Park erreichten, empfanden wir ihn als wohltuende Abwechslung zu den endlosen Reihenhäuserblocks. Er umfaßte ein weitläufiges, grasbewachsenes Gelände, ungefähr so groß wie drei Häuserblocks, das mit schönen Blumenbeeten und gut gepflegten Bäumen bepflanzt war. Es gab einige dekorative Springbrunnen, aber sie waren nicht in Betrieb, da kaum genügend Elektrizität zur Verfügung stand, um alle Haushalte zu versorgen, und die Regierung es sich nicht leisten konnte, Energie zu verschwenden, um nutzloses Wasser zu pumpen.

Mahtab und Maryam spielten fröhlich auf ein paar Schaukeln und einer Rutsche, aber es dauerte nur ein kleines Weilchen, bis Moody ungeduldig verkündete, daß wir wieder nach Hause gehen mußten.

»Warum?« fragte ich. »Hier draußen ist es viel schöner.«

»Wir müssen aber gehen«, sagte er brüsk.

Ich hielt mich an meinen Plan und fügte mich schweigend. Ich wollte so wenig Spannungen wie möglich erzeugen.

Als die Tage vergingen, gewöhnte ich mich irgendwie an die knisternde Atmosphäre in der Wohnung und an das unentwegte geschäftige Treiben in der Nachbarschaft. Den ganzen Tag lang plärrten die Stimmen der fliegenden Händler durch die offenen Fenster.

»Aschghali! Aschghali! Aschghali!« schrie der Müllmann, als er sich mit seinem quietschenden Karren näherte und in Schuhen mit zerrissenen, schlappenden Sohlen durch den Dreck auf den Straßen schritt. Hausfrauen hasteten vorbei, um ihren Müll auf den Bürgersteig zu bringen. An manchen Tagen kam der Müllmann, nachdem er den Abfall eingesammelt hatte, mit einem provisorischen Besen aus riesigen Unkräutern, die um einen Stock geschlagen waren, zurück. Damit kehrte er ein paar Reste, die Katzen und Ratten aus dem Abfall gezerrt hatten, von der Straße. Aber anstatt den stinkenden Müll ganz zu beseitigen, fegte er ihn nur in die nassen Gossen, die anscheinend niemand je sauber machte.

»Namaki!« schrie der Salzverkäufer und schob seinen Handkarren vorwärts, der mit einem riesigen Berg von

feuchtem und klumpigem Salz beladen war. Auf sein Signal hin sammelten die Frauen alte Brotbrocken ein, um sie gegen Salz einzutauschen. Das Brot verkaufte der Salzmann seinerseits wieder für Viehfutter.

»Sabzi!« schrie der Mann, der in einem Lieferwagen mit Spinat, Petersilie, Basilikum und mit allen möglichen anderen Gemüsen der Jahreszeit langsam durch die Gasse fuhr. Manchmal benutzte er ein Megaphon, um seine Ankunft zu verkünden. Wenn er unerwartet kam, mußte Essey sich erst den *Tschador* überwerfen, bevor sie nach draußen rannte, das Gemüse zu kaufen, das der *Sabzi*-Mann auswog.

Die Ankunft des Schafhändlers wurde durch das ängstliche Blöken einer Herde von zehn bis zwölf Schafen angekündigt, deren *Dombes* wie Kuheuter wackelten. Oft waren die Schafe mit leuchtenden Spraykreisen markiert, an denen ihre Besitzer sie erkannten. Der Schafhändler selbst war nur ein Zwischenhändler.

Gelegentlich erschien ein in Lumpen gekleideter Mann, der Scherenschleifer.

Essey erzählte mir, daß alle diese Männer schrecklich arm wären und vermutlich nur in provisorischen Hütten lebten.

Ihre weiblichen Gegenstücke waren erbärmliche Bettlerinnen, die an den Haustüren klingelten und um einen Bissen zu essen oder um einen Rial bettelten. Den zerlumpten *Tschador* fest vors Gesicht gepreßt, so daß nur ein Auge freiblieb, flehten sie um Hilfe. Essey öffnete immer und hatte auch etwas für sie. Mammals Frau, Nasserine, allerdings konnte auch die verzweifeltste Bitte abschlagen.

Insgesamt ergab sich eine seltsame Symphonie der Verdammten, wenn die Männer und Frauen hier ums Überleben kämpften.

Essey und ich mochten einander, so wie das bei zwei Menschen möglich ist, die unter solch ungewöhnlichen Umständen zufällig zusammenkommen. Hier konnten wir wenigstens miteinander reden. Es war eine Erleichterung, in einem Haus zu leben, in dem jeder Englisch sprach. Im Gegensatz zu Ameh Bozorg nahm Essey mein Angebot, ihr bei der Hausarbeit zu helfen, dankend an.

Sie war eine planlose Haushälterin, aber eine gewissenhafte Köchin. Jedesmal, wenn ich ihr half, das Essen zuzubereiten, war ich beeindruckt von dem sorgfältigst aufgeräumten Kühlschrank, den ich je gesehen hatte. Fleisch und Gemüse, geputzt, zerkleinert und gebrauchsfertig, wurden getrennt säuberlich in Plastikbehältern aufbewahrt. Sie hatte die Menüs einen Monat im voraus geplant und auf Zettel geschrieben, die sie in der Küche an die Wand hängte. Die Gerichte waren ausgewogen und mit Rücksicht auf grundsätzliche Hygieneregeln zubereitet. Zusammen verbrachten wir Stunden damit, peinlich genau die Käfer aus dem Reis zu suchen, bevor wir ihn kochten.

Wie seltsam, daß ich mich dafür begeistern konnte, Ungeziefer aus meinem Essen zu entfernen! Innerhalb von zwei Monaten hatten sich meine Prioritäten drastisch geändert. Mir wurde klar, wie sehr mich der amerikanische Lebensstil verweichlicht hatte, so daß ich mich wirklich über Nebensächlichkeiten aufregte. Hier war alles ganz anders. Ich hatte bereits gelernt, daß sich kleinere Ereignisse des täglichen Lebens nicht auf größere Vorhaben auswirken durften. Wenn Käfer im Reis waren, mußte man sie raussuchen. Wenn das Baby auf den Perserteppich pinkelte, wischte man den Dreck weg. Wenn der Mann sofort aus dem Park wieder nach Hause gehen wollte, ging man eben sofort.

Zohreh brachte Ameh Bozorg zu Besuch herüber. Sie schenkte uns ein Kissen, worüber Moody sich aufregte. Er erklärte mir, daß es Brauch war, dem Gast des Hauses etwas zu schenken, wenn er wieder ging. Die Anspielung war deutlich. Ameh Bozorg sah unseren Besuch bei Reza und Essey nicht als einen vorübergehenden an. Sie war beleidigt, daß wir ihre Gastfreundschaft verschmäht hatten.

Es gab keine Möglichkeit, diesen Punkt zu diskutieren. Zohreh wies Esseys Tee-Angebot ab und erklärte: »Wir müssen schnell wieder gehen, weil ich Mama zum *Hammum* bringen soll.«

»Das wird auch Zeit«, murmelte Moody. »Wir sind nun schon seit acht Wochen hier, und sie nimmt jetzt zum ersten Mal wieder ein Bad.«

Am Abend rief Zohreh an. »Bitte komm, *Da'idschan*«, sagte sie zu Moody. »Mama ist krank.«

Reza ging zu seiner Schwester, die mehrere Häuserblocks entfernt wohnte, lieh sich ihr Auto und kam zurück, um Moody zu fahren, der sehr stolz darauf war, einen Hausbesuch machen zu können.

Aber als er spät in der Nacht zurückkam, schimpfte er nur über seine Schwester. Erschöpft von der Anstrengung des Bades war Ameh Bozorg vom *Hammum* nach Hause gekommen, hatte sich sofort ins Bett gelegt und über Gliederschmerzen geklagt. Sie hatte Zohreh angewiesen, Henna mit Wasser zu mischen. So wurde eine Heilsalbe hergestellt, die sie sich auf Stirn und Hände strich.

Moody fand sie, in viele Kleidungsstücke gehüllt und in Laken gewickelt, um die Dämonen auszuschwitzen. Er gab ihr eine Spritze gegen die Schmerzen.

»Sie war nicht wirklich krank«, brummte er. »Sie wollte nur die Tatsache aufbauschen, daß sie ein Bad genommen hatte.«

Rezas Freundlichkeit mir gegenüber war überraschend. Als ich ihn in Corpus Christi aus dem Haus geworfen hatte, war er unter Beschimpfungen gegen mich gegangen. Aber jetzt schien er die vergangenen Spannungen zwischen uns vergessen und – trotz seiner Unterstützung der iranischen Revolution – die USA in guter Erinnerung behalten zu haben.

Eines Abends versuchte Reza, einen Hauch Amerika in unser Leben zu bringen, und lud uns zum Pizzaessen ein.

Mahtab und ich waren aufgeregt und unruhig, aber der Appetit verging uns, als die Pizza serviert wurde. Der Boden war *Lawasch*, das trockene dünne Brot, das im Iran jeder kannte. Es war mit ein paar Löffel Tomatenmark und ein paar Scheiben Lamm Bologna belegt. Käse gab es nicht. Es schmeckte scheußlich, aber wir aßen so viel wir konnten, und ich war Reza von Herzen dankbar für diese freundliche Geste.

Moodys Neffe war auch zufrieden, seine Großzügigkeit unter Beweis stellen zu können, und stolz darauf, daß er in westlichen Eßgewohnheiten so bewandert war. Nach dem Essen machte er einen Vorschlag, der in meine eigenen Pläne paßte. »Ich möchte, daß du Essey zeigst, wie man amerikanische Gerichte kocht«, sagte er.

Um Essey beizubringen, wie man ein Steak oder Kartoffelpüree macht, würden wir auf der Suche nach den seltenen Zutaten ausgedehnte Einkaufsgänge unternehmen müssen. Eifrig nahm ich das Angebot an, bevor Moody etwas dagegen einwenden konnte. In den folgenden Tagen mußte er Essey und mich einige Kilometer über die iranischen Märkte begleiten. Immer wachsam, orientierte ich mich in der Stadt. Ich lernte orangefarbene Taxis zu nehmen, statt der teureren, schwieriger aufzutreibenden Telefontaxis. Fahrer eines orangefarbenen Taxis konnte jeder sein, der zufällig ein Auto besaß und sich ein paar Rials dazuverdienen wollte, indem er ungefähr ein Dutzend Passagiere hineinquetschte und die Hauptstraße entlangschaukelte. Orangefarbene Taxis fuhren mehr oder weniger festgelegte Routen, ähnlich wie Busse.

Moodys Anwesenheit bei unseren Einkaufsgängen war aufdringlich. Ich hoffte, daß er endlich seine Bewachung lockern und Essey und mir erlauben würde, allein einkaufen zu gehen. Vielleicht würde er sogar erlauben, daß Mahtab und ich allein hinausgingen. Das würde mir die Gelegenheit geben, noch einmal mit der Botschaft Kontakt aufzunehmen und zu erfahren, ob Helen Post für mich hatte, oder ob es dem Außenministerium gelungen war, irgend etwas Hilfreiches zu unternehmen.

Moody war von Natur aus faul. Ich wußte, wenn ich ihn Schritt für Schritt überzeugen konnte, daß ich mich an das Leben in Teheran gewöhnte, würde er es schließlich zu mühsam finden, mich auf den »Frauen«-Gängen zu begleiten.

Gegen Ende unserer zweiten Woche bei Reza und Essey bemerkte ich jedoch, daß die Zeit knapp wurde. Jeder Tag brachte mehr Anzeichen dafür, daß wir unseren Gastgebern lästig wurden. Maryam war ein selbstsüchtiges Kind und war nicht dazu bereit, ihre Spielsachen mit Mahtab zu teilen. Essey blieb zwar gastfreundlich, aber mir war klar, daß unsere Anwesenheit in der engen Wohnung nicht willkommen war. Auch Reza versuchte freundlich zu bleiben, aber wenn er von seinen langen Arbeitstagen aus der Buchhaltung in Baba Hadschis Import-Export-Unternehmen nach Hause kam, konnte ich in seinem Gesicht die Enttäuschung über Moodys Untätigkeit sehen. Das Blatt hatte sich gewendet. In Amerika hatte es ihm gefallen, auf Moodys Kosten zu leben. Hier konnte er sich nicht mit der Idee abfinden, seinen *Da'idschan* zu unterhalten. Ihre Einladung war also doch nur *Ta'arof* gewesen.

Moody verübelte Reza sein kurzes Gedächtnis, aber anstatt sich zu sehr auf seine bedeutende Stellung innerhalb der Familie zu verlassen, beschloß er, sich zurückzuziehen. »Wir können hier nicht bleiben«, sagte er zu mir. »Wir sind nur für eine kurze Zeit hergekommen, damit du dich besser fühlen solltest. Jetzt müssen wir zurückkehren. Wir können die Gefühle meiner Schwester nicht länger verletzen.«

Ein panischer Schrecken durchfuhr mich. Ich flehte Moody an, mich nicht wieder in Ameh Bozorgs schrecklichem Haus einzusperren, aber er blieb unerbittlich. Mahtab war über die Neuigkeit genauso entsetzt. Obwohl sie und

Maryam sich ständig zankten, zog sie diese Wohnung doch bei weitem vor. Im Badezimmer beteten wir am Abend zusammen darum, daß Gott endlich eingreifen möge.

Und das tat er auch. Ich weiß nicht, ob Moody, als er unsere schwermütige Stimmung sah, zuerst mit ihnen sprach, aber Mammal und Nasserine kamen nach unten, um uns ein neues Arrangement vorzuschlagen. Ich war überrascht, als ich hörte, daß Nasserine fließend Englisch sprach – ein Geheimnis, das sie bis dahin vor mir bewahrt hatte.

»Mammal muß den ganzen Tag arbeiten, und ich gehe nachmittags zur Universität«, erklärte sie. »Wir brauchen jemanden, der auf das Baby aufpaßt.«

Mahtab quietschte vor Freude. Nasserines ein Jahr alter Sohn Amir war ein aufgewecktes, intelligentes Kind, und Mahtab spielte sehr gern mit ihm. Hinzu kam noch, daß er Windeln trug.

In Amerika hatte ich Mammal noch mehr gehaßt als Reza. Nasserine hatte mich während meines gesamten Aufenthalts im Iran nur vor den Kopf gestoßen. Trotzdem war die Möglichkeit, in ihre Wohnung im ersten Stock zu ziehen, auf jeden Fall einer Rückkehr zu Ameh Bozorg vorzuziehen – und dieses Angebot war kein *Ta'arof.* Sie wollten, daß wir bei ihnen wohnten, und brauchten uns auch. Moody willigte zwar in den Umzug ein, machte mich aber noch einmal darauf aufmerksam, daß es nur vorübergehend sei. In naher Zukunft würden wir wieder in das Haus seiner Schwester zurückkehren.

Wir hatten nur wenige Dinge mitgebracht, und so war es einfach, sofort zu packen und umzuziehen.

Als wir unsere Habseligkeiten nach oben schleppten, sahen wir, wie Nasserine gerade einen Durchschlag voll widerlich stinkender, schwelender Körner über dem Kopf ihres Sohnes schwenkte, um, bevor er einschlief, das böse Auge abzuwenden. Ich dachte bei mir, eine Gute-Nacht-

Geschichte und ein Glas warme Milch wären besser gewesen, aber ich hielt meinen Mund.

Mammal und Nasserine boten uns zuvorkommend ihr Schlafzimmer an, da sie angeblich genauso bequem auf dem Boden eines anderen Zimmers schliefen, wie in ihrem Doppelbett. Sie legten tatsächlich eine völlige Verachtung für Möbel an den Tag. Ihr Eßzimmer enthielt nur einen langen Tisch und ein Dutzend Stühle, im Wohnzimmer gab es moderne Sitzmöbel aus grünem Samt. Aber sie ignorierten diese Relikte des verwestlichenden Schah-Einflusses, hielten die Türen dieser Räume geschlossen und zogen es vor, auf dem Fußboden ihrer Eingangshalle zu essen und sich dort zu unterhalten. Diese Diele war mit Perserteppichen ausgestattet, mit einem Telefon, einem Fernsehapparat deutschen Fabrikats – und mit sonst gar nichts.

Nasserine hielt ihre Wohnung sauberer als Essey, aber schon bald stellte ich fest, daß sie eine entsetzliche Köchin war; sie wußte nichts von Hygiene, Ernährung oder Wohlgeschmack und scherte sich auch nicht darum. Immer, wenn sie eine Lammkeule kaufte oder soviel Glück hatte, ein Hähnchen zu ergattern, wickelte sie die Sachen einfach in Zeitungspapier – auch komplett mit Federn und Eingeweiden – und warf sie in den Gefrierschrank. Dasselbe Fleisch wurde dann vier- bis fünfmal aufgetaut und wieder eingefroren, bis sie es ganz verbraucht hatte. Ihr Reisvorrat war der schmutzigste, den ich bisher gesehen hatte. In ihm lebten nicht nur kleine schwarze Käfer, sondern ringelten sich auch weiße Würmer. Sie machte sich noch nicht einmal die Mühe, den Reis vor dem Kochen zu waschen.

Zum Glück fiel bald mir die Aufgabe des Kochens zu. Mammal verlangte zwar iranisches Essen, aber ich konnte mich zumindest vergewissern, daß es sauber war.

Endlich wußte ich etwas mit meiner Zeit anzufangen. Während Nasserine ihre Kurse besuchte, machte ich die Hausarbeit: Staubwischen, Fegen, Schrubben und Scheuern.

Mammal war Vorstandsmitglied eines iranischen Pharmabetriebes, und diese Tatsache verschaffte ihm Zugang zu raren Dingen, wie ich bald feststellte. Nasserines Vorratskammer war mit so erfreulichen Sachen bestückt wie Gummihandschuhen, einem Dutzend Flaschen mit wäßrigem Shampoo und mehr als hundert Paketen Waschmittel, das sonst kaum zu bekommen war.

Nasserine war höchst erstaunt, als sie feststellte, daß man Wände abwaschen konnte, und daß ihre ursprünglich weiß statt grau waren. Sie war sehr zufrieden mit ihrer im Haus wohnenden Haushaltsangestellten, weil sie dadurch mehr freie Zeit nicht nur für ihr Studium, sondern auch für zusätzliche Gebetsstunden und zum Koranlesen hatte. Sie war viel frommer als Essey und blieb auch in ihrer eigenen Wohnung vollständig in den *Tschador* gehüllt.

Die ersten paar Tage spielte Mahtab mit Amir, wenn ich kochte und putzte und Moody seine Zeit damit verbrachte, gar nichts zu tun. In gewisser Hinsicht waren wir zufrieden. Moody sprach nicht mehr davon, zu Ameh Bozorg zurückzuziehen.

Die Iraner neigen dazu, das Leben auf jede nur erdenkliche Art kompliziert zu machen. Moody zum Beispiel nahm mich eines Tages mit, um Zucker zu kaufen, und diese einfache Besorgung wurde zu einer Aufgabe, die den ganzen Tag in Anspruch nahm. Iraner unterscheiden sich in ihrer Vorliebe für die verschiedenen Zuckersorten, mit denen sie ihren Tee süßen. Ameh Bozorg liebte Streuzucker, den sie ungerührt auf dem Boden verstreute. Mammal zog es vor, sich ein Zuckerstück auf die Zunge direkt hinter die Zähne zu legen und dadurch seinen Tee zu trinken.

Mammal gab Moody Lebensmittelmarken, mit denen wir von beiden Zuckersorten gleich einen Vorrat für mehrere Monate kaufen konnten. Der Geschäftsinhaber prüfte die Marken und schaufelte ein paar Kilo Streuzucker von einem kleinen Berg, der auf dem Boden aufgeschüttet war, als offene Einladung für Ungeziefer. Dann hackte er mit einem Hammer einen Brocken von einem großen Zuckerblock ab.

Zu Hause mußte ich daraus »Würfel« machen: Zuerst zerschlug ich den Zuckerbrocken in kleine Stücke, dann schnitt ich die Würfel mit einem zangenartigen Werkzeug aus, von dem ich nachher die ganzen Hände voller Blasen hatte.

Mit Arbeiten wie dieser vergingen die trübseligen Tage im Oktober 1984, aber ich stellte einen Fortschritt fest. Moody lockerte seine strenge Überwachung immer mehr. Seiner Ansicht nach konnte ich besser iranisch kochen als irgendein Iraner, und er sah ein, daß ich jeden Tag ausgedehnte Einkaufsgänge auf die umliegenden Märkte machen mußte, um das frischeste Fleisch, Obst, Gemüse und Brot zu finden. Nachdem wir Mahtab und Amir wegen des kühlen Herbstwetters warm angezogen hatten, zogen wir jeden Morgen zu mehreren Geschäften los.

Ich entdeckte eine Kombination aus Pizzeria und Hamburgerladen, in dem man sich dazu bereit erklärte, mir, weil ich Amerikanerin war, zwei Kilo von einem seltenen iranischen Käse, ähnlich wie Mozzarella, zu verkaufen. Damit brachte ich eine ziemlich gute Imitation einer amerikanischen Pizza zustande. Der Besitzer dieses Pol-Pizza-Ladens sagte, er würde mir, aber nur mir, diesen Käse jederzeit verkaufen. Das war das erste Mal, daß mir meine Nationalität einen Vorteil eingebracht hatte.

Auf diesen ersten Streifzügen blieb Moody immer an meiner Seite und beobachtete mich genau, aber zu meiner Freude bemerkte ich bald erste Anzeichen von Langeweile in seinem Verhalten.

Einmal erlaubte er Nasserine, mit mir Wolle kaufen zu gehen, damit ich Mahtab einen Pulli stricken konnte. Wir suchten den ganzen Morgen nach Stricknadeln, aber leider erfolglos. »Man muß ziemliches Glück haben, welche zu finden«, sagte Nasserine. »Du kannst dir ja meine ausleihen.«

Langsam brachte ich Moody dazu, einzusehen, daß es zu lästig war, immer mit den Frauen einkaufen zu gehen. Ich arrangierte es so, daß mir immer, wenn ich gerade dabei war, das Abendessen zuzubereiten, irgendeine wichtige Zutat ausgegangen war. »Ich muß jetzt sofort Bohnen kaufen«, sagte ich dann. Oder Käse, oder Brot, oder sogar Ketchup, den die Iraner für ihr Leben gern mögen.

Innerhalb von wenigen Tagen wurde Moody dann plötzlich aus einem mir unbekannten Grunde noch mürrischer und drohender, als er normalerweise schon war. Trotzdem war er anscheinend der Ansicht, mir genügend Angst eingejagt zu haben. Eines Tages, als er offensichtlich mit seinen eigenen Problemen beschäftigt war, maulte er herum, er habe jetzt keine Zeit, mich zum Markt zu begleiten. »Mach deine Besorgungen allein«, sagte er. Das warf jedoch ein weiteres Problem auf. Moody wollte nicht, daß ich selbst über Geld verfügte, denn das hätte doch eine gewisse Freiheit bedeutet, aber er wußte immer noch nichts von meinem geheimen Schatz. Also befahl er: »Geh zuerst und finde heraus, wieviel alles kostet. Dann kommst du wieder, und ich gebe dir das Geld, und danach kannst du zurückgehen und die Sachen kaufen.«

Das war ein schwieriges Unterfangen, aber ich wollte es unbedingt schaffen. Alle Lebensmittel wurden per Kilo verkauft, und die Maße und Gewichte waren für mich ebenso unergründlich wie Farsi. Anfangs nahm ich einen Bleistift und ein Stück Papier mit und ließ den Verkäufer die Preise aufschreiben. Langsam lernte ich aber, persische Zahlen zu lesen.

Dieses komplizierte Einkaufsverfahren erwies sich für meine Pläne als Verbesserung, da ich mich für jede Besorgung zweimal von Moody entfernen konnte, wenn auch nur für kurze Zeit.

Auf den ersten Einkaufsgängen ohne Moody folgte ich genau seinen Instruktionen, da ich weder seinen Zorn noch sein Mißtrauen erregen wollte. Außerdem hatte ich Angst, daß er mir folgen würde, um meine Absichten auszuspionieren. Dann, als diese Gänge zur Routine geworden waren, verlängerte ich meine Abwesenheit immer ein bißchen mehr und beschwerte mich nachher über volle Geschäfte und schlechte Bedienung. Das waren glaubwürdige Entschuldigungen in einer Stadt wie Teheran, in der so viele Menschen lebten. Schließlich, beim vierten oder fünften Einkauf, beschloß ich, das Risiko einzugehen und die Schweizer Botschaft anzurufen. Ich versteckte ein paar Rials unter meiner Kleidung und rannte, mit Mahtab und dem Baby Amir im Schlepptau, die Straße hinunter auf der Suche nach einer Telefonzelle, hoffend, daß ich damit zurecht kam.

Schnell fand ich eine, mußte aber feststellen, daß mir meine Scheine hier natürlich nichts nützten. Das Telefon nahm nur einen *Dohezari*, eine Zwei-Rial Münze, die ungefähr einen halben Cent wert und kaum zu bekommen war. Ich huschte in mehrere Geschäfte hintereinander, hielt einen Schein hoch und stotterte: *»Dohezari?«* Aber die Verkäufer waren zu beschäftigt oder ignorierten mich einfach, bis ich ein Herrenbekleidungsgeschäft betrat.

»Dohezari?« fragte ich.

Ein großer, dunkelhaariger Mann hinter der Theke sah mich einen Moment lang an und fragte dann: »Sprechen Sie Englisch?«

»Ja, ich brauche Kleingeld zum Telefonieren, bitte.«

»Sie können mein Telefon benutzen«, sagte er.

Er hieß Hamid und erzählte mir stolz, daß er mehrmals in den USA gewesen war. Während Hamid weiterarbeitete, telefonierte ich mit der Botschaft, und es gelang mir, Helen an den Apparat zu bekommen.

»Sie haben also unsere Nachricht erhalten«, sagte sie glücklich.

»Welche Nachricht?«

»Hat Ihnen Ihr Mann denn nicht gesagt, daß Sie uns anrufen sollen?«

»Nein.«

»Oh«, Helen reagierte etwas überrascht, »nun, wir haben versucht, Sie zu erreichen. Ihre Eltern haben sich mit dem Außenministerium in Verbindung gesetzt, und wir wurden gebeten, Ihre Adresse zu bestätigen und herauszufinden, ob es Ihnen und Ihrer Tochter gut geht. Ich habe Ihre Schwägerin mehrmals angerufen, aber sie sagte mir, Sie wären ans Kaspische Meer gefahren.«

»Ich bin noch nie am Kaspischen Meer gewesen«, sagte ich.

»Also, Ihre Schwägerin sagte, sie wüßte nicht, wann Sie zurückkämen, deshalb gab ich ihr zu verstehen, daß ich sofort mit Ihnen sprechen müßte.« Helen erklärte, die iranische Regierung hätte dem US-Außenministerium gestattet, einige wenige Dinge für uns zu tun. Moody sollte zum Beispiel gezwungen werden, meine Familie davon in Kenntnis zu setzen, wo Mahtab und ich uns aufhielten, damit das Außenministerium unser Wohlergehen überwachen konnte. Helen sagte weiter, sie hätte Moody zwei eingeschriebene Briefe geschickt, in denen sie ihm befohlen hätte, uns zur Botschaft zu bringen. Den ersten Brief hatte er ignoriert, aber gerade an diesem Morgen hatte er bei ihr angerufen, als Antwort auf den zweiten Brief. »Er war nicht sehr hilfsbereit«, sagte Helen.

Plötzlich bekam ich Angst. Moody wußte nun also, daß meine Eltern auf offiziellem Wege alles, was in ihrer Macht stand, versuchten, um uns zu helfen. Konnte das der Grund für seine schlechte Laune in den letzten Tagen gewesen sein?

Ich wagte nicht, meine Rückkehr nach Hause noch weiter zu verzögern, und ich mußte immer noch Brot kaufen. Aber als ich eingehängt hatte, bestand Hamid darauf, ein paar Minuten mit mir zu reden.

»Haben Sie ein Problem?« fragte er.

Bis dahin hatte ich meine Geschichte niemandem außerhalb der Botschaft anvertraut. Meine einzigen Kontakte mit Iranern waren die mit den Mitgliedern von Moodys Familie gewesen; ich hatte bisher nur die Möglichkeit gehabt, aus den Reaktionen seiner Familie mir gegenüber einen Eindruck über die persönliche Haltung von Iranern Amerikanern gegenüber zu gewinnen, und die war feindselig und höhnisch gewesen. Waren alle Iraner so? Der Besitzer des Pol-Pizza-Geschäfts war anders. Aber wieweit konnte ich überhaupt irgendeinem Iraner trauen?

Ich schluckte meine Angst hinunter, und weil ich wußte, daß ich früher oder später jemanden außerhalb der Familie finden mußte, der mir half, platzte ich einfach bei diesem Fremden mit meiner Geschichte heraus.

»Wann immer ich etwas für Sie tun kann, werde ich Ihnen helfen«, verpflichtete sich Hamid. »Nicht alle Iraner sind wie Ihr Mann. Wenn Sie telefonieren wollen, können Sie jederzeit hierher kommen.« Und dann fügte er hinzu: »Lassen Sie mich ein paar Dinge herausfinden. Ich habe Freunde beim Paßamt.«

Ich dankte dem Herrn für Hamid und rannte mit Mahtab und dem Baby zum *Nani*, dem Brotladen. Wir mußten *Lawasch* zum Abendessen kaufen: Das war der angebliche Grund meines Fortgehens gewesen. Wie immer standen wir in einer sich nur langsam bewegenden Schlange und konnten vier Männer bei der Arbeit beobachten. Das Brotbacken begann am hinteren Ende des Raumes, wo ein riesiger Edelstahlbottich stand, der ungefähr einen Meter zwanzig hoch war und mit einem Durchmesser von mehr als einem Meter achtzig reichlich Teig enthielt.

Ein Mann nahm mit seiner linken Hand etwas Teig aus dem Bottich, warf ihn auf eine Waage und schnitt mit einem scharfen Messer ungefähr die gewünschte Portion zu. Er arbeitete rhythmisch und schwitzte stark wegen der großen

Hitze, die aus dem offenen Herd am Ende des Raumes kam. Dann warf er den Teig auf den mit Mehl bestreuten Zementboden, auf dem zwei Männer barfuß arbeiteten.

Der nächste Arbeiter saß im Schneidersitz auf dem Boden und wiegte sich hin und her, als würde er den Koran auswendig singen. Er hob die feuchten Teigklumpen wieder auf, wendete sie ein paar Mal in einem Mehlhaufen und knetete sie dann zu einem Ball. Den warf er wieder auf den Boden in eine mehr oder weniger ordentliche Reihe anderer Teigballen.

Ein dritter Arbeiter nahm einige Teigballen und warf sie in eine kleine, flache Holzform. Er benutzte einen langen, dünnen Holzpflock als Nudelholz und rollte den Teig zu einem flachen Fladen aus, den er dann ein paar Mal in die Luft warf und mit dem Ende des Nudelholzes wieder auffing. Mit einer schnellen Handbewegung schleuderte er den Teig auf ein gewölbtes Gestell, das mit Stofflappen bedeckt war und von einem vierten Mann gehalten wurde.

Dieser Vierte stand in einer Grube, die in den Zementboden eingelassen war. Nur Kopf, Schultern und Arme waren zu sehen. Der Boden um den vorderen Rand der Grube war mit Lappen abgedeckt, um den Mann vor der Hitze des angrenzenden offenen Ofens zu schützen. Immer mit der gleichen fortlaufenden Bewegung warf er jedes Mal eine fertig gebackene Portion *Lawasch* heraus.

An diesem Tag warteten wir unverhältnismäßig lange auf unser Brot, und ich machte mir schon Sorgen, wie Moody darauf reagieren würde.

Als wir endlich an der Reihe waren, legten wir das Geld auf den Boden, hoben das frische *Lawasch* auf und nahmen es uneingepackt, so wie es war, mit nach Hause.

Während wir nach Hause eilten, erklärte ich Mahtab, daß sie ihrem Daddy nichts von Hamid und dem Telefongespräch erzählen durfte. Aber meine Belehrung war unnötig. Meine fünfjährige Tochter wußte längst, wer ihr Freund und wer ihr Feind war.

Moody wollte nicht glauben, daß diese einfache Besorgung so lange gedauert hatte. Ich log, um Ärger zu vermeiden, und behauptete, daß wir in einer Bäckerei in einer unendlich langen Schlange gestanden hatten, nur um, als wir schließlich an der Reihe waren, festzustellen, daß kein Brot mehr da war. Also mußten wir einen anderen Bäcker suchen.

Ich wußte nicht, ob er an meiner Geschichte zweifelte oder ob ihn die Briefe der Botschaft gewarnt hatten, jedenfalls wurde Moody in den nächsten Tagen immer streitsüchtiger und drohte mir offen.

Dann gab es noch größeren Ärger um einen Brief von meiner besorgten Mutter. Bisher hatte Moody alle Briefe, die von meinen beunruhigten Familienangehörigen und von Freunden geschickt worden waren, abgefangen. Aber aus irgendeinem Grunde brachte er mir nun einen ungeöffneten Briefumschlag, der in der Handschrift meiner Mutter adressiert war. Es war das erste Mal, daß ich ihre Schrift sah, seitdem ich mich im Iran befand. Moody saß neben mir auf dem Boden und schaute mir über die Schulter, als ich den Brief las. Darin stand:

Liebe Betty, liebe Mahtab!

Wir haben uns solche Sorgen um Euch gemacht. Schon bevor Ihr abgereist seid, habe ich geträumt, daß so etwas passieren würde, daß er Euch dort hinbringen und nicht mehr nach Hause lassen würde. Ich habe es Dir nie gesagt, weil ich mich nicht einmischen wollte.

Aber jetzt hatte ich wieder einen Traum, in dem Mahtab ein Bein bei einer Bombenexplosion verloren hat. Wenn einer von Euch beiden je etwas zustoßen sollte, soll er immer von seinem schlechten Gewissen verfolgt werden. Es ist alles seine Schuld...

Moody riß mir den Brief aus der Hand. »Das ist ein Haufen Unsinn«, schrie er. »Ich werde nicht zulassen, daß du noch einmal einen Brief von ihnen bekommst oder jemals wieder mit ihnen sprichst.«

In den folgenden Tagen achtete er darauf, daß er uns bei unseren Besorgungen begleitete, was mich vor Angst zittern ließ, wenn wir an Hamids Geschäft vorbeigingen.

Bisher schien Moody vergessen zu haben, daß es eine Welt außerhalb des Irans gab, aber seine Verantwortungslosigkeit holte ihn auch um die halbe Welt ein.

Bevor wir die Vereinigten Staaten verließen, hatte Moody wie verrückt Geld ausgegeben. Ohne mein Wissen hatte er damals für mehr als viertausend Dollar großzügige Geschenke für seine Verwandten mit Kreditkarten gekauft. Wir hatten einen Mietvertrag für ein Haus in Detroit unterschrieben, aber jetzt war niemand mehr da, der die sechshundert Dollar monatlich an den Vermieter zahlte. Keiner kam für unsere Nebenkosten auf. Mittlerweile waren wir sogar beim Finanzamt im Rückstand.

Wir hatten immer noch Ersparnisse, die wir während der Jahre angesammelt hatten, als Moody seinen lukrativen Job hatte. Heimlich hatte Moody große Beträge von unseren Bankkonten abgezogen, bevor wir in den Iran gefahren waren, wollte aber nicht unser gesamtes Vermögen liquide machen, weil mich das sicherlich auf seine Pläne aufmerksam gemacht hätte. Wir hatten ein Haus voll teurer Möbel und zwei Autos. Uns gehörte auch ein Mietshaus in Corpus Christi. Einige zehntausend Dollar hatten wir vermögenswirksam angelegt, und Moody war fest entschlossen, das gesamte Kapital in den Iran zu transferieren.

Er hatte keine Ahnung, daß ich mich mit entgegengesetzten Instruktionen an das Außenministerium gewandt hatte, und er machte keinerlei Anstalten, seinen Zahlungsverpflichtungen in Amerika nachzukommen. Er wollte vor allem nicht, daß auch nur ein Pfennig *seines* Geldes der amerikanischen Staatskasse zufloß. »Ich werde nie wieder einen Pfennig Steuern in den Vereinigten Staaten bezahlen«, gelobte er. »Damit bin ich fertig. Von mir kriegen die kein Geld mehr.«

Dennoch wußte Moody, daß, wenn die ausstehenden Rechnungen nicht bezahlt wurden, unsere Gläubiger uns gegebenenfalls verklagen konnten, um ihr Geld plus Zinsen und Säumnisgebühren zurückzufordern. Jeden Tag, der verstrich, wurde unser Vermögen weniger.

»Deine Eltern sollten alles verkaufen und uns das Geld schicken!« maulte Moody, als wäre die finanzielle Misere mein Fehler gewesen, und wären meine Eltern dafür verantwortlich, sie wieder in Ordnung zu bringen.

Typisch für Moody war seine Unfähigkeit zu handeln, und mit jedem weiteren Tag wurde unsere Rückkehr in die USA weniger wahrscheinlich. Er brachte sein Leben – unser Leben – so sehr durcheinander, daß es nicht mehr in Ordnung zu bringen war.

Zu Hause in den Vereinigten Staaten würde er von Gläubigern belagert werden, und – auch das mußte ihm klar sein – ich würde mich von ihm scheiden lassen.

Und bisher war seine medizinische Qualifikation hier im Iran für ihn wertlos gewesen. Der Druck, der auf ihm lastete, war unerträglich geworden, was sich in wachsender Reizbarkeit gegenüber den Mitmenschen äußerte. Mahtab und ich zogen uns immer mehr von ihm zurück und vermieden, wenn es uns gelang, auch den geringsten Kontakt. Moodys unruhige Augen signalisierten große Gefahr.

Bauarbeiter begannen mit Reparaturen an der Kanalisation in der Nachbarschaft. Zwei Tage lang hatten wir kein Wasser. Das schmutzige Geschirr türmte sich auf. Was schlimmer war, ich hatte keine Möglichkeit, unser Essen ordentlich zu säubern. Als Mammal meine Klagen hörte, versprach er, uns am nächsten Abend in ein Restaurant einzuladen. Da Moodys Familie so gut wie nie zum Essen ausging, stand uns ein außergewöhnliches Ereignis bevor. Am nächsten Nachmittag versuchten Mahtab und ich, anstatt das Abendessen vorzubereiten, uns so gut wie das unter diesen Umständen möglich war, zurechtzumachen.

Wir waren fertig, als Mammal von der Arbeit heimkam, aber er war müde und knurrig. »Nein, wir gehen nicht aus«, brummte er. Wieder nur *Ta'arof*.

Mahtab und ich waren beide enttäuscht: Wir hatten sowieso schon wenig genug, was unser Leben aufheiterte. »Wir könnten doch einfach ein Taxi nehmen und allein ausgehen«, schlug ich Moody vor, als er, Mahtab und ich zusammen in der Diele saßen.

»Nein, wir gehen nicht aus«, erwiderte er.

»Bitte!«

»Nein. Wir wohnen in ihrem Haus, und wir können nicht ohne sie gehen. Wenn sie nicht weggehen wollen, kochst du eben was.«

Im Augenblick der Enttäuschung vergaß ich meine Vorsicht. Ich dachte nicht an meine Machtlosigkeit, sondern machte dem Ärger, der sich in mir aufgestaut hatte, Luft und schnauzte: »Gestern haben wir beschlossen, daß wir heute essen gehen wollen. Und jetzt hat Mammal keine Lust.«

Mir erschien Mammal als der Hauptschuldige meines Unglücks. Er war derjenige gewesen, der uns zuerst in den Iran eingeladen hatte. Ich konnte sein blödes Grinsen noch sehen, als er mir damals in Detroit versicherte, daß seine Familie es niemals zulassen würde, wenn Moody mich gegen meinen Willen im Iran festhalten wollte.

Ich stand auf, sah auf Moody hinab und stieß hervor: »Er ist ein Lügner. Er ist ein ganz gemeiner Lügner!«

Moody sprang auf, und sein Gesicht verzerrte sich vor Zorn. »Du nennst Mammal einen Lügner?« brüllte er.

»Ja! Ich nenne ihn einen Lügner«, schrie ich. »Und du, bist auch einer. Ihr sagt beide dauernd Dinge ...«

Mein Wutausbruch wurde gewaltsam durch Moodys geballte Faust unterbrochen, die mich voll an der rechten Schläfe traf. Ich taumelte zur Seite und war einen Moment lang zu verblüfft, um überhaupt Schmerz zu empfinden. Ich merkte, daß Mammal und Nasserine den Raum betraten, um zu sehen, was da für ein Tumult war, und hörte Mahtabs entsetzliches Kreischen und Moodys wütende Flüche. Die Diele drehte sich vor meinen Augen.

Ich stolperte ins Schlafzimmer und hoffte, einen Zufluchtsort gefunden zu haben, wo ich mich einschließen konnte, bis Moodys Wut verraucht war. Mahtab folgte mir heulend. Ich erreichte die Schlafzimmertür mit Mahtab auf den Fersen, aber Moody war dicht hinter uns. Als Mahtab versuchte, sich zwischen uns beide zu schieben, wurde sie von Moody hart zur Seite gestoßen. Ihr kleiner Körper prallte gegen eine Wand, und sie schrie laut auf vor Schmerz. Als ich mich nach ihr bücken wollte, schleuderte Moody mich aufs Bett.

»Hilfe!« schrie ich. »Mammal, hilf mir.«

Moody zerrte mit seiner linken Hand an meinen Haaren. Mit der anderen Faust hämmerte er immer wieder gegen meine Schläfe.

Mahtab wollte mir helfen, und wieder stieß er sie weg.

Ich kämpfte gegen seinen Griff an, aber er war zu stark für mich. Mit der flachen Hand schlug er mir ins Gesicht. »Ich bringe dich um!« tobte er.

Ich trat nach ihm, befreite mich teilweise aus seinem Griff und versuchte wegzukriechen, aber er trat mir so heftig in den Rücken, daß mir lähmende Schmerzen das Rückgrat herunterschossen.

Als Mahtab schluchzend in der Ecke lag und ich ihm vollkommen ausgeliefert war, handelte er überlegter, schlug mich auf den Arm, zog an meinen Haaren, schlug mir ins

Gesicht und fluchte die ganze Zeit. Immer wieder schrie er: »Ich bringe dich um! Ich bringe dich um!«

»Hilfe!« schrie ich mehrmals. »Bitte, so helft mir doch.«

Aber weder Mammal noch Nasserine versuchten einzugreifen. Auch Reza und Essey nicht, die das sicher alles hörten.

Ich weiß nicht, wie viele Minuten er weiter auf mich eindrosch. Ich wartete auf die Bewußtlosigkeit, auf den Tod, den er mir versprochen hatte.

Langsam ließ die Wucht seiner Schläge nach. Er machte eine Pause, um wieder zu Atem zu kommen, aber immer noch hielt er mich auf dem Bett fest. Im Hintergrund schluchzte Mahtab hysterisch.

»Da'idschan«, sagte eine ruhige Stimme von der Tür her. *»Da'idschan.«* Es war Mammal. Endlich.

Moody hob den Kopf, es schien, als kehrte seine Zurechnungsfähigkeit langsam zurück. *»Da'idschan«*, wiederholte Mammal. Sanft zog er Moody von mir weg und führte ihn hinaus in die Diele.

Mahtab rannte zu mir und vergrub ihr Gesicht in meinem Schoß. Wir teilten unseren Schmerz, nicht nur die Prellungen des Körpers, sondern auch den tieferen Schmerz, der innen lauerte. Wir weinten und schnappten nach Luft, aber mehrere Minuten lang war keine von uns in der Lage, etwas zu sagen.

Mein Körper fühlte sich an wie ein einziger blauer Fleck. Von Moodys Schlägen hatte ich zwei Beulen am Kopf, die so groß waren, daß ich ernstliche Verletzungen befürchtete.

Nach ein paar Minuten kam Nasserine auf Zehenspitzen ins Zimmer, ein Musterbeispiel der untergebenen iranischen Frau, die mit der linken Hand den *Tschador* um ihren Kopf festhielt. Mahtab und ich schluchzten immer noch. Nasserine setzte sich aufs Bett und legte ihren Arm um meine Schulter. »Mach dir keine Sorgen«, sagte sie. »Es ist alles in Ordnung.«

»Alles in Ordnung?« fragte ich ungläubig. »Ist es in Ordnung, wenn er mich so verprügelt? Und ist es vielleicht in Ordnung, wenn er sagt, er würde mich umbringen?«

»Er wird dich nicht umbringen«, sagte Nasserine.

»Er sagt aber, daß er es tun wird. Warum hast du mir nicht geholfen? Warum hast du nicht irgend etwas getan?«

»Wir können uns nicht einmischen«, erklärte sie. »Wir können uns nicht gegen *Da'idschan* wenden.«

Mahtab nahm die Worte aufmerksam auf, und als ich ihre Kinderaugen voller Tränen sah, die das alles zu verstehen suchten, kam mir ein anderer entsetzlicher Gedanke, der mir erneut einen Schauer über meinen gepeinigten Rücken laufen ließ. Was, wenn Moody mich wirklich umbringen würde? Was würde dann aus Mahtab werden? Würde er auch sie umbringen? Oder war sie jung und fügsam genug, um zu lernen, diesen Wahnsinn als normal zu akzeptieren? Würde sie eine Frau wie Nasserine oder Essey werden und ihre Schönheit, ihren Geist, ihre Seele mit dem *Tschador* verhüllen? Würde Moody sie mit einem Vetter verheiraten, der sie verprügeln und schwängern würde, und sie bekam entstellte Babies mit leeren Augen?

»Wir können uns nicht gegen *Da'idschan* wenden«, wiederholte Nasserine. »Aber jetzt ist wieder alles in Ordnung. Alle Männer sind so.«

»Nein«, antwortete ich scharf. »Nicht alle Männer sind so.«

»Doch«, versicherte sie mir ernst. »Mammal macht dasselbe mit mir. Reza macht dasselbe mit Essey. Alle Männer sind so.«

Mein Gott, dachte ich. Und worauf müssen wir uns als nächstes gefaßt machen?

7

Tagelang konnte ich nur humpeln und fühlte mich nicht kräftig genug, auch nur den kurzen Weg zu den Märkten zu laufen. Außerdem wollte ich nicht gesehen werden. Selbst unter dem *Rusari* guckten noch genug peinliche blaue Flekken hervor.

Mahtab zog sich noch weiter von ihrem Vater zurück. Jeden Abend weinte sie sich in den Schlaf.

Die Tage vergingen, das Verhältnis zwischen uns blieb gespannt. Moody blieb mürrisch und herrisch, Mahtab und ich lebten in ständiger Furcht – die Hilflosigkeit und Hoffnungslosigkeit unserer Lage waren immer schwerer zu ertragen. Seine brutalen Schläge machten die Risiken deutlich, die uns bevorstanden. Meine Verletzungen waren der Beweis, daß Moody tatsächlich wahnsinnig genug war, mich – uns – umzubringen, wenn irgendwas seinen Jähzorn auslöste. Meine vagen Freiheitspläne zu verfolgen bedeutete, daß ich unsere Sicherheit zunehmend gefährden mußte. Unser Leben hing von Moodys Launen ab.

Immer wenn ich es für nötig hielt, mich mit ihm zu beschäftigen, mit ihm zu sprechen, ihn anzusehen, an ihn zu denken, tat ich es mit Entschlossenheit. Ich kannte diesen Mann zu gut. Jahrelang hatte ich zugeschaut, wie sich der Schatten des Wahnsinns über ihn senkte. Ich versuchte mir nicht den Luxus des »Hab ich es doch gewußt« zu gestatten, denn das löste nur lähmendes Selbstmitleid aus, aber daß ich die Vergangenheit an mir vorüberziehen ließ, war unvermeidlich. Wenn ich nur früher auf meine Ängste gehört hätte, bevor wir in das Flugzeug nach Teheran gestiegen waren. Wenn ich daran dachte – und das geschah oft –, hatte ich noch mehr als zuvor das Gefühl, in der Falle zu sitzen.

Ich konnte die Gründe aufzählen, weswegen wir gekommen waren – finanzielle, rechtliche, emotionale und sogar medizinische. Aber sie liefen alle auf dasselbe hinaus: Ich hatte Mahtab in den Iran gebracht, um ihr die Freiheit zu sichern, und die Ironie dabei war jetzt nur allzu offensichtlich.

Konnte ich mich dem Leben im Iran fügen, um Mahtab außer Gefahr zu halten? Kaum. Es war mir gleichgültig, wie zuvorkommend und versöhnlich Moody von Zeit zu Zeit sein mochte. Ich wußte, daß der Wahnsinn unausweichlich periodisch wieder hervortreten würde. Um Mahtabs Leben zu retten, würde ich es aufs Spiel setzen müssen, obgleich mir erst jüngst demonstriert worden war, wie ernst dieses Risiko zu nehmen war.

Weit entfernt davon, meinen Willen zu brechen, hatte Moodys Jähzorn ihn letztlich gestählt. Trotz der Harmlosigkeit meiner alltäglichen Aufgaben war jeder meiner Gedanken und Taten auf ein einziges Ziel ausgerichtet.

Mahtab bestärkte mich in meinem Vorhaben.

Wenn wir allein im Bad waren, schluchzte sie leise und bettelte, ich möge sie von ihrem Daddy weg heim nach Amerika bringen. »Ich weiß, wie wir nach Amerika können«, sagte sie eines Tages. »Wenn Daddy schläft, können wir uns davonschleichen, zum Flughafen fahren und in ein Flugzeug steigen.«

Das Leben kann für eine Fünfjährige so einfach sein. Und so kompliziert.

Unsere Gebete wurden inbrünstiger. Obwohl ich viele Jahre lang nicht regelmäßig in die Kirche gegangen war, hatte ich einen festen Glauben an Gott bewahrt. Ich konnte nicht begreifen, warum er uns diese Last auferlegt hatte, aber ich wußte, wir würden sie ohne seine Hilfe nicht von unseren Schultern heben können.

Etwas Hilfe kam von Hamid, dem Besitzer des Herrenbekleidungsgeschäfts. Als ich zum erstenmal nach den Schlägen sein Geschäft betrat, fragte er: »Was war mit Ihnen?«

Ich berichtete es ihm.

»Er muß verrückt sein.« Er sprach langsam, überlegt. »Wo wohnen Sie? Ich könnte jemanden vorbeischicken, der sich seiner annimmt.«

Das war eine erwägenswerte Alternative, aber bei sorgfältigerem Nachdenken wurde uns beiden klar, daß Moody dann bemerken würde, daß ich heimlich Freunde hatte.

Als es mir wieder besser ging und ich mich häufiger hinauswagte, nutzte ich jede Gelegenheit, um bei Hamid vorbeizugehen, Helen in der Botschaft anzurufen und meine Notlage mit meinem neuentdeckten Freund durchzusprechen.

Hamid war ein ehemaliger Offizier aus der Armee des Schah, der sich jetzt sorgfältig verbergen mußte. »Die Menschen im Iran wollten eine Revolution«, berichtete er mir ruhig. »Aber dies« –, er zeigte auf die Horde freudloser Iraner, die durch die Straßen der islamischen Republik des Ayatollah huschten –, »dies ist nicht das, was wir wollten.«

Hamid war auch dabei, für sich und seine Familie einen Weg zur Flucht aus dem Iran zu suchen. Es gab vorher eine Menge Dinge zu erledigen. Er mußte das Familiengeschäft verkaufen, seinen Besitz liquide machen und die notwendigen Sicherheitsmaßnahmen treffen, aber er war entschlossen zu fliehen, bevor seine Vergangenheit ihn einholte.

»Ich habe viele einflußreiche Freunde in den USA«, sagte er mir. »Sie tun für mich, was sie können.«

Meine Familie und meine Freunde in Amerika taten auch für mich, was sie konnten, sagte ich ihm. Aber anscheinend konnte man durch die offiziellen Kanäle nur wenig erreichen.

Hamids Telefon benutzen zu können, war eine große Hilfe. Obwohl die Informationen, die ich über die Botschaft erhielt – oder nicht erhielt – demoralisierend waren, war es immer noch mein einziger Kontakt mit der Heimat. Hamids Freundschaft diente auch noch einem weiteren Zweck. Er war der erste, der mir zeigte, daß es viele Iraner gibt, die den westlichen Lebensstil noch zu schätzen wissen und denen sich angesichts der offiziellen Verdammung Amerikas durch das jetzige Regime die Haare sträuben.

Im Laufe der Zeit wurde mir klar, daß Moody nicht der allmächtige Potentat war, als der er sich in seiner Phantasie sah. Er machte kaum Fortschritte bei der Erlangung der Lizenz, um im Iran als Mediziner arbeiten zu können. In den meisten Fällen verschaffte ihm seine amerikanische Ausbildung ein gewisses Prestige, aber in den Büros des Ayatollah-Regimes stieß er damit auf Schwierigkeiten.

Auch stand er auf der verzwickten Leiter der Familienhierarchie keineswegs auf der obersten Sprosse. Moody mußte seinen älteren Verwandten ebenso gehorchen wie die jüngeren ihm. Er konnte sich nicht vor seinen Familienverpflichtungen drücken, und das begann sich nun günstig für mich auszuwirken. Seine Verwandten fragten verwundert, was aus Mahtab und mir geworden war. In unseren ersten zwei Wochen im Land hatte er seine Familie überall vorgezeigt. Verschiedene Verwandte wollten uns wiedersehen, und Moody wußte, daß er uns nicht ewig verstecken konnte.

Widerstrebend nahm Moody eine Einladung zum Abendessen bei *Aga* Hakim an, dem Moody große Ehrerbietung schuldete. Sie waren Verwandte ersten Grades und teilten sich ihren gemeinsamen verwickelten Stammbaum. Zum Beispiel war der Sohn von *Aga* Hakims Schwester mit Esseys Schwester verheiratet, und die Tochter seiner Schwester war mit Esseys Bruder verheiratet. Zia Hakim, den wir am Flughafen kennengelernt hatten, war *Aga* Hakims Neffe – ersten, zweiten oder dritten Grades. Und *Khanom* Hakim, seine Frau, war auch Moodys Kusine. Die Kette setzte sich endlos so fort.

All diese Verwandtschaftsbeziehungen geboten Respekt, aber *Aga* Hakims Macht über Moody lag primär in seinem Status als Turbanmann begründet, als oberster *Mullah* der *Masdsched* von Niavaran in der Nähe des Schah-Palastes. Er lehrte außerdem an der Theologischen Hochschule von Teheran, war ein angesehener Autor islamischer Bücher und hatte zahlreiche didaktische Werke von Tagatie Hakim, seinem und Moodys Großvater, aus dem Arabischen ins Farsi übersetzt. Während der Revolution hatte er die erfolgreiche Besetzung des Schah-Palastes angeführt, eine Tat, für die sein Bild in *Newsweek* erschien. Und *Khanom* Hakim trug den stolzen Beinamen *Bibi Hadschi*, »Frau, die in Mekka war«.

Moody konnte die Einladung der Hakims nicht ablehnen. »Du mußt den schwarzen *Tschador* tragen«, sagte er mir. »Ohne kannst du ihr Haus nicht betreten.«

Ihr Haus in Niavaran, einem eleganten Stadtteil im Norden Teherans, war modern und geräumig, enthielt aber fast keine Möbel. Ich freute mich über den Ausflug, ärgerte mich aber über die Kleidervorschriften und erwartete einen langweiligen Abend mit noch einem Turbanmann.

Aga Hakim war schlank, einige Zentimeter größer als Moody, hatte einen dichten, melierten Bart und ein gewinnendes, immerwährendes Grinsen. Er war ganz in Schwarz gekleidet, auch sein Turban war schwarz. Das war ein wichtiges Detail, die meisten Turbanmänner trugen einen weißen. *Aga* Hakims schwarzer Turban zeigte an, daß er ein direkter Nachfahre Mohammeds war.

Zu meiner Überrraschung war er nicht zu heilig, um mir in die Augen zu sehen, wenn er sprach.

»Warum trägst du den *Tschador*?« fragte er mit Hilfe von Moodys Übersetzung.

»Ich dachte, das müßte sein.«

Moody waren *Aga* Hakims Bemerkungen wahrscheinlich peinlich, aber er übersetzte sie dennoch. »Für dich ist der *Tschador* ungewohnt. *Tschador* ist nicht islamisch, sondern persisch. In meinem Haus mußt du keinen *Tschador* tragen.« Ich mochte ihn.

Aga Hakim erkundigte sich nach meiner Familie in Amerika; er war der erste Iraner, der das tat. Ich erklärte, daß mein Vater schwer krebskrank war und daß ich mir um ihn und um meine Mutter und meine Söhne Sorgen machte.

Er nickte mitfühlend. Er verstand die Bedeutung von Familienbindungen.

Moody hielt etwas für Mahtab bereit, und er präsentierte es ihr in seiner typischen gefühllosen Art. Ohne jede Vorbereitung sagte er eines Morgens zu ihr: »Also, Mahtab, heute gehen wir in die Schule.«

Mahtab und ich brachen beide in Tränen aus, wir fürchteten uns vor allem, was uns auch nur einen Augenblick trennen würde. »Zwinge sie nicht!« bettelte ich.

Aber Moody blieb hart. Er beharrte darauf, daß Mahtab lernen müßte sich anzupassen, und die Schule sei ein notwendiger erster Schritt. Inzwischen könnte sie genug Farsi, um sich mit anderen Kindern zu verständigen. Es sei Zeit, mit der Schule zu beginnen.

Moody hatte nicht mehr die Geduld, auf einen Platz in der privaten Vorschule, die wir uns angeschaut hatten, zu warten. Seine Nichte Ferri, die Lehrerin war, hatte Mahtab für die Vorschulklasse in einer staatlichen Schule angemeldet. Es sei schwer, einen Platz in einer Vorschule zu finden, sagte Moody, aber dank Ferris Einfluß sei es ihm gelungen.

»Bitte, laß mich mit euch gehen«, sagte ich, und in diesem Punkt gab er nach.

Gegen einen scharfen Herbstwind, der von den nördlichen Bergen herabwehte, dick verhüllt, liefen wir ein paar Blocks von Mammals Haus zur Schariati-Straße, der Hauptstraße, wo Moody ein oranges Taxi anhielt. Wir stiegen zu einem halben Dutzend Iraner ein und sausten zu unserem etwa zehn Minuten entfernten Ziel los.

Madrase Zainab war ein flacher, in einem trüben Dunkelgrün gestrichener Zementbau, der von außen wie eine Festung wirkte. Mädchen verschiedener Altersstufen, alle in Schwarz oder Dunkelgrau gekleidet, Kopf und Gesicht mit dem *Rusari* bedeckt, huschten hinein. Zögernd folgten Mahtab und ich Moody in einen dunklen Flur. Eine Wächterin wurde aufmerksam, als er eintrat. Dies war eine reine Mädchenschule. Schnell klopfte die Wächterin an die Tür des Sekretariats, öffnete sie einen Spalt und warnte die Frauen drinnen, daß gleich ein Mann eintreten würde.

Im Sekretariat standen Mahtab und ich ängstlich da, während Moody mit der Schulleiterin sprach, einer Frau, die ihren schwarzen *Tschador* fest um das Gesicht gepreßt hielt. Solange Moody sprach, heftete sie ihre Blicke fest auf den Boden, sah mich von Zeit zu Zeit an, aber keinesfalls den Mann, der mit ihr sprach. Nach ein paar Minuten drehte sich Moody zu mir um und knurrte: »Sie sagt, meine Frau sieht nicht sehr glücklich aus.« Seine Augen befahlen mir, kooperativ zu sein, aber wieder einmal – wenn es in erster Linie um Mahtab ging – fand ich die Kraft, ihm zu widerstehen.

»Mir gefällt diese Schule nicht«, sagte ich. »Ich möchte das Klassenzimmer sehen, in dem sie sein wird.«

Moody sprach weiter mit der Schulleiterin. *»Khanom* Schahien – sie ist die Direktorin – wird es dir zeigen«, sagte er zu mir. »Dies ist eine Mädchenschule; Männer dürfen nicht in die Innenräume.«

Khanom Schahien war eine junge Frau von Mitte Zwanzig, sie sah unter ihrem *Tschador* attraktiv aus, und ihre

Augen begegneten meinem feindseligen Blitzen mit anscheinend echter Freundlichkeit. Sie war eine der wenigen Iranerinnen mit Brille, die ich bisher gesehen hatte. Wir verständigten uns, so gut es ging, mit Gesten und ein paar einfachen Worten in Farsi.

Ich war entsetzt, sowohl von den Einrichtungen der Schule, als auch von den Aktivitäten dort. Wir liefen durch schmuddelige Flure, vorbei an einem riesigen Porträt des grollenden Ayatollah und an zahllosen Plakaten, die die Herrlichkeiten des Krieges darstellten. Eine beliebte Pose war anscheinend die des ritterlich-tapferen Soldaten, der stolz neben seinem Gewehr steht und sich im Ruhme seines blutgetränkten Verbandes sonnt.

Die Schülerinnen saßen dichtgedrängt auf langen Bänken, und obwohl ich wenig Farsi verstand, war die Unterrichtsmethode leicht zu durchschauen. Reines Auswendiglernen, wobei die Lehrerin einen Satz herunterleierte, den die Kinder alle im Chor wiederholten.

Ich dachte, ich hätte längst die schlimmsten hygienischen Zustände gesehen, die der Iran zu bieten hatte, bis ich einen Blick in die Toilette der Schule warf, eine einzige für die fünfhundert Schülerinnen. Sie bestand aus einer winzigen Kabine mit einem hohen, offenen Fenster, durch das Wind, Regen, Schnee, Fliegen und Moskitos eindringen konnten. Der Abort selbst war nur ein Loch im Fußboden, das anscheinend nur zufällig hin und wieder getroffen wurde. Statt Toilettenpapier gab es einen Schlauch, aus dem eisiges Wasser sprudelte.

Wieder im Sekretariat angekommen, sagte ich zu Moody: »Ich gehe hier nicht weg, bis du diese Schule angeschaut hast. Ich kann mir nicht vorstellen, daß du deine Tochter in so eine Schule stecken willst.«

Moody fragte, ob er sich die Schule ansehen dürfe.

»Nein«, antwortete *Khanom* Schahien in Farsi. »Keine Männer.«

Meine Stimme wurde laut und schrill, die Stimme einer verärgerten Mutter. »Wir gehen nicht eher, als bis du diese Schule gesehen hast!« wiederholte ich.

Schließlich gab die Schulleiterin nach. Sie schickte eine Wächterin voraus, um die Lehrerinnen und die Schülerinnen zu warnen, daß ein Mann in das verbotene Reich eindringen würde. Dann führte sie Moody durch die Schule, während Mahtab und ich im Sekretariat warteten.

»Ja, du hast recht«, stimmte Moody zu, als er zurückkam. »Sie gefällt mir auch nicht. Sie ist entsetzlich. Aber so sind die Schulen hier, und hier wird sie hergehen. Sie ist besser als die Schule, auf der ich war.«

Mahtab ließ alles schweigend über sich ergehen. Tränen standen in ihren Augen. Sie seufzte erleichtert auf, als Moody sagte: »Sie können sie heute nicht mehr nehmen. Sie fängt morgen an.«

Auf der Taxifahrt nach Hause, bekniete Mahtab ihren Vater, sie nicht in die Schule zu schicken, aber er blieb hart. Den ganzen Nachmittag weinte sie an meiner Schulter. »Bitte, lieber Gott«, betete sie im Bad, »laß irgendwas passieren, damit ich nicht in die Schule muß.«

Während ich den Gebeten meines Kindes lauschte, kam mir ein Gedanke, vielleicht war es Zufall, vielleicht Inspiration. Ich mußte daran denken, was ich ganz am Anfang über Gebete gelernt hatte, und das erklärte ich nun Mahtab in einfachen Worten. Ich sagte: »Ich weiß, daß Gott dein Gebet erhören wird, aber Gott erhört unsere Gebete oft nicht so, wie wir es wollen. Vielleicht mußt du in die Schule gehen, und vielleicht will Gott es gerade so. Vielleicht kommt etwas Gutes dabei heraus, daß du zur Schule gehst.«

Mahtab blieb untröstlich, aber mich überkam ein gewisser Friede. Vielleicht würde hierbei tatsächlich etwas Gutes herauskommen. Mahtab und ich verabscheuten beide die Schule, es ging etwas Drohendes, Endgültiges von ihr aus. Aber mir wurde auch klar, daß Mahtabs Vorschule sie sechs

Tage in der Woche von morgens um acht bis mittags beschäftigen würde. Jeden Tag außer Freitag würden wir einen Grund haben, aus dem Haus zu gehen, und wer konnte vorhersagen, welche Möglichkeiten sich daraus ergeben würden?

Am nächsten Morgen waren wir alle drei früh auf, und schon das allein gab mir einen weiteren Grund für zukünftigen Optimismus. Mittlerweile hatte Moody seinen Status als *Da'idschan* zur Rolle des spirituellen Meisters im Haus ausgebaut. Er stand lange vor Sonnenaufgang auf, um sich zu vergewissern, daß alle (außer Mahtab und mir) am Gebet teilnahmen. Das war reine Formsache, denn so fromm, wie Nasserine und Mammal waren, ließen auch sie kein Gebet aus. Aber Moody dehnte seine Autorität auch nach unten zu Reza und Essey aus, die in dieser Hinsicht nachlässiger waren. Für Reza war das besonders unangenehm, denn er mußte zu einem langen Arbeitstag aufbrechen, während Moody wieder ins Bett kroch.

Vom Gebet erschöpft, war Moody in die Gewohnheit verfallen, bis zehn oder elf Uhr vormittags zu schlafen. Es war mir klar, daß er Mahtabs neuen Stundenplan schnell satt haben würde. Vielleicht würde er mir schon bald erlauben, sie selbst zur Schule zu bringen, und ich wußte, das würde meine Freiheit beträchtlich erweitern.

Trotz dieser Hoffnung war die Stimmung an diesem Morgen gespannt. Mahtab war stumm, als ich sie für die Schule in die gleiche Art *Rusari* kleidete, wie ihn die anderen Mädchen trugen. Sie sagte kein Wort, bis wir das Sekretariat erreichten und eine Hilfslehrerin ihre Hand ausstreckte, um sie von mir fort in das Klassenzimmer zu führen. Mahtab stieß einen Schrei aus, und die aufgestauten Tränen schossen ihr aus den Augen. Sie klammerte sich hartnäckig an meinen Mantelsaum.

Mein Blick traf Moody, und ich sah dort kein Mitleid, nur Drohung.

»Mahtab, du mußt gehen«, sagte ich und kämpfte darum, die Ruhe zu bewahren. »Es ist in Ordnung, wir kommen wieder, um dich abzuholen. Mach dir keine Sorgen.«

Die Hilfslehrerin führte Mahtab sanft fort. Mahtab versuchte, tapfer zu sein, aber als Moody und ich uns zum Gehen wandten, hörten wir unsere Tochter vor Trennungsschmerz laut weinen. Mir brach das Herz, aber ich wußte, daß ich es in diesem Moment nicht wagen konnte, mich dem Verrückten zu widersetzen, der meinen Arm festhielt und mich auf die Straße hinausführte.

Wir fuhren stumm im orangenen Taxi nach Hause und fanden dort Nasserine mit einer Botschaft für uns vor. »Die Schule hat angerufen«, sagte sie. »Mahtab macht ein zu großes Geschrei. Ihr müßt sie abholen.«

»Das ist alles deine Schuld!« schrie Moody mich an. »Du hast sie so gemacht. Sie ist kein normales Kind mehr. Du bist zu besitzergreifend.«

Ich nahm die Beschimpfung schweigend entgegen, denn ich wollte nicht mehr als unbedingt nötig riskieren. Meine Schuld? Ich hätte am liebsten laut geschrien: Du bist derjenige, der ihr Leben völlig durcheinandergebracht hat! Aber ich hielt an mich, wohl wissend, daß seine Worte zum Teil auch stimmten. Ich hatte Mahtab sehr behütet. Ich hatte Angst gehabt, sie aus den Augen zu lassen, weil ich befürchtete, daß Moody und seine Familie hinterlistige Pläne ausbrüteten, um sie mir wegzunehmen. War das meine Schuld? Wenn es überhaupt eine Situation gab, die nach einer überfürsorglichen Mutter verlangte, dann diese.

Moody stürmte allein aus dem Haus und tauchte wenig später mit einer eingeschüchterten Mahtab im Schlepptau wieder auf. »Morgen gehst du wieder in die Schule!« befahl er. »Und du bleibst allein da. Wehe, wenn du weinst.«

Nachmittags und abends sprach ich, so oft sich die Gelegenheit bot, unter vier Augen mit Mahtab. »Du mußt es tun«, riet ich ihr. »Sei stark. Sei ein großes Mädchen. Du weißt, Gott wird mit dir sein.«

»Ich hab gebetet, daß Gott einen Weg finden würde, damit ich nicht in die Schule muß«, weinte Mahtab. »Aber er hat mein Gebet nicht erhört.«

»Vielleicht doch«, erinnerte ich sie. »Vielleicht gibt es einen Grund, weshalb du in die Schule sollst. Denke niemals, daß du allein bist, Mahtab. Gott ist immer bei dir. Er wird für dich sorgen. Vergiß das nicht: Wenn du Angst hast und allein bist und nicht weißt, was los ist, dann mußt du einfach beten. Du mußt nicht darauf achten, was die anderen sagen, bete einfach. Alles wird gut werden.«

Trotz meiner Ratschläge wachte Mahtab am nächsten Morgen angsterfüllt und weinend auf. Mein Herz tat weh, als Moody sie grob anzog und sie zur Schule mitnahm. Mir verbot er mitzugehen. Der Klang ihres verängstigten Geschreis hallte noch lange, nachdem sie fort war, in meinem Herzen wider. Ich ging nervös auf und ab und schluckte den Kloß in meinem Hals immer wieder hinunter, während ich auf Moodys Rückkehr wartete.

In dem Moment, als er allein zurückkam, hielt Essey ihn unten an der Treppe an, um ihm mitzuteilen, daß die Schule schon wieder angerufen hatte, weil er Mahtab abholen solle. Sie wollte nicht mitmachen. Ihr Geschrei brachte die ganze Schule in Aufruhr.

»Ich werde sie holen«, sagte er wütend zu mir. »Ich werde ihr eine solche Tracht Prügel geben, daß sie das nächste Mal dableibt.«

»Bitte, tu ihr nichts«, rief ich ihm hinterher, als er aus dem Haus stürmte. »Bitte, ich rede mit ihr.«

Er schlug sie nicht. Statt dessen richtete sich bei seiner Rückkehr seine Wut eher gegen mich als gegen Mahtab, denn die Schulleiterin hatte etwas von ihm verlangt, wozu er nicht bereit war.

»Sie wollen, daß du mit ihr zur Schule gehst«, sagte er, »und daß du dort im Sekretariat bleibst, während sie in der Klasse ist. Wenigstens für ein paar Tage. Nur so sind sie bereit, sie zu nehmen.«

Es läuft tatsächlich etwas! sagte ich mir. Ich war verstimmt und traurig, daß er Mahtab zwang, in die iranische Schule zu gehen, aber plötzlich gab es für mich eine Gelegenheit, regelmäßig aus dem Haus zu kommen.

Moody war zwar mißtrauisch, sah aber keine Alternative. Er legte strenge Regeln fest. »Du hast im Sekretariat zu bleiben und nirgendwo hinzugehen, bis ich dich und Mahtab abhole«, sagte er. »Du wirst das Telefon nicht benutzen.«

»Ja«, versprach ich, *Ta'arof* im Herzen.

Am nächsten Morgen nahmen wir zu dritt ein Taxi in die Schule. Mahtab war immer noch ängstlich, aber sichtlich ruhiger als an den beiden anderen Morgen. »Deine Mutter bleibt hier«, sagte Moody und zeigte auf einen Stuhl im Flur vor dem Sekretariat. »Sie bleibt die ganze Zeit hier, während du in der Schule bist.«

Mahtab nickte und erlaubte einer Hilfslehrerin, sie in die Klasse zu bringen. Auf halbem Weg durch den Flur guckte sie sich um. Als sie mich auf dem Stuhl sitzen sah, ging sie weiter. »Du bleibst hier, bis ich komme«, wiederholte Moody. Dann ging er.

Der Morgen schleppte sich dahin. Ich hatte mir nichts mitgebracht, womit ich mir die Zeit vertreiben konnte. Die Flure leerten sich, als die Schülerinnen sich in ihre Klassen begaben, und bald drang die erste Morgenlektion an mein Ohr. *»Marg bar Amrika!«* erklang aus jeder Klasse. *»Marg bar Amrika! Marg bar Amrika!«* Immer wieder wurde die Parole in die fügsamen Gehirne der Schülerinnen gehämmert und in die Ohren meiner unschuldigen Tochter gerammt, die offizielle Politik der Islamischen Republik Iran: »Tod Amerika!«

Nachdem die politischen Rituale vorüberwaren, ging ein leises Summen durch die Flure, als die Schülerinnen sich zu ihrer ruhigeren Routine des Auswendiglernens niederließen. In jeder Klasse, selbst bei den älteren Schülerinnen, sangen die Lehrerinnen eine Frage, und die Schülerinnen antworteten im Chor, formten alle dieselben Worte. Es gab keinerlei Spielraum, keinen Platz für eigenständige Gedanken oder Fragen, nicht einmal für einen eigenen Tonfall. So war auch der Unterricht gewesen, den Moody als Kind bekommen hatte. Als ich darüber nachdachte, begriff ich schon eher, warum so viele Iraner duckmäuserisch jeder Autorität folgten. Sie schienen alle Schwierigkeiten zu haben, selbst eine Entscheidung zu treffen.

Bei dieser Art Erziehung wäre es nur natürlich, sich in die Hierarchie einzufügen, an Untergeordnete strenge Befehle auszuteilen und Übergeordneten blinden Gehorsam zu leisten. Es war dieses Schulsystem, das einen Moody hervorgebracht hatte, der totale Kontrolle über seine Familie fordern und erwarten konnte, und eine Nasserine, die sich der Herrschaft des überlegenen Mannes fügte. Ein solches Schulsystem konnte eine ganze Nation hervorbringen, die ohne Zögern einem Ayatollah, der dem Land als Gewissen und Verstand diente, gehorchen würde, bis in den Tod. Wenn es all das fertigbrachte, was, so fragte ich mich, würde es einem kleinen fünfjährigen Mädchen antun.

Nach einer Weile, trat *Khanom* Schahien in den Flur hinaus und bedeutete mir, ich solle in das Sekretariat kommen. Ich reagierte mit einer iranischen Geste der Verneinung – ich hob den Kopf etwas und klickte mit der Zunge. Im Moment haßte ich den Anblick aller Iraner, insbesondere die unterwürfigen Frauen in ihren *Tschadors*. Aber die Schulleiterin winkte mich freundlich, mit leisen Worten, beharrlich, hinein.

Ich betrat das Büro. Mit Hilfe weiterer Gesten bot *Khanom* Schahien mir einen bequemeren Stuhl und Tee an. Ich nahm an und nippte an meinem Tee, während ich den Frauen bei ihrer Arbeit zuschaute. Trotz der bösartigen anti-amerikanischen Parole, die sie ihren Schülerinnen beibringen mußten, schienen sie mir freundliche Gefühle entgegenzubringen. Wir machten mit wenig Erfolg ein paar Versuche, uns zu unterhalten.

Ich brannte darauf, das Telefon zu benutzen, das in Reichweite vor mir stand, und die Botschaft anzurufen, aber ich wagte nicht, schon am ersten Tag solche Vorstöße zu machen.

Es gab drei Schreibtische für die fünf Angestellten in dem kleinen Büro. Die Schulleiterin saß in einer Zimmerecke und tat anscheinend gar nichts. An den anderen Schreibtischen saßen Schreibkräfte, die mit einer Hand ein paar Papiere sortierten und mit der anderen ihren *Tschador* am Hals festhielten. Gelegentlich stand eine auf, um eine Klingel zu betätigen. Sie wickelten ein paar Anrufe ab. Aber der größte Teil ihrer Zeit wurde mit Plaudern verbracht, bei dem es sich, obwohl ich den Inhalt nicht verstand, offensichtlich um seichten Klatsch handelte.

Etwa in der Mitte des Vormittags gab es Lärm im Flur. Eine Lehrerin platzte zur Bürotür herein, mit einer Schülerin im Schlepptau, die den Kopf vor Scham gesenkt hielt. Die Lehrerin zählte schreiend eine lange Reihe von Anschuldigungen auf und benutzte dabei häufig das Wort *»Bad!«* das in Farsi genau wie im Englischen »schlecht« heißt. *Khanom* Schahien und die anderen Angestellten im Sekretariat stimmten in die Attacke ein. Im Chor überschütteten sie das Mädchen mit Demütigungen und brachten es zum Weinen. Während die Strafpredigt noch andauerte, führte eine der Angestellten ein Telefonat. Binnen weniger Minuten trat eine Frau mit wildblickenden Augen in das Zimmer, offensichtlich die Mutter des Mädchens. Sie schrie und zeigte mit einem anklagenden Finger auf ihre eigene Tochter und ließ ihre Wut an dem schutzlosen Kind aus.

»Bad, bad!« brüllte die Mutter. Das Mädchen reagierte mit erbärmlichem Wimmern.

Die erniedrigende Szene dauerte viele Minuten, bis die Mutter ihre Tochter am Arm riß und sie aus dem Zimmer zerrte.

Augenblicklich gaben *Khanom* Schahien und die anderen Frauen ihre wütende Haltung auf. Sie grinsten und beglückwünschten sich zum Erfolg ihrer Mission, die offensichtlich darin bestanden hatte, das Mädchen ordentlich spüren zu lassen, wie *bad* es war. Ich hatte keine Ahnung, was es verbrochen hatte, aber ich konnte nur Mitleid für das arme Kind empfinden. Ich betete, daß Mahtab nie Opfer eines solchen Spektakels werden würde.

Mahtab kam einigermaßen gut, wenn auch nicht glücklich, durch den Morgen, weil sie wußte, daß ich in der Nähe war. Mittags, als die Vorschulklassen beendet waren, kam Moody, um uns im Taxi nach Hause zu begleiten.

Als ich am folgenden Vormittag wieder im Sekretariat saß, brachte *Khanom* Schahien eine der Lehrerinnen zu mir. »Ich heiße Mrs. Azahr«, sagte die Frau. »Ich spreche ein bißchen Englisch. Ich spreche mit Ihnen.« Sie setzte sich neben mich und betrachtete mein mißtrauisches Gesicht. »Wir wissen, daß Sie uns nicht mögen«, fuhr sie fort. »Wir möchten nicht, daß Sie uns für *bad* halten. Die Schule gefällt Ihnen nicht?«

»Sie ist schmutzig«, erwiderte ich. »Ich möchte Mahtab nicht hier haben.«

»Das tut uns leid«, sagte Mrs. Azahr. »Wir bedauern Sie, weil Sie als Fremde in unserem Land sind. Wir würden gern etwas für Sie tun.«

Khanom Schahien lauerte in unserer Nähe. Ich fragte mich, wieviel sie verstand. Sie sagte etwas in Farsi, und Mrs. Azahr übersetzte. »Die Schulleiterin sagt, alle würden gern Englisch können. Sie sagt, würden Sie jeden Tag kommen und ihnen Englisch beibringen, während Sie auf Mahtab warten? Und sie könnten Ihnen Farsi beibringen.«

So werden meine Gebete also erhört, dachte ich. Wir können einander kennenlernen. »Ja«, stimmte ich zu.

Wir begannen mit der Arbeit. Die Frauen im Sekretariat hatten ohnehin wenig zu tun, außer den gelegentlichen Disziplinierungen und Erniedrigungen, deshalb konnten wir die Vormittage mit gegenseitigem Unterricht verbringen. Und während wir arbeiteten, begann ich diese Frauen wenigstens ansatzweise zu begreifen. Auch wenn sie in ihren Sitten und Träumen durch Welten von mir getrennt waren, waren sie doch Frauen, die Kinder liebten und sie in der einzigen ihnen bekannten Art hegen und pflegen wollten. Sie waren in einem Erziehungssystem gefangen, das ihnen genau vorschrieb, was sie wie zu tun hatten, aber einzelne Funken der Individualität schimmerten durch. Die Verständigung war schwierig, aber ich gewann den Eindruck, daß es hier mehr Iraner gab, die sich über den Zustand ihrer Nation keinen Illusionen mehr hingaben.

Auf der persönlichen Ebene schienen meine neuen Freundinnen Mahtab und mich wirklich zu mögen. Allmorgendlich begrüßten sie Mahtab aufs herzlichste, immer hoben eine oder mehrere sie auf und küßten sie. *Khanom* Schahien sagte Mahtab immer, wie gut sie »dufte«, und meinten damit den Tupfer verbotenen Parfüms, den Mahtab jeden Morgen nahm. Diese Frauen zeigten, wenn sie unter sich waren, Verachtung für Moody, der in treuer Ausübung seiner Rolle als Gefängniswärter Mahtab und mich weiterhin morgens ablieferte und mittags wieder abholte. Obwohl sie sorgfältig ihre Einstellung verbargen, war ihnen sein herrischer Umgang mit seiner Frau und seiner Tochter zuwider.

Mrs. Azahr mußte unterrichten und konnte nicht viel Zeit mit uns verbringen, aber so oft wie möglich kam sie im Sekretariat vorbei.

Zu meiner Überraschung erfuhr ich eines Tages, daß Mrs. Azahr früher selbst Schulleiterin in einer anderen Schule gewesen war. Das war vor der Revolution gewesen. Unter der neuen Regierung wurden kompetente Kräfte wie sie, mit akademischen Graden und jahrelanger Erfahrung, durch politisch aktivere Verwaltungskräfte ersetzt. Diese neuen Schulleiter waren im allgemeinen jünger und schlechter ausgebildet, aber sie hatten den religiösen Eifer, der jetzt für das Regime an oberster Stelle stand.

»*Khanom* Schahien wurde aus diesem Grunde ausgewählt«, berichtete mir Mrs. Azahr. »Sie und ihre Familie waren sehr religiös. Man muß aus einer fanatischen Familie stammen. Das wird genau überprüft.«

Khanom Schahien war politisch deutlich gegen die Amerikaner eingestellt. Aber im Laufe unseres erzwungenen Beisammenseins begann sie mich trotz meiner Nationalität zu mögen.

Eines Tages nach einem leisen Gespräch mit *Khanom* Schahien sagte Mrs. Azahr zu mir: »Wir möchten wirklich gern etwas für Sie tun.«

»Okay«, sagte ich und wagte den entscheidenden Sprung, »lassen Sie mich das Telefon benutzen.«

Mrs. Azahr sprach mit *Khanom* Schahien. Die Schulleiterin hob den Kopf und klickte mit der Zunge. Nein. Sie murmelte ein paar Worte, die Mrs. Azahr übersetzte: »Wir haben ihrem Mann versprochen, daß wir Ihnen niemals gestatten würden, das Gebäude zu verlassen oder das Telefon zu benutzen.«

Damit wurde mir wieder einmal klar, daß diese Frauen genauso wie ich in einer Falle saßen, den Gesetzen einer Männerwelt unterworfen, verärgert, aber gehorsam. Ich schaute mich im Zimmer um und begegnete den Blicken aller anwesenden Frauen. Ich sah nichts als tiefes Mitgefühl.

8

Es war an einem für die Jahreszeit ungewöhnlich warmen und sonnigen Herbsttag, als Moody, wenn auch widerwillig, Mahtabs Bitte nachgab, mit uns in den Park zu gehen. Wir mußten nur ein paar Häuserblocks weit gehen, aber Moody maulte über die Entfernung. »Wir können nur ein paar Minuten bleiben«, sagte er. Er hatte viel zu tun, das wußte ich. Zeitunglesen, das Geschnatter im Radio in sich aufsaugen, Nickerchen machen.

Wir erreichten die Schaukeln und Rutschen im hinteren Ende des Parks, und Mahtab quietschte vor Freude, als sie ein kleines blondes Mädchen erblickte, das vielleicht vier Jahre alt war, Shorts und ein Oberteil und genau die gleichen Turnschuhe trug, die Mahtab aus den USA mitgebracht hatte.

Ein Pärchen stand an der Seite der Schaukel und beobachtete sie. Die Mutter war eine hübsche junge Frau, und blonde Haarbüschel sahen unter ihrem *Rusari* hervor. Sie trug einen beigen Trenchcoat – im Gegensatz zu den iranischen Mänteln – mit Gürtel.

»Sie ist bestimmt Amerikanerin«, sagte ich zu Moody.

»Nein«, knurrte er. »Sie spricht deutsch.«

Als Mahtab zur Rutsche rannte, um mit dem Mädchen zu spielen, ging ich trotz Moodys Protest schnell zu der Frau hinüber. Sie unterhielt sich mit einem Iraner, aber sie sprach wirklich Englisch. Ich stellte mich vor, während Moody argwöhnisch daneben stand.

Sie hieß Judy. Ihr im Iran geborener Ehemann war Bauunternehmer in New York City und war dort geblieben, während Judy mit ihren Kindern in den Iran gekommen war, um die Großeltern zu besuchen. Sie hatten bereits die Hälfte ihres zweiwöchigen Urlaubs hinter sich. Wie ich sie um ihr Flugticket, den Paß, das Ausreisevisum beneidete! Aber ich konnte ihr nichts davon erzählen, solange Moody argwöhnisch neben mir stand.

Judy stellte uns dem Iraner, ihrem Schwager Ali, vor. Sobald Ali erfuhr, daß Moody Arzt war, erzählte er, daß er gerade versuchte, ein Visum für den Besuch der Vereinigten Staaten zu bekommen, um dort ein Herzleiden behandeln zu lassen. Judy fügte hinzu, daß sie in der nächsten Woche nach Frankfurt fliegen und sich dort in der amerikanischen Botschaft bemühen würde, ein Visum für ihn zu bekommen. Sie wollten gern den Rat eines iranisch-amerikanischen Arztes hören. Plötzlich kam sich Moody sehr wichtig vor und wandte seine Aufmerksamkeit ganz von mir ab und sich selbst zu.

Die Mädchen sprangen von der Rutsche herunter und beschlossen zu schaukeln. Judy und ich folgten ihnen. Sobald ich außerhalb von Moodys Hörweite war, verschwendete ich keine Zeit. »Ich werde hier gefangen gehalten«, flüsterte ich. »Sie müssen mir helfen. Bitte gehen Sie zur amerikanischen Botschaft in Frankfurt und erzählen Sie denen, daß ich hier bin. Sie müssen irgend etwas unternehmen, um mir zu helfen.«

Moody und Ali kamen langsam in unsere Richtung. Sie unterhielten sich immer noch. Judy folgte meinem Blick, und wir entfernten uns etwas weiter von den Männern. »Er läßt nicht zu, daß ich mit anderen Menschen spreche«, sagte ich. »Ich bin hier eingesperrt und habe gar keinen Kontakt mehr zu meiner Familie.«

»Wie kann ich denn helfen?« fragte Judy.

Ich überlegte einen Moment. »Lassen Sie uns weiter über

den Arztberuf sprechen«, schlug ich vor. »Es gibt seinem Ego Auftrieb, wenn man ihn über solche Themen reden läßt.«

»Das ist gut«, sagte Judy. »Wir müssen sowieso dieses ärztliche Visum für Ali bekommen. Mal sehen, ob wir Ihren Mann nicht damit beschäftigen können.«

Wir gingen zurück zu den Männern. »Kannst du ihnen helfen?« fragte ich Moody.

»Ja. Das würde ich gerne tun.« Ich konnte sehen, daß Moody sich jetzt wieder als Arzt fühlte, so wie er es monatelang nicht mehr getan hatte. »Ich schreibe einen Brief«, schlug er vor. »Ich weiß, an wen man sich wenden muß. Ich habe sogar Briefpapier mit einem amerikanischen Briefkopf dabei.« Er dachte einen Moment nach. »Aber ich brauche eine Schreibmaschine«, fügte er hinzu.

»Ich kann eine besorgen«, sagte Judy.

Wir tauschten Telefonnummern aus und machten aus, uns bald wieder im Park zu treffen. Der kurze Weg nach Hause war erfrischend. Moody war bester Laune. Er war so beeindruckt von seinem wiederbelebten Ansehen, daß er die Tatsache, daß ich mich gerade heimlich mit einer Amerikanerin unterhalten hatte, gar nicht registrierte.

Judy arbeitete schnell. Zwei Tage später rief sie an und lud Mahtab und mich ein, sie im Park zu treffen. Ich hegte die schwache Hoffnung, daß Moody uns allein gehen lassen würde, aber nun hatte er sich einmal ein bestimmtes Verhaltensmuster angewöhnt. Er schien keine Verschwörung zu befürchten, bestand aber darauf, uns im Auge zu behalten.

Diesmal war ein kleiner Iraner mit Bart von ungefähr dreißig Jahren bei Judy im Park. Sie stellte ihn uns vor. Er hieß Raschid und war Verwaltungsleiter einer großen Klinik. Moody war begeistert, schon wieder ein medizinisches Fachgespräch führen zu können, und bombardierte den Mann mit Fragen zum Zulassungsverfahren für Ärzte im

Iran. Währenddessen gingen Judy und ich wieder voraus, um uns unter vier Augen zu unterhalten.

»Machen Sie sich keine Sorgen«, sagte sie. »Raschid weiß Bescheid über ihre Lage. Er paßt auf, was er Ihrem Mann erzählt und was nicht. Wir hatten gehofft, mit Ihnen allein sprechen zu können, aber Raschid weiß, wie er Ihren Mann beschäftigt, damit wir beide in Ruhe reden können.« Sie steckte mir ein paar Briefmarken zu. »Damit Sie Briefe abschicken können, wenn Sie an einen Briefkasten kommen«, sagte sie.

Dann erklärte sie mir den nächsten Schritt ihres Plans. An einem der nächsten Abende wollte ihre Schwiegermutter ein Abschiedsessen für sie und die Kinder geben, und Judy hatte es so eingerichtet, daß wir auch eingeladen wurden. Sie hatte sich eine Schreibmaschine ausgeliehen, damit ich Moodys Brief für Ali tippen konnte. Sie hoffte, daß ich in dem Trubel beim Abendessen Gelegenheit finden würde, allein mit Raschid zu sprechen, denn, so sagte sie: »Er kennt jemanden, der Leute über die Türkei hinausschmuggelt.«

Die nächsten zwei Tage, in denen ich auf das Abendessen und eine Möglichkeit wartete, mehr über eine eventuelle Flucht aus dem Iran zu erfahren, krochen nur langsam dahin. Flogen sie die Leute raus? Fuhren sie mit Autos? Was waren ihre Motive? Warum riskierten sie die schweren Strafen, die der Ayatollah gegen jede Verletzung des islamischen Gesetzes verhängt hatte? Würde es viel kosten? Würden Mahtab und ich unsere Pässe brauchen?

Lieber Gott, betete ich, bitte richte es so ein, daß ich auf der Party Zeit habe, allein mit Raschid zu sprechen.

In der Zwischenzeit beschloß ich, Judy als Kurier zu benutzen. Ich schrieb Briefe an Mom und Dad und Joe und John, um ihnen zu sagen, wie lieb ich sie hatte und wie sehr ich sie vermißte, und um ihnen Einzelheiten über unsere momentane Situation mitzuteilen. Als ich sie durchlas, merkte ich, wie deprimiert und völlig verzweifelt sie klangen. Beinahe hätte ich sie zerrissen, aber dann beschloß ich, sie trotzdem abzuschicken, sie spiegelten ja meine Stimmung wider.

Ich schrieb noch einen Brief an meinen Bruder Jim und seine Frau Robin, in dem ich ihnen einen Plan unterbreitete. Ich erklärte, daß Moody Geldsorgen hatte. Wir hatten hier schon ziemlich viel Geld ausgegeben, und er hatte immer noch keinen Job. Unser gesamtes Vermögen befand sich in den USA. Vielleicht brauchte Moody nur eine Entschuldigung, um zurückzukehren. Ich schlug vor, daß Jim uns anrufen sollte, um uns auszurichten, daß sich der gesundheitliche Zustand meines Vaters verschlechtert hatte und wir deshalb »zu Besuch« nach Hause kommen sollten. Jim konnte sagen, daß die Familie Geld zusammengelegt hatte, um die Kosten für unseren Flug zu tragen. Dies würde Moody einen Ausweg aus seiner finanziellen Misere bieten – einen Gratisflug nach Hause.

Die Party im Haus von Judys Schwiegermutter war sehr aufschlußreich. In dem Augenblick, als wir das Haus betraten, hörten wir laute amerikanische Musik, und es bot sich uns ein unglaubliches Bild: schiitische Moslems, die Rock 'n Roll tanzten. Die Frauen trugen westliche Kleider, und niemand machte sich die Mühe, sich mit einem *Tschador* oder *Rusari* zu verhüllen. Die Gäste wurden ohne ihr Wissen zu meinen Mitverschwörern. Sie fühlten sich sehr geehrt, einen amerikanischen Arzt auf ihrem Fest zu haben, so daß Moody sofort von aufmerksamen Zuhörern umringt war. Er sonnte sich in dieser Ehrerbietung, während Judy mich in ein Schlafzimmer zog, damit ich den Brief schreiben konnte. Dort wartete Raschid bereits.

»Ich habe einen Freund, der Leute in die Türkei schmuggelt«, sagte er. »Es kostet dreißigtausend Dollar.«

»Geld spielt keine Rolle«, antwortete ich. »Ich will nur mit meiner Tochter hier herauskommen.« Ich wußte, daß meine Familie und meine Freunde jede Summe aufbringen wollten und konnten, die dafür nötig war. »Wann kann es losgehn?« fragte ich begierig.

»Im Augenblick ist er in der Türkei, und bald wird das Wetter schlechter werden. Ich glaube nicht, daß Sie sich während des Winters auf den Weg machen können, nicht vor der Schneeschmelze. Rufen Sie mich in zwei Wochen an. Ich werde mich inzwischen erkundigen.«

Ich verschlüsselte Raschids Telefonnummer und schrieb sie in mein Adreßbuch.

Er verließ das Zimmer, aber Judy und ich blieben noch lange dort, auch als ich Moodys Brief schon längst geschrieben hatte. Fortwährend blickte ich über meine Schulter zur Tür, aus Angst, Moody könnte hereinkommen, weil er mich suchte. Aber er kam nicht.

Ich gab Judy die Briefe, die ich geschrieben hatte, und sie versprach, sie in Frankfurt abzuschicken. Wir sprachen sehr viel über Amerika, als ich ihr bei der bittersüßen Arbeit half, für ihre Abreise aus dem Iran am nächsten Tag zu packen. Weder Judy noch ich wußten, ob sie für mich etwas erreichen oder ob Raschids Freund mich und Mahtab in die Türkei bringen konnte, aber sie war entschlossen, ihr Möglichstes zu tun. »Ich habe noch andere Freunde, zu denen ich Kontakt aufnehmen werde«, sagte sie.

Am Ende des Abends befand sich Moody in einem Begeisterungstaumel. »Raschid hat mir einen Job in seiner Klinik angeboten.« Er strahlte über das ganze Gesicht. »Jetzt muß ich feststellen, wie es mit meiner Zulassung steht.«

Es war spät, als wir uns verabschiedeten. Judy und ich gingen mit Tränen in den Augen auseinander, denn wir wußten nicht, ob wir uns je wiedersehen würden.

Ameh Bozorg war es gewöhnt, freitags die ganze Familie bei sich zu Hause zu versammeln, um den Tag zu feiern, doch Moody fühlte sich immer weniger zu seiner Schwester hingezogen, und eines Tages erklärte er, daß wir für den kommenden Freitag andere Pläne hätten.

Wie das Schicksal es wollte, wurde Ameh Bozorg am Donnerstagabend sterbenskrank. »Mutter stirbt«, sagte Zoreh Moody am Telefon. »Du mußt sofort kommen und die letzten Minuten bei ihr verbringen.«

Moody argwöhnte zwar eine List seiner Schwester, war aber dennoch besorgt und raste mit uns im Taxi zu ihrem Haus. Zoreh und Fereschteh führten uns in das Schlafzimmer ihrer Mutter, wo Ameh Bozorg in der Mitte auf dem Boden lag, ihren Kopf mit Lappen wie mit einem Turban umwickelt und mehr als zwanzig Zentimeter hoch in Dekken gehüllt. Schweiß, den sie mit der Hand wegwischte, rann ihr von der Stirn. Sie krümmte sich vor Schmerzen und stöhnte die ganze Zeit in Farsi: »Ich sterbe. Ich sterbe.«

Madschid und Reza waren schon da, andere Verwandte waren auf dem Weg.

Moody untersuchte seine Schwester gründlich, konnte aber keinerlei Hinweise auf eine Krankheit finden. Er flüsterte mir zu, daß sie vermutlich eher wegen der vielen Decken, die man über ihr aufgeschichtet hatte, schweißgebadet sei, als aufgrund eines Fiebers. Aber sie heulte vor Schmerzen. Sie sagte, ihr ganzer Körper täte ihr weh, und stimmte wieder ihr »Ich sterbe« an.

Zoreh und Fereschteh machten eine Hühnersuppe. Sie brachten sie ins Sterbezimmer, und jedes einzelne Familienmitglied flehte Ameh Bozorg inständig an, sich zu stärken. Dem jüngsten Sohn, Madschid, gelang es, einen Löffel voll Suppe an ihre Lippen zu bringen, aber sie hielt den Mund geschlossen und weigerte sich zu schlucken.

Schließlich überredete Moody seine Schwester, einen Löffel Suppe zu sich zu nehmen. Als sie die Nahrung aufnahm, brachen die Beobachter, die sich im Zimmer drängten, in triumphierendes Geschrei aus.

Die Wache am Krankenbett dauerte die ganze Nacht und den nächsten Tag lang. Mehrmals steckte Baba Hadschi den Kopf durch die Tür, verbrachte aber die meiste Zeit im Gebet und damit, den Koran zu lesen.

Moody, Mahtab und ich wurden immer ungeduldiger mit Ameh Bozorg, die offensichtlich simulierte. Mahtab und ich wollten gehen, aber Moody war wieder einmal zwischen dem Respekt seiner Familie gegenüber und seinem gesunden Menschenverstand hin und her gerissen. Ameh Bozorg blieb den ganzen Freitagabend, an dem wir eigentlich woanders sein wollten, auf ihrem Totenbett liegen.

Dann erhob sie sich von ihrem Lager, ließ ihren Dank allein Allah zuteil werden und verkündete, sie würde sofort eine Pilgerreise in die heilige Stadt Meschad im nordöstlichen Teil des Landes machen, wo es eine besonders berühmte *Masdsched* gab, die für ihre heilenden Kräfte bekannt war. Am Samstag begleitete die Sippe eine bemerkenswert muntere Ameh Bozorg zum Flughafen. Die Frauen weinten vor Kummer, die Männer ließen ihre Gebetsperlen durch die Finger gleiten und beteten für ein Wunder.

Moody spielte das Spiel mit, erfüllte seine Pflicht, aber sobald wir allein waren, brummte er zu mir: »Das spielt sich alles nur in ihrem Kopf ab.«

Der Oktober ging in den November über. Der morgendliche Frost verhieß uns in der ungenügend geheizten Wohnung, daß der Teheraner Winter genauso bitter werden würde, wie der Sommer sengend heiß gewesen war. Wir waren natürlich hierhergekommen, ohne auf den Winter vorbereitet zu sein, und besonders Mahtab brauchte jetzt einen Wintermantel. Zu meiner Überraschung war Moody gegen den Kauf, und ich kam zu dem Schluß, daß er vermutlich große Geldsorgen hatte.

Der Plan mit meinem Bruder Jim schlug fehl. Zwei Wochen, nachdem ich Judy die Briefe mitgegeben hatte, rief er bei Mammal an und folgte genau meinen Instruktionen. Er erklärte Moody, daß Dad sehr krank sei, und daß die Familie das Geld aufgebracht hätte, um uns den Flug nach Hause zu bezahlen. »Willst du, daß ich euch die Tickets schicke?« fragte er. »Welches Datum soll ich eintragen?«

»Das ist ein Trick!« schrie Moody ins Telefon. »Sie wird nicht nach Hause fliegen. Ich lasse sie nicht gehen.«

Er knallte den Hörer auf die Gabel und ließ seine Wut an mir aus.

Wir stritten heftig um Geld. Aus Raschids Job-Angebot bei der Klinik war nichts geworden. Ich hatte sowieso den Verdacht, daß das nur *Ta'arof* gewesen war.

Jedenfalls war Moodys Zulassungsverfahren noch in der Schwebe, und er behauptete, es wäre meine Schuld, daß er nicht arbeiten konnte.

»Ich muß ja zu Hause bleiben, um auf dich aufzupassen«, sagte er, und seine Nörgeleien wurden immer unlogischer. »Ich brauche einen Babysitter für dich. Ich habe deinetwegen ja überhaupt keine Bewegungsfreiheit. Der CIA ist hinter mir her, weil du irgend etwas unternommen hast, damit deine Leute dich und Mahtab suchen.«

»Was bringt dich auf die Idee, daß meine Leute mich suchen?« fragte ich.

Er antwortete mit einem Blick, der Bände sprach. Wieviel wußte er? fragte ich mich. Mir war bekannt, daß die Botschaft sich meinetwegen mit ihm in Verbindung gesetzt hatte, aber er wußte nicht, daß ich es wußte. Oder vielleicht doch?

Mir war klar, er hatte genug eigene Schwierigkeiten.

Wieweit konnte er mir trauen? wollte er wissen. Wann, wenn überhaupt jemals, konnte er sicher sein, daß ich nicht mehr versuchen würde, auf irgendeine Art zu fliehen? Wann würde er mich endgültig unterworfen haben?

Moody hatte mich bedroht und mich überlistet, in den Iran zu kommen. Nun wußte er nicht, was er mit mir anfangen sollte.

»Ich möchte, daß du einen Brief in die USA schreibst«, sagte er. »An deine Eltern. Sag ihnen, daß sie alle unsere Sachen per Schiff hierher schicken sollen.«

Es war schwer, diesen Brief aufzusetzen, besonders, weil Moody mir bei jedem Wort über die Schulter sah. Aber ich fügte mich seinen Anordnungen, in der sicheren Gewißheit, daß meine Eltern Moodys Forderungen sowieso nicht erfüllen würden. Als das erledigt war, erlaubte Moody endlich, daß wir einen Mantel für Mahtab kauften. Nasserine und Amir sollten uns beim Einkaufen begleiten.

Moody beschloß zu Hause zu bleiben, da er wußte, daß Nasserine eine zuverlässige Spionin und Aufpasserin war. Er schlurfte ins Schlafzimmer, um sich ein Nachmittagsnickerchen zu gönnen. Wir machten uns zum Gehen fertig, aber gerade, als wir aus der Haustür gehen wollten, klingelte das Telefon.

»Es ist für dich«, sagte Nasserine argwöhnisch. »Eine Dame, die Englisch spricht.« Sie übergab mir den Hörer und bewachte mich, während ich sprach.

»Hallo?«

»Hier ist Helen«, sagte eine Stimme. Ich war überrascht und erschrocken, daß jemand von der Botschaft hier anrief, aber ich zwang mich, meine Besorgnis vor Nasserine zu verbergen.

»Ich muß unbedingt mit Ihnen sprechen«, sagte Helen.

»Sie müssen sich verwählt haben«, antwortete ich.

Helen ignorierte die Bemerkung, war sich aber meiner schwierigen Lage bewußt. »Ich wollte Sie eigentlich nicht zu Hause anrufen«, entschuldigte sie sich. »Aber es hat sich jemand mit uns wegen Ihnen in Verbindung gesetzt, und ich muß darüber mit Ihnen sprechen. Rufen Sie mich an, oder kommen Sie so schnell wie möglich vorbei.«

»Ich weiß nicht, wovon Sie sprechen«, log ich. »Sie haben sich sicher verwählt.«

In dem Moment, als ich eingehängt hatte, drehte Nasserine sich auf dem Absatz um, ging mit schnellen Schritten in unser Schlafzimmer und weckte Moody aus seinem Nachmittagsschlaf. Ich war wütend auf sie, hatte aber in dem Augenblick keine Gelegenheit, mich mit ihr auseinanderzusetzen, weil Moody seinen Zorn gegen mich richtete.

»Von wem war der Anruf?« fragte er.

»Ich weiß nicht«, stotterte ich. »Irgendeine Frau. Ich weiß nicht, wer sie war.«

Moody war völlig aus dem Häuschen. »Du weißt ganz genau, wer es war!« schrie er. »Und das will ich jetzt sofort wissen.«

»Ich *weiß* es nicht«, erwiderte ich und versuchte, so ruhig wie möglich zu bleiben, während ich mich zwischen ihn und Mahtab schob, für den Fall, daß er wieder gewalttätig werden sollte. Nasserine, die pflichtbewußte islamische Schnüfflerin, zog Amir in eine Ecke.

»Ich will alles wissen, was sie gesagt hat«, verlangte Moody.

»Es war eine Frau, die fragte: ›Ist da Betty?‹ Ich sagte, ›Ja‹, und sie sagte, ›Geht es Ihnen und Mahtab gut?‹ Ich sagte ihr ›Ja, es geht uns gut‹, und das war das Ende des Gesprächs. Wir wurden unterbrochen.«

»Du weißt, wer es war«, warf Moody mir vor.

»Nein, das weiß ich nicht.«

Durch den Schleier seines unterbrochenen Schlafes und mit seinem fragwürdigen Urteilsvermögen versuchte er, das Problem logisch anzugehen. Er wußte, daß die Botschaft versuchte, mich zu erreichen, wußte aber nicht, daß auch ich das wußte. Er beschloß, an meine Unwissenheit zu glauben, aber er war sichtlich aufgebracht, daß jemand – höchst wahrscheinlich jemand von der Botschaft – meine Spur bis zu Mammals Haus verfolgt hatte.

»Paß auf«, sagte er dann zu Nasserine, und wiederholte seine Warnung am Abend Mammal gegenüber. »Jemand ist hinter ihr her. Vielleicht gabeln sie sie einfach irgendwo von der Straße auf.«

Der Telefonanruf verursachte in den nächsten Tagen noch ziemlich viel Verwirrung bei mir. Was konnte so wichtig sein, daß Helen mich zu Hause anrief? Sie wußte, welche Risiken sich durch Moodys Stimmungen ergaben. Was immer sich ereignet hatte, war diese wert. Eine Woche lang mußte ich mit nichts als Vermutungen leben, da der Anruf Moodys Wachsamkeit verstärkt hatte. Er trug Sorge dafür, daß er oder Nasserine mich bei meinen Besorgungsgängen zum Markt begleiteten. Diese Verzögerung war quälend. Vielleicht drehten sich die Räder in die Freiheit schon, aber ich hatte keine Möglichkeit, das herauszufinden.

Schließlich, an einem gesegneten Nachmittag, als Nasserine zu ihren Kursen an die Uni gegangen war, fand Moody, daß der Aufwand zu groß war, Mahtab und mich zum Markt zu begleiten und erlaubte uns, allein zu gehen.

Ich raste zu Hamids Geschäft und rief Helen an. »Bitte seien Sie vorsichtig«, warnte sie mich. »Es waren zwei Frauen hier, die nach Ihnen gesucht haben. Sie haben mit Ihrer Familie gesprochen und wollen versuchen, Sie hier herauszuholen. Aber seien Sie vorsichtig, denn sie haben keine Ahnung, wovon sie reden.« Dann fügte sie hinzu: »Bitte, versuchen Sie, so bald wie möglich vorbeizukommen. Wir müssen über viele Dinge reden.«

Das Gespräch machte mich noch verwirrter, als ich vorher schon gewesen war. Wer konnten diese beiden mysteriösen Frauen sein? Hatte Judy es geschafft, heimlich ein Komplott zu schmieden, um Mahtab und mich aus dem Iran zu holen? Konnte ich diesen Leuten trauen? Kannten sie sich wirklich gut genug aus und hatten sie genügend Einfluß, um uns zu helfen? Helen glaubte das anscheinend nicht, denn sie hatte immerhin riskiert, Moodys Zorn heraufzubeschwören, um mich vor der Anwesenheit dieser Leute in Teheran zu warnen. Aber ich war mir nicht sicher. Es erschien so unglaublich, was da geschah. Was sollte ich, verwickelt in diese verzwickte Intrige, nur tun?

Ein paar Tage, nachdem ich mit Helen gesprochen hatte, an einem Dezembermorgen, der den Beginn eines bitterkalten Winters ankündigte, klingelte es an der Tür. Unten öffnete Essey einer großen, schlanken Frau, die in einen schwarzen *Tschador* gehüllt war und darum bat, Dr. Mahmoody sprechen zu können. Essey schickte sie nach oben, wo Moody und ich sie an der Tür zu Mammals Wohnung erwarteten. Trotz des *Tschadors* konnte ich sehen, daß sie keine Iranerin war, aber ich vermochte ihre Nationalität nicht zu erraten.

»Ich möchte mit Dr. Mahmoody sprechen«, sagte sie.

Moody schob mich beiseite und in die Wohnung zurück. Er trat in den Flur oben an der Treppe und schloß mich ein. Ich legte mein Ohr an die Tür, um zu horchen.

»Ich bin Amerikanerin«, sagte die Frau in fehlerfreiem Englisch. »Ich habe ein Problem, ich bin nämlich Diabetikerin. Würden Sie bitte eine Blutuntersuchung bei mir machen?«

Sie erzählte, daß sie mit einem Iraner aus Meschad verheiratet sei, derselben Stadt, in der Ameh Bozorg sich momentan auf ihrer Pilgerreise befand. Ihr Mann war zum Militär gegangen, um im Krieg gegen den Irak zu kämpfen, so daß sie eine Zeitlang bei seiner Familie in Teheran wohnte.

»Ich bin wirklich krank«, sagte sie. »Die Familie weiß nicht, was Diabetes ist. Sie müssen mir helfen.«

»Ich kann Ihr Blut nicht sofort untersuchen«, erwiderte Moody. Aus dem Tonfall seiner Stimme hörte ich, daß er versuchte, tausend Möglichkeiten gegeneinander abzuwägen. Er hatte noch nicht die Erlaubnis, im Iran zu praktizieren; hier war eine Patientin, die seine Hilfe brauchte. Er hatte keine Arbeit; er konnte sogar das Geld einer einzigen

Patientin gut gebrauchen. Letzte Woche hatte irgendeine fremde Frau versucht, mit mir Verbindung aufzunehmen. Jetzt war eine fremde Frau an seiner Haustür. »Sie müssen morgen früh um neun Uhr wiederkommen«, sagte er endlich. »Und Sie dürfen den ganzen Abend nichts essen.«

»Morgen früh kann ich nicht kommen, weil ich Koranunterricht habe«, sagte sie.

Für mich, auf der anderen Seite der Tür, klang diese Geschichte unwahr. Wenn sie nur für kurze Zeit in Teheran wohnte – einen Monat lang, hatte sie gesagt – warum hatte sie sich dann hier für das Koranstudium eingeschrieben? Wenn sie wirklich Diabetes hatte, weshalb folgte sie dann nicht den Anordnungen des Arztes?

»Geben Sie mir Ihre Telefonnummer«, schlug Moody vor. »Ich rufe Sie dann an, und wir können einen Termin vereinbaren.«

»Die Telefonnummer kann ich ihnen nicht geben«, antwortete die Frau. »Die Familie meines Mannes weiß nichts davon, daß ich einen amerikanischen Arzt aufgesucht habe. Ich würde ziemlichen Ärger bekommen.«

»Wie sind Sie denn hierhergekommen?« fragte Moody schroff.

»Mit dem Telefon-Taxi. Es wartet draußen auf mich.«

Ich zuckte zusammen. Ich wollte nicht, daß Moody herausfand, wie eine Amerikanerin sich allein in Teheran zurechtfinden konnte.

Nachdem sie gegangen war, war Moody für den Rest des Nachmittags tief in Gedanken versunken. Er rief Ameh Bozorg in ihrem Hotel in Meschad an, um zu erfahren, ob sie dort irgend jemandem erzählt hatte, daß ihr Bruder ein amerikanischer Arzt war; das hatte sie aber nicht getan!

Am Abend erzählte er die seltsame Geschichte Mammal und Nasserine, ohne darauf Rücksicht zu nehmen, daß ich mithörte, und legte ihnen auch die Gründe für sein Mißtrauen dar. »Ich weiß, daß sie ein Mikrophon unter ihren

Kleidern versteckt hatte«, sagte Moody. »Ich bin sicher, daß sie vom CIA ist.«

War das möglich? Konnte die Frau eine CIA-Agentin gewesen sein?

Wie ein in die Enge getriebenes Tier war ich nur mit einem Gedanken beschäftigt, nämlich mit dem der Freiheit für meine Tochter und mich. Ich grübelte pausenlos und wägte im Geiste immer wieder die möglichen Folgen jedes Ereignisses und jedes Gesprächs ab. Nach gründlichen Überlegungen kam ich zu dem Schluß, Moodys These zu bezweifeln. Der Annäherungsversuch der Frau hatte sehr amateurhaft gewirkt, und welches Interesse sollte der CIA daran haben, Mahtab und mich aus dem Iran zu befreien? War der CIA so allgegenwärtig und mächtig, wie es die Legende behauptete? Es schien mir unwahrscheinlich, daß amerikanische Agenten viel im Iran ausrichten konnten. Die eigenen Agenten des Ayatollah, die Soldaten, die Polizei und die *Pasdaran* waren überall. Wie die meisten behüteten Amerikaner hatte ich die Macht meiner Regierung bei der Auseinandersetzung mit einem fanatischen fremden Regime überschätzt.

Wahrscheinlicher war es meiner Meinung nach, daß die Frau durch Judy oder den Händler Hamid über meine Notlage unterrichtet worden war. Ich hatte keine Möglichkeit, das herauszufinden; alles, was ich tun konnte, war abwarten und sehen, was sich als nächstes ereignete.

Die Ungewißheit brachte psychischen Druck, aber auch Aufregung mit sich. Zum ersten Mal konnte ich sehen, daß meine breitangelegte Strategie funktionierte. Ich würde tun, was immer ich nur konnte, und früher oder später würde ich die richtigen Leute finden, die mir halfen. Die ganze Zeit, das war mir klar, würde ich vorsichtig meine Bemühungen vor Moodys allgegenwärtiger Überwachung verheimlichen müssen.

Eines Tages schlüpfte ich, als ich auf dem Markt einkaufte, schnell in Hamids Laden, um Raschid, Judys Freund anzurufen, der versprochen hatte, sich mit dem Mann in Verbindung zu setzen, der die Menschen in die Türkei schmuggelte.

»Er kann keine Kinder mitnehmen«, sagte Raschid.

»Lassen Sie mich bitte mit ihm sprechen«, bettelte ich. »Ich kann Mahtab tragen. Das ist überhaupt kein Problem.«

»Nein. Er hat gesagt, er würde nicht mal Sie allein, eine Frau, mitnehmen. Es ist schon für Männer schwierig genug. Auf dem Weg, den er benutzt, muß man vier Tage durch die Berge laufen. Es besteht keine Möglichkeit, das mit einem Kind zu schaffen.«

»Ich bin ziemlich kräftig«, sagte ich und glaubte meiner Lüge selbst nur halb. »Ich bin gut in Form. Ich kann sie den ganzen Weg tragen. Das ist wirklich kein Problem. Lassen Sie mich wenigstens mit diesem Mann sprechen.«

»Es würde jetzt nichts nützen. In den Bergen liegt Schnee. Während des Winters kommen Sie sowieso nicht in die Türkei hinüber.«

Als der Dezember zur Neige ging, gab Moody mir Anweisungen, die herannahenden Weihnachtsfeiertage zu ignorieren. Er wollte mir nicht erlauben, für Mahtab Geschenke zu kaufen oder sonst auf irgendeine Weise zu feiern. Niemand von unseren Bekannten im Iran erkannte Weihnachten als Festtag an.

Der Winter brach von den nahegelegenen Bergen über Teheran herein. Kalte Winde wirbelten Schneemassen umher, die zu Verwehungen führten. Vereiste Straßen erhöhten die Zahl der Unfälle, die den endlosen Verkehr zum Stocken brachten, aber sie bewirkten weder eine Verringerung der Geschwindigkeit, noch konnten sie die erhitzten Gemüter der Fahrer abkühlen.

Moody bekam eine Erkältung. Eines Morgens wachte er

zwar rechtzeitig auf, um uns zur Schule zu bringen, stöhnte aber vor Anstrengung, als er sich aus dem Bett quälte.

»Du hast Fieber«, sagte ich und fühlte seine Stirn.

»Die Kälte...«, knurrte er. »Hätten wir bloß unsere Wintermäntel. Deine Eltern sollten eigentlich so vernünftig sein, sie uns zu schicken.«

Ich ignorierte diese lächerliche, selbstsüchtige Klage, weil ich ausgerechnet an diesem Morgen keinen Streit anfangen wollte, an dem ich eine Gelegenheit witterte, meine Situation zu verbessern. Während ich Mahtabs Haar bürstete, sagte ich, und versuchte dabei möglichst nüchtern zu klingen: »Es ist schon in Ordnung. Wir können auch allein zur Schule gehen.«

Moody fühlte sich zu elend, um mißtrauisch zu werden, aber er glaubte nicht, daß ich die Aufgabe allein bewältigen konnte. »Du weißt ja gar nicht, wie du allein ein Taxi bekommen sollst«, sagte er.

»Doch, das kann ich. Ich habe dich ja jeden Tag beobachtet.« Ich erklärte ihm, daß ich zur Schariati-Straße gehen und *»Seda Zafar«* schreien würde, was bedeute, daß wir ein Taxi wollten, das Richtung Zafar-Straße fuhr.

»Du mußt aber beharrlich sein«, sagte Moody.

»Ich kann hartnäckig sein.«

»In Ordnung.« Er willigte ein und rollte sich zur Seite, um weiterzuschlafen.

In der Morgenluft lag ein eisiger Hauch, aber das machte mir nichts aus. Es dauerte ziemlich lange, bis ein Taxi für uns anhielt. Schließlich mußte ich beinahe mein Leben riskieren, indem ich einem fast vor die Räder sprang, aber ich hatte das Gefühl, es geschafft zu haben. Ja, ich konnte mich in Teheran zurechtfinden, und das war ein Schritt in die Richtung, aus der Stadt hinauszufinden, ja selbst aus dem Land.

Das Taxi, das mit Iranern vollgestopft war, schlängelte sich durch den Verkehr. Entweder schoß es mit Vollgas los oder kam mit quietschenden Reifen zum Stehen, wobei der Fahrer wie wild hupte und seine islamischen Brüder *»sag«* nannte, ein besonders harter Kraftausdruck, der wörtlich »Hund« bedeutet.

Wir kamen pünktlich und ohne Zwischenfall in der Schule an. Aber als wir uns vier Stunden später wieder auf den Heimweg machen wollten und ich vor der Schule stand, um ein oranges Taxi zu rufen, schlich auf der rechten Fahrspur langsam ein weißer Pakon (eine bekannte iranische Automarke), in dem vier Frauen in schwarzen *Tschadors* saßen, an mir vorbei. Zu meiner Überraschung kurbelte die Frau auf dem vorderen Beifahrersitz die Fensterscheibe herunter und schrie mir etwas in Farsi zu.

Wollte sie den Weg wissen? fragte ich mich.

Nur ein kurzes Stück vor uns fuhr der Wagen auf den Gehweg. Alle vier Frauen kletterten heraus und rannten zu uns zurück. Sie hielten ihr *Tschadors* unter dem Kinn fest und schrien einstimmig auf mich ein.

Ich konnte mir nicht vorstellen, was ich getan hatte, das diese Frauen so aufregte, bis Mahtab mir die Antwort lieferte.

»Bring deinen *Rusari* in Ordnung«, sagte sie.

Ich tastete nach meinem Schal und fühlte ein paar verbotene Haare hervorlugen, also zog ich mir den *Rusari* tiefer in die Stirn herunter.

So plötzlich, wie sie gekommen waren, kletterten die vier fremden Frauen wieder in den Pakon und fuhren davon. Ich winkte ein oranges Taxi heran, und Mahtab und ich fuhren nach Hause. Moody war stolz auf mich, weil ich die Fahrt allein zustande gebracht hatte, und ich war still zufrieden, weil ich wußte, etwas Wichtiges erreicht zu haben. Uns beide jedoch irritierten die vier Frauen in dem weißen Pakon.

Mrs. Azahr löste das Rätsel am folgenden Tag. »Ich habe gesehen, daß Sie gestern Ärger hatten«, sagte sie. »Ich sah, wie diese Damen zu Ihnen kamen, als Sie nach der Schule versuchten, ein Taxi zu bekommen. Ich wollte Ihnen zu Hilfe eilen, aber da fuhren sie schon wieder weg.«

»Wer war das denn?« fragte ich.

»*Pasdar*. Das war die weibliche *Pasdar*.«

Hier gab es also endlich Gleichberechtigung. Die weibliche Geheimpolizei hatte genauso viel Autorität, um den Frauen die Kleidervorschriften aufzuzwingen, wie ihr männliches Gegenstück.

Der 25. Dezember 1984 war der schwierigste Tag meines Lebens. Nichts Außergewöhnliches geschah, und das war der Grund meines Kummers. Ich konnte Mahtab keine Weihnachtsfreude machen, und unter diesen Bedingungen wollte ich das auch nicht tun, um ihr Heimweh nicht noch zu vergrößern. Meine Gedanken waren den ganzen Tag zu Hause in Michigan bei Joe und John und bei meinen Eltern. Moody erlaubte mir nicht, sie anzurufen und ihnen frohe Weihnachten zu wünschen. Es waren Wochen vergangen, seit ich mit Helen aus der Botschaft hatte reden können, damals, als sie mich vor den mysteriösen Frauen gewarnt hatte, die nach mir suchten. Ich hatte weder etwas über den Zustand meines Vaters noch irgend etwas von meinen Söhnen gehört.

Teheran nahm von diesem Tag keine offizielle Notiz, was bedeutete, daß für Mahtab ein normaler Schultag war. Moody, immer noch verschnupft, erklärte, ich sei eine schlechte Ehefrau, weil ich mit Mahtab in der Schule blieb. »Du solltest lieber zwischendurch nach Hause kommen und mir Hühnersuppe kochen«, sagte er.

»Sie bleibt nicht allein in der Schule«, antwortete ich. »Das weißt du selbst. Nasserine macht dir die Hühnerbrühe.«

Moody verdrehte die Augen. Wir wußten beide, daß Nasserine eine furchtbar schlechte Köchin war.

Ich hoffe, ihre Hühnersuppe bringt ihn um, dachte ich bei mir. Oder das Fieber. Ich betete sogar: Lieber Gott, laß ihn einen Unfall haben. Laß ihn von einer Bombe zerfetzt werden. Laß ihn einen Herzinfarkt bekommen. Ich wußte, wie garstig es war, solche Gedanken zu haben, aber sie gingen mir immer im Kopf herum.

In der Schule taten die Lehrerinnen an diesem Tag ihr Bestes, um mich ein wenig aufzuheitern. »Frohe Weihnachten«, sagte Mrs. Azahr und überreichte mir ein Paket. Ich öffnete es und fand eine wunderschöne illustrierte Ausgabe der *Robaiyat* von *Omar Khayyam* in einer limitierten Auflage. Der Text war in Englisch, Französisch und Farsi gedruckt.

Khanom Schahien war eine so fanatische Moslemin, daß ich nicht damit rechnete, daß sie Weihnachten als etwas Besonderes ansah. Aber sie schenkte mir eine Reihe islamischer Lehrbücher, die alle Vorschriften und Regeln für die Gebete, die heiligen Feiertage und für andere Rituale detailliert aufführten. Das Buch, das mich am meisten interessierte, war eine englischsprachige Übersetzung der iranischen Verfassung. An diesem Morgen, wie auch an den darauffolgenden Tagen, studierte ich es sorgfältig und suchte dabei hauptsächlich nach Passagen über die Rechte der Frauen.

In einem Kapitel wurden Eheprobleme diskutiert. Es scheint, als könnte eine Iranerin, die sich im Konflikt mit ihrem Mann befindet, ihren Fall in einem bestimmten Büro in einem besonderen Ministerium vortragen. Der Haushalt wird untersucht und beide, Mann und Frau, werden befragt. Beide müssen dann der Entscheidung des Schiedsrichters gehorchen, der – natürlich – ein iranischer Mann ist. Ich verwarf diese Strategie.

Der Abschnitt über Geld und Eigentum war eindeutig. Der Mann besaß alles, die Frau nichts. Und Besitz schloß auch die Kinder mit ein. Die Kinder aus einer geschiedenen Ehe lebten beim Vater.

Die Verfassung wollte möglichst alle kritischen Einzelheiten im Leben eines Individuums vorschreiben, sogar die privatesten Angelegenheiten der Frauen. Es war zum Beispiel ein Verbrechen, wenn eine Frau gegen den Willen des Mannes die Empfängnis verhütete. Das wußte ich schon. Moody hatte mir gesagt, daß es ein kapitales Verbrechen war. Daß ich hier darüber las, löste eine Welle des Erschrekkens aus. Ich wußte, daß ich mittlerweile vermutlich viele iranische Gesetze gebrochen hatte und daß ich es sicher auch weiterhin tun würde. Aber es war beunruhigend zu wissen, daß ich in meinem Körper, ohne daß Moody es wußte, eine Spirale trug, die mein Leben in Gefahr bringen konnte. Würden sie eine Frau wirklich hinrichten, nur weil sie Geburtenkontrolle betrieb? Ich kannte die Antwort darauf. In diesem Land konnten und würden Männer Frauen alles antun.

Ein anderer Abschnitt der Verfassung rief bei mir noch größeres Entsetzen hervor. Dort wurde erklärt, daß im Todesfall des Mannes die Kinder nicht Eigentum seiner Witwe wurden, sondern seiner Familie gehörten. Wenn Moody starb, würde Mahtab nicht zu mir gehören. Statt dessen würde sie das Mündel von Moodys nächsten lebendem Verwandten werden, von Ameh Bozorg. Ich hörte sofort auf, für Moodys Tod zu beten.

Nirgendwo in der Verfassung des Irans gab es auch nur einen Hinweis auf ein Gesetz, eine politische Linie oder ein öffentliches Programm, das mir einen Funken Hoffnung machte. Das Buch bestätigte nur, was ich instinktiv längst wußte: Ohne Moodys Erlaubnis gab es keinen legalen Weg für Mahtab und mich, gemeinsam das Land zu verlassen. Es gab mehrere Eventualitäten, besonders eine Scheidung oder Moodys Tod, die zu meiner Ausweisung führen könnten, aber dann hätte ich Mahtab für immer verloren.

Ich würde eher sterben, als das zuzulassen. Ich war ja nur in den Iran gekommen, um diese schreckliche Möglichkeit zu vermeiden, die jetzt Wirklichkeit geworden war. Im stillen erneuerte ich meinen Schwur. Ich würde uns hier herausbringen. Uns beide. Irgendwie. Irgendwann.

Meine Stimmung besserte sich etwas, als das neue Jahr nahte. Ich saß nicht länger den ganzen Tag in Mammals Wohnung fest und hatte Freunde in der Schule gefunden. Sie waren willige und dankbare Englisch-Schüler. Und was mich betraf, so würde jedes Wort Farsi, das ich lernte, mir bei der Orientierung inner- und außerhalb Teherans helfen. Ich konnte fühlen, daß 1985 das Jahr sein würde, in dem Mahtab und ich nach Hause zurückkehrten. Ja, ich konnte an nichts anderes mehr denken.

Moody blieb so unberechenbar wie immer, manchmal war er herzlich und fröhlich, manchmal schroff und drohend, aber im allgemeinen war er damit zufrieden, wie wir unser Leben eingerichtet hatten, und er sprach nicht mehr davon, zu Ameh Bozorg zurückzukehren. Wie ich gehofft hatte, wurde er immer fauler. Bald erlaubte er uns regelmäßig, allein zur Schule zu gehen, und nach und nach machte er sich auch nicht mehr die Mühe, uns mittags abzuholen. Solange wir pünktlich wieder zu Hause ankamen, war er zufrieden. Meine wachsende Mobilität ließ mich hoffen.

Auch *Khanom* Schahien gab diese Entwicklung im Hinblick auf die Tatsache, daß Moody sich jetzt nur noch selten in der Schule blicken ließ, zu denken. Eines Tages führte sie über Mrs. Azahr eine diskrete Unterredung mit mir.

»Wir haben Ihrem Mann versprochen, daß wir Ihnen nicht erlauben würden, das Telefon zu benutzen oder das Gebäude zu verlassen«, sagte sie. »Und an diese Versprechen müssen wir uns halten.«

»Aber«, fuhr sie fort, »wir haben ihm nicht versprochen, ihm mitzuteilen, wenn Sie zu spät zur Schule kommen. Wir werden ihm nicht sagen, wenn Sie sich einmal verspäten. Sagen Sie uns nicht, wohin Sie gehen, denn wenn er uns fragt, müssen wir es ihm sagen. Doch wenn wir nichts wissen, müssen wir ihm auch nichts sagen.«

9

Von seiner Erkältung mitgenommen, mit jedem Tag träger, ließ Moody die Zügel immer mehr schleifen. Er war anscheinend so sicher, daß die iranischen Lehrerinnen mich aus Achtung vor seinen Wünschen überwachen würden, daß er nichts befürchtete.

Ich kam eines Tages zu spät in die Schule, um die Reaktion der Lehrerinnen zu testen. Nichts geschah; *Khanom* Schahien stand zu ihrem Wort. Ich nutzte die Zeit, um Helen in der Botschaft anzurufen, und sie warnte mich nochmals vor den beiden rätselhaften Frauen, die anscheinend darauf versessen waren, mir zu helfen. Sie sagte, sie müsse mich persönlich sehen, aber ich zögerte angesichts der langen, riskanten Fahrt. Ein unvorhergesehener Verkehrsstau konnte verhängnisvolle Folgen haben.

Aber es wurde immer offensichtlicher, wie notwendig es war zu handeln. Zum Beispiel beunruhigte mich die Art, wie Mahtab und Maryam zusammen spielten. Die beiden kleinen Mädchen bauten gern ihre Puppen und ihr Geschirr auf, um Haus zu spielen. Sie hatten Spaß daran, die Tätigkeiten von Hausfrauen nachzuahmen. Plötzlich sagte Maryam dann in Farsi: »Da kommt ein Mann!«, und beide Mädchen hüllten sich eilig in ihren *Tschador*.

Deshalb wagte ich eines Morgens den Sprung ins kalte Wasser. Mahtab und ich machten uns Richtung Schariati-Straße auf den Schulweg, wo wir normalerweise ein oranges Taxi heranwinkten. Ich sah mich ein paar Mal um, um sicher zu sein, daß weder Moody noch sonst jemand uns beobachtete.

»Mahtab«, sagte ich, »wir fahren heute morgen in die Botschaft. Das darfst du Vati nicht sagen.«

»Tschasch«, erwiderte Mahtab. Sie benutzte unbewußt das Farsi-Wort für ja und machte mir damit die Dringlichkeit meines Handelns deutlich. Mahtab wollte mehr denn je aus dem Iran heraus, aber sie übernahm Tag für Tag kleine Stückchen iranischer Kultur.

Allmählich, das war mir klar, würde Mahtab sich anpassen, selbst gegen ihren Willen.

Wir fanden ein Büro für ein Telefon-Taxi, und ich erklärte dem Fahrer den Weg zur Vertretung der USA in der Schweizer Botschaft. Mahtab half bei der Übersetzung. Nach einer quälend langen Fahrt quer durch die ganze Stadt, gefolgt vom mühseligen Prozeß der Personalienkontrolle und der Durchsuchung, waren wir schließlich in Helens Büro.

Schnell verschlang ich die Briefe von Joe und John und Mutter und Vater. Johns Brief ergriff mich besonders. »Bitte, paß auf Mahtab auf und laß sie nicht von Deiner Seite«, schrieb er.

»Die Sache kommt in Gang«, sagte Helen. »Jedenfalls schrittchenweise. Das Außenministerium weiß, wo Sie sind, und tut sein Möglichstes.«

Was nicht allzu viel ist, dachte ich.

»Eine Amerikanerin hat außerdem die Botschaft in Frankfurt über Ihren Fall informiert«, fuhr Helen fort.

Judy!

»Sie tun, was sie können.«

Warum sitzen Mahtab und ich dann immer noch hier fest? hätte ich am liebsten geschrien.

»Eine Sache, die wir tun können, ist, für Sie neue amerikanische Pässe besorgen«, sagte Helen. »Sie werden von der amerikanischen Botschaft in der Schweiz ausgestellt. Sie werden natürlich nicht die richtigen Visa enthalten, aber vielleicht sind sie eines Tages trotzdem von Nutzen. Wir werden sie hier für Sie aufbewahren.«

Eine halbe Stunde lang füllten wir die notwendigen Formulare für unsere neuen Pässe aus.

»Jetzt muß ich mit Ihnen über die beiden Frauen sprechen, die hier waren, um nach Ihnen zu fragen«, sagte Helen. »Sie haben mit Ihrer Familie in Amerika gesprochen. Aber seien Sie bitte vorsichtig. Sie haben keine Ahnung, wovon sie reden. Tun Sie nicht, was sie von Ihnen verlangen, oder Sie werden eine Menge Ärger am Hals haben.« Beide waren Amerikanerinnen mit iranischen Ehemännern. Trish war mit einem Piloten verheiratet. Die andere, Suzanne, war die Frau eines hohen Regierungsbeamten. Beide standen im Genuß der uneingeschränkten Freiheit, im Land umherzureisen und den Iran zu verlassen, wann immer sie wollten, aber sie konnten sich in meine mißliche Lage hineinversetzen und wollten helfen.

»Wie kann ich mit ihnen Kontakt aufnehmen?« fragte ich.

Helen runzelte unglücklich die Stirn, weil ich diese Möglichkeit verfolgen wollte, aber meine Frustration über die Ohnmacht der offiziellen Stellen wuchs zusehends, und sie konnte die Angst und Verzweiflung an meinem Gesicht ablesen.

»Bitte kommen Sie mit«, sagte sie.

Sie geleitete Mahtab und mich in das Büro ihres Vorgesetzten, eines Mr. Vincop, Vizekonsul der Botschaft.

»Bitte lassen Sie sich nicht mit diesen Frauen ein«, riet er. »Sie sind verrückt. Sie wissen nicht, was sie tun. Sie haben uns erzählt, einer ihrer Pläne sei, sie auf der Straße zu entführen und Sie aus dem Land zu schaffen, aber sie haben keine Ahnung, wie. Bei ihnen klingt es wie in einem Film. So kann es aber nicht gutgehen.«

Mein Leben war in der Tat komplizierter als jeder Abenteuerfilm. Alles konnte geschehen. Warum sollte ich nicht zumindest mit diesen Frauen sprechen? Da kam mir noch ein Gedanke. »Wie ist es mit dem Weg über die Türkei?« fragte ich und dachte an Raschids Freund, der Leute über die Berge schmuggelte.

»Nein«, sagte Mr. Vincop scharf. »Das ist sehr gefährlich. Es gibt Leute, die behaupten, daß sie Sie hinausschmuggeln werden. Die nehmen Ihr Geld, bringen Sie an die Grenze, vergewaltigen Sie, bringen Sie um oder liefern Sie an die Staatsmacht. Das kommt für Sie nicht in Frage, weil Sie damit das Leben Ihrer Tochter aufs Spiel setzen. Es ist einfach zu gefährlich.«

Mahtab bekam ganz große Augen vor Angst, und mein Herz pochte laut. Bis jetzt hatte Mahtab noch nicht gewußt, daß eine Rückkehr in die USA Gefahr für Leib und Leben mit sich bringen konnte. Sie schmiegte sich enger in meinen Schoß.

Helen steuerte eine weitere Geschichte bei. Erst kürzlich hatte eine Iranerin mit ihrer Tochter diesen Fluchtweg versucht, sie hatte Schmuggler bezahlt, die sie über die Grenze bringen sollten. Die Schmuggler brachten sie bis in die Nähe der türkischen Grenze und setzten sie dort einfach in den Bergen aus. Die Tochter starb an den Folgen von Kälte und Hunger. Die Frau gelangte schließlich desorientiert und dem Tod nahe in ein Dorf. Sie hatte keinen Zahn mehr im Mund.

»Von allen Fluchtwegen«, sagte Helen, »ist der durch dic Türkei der gefährlichste.« Sie machte einen Vorschlag: »Sie könnten sich scheiden lassen. Ich kann Sie zu den Vereinten Nationen bringen und für Sie die Scheidung einleiten und die Erlaubnis erwirken, das Land aus humanitären Gründen zu verlassen. Damit würden Sie die Erlaubnis erhalten, nach Amerika zurückzukehren.«

»Nicht ohne meine Tochter!« erwiderte ich scharf.

»Sie sind verrückt«, sagte Helen. In Mahtabs Gegenwart fügte sie hinzu. »Warum gehen Sie nicht einfach und lassen sie hier? Verlassen Sie dieses Land. Vergessen Sie Ihre Tochter.«

Ich traute meinen Ohren nicht, daß Helen so gefühllos sein konnte, dies vor Mahtab zu sagen. Sie hatte offensichtlich keinen Begriff von der Tiefe der Bindung zwischen Mutter und Tochter.

»Mommy, du kannst nicht ohne mich nach Amerika fahren!« weinte Mahtab.

Ich drückte sie fester an meine Brust und versicherte ihr, daß ich sie niemals zurücklassen würde. Dieser Augenblick bestärkte mich in dem Entschluß zu handeln, und zwar sofort!

»Ich möchte mit den beiden Frauen Kontakt aufnehmen«, sagte ich fest.

Helen rollte mit den Augen, und Mr. Vincop hüstelte nervös. Ich traute meinen eigenen Worten nicht, konnte nicht glauben, daß ich so tief in Intrigen verstrickt war.

Ein paar Momente herrschte Stille. Als er schließlich begriff, daß ich eisern blieb, sagte Mr. Vincop mit einem Seufzen: »Es ist unsere Pflicht, Ihnen die Information zu geben, aber ich rate Ihnen ernsthaft, diesen Kontakt nicht aufzunehmen.«

»Ich werde jede Gelegenheit ergreifen«, sagte ich. »Ich werde alle Möglichkeiten auskundschaften.«

Er gab mir Trishs Telefonnummer, und ich rief sie augenblicklich an.

»Ich rufe aus dem Büro des Vizekonsuls in der Botschaft an«, sagte ich.

Trishs Freude, von mir zu hören, war groß. »Ich habe gerade gestern abend mit Ihrer Mutter gesprochen!« sagte sie, »wir haben jeden Tag mit ihr gesprochen. Sie weint die ganze Zeit und ist wirklich verzweifelt. Sie will, daß wir etwas unternehmen, und wir haben ihr gesagt, daß wir unser Möglichstes tun werden. Wir warten schon lange und versuchen, Sie zu kontaktieren. Wie können wir uns treffen?«

Wir überlegten uns die Einzelheiten. Morgen würde ich Moody sagen, daß ich nach der Schule noch zum Einkaufen müßte, so daß wir etwas später als gewöhnlich nach Hause kommen würden. Wenn er nicht zu argwöhnisch war, würde ich Trish anrufen, um unsere Verabredung zu bestätigen. Mahtab und ich würden um Viertel nach zwölf am hinteren Tor des Karosch-Parks sein. Trish und Suzanne würden einen weißen Pakon fahren.

»Gut«, sagte Trish. »Wir werden da sein.«

Angesichts ihres Enthusiasmus war ich begeistert und mißtrauisch zugleich. Woran lag ihr bei dieser Geschichte? Wollte sie Geld oder war es nur ein Abenteuer? Ich hatte das sichere Gefühl, ihren Motiven trauen zu können, aber wieviel verstand sie von der Sache? Andererseits versprühte sie Optimismus, und davon konnte ich im Moment gut eine Dosis gebrauchen. Ich freute mich auf die Begegnung und fragte mich, was wohl dabei herauskommen konnte.

Als ich den Hörer auflegte, rang Helen ihre Hände.

»Wie wäre es morgen mit Pizza zum Essen?« fragte ich.

»Ja!« sagten Moody, Mammal und Nasserine wie aus einem Munde, und keiner von ihnen merkte, daß ich gerade eine Falle gestellt hatte.

Ich verbrachte eine unruhige Nacht. Fragen gellten in meinem Kopf und ließen mich nicht einschlafen. Verhielt ich mich vernünftig? Sollte ich auf den Rat der Botschaftsangehörigen hören, oder sollte ich nach der Freiheit greifen, wo ich sie finden konnte? Brachte ich Mahtab in Gefahr? Hatte ich das Recht dazu? Was, wenn wir erwischt würden? Würden sie mich zu Moody zurückschicken – oder schlimmer noch, mich verschleppen und Mahtab demjenigen geben, den sie als ihren rechtmäßigen Besitzer ansahen, ihrem Vater? Das war der allerschlimmste Alptraum. Ich verspürte keinen Wunsch, allein nach Amerika zurückzukehren.

Ich empfand es als nahezu unmöglich, die Risiken im Geiste abzuwägen. Als es schon fast dämmerte und Moody sich zum Gebet erhob, war ich immer noch wach, immer noch unentschlossen. Als er wieder ins Bett kroch, schmiegte er sich eng an mich auf der Suche nach Wärme gegen die Kälte des Wintermorgens. Ich gab vor zu schlafen, und kam schnell zu einem Entschluß. Ich mußte von diesem verhaßten Mann fort!

Zwei Stunden später lag Moody noch warm im Bett, als Mahtab und ich uns für die Schule fertig machten. »Ich komme heute ein bißchen später«, sagte ich beiläufig. »Ich muß zum Pol Pizza, um Käse zu kaufen.«

»Mmmmph«, murmelte Moody. Ich nahm es als Zustimmung.

Als die Vorschulklassen mittags entlassen wurden, war Mahtab bereit, genauso aufgeregt wie ich, aber vielleicht besser als ich in der Lage, es zu verbergen. Wir schnappten uns ein Taxi und eilten in den Karosch-Park, wo wir eine Telefonzelle fanden.

»Wir sind hier«, sagte ich zu Trish.

»Wir sind in fünf Minuten da.«

Der weiße Pakon, beladen mit zwei Frauen und mehreren schreienden Kindern, fuhr pünktlich vor. Eine Frau sprang vom vorderen Beifahrersitz, ergriff meinen Arm und zog mich auf das Auto zu. »Kommen Sie mit«, sagte sie, »Sie fahren mit uns.«

Ich zog meinen Arm weg. »Wir müssen uns unterhalten«, sagte ich. »Was haben Sie vor?«

»Wir suchen Sie schon seit Wochen«, sagte die Frau. »Und jetzt nehmen wir Sie einfach mit.« Sie zerrte wieder an meinem Arm und schnappte mit der freien Hand nach Mahtab.

Mahtab wich erschrocken zurück und schrie schrill auf.

»Sie müssen sofort mit uns kommen!« sagte die Frau. »Sie haben keine andere Wahl. Entweder kommen Sie sofort mit, oder wir helfen Ihnen nicht.«

»Hören Sie mal, ich kenne Sie überhaupt nicht«, sagte ich.

»Sagen Sie mir, wie Sie von mir gehört haben. Was haben Sie vor?«

Die Frau sprach schnell und versuchte Mahtabs Angst zu besänftigen. Während sie redete, blickte sie sich nervös um. Sie hoffte, daß die Szene nicht die Aufmerksamkeit von Polizei oder *Pasdar* auf sich lenken würde. »Ich bin Trish. Judy hat uns von Ihnen erzählt. Wir sprechen täglich mit ihr. Wir rufen täglich Ihre Familie an. Und wir wissen, wie wir Sie aus dem Land schaffen können.«

»Wie?« verlangte ich zu wissen.

»Wir bringen Sie in eine Wohnung. Vielleicht müssen Sie sich einen Monat versteckt halten, vielleicht ein paar Tage oder Stunden, das wissen wir nicht. Aber wir werden Sie aus dem Land schaffen.«

Die Fahrerin stieg aus dem Auto, um sich nach dem Grund für die Verzögerung zu erkundigen. Ich erkannte in ihr die »Diabetikerin«, die Moody aufgesucht hatte. Trish stellte sie als Suzanne vor.

»Gut, erzählen Sie mir, was Sie vorhaben«, sagte ich. »Ich will mitmachen.«

»Wir haben alles durchdacht«, versicherte mir Trish. »Aber wir wollen Sie nicht einweihen.«

Eine Menge Fragen schossen mir durch den Kopf, und ich beschloß, nicht zu diesen merkwürdigen, nervösen Frauen in das Auto zu steigen, bevor ich nicht ein paar Antworten erhielt. »Gehen Sie nach Hause und arbeiten Sie an ihrem Plan«, sagte ich. »Ich treffe mich wieder mit Ihnen, und wenn er ausgereift ist, komme ich mit.«

»Tag und Nacht haben wir nichts anderes getan, als Sie zu suchen und daran zu arbeiten, Sie hier rauszuschaffen, und jetzt ist Ihre Chance da. Kommen Sie jetzt mit, oder Sie können es vergessen.«

»Bitte! Geben Sie mir vierundzwanzig Stunden Zeit, arbeiten Sie an Ihrem Plan.«

»Nein. Jetzt oder nie.«

Ein paar Minuten lang stritten wir uns auf der Straße, aber ich war nicht im Stande, mich einem so übereilten Sturz in die Freiheit anzuvertrauen. Was würde passieren, wenn Mahtab und ich in der Wohnung versteckt waren und die Frauen keine Flucht organisieren konnten? Wie lange konnten eine Amerikanerin und ihre Tochter in diesem Land, das Amerikaner haßte, der Entdeckung entgehen?

Schließlich sagte ich: »Okay. Leben Sie wohl!«

Trish wandte sich ab und öffnete die Autotür, sie schäumte vor Wut. »Sie wollen ihn gar nicht verlassen«, sagte sie. »Sie werden ihn niemals verlassen. Sie sagen das nur, damit die Leute glauben, daß Sie weg wollen. Wir glauben Ihnen nicht. Sie wollen in Wirklichkeit hierbleiben.«

Das Auto sauste im regen Treiben des Teheraner Verkehrs davon.

Mahtab und ich waren allein, paradoxerweise isoliert, inmitten der vielen Iraner, die scharenweise zu Fuß unterwegs waren. Trishs gehässiger Redeschwall klang mir noch in den Ohren. Warum hatte ich die Chance zur Freiheit nicht beim Schopf gepackt? Betrog ich mich vielleicht selbst, wenn ich glaubte, daß ich jemals zusammen mit Mahtab flüchten könnte und würde?

Das waren beängstigende Fragen. Mahtab und ich hätten im weißen Pakon in Windeseile mit unbekanntem Ziel in eine ungewisse und vielleicht gefährliche Zukunft aufbrechen können. Statt dessen eilten wir in das Pol-Pizza-Geschäft, damit ich Käse kaufen konnte, um meinem Mann einen besonderen Leckerbissen zu bereiten.

10

Wir trafen uns regelmäßig mit *Aga* und *Khanom* Hakim. Ich mochte den Turbanmann sehr gern, weil er zu seiner Religion ein gesundes Verhältnis hatte. Moody mochte ihn auch. Durch seine Verbindungen zu den alten Herren aus seiner Studienzeit versuchte er, Moody dabei zu helfen, eine Arbeit zu finden, entweder als praktizierender Arzt oder zumindest zum Unterrichten. *Aga* Hakim ermutigte Moody auch dazu, die Aufgabe zu übernehmen, zu Hause die Werke ihres gemeinsamen Großvaters ins Englische zu übertragen, die *Aga* Hakim seinerseits schon aus dem Arabischen ins Farsi übersetzt hatte.

Moody kaufte eine Schreibmaschine, teilte mir mit, daß ich seine Sekretärin sein würde, und machte sich an die Arbeit, *Vater und Kind* zu übersetzen, das Tagatie Hakims Ansichten zu diesem Thema darlegte.

Bald war Mammals und Nasserines selten benutzter Eßzimmertisch mit Manuskriptstapeln bedeckt. Moody saß an einem Ende des Tisches, kritzelte seine Übersetzung hin und überreichte mir die Blätter zum Tippen.

Durch unsere gemeinsame Arbeit bekam ich einen besseren Zugang zu Moodys Ansichten. In den Augen Tagatie Hakims hatte allein der Vater die ganze Verantwortung, sein Kind so zu erziehen, daß es sich angemessen und respektvoll verhielt, in der »richtigen« Weise dachte und ein Leben nach den Grundsätzen des Islam führte. Die Mutter spielte in diesem Prozeß überhaupt keine Rolle.

Wochenlang arbeiteten wir an dem bedeutenden Auftrag. Moodys Großvater schrieb in einem wortgewaltigen, überladenen, didaktischen Stil. Jeden Nachmittag, wenn ich Mahtab von der Schule nach Hause brachte, erwartete mich ein neuer Stapel Blätter, und Moody verlangte, daß ich mich sofort an die Arbeit machte, weil er das Projekt für ungeheuer wichtig hielt.

Einmal machten mich Tagatie Hakims Worte sehr betroffen. Ausführlich behandelte er die Pflichten eines Kindes gegenüber seinem Vater, und in diesem Zusammenhang erzählte er eine Geschichte von einem sterbenden Vater, der seinen Sohn noch ein letztes Mal sehen wollte. Tränen rollten dabei über meine Wangen. Die Worte auf der Seite verschwammen vor meinen Augen. Mein eigener Vater lag im Sterben, und ich sollte eigentlich an seiner Seite sein.

Moody sah meine Tränen. »Was ist los?« fragte er.

»Diese Geschichte über den sterbenden Vater...«, weinte ich. »Wie kannst du mich von meinem eigenen Vater fernhalten, wenn er im Sterben liegt? Du folgst ja noch nicht mal den Pflichten, die dein eigener Großvater hier aufgeführt hat.«

»Ist dein Vater Moslem?« fragte er sarkastisch.

»Nein, natürlich nicht.«

»Dann spielt das auch keine Rolle«, sagte Moody. »Er zählt nicht.«

Ich rannte ins Schlafzimmer, um allein zu sein und zu weinen. Die Einsamkeit überwältigte mich so, daß ich kaum atmen konnte. Dads Gesicht erschien hinter meinen geschlossenen Augenlidern, und ich hörte ihn noch einmal sagen: »Wo ein Wille ist, ist auch ein Weg.«

Es muß einen Weg geben, sagte ich zu mir selbst. Es *muß* einfach einen Weg geben.

Bei einem Besuch schlugen *Aga* und *Khanom* vor, daß Mahtab und ich am Koranunterricht, der für englischsprachige Frauen jeden Donnerstag nachmittag in der Hossani-Erschad-*Masdsched* abgehalten wurde, teilnehmen sollten. Mit diesem Vorschlag bewiesen sie erneut ihren guten Willen mir gegenüber. Sicher, sie hofften, mich zu bekehren, aber dieser Wunsch kam aus einem ehrlichen Interesse an meinem Wohlergehen und Glück, denn das waren für sie die Früchte des Islams. Darüber hinaus beinhaltete ihr Vorschlag auch den Hinweis an Moody, mich öfter aus dem Haus gehen zu lassen und mir zu erlauben, mich anderen Menschen, die meine Sprache sprachen, anzuschließen. Die Hakims wären begeistert, würde ich eine gehorsame islamische Ehefrau werden, aber nur, wenn das aus freien Stücken geschähe.

Durch ihren Vorschlag verbesserte sich meine Stimmung sofort. Ich hatte zwar keine Lust, den Koran zu studieren, aber die Vorstellung, regelmäßig eine Gruppe von Frauen zu treffen, die Englisch sprachen, war aufregend.

Moody reagierte zurückhaltend, denn dies gab mir die Gelegenheit, mich seiner Kontrolle zu entziehen. Aber ich wußte, daß er nachgeben mußte. Jeder »Vorschlag« von *Aga* Hakim an Moody hatte den Effekt eines eindeutigen Befehls.

Am folgenden Donnerstag nach der Schule brachte er mich und Mahtab widerwillig im Taxi zur *Masdsched.* Er versuchte, seine Macht zu demonstrieren, und wollte das Klassenzimmer erst inspizieren, bevor er uns erlaubte, es zu betreten. Aber eine resolute Engländerin versperrte ihm den Weg.

»Ich will nur hineingehen, um zu sehen, was da vor sich geht«, sagte er zu ihr. »Ich möchte wissen, was da drinnen los ist.«

»Nein«, antwortete sie. »Das ist nur für Frauen. Wir lassen keine Männer herein.«

Ich befürchtete, daß Moody einen Wutanfall kriegen und sich zumindest für diesen Tag *Aga* Hakims Wünschen widersetzen würde. Er kniff seine Augen zusammen, als er die anderen Frauen beobachtete, die zum Kurs erschienen. Alle waren pflichtgemäß verhüllt, meistens mit dem *Tschador*. Sie schienen alle gute Moslem-Frauen zu sein, sogar wenn sie englisch sprachen. Keine von ihnen sah wie eine CIA-Agentin aus.

Nach ein paar Momenten der Unentschlossenheit mußte Moody klargeworden sein, daß *Aga* Hakim recht hatte: Dies würde mir helfen, mich an das Leben in Teheran zu gewöhnen. Mit einem Schulterzucken ging er weg und überließ Mahtab und mich der Obhut der Engländerin.

Sie umriß in groben Zügen die Regeln: »Es wird nicht geschwätzt. Wir sind nur hier, um den Koran zu studieren.«

Und wir studierten. Wir lasen den Koran im Chor, nahmen an einer Frage-und-Antwort-Sitzung teil, in der der Islam gepriesen und das Christentum erniedrigt wurde, und sagten zusammen Nachmittagsgebete auf. Es war an sich keine angenehme Beschäftigung, aber meine Neugierde war geweckt, als ich mir das bißchen, was ich von den Gesichtern dieser Frauen sehen konnte, genau betrachtete. Ich wollte ihre Geschichten erfahren. Was machten sie hier? Waren sie aus freien Stücken hier? Oder waren einige von ihnen wie ich versklavt?

Ich hatte erwartet, daß Moody nach dem Kurs draußen vor der *Masdsched* auf uns warten würde, aber sein Gesicht war nirgendwo in dem Meer der vorbeihastenden, finster dreinblickenden Iraner, die auf dem Bürgersteig vorwärts drängten, zu sehen. Da ich nicht wagte, an diesem ersten Tag des Unterrichts sein Mißtrauen zu erregen, hielt ich ein oranges Taxi an und schaffte Mahtab eilig nach Hause. In dem Augenblick, als wir zur Tür hereinkamen, sah Moody auf die Uhr und schien zufrieden, daß wir unsere Vergünstigung nicht ausgenutzt hatten.

»Ich bin wirklich beeindruckt von dem Kurs!« erzählte ich ihm. »Man muß richtig dafür arbeiten. Sie erlauben einem nur zu kommen, wenn man sich vorbereitet. Ich glaube, dort kann ich eine Menge lernen.«

»Gut«, sagte Moody, heimlich erfreut, daß seine Frau einen großen Schritt in Richtung auf die ihr angemessene Rolle in der Islamischen Republik Iran getan hatte.

Und auch ich war zufrieden, aber aus dem entgegengesetzten Grund. Ich hatte gerade einen weiteren kleinen Schritt in die Richtung getan, die Islamische Republik Iran zu verlassen. Der Koranunterricht begann kurz nach dem Ende der Schule. Auch wenn Moody es noch für nötig hielt, uns die ersten paar Mal zur *Masdsched* zu bringen, wußte ich doch, daß er uns über kurz oder lang erlauben würde, allein zu gehen, was uns fast den ganzen Donnerstag lang frei machte.

Trotz der Regel, daß nicht geschwätzt werden sollte, gab es natürlich das eine oder andere Gespräch vor und nach den Kursen. Nach meiner zweiten Stunde fragte mich eine der Frauen, woher ich käme. Als ich »Michigan« sagte, erwiderte sie: »Oh, Sie sollten Ellen kennenlernen. Sie ist auch aus Michigan.«

Wir wurden einander vorgestellt. Ellen Rafaie war eine große, grobgliedrige Frau, die erst ungefähr dreißig Jahre alt war, aber ihre Haut war faltig und trocken. Sie trug ihren *Rusari* so eng ums Gesicht geschlungen, daß ich ihre Haarfarbe nicht erkennen konnte.

»Wo in Michigan haben Sie gewohnt?« fragte ich.

»In der Nähe von Lansing.«

»Wo genau?«

»Ach, das kennt doch niemand«, antwortete Ellen.

»Nun sagen Sie es mir doch, ich habe nämlich auch in der Nähe von Lansing gewohnt.«

»Owosso.«

»Sie machen Witze!« sagte ich. »Meine Eltern leben in Bannister. Ich habe in Elsie gearbeitet und bin in Owosso zur Schule gegangen!«

Wir waren aufgeregt wie zwei Schulmädchen, als wir diesen unglaublichen Zufall entdeckten, und wußten sofort, daß wir uns viel zu erzählen hatten.

»Wollen Sie und Ihre Familie nicht am Freitag nachmittag zu uns kommen?« fragte Ellen.

»Ich weiß nicht genau. Mein Mann erlaubt mir normalerweise nicht, mit anderen Leuten zu reden oder mit ihnen auszugehen. Ich glaube nicht, daß er zusagen wird, aber ich werde ihn fragen.«

Diesmal stand Moody draußen vor der *Masdsched*, um Mahtab und mich nach dem Kurs abzuholen, und ich überraschte ihn mit einem echten Lächeln. »Stell dir vor«, sagte ich. »Du wirst nie raten, was mir passiert ist. Ich habe eine Frau aus Owosso getroffen!«

Moody freute sich für mich. Es war das erste Lachen, daß er seit Monaten auf meinem Gesicht gesehen hatte. Ich stellte ihm Ellen vor, und die beiden sprachen ein paar Minuten lang miteinander, um sich bekannt zu machen, bevor ich sagte: »Ellen hat uns für Freitag nachmittag eingeladen«, und wußte in meinem Herzen schon, daß Moody ablehnen würde.

Aber er sagte: »Ja, okay.«

Ellen hatte die High School kurz vor dem Abschluß verlassen, um Hormoz Rafaie zu heiraten, und damit ihr Leben als abhängige Ehefrau zu beginnen. Als in den USA ausgebildeter Elektroingenieur war Hormoz Ellen sowohl von seiner finanziellen als auch von seiner sozialen Stellung her überlegen, und für ihn war es natürlich, die Versorger- und Beschützerrolle zu übernehmen und auch zu genießen. Wie Moody war Hormoz früher einmal deutlich amerikanisiert gewesen. Im Iran war er als Feind des Schah-Regimes registriert. In jenen Jahren in sein Heimatland zurückzukehren, hätte Gefängnis bedeutet und vermutlich Folter und Tod in den Händen der *Savak*. Aber wie Moody bemerkte Hormoz, daß auch Ereignisse, die eine halbe Welt entfernt vor sich gingen, einen tiefen Einfluß auf seine persönlichen Lebensumstände haben konnten.

Hormoz nahm einen Job in Minnesota an, und er und Ellen lebten dort wie eine mehr oder weniger typisch amerikanische Familie. Sie hatten eine Tochter, die Jessica hieß. Als Ellen ihr zweites Kind zur Welt bringen sollte, kehrte sie zu diesem Anlaß nach Owosso zurück. Am 28. Februar 1979 schenkte Ellen einem Sohn das Leben. Später an diesem Tag rief sie ihren Mann an, um ihre Freude mit ihm zu teilen. »Ich kann jetzt nicht mit dir reden«, hatte Hormoz geantwortet. »Ich höre gerade die Nachrichten.«

Das war der Tag, an dem der Schah den Iran verlassen hatte.

Wie viele mochte es wohl noch geben, für die, ähnlich wie für Hormoz und Moody, Exil und Schande des Schahs ein verlockendes Signal bedeuteten, die Vergangenheit zurückzufordern?

Als er endlich Zeit gefunden hatte, den Segen eines Sohnes zur Kenntnis zu nehmen, gab Hormoz ihm einen iranischen Namen, Ali. Sein Leben und somit auch Ellens änderte sich auf der Stelle.

Moody hatte noch fünf Jahre lang widerstanden, aber Hormoz hatte beinahe sofort beschlossen zurückzukehren, um unter der Regierung des Ayatollah Khomeini zu leben.

Ellen war eine loyale Amerikanerin, die vor dieser Idee zurückgeschreckt war. Aber sie war auch Ehefrau und Mutter. Hormoz machte deutlich, daß er mit oder ohne Familie in den Iran zurückkehren würde. So in die Enge getrieben, willigte Ellen ein, zumindest für eine Zeitlang zu versuchen, im Iran zu leben. Hormoz versicherte ihr, daß, falls sie in Teheran unglücklich wäre, sie und die Kinder jederzeit wieder in die Vereinigten Staaten gehen konnten, wenn sie es wünschte.

Einmal in Teheran angekommen, erkannte Ellen, daß sie

genauso wie ich eine Gefangene war. Hormoz verfügte, daß sie niemals wieder nach Hause durfte. Sie war eine iranische Staatsbürgerin, die den Gesetzen des Landes und seinem Willen Folge leisten mußte. Er schloß sie eine Zeitlang ein und schlug sie auch.

Wie seltsam es war, diese Geschichte zu hören! Hormoz und Ellen erzählten sie uns zusammen, als wir am Freitag nachmittag in der Diele ihrer unaufgeräumten Wohnung saßen. Zuerst fragte ich mich, ob Moody sich bei diesem Gespräch unwohl fühlen würde, aber dann wurde mir klar, daß er zufrieden sein mußte. Er kannte den Ausgang dieser Geschichte, denn heute, sechs Jahre später, war Ellen immer noch im Iran und hatte offensichtlich beschlossen, im Land ihres Mannes zu leben. Das war genau das, was Moody mich hören lassen wollte!

»Das erste Jahr war wirklich schrecklich«, erzählte uns Hormoz. »Aber es hat sich gebessert.«

Auf den Tag genau ein Jahr, nachdem Ellen in den Iran gekommen war, hatte Hormoz ihr gesagt: »Okay, fahr nach Hause. Ein Jahr lang wollte ich dich zum Hierbleiben zwingen, um zu sehen, ob du dich dazu entschließen könntest, hier zu leben. Jetzt kannst du nach Hause gehn.«

Das war genau das, was ich von Moody hören wollte! Oh, wie ich darum betete, daß er aufmerksam zuhörte, damit er erkannte, wie klug es sein würde, mir die gleiche Wahl zu lassen!

Als die Geschichte weiterging, wurde ich jedoch immer unruhiger. Ellen ging mit Jessica und Ali in die Vereinigten Staaten zurück, aber sechs Wochen später rief sie Hormoz an und sagte: »Komm zurück und hol mich.« Kaum zu glauben, daß dies sogar zweimal geschah. Zweimal verließ Ellen den Iran mit Hormoz' Erlaubnis, und beide Male kehrte sie zurück. Es war zwar zu unwahrscheinlich, um es zu glauben – und dennoch, hier war sie, eine gehorsame moslemische Ehefrau. Sie arbeitete als Redakteurin bei

Mohadschabe, einer englischsprachigen Zeitschrift für islamische Frauen, die weltweite Verbreitung hatte. Alles, was Ellen zur Veröffentlichung freigab, mußte vom *Islamic Guidance Council* genehmigt werden, ein Arrangement, mit dem sie zufrieden war.

Ich wollte schrecklich gern mit Ellen allein sprechen, um ihre Motive zu ergründen, aber an diesem Nachmittag hatten wir keine Gelegenheit dazu.

Ellens Geschichte machte mich sprachlos vor Neid und Verwunderung. Wie konnte eine Amerikanerin – oder überhaupt irgend jemand – den Iran den USA vorziehen? Am liebsten hätte ich Ellen an den Schultern geschüttelt und »Warum?!!!« geschrien.

Die Unterhaltung nahm eine andere, unangenehme Wendung. Hormoz erzählte uns, er habe kürzlich Geld von seinem verstorbenen Vater geerbt, und sie seien dabei, ihr eigenes Haus zu bauen, das bald fertig würde.

»Wir würden auch gern ein Haus bauen«, sagte Moody glücklich. »Eigentlich wollten wir eins in Detroit bauen, aber jetzt bauen wir es hier, sobald wir unser Geld in den Iran transferiert haben.«

Ich schüttelte mich bei dem Gedanken.

Moody und ich freundeten uns schnell mit Ellen und Hormoz an, und wir trafen uns regelmäßig mit ihnen. Ich stand der Sache mit gemischten Gefühlen gegenüber. Es war natürlich wunderbar, eine englischsprachige Freundin zu haben, besonders eine aus der Umgebung meiner Heimatstadt. Das war ganz anders, als mit Iranern zu reden, die Englisch konnten. Bei denen konnte ich nie sicher sein, wieweit sie mich verstanden. Mit Ellen dagegen konnte ich frei sprechen und wußte, daß sie mich verstand. Aber es war schwer für mich, Ellen mit Hormoz zusammenzusehen – es war zu sehr, als würde ich in einen gräßlichen Spiegel der Zukunft blicken. Ich mußte unbedingt etwas Zeit mit Ellen allein verbringen. Moody war vorsichtig. Er wollte offensichtlich erst mehr über sie erfahren, ehe er erlaubte, daß wir enger miteinander verkehrten.

Ellen und Hormoz hatten kein Telefon, denn diese Annehmlichkeit erforderte eine besondere Erlaubnis, und es dauerte oft mehrere Jahre, bis man sie bekam. Wie viele andere Leute hatten sie eine Vereinbarung mit einem Geschäftsinhaber aus der Nähe getroffen, so daß sie sein Telefon benutzen konnten, wenn es nötig war.

Eines Tages rief Ellen von dort aus an und erzählte Moody, daß sie mich und Mahtab am Nachmittag zum Tee einladen wollte. Widerstrebend erlaubte Moody mir, mit ihr zu sprechen, denn er wollte nicht, daß sie das ganze Ausmaß meiner Gefangenschaft erfuhr. »Ich habe Krapfen mit Schokoladenguß gemacht!« erzählte sie mir.

Ich legte die Hand auf den Hörer und bat Moody um Erlaubnis.

»Was ist mit mir?« fragte er mißtrauisch. »Bin ich auch eingeladen?«

»Ich glaube nicht, daß Hormoz zu Hause ist«, sagte ich.

»Nein, dann kannst du nicht hingehen.« Tiefe Enttäuschung stand mir im Gesicht geschrieben. In dem Augenblick dachte ich nicht so sehr daran, von Moody wegzukommen, wie an die Krapfen mit Schokoladenguß. Jedenfalls war Moody an diesem Tag offensichtlich guter Stimmung, und für ihn mußten die Vorteile der Freundschaft zu Ellen die Risiken, mich für den Nachmittag loszulassen, aufgewogen haben. Nach einem Moment sagte er: »Okay, dann geh.«

Die Krapfen waren köstlich, ebenso wie die Freiheit, mit Ellen allein sprechen zu können. Mahtab spielte fröhlich mit der neun Jahre alten Maryam (Jessicas moslemisierter Name) und dem sechsjährigen Ali. Und das tollste war, daß Maryam und Ali amerikanisches Spielzeug hatten. Es gab Bücher und Puzzles und eine echte Barbie-Puppe.

Während die Kinder spielten, führten Ellen und ich ein ernsthaftes Gespräch. Ich stellte ihr die Frage, die mich quälte.

»Warum?«

»Wenn meine Lage so wie deine gewesen wäre, wäre ich vielleicht in Amerika geblieben«, sagte sie, nachdem sie einen Moment lang angestrengt nachgedacht hatte. »Aber alles, was ich besitze, ist hier. Meine Eltern sind pensioniert und haben kein Geld, um mir zu helfen. Ich habe kein Geld, keine Ausbildung und kein Talent. Und ich habe zwei Kinder.«

Aber auch das leuchtete mir nicht ein. Schlimmer noch, Ellen sprach voller Gehässigkeit über Hormoz. »Er schlägt mich«, weinte sie. »Er schlägt die Kinder. Und er findet nichts dabei.« Nasserines Worte kamen mir wieder in den Sinn: »Alle Männer sind so.«

Ellen hatte ihre Entscheidung nicht aus Liebe, sondern aus Angst getroffen. Sie basierte eher auf Geld als auf Gefühl. Ellen wagte nicht, sich der Unsicherheit, die der Preis der Emanzipation war, zu stellen. Da wählte sie lieber ein Leben, das zwar im einzelnen entsetzlich war, aber doch Ähnlichkeit mit dem hatte, was sie Sicherheit nannte.

Schließlich beantwortete sie mein »Warum?« mit Schluchzen. »Weil ich Angst habe, daß ich es nicht schaffen könnte, wenn ich nach Amerika zurückkehren würde.«

Ich weinte mit ihr.

Viele Minuten vergingen, bevor Ellen ihre Fassung wiedererlangte und bevor ich den Mut faßte, das nächste Thema auf meiner Liste anzuschneiden. »Es gibt da etwas, worüber ich wirklich gern mit dir reden würde«, sagte ich. »Aber ich weiß nicht, ob du es vor deinem Mann geheimhalten würdest. Wenn das aber für dich kein Problem ist, wenn du darüber schweigen kannst und es ihm nicht erzählst, dann sage ich es dir. Andernfalls möchte ich dich nicht damit belasten.«

Ellen dachte ernsthaft darüber nach. Sie erklärte mir, daß sie, als sie zum zweiten Mal in den Iran zurückgekehrt sei, beschlossen hatte, das Beste daraus zu machen und eine gehorsame moslemische Ehefrau zu werden. Sie war zu den Glaubensgrundsätzen des schiitischen Islam konvertiert, hatte die Kleidungsvorschriften angenommen, sogar für die Privatsphäre ihrer Wohnung, selbst jetzt war sie verschleiert, sagte ihre Gebete zu den bestimmten Stunden, verehrte alle heiligen Männer, studierte den Koran und akzeptierte ihr Schicksal wirklich als den Willen Allahs.

Sie war eine pflichtbewußte islamische Ehefrau, aber sie war auch eine neugierige Amerikanerin. »Nein, ich sage ihm nichts«, versprach sie endlich.

»Ich meine das ernst. Du darfst es niemandem sagen, überhaupt niemandem.«

»Ich verspreche es.«

Ich holte tief Luft und ließ meine Rede vom Stapel. »Ich erzähle es dir, weil du Amerikanerin bist und ich Hilfe brauche. Ich will hier herauskommen.«

»Aber das kannst du nicht. Wenn er dich nicht gehen läßt, gibt es keine Möglichkeit.«

»Doch«, sagte ich. »Ich will fliehen.«

»Du bist verrückt. Das kannst du nicht machen.«

»Ich bitte dich nicht darum, irgend etwas dafür zu tun«, sagte ich. »Alles, was ich von dir will, ist, es so einzurichten, daß ich manchmal aus dem Haus komme, so wie heute, damit ich zur Schweizer Botschaft gehen kann.«

Ich erzählte ihr von meinen Kontakten zur Botschaft, daß sie für mich Post abschickten und entgegennahmen und für mich taten, was sie konnten.

»Helfen sie dir dabei, aus dem Land zu kommen?« fragte Ellen.

»Nein. Ich kann nur Nachrichten über ihr Büro schicken, das ist alles. Wenn jemand mit mir Kontakt aufnehmen will, kann er das auf diesem Weg tun.«

»Also, ich will nicht zur Botschaft gehen«, sagte Ellen. »Ich bin noch nie da gewesen. Als wir damals hierher gekommen sind, hat mein Mann mir verboten, zur Botschaft zu gehen, und so war ich nie dort.«

»Du mußt auch nicht mitgehen«, versicherte ich ihr. »Es kann auch einige Zeit dauern, bis Moody uns viel zusammen unternehmen läßt, aber ich denke, daß er mich am Ende mit dir ausgehen läßt, weil er dich mag. Laß dir nur was einfallen, um mich aus dem Haus zu holen. Sag, daß wir einkaufen gehen, oder sonst etwas, und dann deck mich für die Zeit.«

Ellen überlegte sich meine Bitte mehrere Minuten lang, bevor sie endlich zustimmend nickte. Wir verbrachten den Rest des Nachmittags damit, vorläufige Pläne zu schmieden, denn wir wußten nicht, wann wir sie in die Tat umsetzen konnten.

Mahtab machte es so viel Spaß, mit Maryam und Ali zu spielen, daß sie nicht wieder gehen wollte, aber Ellens Kinder machten ihr den Abschied leichter und erlaubten ihr, ein paar Bücher auszuleihen. Ellen hatte auch ein Neues Testament, das ich mir irgendwann einmal ausborgen konnte.

Moody schwankte in seinem Verhalten; manchmal setzte er seine physische Überlegenheit ein, aber zu anderen Zeiten versuchte er auch durch Freundlichkeit, mich auf seine Seite zu ziehen.

»Laß uns morgen essen gehen«, schlug er am 13. Februar vor. »Morgen ist Valentinstag.«

»Ja«, sagte ich. »Gerne.«

Er wollte uns in das Restaurant des Khayan-Hotels einladen, das sich rühmte, englischsprechendes Personal zu haben. Mahtab und ich waren beide aufgeregt. Am Nachmittag des Valentintags verbrachten wir Stunden damit, uns zurechtzumachen. Ich trug ein zweiteiliges Kostüm aus roter Seide, das zwar für den Urlaub gut geeignet, in Teheran aber skandalös war. Natürlich mußte ich es mit meinem *Manto* und dem *Rusari* bedecken, aber ich hoffte, daß das Hotel so amerikanisiert war, daß ich mein Kostüm im Restaurant zeigen konnte. Ich frisierte mein Haar sorgfältig und trug Kontaktlinsen statt der Brille. Mahtab hatte ein weißes, mit roten Rosenknospen besticktes *Polly-Flinders*-Kleid an und weiße Lackschuhe.

Wir drei gingen zur Schariati-Straße und stiegen in das erste von vier orangenen Taxis, die sich mit uns durch die Stadt nach Osten zu unserem Ziel an einer Hauptverkehrsstraße schlängelten, die für viele noch Pahlewi-Avenue hieß, so genannt nach dem Schah.

Als wir aus dem letzten Taxi ausstiegen, bezahlte Moody den Fahrer. Hinter uns toste der Verkehr in beide Richtungen. Mahtab und ich drehten uns um und standen vor einer besonders breiten Gosse mit schmutzigem Wasser, die uns den Weg zum Bordstein versperrte. Der Bach war zu breit, um drüberzuspringen, also nahm ich Mahtab bei der Hand und ging zu einem Rost, wo wir das Wasser überqueren konnten.

Als wir auf das Gitter traten, sah ich nach unten und erblickte eine riesige, häßliche Ratte, so groß wie eine kleine Katze, die sich auf Mahtabs weiße Lackschuhe gesetzt hatte.

Ich riß meinen Arm schnell zurück und zog die überraschte Mahtab wieder auf die Straße zurück. Die Ratte huschte weg.

Hinter mir schrie Moody: »Was tust du da?«

»Ich wollte nicht, daß sie von dem Auto erwischt wurde«, log ich, denn ich wollte nicht von der Ratte erzählen, um Mahtab keine Angst zu machen.

Wir gingen eine Anhöhe hinauf zum Khayan-Hotel. Ich flüsterte Moody die Wahrheit zu, aber er schien nicht besorgt zu sein. Ratten gehören in Teheran zum Leben.

Ich beruhigte mich und versuchte, den Abend zu genießen. Im »Khayan« sprach, entgegen der Reklame, niemand Englisch, und während des Essens mußte ich meinen *Manto* und den *Rusari* tragen. Aber ich riskierte es, Allahs Zorn auf mich zu ziehen, indem ich den *Manto* ein wenig aufknöpfte, und wir genossen ein köstliches Abendessen mit Krabben und Pommes frites.

Moody war großzügig und bestand darauf, daß wir nach dem Essen noch Kaffee bestellten, obwohl jede Tasse den Gegenwert von vier Dollar kostete. Er wurde in kleinen Espresso-Tassen serviert und schmeckte wie starker Pulverkaffee. Er war nicht besonders gut, aber Moodys Geste war das, was zählte. Ich versuchte ihn jedenfalls davon zu überzeugen, daß ich zufrieden war.

Aber eigentlich war ich mehr verwirrt als irgend etwas sonst, denn ich wußte, daß Moody augenblicklich dazu in der Lage war, sich vom aufmerksamen Ehemann in einen Dämon zu verwandeln. Ich mißtraute seiner Zuneigung.

Fortwährend quälte mich ein einziger Gedanke. Hätten Mahtab und ich mit Trish und Suzanne gehen sollen? Ich wußte nicht, konnte nicht wissen, was dann geschehen wäre. Ich wog alle Möglichkeiten ab und glaubte immer noch, daß meine Entscheidung vernünftig gewesen war. Diese beiden Amateurinnen hatten nur einen sehr nebulösen Plan ausgeheckt. Allein wäre ich vielleicht mit ihnen gegangen, aber hatte ich das Recht, Mahtab in solche Gefahr zu bringen?

Immer wenn Moody gemein wurde, überkamen mich jedoch Zweifel. Vielleicht hatte ich Mahtab einfach dadurch der größtmöglichen Gefahr ausgesetzt, daß sie bei ihrem Vater lebte.

Der Knall einer lauten, fürchterlichen Explosion schreckte mich aus meinem unruhigen Schlaf auf. Durch das Fenster sah ich den Nachthimmel hell erleuchtet, als stünde er in Flammen. Weitere dröhnende Explosionen folgten schnell aufeinander um uns herum.

Das Haus bebte.

»Bomben!« schrie ich. »Sie werfen Bomben!«

Wir hörten das Heulen von Flugzeugmotoren über unseren Köpfen. Unheimliche, gelb-weiße Stichflammen leuchteten durchs Fenster, denen, wie dem Blitz der Donner, ein entsetzlich krachendes Getöse folgte.

Mahtab schrie vor Angst laut auf. Moody packte sie und legte sie zwischen uns in die Mitte aufs Bett. Wir drängten uns eng zusammen, hilflos allein dem Schicksal ausgeliefert.

Moody brüllte verzweifelte Gebete auf Farsi, und man hörte die Panik in seiner Stimme. Seine Umarmung, die als Schutz gemeint war, erhöhte unsere Angst noch, weil er am ganzen Körper zitterte. Mahtab und ich beteten auf Englisch, in der sicheren Gewißheit, daß dies der Augenblick unseres Todes war. Nie war ich von solchem Grauen ergriffen gewesen. Mein Herz klopfte. Meine Ohren schmerzten von dem überwältigenden Dröhnen der Zerstörung.

Die Flugzeuge kamen in Wellen, gaben sie uns eine Minute Aufschub, ehe sie erneut über uns herfielen, und ihre Motoren schrien den Haß herunter auf die Menschen am Boden. Oranges und weißes Feuer der Flugabwehrraketen schoß nach oben. Jedesmal, wenn ein Flugzeug über uns aufheulte, warteten wir in hilfloser Qual auf die Lichtblitze und die dröhnenden Erschütterungen, die folgen würden. Manchmal war das Leuchten nur schwach, waren die Geräusche gedämpfter. Ein anderes Mal erleuchtete gleißendes Licht das Zimmer, und das Donnern erschütterte das Haus in seinen Grundmauern, ließ die Fenster rasseln und riß Schreie von unseren Lippen. In dem reflektierten Licht der Bomben, dem Feuer der Flugabwehrraketen und dem schwächeren Glühen brennender Häuser konnte ich sehen, daß Moody genauso entsetzt war wie ich.

Er hielt uns noch fester, und mein Haß gegen ihn wuchs zu mörderischer Intensität an. Ein neuerliches Schaudern erfaßte mich, als ich mich an den Brief meiner Mutter erinnerte und an ihren Traum, daß Mahtab bei einer Bombenexplosion ein Bein verlieren würde.

Bitte, lieber Gott! Bitte, lieber Gott! Bitte! Bitte, hilf uns! Beschütze uns. Beschütze Mahtab, betete ich.

Eine Welle von Bombern ging über uns hinweg und war verschwunden. Wir warteten mit angehaltenem Atem. Als einige Minuten vergangen waren, lockerten wir nach und nach die Umklammerung und hofften, daß diese Tortur ein Ende gefunden hatte. Viele Minuten vergingen, bevor wir uns gestatteten, hörbar aufzuatmen. Der Überfall hatte in Wirklichkeit vielleicht fünfzehn Minuten gedauert, obwohl es uns wie Stunden vorgekommen war.

Die Angst machte der Wut Platz. »Siehst du jetzt, was du uns angetan hast?« schrie ich Moody an. »Ist es das, was du für uns wolltest?«

Moody schwenkte sofort wieder auf die Parteilinie um. »Nein!« brüllte er. »Nicht ich tue euch das an. Dein Land tut dies meinem Volk an. Dein eigenes Land wird dich töten.«

Bevor der Streit weitergehen konnte, steckte Mammal den Kopf zur Schlafzimmertür herein und sagte: »Keine Sorge, *Da'idschan*, das waren nur Flugabwehrraketen.«

»Wir haben Flugzeuge gehört«, sagte ich.

»Nein.« Unvorstellbar, wollte mich Mammal glauben machen, dies sei nur eine militärische Übung gewesen, ähnlich wie in der Kriegswoche?

Draußen in der Halle klingelte das Telefon, und als Mammal das Gespräch entgegennahm, standen wir auf und folgten ihm aus dem Schlafzimmer. An Schlaf war für den Rest der Nacht nicht mehr zu denken. Der Strom war ausgefallen. Tatsächlich lag die ganze Stadt jetzt in einem unheimlichen Dunkel, das nur von den geisterhaften Feuern erhellt wurde, die wahllos durch den Angriff entzündet worden waren.

Der Anrufer war Ameh Bozorg. Beide, Mammal und Moody, versicherten ihr, daß es uns gut ging.

Nasserine zündete Kerzen an, machte Tee und versuchte

unsere Nerven zu beruhigen. »Es gibt nichts, wovor man Angst haben müßte«, sagte sie in ehrlicher Überzeugung. »Sie werden uns nicht treffen.« Ihr Glaube an Allah war fest und wurde gestützt von dem beruhigenden Gedanken, daß es – sollte es Allah zulassen, daß sie von der irakischen Luftwaffe in die Luft gesprengt würde – keinen glorreicheren Tod geben konnte als den Märtyrertod im Heiligen Krieg.

»Es sind keine Bomben geworfen worden«, versicherte Mammal.

»Warum gab es dann so laute Detonationen, die alles beben ließen?« fragte ich.

Mammal zuckte mit den Schultern.

Gegen Morgen summte die Stadt, leckte ihre Wunden und schrie nach Vergeltung. Offensichtlich war der Angriff das Werk der irakischen Luftwaffe gewesen, aber das Radio verbreitete die altbekannten Hetzparolen. Die Irakis wurden von den Amerikanern beliefert. Ihre Piloten wurden in den Vereinigten Staaten ausgebildet. Der Überfall war von amerikanischen Ratgebern geplant und überwacht worden. Soweit der Durchschnitts-Iraner wußte, hatte Präsident Reagan selbst das anführende Flugzeug geflogen. Es war kein guter Tag, um Amerikanerin im Iran zu sein.

Moody fühlte dies und reagierte beschützend. Mahtab und ich gingen an dem Tag nicht zur Schule. Die schwersten Schäden gab es in der Tat in der Nähe der Schule. Viele Menschen hatten ihr Leben verloren.

Später am Tag nahmen Ellen und Hormoz uns im Auto mit, um die Schäden zu besichtigen. Ganze Häuserblocks waren vernichtet, in die Luft gesprengt oder ausgebrannt. Immer noch stieg an vielen Stellen Rauch auf.

Wir waren uns alle einig, daß Krieg schrecklich war, aber wir hatten verschiedene Ansichten, was die Gründe dafür betraf. Ich sah in ihm die natürliche Folge der Tatsache, unter der Regierung eines fanatischen Irren leben zu müssen. Moody und Hormoz verfluchten die Amerikaner als Ursache für dieses Massensterben.

Ellen hielt zu den Männern.

Moody verwickelte Hormoz in ein Gespräch über eines seiner Lieblingsthemen – die Doppelzüngigkeit der amerikanischen Regierung. Um das Kräftegleichgewicht im Persischen Golf aufrecht zu erhalten, sagte er, würden die Vereinigten Staaten beide Seiten gegeneinander ausspielen müssen, und sowohl den Iran als auch den Irak unterstützen. Er war davon überzeugt, daß die USA nicht nur die Bomben lieferten, die die irakischen Flugzeuge abwarfen, sondern auch die Flugabwehrraketen, die die iranischen Verteidiger benutzten. Aber wegen des langandauernden Waffenembargos konnte Amerika den Iran nur heimlich beliefern. »Der Iran muß sein ganzes Geld für den Krieg ausgeben«, knurrte er. »Wegen des Embargos müssen wir unsere Waffen über ein Drittland kaufen und viel mehr Geld dafür bezahlen.«

Wir beteten alle, daß der Luftangriff ein einmaliges Ereignis war. Das Radio versicherte Moody, daß das der Fall war, und daß die heiligen schiitischen Armeen im Gegenzug schnelle und durchgreifende Rache an den amerikanischen Marionetten üben würden.

Durch Mund-zu-Mund-Propaganda wußte jeder in Teheran, daß Dutzende von Menschen – vielleicht Hunderte – bei dem Angriff getötet worden waren. Aber die offiziellen Regierungsberichte gaben die Gesamtzahl mit sechs an und fügten die Nachricht hinzu, daß der irakische Luftangriff ironischerweise bewiesen hätte, daß Allah auf der Seite der Islamischen Republik Iran war. Denn eine irakische Bombe, zweifellos von Allah gesteuert, hatte ausgerechnet ein Lagerhaus der *Monafeghin* zerstört, der gegen Khomeini und für den Schah eingestellten Widerstandsbewegung. Ermittler, die den Schutt des Hauses durchsuchten, fanden nicht nur ein großes Waffen- und

Munitionslager, sondern auch Destillierapparate zur Herstellung von verbotenem Alkohol.

Das sei der unumstößliche Beweis, sagte die Regierung, daß Allah bestimmt dafür sorgen würde, daß der Iran den Krieg gewann, und als Zugabe würde er die teuflischen *Monafeghin* auslöschen.

Die Stadt rief den Kriegszustand aus. Kraftwerke waren beschädigt worden, und so wurde jeder angewiesen, so wenig Strom wie möglich zu verbrauchen. In der Nacht – und in jeder folgenden bis auf weiteres – wurde die Stadt verdunkelt, sowohl um Energie zu sparen als auch als Verteidigungsmaßnahme. Es gab keine Straßenbeleuchtung. Zu Hause war uns nur die schwächste Innenbeleuchtung erlaubt, und auch nur, wenn sie von draußen nicht gesehen werden konnte. Moody gewöhnte sich daran, immer eine winzige Taschenlampe bei sich zu tragen.

Tage mit Gesprächen und Befragungen folgten, Nächte voller Angst und Anspannung. Mehrere Wochen lang wurden die Bombenangriffe alle zwei bis drei Tage wiederholt, und dann kamen sie jede Nacht. Jeden Abend, wenn es dunkel wurde, klagte Mahtab über Magenschmerzen. Wir verbrachten viel Zeit zusammen im Badezimmer, betend, weinend, zitternd. Wir verließen unsere Betten und schliefen unter dem soliden Eßzimmertisch, über dessen Ecken wir Laken hängten als Schutz gegen fliegende Glassplitter. Wir litten alle an Schlafmangel. Ein Bombenangriff war die abscheulichste Greueltat, die wir uns vorstellen konnten.

Eines Tages nach der Schule, als ein oranges Taxi uns an der Schariati-Straße abgesetzt hatte, widmeten Mahtab und ich uns der täglichen Aufgabe des Brotkaufens. An diesem Tag wollten wir *Barbari* haben, ein gesäuertes Brot, das in ovalen Scheiben von sechzig Zentimetern Länge gebacken wurde. Wenn es frisch und warm gegessen wird, schmeckt es köstlich, viel besser als das bekanntere *Lawasch*.

Wir warteten in der Schlange im *Nani*, dem Brotladen,

mehr als eine halbe Stunde lang und beobachteten träge den bekannten Fließbandprozeß der Herstellung. Eine Gruppe von Männern arbeitete schnell, wog den Teig, rollte ihn aus, legte ihn für einige Zeit beiseite, damit er aufging. Als der Teig fertig war, knetete ein Mann ihn zu seiner endgültigen länglichen Form und kerbte ihn der Länge nach mit den Fingern, so daß Wülste entstanden. Ein Bäcker schob die Laibe mit einer flachen Schaufel, an der ein zwei Meter fünfzig langer Stock befestigt war, in einen glühenden Ofen hinein und zog sie auch wieder heraus.

Während wir warteten, bemerkten wir, daß der Teigvorrat aufgebraucht war. Der erste Mann am Fließband machte sich sofort daran, einen neuen Schub vorzubereiten. Er warf einen Schlauch in den riesigen Bottich und drehte das Wasser an. Da er wußte, daß es mehrere Minuten dauern würde, den Bottich zu füllen, machte der Mann eine Pause. Er ging zur Toilette, einen kleinen geschlossenen Raum in der Mitte des Geschäfts. Als er die Tür öffnete, um hineinzugehen, wurde es uns von dem Gestank ganz schwindlig, und noch einmal, als er ein paar Minuten später wieder herauskam.

Wird er sich die Hände waschen, bevor er sich wieder an die Arbeit macht? fragte ich mich. Es war kein Waschbekken zu sehen.

Zu meinem Ekel ging der Bäcker zurück zum Bottich und wusch sich die Hände in demselben Wasser, das er für den nächsten Teigschub brauchte.

Ich hatte keine Zeit, mich weiter damit zu befassen, denn plötzlich gab es Fliegeralarm. Innerhalb von Sekunden kam das Dröhnen der herannahenden Flugzeugmotoren.

Meine Gedanken rasten, die Vernunft versuchte die Panik zu überwinden. Sollten wir hier in Deckung gehen, oder sollten wir nach Hause rennen? Es schien mir wichtig, Moody zeigen zu können, daß wir allein auf uns aufpassen konnten, damit er uns auch weiterhin allein ausgehen ließ.

»Lauf! Mahtab«, rief ich. »Wir müssen nach Hause kommen.«

»Mommy, ich habe Angst!« schrie Mahtab.

Ich schnappte mir meinen Liebling und nahm sie auf den Arm. Irgend etwas gab mir ein, von der Schariati-Straße herunter in eine Seitenstraße zu rennen. Ich wandte mich in das Labyrinth der Gassen, die auf Umwegen nach Hause führten, und bewegte meine Beine so schnell es nur ging. Überall um uns herum hörten und fühlten wir den Schrei der Flugzeugmotoren wie den Ruf einer Todesfee, den dumpfen Knall der Flugabwehrrakten, die gewaltigen Erschütterungen, wenn die Bomben ihr Ziel gefunden hatten, und das Gebrüll und Geschrei der Sterbenden.

Splitter der Flugabwehrraketen fielen um uns herum auf die Straßen, einige davon groß genug, einen Menschen umzubringen. Immer noch rannten wir.

Mahtab vergrub ihr Gesicht an meiner Schulter. Ihre Finger gruben sich tief in meine Seite. »Ich habe Angst! Mommy, ich habe solche Angst!« schluchzte sie.

»Es ist gut, es ist gut«, schrie ich über das Getöse hinweg. »Bete, Mahtab! Bete!«

Schließlich erreichten wir unsere Straße und taumelten zur Tür. Moody, der besorgt auf uns wartete, spähte nach draußen. Als wir näherkamen, riß er die Tür auf und zog uns hinein. Wir drängten uns in der unteren Eingangshalle zusammen, den Rücken gegen die schützenden Betonblöcke der Hauswand gedrückt, bis die Tortur vorüber war.

An einem Tag nahm ich Mahtab mit in den Park und schob das Baby Amir im Kinderwagen vor mir her. Um zum Spielplatz zu kommen, mußten wir an einem Volleyballfeld vorbeigehen, auf dem ein lebhaftes Spiel im Gange war. Ungefähr zwanzig halbwüchsige Jungen tobten im Sonnenschein eines kühlen Vorfrühlingstages.

Mahtab schaukelte, als ich einige Zeit später aufgeregtes

Geplapper aus der Richtung des Volleyballfeldes hörte. Ich sah auf und bemerkte vier oder fünf Nissan-Lieferwagen, die den Eingang des umzäunten Parks blockierten. *Pasdar!* Ich glaubte, daß sie da waren, um jeden im Park zu überprüfen.

Ich sah nach meiner Kleidung. Mein *Manto* war zugeknöpft, mein *Rusari* genau an seinem Platz. Doch ich legte keinen Wert auf ein Zusammentreffen mit der *Pasdar*, also beschloß ich, schnell nach Hause zu gehen. Ich rief Mahtab.

Amir im Kinderwagen vor mir herschiebend, Mahtab tapsend an meiner Seite, ging ich zum Tor. Als wir uns dem Volleyballfeld näherten, bemerkte ich, daß heute die Teenager die Opfer der *Pasdar* geworden waren. Mit erhobenen Gewehrläufen wurden die Jungen auf die Ladeflächen der Lieferwagen getrieben. Sie gehorchten schweigend.

Wir sahen zu, bis die Jungen alle auf den Lieferwagen waren und weggefahren wurden.

Was würde mit ihnen geschehen? fragte ich mich. Aufgeregt und erschrocken beeilte ich mich, nach Hause zu kommen.

Essey öffnete die Haustür, um mich einzulassen. Ich erzählte ihr und Reza, was ich gesehen hatte, und Reza vermutete: »Das ist wahrscheinlich geschehen, weil sie alle zusammen waren«, sagte er. »Es ist gesetzwidrig, sich ohne Erlaubnis in Gruppen zu versammeln.«

»Was wird mit ihnen passieren?« fragte ich.

Reza zuckte die Schultern. »Ich weiß nicht«, sagte er ohne Besorgnis in seiner Stimme.

Auch Moody ging über den Zwischenfall sofort hinweg. »Wenn die *Pasdaran* sie mitgenommen haben, müssen sie etwas Verbotenes getan haben«, sagte er.

Mrs. Azahr reagierte ganz anders, als ich ihr am nächsten Tag in der Schule die Geschichte erzählte. »Wenn sie eine Gruppe von Jungen sehen, gabeln sie sie auf und schicken sie in den Krieg«, sagte sie traurig. »Sie machen das auch in den

Schulen. Manchmal fahren sie die LKWs zu einer Jungenschule und bringen die Jungen weg, damit sie Soldaten werden. Ihre Familien sehen sie nie wieder.«

Wie ich den Krieg haßte! Er war so sinnlos. Ich konnte ein Land nicht verstehen, dessen Menschen so begierig waren zu töten und bereit waren zu sterben. Dies ist einer der größten – und für Amerikaner – unergründlichsten kulturellen Unterschiede zwischen den behüteten Menschen aus den USA und denen aus einer vergleichsweise unterprivilegierten Kultur. Für Mammal und Nasserine war ein Menschenleben – auch ihr eigenes – nicht viel wert. Der Tod war ein alltäglicheres und deshalb weniger mysteriöses Ereignis. Was konnte man tun, außer auf Allah zu vertrauen? Und wenn das Schlimmste geschah, war es nicht sowieso unausweichlich? Ihre Tapferkeit angesichts der Bombardierungen war keine Heuchelei. Eher war sie ein Beweis dafür, daß die Ideologie im Extremfall terroristische Märtyrer hervorbringen kann.

Das wurde an einem Freitagnachmittag sehr eindrucksvoll verdeutlicht, als wir wie gewöhnlich bei Ameh Bozorg waren, um den Tag mit endlosen Gebeten zu feiern. Der Fernsehapparat war eingeschaltet für die Übertragung des Freitagsgebets aus der Stadt, aber ich achtete nicht darauf, bis ich hörte, daß Moody und Mammal bestürzt ihre Stimmen hoben. Ameh Bozorg fing laut an zu wehklagen.

»Sie bombardieren das Freitagsgebet!« sagte Moody.

Die Direktübertragung zeigte eine Menge von Gläubigen, die auf öffentlichen Plätzen zusammengepfercht waren und sich umdrehten, um in Panik zu fliehen. Die Kameras wurden zum Himmel geschwenkt und zeigten, daß dort tatsächlich irakische Flugzeuge flogen. Die Explosionen ließen Löcher mit Toten und Sterbenden in der Menge zurück.

»Baba Hadschi ist dort«, erinnerte mich Moody. Er nahm immer am Freitagsgebet teil.

Im Teheraner Geschäftsviertel herrschte große Verwirrung. Die Nachrichtensprecher blieben ungenau in ihren Angaben über die Opfer der Katastrophe, aber der gut kalkulierte Angriff war ein eindeutiger materieller und emotionaler Sieg für den Irak.

Die Familie wartete ängstlich darauf, daß Baba Hadschi nach Hause zurückkehrte. Es wurde zwei Uhr, dann halb drei. Baba Hadschi kam nie später als zu dieser Zeit vom Freitagsgebet wieder.

Ameh Bozorg verlor keine Zeit, sondern nahm Trauerhaltung ein, wehklagte und raufte sich die Haare. Sie wechselte den buntgemusterten *Tschador* gegen einen weißen aus, saß auf dem Boden und las eintönig leiernd den Koran, weinte und schrie gleichzeitig.

»Sie wird verrückt«, sagte Moody von seiner Schwester. »Alles, was wir tun können, ist abwarten. Sie sollte warten, bis wir wirklich die Nachricht haben, daß er getötet worden ist.«

Die Verwandten rannten der Reihe nach hinaus auf die Straße, um nachzusehen, ob das Familienoberhaupt nahte. Stunden vergingen in gespannter Erwartung, unterbrochen von Ameh Bozorgs rituellem Geschrei. Sie schien sich in ihrer neuen Position als Witwe eines Märtyrers zu sonnen.

Es war fast fünf Uhr, als Fereschteh mit der Nachricht ins Haus gerannt kam. »Er kommt!« rief sie. »Er kommt gerade die Straße herauf.«

Die ganze Sippe versammelte sich an der Tür und drängte sich dicht um Baba Hadschi, als er hereinkam. Er trat langsam ein, wortlos, die Augen auf den Boden gerichtet. Die Menge teilte sich, um den heiligen Mann durchzulassen. Blut und Stückchen von Menschenfleisch waren überall auf seinen Kleidern. Zu jedermanns Überraschung steuerte er sofort auf das amerikanische Badezimmer zu, um zu duschen.

Moody sprach später mit ihm und erzählte mir dann: »Er ist sehr erregt, daß er nicht getötet worden ist. Er will ein Märtyrer sein wie sein Bruder.«

Moody teilte nicht das blinde Draufgängertum seiner Familie. Er hatte tödliche Angst. Als Teheran sich mit der Realität des Krieges abgefunden hatte, erließen die zivilen Verteidigungskräfte neue Instruktionen. Während eines Angriffs mußte jeder in einem geschlossenen Raum am Boden Schutz suchen. So gingen wir in unsere Betten und ruhten unruhig in Erwartung des gefürchteten Signals, das uns alle in die Eingangshalle am Fuße der Treppe hasten ließ. Dort konnte Moody, sogar vor Reza und Mammal, seine Panik nicht verbergen. Er weinte vor Entsetzen. Es schüttelte ihn in ohnmächtiger Angst. Später versuchte er seine Feigheit hinter Wutausbrüchen gegen die Amerikaner zu verstecken, aber mit jedem neuen Angriff wurden seine Worte hohler.

Gelegentlich trafen sich unsere Augen in einem kurzen Moment des gegenseitigen Verständnisses. Moody wußte, daß er für unsere Not verantwortlich war, aber er wußte nicht mehr, was er dagegen machen sollte.

11

Einmal im Jahr nimmt jeder Iraner ein Bad.

Der Anlaß ist *Nouruz*, das persische Neujahr, ein zwei Wochen dauerndes Fest, zu dem die Frauen auch ihre Häuser putzen. *Nouruz* wird auch von den Schuhgeschäften sehnsüchtig erwartet, denn alle kaufen dann neues Schuhwerk. Während dieser zwei Wochen wird wenig gearbeitet, denn die Familien vertreiben sich die Zeit mit Festessen, Teegesellschaften und Empfängen bei den Verwandten. Nach einer strengen Familienhierarchie wechseln sich die Verwandten mit gegenseitigen Einladungen zu den täglichen Festlichkeiten ab.

Nouruz selbst fiel auf den 21. März, Frühlingsanfang. An jenem Abend versammelten wir uns mit Reza, Mammal und ihren Familien um das *Haft sin* (»siebenmal das S«), ein *Sofre*, auf dem symbolische Speisen angerichtet waren, die alle mit dem Buchstaben S anfangen. Im Mittelpunkt der Aufmerksamkeit standen einige auf einem Spiegel liegende Eier. Nach der persischen Sage ruht die Erde auf den Hörnern eines Bullen, und jedes Jahr verlagert er seine Last von einem Horn auf das andere. Den genauen Moment, in dem das persische Neue Jahr beginnt, erkennt man durch das Beobachten der Eier auf dem Spiegel, denn wenn der Bulle die Welt von einem Horn auf das andere verlagert, wackeln die Eier.

Der Countdown zum bevorstehenden neuen Jahr begann genau so wie am 31. Dezember in Amerika. Wir warteten auf den Augenblick, in dem die Sonne in das Sternbild des Widders eintreten sollte, alle Blicke waren auf die Eier geheftet.

Plötzlich wurde das Zimmer pechschwarz, und eine Luftschutzsirene warnte vor herannahenden Kampfflugzeugen. Wir eilten in den Schutz der Eingangsdiele und durchlebten wieder einmal alle Schrecken. Ich bin sicher, daß die Eier an diesem *Nouruz* gewackelt haben.

So entsetzlich die Luftangriffe auch waren, das Leben ging, wie wir feststellten, wie üblich weiter, und die Bedrohung durch die irakische Luftwaffe konnte den Iran nicht von den Feierlichkeiten abhalten. Die Runde der Festlichkeiten begann wie vorgesehen am folgenden Tag, und unsere gesellschaftliche Odyssee nahm natürlich ihren Ausgang im Hause des Patriarchen und der Matriarchin der Sippe. Reza, Essey, Maryam, Mehdi, Mammal, Nasserine, Amir, Moody, Mahtab und ich zwängten uns alle in Mammals Auto und eilten zu Ameh Bozorgs Haus, um am großen Ereignis teilzunehmen. Ich war nicht in der Stimmung zum Feiern.

In dem Augenblick, als wir das Haus betraten, kam Moodys hakennasige Schwester angerannt, fiel über ihn her und überschüttete ihn mit Küssen. Dann wandte sie ihre Aufmerksamkeit Mahtab zu und umarmte sie liebevoll. Kurz bevor sie einen flüchtigen Kuß auf meine Wange zielte, zog ich instinktiv meinen *Rusari* ein bißchen höher, um die Berührung durch ihre Lippen abzuwehren.

Ameh Bozorg hatte zur Feier des Tages Geschenke vorbereitet. Sie überraschte Moody mit einem teuren Schreibtisch und einem Bücherschrank mit Glasschiebetüren. Mahtab bekam ein maßgeschneidertes Kleid aus reiner, aus Mekka importierter Seide. Ameh Bozorg hastete viele Minuten glücklich umher und verteilte an alle außer mich teure Geschenke. Moody fiel diese Unterlassung nicht auf, und mir war es egal.

Ich verbrachte einen trübsinnigen, einsamen Nachmittag am Ort meines ehemaligen Gefängnisses. Niemand machte sich die Mühe oder wagte es, mit mir Englisch zu sprechen. Mahtab hielt sich eng an meiner Seite, vor lauter Angst, daß sie sich allein mit Ameh Bozorg wiederfinden könnte.

Tag für Tag wurden die ermüdenden Feierlichkeiten fortgesetzt. Eines morgens, als wir uns bereitmachten, einige Besuche zu machen, kleidete ich mich in ein hellbraunes Wollkostüm mit einer dreiviertellangen Jacke, die beinahe wie ein Mantel wirkte. Darunter trug ich dicke Kniestrümpfe, und meinen Kopf verhüllte ich im *Rusari*. »Muß ich zu diesem Kostüm einen *Manto* anziehen?« fragte ich Moody.

»Nein, natürlich nicht«, erwiderte er. »Man muß schon sehr genau hingucken, um zu sehen, daß das kein *Manto* ist.«

Madschid fuhr uns zu unseren obligatorischen Auftritten zu verschiedenen Verwandten. Am späten Nachmittag hatte er jedoch selbst etwas vor, und deshalb nahmen Moody, Mahtab und ich ein Taxi zu *Aga* und *Khanom* Hakim.

Es war fast dunkel, als wir sie verließen, um nach Hause zurückzukehren. Wir mußten ein paar Blocks bis zur Hauptstraße laufen und dort auf ein Taxi warten. Der Verkehr rauschte vorüber, und weit und breit war kein freies Taxi zu sehen.

Plötzlich hielt mit quietschenden Reifen ein weißer Nissan-Lieferwagen am Bordstein, gefolgt von einem weißen Pakon. Vier bärtige Männer in der olivgrauen Uniform der *Pasdar* sprangen aus dem Nissan. Einer von ihnen ergriff Moody, und die anderen legten ihre Gewehre an. Gleichzeitig stürmten vier weibliche *Pasdar*-Kräfte in ihren schwarzen *Tschador*-Uniformen auf mich zu und brüllten mir ins Gesicht.

Stein des Anstoßes war mein hellbraunes Kostüm. Ich wußte es. Ich hätte einen *Manto* überziehen sollen.

Die männlichen *Pasdaran* schleppten Moody zum Nissan, aber er sträubte sich instinktiv und schrie sie in Farsi an.

Bringt ihn ins Gefängnis! jubelte ich innerlich. Bringt ihn ins Gefängnis!

Moody und die Männer von der *Pasdar* stritten sich viele Minuten lang, während mir die weiblichen *Pasdar*-Kräfte persische Beschimpfungen ins Ohr schrien. Dann sprangen sie alle, so schnell wie sie gekommen waren, wieder in ihre Fahrzeuge und fuhren davon.

»Was hast du ihnen gesagt?« fragte ich. »Ich habe ihnen gesagt, du wärest nur zu Besuch hier und würdest dich in den Regeln nicht auskennen«, erwiderte Moody.

»Du hast mir gesagt, ich könnte so ausgehen«, sagte ich.

Moody gestand seinen Fehler ein: »Ich wußte es nicht. Von nun an mußt du entweder *Manto* oder *Tschador* auf der Straße tragen.« Dann bemühte er sich, seine Würde wieder herzustellen. »Nun kennst du die Regeln«, brauste er auf. »Laß dich ja nie wieder erwischen.«

Endlich, gegen Ende der Woche, waren Mammal und Nasserine die Gastgeber. Nasserine und ich putzten. Moody und Mammal fuhren auf den Markt und brachten haufenweise frisches Obst, Süßigkeiten und Nüsse mit. Wir kochten literweise Tee. Im Laufe des Tages konnten wir mit einigen hundert Gästen rechnen.

Ellen und Hormoz waren zufällig da, als draußen durch die Lautsprecher der *Azan*, der Aufruf zum Gebet, ertönte. Täglich dreimal dringt der Aufruf zum Gebet in das Leben der Menschen in Teheran ein. Gleichgültig wo man gerade ist oder was man tut, nie ist es erlaubt, die Zeit zum Gebet zu vergessen. Theoretisch könnte man die Gebete jederzeit während der nächsten paar Stunden sprechen, aber Allah gewährt jenen eine höhere Belohnung, die sogleich der Aufforderung nachkommen.

»Ich brauche einen *Tschador*«, sagte Ellen und sprang auf die Füße. Andere Gläubige, darunter Ameh Bozorg, gesellten sich dazu, und schon bald erklang das eintönige Gemurmel ihrer Gebete aus einem der anliegenden Zimmer.

Hinterher zeigte Ameh Bozorg deutlich, wie gut ihr Ellen gefiel. *»Ma sha Allah«*, sagte sie zu Moody. »Gelobt sei Allah. Wie gut von ihr, so gewissenhaft zu beten, Allah wird es ihr lohnen.«

Irgendwann im Laufe des Tages, während der langen Feier war Moody in ein Gespräch mit einem von Nasserines Cousins vertieft, der ebenfalls Arzt war. »Warum arbeitest du nicht?« fragte Dr. Maraschi.

»Der Papierkrieg ist noch im vollen Gang«, erwiderte Moody.

»Dann spreche ich mal mit dem Krankenhaus, wenn du erlaubst. Wir brauchen dringend jemanden für die Anästhesie.«

»Kannst du wirklich etwas für mich tun?« fragte Moody mit einer optimistischer klingenden Stimme.

»Mein Freund ist der oberste Chefarzt im Krankenhaus«, antwortete Dr. Maraschi. »Ich werde mit ihm reden und sehen, was ich tun kann.«

Moody war überglücklich, denn er wußte, wie wichtig eine einflußreiche Position im Umgang mit den Behörden war. Diese Stelle schien endlich eine echte Möglichkeit zu bieten. Moody war zwar faul, aber er war doch ein ausgebildeter Arzt. Er war gleichermaßen auf das Geld wie den Status, den ein Arzt im Iran genoß, begierig.

Als ich über diese Entwicklung nachdachte, wurde mir klar, daß sie auch mir zugute kommen könnte. Ich verfügte nun über eine gewisse, wenn auch dürftige Freiheit. Nach und nach sah Moody ein, daß es zu schwierig war, mich jeden Moment zu bewachen. Er mußte mir mehr kleine Freiheiten einräumen, um sein sorgenvolles Leben etwas weniger kompliziert zu machen.

Wenn Moody nun anfangen sollte zu arbeiten, würde das sicherlich meine Beweglichkeit vergrößern. Und vielleicht würde es auch seine schwindende Selbstachtung heben.

Nouruz setzte sich in seiner zweiten Woche fort mit dem, was man als »Urlaub« am Ufer des Kaspischen Meeres bezeichnete. Es liegt nördlich von Teheran und bildet einen Teil der iranisch-russischen Grenze. Esseys Bruder arbeitete für das Ministerium für islamische Lebensführung, das Regierungsamt, das den gesamten Besitz des Schahs konfisziert hatte. Er schwärmte von der märchenhaften Pracht und bot der Familie an, in einer der ehemaligen Schah-Villen zu wohnen.

Wäre ich erst seit kurzem im Iran gewesen, hätte ich das vielleicht exotisch gefunden. Eine Villa des Schahs! Aber ich war nicht mehr so dumm, an Geschichten über Prunk in der Republik des Ayatollah zu glauben.

Erstens würden meine Wunschvorstellungen von einer Woche in einer Schah-Villa nicht damit beginnen, daß ich eine von sechsundzwanzig Personen in drei Autos war. Worauf ich mich freute, war die Gelegenheit, etwas von der Landschaft zu sehen. Ich wußte, daß der Iran ein weites Land war, und ich hatte keine Ahnung, wieviel davon Mahtab und ich überwinden mußten, wenn wir jemals herauskommen wollten. Also paßte ich genau auf und sammelte Daten über die Umgebung, denn ich wußte ja nicht, wie nützlich sie einst werden mochten.

Aber je länger wir fuhren, desto mutloser wurde ich. Die Landschaft war wunderschön, soviel war sicher, aber die Schönheit rührte von gewaltigen Gebirgsketten her, die höher aufragten und zerklüfteter waren als die Rocky Mountains im Westen der Vereinigten Staaten. Sie umringten Teheran von allen Seiten, so daß die ganze Stadt wie in einer Falle lag. Aus meiner beengten Sicht im vollen Auto sah ich im Laufe der Stunden, wie die Berge höher und noch zerklüfteter wurden. Ich versank in ein melancholisches Selbstgespräch.

Vielleicht würde sich während der folgenden Woche ein glücklicher Zufall ereignen, der mir und Mahtab die Möglichkeit eröffnete, zu flüchten. Wir könnten uns als blinde Passagiere in einem Schiff verstecken und über das Kaspische Meer fahren nach ... Rußland.

Ist mir egal! beharrte ich stur. Ich will nur hier raus.

Meine Überlegungen liefen auf eine furchterregende Schlußfolgerung hinaus. Ich erkannte, daß ich mit jedem Tag pessimistischer wurde, bitterer, panischer. Moody war ebenfalls gereizt, und ich fragte mich, ob er unbewußt auf meinen sinkenden Mut reagierte. Ein kalter Schauer durchrieselte mich. Der Druck staute sich an, bei mir wie bei Moody, und drohte meinen sorgfältigen Plan, ihn in Sicherheit zu wiegen, platzen zu lassen.

Wenn nicht bald etwas Gutes geschah, dann würde, so fürchtete ich, etwas Schreckliches passieren.

Bei unserer Ankunft in der Schah-Villa fanden wir sie, wie vorherzusehen gewesen war, ausgeplündert vor. Alles, was an westliche Kultur erinnerte, war weg insbesondere die Möbel. Das Haus mußte irgendwann einmal imposant gewesen sein, aber jetzt war es nur noch eine leere Hülle, und nachdem wir zu Abend gegessen hatten, legten wir uns, alle sechsundzwanzig, einfach Seite an Seite im selben Zimmer auf den Fußboden und versuchten zu schlafen. Da Männer mit im Raum waren – wirklich, neben mir schlief *Aga* Hakim –, mußte ich die ganze Nacht die Uniform anbehalten und versuchen, eingehüllt in meinen *Manto* und mit dem ordentlich um den Kopf gewickelten *Rusari* eine bequeme Lage zu finden.

In der Vorfrühlingsnacht wehte durch die offenen Fenster eine eisige Brise vom Meer her. Mahtab und ich zitterten und wälzten uns die ganze Nacht herum, während unsere iranischen Verwandten wie die Babies schliefen.

Morgens entdeckten wir, daß die Gegend unter einer Dürre litt. Als Sparmaßnahme wurde die öffentliche Wasserversorgung den größten Teil des Tages eingestellt, mit dem Ergebnis, daß ich den ersten Morgen meines »Urlaubs« im Hof mit den anderen Frauen verbrachte und *Sabzi*, Salat, in einem einzigen Eimer mit eisigem Wasser wusch, während die Männer im Haus herumlagen, ausschliefen oder sich im Garten herumlümmelten und uns bei der Arbeit zusahen.

Später gingen die Männer reiten; Frauen durften nicht teilnehmen.

Wir machten einen Spaziergang am ehemals schönen Ufer entlang, das nun mit Müll und Unrat übersät war.

Die Woche schleppte sich dahin, eine Unannehmlichkeit und Beleidigung türmte sich auf die andere. Mahtab und ich hielten durch, wir wußten ja, daß es nicht anders ging. Mittlerweile waren wir daran gewöhnt.

Der Frühlingsanfang brachte Optimismus und Depression zugleich. Bald würde der Schnee in diesen Bergen schmelzen. Konnte Raschids Freund uns nun in die Türkei schmuggeln? Das mildere Wetter bot Handlungsspielräume.

Und dennoch unterstrich der Wechsel der Jahreszeiten die Dauer meiner Gefangenschaft. Mahtab und ich saßen schon über sieben Monate im Iran fest.

Nach unserer Rückkehr nach Teheran erfuhr Moody, daß es mit der Stelle im Krankenhaus geklappt hatte. Er war hingerissen vor Freude, sprang den ganzen Tag durch das Haus und überschüttete Mahtab und mich mit seinem sonst so seltenem Lächeln, machte Witze und kehrte die Funken Freundlichkeit und Liebe hervor, die einst – vor langer Zeit – so anziehend auf mich gewirkt hatten.

»Meine Papiere sind noch nicht ganz in Ordnung«, vertraute Moody mir an. »Aber das Krankenhaus will darüber hinwegsehen und mich trotzdem arbeiten lassen. Sie brauchen einen Anästhesisten. Wenn die Papiere dann in Ordnung sind, bezahlen sie mich für alle geleisteten Stunden.«

Im Laufe des Tages wurde seine Begeisterung schwächer. Er wurde nachdenklich, und ich konnte seine Gedanken lesen. Wie sollte er arbeiten und mich gleichzeitig bewachen? Ich ließ ihn in Ruhe, denn ich wollte ihm keinen Anlaß geben zu denken, daß ich einen Grund hatte, auf mehr Mobilität hinzuarbeiten. Er würde sich schon etwas einfallen lassen. Seine Arbeitszeiten im Krankenhaus waren nicht genau festgelegt. Er würde nicht jeden Tag aus dem Haus müssen, und wenn doch, hatte er mich unter Kontrolle. Nasserine konnte und würde ihm über die Zeiten meines Kommens und Gehens berichten. Ich mußte fast unmittelbar von Mahtabs Schule nach Hause kommen, um auf Amir aufzupassen, während sie ihre Kurse an der Universität absolvierte. Die Ausnahme im Stundenplan war der Koranunterricht am Donnerstag. Nasserine kümmerte sich dann darum, daß für Amir anderweitig gesorgt war.

Ich konnte fast hören, wie sich die Räder in Moodys Kopf drehten. Konnte er mir vertrauen? Er mußte es. Oder er mußte die Stelle vergessen.

»Donnerstags kommst du sofort nach der Koranschule nach Hause«, sagte er. »Ich werde dich kontrollieren.«

»Ja«, versprach ich.

»Okay«, sagte Moody. Und erneut hellte sich sein Gesicht in der Erkenntnis auf, daß er wieder arbeiten würde.

Ich nutzte meine Freiheit nur zu den seltensten Gelegenheiten aus, nur wenn es das Risiko wert schien. Moody war verschlagen genug, alle möglichen Verwandten dazu zu bringen, mich auszuspionieren. Vielleicht beauftragte er sie, meine Aktivitäten sporadisch zu überprüfen. Das tat er selbst auch zuweilen. Wenn er einen Tag frei hatte oder früher von der Arbeit kam, tauchte er manchmal in der

Schule auf, um uns nach Hause zu bringen. Ich mußte ständig auf der Hut sein.

Deshalb mußte ich mich haargenau an meinen Stundenplan halten und konnte nur zu bestimmten Zwecken davon abweichen.

Eines Tages kam eine Lehrerin, während die Schülerinnen Pause hatten, leise ins Büro und setzte sich neben mich auf die Bank. Ich kannte sie nur vom Sehen, aber sie hatte mir stets ein freundliches Lächeln geschenkt. Wir nickten einander zur Begrüßung zu.

Sie blickte sich in dem kleinen Raum um, um sicher zu gehen, daß uns niemand beachtete, und dann flüsterte sie seitlich aus einem Mundwinkel; *»Nagu* (Nichts sagen), *nagu*, Mr. Azhar.«

Ich nickte.

»Ich spreche mein Mann, Sie«, sagte sie, nach Worten suchend, »sie will helfen Sie.« In Farsi gibt es keine Pronomen für »er« und »sie«. Iraner bringen die Wörter immer durcheinander. Die Lehrerin senkte ihren Blick auf den Schoß. Eine Hand schlüpfte fast unmerklich aus ihren fließenden Gewändern und streckte sich meiner entgegen. Noch einmal guckte sie auf, um sich zu versichern, daß uns niemand beobachtete. Dann berührte ihre Hand schnell die meine und zog sich zurück. In meiner Handfläche lag ein kleiner Zettel. Darauf war eine Telefonnummer gekritzelt.

»Sie anrufen«, flüsterte die Lehrerin. »Dame.«

Indem ich Mahtab auf dem Nachhauseweg zur Eile antrieb, riskierte ich ein paar Minuten in Hamids Geschäft, um diese geheimnisvolle Spur aufzunehmen. Als ich die Nummer anrief, meldete sich eine englischsprechende Frau, die sich Miss Alavi nannte und erfreut war, von mir zu hören. Sie erklärte, daß sie für den Mann der Lehrerin arbeite, der ihr und ihrer Mutter von meiner Zwangslage erzählt hatte.

»Er hat mich, weil ich Englisch spreche und in England

studiert habe, gefragt, ob ich irgendwas tun kann, um Ihnen zu helfen«, berichtete sie. »Ich habe gesagt, ich würde es versuchen.«

Hier war wieder einmal ein Beweis, daß man nicht alle Iraner in die Kategorie der fanatischen Amerikahasser stekken durfte. Miss Alavi war in ihrer Hilfsbereitschaft ohne Falsch, wahrscheinlich setzte sie, indem sie nur mit mir sprach, ihr Leben und ganz bestimmt ihre Freiheit aufs Spiel.

»Wie können wir uns sehen?« fragte sie.

»Ich muß warten, bis sich eine Gelegenheit ergibt.«

»Wenn Sie die Möglichkeit haben, mich zu treffen, richte ich meine Mittagspause entsprechend ein. Ich werde mit dem Auto dahin kommen, wo Sie gerade sind, und Sie treffen.«

»In Ordnung«, erwiderte ich.

Ihr Büro lag weit von Mammals Wohnung, weit von Mahtabs Schule und ebenso weit von der Koranschule in der *Masdsched*, in die ich donnerstags ging. Es würde schwierig sein, ein Treffen so zu arrangieren, daß wir Ruhe und Zeit genug haben würden, uns richtig kennenzulernen. Ich hatte lediglich Zweifel über die Motive von Miss Alavi, nicht bezüglich ihrer Verschwiegenheit. Die Ernsthaftigkeit ihrer Worte weckte unmittelbares Vertrauen.

Die Tage schleppten sich langsam dahin, wurden zu Wochen, während ich nach dem sichersten und effektivsten Weg suchte, eine Begegnung zustande zu bringen. Nun, da Moody arbeitete, mußte ich entdecken, daß sich die Maschen des Überwachungsnetzes noch enger zusammengezogen hatten. Nasserine war noch wachsamer als mein Mann. Jedesmal wenn ich zur Tür hereinkam, sah sie sofort auf die Uhr.

Doch unausweichlich brach die Struktur von Moodys Überwachungssystem zusammen. In einer Stadt von vierzehn Millionen Einwohnern konnte er unmöglich immer jeden meiner Schritte kontrollieren. Eines Tages kam ich nach der Schule mit Mahtab zu Hause an, und Nasserine wartete schon ungeduldig auf mich. Sie war zu einem besonderen Treffen in die Universität gerufen worden und mußte Amir bei mir lassen. Sie eilte davon. Moody arbeitete im Krankenhaus. Reza und Essey waren auf Verwandtenbesuch.

Sofort rief ich Miss Alavi an. »Ich kann Sie heute nachmittag treffen, jetzt gleich«, sagte ich.

»Ich mache mich sofort auf den Weg«, erwiderte sie.

Ich beschrieb ihr die Lage des Parks, der sich ein paar Straßen von unserem Haus entfernt befand. »Wie werde ich Sie erkennen?« fragte ich.

»Ich trage einen schwarzen Mantel, eine schwarze Hose und einen schwarzen Schal. Trauerkleidung. Meine Mutter ist vor kurzem gestorben.«

»Das tut mir leid.«

»Ist schon gut«, sagte sie.

Ich kritzelte eine Nachricht für Moody. Seine Arbeit im Krankenhaus lief nicht nach einem festen Zeitplan ab. Er mußte früh morgens zu den Operationen erscheinen und wußte nie genau, wann er nachmittags gehen konnte. Manchmal war er nicht vor elf Uhr abends zurück; er konnte aber auch jeden Moment eintreffen.

»Die Kinder sind quengelig«, schrieb ich. »Ich gehe mit ihnen in den Park.«

Mahtab und Amir waren immer selig, wenn sie in den Park durften. Ich konnte Mahtab blind vertrauen, und Amir war noch ein Kleinkind, deshalb machte ich mir seinetwegen keine Sorgen. Was mir Sorgen bereitete, war Moodys Reaktion auf meinen Entschluß, ohne Begleitung und ohne seine Erlaubnis aus dem Haus und in den Park zu gehen. Ich hoffte, ich würde das Treffen hinter mich bringen und vor ihm wieder zu Hause sein können.

Die Kinder spielten glücklich auf den Schaukeln, teilten

ihr Vergnügen mit anderen, als die Frau in Schwarz auf mich zukam. Die iranische Art sich zu kleiden machte es einem stets schwer, das Alter einer Fremden einzuschätzen, aber nach dem, was ich sehen konnte, mochte sie ungefähr fünfzig sein, vielleicht ein bißchen jünger. Sie setzte sich neben mich auf die Parkbank.

»Ich habe meinem Mann eine Notiz hinterlassen«, sagte ich schnell. »Er könnte hier aufkreuzen.«

»In Ordnung«, sagte Miss Alavi. »Wenn er kommt, werde ich so tun, als wären einige der Kinder dort meine.« Sie fing den Blick einer anderen Frau auf, die auf einer Bank gegenüber saß, und sprach einen Augenblick lang Farsi mit ihr. »Ich habe dieser Frau gesagt, daß ich, falls Ihr Mann kommt, so tun werde, als wäre ich mit ihr und ihren Kindern hier im Park, und nicht mit Ihnen. Sie ist einverstanden.«

Die Fremde akzeptierte das ohne weiteres. Allmählich begann ich zu begreifen, daß Iraner Intrigen lieben. Sie sind es gewöhnt, mit Heimlichkeiten zu leben, wahrscheinlich unter dem Schah nicht anders als unter dem Ayatollah. Komplott und Gegenkomplott sind ihr täglich Brot, nicht nur in ihrem offiziellen Umgang mit dem Staat, sondern auch innerhalb der Familien. Miss Alavis Bitte überraschte und alarmierte die Fremde keineswegs. Ja, wahrscheinlich machte sie ihren Tag ein wenig freundlicher.

»Also, wie ist das gekommen?« fragte Miss Alavi. »Warum sind Sie hier im Iran?«

Ich machte meine Geschichte so kurz wie möglich, berichtete ihr nur die Hauptsachen.

»Ich verstehe Ihr Problem«, sagte sie zu mir. »Als ich in England studierte, war ich eine Fremde. Ich wurde immer wie eine Ausländerin behandelt, obwohl ich keine Ausländerin sein wollte. Ich wollte in England bleiben, aber ich brauchte ein paar Menschen, die mir dabei halfen. Sie wollten nicht helfen, und ich mußte wieder in den Iran zurück.

Das machte meine Mutter und mich sehr traurig. Wir beschlossen, daß wir den Ausländern in unserem Land helfen würden, wenn sich je die Gelegenheit ergab. Ich werde Ihnen helfen. Ich bin sicher, daß ich das kann.«

Sie hielt inne, um vor dem Weitersprechen ihre Fassung wiederzugewinnen.

»Meine Mutter ist vor zwei Wochen gestorben«, erklärte sie. »Das wissen Sie. Vor ihrem Tod sprachen wir von Ihnen. Sie sagte: ›Niemand hat dir geholfen, als du eine Fremde warst.‹ Sie nahm mir das Versprechen ab, daß ich einer Fremden helfen würde, wenn ich je die Möglichkeit dazu hätte. Ich muß das Versprechen einlösen. Und es ist auch mein Wunsch.« Miss Alavi wischte sich die Tränen mit dem Saum ihres Gewandes aus den Augen.

»Aber wie?« fragte ich. »Was können Sie für mich tun?«

»Ich habe einen Bruder, der in Zahidan wohnt, an der Grenze nach Pakistan. Ihm werde ich ...«

»Mommy! Mommy! Mommy!« unterbrach Mahtab, sie rannte auf mich zu. »Daddy ist hier!«

Er stand abseits, außerhalb des schmiedeeisernen Zaunes, der den Park umgab, und starrte mich an. Tiefes Mißtrauen zerfurchte sein Gesicht. Er winkte mir ärgerlich zu, daß ich zu ihm kommen sollte.

»Ruhig bleiben«, raunte ich Miss Alavi und Mahtab zu. »Laßt ihn keinen Verdacht schöpfen. Mahtab, geh wieder zu den Schaukeln und spiele.«

Ich erhob mich von der Bank und ging zu Moody hin. Ich war dankbar für den Zaun zwischen uns.

»Was tust du hier?« brummte er.

»Es ist so ein schöner Tag«, sagte ich. »Der Frühling kommt. Ich wollte mit den Kindern raus in den Park.«

»Wer ist die, die da neben dir saß?«

»Weiß ich nicht. Ihre Kinder spielen auch hier.«

»Du sprichst mit ihr. Kann sie Englisch?«

Ich wußte, daß Moody außer Hörweite gewesen war, deshalb log ich: »Nein, ich habe mein Farsi mit ihr geübt.«

Moody sah sich argwöhnisch im Park um, aber alles, was er sah, waren Kinder, die laut unter der Aufsicht ihrer Mütter spielten. Miss Alavi und die andere iranische Frau waren zu den Schaukeln hinübergegangen, scheinbar um mit ihren Kindern zu spielen. Nichts deutete auf eine Intrige hin. Er hatte mich kontrolliert, und ich war da, wo ich gesagt hatte. Wortlos machte er auf dem Absatz kehrt und ging wieder nach Hause.

Ich ging langsam wieder zum Spielplatz, hielt einen Augenblick inne, um Mahtab und Amir auf den Schaukeln Schwung zu geben. Ich hätte gern meinen Kopf gedreht, um zu sehen, ob Moody mich immer noch beobachtete, aber ich hielt meine Rolle durch. Nach ein paar Minuten setzte ich mich wieder auf die Bank. Miss Alavi wartete noch ein paar Minuten, bevor sie sich neben mich setzte.

»Er ist fort«, sagte sie.

Miss Alavi fing noch einmal den Blick der anderen Iranerin auf und nickte ein Dankeschön. Die andere Frau nickte ebenfalls. Ohne den Grund für die Intrige zu kennen, hatte sie bereitwillig mitgespielt. Was für eine Pein müssen all diese Frauen tagtäglich erdulden, ging mir durch den Kopf.

Aber meine Gedanken kehrten schnell zu meinen eigenen Sorgen zurück. »Ihr Bruder?« fragte ich, um keine Zeit mehr zu verlieren.

»Er wohnt in Zahidan. An der pakistanischen Grenze. Ich werde mit ihm sprechen und fragen, ob er, wenn ich Sie nach Zahidan bringe, dafür sorgen kann, daß Sie über die Grenze gebracht werden.«

»Kann er das?«

Miss Alavi senkte ihre Stimme zu einem Flüstern. »Er macht das immerzu, er bringt selbst Leute über die Grenze.«

Meine Stimmung hob sich. Als ich über die Umstände nachdachte, die zu diesem Treffen geführt hatten, wurde mir klar, daß alles von Anfang an weit weniger zufällig war, als es mir erschienen war. Die Lehrerin in der Schule und ihr Mann mußten gewußt haben, daß Miss Alavi nicht einfach nur jemand war, der Englisch sprach und mir von daher vielleicht helfen konnte.

Sie wußten von ihrem Bruder! Natürlich war ich nicht die einzige, die im Iran festsaß. Wenn das Leben hier für mich unerträglich war, dann gab es sicherlich Millionen von Menschen um mich herum, die mein Empfinden teilten. Dies Land hatte eine lange Vergangenheit voll repressiver Regierungen; daher war es nur logisch, anzunehmen, daß es, ebenfalls seit langem, ein ausgeklügeltes, professionelles Geflecht aus Personen gebildet hatte, deren Aufgabe darin bestand, Menschen aus dem Land zu schaffen. Endlich hatte ich Kontakt zu einem dieser Profis bekommen.

»Wieviel wird es kosten?« fragte ich.

»Machen Sie sich um das Geld keine Sorgen. Ich bezahle das selbst. Ich habe es meiner Mutter versprochen. Wenn Sie eines Tages den Wunsch haben, mir das Geld zurückzuzahlen, schön. Darüber mache ich mir keine Gedanken.«

»Wann können wir weg?« fragte ich aufgeregt. »Wie kommen wir nach Zahidan?«

»Wir werden bald aufbrechen«, erwiderte sie. »Ich muß Ihnen Papiere besorgen, damit Sie und Ihre Tochter nach Zahidan fliegen können.« Sie erklärte ihren Plan noch in weiteren Einzelheiten und unterstrich besonders einen Punkt: Es müßte sehr schnell gehen, das war das Allerwichtigste. Wenn alles soweit war, würden wir einen Weg finden müssen, der es uns möglich machte, Moody ein paar Stunden, bevor er unsere Abwesenheit bemerkte, zu verlassen. Wir mußten zum Flughafen gelangen, an Bord des Flugzeuges gehen, nach Zahidan fliegen und mit Miss Alavis Bruder Kontakt aufnehmen – alles, bevor Moody so viel Verdacht schöpfte, daß er die Polizei alarmierte.

Wie es aussah, würde sich ein Donnerstag am besten

eignen. Moody würde bei der Arbeit sein. Mahtab und ich sollten nach dem Zeitplan morgens in der Schule und nachmittags in der Koranschule sein. Wir *könnten* in Zahidan sein, bevor Moody merkte, daß wir verschwunden waren.

Dies war ein sehr viel vernünftigerer und professioneller Aktionsplan als der von Trish und Suzanne. Helen und Mr. Vincop von der Botschaft hatten betont, daß das größte Risiko im ersten Plan darin bestand, daß wir uns möglicherweise noch in Teheran vor Moody und der Polizei versteckt halten mußten. Miss Alavi bestätigte, daß ein solches Vorgehen nicht sinnvoll sei. Die Flughafenpolizei würde als erste von der Flucht einer amerikanischen Frau und ihrem Kind erfahren. Es war ganz wichtig, daß wir die Flughäfen in Teheran und Zahidan hinter uns gelassen hatten, ehe unsere Abwesenheit den Behörden gemeldet wurde.

»Wie bald?« fragte ich aufgeregt.

»Zwei Wochen«, antwortete sie. »Ich werde mit meinem Bruder sprechen. Rufen Sie mich am Sonntag an, wenn Sie können. Lassen Sie uns versuchen, uns hier wieder zu treffen, und dann sprechen wir die Details durch.

Es fiel mir schwer, meine Freude zu verbergen, und es war dennoch lebenswichtig, nicht nur vor Moody, Mammal, Nasserine und meinen anderen Feinden, sondern vor meiner eigenen Tochter. Mahtab hatte sich zwar, wann immer nötig, zu einer hervorragenden Schauspielerin entwickelt, aber ich wagte nicht, sie mit diesem herrlichen Geheimnis zu belasten. Wenn die Zeit zur Flucht kam, würde ich ihr davon erzählen. Vorher nicht.

Als wir aus dem Park kamen, fanden wir Moody in Gedanken versunken. Er überließ mich den meinen, die heißer brodelten als die Bohnen, die ich zum Abendessen kochte.

Mitten in meinen Überlegungen erstarrte ich plötzlich.

Ich mußte denken, was Helen und Mr. Vincop mir Schreckliches über die Schmuggler erzählt hatten.

Aber sie hatten von Schmugglern gesprochen, die einen in die Türkei brachten!, widersprach ich. Diese Leute bringen mich nach Pakistan.

Sie sind trotzdem Schmuggler. Sie vergewaltigen dich. Sie stehlen dein Geld. Sie bringen dich um oder übergeben dich der *Pasdar*.

Wurden diese Horrorgeschichten von der Regierung verbreitet, um die Menschen zu entmutigen? Oder waren sie schrecklicherweise wahr?

Miss Alavi hatte leicht mein Vertrauen gewonnen. Aber ihren Bruder kannte ich nicht, und auch nicht die Leute, die bei diesem Abenteuer ihr Leben aufs Spiel setzten. Ich spürte den panischen Wunsch, Helen in der Botschaft zu besuchen, um diesen neuen Plan mit ihr zu besprechen und ihren Rat gegen meine unmittelbare Zuneigung zu Miss Alavi abzuwägen.

Auf dem Schulweg am nächsten Morgen hielten Mahtab und ich in Hamids Geschäft an, um Helen anzurufen. Ich erklärte ihr, soviel ich konnte, über diesen neuen Kontakt, aber am Telefon mußte ich vorsichtig sein.

»Kommen Sie zu mir«, sagte Helen. »Es wäre für uns gut, wenn wir Sie heute sehen könnten. Außerdem habe ich Briefe für Sie von Ihrer Familie, und Ihre Pässe sind angekommen. Bitte kommen Sie heute.«

»Ich will es versuchen«, sagte ich.

Aber wie? Es war ein gefährlicher Tag. Moody hatte frei, und ich wußte nicht, ob oder wann er in der Schule auftauchen würde.

Noch einmal griff ich zu Hamids Telefon. Ich rief Ellen im Büro an und sagte ihr, es wäre an der Zeit, unseren Plan zu aktivieren, und wie sie mir helfen konnte, in die Schweizer Botschaft zu gelangen.

Später am gleichen Morgen rief Ellen Moody zu Hause an und fragte, ob Mahtab und ich mit ihr nachmittags einkaufen gehen dürften. Sie würde uns von der Schule abholen, wir würden zusammen bei ihr zu Mittag essen, und dann würden wir Frühlingskleider einkaufen.

Moody sagte ja!

Nun versuchte Ellen den zweiten Teil unseres Plans. Das Telefon klingelte im Sekretariat der Schule, und eine der Bürokräfte reichte den Hörer an *Khanom* Schahien weiter. Sie sprach Farsi, aber da sie den Namen Betty mehrmals erwähnte, wußte ich, daß sie mit Ellen sprach.

Das war ein Test, um zu sehen, ob *Khanom* Schahien mir gestatten würde, einen Anruf entgegenzunehmen. Das tat sie nicht. Ellen mußte Moody noch einmal anrufen, damit er die Schule anrief und ihnen gestattete, mich telefonieren zu lassen.

Schließlich waren wir verbunden. »Alles klar«, sagte Ellen mit merklich zitternder Stimme. »Ich hole euch von der Schule ab.«

»Gut«, sagte ich. Dann fügte ich hinzu: »Ist irgendwas nicht in Ordnung?«

»Nein«, sagte Ellen in scharfem Ton.

Fünfzehn Minuten vergingen, und dann rief Ellen noch einmal an. »Ich habe schon Moody angerufen und ihm mitgeteilt, daß mir etwas dazwischengekommen ist. Ich kann es heute Nachmittag doch nicht schaffen.«

»Was ist passiert?«

»Ich habe meine Meinung geändert. Ich muß mit dir darüber reden.«

Ich war wütend auf Ellen und mußte unbedingt in die Botschaft, aber ohne die Sicherheit, daß Ellen mich decken würde, wagte ich das nicht.

Was war da schiefgegangen? Wie konnte ich in die Botschaft kommen?

Am nächsten Tag ergab sich auch keine Gelegenheit, denn

Moody hatte wieder frei, und er hatte miserable Laune. Er geleitete Mahtab und mich zur Schule und bellte uns ein paar Befehle zu, bevor er sich wieder auf den Weg machte. Wir sollten nicht allein nach Hause gehen, er würde uns mittags abholen. Aber der Mittag kam und ging ohne ein Zeichen von Moody. Als viele Minuten vergangen waren, warfen wir einander fragende, beunruhigte Blicke zu. Wurden wir geprüft? Wir wußten nicht, was wir tun sollten.

Eine volle Stunde verging, und Moody war immer noch nicht gekommen. »Wir sollten lieber nach Hause fahren«, sagte ich zu Mahtab.

Voller Sorge, daß irgend etwas vorgefallen war, was die ohnehin komplizierte Situation noch prekärer machen würde, verschwendeten wir keine Zeit mehr. Ich winkte ein oranges Taxi heran. Sowie es uns an unserer Haltestelle an der Schariati-Straße abgesetzt hatte, eilten wir nach Hause, ohne die geringste Abweichung von unserer Route zu riskieren. Vielleicht spionierte Moody uns nach.

Aber als wir zu Hause ankamen, fanden wir Moody weinend auf dem Fußboden in der Diele liegend.

»Was ist passiert?« fragte ich. »Nelufar«, sagte Moody. »Sie ist bei sich zu Hause vom Balkon gefallen. Beeilt euch. Laßt uns gehen.«

12

Nelufar war die neunzehn Monate alte Tochter von Baba Hadschi und Ameh Bozorgs zweitgeborenem Sohn Morteza und seiner Frau Nastaran. Sie war das süße kleine Kind, das versehentlich einen von Mahtabs Geburtstagskuchen kaputt gemacht hatte. Mit ihrem Kichern und ihrem munteren Babygeplapper war sie zu Mahtab und mir immer sehr lieb gewesen.

Meine unmittelbare Reaktion war tiefe Sorgnis um ihre Gesundheit, aber schon bald ertönte in meinem Kopf eine Warnglocke. War dies eine Falle? Hatte Moody einen Plan ausgekocht, um uns irgendwohin zu verschleppen?

Es blieb uns nichts anderes übrig, als ihn zu begleiten, wieder in die Schariati-Straße und in ein Taxi. Die Angst machte mich wachsam. Hatte Ellen Moody von unseren Geheimnissen erzählt? Hatte die Botschaft angerufen? Ließ er uns in einem anderen Versteck verschwinden, bevor wir Gelegenheit hatten, jemandem davon zu erzählen?

Wir mußten zweimal das Taxi wechseln, und während wir dahinrasten, betete ich, Mahtab würde nicht zu erkennen geben, daß sie die Gegend kannte. Wir fuhren die verhältnismäßig vertraute Strecke, die zur US-Vertretung in der Schweizer Botschaft führte.

In der Tat lag das Krankenhaus, das wir schließlich erreichten, beinahe gegenüber!

Moody führte uns schnell in die Empfangshalle und fragte nach Nelufars Zimmernummer. Mit meinen mangelhaften

Farsikenntnissen bekam ich mit, daß es ein Problem gab und daß Moody seine Autorität als Arzt spielen ließ, um den Bürokratismus auszuschalten. Er blieb ein paar Minuten in ein wütendes Streitgespräch mit dem Portier verwickelt, bevor er erklärte. »Ihr dürft nicht mit hinein. Du trägst keinen Tschador, und Mahtab auch nicht.«

Ich erkannte sofort Moodys Dilemma, denn wenn er zu Nelufar hineinging, würde er Mahtab und mich hier in der Empfangshalle, direkt gegenüber von der Botschaft, ohne Aufsicht zurücklassen müssen! Mir wurde augenblicklich klar, daß es sich nicht um eine Falle handelte. Nelufar war wirklich verletzt. Einen Moment lang vergaß ich meinen eigenen Kummer. Mir war weh ums Herz für das kleine Mädchen und ihre Eltern. Moody beschloß endlich, daß Familienbelange über Familiensicherheit gingen. Und natürlich wußte er nicht, daß ich wußte, wo wir waren. »Bleibt hier!« befahl er. Dann rannte er davon, um sich nach Nelufars Zustand zu erkundigen.

Es war seltsam, so nahe bei der Botschaft und gleichzeitig so handlungsunfähig zu sein. Ein paar Minuten bei Helen wogen Moodys Zorn nicht auf.

Er war ohnehin nach wenigen Minuten wieder da. »Es ist keiner mehr hier«, sagte er. »Morteza hat sie in ein anderes Krankenhaus gebracht. Nastaran ist nach Hause gefahren, also gehen wir zu ihr.«

Wir gingen schnell zu ihrem nahegelegenen Haus und kamen auf dem Weg dahin an der Botschaft vorbei. Ich zwang mich, nicht das Gebäude anzugucken, und versuchte stumm auf Mahtab einzuwirken, sich ebenso zu verhalten. Ich wollte nicht, daß Moody merkte, daß wir das Schild kannten.

Mortezas und Nastarans Haus lag einen Block hinter der Botschaft. Mehrere Frauen hatten sich schon versammelt, um ihr Mitgefühl zu bekunden, darunter Moodys Nichte Fereschteh, die Tee aufbrühte. Nastaran marschierte auf und ab und trat von Zeit zu Zeit auf den Balkon, um zu schauen, ob ihr Mann auf der Straße endlich mit Nachrichten von der Tochter nahte.

Von demselben Balkon war das kleine Mädchen drei Stockwerke tief auf das Pflaster gestürzt. Sie war über ein nur fünfundfünfzig Zentimeter hohes, mickriges Metallgeländer gepurzelt. Für Teheran waren Balkon und Tragödie gleichermaßen typisch.

Zwei Stunden vergingen mit nervösen, tröstenden Gesprächen. Mahtab klebte mit ernstem Gesicht förmlich an meiner Seite. Wir dachten beide an das süße, glückliche Kind, und zusammen beteten wir flüsternd, daß Gott über die kleine Nelufar wachen möge.

Ich versuchte Nastaran zu trösten, und sie wußte, daß meine Zuneigung echt war, ich trug das Mitgefühl einer Mutter in meinem Herzen.

Der Zufall wollte, daß Mahtab und ich mit Nastaran auf den Balkon hinaustraten, als sie noch einmal nach ihrem Mann Ausschau hielt. Am Ende des Hofes sahen wir Morteza nahen, flankiert von zweien seiner Brüder. In ihren Armen hielten sie Kartons voller Papiertaschentücher, die schwer aufzutreiben waren.

Nastaran stieß einen entsetzten, markerschütternden Schmerzensschrei aus, sie hatte die schreckliche Botschaft richtig interpretiert. Die Taschentücher wurden gebraucht, um damit Tränen zu trocknen.

Sie rannte zur Tür und wartete im Treppenhaus auf die Männer. »*Morde!* Sie ist tot!« stieß Morteza unter Tränen hervor. Nastaran fiel ohnmächtig zu Boden.

Binnen kurzem war das Haus voll von trauernden Verwandten. Rituell trommelten die Trauernden sich gegen die Brust und schrien.

Moody, Mahtab und ich weinten mit.

Mein Mitgefühl für Nastaran und Morteza war echt, aber während die lange Nacht in Trauer und Tränen fortdauerte, fragte ich mich, wie diese Tragödie sich auf meine eigenen Pläne auswirken würde. Es war Dienstag, und Sonntag sollte ich Miss Alavi im Park treffen. Würde ich die Verabredung einhalten können, oder würde unser Leben immer noch durch die Tragödie in Aufruhr sein? Irgendwie mußte ich eine Gelegenheit finden, zu einem Telefon zu kommen und sie, und vielleicht auch Helen in der Botschaft, anzurufen. Und ich mußte unbedingt wissen, was mit Ellen passiert war.

Am darauffolgenden Morgen kleideten wir uns in die Trauerfarbe schwarz und bereiteten uns darauf vor, die Familie und unzählige Verwandte zum Friedhof zu begleiten. Die kleine Nelufar war über Nacht auf Eis gelagert worden, und die Sitte verlangte, daß die Eltern an diesem Tag den Körper einer rituellen Waschung unterzogen, während die übrigen Verwandten besondere Gebete anstimmten. Anschließend würde Nelufar in ein einfaches weißes Tuch gehüllt zur Beerdigung auf den Friedhof gebracht werden.

In unserem Schlafzimmer bei Mammal sagte ich, als wir uns auf den traurigen Tag vorbereiteten, der vor uns lag: »Warum bleibe ich nicht zu Hause und passe auf alle Kinder auf, während die anderen alle auf den Friedhof gehen?«

»Nein«, sagte Moody. »Du mußt mit uns kommen.«

»Ich will nicht, daß Mahtab dies sehen muß. Ich kann mich wirklich nützlicher machen, wenn ich dableibe und die Kinder hüte.«

»Nein!«

Doch als wir bei Nastaran und Morteza eintrafen, wiederholte ich den Vorschlag in Moodys Gegenwart, und alle fanden die Idee gut. Moody gab schnell nach; er war innerlich zu beschäftigt, um sich über mich Gedanken zu machen.

Ich wagte nicht, das Haus ohne Moodys Erlaubnis zu verlassen, aber sowie ich mit den nichtsahnenden Kindern allein war, lief ich zum Telefon und rief Helen an.

»Bitte kommen Sie«, sagte sie, »ich muß mit Ihnen sprechen.«

»Das geht nicht. Ich bin ganz in der Nähe der Botschaft, aber ich kann nicht kommen.«

Ich dachte, ich könnte die Kinder vielleicht später mit in einen Park nehmen, wenn die Erwachsenen wieder da waren. Helen und ich faßten den vorläufigen Plan, uns nachmittags um drei Uhr in einem Park in der Nähe der Botschaft zu treffen.

Miss Alavi konnte ich nicht erreichen, was frustrierend war, aber es gelang mir immerhin, Ellen in ihrem Büro zu erreichen, und dieses Gespräch flößte mir einen gehörigen Schrecken ein.

»Ich werde Moody alles sagen«, sagte Ellen. »Ich werde ihm sagen, daß du versuchen willst, zu fliehen.«

»Das darfst du mir nicht antun!« bat ich. »Ich habe es dir erzählt, weil du Amerikanerin bist. Ich habe dir davon erzählt, weil du versprochen hast, es geheimzuhalten. Du hast versprochen, niemandem etwas davon zu sagen.«

»Ich habe Hormoz alles erzählt«, sagte Ellen, und ihre Stimme wurde schneidend. »Er ist mir sehr böse. Er hat mir befohlen, die Botschaft niemals zu betreten, und er hat mir gesagt, es sei meine islamische Pflicht, Moody alles zu berichten. Wenn ich das nicht tue, und dir und Mahtab stößt etwas zu, dann ist das meine Schuld und genauso, als hätte ich euch umgebracht. Ich muß es ihm sagen.«

Entsetzliche Furcht überfiel mich. Moody könnte mich umbringen. Auf jeden Fall würde er mich einschließen und mir Mahtab wegnehmen. Die kostbaren Freiheitsfetzchen, die ich erlangt hatte, würden mir für immer entrissen werden. Von nun an würde er mir niemals wieder vertrauen.

»Bitte nicht!« schluchzte ich. »Bitte, sag ihm nichts.«

Ich schrie Ellen über das Telefon an. Ich weinte, flehte, appellierte an unsere gemeinsame Herkunft, aber sie schien unbeugsam. Sie wiederholte, daß sie ihre islamische Pflicht tun müsse, aus Liebe zu mir und aus Sorge um mein und meiner Tochter Wohlergehen. Sie müsse Moody alles sagen.

»Laß mich es tun«, sagte ich verzweifelt. »Ich kann das besser. Ich werde es machen.«

»In Ordnung«, beschloß Ellen. »Ich werde dir ein bißchen Zeit geben. Aber du mußt es ihm sagen, oder ich werde es selbst tun.«

Ich legte den Hörer auf und spürte eine islamische Schlinge um meinen Hals. Was sollte ich jetzt nur tun? Wie lange würde ich warten können? Wie lange würde ich Entschuldigungen finden, um Ellen zu vertrösten? Würde ich es Moody erzählen müssen? Und wie würde er reagieren? Er würde mich schlagen – daran gab es keinerlei Zweifel –, aber wie weit würde sein Zorn ihn fortreißen? Und was dann?

Wie ich wünschte, daß ich den Mund gehalten und mein Geheimnis vor Ellen bewahrt hätte! Aber wie hätte ich vorhersehen sollen, daß mein Untergang nun doch nicht von einem Iraner, sondern von einer Amerikanerin ausgerechnet aus meiner Heimatstadt ausgehen sollte?

Voller Zorn, den ich nicht ablassen konnte, und voller nervöser Energie blickte ich auf den vertrauten Dreck im Haus. Ohne zu wissen, was ich sonst tun konnte, machte ich mich an die Arbeit und fing mit der Küche an. Der Fußboden in einer iranischen Küche ist so geneigt, daß man ihn einfach saubermachen kann, indem man ein paar Eimer Wasser ausschüttet und den losen Schmutz in einen Ausguß in der Mitte des Fußbodens spült. Das tat ich jetzt, schippte Eimer um Eimer über den Boden, spülte sogar unter den Metallregalen, einem Winkel, den die meisten iranischen Hausfrauen vernachlässigen. Die Leichen riesiger Kakerlaken trieben unter den Regalen hervor.

Gegen meinen Ekel ankämpfend, scheuerte ich die ganze

Küche und ignorierte den Lärm aus der Eingangshalle, wo ungefähr fünfzehn Kinder tollten.

Ich nahm die Essensvorräte in Augenschein und beschloß, zu kochen. Essen ist die vorrangige soziale Beschäftigung dieser Menschen, und ich wußte, sie würden sich freuen, wenn bei Ihrer Rückkehr eine Mahlzeit auf sie wartete. Ich mußte einfach etwas *tun*. Als ich ein Stück Rindfleisch anstelle des üblichen Lammfleisches im Kühlschrank entdeckte, beschloß ich, *Taskabob* zu machen, ein persisches Gericht, das Moody besonders liebte. Ich hackte und dünstete einen großen Berg Zwiebeln und schichtete sie mit dünnen Rindfleischscheiben und Gewürzen, hauptsächlich Curry, in einen Topf. Obendrauf häufte ich Kartoffeln, Tomaten und Möhren. Bald schmurgelte alles auf dem Herd und verbreitete einen angenehmen Duft von würzigem Rindsragout.

Mein Herz schlug laut vor Angst, aber ich merkte, daß die vertrauten Tätigkeiten mir halfen, den Verstand zu behalten. Nelufars tragischer Tod würde mir ein paar Tage Zeit erkaufen. Moody würde während der Trauerzeit keinen Kontakt zu Ellen und Hormoz haben. Ich begriff, daß es meine einzige Chance war, den Status quo so gut wie eben möglich zu bewahren und zu hoffen, daß Miss Alavi ein Wunder zustande bringen würde, bevor Ellens Verrat eine Krise auslöste.

Beschäftige dich!, ermahnte ich mich.

Ich arbeitete an meiner Spezialität, Fava-Bohnen auf libanesische Art, als die Trauergesellschaft wiederkam. »So kannst du das nicht machen. Wir machen das anders«, sagte Fereschteh, als sie sah, daß ich Bohnen und Zwiebeln vermischte.

»Laß mich es auf meine Art machen«, erwiderte ich.

»Na schön, aber keiner wird es essen.«

Fereschteh täuschte sich. Die Sippe verschlang alles von mir Gekochte und überhäufte mich mit Lob. Ich genoß natürlich das Lob, und Moody war wider Willen stolz, aber ich hatte dabei einen Hintergedanken. Ich wußte, daß in der nun folgenden Woche die Zeit der Erwachsenen durch die Totenfeiern in Anspruch genommen würde, und ich wollte meine Position als Kinderhüterin, Köchin und Putzfrau festigen. Nach der Mahlzeit bekam ich die Stelle auf allgemeinen Wunsch hin.

Nachmittags gegen drei Uhr waren alle begeistert, als ich vorschlug, die Kinder mit in einen nahegelegenen Park zu nehmen. Aber zu meinem Entsetzen begleitete uns der muntere Madschid, der stets zum Spielen aufgelegt war. Ich erblickte Helen aus einiger Entfernung und schüttelte fast unmerklich den Kopf. Sie beobachtete uns eine Zeit lang, wagte aber nicht, näherzukommen.

Die Woche schleppte sich dahin. Ich konnte nicht wieder telefonieren, weil immer mindestens ein Erwachsener einen Grund fand, bei mir und den Kindern zu bleiben. Ich war unendlich froh, als Moody mir endlich mitteilte, daß die Trauerzeit am Freitag zu Ende gehen würde und daß Mahtab am Samstag – einen Tag vor der Verabredung mit Miss Alavi – wieder in die Schule gehen sollte.

Moody brauste wieder leicht auf. Mit dem Abnehmen seiner Trauer um Nelufar wuchs seine innere Belastung durch die eigenen Sorgen. Ich erkannte in seinen grüblerischen Augen zunehmend eine Spur Irrationalität. Ich kannte sie von früher, und sie machte mir Angst. Sie brachte mich aus dem Gleichgewicht und versetzte mich in einen Zustand, der nur einen Herzschlag von Panik entfernt war. Zuweilen war ich überzeugt, daß Ellen bereits mit ihm gesprochen hatte; manchmal glaubte ich, daß er auch so genügend Grund hatte, verrückt zu werden.

Am Samstag, als wir uns für die Schule fertigmachten, hatte er eine besonders üble Laune. Weil er uns nicht einen Moment aus den Augen lassen wollte, begleitete er uns zur Schule. Streitsüchtig und gereizt führte er uns die Straße entlang und schubste uns in ein Taxi. Mahtab und ich tauschten ängstliche Blicke, wir wußten, daß uns Ärger bevorstand.

Vor der Schule sagte Moody vor Mahtab zu mir: »Laß sie hier. Sie muß lernen, allein zu bleiben. Bring sie in die Klasse, und komm mit mir nach Hause.«

Mahtab kreischte und klammerte sich an meinen Mantelsaum. Sie war erst fünf Jahre alt und konnte unmöglich erkennen, welche Gefahr größer war: den Zorn ihres Vaters auf sich zu lenken oder von der Mutter getrennt zu werden.

»Mahtab, du mußt stark sein«, sagte ich schnell. Ich versuchte beruhigend zu klingen, aber ich konnte hören, wie meine Stimme zitterte. »Komm mit mir in deine Klasse. Es wird schon gut gehen. Ich hole dich mittags ab.«

Mahtab gab meinem sanften Ziehen nach und folgte mir den Flur entlang. Aber je mehr sie sich der Klasse näherte und sich von ihrem bedrohlichen Vater entfernte und dem Augenblick der Trennung näherkam, desto mehr begann sie zu wimmern und schließlich zu schluchzen. Als wir das Klassenzimmer erreicht hatten, schluchzte sie vor Angst so laut wie an den beiden ersten Schultagen, bevor ich begonnen hatte, im Sekretariat in der Nähe zu warten.

»Mahtab«, bettelte ich. »Du mußt dich beruhigen. Daddy ist wirklich wütend.«

Meine Worte gingen in Mahtabs Geschrei unter. Mit einer Hand klammerte sie sich an mir fest und mit der anderen schubste sie ihre Lehrerin weg.

»Mahtab!« rief ich. »Bitte...«

Plötzlich schrie die ganze Klasse voller Mädchen vor Überraschung und Verlegenheit auf. Mit einer Bewegung hielten sie alle ihre Schals fest und versicherten sich, daß ihre Köpfe ordnungsgemäß verhüllt waren. Ein Mann war in ihr Heiligtum eingedrungen!

Ich blickte hoch und sah Moody. Er ragte hoch über uns auf, seine höherwerdende Stirn war blutrot vor Zorn. Er hielt eine Faust hoch erhoben, um seine Peiniger niederzuschlagen. Aus seinen Augen sprach die aufgestaute Wut von tausend gemarterten Dämonen.

13

Moody packte Mahtab am Arm und gab ihr einen Stoß. Er zerrte sie herum, so daß sie ihn ansehen mußte, und schlug sie hart auf die Wange.

»Nein«, rief ich. »Schlag sie nicht!«

Mahtab schrie vor Schmerz und Überraschung laut auf. Aber es gelang ihr, sich seinem Griff zu entwinden, und sie langte wieder nach meinem Mantelsaum, um sich daran festzuklammern. Ich versuchte mich zwischen die beiden zu stellen, aber er war sehr viel stärker als wir beide zusammen. Blindlings schlug er auf das kleine bewegliche Ziel ein und traf sie am Arm und am Rücken. Mit jedem Schlag wurden Mahtabs Angstschreie lauter.

Ich zog verzweifelt an Mahtabs Arm und versuchte, sie von ihm fortzuzerren. Mit dem linken Arm stieß er Mahtab zur Seite und schleuderte sie gegen die Wand. *Khanom* Schahien und einige der anderen Lehrerinnen bildeten schnell einen schützenden Ring um sie. Sie versuchte zu laufen, sich aus ihrem Griff zu befreien, aber die Lehrerinnen hielten sie zurück.

Moodys Raserei richtete sich sofort einem neuen Ziel zu. Seine rechte Faust krachte gegen meine Schläfe, und ich stolperte taumelnd rückwärts.

»Ich bringe dich um!« brüllte er auf Englisch und funkelte mich wütend an, dann wandte er seinen Blick höhnisch den Lehrerinnen zu, und während er mein Handgelenk wie in einem Schraubstock festklemmte, richtete er sich direkt an

Khanom Schahien: »Ich werde sie umbringen«, wiederholte er leise, giftig. Er zerrte an meinem Arm. Ich leistete noch geringen Widerstand, aber ich war von seinem harten Schlag zu benommen, um mich aus seinem Griff befreien zu können. Irgendwo in meiner Verwirrung und meinem Erschrekken war ich tatsächlich froh, daß er seinen Zorn nun gegen mich gerichtet hatte. Ich beschloß, mit ihm zu gehen, um ihn von Mahtab zu entfernen. Es ist alles in Ordnung, sagte ich mir stumm, wenn er nur nicht bei ihr ist. Solange ich bei ihm bin, ist sie sicher.

»Mach dir keine Sorgen, Mahtab«, schluchzte ich. »Ich komme wieder. Laß uns gehen. Laß uns gehen!«

Khanom Schahien trat vor und umschlang Mahtab mit ihren Armen. Die anderen Lehrerinnen traten beiseite und öffneten einen Durchgang für Moody und mich. Diese Frauen waren allesamt machtlos gegen den Zorn eines einzelnen eindringenden Mannes. Mahtabs Kreischen wurde lauter und verzweifelter, als Moody mich aus dem Klassenzimmer durch den Flur und auf die Straße hinausschleppte. Mir schwindelte vor Angst und Schmerzen, ich stand Todesängste aus vor dem, was Moody mir antun könnte. Würde er mich wirklich umbringen? Wenn ich überlebte, was würde er mit Mahtab machen? Würde ich sie jemals wiedersehen?

Draußen auf der Straße brüllte er einem orangefarbenen Taxi zu: »*Mostaghim!* Geradeaus!«

Das Taxi hielt für uns. Moody öffnete die Hintertür und schob mich grob hinein. Vier oder fünf Iraner drängten sich schon auf der hinteren Bank, deshalb sprang Moody auf den Vordersitz.

Als das Taxi sich schnell in den Verkehr eingliederte, drehte sich Moody, ohne sich um die anderen Fahrgäste zu scheren, zu mir um und schrie: »Du bist ein schlechter Mensch! Ich habe genug von dir. Ich werde dich umbringen! Noch heute werde ich dich umbringen!«

So fuhr er einige Minuten lang fort, bis sich schließlich in der relativen Sicherheit des Taxis in mir der Zorn regte und meine Tränen und meine Angst überwand.

»Ach ja?« erwiderte ich sarkastisch. »Sag mir doch, wie du mich umbringen willst.«

»Mit einem großen Messer. Ich werde dich in Stücke schneiden. Ich werde deine Nase und ein Ohr an deine Familie schicken. Sie werden dich nie wiedersehen. Und mit deinem Sarg schicke ich ihnen die Asche einer verbrannten amerikanischen Fahne.«

Da kehrte die Angst zurück, schlimmer als vorher. Warum hatte ich ihn gereizt? Jetzt war er außer sich, und es war nicht vorauszusehen, was er wohl tun würde. Seine Drohungen klangen auf schaurige Weise echt. Ich *wußte*, daß er zu dem Wahnsinn fähig war, den er da in allen Einzelheiten ausmalte.

Er redete weiter drauflos, brüllte, schrie und fluchte. Ich wagte nicht mehr zu antworten. Ich konnte nur hoffen, daß er seine Wut in Worten statt in Taten ausließ.

Das Taxi eilte weiter, nicht in Richtung Zuhause, sondern zum Krankenhaus, in dem er arbeitete. Er wurde still, während er seinen nächsten Schritt plante.

Als das Taxi in einem Stau anhielt, drehte sich Moody zu mir um und befahl: »Steig aus!«

»Ich steige nicht aus«, sagte ich schnell.

»Ich habe gesagt, *steig aus!!!*« schrie er. Er langte über die Rückenlehne, zog am Griff und machte die Tür auf. Mit seinem anderen Arm gab er mir einen Stoß, und schon fiel ich halb stolpernd auf die Straße. Zu meiner Überraschung blieb Moody sitzen. Bevor ich wußte, wie mir geschah, schlug die Tür laut zu, und das Taxi eilte mit Moody davon.

Umgeben von Menschenmassen, die geschäftig umher eilten, fühlte ich mich dennoch so allein wie nie zuvor. Mein erster Gedanke galt Mahtab. Würde er zur Schule zurückfahren, um sie zu holen, ihr wehzutun, sie mir fortzunehmen? Nein, er war, wie mir klarwurde, auf dem Weg ins Krankenhaus.

Ich wußte, daß Moody mittags zurückkommen würde, um Mahtab von der Schule abzuholen, aber vorher nicht. Ich hatte ein paar Stunden zur Verfügung.

Such ein Telefon! sagte ich mir. Ruf Helen an. Ruf die Polizei. Ruf jeden an, der diesem Alptraum ein Ende setzen könnte.

Ich konnte nirgends ein Telefon finden und hastete eine ganze Weile, während dic Tränen meinen *Rusari* durchweichten, ziellos auf der Straße umher, bis ich die Gegend erkannte. Ich war nur wenige Blocks von Ellens Wohnung entfernt. Ich rannte los und verfluchte dabei den hinderlichen weiten Mantel. Ich betete, daß Ellen zu Hause war, und Hormoz auch. Wenn ich die Botschaft nicht erreichen konnte, mußte ich mich auf Ellen und Hormoz verlassen! Ich mußte mich auf irgend jemanden verlassen!

Als ich mich Ellens Wohnung näherte, fiel mir wieder der Laden ein, in dem sie das Telefon benutzte. Vielleicht konnte ich doch noch die Botschaft erreichen. Ich raste an Ellens Wohnung vorbei und rang, als ich mich dem Laden näherte, um Fassung, um keinen Argwohn auf mich zu lenken. Ich ging hinein und erklärte dem Besitzer so ruhig wie möglich, daß ich Ellens Freundin sei und daß ich telefonieren müsse. Er sagte ja.

Schon bald hatte ich Helen in der Botschaft am Apparat, und meine Fassung war dahin. »Bitte helfen Sie mir. Sie müssen mir helfen«, schluchzte ich.

»Beruhigen Sie sich«, sagte Helen. »Sagen Sie mir, was los ist.«

Ich berichtete, was vorgefallen war.

»Er wird Sie nicht umbringen«, tröstete Helen mich. »Er hat es schon öfters angedroht.«

»Nein, diesmal meint er es ernst. Er will es heute tun. Bitte, Sie müssen mich treffen. Kommen Sie.«

»Können Sie in die Botschaft kommen?« fragte Helen.

Ich rechnete. Ich konnte nicht den langen Weg zur Botschaft machen und mittags rechtzeitig wieder in Mahtabs Schule sein. Ich mußte dort sein, trotz meiner eigenen Gefährdung, um mein Kind zu retten. »Nein«, antwortete ich. »Ich kann nicht in die Botschaft kommen.« Ich wußte, daß Helen tagtäglich von zahllosen Fremden im Iran belagert wurde, und jeder hatte seine traurige, verzweifelte Geschichte. Ihre Zeit war knapp, und es war ihr fast unmöglich, sich freizumachen. Aber ich brauchte sie jetzt. »Sie *müssen* kommen!« rief ich.

»In Ordnung. Wohin?«

»In Mahtabs Schule.«

»In Ordnung.«

Ich eilte zurück zur Hauptstraße, in der ich ein oranges Taxi nehmen konnte. Die Tränen liefen mir über das Gesicht, und ich schob mit fuchtelnden Armen einen Passanten zur Seite, der mich in meiner Flucht behinderte. Ich schoß gerade in dem Moment an Ellens Wohnung vorüber, als Hormoz aus einem offenen Fenster im zweiten Stock guckte. »Betty!« brüllte er. »Wo wollen Sie hin?«

»Nirgends. Alles in Ordnung. Lassen Sie mich in Ruhe.«

Hormoz hörte die Panik in meiner Stimme. Er rannte aus dem Haus und holte mich leicht auf halbem Wege zur Hauptstraße ein. »Was ist los?« fragte er.

»Lassen Sie mich doch einfach in Ruhe«, schluchzte ich.

»Nein, wir lassen Sie nicht in Ruhe. Was ist passiert?«

»Nichts. Ich muß gehen.«

»Kommen Sie herein«, schlug Hormoz vor.

»Nein, ich kann nicht. Ich muß in Mahtabs Schule.«

»Kommen Sie herein«, wiederholte Hormoz sanft. »Sprechen Sie darüber. Und dann bringen wir Sie zur Schule.«

»Nein, ich habe in der Botschaft angerufen, und ein paar Leute von dort treffen mich in der Schule.«

Hormoz iranischer Stolz bäumte sich auf: »Warum haben

Sie in der Botschaft angerufen? Sie haben mit der Botschaft nichts zu schaffen. Lassen Sie die aus dem Spiel. Es gibt nichts, womit die Ihnen helfen können.«

Zur Antwort schluchzte ich.

»Sie machen einen großen Fehler«, meinte Hormoz. »Mit Ihrem Anruf in der Botschaft laden Sie wirklich Moodys Zorn auf sich.«

»Ich gehe«, sagte ich. »Ich fahre in Mahtabs Schule.«

Als er einsah, daß er mich nicht von meinem Vorhaben abbringen konnte und daß ich bei meiner Tochter sein mußte, sagte Hormoz: »Wir bringen Sie hin. Ellen und ich fahren Sie.«

»Ja«, sagte ich. »Möglichst sofort.«

Die Schule war in Aufruhr. *Khanom* Schahien berichtete, daß Mahtab in ihrer Klasse sei, mürrisch zwar, aber ruhig. Sie schlug vor, daß wir sie nicht stören sollten, und ich stimmte zu. Ellen und Hormoz sprachen lange mit der Schulleiterin und ließen sich die Einzelheiten meiner Geschichte bestätigen. Hormoz wirkte besorgt. Es fiel ihm schwer, von Moodys Wahnsinn zu hören und meinen Schmerz zu sehen. Er suchte nach einem Weg, mit der Krise fertigzuwerden, ohne weitere Gefahren auszulösen.

Nach einer Weile kam Mrs. Azhar herbeigeeilt und sagte zu mir: »Draußen will Sie jemand sprechen.«

»Wer?« fragte *Khanom* Schahien mißtrauisch.

Hormoz sagte irgendwas in Farsi zu ihr, und der Gesichtsausdruck der Schulleiterin verfinsterte sich. Sie wollte nicht, daß Angestellte der Schweizer Botschaft in diese Sache verwickelt waren. Trotz ihres ärgerlichen Gesichts ging ich hinaus, um mit ihnen allein zu sprechen.

Helen und Mr. Vincop warteten vor der Schule. Sie geleiteten mich auf den Rücksitz eines neutralen Autos, dem man nicht ansah, daß es zur Botschaft gehörte. Dort erzählte ich ihnen, was vorgefallen war.

»Wir bringen Sie zur Polizei«, erklärte Mr. Vincop.

Die Polizei! Ich hatte lange in tiefer Sorge über diese Möglichkeit nachgedacht und hatte sie jedesmal wieder verworfen. Die Polizei war iranisch, das ausführende Organ des iranischen Gesetzes. Nach iranischem Gesetz war Moody der Herrscher über seine Familie. Die Polizei konnte zuweilen helfen, aber ich fürchtete ihre endgültige Lösung. Sie hatte die Macht, mich zu deportieren, mich zu zwingen, das Land ohne meine Tochter zu verlassen. Mahtab wäre dann für immer bei ihrem geisteskranken Vater in diesem verrückten Land gefangen. Aber nun erschien auch mir die Polizei als die einzige Alternative. Je mehr ich über die Geschehnisse des Morgens nachdachte, desto überzeugter war ich, daß Moody seine Drohungen wahrmachen würde. Ich machte mir um Mahtab und mich Sorgen.

»In Ordnung«, sagte ich. »Ich gehe zur Polizei. Aber zuerst muß ich Mahtab holen.«

Ich ging wieder in die Schule, wo Ellen und Hormoz immer noch mit *Khanom* Schahien diskutierten.

»Ich nehme Mahtab jetzt mit«, sagte ich.

Mrs. Azhar übersetzte meine Ankündigung und *Khanom* Schahiens Erwiderung. Als die Worte bei mir ankamen, spiegelten sie einen ernsten, ja zornigen Wandel in der Haltung der Schulleiterin. Monatelang, und insbesondere heute morgen, war sie in diesem Kleinkrieg gegen meinen Mann deutlich auf meiner Seite gewesen. Doch nun hatte ich die unverzeihliche Sünde begangen, Beamte der Interessenvertretung der USA in ihren Einflußbereich zu bringen. Technisch gesehen waren sie Schweizer Beamte, aber sie vertraten die USA. *Khanom* Schahiens Aufgabe war es, antiamerikanische Propaganda zu denken, zu lehren und zu predigen. Sie war aufgrund ihrer festgefügten politischen Überzeugung für ihre Position ausgewählt worden.

Khanom Schahien sagte: »Wir können sie nicht herausgeben. Hier herrscht islamisches Recht. Dies ist eine islamische Schule, und wir müssen uns nach den Gesetzen richten, und dem Gesetz nach gehört das Kind dem Vater. In dieser Situation können wir Ihnen das Kind keinesfalls geben.«

»Sie müssen aber!« schrie ich. »Er wird ihr wehtun.«

Khanom Schahien wurde noch ernster. »Nein«, sagte sie und fügte hinzu: »Sie hätten niemals die Leute von der Botschaft hierher bringen dürfen.«

»Gut, kommen Sie denn mit Mahtab und mir zur Polizei? Kommt jemand aus der Schule mit uns?«

»Nein«, erwiderte *Khanom* Schahien. »Wir wissen von nichts.«

»Aber er hat in Ihrer Gegenwart gesagt, daß er mich umbringen will!«

»Wir wissen von nichts«, erwiderte die Schulleiterin.

Mein Blick fiel auf *Khanom* Matavi, eine der Büroangestellten, die meine gelehrigste Englisch-Schülerin war. »Wie ist das mit Ihnen?« fragte ich. »Sie haben ihn gehört.«

»Ja«, antwortete sie. »Ich habe ihn gehört.«

»Würden Sie mit mir zur Polizei gehen?«

Khanom Matavi warf einen schnellen Blick auf *Khanom* Schahien, die den Kopf hob und mit der Zunge klickte. Nein.

»Während der Schulstunden kann ich nicht«, sagte *Khanom* Matavi. »Aber nach der Schule würde ich mit Ihnen zur Polizei gehen und ihnen sagen, daß er gesagt hat, er würde Sie umbringen.«

Khanom Schahien runzelte angesichts dieser Unverfrorenheit die Stirn.

Total frustriert, vor Angst taub und vom islamischen Gesetz, das mir den Zugang zu meiner eigenen Tochter verweigerte, entsetzt, zog ich mich nach draußen zurück, in das Botschaftsauto.

»Sie geben Mahtab nicht heraus«, weinte ich. »Sie weigern sich, zur Polizei zu gehen.«

»Was werden Sie tun?« fragte Helen.

»Das weiß ich nicht«, erwiderte ich. Die Worte »Polizei« und »islamisches Gesetz« wirbelten mir im Kopf herum. Wenn das islamische Gesetz *Khanom* Schahien so in seinem Bann hielt, wieviel Mitgefühl konnte ich dann von der Polizei erwarten? Es würden Männer sein. Nun war ich sicher, daß zur Polizei zu gehen hieß, Mahtab für immer zu verlieren. Das konnte ich nicht tun, selbst wenn es bedeutete, mein Leben aufs Spiel zu setzen. Konnte ich darauf setzen, daß Moody sich beruhigen würde, daß seine Drohungen nicht umgesetzt würden, daß ich noch einen Tag leben würde? Hatte ich überhaupt eine Wahl?

Helen und Mr. Vincop bemühten sich, mir zu helfen, vernünftig zu denken. Sie verstanden meine Ängste hinsichtlich der Polizei. Die waren begründet. Sie machten sich auch Sorgen um meine Sicherheit und um das unschuldige fünfjährige Kind mitten in diesem brodelnden Wahnsinn.

Laut nachdenkend erzählte ich ihnen von Miss Alavi und ihren Plänen, Mahtab und mich mit der Hilfe ihres Bruders nach Pakistan zu schmuggeln.

»Wir stehen so kurz davor«, sagte ich. »Wahrscheinlich muß ich einfach abwarten, was geschieht. Vielleicht kommen wir auf diesem Weg aus dem Land.«

»Sie sind verrückt«, sagte Helen freundlich. »Gehen Sie zur Polizei. Verlassen Sie das Land auf diesem Weg. Lassen Sie Mahtab hier.«

»Niemals«, schnappte ich, wieder einmal von Helens Unbekümmertheit überrascht. Helen war ein herzlicher Mensch, und sie wollte mir nicht wehtun. Ich mußte daran denken, daß sie Iranerin war, wenn auch armenischer Abstammung. Sie war mit einer anderen Einstellung groß geworden. Für sie gehörten Kinder tatsächlich dem Vater. Sie konnte sich einfach nicht mit meinem mütterlichen Instinkt identifizieren.

»Sie gehen nicht zur Polizei?« fragte Mr. Vincop.

»Nein, wenn ich das tue, werde ich Mahtab nie wiedersehen.«

Der Botschaftsangehörige seufzte tief. »Na gut«, sagte er. »Wir können im Moment nicht viel mehr für sie tun. Vielleicht sollten wir mit Ihren Freunden sprechen.«

Ich rief Ellen und Hormoz heraus.

»Können Sie ihr helfen?« fragte Mr. Vincop.

»Ja«, erwiderte Hormoz. »Wir werden sie nicht allein hierlassen. Wir werden hier bleiben, bis Moody kommt. Wir nehmen Betty und Mahtab mit zu uns, wo sie in Sicherheit sind. Wir behalten sie bei uns, bis sich diese Angelegenheit geklärt hat.«

Jetzt waren alle ruhiger. Ellen und Hormoz waren auf ihre iranische Art bereit zu helfen. Helen und Mr. Vincop gaben mir beide ihre privaten Telefonnummern und baten mich, sie sofort anzurufen, wenn sich weitere Probleme ergaben, und dann fuhren sie ab.

Ellen, Hormoz und ich warteten vor der Schule in ihrem Auto auf Moodys Ankunft. Irgendwann sagte Hormoz: »Wir haben beschlossen, daß wir, obwohl es unsere islamische Pflicht wäre, Moody nichts von den Leuten aus der Botschaft oder über Ihre Pläne sagen werden. Jetzt nicht. Aber Sie müssen versprechen, dies durchzustehen und Sie müssen versprechen, nichts zu versuchen.«

»Danke«, flüsterte ich. »Ich verspreche, im Iran zu bleiben, wenn ich mit Mahtab zusammensein kann. Ich verspreche, keine Fluchtversuche zu machen.«

Ich hätte es auf den Koran geschworen.

Kurz vor Mittag hielt ein oranges Taxi vor der Schule, und Moody sprang heraus. Er erblickte uns sofort in Hormoz' Auto.

»Warum ziehst du sie in diese Sache mit hinein?« schrie er mich an.

»Das hat sie nicht getan«, unterbrach Hormoz. »Sie

wollte nicht, daß wir mitkamen, aber wir haben darauf bestanden.«

»Das ist nicht wahr«, beschuldigte Moody sie. »Sie ist losgegangen, um euch zu holen. Sie zieht euch mit in unsere Privatangelegenheit hinein.«

Anders als Mammal und Reza, die nicht wagten, sich ihrem *Da'idschan* entgegenzustellen, stand Hormoz seinen Mann. Jünger, stärker und weitaus muskulöser, war ihm klar, daß er, wenn es sein mußte, Moody einen Dämpfer aufsetzen konnte, und Moody wußte das auch. Aber Hormoz versuchte es über die Vernunft.

»Laßt uns Mahtab holen und zu uns fahren und die Sache besprechen«, schlug er vor.

Moody wog die Alternativen ab, sah ein, daß ich im Moment unter Ellens und Hormoz' Schutz stand, und willigte ein.

Wir verbrachten den Nachmittag in ihrer Wohnung. Mahtab lauschte, ängstlich an mich geklammert und in meinen Schoß gekuschelt, furchtsam Moodys Tirade. Er erzählte Ellen und Hormoz, was für eine schlechte Ehefrau ich sei. Er hätte sich schon vor Jahren scheiden lassen sollen. Er sagte ihnen, daß ich den Ayatollah Khomeini haßte, was ja stimmte und ohne weiteres glaubwürdig war, und daß ich eine Agentin des CIA sei, was lächerlich, aber doch ein guter Beweis für den Grad seines Wahnsinns war.

Nun fühlte ich, daß ich eine Gelegenheit hatte, mich zu wehren. »Ich habe es so satt, ihn in Schutz zu nehmen«, knurrte ich. »Der Grund, warum er im Iran bleiben will, ist, daß er ein schlechter Arzt ist.« Ich glaubte das nicht; Moody ist ein kompetenter, ja ein ausgezeichneter Arzt, aber ich war nicht in Stimmung, gerecht zu kämpfen. »Er ist so ein schlechter Arzt, daß sie ihn aus dem Krankenhaus von Alpena hinausgeworfen haben«, sagte ich. »Er hatte ein Verfahren nach dem anderen am Hals, einen Fall von Fahrlässigkeit nach dem anderen.«

Wir beleidigten uns einige Zeitlang gegenseitig schwer, bevor Hormoz Moody mit der fadenscheinigen Ausrede, für Ellen Zigaretten holen zu müssen, zu einem Spaziergang aus dem Haus lockte.

Ellen nutzte die Gelegenheit, um mich mit guten Ratschlägen zu bearbeiten. »Sag nichts Böses mehr«, riet sie. »Sitze nur stumm da und laß ihn alles über dich sagen, was er will, und gib keine bösen Antworten. Sei nur nett zu ihm. Es ist gleichgültig, was er sagt.«

»Aber er sagt soviel über mich, was nicht stimmt.«

»Es macht iranische Männer wirklich wütend, wenn du schlecht von ihnen redest«, warnte Ellen.

Der Kampf entbrannte erneut, als Hormoz und Moody wiederkamen. Voll Abscheu gegen mich selbst versuchte ich nach Ellens Rat zu handeln und biß mir auf die Lippen, während ich zuhörte, was Moody mir wütend an den Kopf warf. Seine Worte konnten mich nicht körperlich verletzen, das wußte ich, und Ellen und Hormoz hatten mir ja in ihrem Haus Zuflucht versprochen. Also saß ich ergeben da und erlaubte Moody, seiner wahnsinnigen Wut Luft zu machen.

Es schien zu funktionieren. Er beruhigte sich allmählich, und im Laufe des Nachmittags arbeitete Hormoz diplomatisch daran, unseren Streit beizulegen. Er wollte, daß wir uns versöhnten. Er wollte, daß wir glücklich waren. Er wußte, daß eine Mischehe funktionieren konnte. Schließlich war er glücklich. Ellen war glücklich, oder jedenfalls hielt er sie dafür.

Schließlich sagte Moody: »Gut, wir fahren nach Hause.«

»Nein«, sagte Hormoz. »Ihr müßt bleiben, bis alles aus der Welt ist.«

»Nein«, knurrte Moody. »Wir fahren heim. Wir bleiben nicht bei euch.«

Zu meinem Entsetzen erwiderte Hormoz: »In Ordnung. Aber wir würden euch gern hier haben.«

»Ihr könnt mich nicht zwingen, mit ihm zu gehen«,

weinte ich. »Ihr habt's versprochen«, ich biß mir auf die Zunge, um nicht mit den »Leuten von der Botschaft« herauszuplatzen, »ihr habt versprochen, uns zu beschützen. Ihr könnt mich nicht mit ihm nach Hause schicken.«

»Er wird Ihnen nichts tun«, sagte Hormoz, während er Moody in die Augen sah. »Das ist alles nur leeres Gerede«, fügte er mit einem Lachen hinzu.

»Wir gehen«, wiederholte Moody.

»Ja«, stimmte Hormoz zu.

Mahtab wurde in meinem Schoß ganz steif. Sollten wir auf Gedeih und Verderb diesem Wahnsinnigen ausgeliefert werden? Diesem Mann, der heute geschworen hatte, er wolle mich umbringen?

»Komm schon«, knurrte Moody.

Als Moody sich bereitmachte, uns mitzunehmen, gelang es mir, einen Moment mit Ellen allein zu sein. »Bitte laß von dir hören«, schluchzte ich. »Ich weiß, daß etwas geschehen wird.«

Wir stiegen in der Schariati-Straße vor einem Obstsaftgeschäft aus dem orangefarbenen Taxi aus. Trotz der Schrekken des Tages entdeckte Mahtab in der Auslage einen seltenen Leckerbissen.

»Erdbeeren!« quietschte sie.

Ich hatte nicht gewußt, daß es im Iran Erdbeeren gab.

»Können wir Erdbeeren kaufen, Daddy?« fragte Mahtab. »Bitte.«

Moody wurde sofort wieder wütend. »Du brauchst keine Erdbeeren«, sagte er. »Sie sind zu teuer.«

Mahtab weinte.

»Macht, daß ihr nach Hause kommt!« knurrte Moody und schob uns beide in die Seitengasse.

14

Wie viele schlaflose Nächte hatte ich in dieser tristen Umgebung verbracht? Dies war wieder eine davon, und bei weitem die schlimmste.

Moody ignorierte mich den ganzen Abend lang und unterhielt sich mit Mammal und Nasserine in verschwörerischem Ton. Als er schließlich weit nach Mitternacht ins Bett kam, war ich immer noch hellwach vor Angst, aber ich stellte mich schlafend.

Er schien schnell einzuschlafen, aber ich blieb argwöhnisch, und als die dunkle Nacht langsam verstrich, wurde meine Angst immer größer. Ich konnte weder von Mammal oder Reza noch von irgend jemand anderem Schutz erhoffen, und von Moody hatte ich nur zunehmende Wahnsinnsanwandlungen zu erwarten. Die Angst hielt mich wach – die Angst, daß er sich aus seinem unruhigen Schlummer erheben und mit einem Messer, einem Stück Seil, seinen bloßen Händen über mich herfallen würde. Vielleicht würde er versuchen, mir eine schnelle, tödliche Spritze zu geben.

Jeder Augenblick dauerte unendlich lange. Meine Ohren lauschten angespannt auf jedes Geräusch, das Ärger verhieß, meine Arme schmerzten, weil ich meine Tochter eng an mich gedrückt hielt, in meinem Kopf wirbelten unaufhörliche Gebete, ich erwartete meine letzte Stunde, machtlos gegen die Wut meines wahnsinnigen Mannes.

Nach einer Ewigkeit plärrte der Ruf des *Azan* aus den Lautsprechern der Stadt, und ein paar Minuten später hörte ich Moody in der Diele, als er zusammen mit Mammal und Nasserine seine Gebete sprach. Mahtab bewegte sich unruhig im Bett. Der erste schwache Schimmer einer kalten Morgendämmerung durchdrang die entsetzliche Nacht.

Mahtab stand auf, um zur Schule zu gehen – Sie zitterte schon vor Angst, preßte die Hände auf den Bauch und klagte über Schmerzen. Ihre morgendlichen Verrichtungen wurden von zahlreichen Gängen ins Badezimmer unterbrochen.

Nun wußte ich, *wußte* ich ganz sicher in meinem Herzen, was Moodys nächster Plan war. Ich konnte es in seinen Augen sehen und in seiner Stimme hören, als er Mahtab zur Eile antrieb und zu mir sagte: »Ich bringe sie heute in die Schule. Du bleibst hier.« Mahtab und ich waren in diesen letzten acht Monaten unzertrennliche Verbündete gewesen im Kampf gegen Moodys grandiosen Traum, uns in eine iranische Familie zu verwandeln. Zusammen konnten wir Widerstand leisten, getrennt würden wir sicher erliegen.

»Wenn er dich mitnehmen will, mußt du mit ihm gehen«, sagte ich sanft zu Mahtab mit Tränen in den Augen, als wir uns an dem Morgen im Badezimmer aneinanderklammerten. »Du mußt nett zu Daddy sein, auch wenn er dich von mir wegholt und dich nicht wieder zurückbringt. Erzähl keinem, daß wir zusammen zur Botschaft gegangen sind. Und sag niemals irgend jemandem, daß wir versucht haben, zu fliehen. Auch wenn sie dich schlagen, sag es nicht. Denn wenn du es verrätst, werden wir hier nie rauskommen. Du mußt es einfach als unser Geheimnis bewahren.«

»Ich will nicht, daß er mich von dir wegholt«, weinte Mahtab.

»Das weiß ich. Ich könnte es auch nicht ertragen. Aber wenn er es tut, mach dir keine Sorgen. Denk daran, daß du nie allein bist. Denk einfach daran, daß Gott immer bei dir ist, ganz egal, wie allein du dich fühlst. Bete, immer wenn du Angst hast. Und denk daran, daß ich dieses Land nicht ohne dich verlassen werde. Niemals. Eines Tages werden wir schon rauskommen.«

Als Mahtab endlich angezogen und für die Schule fertig war, war sie schon spät dran. Moody im dunkelblauen Nadelstreifenanzug war ungeduldig und wollte gehen. Er würde auch zu spät ins Krankenhaus kommen. Sein ganzes Gehabe deutete darauf hin, daß er für eine neue Explosion geladen war, und Mahtab zündete die Lunte an, als sie, gerade als Moody mit ihr aus der Tür gehen wollte, wieder aufstöhnte und Erleichterung suchend ins Badezimmer rannte. Moody hastete hinter ihr her und zog sie zur Tür zurück.

»Sie ist so krank!« schrie ich. »Das kannst du ihr nicht antun.«

»Und ob ich das kann«, knurrte er.

»Bitte, laß mich mit euch gehen.«

»Nein!« Er gab Mahtab eine Ohrfeige, und sie schrie auf.

Wieder verschwanden alle Gedanken an meine eigene Sicherheit aus meinem Kopf. Verzweifelt stürzte ich mich auf Moody, um Mahtab vor allen unbekannten Schrecken zu bewahren, die sie erwarten mochten. Ich zerrte wie wild an seinem Arm, und meine Nägel rissen ein Loch in seinen Anzug.

Moody schleuderte Mahtab auf die Seite und ergriff mich, warf mich auf den Boden und fiel über mich her. Er nahm meinen Kopf in beide Hände und schlug ihn mehrmals auf den Boden.

Schreiend rannte Mahtab in die Küche und suchte Nasserine. Moody drehte sich einen Moment lang um, sein Blick folgte ihr auf der Flucht, und ich nutzte die Gelegenheit, um mich zu wehren. Meine Nägel zerkratzten ihm das Gesicht, meine Finger rissen an seinen Haaren. Wir rangen eine Zeitlang auf dem Boden, bevor er mit einem tückischen Faustschlag in mein Gesicht die Gewalt über mich zurückgewann.

Als sie niemanden in der Küche fand, rannte Mahtab durch die Diele zu Mammals und Nasserines Schlafzimmer.

»Bitte, helft mir! Helft mir doch!« schrie ich. Mahtab rüttelte an der Schlafzimmertür, aber sie war abgeschlossen. Kein Laut drang heraus. Kein Angebot, mir zu helfen.

Mit der aufgestauten Frustration und Wut von acht Monaten gelang es mir, Moody mit der Kraft meines Widerstandes zu überraschen. Tretend, beißend, nach seinen Augen kratzend und mit dem Versuch, ihm mein Knie in die Eingeweide zu rammen, beanspruchte ich seine ganze Aufmerksamkeit.

»Renn nach unten zu Essey!« brüllte ich Mahtab zu.

Mahtab weinte und schrie. Sie hatte um mein Leben genauso viel Angst wie um ihr eigenes und wollte mich nicht mit diesem Verrückten allein lassen, der Daddy hieß. Sie griff ihn von hinten mit ihren winzigen Fäusten an, und prügelte in Ohnmacht und Hoffnungslosigkeit auf ihn ein. Sie schlang ihre Arme um seine Hüften und versuchte, ihn so von mir wegzuziehen. Wütend schlug er nach ihr und schleuderte sie einfach zur Seite.

»Geh, Mahtab!« wiederholte ich. »Lauf zu Essey.«

Verzweifelt verschwand mein Kind schließlich durch die Tür. Sie rannte nach unten, während Moody und ich weiterkämpften. Und ich war sicher, daß es unser letzter Kampf sein würde.

Moody biß so fest in meinen Arm, daß er blutete. Ich schrie und wand mich aus seiner Umklammerung. Es gelang mir, ihn in die Seite zu treten. Aber das rief mehr Wut als Schmerz bei ihm hervor. Er ergriff mich mit seinen beiden mächtigen Armen und warf mich auf den harten Boden. Ich landete auf dem Rücken und fühlte, wie die Schmerzen durch meinen ganzen Körper schossen.

Jetzt konnte ich mich kaum noch bewegen. Mehrere Minuten lang stand er über mir, fluchte wie wild, trat nach mir und beugte sich vor, um mich zu schlagen. An den

Haaren zog er mich über den Boden. Ganze Büschel behielt er in den Händen.

Er hielt inne und schnappte nach Luft. Ich lag wimmernd da und konnte mich nicht bewegen.

Plötzlich drehte er sich auf dem Fuße um und rannte hinaus auf den Treppenabsatz vor der Wohnung. Die schwere Holztür knallte zu, und dann hörte ich, wie sich der Schlüssel drehte, als er die Tür zur besonderen Sicherheit gleich zweimal abschloß. Kurz darauf hörte ich Mahtab schreien. Die schrecklichen Geräusche wurden zwar durch die Tür und das Treppenhaus, das zu Esseys Wohnung nach unten führte, gedämpft, aber sie brachen mir trotzdem das Herz. Dann war nur noch Stille.

Es dauerte mehrere Minuten, bevor ich mich aufsetzen, und noch länger, bis ich aufstehen konnte. Ich stolperte zum Badezimmer und verdrängte meine eigenen Schmerzen in verzweifelter Sorge um Mahtab. Dort angekommen gelang es mir, trotz der heißen Eisen, die meinen Rücken bei jeder Bewegung zu foltern schienen, auf die Toilette zu klettern und von da aus, auf Zehenspitzen, mein Ohr an einen Ventilationsschacht zu pressen, der diesen Raum mit dem Badezimmer unten verband. Durch diese Verbindung konnte ich hören, wie Moody sich bei Essey über mich beschwerte und alle möglichen Schwüre und Flüche vor sich hinknurrte. Esseys Antworten waren freundlich und höflich. Von Mahtab war kein Ton zu hören.

Dies ging eine Weile so weiter. Ich hätte schreien können vor Rückenschmerzen, die durch die Anstrengung, auf Zehenspitzen zu stehen, noch verstärkt wurden, aber ich konnte mich jetzt nicht meinen Qualen hingeben. Die Unterhaltung unten wurde immer leiser, so daß ich schließlich nicht mehr die einzelnen Worte auf Farsi unterscheiden konnte. Dann plötzlich hörte ich Mahtab, sie schrie wieder.

Meine Ohren folgten diesen Schreien, als sie sich von Esseys Wohnung in die Halle und aus der Haustür hinaus bewegten. Die Eisentür schlug mit dem dumpfen, schrecklichen Widerhall eines Gefängnistors zu.

Nachdem ich mühsam von der Toilette heruntergeklettert war, rannte ich zu Mammals und Nasserines Schlafzimmer, fand den Schlüssel im Schloß und öffnete die Tür. Das Zimmer war leer. Schnell hastete ich ans Fenster, das nach vorne hinaus zeigte. Ich mußte meine Nase an die Scheibe pressen und meine Stirn an die Eisengitter drücken, um auch nur einen flüchtigen Blick von dem Treiben unten zu erhaschen. Dort war Moody, sein zerrissener Ärmel war wieder genäht – von Essey natürlich. Er hatte Mahtab fest unter einen Arm gepreßt und hielt sie so in der Gewalt, obwohl sie trat und versuchte, sich aus seinem Griff zu befreien. Mit der freien Hand faltete er Amirs Buggy auseinander, warf Mahtab hinein und band ihr Arme und Beine fest.

Ich war völlig niedergeschlagen von dem entsetzlichen Gedanken, daß ich Mahtab nie wiedersehen würde. Ich war fest davon überzeugt. Ich wirbelte herum, rannte in unser Schlafzimmer, riß Moodys 35 mm-Kamera aus dem Wandschrank und kehrte gerade noch rechtzeitig zum Fenster zurück, um ein Bild von den beiden zu schießen, als sie die Straße in Richtung Schariati-Straße hinuntergingen. Mahtab schrie immer noch, aber Moody war unempfindlich gegen ihren Protest.

Ich sah ihnen durch einen Tränenschleier nach, auch noch, als sie schon längst nicht mehr zu sehen waren. Ich werde sie nie wiedersehen, wiederholte ich vor mir selbst.

»Bist du okay?«

Das war Essey, die durch den Ventilationsschacht im Badezimmer rief. Sie mußte mich weinen gehört haben, als ich versuchte, mir das Blut abzuwaschen.

»Ja«, rief ich zurück. »Bitte, ich möchte mit dir reden.« So konnten wir uns nicht unterhalten, denn wir mußten schreien, um einander zu verstehen. »Bitte, geh nach hinten in den Hof, damit ich mit dir sprechen kann«, bat ich.

Ich schleppte meinen widerstrebenden Körper auf den hinteren Balkon und sah, daß Essey unten im Hof auf mich wartete.

»Warum hast du Moody hereingelassen?« fragte ich und schluchzte heftig. »Warum hast du Mahtab nicht beschützt?«

»Sie sind beide zur gleichen Zeit hereingekommen«, erklärte Essey. »Sie hatte sich unter der Treppe versteckt. Er hat sie gefunden und mit hereingebracht.«

Arme Mahtab!, ich weinte innerlich. Zu Essey sagte ich: »Bitte, du mußt mir helfen.«

»Reza ist zur Arbeit gegangen«, sagte Essey. In ihren Augen und ihrem Verhalten war ehrliche Anteilnahme zu sehen, aber auch die anerzogene Vorsicht der iranischen Frauen. Sie würde für mich tun, was sie konnte, aber sie wagte nicht, gegen die Wünsche ihres Mannes oder dessen *Da'idschan* zu handeln. »Es tut mir wirklich leid, aber wir können nichts tun.«

»Geht es Mahtab gut? Wo ist sie?«

»Ich weiß nicht, wo er sie hingebracht hat.«

Wir beide hörten, daß Mehdi, Esseys Baby, anfing zu schreien. »Ich muß wieder reingehen«, sagte sie.

Ich ging zurück in die Wohnung. Die Botschaft anrufen! dachte ich. Warum hatte ich das nicht schon längst getan? Falls ich dort Helen oder Mr. Vincop nicht erreichen konnte, hatte ich auch ihre privaten Telefonnummern. Ich eilte in die Küche – aber dort war kein Telefon mehr.

Die Erkenntnis, daß Moody die Ereignisse dieses Morgens mit äußerster Präzision geplant hatte, wurde mir immer deutlicher. Wo war Mammal? Wo war Nasserine? Wo war das Telefon? Meine Lage war noch ernster, als ich befürchtet hatte. Ich zwang mich, vernünftig zu überlegen, um Möglichkeiten des Gegenangriffs zu finden.

Schon geübt in der Rolle des gefangenen Tieres, erkundete ich instinktiv meine Umgebung. Ich hatte keinen festen

Plan, aber ich wußte, daß ich nach Schwachpunkten in Moodys neuer Falle suchen mußte. Ich ging zurück auf den Balkon, verwarf aber die Möglichkeit, dort hinunterzuspringen, weil ich dann nur in Rezas und Esseys Hinterhof gefangen sein würde, der von einer hohen Backsteinmauer umgeben war.

An einer Seite des Balkons verlief ein schmaler Sims, nur ein paar Zentimeter breit, der zu dem Dach des eingeschossigen Nachbarhauses führte. Diesen Sims konnte ich von unserem Schlafzimmerfenster aus erreichen und vielleicht von dort auf das Nachbardach springen, auch wenn das beängstigend schien. Aber was dann? Würde die Balkontür der Nachbarn offen sein? Würde jemand zu Hause sein? Würden die Nachbarn mir helfen oder die Polizei anrufen? Und selbst wenn ich mich befreien konnte, was wurde dann aus Mahtab?

In meinem Kopf, der von Moodys Schlägen hämmernd schmerzte, schwirrten all die Ängste und Möglichkeiten durcheinander.

Die Vollständigkeit meiner Isolation erdrückte mich schier. Ich mußte Kontakt – irgendeinen Kontakt – mit der Außenwelt aufnehmen. Schnell ging ich in Mammals und Nasserines Schlafzimmer und zurück zu dem Fenster, das auf die Straßenseite des Hauses hinauszeigte. Draußen ging das Spektakel eines ganz gewöhnlichen Tages weiter, unablässig und unbeeinflußt von meinem persönlichen Unglück. Es erschien mir wichtig, näher an diese Männer und Frauen heranzukommen, die dort eilig ihren Geschäften nachgingen.

Das Fenster war mit Eisenstäben gesichert, die ungefähr im Abstand von zehn Zentimetern angebracht waren, und vor diesen nach der Innenseite des Hauses hin befand sich eine Glasscheibe, die meine Sicht behinderte. Der Bürgersteig unter mir war nur dreißig Zentimeter breit und lag dicht am Haus, so daß ich ihn nicht direkt sehen konnte.

Wenn es mir gelang, die Glasscheibe wegzunehmen, könnte ich meinen Kopf an die Gitterstäbe pressen und hinunter auf den Gehweg spähen. Die Scheibe wurde von mehreren Schrauben festgehalten, also durchsuchte ich die Wohnung nach einem Schraubenzieher. Da ich keinen fand, nahm ich ein Messer aus der Küche und benutzte es statt dessen.

Als ich die Scheibe abgenommen hatte, strengte ich mich sehr an, nach unten zu schauen. Jetzt konnte ich die tägliche Parade vorbeiziehen sehen, aber was hatte ich damit erreicht? Niemand dort unten würde mir helfen. Niedergeschlagen brachte ich die Scheibe wieder an, damit Moody es nicht bemerkte.

Wieder in der Diele stellte ich fest, daß Moody mich noch weiter einsperren konnte. Alle Innentüren der Wohnung waren mit Schlössern ausgestattet. Er konnte mich in der Diele einschließen, wenn er wollte. Noch einmal durchsuchte ich das Haus nach Werkzeug – oder nach Waffen – und nahm schließlich ein spitzes Schälmesser aus der Küche. Ich versteckte es mit dem Schraubenziehermesser unter einem der Perserteppiche in der Halle. Wenn Moody mich hier einschloß, konnte ich die Werkzeuge dazu benutzen, die Nägel von den Scharnieren der Tür abzuhebeln.

Ich durchsuchte die Wohnung weiter und erinnerte mich daran, daß es ein Innenfenster in der Wand zwischen dem Eßzimmer und dem Treppenabsatz im zweiten Stock gab. Moody hatte diesen Ausgang vergessen. Mit einer Gardine verhängt, fiel das Fenster kaum auf.

Es war nicht verschlossen und ging leicht auf, als ich es berührte. Ich steckte meinen Kopf hindurch und taxierte die Möglichkeiten. Ich konnte ziemlich leicht hindurchklettern und den Treppenabsatz erreichen, aber von der eisernen Haustür, die ständig abgeschlossen war, würde ich immer noch gefangengehalten werden. Ich betrachtete die Stufen, die von diesem Treppenabsatz im zweiten Stock an Mammals und Nasserines Wohnung vorbei zum Dach führten. Ich konnte auf das Flachdach hinausgelangen und auf das Dach eines angrenzenden Gebäudes springen. Aber was dann? Würde irgendeine Nachbarin es wagen, eine Amerikanerin auf der Flucht in ihre Wohnung und auf die Straße zu lassen? Und selbst wenn, ich wäre dann immer noch ohne Mahtab.

Tränen liefen mir über das Gesicht. Ich wußte, daß mein Leben vorbei war, ich wußte, daß Moody meine Existenz jeden Augenblick auslöschen konnte und auch dazu bereit war, und mir wurde klar, daß ich noch andere Leben beschützen mußte. Schnell griff ich nach meinem Adreßbuch, blätterte die Seiten durch und radierte rasch einige Telefonnummern aus. Obwohl sie verschlüsselt waren, wollte ich nicht das Leben von irgend jemand in Gefahr bringen, der auch nur den geringsten Versuch gemacht hatte, mir zu helfen.

Mehrere Zettel mit unverschlüsselten Telefonnummern lagen zwischen den Seiten meines Adreßbuches. Ich verbrannte diese Papierstückchen in einem Durchschlag und spülte die Asche die Toilette hinunter.

Erschöpft von allem, was in diesen letzten entsetzlichen Tagen geschehen war, sank ich schließlich zu Boden und lag dort, ich weiß nicht wie lange, wie betäubt. Vielleicht nickte ich ein.

Ich wurde von dem Geräusch eines Schlüssels im Schloß dieser oberen Wohnung aufgeschreckt. Bevor ich Zeit hatte, zu reagieren, trat Essey ein. Sie trug ein Tablett mit Essen.

»Bitte, iß«, sagte sie.

Ich nahm das Tablett, dankte ihr für das Essen und versuchte, ein Gespräch mit ihr anzufangen, aber Essey war ängstlich und abwehrend. Sie drehte sich sofort wieder zur Tür. »Es tut mir leid«, sagte sie leise, bevor sie ging und mich wieder einschloß. Das Geräusch des Schlüssels, der sich im Schloß drehte, hallte durch meinen Kopf. Ich trug das Tablett in die Küche und ließ das Essen unberührt.

Es vergingen Stunden der Frustration, bis Moody kurz vor Mittag zurückkam. Allein.

»Wo ist sie?« schrie ich.

»Das brauchst du nicht zu wissen«, antwortete er finster. »Mach dir um sie keine Sorgen. Ich werde jetzt auf sie aufpassen.«

Er drängte sich an mir vorbei und stapfte ins Schlafzimmer. Ich gestattete mir einen Augenblick perversen Vergnügens, als ich die Spuren meiner Fingernägel überall auf seinem Gesicht sah. Aber dieses Gefühl verflüchtigte sich schnell wieder angesichts meiner eigenen, viel tieferen Wunden. Wo war mein Kind?

Moody kam schnell wieder in die Diele, hatte ein paar von Mahtabs Kleidern in der Hand und auch die Puppe, die wir ihr zum Geburtstag geschenkt hatten.

»Sie will ihre Puppe haben«, sagte er.

»Wo ist sie? Bitte, laß sie mich sehen.«

Ohne ein weiteres Wort stieß Moody mich zur Seite, ging und schloß die Tür zweimal hinter sich ab.

Später am Nachmittag, als ich wegen meiner hämmernden Rückenschmerzen zusammengerollt auf dem Bett lag, hörte ich das Läuten der Türklingel. Jemand stand draußen auf dem Bürgersteig. Ich rannte zur Gegensprechanlage, die es mir erlaubte, mit jedem zu sprechen, der da zu Besuch gekommen war. Es war Ellen. »Ich bin hier eingeschlossen«, sagte ich. »Warte, ich komme zum Fenster. Von da aus können wir reden.«

Schnell entfernte ich die Scheibe vom Fenster und lehnte meinen Kopf gegen die Eisenstäbe. Ellen stand auf dem Gehweg mit ihren Kindern Maryam und Ali. »Ich bin gekommen, um nach dir zu sehen«, sagte sie. Dann fügte sie hinzu: »Ali hat Durst. Er möchte etwas trinken.«

»Ich kann dir nichts zu trinken geben«, erklärte ich Ali. »Ich bin hier eingesperrt.«

Essey hörte das natürlich alles und erschien bald draußen auf dem Gehweg mit einer Tasse Wasser für Ali.

»Was können wir tun?« fragte Ellen. Auch Essey wollte gern eine Antwort auf diese Frage haben.

»Geh und hol Hormoz«, schlug ich vor. »Versucht, mit Moody zu reden.«

Ellen willigte ein. Sie scheuchte ihre Kinder den überfüllten Gehsteig entlang, und die Zipfel ihres schwarzen *Tschadors* flatterten im Frühlingswind.

Noch später an jenem Nachmittag sprach Reza mit mir. Er stand im Hof, während ich auf dem Balkon war. Ich wußte jetzt, daß Essey einen Schlüssel hatte, aber Reza weigerte sich, in die obere Wohnung zu kommen.

»Reza«, sagte ich. »Ich habe deine Freundlichkeit zu mir sehr geschätzt, seit ich im Iran bin. Du bist netter zu mir gewesen als sonst irgend jemand, besonders nach allem, was in den Staaten geschehen ist.«

»Danke«, sagte er. »Bist du in Ordnung?«

»Ach, bitte, hilf mir doch! Ich glaube, du bist der einzige, der mit Moody reden könnte. Werde ich Mahtab jemals wiedersehen?«

»Mach dir keine Sorgen. Du siehst sie wieder. Er wird sie nicht von dir fernhalten. Er liebt dich. Er liebt Mahtab. Er will nicht, daß Mahtab allein aufwächst. Er ist ohne Vater und Mutter groß geworden, und das will er nicht für Mahtab.«

»Bitte, sprich mit ihm«, bettelte ich.

»Ich kann nicht mit ihm reden. Was immer er auch beschließt, es muß seine Entscheidung sein. Ich kann ihm nicht sagen, was er tun soll.«

»Bitte, versuch es doch. Heute abend.«

»Nein. Nicht heute abend«, sagte Reza. »Ich muß morgen

geschäftlich nach Rescht fahren. Wenn ich in ein paar Tagen zurückkomme und sich bis dahin nichts geändert hat, vielleicht kann ich dann mit ihm sprechen.«

»Bitte, geh nicht weg. Bitte, bleib hier. Ich habe Angst. Ich will nicht allein sein.«

»Doch. Ich muß gehen.«

Früh am Abend schloß Essey die Tür auf. »Komm herunter«, sagte sie.

Ellen und Hormoz waren da und Reza auch. Während Maryam und Ali mit den beiden Kindern von Reza und Essey spielten, suchten wir alle nach einer Lösung für das augenblickliche Dilemma. Alle diese Leute hatten in der Vergangenheit Moody in seinem Kampf gegen mich geholfen und unterstützt, aber sie hatten aus ihnen vernünftig erscheinenden Motiven gehandelt. Sie waren pflichtbewußte Moslems. Sie mußten Moodys Recht respektieren, seine Familie zu beherrschen. Aber sie waren auch meine Freunde, und sie alle liebten Mahtab. Sogar in dieser verdammten Islamischen Republik wußten sie, daß ein Ehemann und Vater die Dinge zu weit treiben konnte.

Niemand wollte zur Polizei gehen, ich am allerwenigsten. Vor Reza und Essey wagte ich nicht, mit Ellen und Hormoz über die Botschaft zu diskutieren. Selbst wenn ich es getan hätte, wußte ich doch, daß sie jeden weiteren Kontakt mit amerikanischen oder Schweizer Beamten ablehnen würden.

Das brachte uns in eine Zwickmühle. Man konnte nichts weiter tun, als zu versuchen, mit Moody vernünftig zu reden, und wir alle wußten, daß er nicht vernünftig diskutieren konnte. Jetzt nicht. Und vielleicht nie wieder.

Ich bemühte mich, meinen aufsteigenden Zorn zu unterdrücken. Verprügelt ihn! Sperrt ihn ein! Schickt mich und Mahtab nach Hause in die Vereinigten Staaten! Ich wollte schreien und sie auf die naheliegende Lösung dieses schrecklichen Durcheinanders stoßen. Aber ich mußte die Angelegenheit von ihrem Standpunkt aus sehen. Ich mußte eine Art

Zwischenlösung finden, zu der auch sie stehen konnten. Aber anscheinend gab es keine.

Mitten in unserem Gespräch hörten wir, daß sich die Haustür öffnete und wieder schloß. Reza ging in die Halle, um zu sehen, wer gekommen war, und brachte Moody mit in die untere Wohnung.

»Wie bist du herausgekommen?« wollte er von mir wissen. »Warum bist du hier unten?«

»Essey hat einen Schlüssel«, erklärte ich. »Sie hat mich heruntergeholt.«

»Gib ihn her!« schrie er. Essey fügte sich gehorsam.

»Es ist in Ordnung, *Da'idschan*«, sagte Reza sanft und versuchte, besänftigend auf Moodys offensichtlichen Wahnsinn einzuwirken.

»Was machen *die* denn hier?« schrie Moody und gestikulierte wie verrückt in Richtung von Ellen und Hormoz.

»Sie versuchen zu helfen«, sagte ich. »Wir haben Probleme. Wir brauchen Hilfe.«

»Wir haben keine Probleme«, tobte Moody. »Du hast Probleme.« Er drehte sich zu Ellen und Hormoz um. »Verschwindet und laßt uns allein«, sagte er. »Dies hier geht euch gar nichts an. Ich will nicht, daß ihr noch irgend etwas mit ihr zu tun habt.«

Zu meinem Entsetzen standen Ellen und Hormoz sofort auf, um zu gehen. »Bitte, geht nicht«, bettelte ich. »Ich habe Angst, daß er mir wieder weh tut. Er wird mich umbringen. Wenn er mich umbringt, wird nie jemand davon erfahren. Bitte, geht nicht, laßt mich hier nicht allein.«

»Wir müssen gehen«, sagte Hormoz. »Er hat gesagt, daß wir gehen sollen, und es ist seine Entscheidung.«

Sobald sie weg waren, zerrte Moody mich nach oben und schloß sich mit mir ein.

»Wo sind Mammal und Nasserine?« fragte ich nervös.

»Wegen deines schlechten Benehmens konnten sie es hier nicht mehr aushalten«, sagte Moody. »Sie wohnen jetzt bei

Nasserines Eltern. Sie sind aus ihrem eigenen Haus vertrieben worden.« Seine Stimme wurde lauter. »Dies geht sie nichts an. Es geht niemanden sonst etwas an. Du sprichst besser mit keinem anderen darüber. Ich werde jetzt die Dinge in die Hand nehmen. Ich werde alles und jeden zurechtstutzen.«

Zu ängstlich, um mich gegen ihn zu wehren, saß ich still da, als er viele Minuten lang tobte und schrecklich schimpfte. Wenigstens schlug er mich nicht.

Wir blieben in der Nacht zusammen in der Wohnung, lagen im selben Bett, aber so weit wie möglich getrennt, und hatten einander den Rücken zugedreht. Moody schlief, aber ich wälzte und drehte meinen schmerzenden Körper hin und her und versuchte, Trost zu finden, obwohl es keinen gab. Ich machte mir Sorgen um Mahtab, weinte um sie, versuchte, in Gedanken mit ihr zu reden. Ich betete und betete.

Am Morgen zog sich Moody für die Arbeit an, wählte einen anderen Anzug, nicht mehr den, den ich am Tag zuvor ruiniert hatte. Als er ging, schnappte er sich Mahtabs Hasen.

»Sie will ihn haben«, sagte er.

Dann war er verschwunden.

15

Ich lag noch lange, nachdem Moody gegangen war, laut weinend im Bett: »Mahtab! Mahtab! Mahtab!« Mein Körper fühlte sich an wie ein einziger blauer Fleck. Der untere Teil meiner Wirbelsäule tat mir von dem Aufprall auf den Fußboden, auf den mich Moody geworfen hatte, besonders weh. Ich rollte mich eng zusammen vor Schmerzen.

Stunden schienen vergangen zu sein, als ich draußen im Hof ein bekanntes Geräusch vernahm. Es war das Quietschen einer rostigen Kette, die über eine Eisenstange kratzte: das Geräusch von Maryams Schaukel, einem Lieblingsspielzeug Mahtabs. Langsam stand ich auf und humpelte zum Balkon, um zu sehen, wer draußen spielte.

Es war Maryam, Esseys Tochter, die den Sonnenschein des Aprilmorgens genoß. Sie sah, daß ich sie beobachtete, und fragte in ihrer unschuldigen, kindlichen Stimme: »Wo ist Mahtab?«

Vor lauter Tränen konnte ich ihr nicht antworten.

Aus einem Grund, den nur ich allein kannte, hatte ich Mahtab in den Iran gebracht, um sie zu retten; jetzt hatte ich sie verloren. Dunkelheit umhüllte mich nun, und ich haderte mit meinem Glauben. Irgendwie mußte ich Mut und Entschlossenheit aufbringen. Hatte Moody mich so verprügelt, daß ich nicht mehr imstande war, Widerstand zu leisten? Ich schreckte vor der Antwort zurück.

Die Frage, was Moody mit Mahtab gemacht hatte,

beschäftigte mich natürlich am meisten, aber ein größeres, genauso beunruhigendes Rätsel, über das ich mir den Kopf zerbrach, war, *wie* er ihr das antun konnte? Und mir? Der Moody, den ich jetzt kennengelernt hatte, war einfach nicht mehr derselbe Mann, den ich geheiratet hatte.

Was war nur schiefgegangen? Ich wußte es und wußte es auch wieder nicht. Ich konnte die Tatsachen erkennen. Ich konnte Anstieg und Abnahme von Moodys Wahnsinn über die vergangenen acht Jahre unserer Ehe aufzeichnen und sie mit seinen beruflichen Schwierigkeiten in Zusammenhang bringen, und ich konnte sogar bestimmte Höhen und Tiefen, die an unvorhersehbare politische Ereignisse geknüpft waren, zeitlich bestimmen.

Wieso hatte ich dieses Elend nur nicht vorhergesehen und so verhindert? Im nachhinein kamen mir überwältigende Erkenntnisse.

Acht Jahre früher, als Moody kurz vor dem Ende seiner dreijährigen Assistentenzeit am chiropraktischen Krankenhaus in Detroit stand, mußten wir eine schwerwiegende Entscheidung treffen. Für uns war die Zeit gekommen, entweder ein gemeinsames Leben zu planen oder uns zu trennen. Wir trafen den Entschluß zusammenzubleiben, machten uns auf den Weg und informierten uns an Ort und Stelle über ein Stellenangebot an der chiropraktischen Klinik in Corpus Christi, wo bereits ein Anästhesist eine Praxis eröffnet hatte, aber noch ein zweiter gesucht wurde. Ein realistischer Voranschlag verhieß ein Gehalt von einhundertfünfzigtausend Dollar im Jahr, und die Aussicht auf so viel Geld ließ uns schwindlig werden.

Ein Teil in mir wollte nicht von meinen Eltern in Michigan wegziehen, aber der größte Teil war dazu bereit, ein neues glückliches Leben in Überfluß und sozialem Ansehen zu beginnen.

Joe und besonders der sechs Jahre alte John waren sehr glücklich über diese Idee.

Vor der Hochzeit sagte John zu mir: »Mommy, ich weiß nicht, ob ich mit Moody leben kann.«

»Warum denn nicht?« fragte ich.

»Er bringt mir so viele Süßigkeiten mit, daß davon bestimmt meine Zähne kaputt gehen.«

Ich lachte, als ich bemerkte, daß John das ernst meinte. Er assoziierte Süßigkeiten und Spaß mit Moody.

Zu allen vernünftigen Gründen, die für eine Heirat sprachen, war noch die unleugbare Tatsache gekommen, daß Moody und ich uns liebten. Ihn zu verlassen, ihn nach Corpus Christi zu schicken, während ich ein vergleichsweise tristes Dasein in der Arbeiterwelt mitten in Michigan fristete, wäre eine undenkbare Alternative gewesen.

So heirateten wir am 6. Juni 1979 im engsten Kreis in einer kleinen *Masdsched* in Houston. Nachdem ein paar Worte in Farsi und Englisch gemurmelt worden waren, wurde ich die verehrte und angebetete Königin in Moodys Leben.

Moody überschüttete mich mit Blumen, persönlichen Geschenken und fortwährend mit netten Überraschungen. In der täglichen Post war oft eine selbstgemachte Karte oder ein Liebesbrief, in dem die Worte aus einer Zeitung herausgeschnitten und auf ein Blatt Papier geklebt waren. Vor unseren Freunden lobte er mich besonders gern. Einmal beschenkte er mich bei einem Essen mit einer großen Trophäe, die in Gold und leuchtendem Blau glitzerte, und die mich zur »Weltbesten Ehefrau« erklärte. Meine Spieldosensammlung wuchs. Er überhäufte mich zu jeder Gelegenheit mit Büchern, und in jedes war ein persönlicher Beweis seiner Zuneigung geschrieben. Es verging kaum ein Tag, an dem er nicht den bewußten Versuch machte, mir aufs neue seine Liebe zu erklären.

Sofort stellte sich heraus, wie klug es von Moody gewesen war, sich zu spezialisieren. Anästhesie ist einer der lukrativsten Bereiche in der Medizin überhaupt, und dennoch brauchte Moody kaum je selbst zu arbeiten. Er beaufsichtigte vielmehr eine Gruppe von ausgebildeten Anästhesisten, was ihm erlaubte, drei oder vier Patienten gleichzeitig zu behandeln und ihnen allen die gleiche astronomisch hohe Rechnung zu schreiben. Seine Tage verliefen geruhsam. Er mußte morgens zu den Operationen im Krankenhaus sein, kam aber oft schon mittags nach Hause. Er mußte keine Bürostunden absitzen, und die Notfälle konnte er sich mit dem anderen Anästhesisten teilen.

Da er schon in seiner Jugend im Iran zur Oberschicht gezählt hatte, fiel es Moody leicht, in die Rolle des wohlhabenden amerikanischen Arztes zu schlüpfen. Wir kauften ein geräumiges schönes Haus in einem reichen Viertel von Corpus Christi. In der Nachbarschaft wohnten Ärzte, Zahnärzte, Juristen und andere Akademiker.

Moody stellte ein Mädchen ein, um mich von den niederen Pflichten der Hausarbeit zu befreien, und wir ließen statt dessen meine Managerausbildung und mein Organisationstalent zur Geltung kommen.

Meine Tage waren ausgefüllt mit so erfreulichen Aufgaben wie den Patienten Rechnungen zu schreiben oder die Kontobücher in Moodys Praxis zu führen; dazu kam der Spaß, den ich daran hatte, für mein Heim und meine Familie zu sorgen. Da ich das Mädchen für die schweren Arbeiten hatte, war ich frei, mich den erzieherischen Aufgaben zu widmen, die mir so viel Freude machten.

Wir hatten häufig Gäste, zum Teil, weil es uns Spaß machte, zum Teil aber auch, weil gesellschaftliche Verbindungen sehr wichtig für die Karriere eines Mediziners sind. Vor unserer Ankunft in Corpus Christi war der andere Anästhesist überlastet gewesen. Er war dankbar für die Erleichterung, aber Ärzte haben von Natur aus gern ihren eigenen Wirkungskreis, so daß mit Moodys Anwesenheit ein friedlicher Konkurrenzkampf begann. Es gab genügend Arbeit für beide, aber wir hatten dennoch das Bedürfnis, die beruflichen Verbindungen durch zahlreiche gesellschaftliche

Veranstaltungen zu untermauern. Die Ärzte, die in unseren Kreisen verkehrten, waren Amerikaner oder Ausländer, die wie Moody zum Studieren und Praktizieren aus ihren Heimatländern in die Vereinigten Staaten gekommen waren. Es gab viele Iraner, Saudis, Pakistanis, Ägypter und noch ein paar aus anderen Ländern. Wir alle lernten gern etwas über die unterschiedlichen Sitten der fremden Kulturen. Ich wurde bekannt für meine iranischen Kochkünste.

Meine Arbeit für den Wohltätigkeitsverein im Krankenhaus war ein zweiter Weg, auf dem ich versuchte, mich mit den Frauen der anderen Ärzte anzufreunden.

In einem anderen Kreis wurden wir die führenden Mitglieder der Gemeinschaft. Wie es der Zufall wollte, lag in der Nähe der Texas-A&I-Universität eine beliebte Schule für iranische Schüler. Wir luden sie häufig ein, und als Mitglieder der Islamischen Gesellschaft von Süd-Texas organisierten wir Parties und Feierlichkeiten an den entsprechenden iranischen und islamischen Festtagen. Ich war sehr erfreut darüber, daß Moody endlich einen Ausgleich zwischen seinem vergangenen und seinem gegenwärtigen Leben gefunden hatte. Er gefiel sich seinen jungen Landsleuten gegenüber in der Rolle des amerikanisierten Arztes, des älteren Mannes von Welt.

Moody stellte seine Integration in den amerikanischen Kulturkreis unter Beweis, als er sich um die amerikanische Staatsbürgerschaft bewarb. Auf dem Bewerbungsformular waren viele Fragen zu beantworten, unter anderen folgende:

Glauben Sie an die Verfassung und die Regierungsform der Vereinigten Staaten?

Sind Sie dazu bereit, den Treueeid gegenüber den Vereinigten Staaten zu leisten?

Wenn das Gesetz es verlangt, sind Sie dazu bereit, im Namen der Vereinigten Staaten Waffen zu tragen?

Jede dieser Fragen beantwortete Moody mit Ja.

Wir verreisten oft, fuhren mehrmals nach Kalifornien und Mexiko. Immer, wenn irgendwo ein medizinisches Seminar oder eine Tagung stattfand, nahmen Moody und ich daran teil und ließen Joe und John zu Hause bei einem Babysitter, der dann bei uns wohnte. Die Steuergesetze gestatteten uns den Luxus der besten Hotels und Restaurants, denn wir konnten die Ausgaben als Werbungskosten absetzen. Überall, wohin wir geschäftlich unterwegs waren, nahm ich einen Umschlag mit, in dem ich alle Quittungen sammelte, um den dienstlichen Charakter aller unserer Unternehmungen belegen zu können.

Diese verwirrende Veränderung in meinem Leben drohte manchmal, mich zu überwältigen. Obwohl ich keinen richtigen Beruf ausübte, war ich beschäftigter denn je. Ich wurde großzügig mit Geld und Zuneigung bedacht, geliebt bis an die Grenzen der Schmeichelei, wie konnte ich da nur irgendwelche Klagen haben?

Von Anfang an gab es aber tiefverwurzelte Probleme in unserer Ehe, und von Anfang an zogen wir es beide vor, sie zu übersehen. Bei den seltenen Gelegenheiten, zu denen eine Meinungsverschiedenheit an die Oberfläche kam, ließ sie sich mit großer Wahrscheinlichkeit auf unsere kulturelle Verschiedenheiten zurückführen. Oft erschienen sie Moody als Kleinigkeiten, wenn sie ihn auch ziemlich verwirrten. Zum Beispiel schrieb er, als wir bei einer Bank in Corpus Christi ein Girokonto eröffnen wollten, nur seinen eigenen Namen auf das Antragsformular.

»Was ist das denn?« fragte ich. »Warum eröffnen wir das Konto nicht auch auf meinen Namen?«

Er war sehr überrascht: »Wir eröffnen keine Konten auf den Namen von Frauen«, sagte er. »Iraner tun das nicht.«

»Aber du bist hier kein Iraner«, entgegnete ich. »Du willst doch Amerikaner sein.«

Nach einiger Diskussion gab Moody nach. Es war ihm

einfach nicht in den Sinn gekommen, daß wir unser Vermögen gemeinsam besaßen.

Eine Angewohnheit, die mich irritierte, war sein Besitzanspruch mir gegenüber, als ob ich, wie sein Girokonto, *sein* persönliches Kapital gewesen wäre. Wo immer wir in einem Raum voller Menschen waren, wollte er, daß ich an seiner Seite war. Er hatte immer seinen Arm um mich gelegt oder ergriff meine Hand, als ob er Angst gehabt hätte, daß ich fliehen könnte. Ich fühlte mich durch seine Aufmerksamkeit und Zuneigung geschmeichelt, aber manchmal war seine Anhänglichkeit lästig.

In der Rolle des Stiefvaters statt der von Mamas Freund bewährte sich Moody auch nicht besonders. Ganz selbstverständlich verfiel er in die iranische Art der Kindererziehung und forderte unbedingten Gehorsam von Joe und John. Das war besonders unangenehm für Joe, der im Alter von elf Jahren gerade begann, seine Unabhängigkeit zu behaupten. Vorher war Joe der Mann in der Familie gewesen.

Und dann war da noch Reza, zweifellos der Hauptgrund für unsere Spannungen in dieser Zeit. Reza hatte an der Wayne State University in Detroit studiert und dort eine Zeitlang in Moodys Apartment gewohnt. Kurz nach unserem ersten Hochzeitstag machte Reza seinen Diplomabschluß in Wirtschaftswissenschaften, und Moody lud ihn ein, bei uns in Corpus Christi zu wohnen, bis er eine Stelle gefunden hatte.

Immer, wenn Moody nicht zu Hause war, übernahm Reza die Rolle des Herrn und Meisters, versuchte mich und die Kinder herumzukommandieren und forderte unseren bedingungslosen Gehorsam als ein ihm zustehendes Recht. Kurz nach seiner Ankunft hatte ich einige Freundinnen zum Tee eingeladen. Reza saß schweigend mit uns im Zimmer und machte sich offensichtlich, wenn wir etwas sagten, was er respektlos fand, im Geiste Notizen, damit er es Moody später berichten konnte. In dem Augenblick, als meine Gäste gingen, befahl er mir, das Geschirr abzuwaschen.

»Ich werde mich darum kümmern, wenn ich fertig bin«, sagte ich bissig.

Reza versuchte, mir vorzuschreiben, wann ich die Wäsche zu waschen hatte, was ich den Jungen zum Mittagessen geben sollte, und wann ich zu einer Nachbarin zum Kaffee gehen durfte. Ich ließ mir das nicht gefallen, aber sein Nörgeln hörte nicht auf. Er selbst wollte allerdings nichts zur Hausarbeit beitragen.

Mehrmals beschwerte ich mich bei Moody über Rezas aufdringliche Präsenz in meinem Leben. Aber Moody war nicht da, wenn sich die schlimmsten Zwischenfälle ereigneten, und er riet mir, geduldig zu sein. »Es ist ja nur für kurze Zeit«, sagte er, »bis er eine Stelle gefunden hat. Er ist mein Neffe. Ich muß ihm helfen.«

Moody und ich hatten uns auf dem Immobilienmarkt nach Mietwohnungen umgesehen, in die wir einen Teil unseres Geldes investieren und gleichzeitig die Steuervorteile ausnutzen konnten. Dadurch hatten wir ein gutes Verhältnis zu einem der erfolgreichsten Bankiers der Stadt bekommen. Ich überredete diesen Bankier, Reza die Möglichkeit zu geben, sich für eine Stelle zu bewerben.

»Sie haben mir einen Job als Kassierer angeboten«, beklagte sich Reza, als er von dem Vorstellungsgespräch zurückkam. »Aber ich will nicht Kassierer bei einer Bank werden.«

»Viele Leute wären froh, wenn sie diese Stelle hätten«, sagte ich, verärgert über seine Einstellung. »Es gibt genügend Möglichkeiten, von da aufzusteigen.«

Darauf machte Reza eine bemerkenswerte Äußerung – eine, die ich erst Jahre später richtig verstand, als ich das Ego der iranischen Männer, besonders wie es sich in Moodys Familie manifestierte, nur allzu gut kennengelernt hatte.

Reza sagte: »Ich werde in diesem Land keine Stelle annehmen, wenn ich nicht der Chef des Unternehmens werden kann.«

Er war es zufrieden, auf unsere Kosten zu leben bis zu dem Zeitpunkt, an dem eine amerikanische Firma so viel Weisheit besaß, sich unter seine Kontrolle zu begeben.

In der Zwischenzeit verbrachte er seine Tage damit, sich am Strand zu sonnen, den Koran zu lesen, zu beten und zu versuchen, jede meiner Handlungen zu kontrollieren. Wenn er von diesen Verpflichtungen erschöpft war, machte er ein Nickerchen.

Unangenehme Wochen wurden zu Monaten, bevor ich Moody zwang, etwas wegen Reza zu unternehmen.

»Entweder er geht, oder ich!« sagte ich schließlich.

Meinte ich das wirklich ernst? Wahrscheinlich nicht, aber ich verließ mich fest auf Moodys Liebe zu mir, und ich behielt recht.

Reza knurrte etwas in Farsi und zog, mich offensichtlich verfluchend, aus und in eine eigene Wohnung, die von Moody finanziert wurde. Kurz darauf kehrte er in den Iran zurück, um seine Cousine Essey zu heiraten.

Als Reza weg war, konnten wir uns wieder in eine bequeme und glückliche Ehe zurückziehen, so dachte ich jedenfalls. Moody und ich hatten unsere Differenzen, aber ich wußte, daß eine Ehe Kompromisse erforderte. Ich war sicher, mit der Zeit würde sich alles einpendeln.

Ich konzentrierte mich auf die positiven Seiten. Mein Leben war in vielerlei Hinsicht reicher geworden. Ich hatte endlich das schwer definierbare Etwas-*mehr* gefunden.

Wie hätte ich wissen können, daß sich mehr als 15000 Kilometer weiter östlich ein unvergleichbarer Sturm zusammenbraute, der meine Ehe erschüttern, mich in Gefangenschaft bringen, mir meine Söhne entreißen und nicht nur mein eigenes Leben, sondern auch das meiner zu dem Zeitpunkt noch ungeborenen Tochter bedrohen würde?

Wir waren eineinhalb Jahre verheiratet, als sich Moody kurz nach dem Neujahrsfest 1979 einen teuren Kurzwellenempfänger kaufte, der mit Kopfhörern ausgerüstet war. Es war sehr beeindruckend, Radiosendungen von der beinahe gegenüberliegenden Seite der Welt empfangen zu können. Moody hatte ein plötzliches Interesse daran entwickelt, Radio Iran zu hören.

Studenten hatten in Teheran eine Reihe von Demonstrationen gegen die Regierung des Schah inszeniert. Solche Zusammenstöße hatte es schon in der Vergangenheit gegeben, aber jetzt waren sie ernster und weiter verbreitet als zuvor. Aus seinem Exil in Paris begann der Ayatollah Khomeini nun scharfe Stellungnahmen gegen den Schah im speziellen und den Einfluß des Westens im allgemeinen abzugeben.

Die Nachrichten, die Moody mit seinem Radio hörte, standen oft im Gegensatz zu denen, die wir abends im Fernsehen sahen. Das Ergebnis war, daß Moody gegenüber der amerikanischen Berichterstattung mißtrauisch wurde.

Als der Schah den Iran verließ und der Ayatollah am darauffolgenden Tag im Triumph zurückkehrte, war das für Moody ein Grund zum Feiern. Er brachte ohne jede Vorwarnung Dutzende iranischer Studenten mit nach Hause zu einer Party. Sie blieben bis spät in die Nacht und erfüllten meine amerikanische Wohnung mit aufgeregten, lebhaften Unterhaltungen in Farsi.

Die Revolution fand bei uns zu Hause genauso statt wie im Iran. Moody fing an, mit einer solchen Inbrunst seine islamischen Gebete zu sagen, wie ich sie vorher nie bei ihm gesehen hatte. Er machte Spenden an verschiedene schiitische Gruppen.

Ohne mich zu fragen, schüttete er unseren kostbaren Alkoholvorrat weg, den wir für unsere häufigen Gäste bereithielten. Schon dies allein ließ die meisten unserer amerikanischen Gäste von einem Besuch absehen, und der

Ton, den Moody bei Unterhaltungen anschlug, vertrieb bald auch die Antialkoholiker. Moody regte sich über die amerikanische Presse auf und nannte die Reporter Lügner. Studenten benutzten während der nächsten Monate häufig unsere Wohnung als Treffpunkt. Sie bildeten, was sie »Eine Gruppe besorgter Moslems« nannten und setzten, neben anderen Aktivitäten, den folgenden Brief auf, den sie über die Medien verbreiteten.

Im Namen Allahs, des Gnädigsten, des Barmherzigsten:

Heute ist in den Vereinigten Staaten der Islam der am häufigsten mißverstandene Begriff des täglichen Lebens. Hierfür gibt es mehrere Gründe: 1. die falsche Berichterstattung der Medien über die Islamische Republik Iran, 2. die Weigerung der amerikanischen Regierung, die moslemischen Länder fair zu behandeln, 3. die Weigerung des Christentums, den Islam und seine Anhänger zu akzeptieren.

Die Massenmedien üben einen unauslöschlichen Einfluß auf das Bewußtsein der amerikanischen Gesellschaft aus. Die abendlichen Nachrichten, die Zeitungen und die Wochenzeitschriften sind die einzige Grundlage der amerikanischen öffentlichen Meinung. Diese Quellen sind im höchsten Grade propagandistisch, da die dargestellten Tatsachen ausschließlich die Interessen der Vereinigten Staaten unterstützen. Deshalb werden internationale Ereignisse oft als unsinnige Handlungen dargestellt.

Ein gegenwärtiges Beispiel für internationale Ereignisse, die als unsinnig abgehandelt werden, ist die Gründung der Islamischen Republik Iran. Es war das islamische Volk, das den Schah vertrieben und das einstimmig die Errichtung einer islamischen Republik befürwortet hat. Kürzlich haben wir von den kurdi-

schen Rebellionen im Iran gehört. Wenn die Kurden wirklich für Selbstbestimmung gekämpft haben, warum waren dann israelische, russische und irakische Soldaten in die Kämpfe verwickelt?

Die islamische Revolution im Iran hat bewiesen, daß die Iraner gegen die amerikanische Außenpolitik sind und nicht gegen die amerikanische Öffentlichkeit. Wir fordern Sie auf, Ihre Massenmedien kritisch zu betrachten. Bleiben Sie in Kontakt mit iranischen Moslems, die über die momentane Situation unterrichtet sind.

Vielen Dank
Eine Gruppe besorgter Moslems
Corpus Christi, Texas

Das war zu viel für mich. Ich erhob mich zur Verteidigung meines Landes und überschüttete Moody mit Schmähungen. Unsere Unterhaltungen verkamen zu bitteren Streitgesprächen, ganz untypisch für unsere sonst nicht auf Konfrontation ausgerichtete Lebensweise.

»Wir müssen einen Waffenstillstand beschließen«, schlug ich verzweifelt vor. »Wir können einfach nicht mehr über Politik miteinander reden.«

Moody willigte ein, und eine Zeitlang gelang uns ein friedliches Zusammenleben. Aber ich war nicht mehr das Zentrum seiner Welt. Die täglichen Erinnerungen an seine Liebe nahmen ab. Es schien, als wäre er jetzt nicht mehr mit mir, sondern mit seinem Kurzwellenempfänger verheiratet und mit Dutzenden von Zeitungen, Zeitschriften und anderen Propagandablättern, die er abonnierte. Einige davon waren in persischer Schrift gedruckt, andere in englisch. Manchmal warf ich einen Blick hinein, wenn Moody nicht dabei war, und ich war überrascht und entsetzt über die Bösartigkeit ihrer irrationalen Angriffe auf Amerika.

Moody zog sein Gesuch für die amerikanische Staatsbürgerschaft zurück.

Es gab Momente, in denen das Wort »Scheidung« dicht unter der Oberfläche meines Bewußtseins schwebte. Es war ein Wort, das ich verabscheute und fürchtete. Diesen Weg war ich einmal gegangen, und noch einmal hätte ich daran keinen Gefallen gefunden. Mich von Moody scheiden zu lassen hätte bedeutet, einen Lebensstil aufzugeben, den ich mir allein nicht leisten konnte, und eine Ehe aufzugeben, von der ich noch glaubte, daß sie auf das Fundament der Liebe gegründet war.

Außerdem stand jede wirkliche Erwägung eines solchen Schrittes außer Frage, als ich feststellte, daß ich schwanger war.

Dieses Wunder brachte Moody wieder zur Vernunft. Statt ganz in iranischer Politik aufzugehen, war er stolz auf seine Vaterschaft. Er griff die liebenswerte Angewohnheit wieder auf, mir fast täglich mit Geschenken eine Freude zu machen. Sobald ich begann, Umstandskleider zu tragen, gab er mit meinem Bauch bei jedem an, der hinsah. Er schoß Hunderte von Fotos von mir und versicherte mir, daß die Schwangerschaft mich noch schöner als vorher machte.

Der dritte Sommer unserer Ehe verging mit der stillen Vorfreude auf die Geburt. Während Moody im Krankenhaus arbeitete, verbrachten John und ich eine besonders schöne Zeit zusammen. Er war jetzt acht Jahre alt, also schon ein kleiner Mann, der mithelfen konnte, das Haus für seinen neuen Bruder oder seine neue Schwester herzurichten. Zusammen verwandelten wir ein kleines Schlafzimmer in ein Kinderzimmer. Es machte uns Spaß, gelbe und weiße Babykleidung zu kaufen. Moody und ich gingen zusammen zu den Schwangerschaftskursen, wo er keinen Hehl daraus machte, daß er lieber einen Jungen hätte als ein Mädchen. Mir war das egal. Das neue Leben in mir, ob es nun ein Junge oder ein Mädchen war, war ein Mensch, den ich schon lieb hatte.

Anfang September, als ich im achten Monat schwanger war, bat Moody mich, mit ihm an einem medizinischen Kongreß in Houston teilzunehmen. Der Ausflug würde uns ein paar luxuriöse Tage bescheren, bevor wir den anstrengenden Freuden der Elternschaft entgegentreten würden. Mein Geburtshelfer erlaubte die Fahrt und versicherte mir, daß die Geburt noch mindestens einen Monat auf sich warten lassen würde.

Aber schon am ersten Abend in unserem Hotelzimmer in Houston bekam ich starke Rückenschmerzen und machte mir ernstlich Sorgen, ob meine Zeit vielleicht schon gekommen war.

»Es wird dir schon wieder gutgehen«, versicherte mir Moody.

Er wollte am nächsten Tag die NASA besichtigen.

»Dafür bin ich nicht fit genug«, sagte ich.

»Gut. Dann laß uns einkaufen gehen«, schlug er vor.

Vor dem Einkaufen gingen wir noch essen, aber im Restaurant wurden die Rückenschmerzen schlimmer und große Müdigkeit überkam mich.

»Laß uns zum Hotel zurückgehen«, sagte ich. »Vielleicht kann ich einkaufen gehen, wenn ich mich ein wenig ausgeruht habe.«

Wieder im Hotel, setzten die Wehen ein, und mein Fruchtwasser lief aus.

Moody konnte nicht glauben, daß es schon soweit war. »Du bist Arzt«, sagte ich. »Meine Fruchtblase ist geplatzt. Weißt du nicht, was das bedeutet?«

Er rief meinen Geburtshelfer in Corpus Christi an und wurde an einen Houstoner Arzt verwiesen, der bereit war, den Fall zu übernehmen und uns drängte, schnell ins Krankenhaus zu kommen.

Ich kann mich noch an das heiße, gleißende Licht des Kreißsaals erinnern und an Moody, der sterile Kleidung trug, an meiner Seite stand, meine Hand hielt und mir

Anweisungen gab. Ich erinnere mich noch an die quälenden Wehen und an die starken Schmerzen, die den Beginn des neuen Lebens begleiten. Vielleicht ist das eine Warnung vor dem, was in den Jahren danach noch kommen wird.

Aber vor allem erinnere ich mich daran, wie der Geburtshelfer verkündete: »Sie haben eine Tochter!«

Die Schwestern stießen entzückte Schreie über das Ehrfurcht einflößende, immer wieder neue Wunder aus. Ich kicherte, benommen vor Glück, Erleichterung und Erschöpfung. Eine Schwester und der Arzt kümmerten sich um das Baby und brachten unsere Tochter dann herüber, damit sie ihre Eltern kennenlernen konnte.

Sie war ein hellhäutiges Juwel mit leuchtend blauen Augen, die sie wegen des grellen Lichts im Kreißsaal zusammenkniff. Rotblonde Lockensträhnen bedeckten ihren feuchten Kopf. Moodys Gesichtszüge in Miniatur waren in ihr Gesicht geprägt.

»Warum hat sie blonde Haare?« fragte Moody mit erkennbarer Spannung in der Stimme. »Warum hat sie blaue Augen?«

»Darauf habe ich keinen Einfluß«, erwiderte ich, zu müde und freudig bewegt, um auf Moodys kleine Beschwerden über das perfekte Kind, das ich geboren hatte, zu achten. »Abgesehen von ihrer Haarfarbe sieht sie genauso aus wie du.«

Einen Moment lang nahm mein Liebling meine Aufmerksamkeit völlig in Anspruch, so daß ich nicht merkte, was die Ärzte und Schwestern mit mir machten oder welche Farbe der Himmel hatte. Ich wiegte das Baby in meinen Armen und schloß es in mein Herz. »Ich werde dich Maryam nennen«, flüsterte ich. Das war einer der schönsten iranischen Namen, die ich kannte, und er hörte sich auch wie ein amerikanischer Name an, der etwas exotisch geschrieben wurde.

Es vergingen einige Minuten, bevor ich merkte, daß Moody gegangen war.

Was für eine seltsame Mischung von Emotionen überkam mich! Es war klar, daß Moody nicht dazu in der Lage gewesen war, die Frage auszusprechen, die ihn wirklich bewegte. »Warum ist es ein Mädchen?« war die Anschuldigung, die er eigentlich gegen mich erheben wollte. Sein islamischer Mannesstolz war durch eine Tochter als Erstgeborene verletzt, und so ließ er uns allein in jener Nacht, in der er an unserer Seite hätte sein sollen. Das war nicht die Art von Männlichkeit, die ich wollte.

Die Nacht verging. Mein unruhiger Schlaf wurde unterbrochen von dem unbeschreiblichen Glücksgefühl, wenn das neugeborene Kind an meiner Brust saugte, und von Momenten der Depression wegen Moodys kindischem Verhalten. Ich fragte mich, ob das nur ein vorübergehender Wutanfall gewesen war, oder ob er für immer gegangen war. In dem Augenblick war ich so wütend, daß es mir wirklich egal war.

Am anderen Morgen rief er früh an, ohne ein Wort der Entschuldigung für sein Verschwinden und ohne zu erwähnen, daß er lieber einen Sohn gehabt hätte. Er erklärte, er hätte die Nacht in der *Masdsched* verbracht, in der wir getraut worden waren, und zu Allah gebetet.

Als er später am Morgen im Krankenhaus ankam, lachte er fröhlich und schwenkte einen Stapel Blätter, die mit rosafarbenen persischen Buchstaben bedeckt waren. Es waren Geschenke der Männer aus der *Masdsched*.

»Was bedeuten die Schriftzeichen?« fragte ich.

»Mahtab«, erwiderte er strahlend.

»Mahtab? Was heißt das?«

»Mondschein«, entgegnete er. Er erklärte, daß er seine Familie im Iran angerufen hatte, die ihm mehrere Namen für das Kind vorgeschlagen hatte. Moody sagte, er habe den Namen Mahtab ausgewählt, weil in der letzten Nacht Vollmond gewesen sei.

Ich plädierte für Maryam, da der Name amerikanischer

klang und das Kind Amerikanerin sein würde. Aber ich war schwach und vom Durcheinander der Gefühle verwirrt, und es war Moody, der die Geburtsurkunde mit Mahtab Maryam Mahmoody ausfüllte. Nur vage wunderte ich mich darüber, wie ich mich meinem Mann so unterordnen konnte.

Mahtab war zwei Monate alt und trug ein seidiges rosa Kleidchen aus einem Schrank voller Kleidungsstücke, mit denen sie mein Mann überhäuft hatte, der sie so entzückend fand, daß er seine anfängliche Enttäuschung schnell vergaß und der stolzeste Vater wurde. Das Baby lag zufrieden in meinen Armen und sah mir tief in die Augen. Seine eigenen wechselten von Baby-Blau zu einem dunklen Braun. Sie beobachteten die Erscheinungen des Lebens, während überall um uns herum mehr als einhundert moslemische Studenten *Eid e Ghorban* feierten, das Opferfest. Es war der 4. November 1979.

Als zunehmend aktiveres Mitglied der Islamischen Gesellschaft von Süd-Texas war Moody einer der Hauptorganisatoren der Veranstaltung, die in einem Park in der Nähe abgehalten wurde. Ich war schnell wieder zu Kräften gekommen, und solange es sich hier um einen gesellschaftlichen, von Politik getrennten Anlaß handelte, war ich gern dazu bereit, bei den Vorbereitungen mitzumachen. Ich half dabei, enorme Mengen von Reis zu kochen. Mit den anderen Frauen, einer Mischung aus Iranerinnen, Ägypterinnen, Saudiaraberinnen und Amerikanerinnen, bereitete ich verschiedene reichhaltige Soßen für *Khoresch* vor. Wir schnitten Gurken, Tomaten und Zwiebeln in Scheiben und beträufelten sie mit Zitronensaft. Wir dekorierten riesige Körbe mit allen frischen, saftigen Früchten, die wir bekommen konnten. Wir machten *Baklava*.

An diesem Tag waren es allerdings die Männer, die für das Hauptgericht verantwortlich waren. Mit der Feier gedachte man des Tages, an dem Gott Abraham befahl, seinen Sohn Isaak zu opfern, dann aber den Jungen rettete und statt dessen ein Lamm auf dem Altar schlachtete. Mehrere Männer nahmen einige lebendige Schafe und schnitten ihnen, während sie nach Mekka blickten und dabei heilige Gebete anstimmten, die Kehlen durch. Die Männer zerrten die toten Tiere zu einem Grillplatz, wo sie für das Festessen zubereitet wurden.

Das Fest wurde in allen islamischen Ländern gefeiert, nicht nur im Iran, und deshalb waren politische Themen an diesem Tag ausschließlich beschränkt auf Ansammlungen von Iranern, die fröhlich über den erfolgreichen Versuch des Ayatollah plauderten, die Staatsgewalt zu zentralisieren.

Ich blieb solchen Diskussionen fern und unterhielt mich statt dessen mit meinem großen Kreis von Freundinnen, die die Vereinten Nationen im kleinen darstellten. Die meisten von ihnen genossen diesen Hauch von östlicher Kultur, aber sie waren alle froh, in Amerika zu leben.

Sofort nach den Feierlichkeiten machten Moody, Mahtab und ich uns nach Dallas zu einer chiropraktischen Tagung auf. Die Jungen ließen wir zu Hause. Auf dem Weg machten wir in Austin halt, um die anscheinend immer größer werdende Schar von Moodys Verwandten zu besuchen, die ihr Heimatland verlassen hatten und in die USA gekommen waren. Moody nannte sie seine »Neffen«, und sie nannten ihn *Da'idschan*. Wir aßen an dem Abend mit ihnen und verabredeten, sie am nächsten Morgen in unserem Hotel zum Frühstück zu treffen.

Wir schliefen lange, denn wir waren müde vom vorhergehenden Tag. In aller Eile erledigten wir unsere morgendliche Toilette und machten uns nicht die Mühe, das Fernsehen einzuschalten. Als wir in die Hotelhalle kamen, wartete einer der »Neffen«, ein junger Mann, der Dschamal hieß, bereits ungeduldig auf uns. Aufgeregt kam er uns entgegen.

»Da'idschan!« sagte er. »Hast du die Nachrichten gehört?

Die amerikanische Botschaft in Teheran ist besetzt worden.« Er lachte.

Moody stellte jetzt fest, daß Politik ein todernstes Geschäft war. Anfangs hatte er sich von seinem bequemen Standort aus, fast um die halbe Erdkugel entfernt, sicher genug gefühlt, um seine Begeisterung für die Revolution und den Traum des Ayatollah, den Iran in eine Islamische Republik zu verwandeln, zu verkünden. Es war einfach, Lippenbekenntnisse aus der Distanz zu machen.

Aber jetzt, da die Teheraner Studenten einen Akt kriegerischer Gewalt gegen die Vereinigten Staaten unternommen hatten, begegnete Moody einer wirklichen Gefahr für seine eigene Person. Es war keine gute Zeit, um Iraner in Amerika zu sein – und auch nicht, um mit einem verheiratet zu sein. Ein iranischer Student am Texas-A&I wurde von zwei unbekannten Angreifern zusammengeschlagen, und Moody machte sich Sorgen, daß ihm das gleiche Schicksal widerfahren könnte. Er war auch beunruhigt über die Möglichkeit der Inhaftierung oder Ausweisung.

Einige Leute im Krankenhaus begannen, ihn als »Dr. Khomeini« anzureden. Einmal, behauptete er, hätte ein Auto versucht, ihn von der Straße zu drängen. Wir bekamen eine Menge anonymer Drohanrufe. »Dich kriegen wir noch«, sagte eine Stimme mit südlichem Akzent am Telefon. »Wir bringen dich um.« Moody hatte wirklich Angst bekommen und beauftragte einen Wachdienst damit, das Haus zu beobachten und uns überall, wohin wir auch gingen, zu bewachen.

Hatte denn dieser Wahnsinn nie ein Ende? fragte ich mich. Warum mußten mich die Männer in ihre dummen Kriegsspielchen hineinziehen? Warum konnten sie mich nicht einfach in Frieden Ehefrau und Mutter sein lassen?

Moody bemerkte, daß er sich nicht aus der internationalen Auseinandersetzung heraushalten konnte. Es war fast unmöglich für ihn, neutral zu bleiben. Seine iranischen Freunde wollten ihn als Aktiven immer weiter auf ihre Seite ziehen, der ihnen bei der Organisation von Demonstrationen helfen und unser Haus als eine Art Basislager zur Verfügung stellen sollte. Unsere amerikanischen Freunde und Nachbarn, und ebenso seine Kollegen, erwarteten oder forderten sogar von ihm, daß er dem Land die Treue erklärte, das ihm ein so gutes Auskommen gewährte.

Anfangs schwankte er. Privat zeigte er Begeisterung über die haarsträubende Entwicklung des Geiseldramas und war sichtlich schadenfroh, daß die Amerikaner vor der Welt erniedrigt wurden. Ich haßte ihn dafür, und wir hatten bittere Auseinandersetzungen. Er ließ auch endlose Tiraden gegen das amerikanische Waffenembargo gegen den Iran vom Stapel. Immer wieder behauptete er, es sei nur eine Vortäuschung falscher Tatsachen, und in Wirklichkeit verschifften die Amerikaner Waffen über Drittländer in den Iran, was die Preise in die Höhe triebe.

Dann geschah etwas Merkwürdiges. Moody hatte zu Dr. Mojallali, einem iranischen Neurologen, eine enge Beziehung entwickelt. Weil er im Iran ausgebildet worden war, hatte Dr. Mojallali keine Erlaubnis, in Amerika zu praktizieren. Er arbeitete statt dessen als Labortechniker. Aber Moody behandelte ihn mit allem Respekt, der einem Kollegen gebührte, und sie arbeiteten gern zusammen mit den iranischen Studenten. Über Nacht kühlte sich das freundschaftliche Verhältnis ab. Plötzlich weigerte sich Moody sogar, mit Dr. Mojallali zu sprechen, aber er sagte mir nicht, warum.

Im Krankenhaus verfolgte Moody die Strategie, jeder Konfrontation aus dem Weg zu gehen. Obwohl er den iranischen Studenten immer noch erlaubte, sich in unserem Haus zu versammeln, versuchte er die Treffen geheimzuhalten und vermied nach Möglichkeit politische Gespräche mit der Begründung, er habe den Kontakt zu der »Gruppe besorgter Moslems« abgebrochen. Im Krankenhaus konzentrierte er sich auf seine Arbeit.

Aber der Schaden war nun einmal angerichtet. Er hatte seine Sympathien zu laut hinausposaunt, und das machte ihn zu einem leichten Ziel für jeden, der Grund zum Schießen hatte.

Die gespannte Situation nahm eine konkrete Form an, als der andere Anästhesist im Krankenhaus Moody beschuldigte, über Kopfhörer Radio zu hören, während er seinen Pflichten bei den Operationen nachkommen sollte. Das war eine Anschuldigung, der ich Glauben schenken konnte. Auf der anderen Seite kannte ich die Annehmlichkeiten von Moodys Beruf. Moody und ich hatten die Vorteile des schnellen Geldes sehr genossen. Die genießt ein Anästhesist aber nur um den Preis eines wachsenden Konkurrenzkampfes. Unausgelastet und überbezahlt hatte Moodys »Kollege« vielleicht die Möglichkeit zu einem Machtspiel gewittert, um sich einen größeren Anteil der zur Verfügung stehenden Arbeit an Land zu ziehen.

Die Kontroverse spaltete das Krankenhauspersonal in zwei Lager. Weiterer Ärger war abzusehen, besonders seit sich das Geiseldrama in der amerikanischen Botschaft in Teheran zu einer ausgedehnten, schwelenden Auseinandersetzung entwickelt hatte.

Als sich das unruhige Jahr seinem Ende zuneigte, stand Moody zwischen zwei internationalen Lagern, verletzlich für Angriffe von beiden Seiten.

Weihnachten fuhren wir nach Hause nach Michigan, um meine Eltern zu besuchen. Das war eine willkommene Abwechslung zu dem unerträglichen Druck in Corpus Christi. Wir verbrachten alle vergnügliche Feiertage bei meinen Eltern, die Joe, John und das Baby Mahtab mit Geschenken überhäuften. Während der faulen, angenehmen Zeit zwischen den Feiertagen grübelte ich über die Möglichkeit nach, dem Durcheinander unseres Lebens in Corpus Christi zu entfliehen. Moody genoß es, in Michigan zu sein. Würde er hierher zurückziehen, wenn sich eine Arbeitsmöglichkeit ergäbe? Gab es irgendwelche Möglichkeiten? Ich wußte, daß bei einem Besuch seiner alten Kollegen dieses Thema vermutlich zur Sprache kommen würde, also schlug ich eines Tages vor: »Warum besuchst du nicht deine alten Freunde in Carson City?«

Bei dem Gedanken heiterte sich sein Gesicht auf. Hier war eine Gelegenheit, über geschäftliche Dinge in einer sicheren Atmosphäre zu reden, in der er keine Vergangenheit als iranischer Sympathisant hatte. Der Besuch erneuerte seine Begeisterung für seine Arbeit und erinnerte ihn daran, daß es Gegenden gab, wo seine Geschichte in den Hintergrund treten konnte. Er strahlte, als er mir erzählte, daß ein Arzt gesagt hätte: »Ich kenne jemanden, der einen Anästhesisten sucht.«

Moody rief den Mann, einen Anästhesisten in Alpena, an und wurde zu einem Vorstellungsgespräch eingeladen. Die Dinge entwickelten sich schnell. Moody und ich ließen die Kinder bei meiner Familie und machten uns zu der dreistündigen Autotour auf.

Es schneite leicht auf der Fahrt. Gruppen dunkelgrüner Pinien waren, wie mit Zuckerguß überzogen, in festliches Weiß gekleidet. Diese winterliche Postkartenlandschaft war atemberaubend schön nach drei Jahren im heißen, öden Texas.

»Wie konnten wir bloß von hier wegziehen?« fragte Moody sich laut.

Das Alpena-Krankenhaus lag in einem eigenen winterlichen Wunderland. Im Vordergrund war ein moderner Gebäudekomplex harmonisch in die schneebedeckte Parklandschaft eingegliedert. Kanadagänse watschelten ungestört zwischen den Pinien umher. In einiger Entfernung bildete eine Hügelkette einen friedlichen Hintergrund.

Das Vorstellungsgespräch verlief reibungslos. Hier in

Alpena bestand eindeutig Bedarf an einem zweiten Anästhesisten. Am Schluß des Gesprächs lächelte der andere Arzt, streckte seine Hand aus und fragte: »Wann können Sie kommen?«

Es vergingen mehrere Monate, bevor wir unsere Angelegenheiten in Corpus Christi geregelt hatten. Moody freute sich so sehr auf den Umzug, daß er mehrmals während des milden Winters in Texas die Klimaanlage anstellte, damit er ein prasselndes Feuer in unserem Kamin machen konnte. Das erinnerte ihn an Michigan. Wir begannen die nötigen Vorbereitungen für den Umzug frohen Mutes. Wir waren wieder ein Team, das auf ein gemeinsames Ziel hinarbeitete. Moody hatte seine Wahl getroffen; er würde in den Vereinigten Staaten leben und arbeiten. Er würde ein Amerikaner werden – ja, er war bereits einer.

Wir verkauften unser Haus in Corpus Christi, behielten aber unser Eigentumsrecht an einem anderen Haus, in das wir wegen der steuerlichen Vergünstigungen investiert hatten. Und als es Frühling wurde, waren wir in Alpena, nur drei Stunden von meinen Eltern entfernt – und eine Million Meilen vom Iran weg.

16

Alpena lag so weit von der trostlosen Wohnung entfernt, in der ich jetzt eingesperrt war. Mom und Dad waren so weit weg. Joe und John waren so weit weg. Mahtab war so weit weg!

War sie bei Mammal und Nasserine? Ich hoffte nicht. Ich hoffte, daß sie bei jemandem war, den sie kannte und mochte, jemanden, der sie lieb hatte. War sie vielleicht bei Ameh Bozorg? Bei der Frage lief mir ein Schauer über den Rücken. Oh, wie ich um mein Kind weinte!

Allein in der Wohnung, tagsüber in Einzelhaft gehalten, verzweifelt auf Nachricht von Mahtab wartend, machte ich mir Sorgen um meine geistige Gesundheit. In Tränen aufgelöst aus Enttäuschung und Schmerz, tat ich das, was ich Mahtab zu tun geraten hatte: Wenn du meinst, daß du ganz allein bist, kannst du immer beten. Du bist nie wirklich allein.

Ich schloß meine Augen und versuchte es. Lieber Gott, hilf mir! begann ich..., aber ich war geistig erschöpft, meine Gedanken schweiften ab und stürzten mich plötzlich in tiefe Schuldgefühle. Jahrelang hatte ich die Religion vernachlässigt, und erst jetzt, als ich in einem fremden Land gefangen war, bat ich meinen Gott um Hilfe. Warum sollte er mich jetzt erhören?

Ich versuchte es nochmal. Ich betete nicht länger, daß Mahtab und ich einen Weg fänden, um gemeinsam nach Amerika zurückkehren zu können. Ich betete nur darum, wieder mit meiner Tochter vereint zu sein. Lieber Gott, sagte ich, hilf mir, Mahtab wiederzubekommen. Beschütze sie und tröste sie. Laß sie wissen, daß du sie liebst, daß du für sie da bist, und daß ich sie lieb habe. Hilf mir, sie irgendwie wiederzubekommen.

Etwas – jemand? – befahl mir, die Augen aufzumachen. Ich hörte tatsächlich eine Stimme, oder doch nicht? Erschrocken blickte ich auf und sah Moodys Aktenkoffer in einer Ecke des Zimmers auf dem Boden stehen. Normalerweise nahm er ihn mit, aber heute hatte er ihn entweder vergessen oder einfach zu Hause gelassen. Neugierig ging ich hin und untersuchte ihn. Ich hatte keine Ahnung, was er darin hatte, aber vielleicht fand ich dort etwas, das mir helfen konnte. Einen Schlüssel vielleicht?

Der Aktenkoffer war mit einem Kombinationsschloß verschlossen. Moody hatte die Zahlenkombination selbst festgelegt, und mir war die Reihenfolge der Zahlen, die den Koffer öffnete, nie bekannt gewesen. »Ich werde mit Null, Null, Null anfangen«, murmelte ich bei mir. Was hatte ich auch sonst schon zu tun?

Ich trug den Koffer in Mammals und Nasserines Schlafzimmer, wo ich durch das vordere Fenster hören konnte, ob sich jemand dem Haus näherte. Ich saß auf dem Boden und drehte die Rädchen des Schlosses auf 0-0-0. Ich drückte die Knöpfe. Nichts passierte. Ich drehte die Kombination auf 0-0-1 und versuchte es wieder. Wieder nichts. Mit einem Ohr auf die Stimmen auf der Straße lauschend, um zu hören, wenn Moody zurückkehrte, arbeitete ich systematisch weiter: 0-0-3, 0-0-4, 0-0-5. Ich machte immer weiter, die Wiederholung des Vorgangs half mir, die trübsinnige Zeit zu vertreiben, förderte aber auch einen gewissen Pessimismus.

Ich erreichte 1-0-0 ohne Erfolg. Ich machte weiter. Das Unternehmen erschien mittlerweile sinnlos: Wahrscheinlich war sowieso nichts im Aktenkoffer, was ich gebrauchen konnte. Aber ich hatte noch Tausende von Kombinationen vor mir und nichts, womit ich mir sonst die Zeit hätte vertreiben können.

Ich erreichte 1-1-4. Nichts.

1-1-5. Nichts. Warum machte ich mir die Mühe?

1-1-6. Nichts. Was, wenn Moody leise heimkam, sich hereinschlich und mich dabei erwischte, wie ich versuchte, in seinen Privatsachen herumzustöbern?

Ich drehte die Rädchen auf 1-1-7 und drückte pessimistisch auf die Knöpfe.

Beide Schlösser sprangen auf!

Ich hob den Deckel hoch und schnappte vor Freude nach Luft. Da war das Telefon, ein Trimline-Tastentelefon, das beim Wählen Töne erzeugte und viel technischen Schnickschnack hatte. Mammal hatte es auf einer Reise nach Deutschland gekauft. Am Ende des Kabels befand sich ein Verbindungsstück, das wie ein zweidorniger elektrischer Stecker aussah. Damit konnte es ans Telefonnetz angeschlossen werden.

Ich lief zum Anschluß, blieb aber sofort wieder stehen. Essey war zu Hause, sie war genau unter mir. Ich konnte sie geschäftig hin und her eilen und konnte das Baby quengeln hören. Und ich wußte, daß dieses verdammte Telefonsystem Pfusch war. Jedesmal, wenn auf dem Telefon oben jemand eine Nummer wählte, klingelte das Telefon unten ein paar Mal leise. Essey würde sofort wissen, daß ich telefonierte. Konnte ich das riskieren? Nein, sie hatte ihre Unterordnung schon deutlich genug gezeigt. Sie war nicht damit einverstanden, was Moody tat, aber sie würde gehorchen. Sie würde hinter mir herspionieren, wenn *Da'idschan* es wollte.

Es verging einige Zeit – zwanzig Minuten oder eine halbe Stunde. Ich stand mit dem Telefon in der Hand in der Diele, bereit zum Einstöpseln, und wog die Risiken gegeneinander ab. Dann hörte ich, wie sich die Etagentür von Esseys Wohnung öffnete und schloß. Die Haustür öffnete und schloß sich wieder. Ich rannte zum Fenster und preßte mein

Gesicht gegen die Schutzscheibe, gerade rechtzeitig, um einen Blick von Essey und ihren Kindern zu erhaschen, wie sie die Straße hinuntergingen. Sie verließen das Haus selten auch nur für ein paar Minuten. Dies war wie eine Antwort auf mein Gebet.

Sofort stöpselte ich das Telefon ein, rief Helen in der Botschaft an und erzählte ihr unter Schluchzen die Einzelheiten meiner sich verschlimmernden Zwangslage.

»Ich dachte, Sie würden in Ellens Haus wohnen«, sagte Helen, »und versuchen, einige Dinge zu klären.«

»Nein. Er hat mich eingeschlossen. Er hat mir Mahtab weggenommen. Ich weiß nicht, wo sie ist und ob es ihr gut geht.«

»Was kann ich für Sie tun?« fragte Helen.

»Ich weiß nicht, ob Sie irgend etwas tun können, bevor ich Mahtab zurückhabe.«, sagte ich schnell. »Ich will nichts tun, womit ich riskieren könnte, sie nicht wiederzusehen.«

»Warum sprechen Sie nicht mit Mr. Vincop«, schlug Helen vor. Sie schaltete ihn in die Leitung ein. Noch einmal erklärte ich, daß ich ein Eingreifen der Botschaft im Augenblick nicht riskieren wollte. Nicht, bis ich wieder mit Mahtab vereint war.

»Sie sind unvernünftig«, sagte er. »Wir sollten kommen und versuchen, Sie da herauszuholen. Wir sollten der Polizei melden, daß Sie dort eingeschlossen werden.«

»Nein!« schrie ich ins Telefon. »Das ist ein Befehl. Ich verlange von Ihnen, daß Sie nichts unternehmen. Versuchen Sie nicht, mit mir in Kontakt zu treten. Tun Sie nichts, um mir zu helfen. Ich werde sobald wie möglich mit Ihnen Verbindung aufnehmen, aber ich weiß nicht, wann das sein wird – morgen, in sechs Monaten, ich weiß es wirklich nicht. Aber versuchen Sie nicht von sich aus, mich anzurufen.«

Ich hängte den Hörer ein und fragte mich, ob ich es riskieren konnte, Ellen auf ihrer Arbeitsstelle anzurufen.

Aber dann hörte ich einen Schlüssel im Haustürschloß rasseln. Essey und ihre Kinder kamen zurück. Schnell stöpselte ich das Telefon wieder aus, warf es in den Aktenkoffer und stellte ihn wieder dahin, wo Moody ihn stehengelassen hatte.

Plötzlich machte ich mir Sorgen wegen des Fotos, das ich von Moody gemacht hatte, als er Mahtab von mir wegbrachte. Er hatte noch andere Bilder auf dem Film. Wenn er ihn entwickeln ließ, würde er sehen, was ich getan hatte, und wütend werden, davon war ich überzeugt. Ich suchte in seiner Fototasche nach einem anderen Film, um ihn gegen den in der Kamera auszuwechseln, fand aber keinen.

Das Foto schien mir jetzt unwichtig, es würde nur Mahtabs Rücken zeigen, als Moody sie im Kinderwagen wegschob. Es lohnte nicht, deshalb Moodys Zorn zu riskieren. Ich öffnete die Kamera, hielt den Film ans Licht und legte ihn wieder ein und hoffte, daß ich ein Foto ruiniert hatte, das für Moody wichtig gewesen war.

Zwei Tage später verließ Essey ohne Erklärung die untere Wohnung und nahm Maryam und Mehdi mit. Ich spähte aus dem oberen Fenster und sah, wie sie in ein Telefontaxi einstieg und mit einem Koffer, ihren ungezogenen Kindern und ihrem *Tschador* kämpfte. Anscheinend war sie auf dem Weg, Verwandte zu besuchen. Reza war noch im Geschäft. Jetzt war ich also völlig allein.

An manchen Abenden kam Moody nach Hause, an anderen nicht. Ich wußte nicht, welche Variante mir lieber war. Ich verachtete und fürchtete diesen Mann, aber er war meine einzige Verbindung zu Mahtab. An den Abenden, an denen er heimkam, war er mit Lebensmitteln beladen, er war kurz angebunden und mürrisch und wehrte meine Fragen nach Mahtab mit einem knappen »Es geht ihr gut« ab.

»Kommt sie in der Schule gut mit?« fragte ich.

»Sie geht nicht zur Schule«, sagte er scharf. »Sie lassen sie nicht mehr zur Schule gehen, wegen allem, was du getan hast. Es ist deine Schuld. Du hast alles zerstört, und nun wollen sie sie nicht mehr haben. Du machst immer nur Ärger. Und außerdem bist du eine schlechte Ehefrau. Du schenkst mir keine Kinder mehr. Ich werde mir eine andere Frau nehmen, damit ich einen Sohn bekomme.«

Plötzlich dachte ich an meine Spirale. Was würde geschehen, wenn Moody das herausfände? Was wäre, wenn er mich so furchtbar verprügeln würde, daß ich in ärztliche Behandlung mußte, und wenn dann ein iranischer Arzt sie fände? Wenn Moody mich nicht tötete, würde die Regierung es vielleicht tun.

»Ich werde dich zu Khomeini bringen und ihm erzählen, daß du ihn nicht leiden kannst«, knurrte Moody. »Ich bringe dich vor die Regierung und sage ihnen, daß du eine CIA-Agentin bist.«

Zu jedem anderen Zeitpunkt hätte ich dies alles als bloße Drohung abgetan. Aber ich hatte Geschichten von Leuten gehört, die auf Grund von lächerlichen oder nicht vorhandenen Beweisen angeklagt und dann ohne jeden Prozeß ins Gefängnis gekommen oder hingerichtet worden waren. Ich war auf die Gnade sowohl dieses wahnsinnigen Mannes als auch seiner wahnsinnigen Regierung angewiesen. Ich *wußte*, daß mein Leben nur von Moodys Laune und der seines Ayatollahs abhing.

In der Wohnung mit meinem Peiniger eingeschlossen, wagte ich nicht, Streit anzufangen. Jedesmal, wenn ich sah, daß das Feuer in seinen Augen zu lodern begann, zwang ich mich, meinen Mund zu halten, und hoffte, daß er mein schreckliches Herzklopfen nicht hören konnte.

Er konzentrierte seinen Zorn hauptsächlich auf die Tatsache, daß ich keine Moslemin war.

»Du wirst in den Feuern der Hölle schmoren«, schrie er mir zu. »Und ich werde in den Himmel kommen. Warum wachst du nicht endlich auf?«

»Ich weiß nicht, was geschehen wird«, sagte ich sanft und versuchte, ihn zu beruhigen. »Ich bin kein Richter. Nur Gott darf richten.«

In den Nächten, in denen Moody sich dazu entschloß, bei mir zu bleiben, schliefen wir zwar im selben Bett, aber er war zurückhaltend. Verzweifelt um meine Freiheit kämpfend, rückte ich ein paarmal nah an ihn heran und legte meinen Kopf auf seine Schulter, dabei wurde mir fast übel vor Überwindung. Aber Moody war sowieso nicht interessiert. Er stöhnte und drehte sich um, von mir weg.

Morgens ließ er mich allein, nahm seinen Aktenkoffer mit – und das Telefon.

Ich war verrückt vor Angst und Langeweile. Ich hatte immer noch Schmerzen und fühlte mich von dem entsetzlichen Kampf zerschunden. Depressionen und Verzweiflung überwältigten mich. Ich lag stundenlang im Bett und konnte nicht schlafen, ich war aber auch nicht in der Lage aufzustehen. Zu anderen Zeiten lief ich durch die Wohnung und suchte, ich weiß auch nicht was. Manche Tage vergingen vollständig im Dämmer. Nach kurzer Zeit wußte ich nicht mehr, welcher Wochentag es war, welcher Monat oder auch nur, ob die Sonne am nächsten Morgen aufging, und es interessierte mich auch nicht. Alles, was ich wollte, war, meine Tochter sehen.

An einem dieser quälenden Tage konzentrierte meine Angst sich auf eine einzige Sache. Ich steckte meine Finger tief in meinen Körper und suchte das kleine Kupferdrähtchen, an dem meine Spirale hing. Ich fand es und zögerte einen Moment lang. Und wenn ich zu bluten anfangen würde? Ich war eingeschlossen, ohne Telefon. Was wäre, wenn ich verblutete?

In diesem Augenblick war es mir gleich, ob ich leben oder sterben würde. Ich zog an dem Draht und schrie auf vor Schmerz, aber die Spirale blieb fest an ihrem Platz. Ich versuchte es noch mehrere Male, zog fester und zuckte bei den stärker werdenden Schmerzen zusammen. Aber ich bekam sie immer noch nicht heraus. Schließlich nahm ich eine Pinzette aus meinem Maniküre-Set und faßte damit den Draht. Mit einem langsamen, konstanten Ziehen, bei dem ich vor Schmerzen aufschrie, hatte ich schließlich Erfolg. Plötzlich befand sich das kleine Gebilde aus Plastik und Kupferdraht, das mich hätte zum Tode verurteilen können, in meiner Hand. Mir tat alles weh. Ich wartete mehrere Minuten, um sicher zu gehen, daß ich nicht blutete.

Ich betrachtete die Spirale, ein schmales Band aus undurchsichtigem Plastik, nicht größer als zweieinhalb Zentimeter, an dem das Kupferdrähtchen befestigt war. Was sollte ich jetzt damit machen? Ich konnte sie nicht einfach in den Müll werfen und auch nur das leiseste Risiko eingehen, daß Moody sie finden würde. Als Arzt würde er sofort wissen, was es war.

Konnte man sie in der Toilette hinunterspülen? Ich war nicht sicher. Was würde geschehen, wenn sie eine Verstopfung verursachte und wir einen Klempner kommen lassen mußten, der dann Moody das seltsame Ding zeigen würde, durch das es zu der Verstopfung gekommen war?

Das Metall war weich.

Vielleicht konnte ich es in Stücke schneiden. Ich fand eine Schere bei Nasserines Nähsachen und arbeitete so lange, bis alles in winzige Stückchen geschnitten war.

Dann holte ich mein Schraubenzieher-Messer und entfernte schnell die Scheibe. Ich lehnte mich über den Gehweg hinaus und wartete einen Augenblick ab, in dem niemand aufpaßte. Dann ließ ich die Stückchen meiner Spirale auf die Straßen Teherans segeln.

Dads Geburtstag war am 5. April. Er wurde fünfundsechzig, wenn er noch am Leben war. Johns Geburtstag war am 7. April. Er wurde fünfzehn. Wußte er, daß ich noch am Leben war?

Ich konnte ihnen keine Geschenke machen. Ich konnte ihnen keine Kuchen backen. Ich konnte sie nicht anrufen, um ihnen alles Gute zum Geburtstag zu wünschen. Ich konnte ihnen keine Geburtstagskarten schicken.

Ich wußte noch nicht einmal, wann der Tag ihres Geburtstags war, weil ich die zeitliche Orientierung verloren hatte.

Manchmal stand ich nachts auf dem Balkon, sah den Mond an und dachte, daß es, obwohl die Erde so groß ist, doch nur einen Mond gab, denselben für Joe und John, Mom und Dad und für mich. Es war derselbe Mond, den auch Mahtab sah.

Irgendwie gab er mir ein Gefühl der Verbundenheit.

Eines Tages sah ich zufällig aus dem vorderen Fenster und hielt den Atem an. Da stand Miss Alavi auf dem Gehweg auf der anderen Seite der Gasse und sah zu mir herauf. Einen Augenblick lang dachte ich, sie müßte eine Erscheinung sein, die mein verwirrter Geist heraufbeschworen hatte.

»Was machen Sie denn hier?« fragte ich überrascht.

»Ich habe beobachtet und beobachtet und warte seit Stunden«, sagte sie. »Ich weiß, was mit Ihnen geschehen ist.«

Wie hatte sie herausgefunden, wo ich wohnte? fragte ich mich. Durch die Botschaft? Durch die Schule? Es war mir egal; ich war begeistert, als ich die Frau sah, die bereit war, ihr Leben dafür zu riskieren, Mahtab und mich aus dem Land zu bringen. Und bei dem Gedanken stöhnte ich auf in der erneuten Erinnerung daran, daß Mahtab verschwunden war.

»Was kann ich tun?« fragte Miss Alavi.

»Nichts«, sagte ich, ganz von meinem Elend in Anspruch genommen.

»Ich muß mit Ihnen sprechen«, sagte sie und senkte ihre Stimme, als sie merkte, wie verdächtig es aussehen mußte, wenn man sich so über die ganze Breite der Straße hinweg mit einer Frau an einem Fenster im ersten Stock unterhielt, und noch dazu auf Englisch.

»Warten Sie!« sagte ich.

In wenigen Sekunden hatte ich die Scheibe entfernt. Dann lehnte ich meinen Kopf an die Gitterstäbe, und wir führten unsere merkwürdige Unterhaltung mit leiserer Stimme fort.

»Seit Tagen habe ich das Haus beobachtet«, sagte Miss Alavi. Sie erzählte, daß ihr Bruder eine Zeitlang bei ihr gewesen war und im Auto gesessen hatte. Aber jemand war mißtrauisch geworden und hatte gefragt, was sie da machten. Miss Alavis Bruder hatte erklärt, er beobachte ein Mädchen in einem der Häuser, weil er es heiraten wolle. Das war eine ausreichende Erklärung gewesen, aber vielleicht hatte der Zwischenfall den Bruder argwöhnisch gemacht. Jedenfalls war Miss Alavi jetzt allein.

»Es ist alles bereit für die Fahrt nach Zahidan«, sagte sie.

»Ich kann nicht fahren. Mahtab ist nicht mehr bei mir.«

»Ich werde Mahtab finden.«

Wie konnte sie das?!!! »Unternehmen Sie bloß nichts, was Mißtrauen wecken könnte.«

Sie nickte. Dann war sie verschwunden, auf dieselbe rätselhafte Weise, wie sie gekommen war. Ich setzte die Scheibe wieder ein, versteckte das Messer und sank wieder in eine Lethargie, in der ich mich fragte, ob diese Episode gerade nur ein Traum gewesen war.

Gott mußte der Welt befohlen haben, sich langsamer zu drehen. Jeder Tag hatte mindestens achtundvierzig, wenn nicht sogar zweiundsiebzig Stunden. Dies waren die einsamsten Tage meines Lebens. Es war eine anstrengende Arbeit, irgend etwas zu finden, das mir die Zeit vertrieb.

Im Geiste arbeitete ich an einem komplizierten Plan, wie ich mit Mahtab in Verbindung treten konnte. Aus allen möglichen Essensresten, die ich finden konnte, und mit dem, was Moody nach Hause brachte, versuchte ich, Mahtabs Lieblingsgerichte zu kochen und sie ihr durch ihren Vater zukommen zu lassen. Bulgarischer Pilav war eines ihrer Lieblingsgerichte.

Mit ein paar Stückchen weißen Garns gelang es mir, ein winziges Paar Stiefel für ihre Puppe zu stricken. Dann erinnerte ich mich an ein paar Hemdblusen mit hohem Kragen, die sie kaum trug, weil sie ihr am Hals zu eng waren. Ich schnitt die Kragen ab, damit die Blusen bequemer wurden, und schneiderte aus den Stoffstückchen neue Puppenkleider. Ich fand auch eine langärmlige weiße Bluse, aus der sie herausgewachsen war. Ich schnitt die Ärmel ab und setzte den Stoff an der Taille an, so daß eine kurzärmlige Bluse entstand, die wieder lang genug für sie war.

Moody nahm die Geschenke mit, aber er weigerte sich, mir irgendeine Neuigkeit über meine Tochter mitzuteilen, außer einmal, als er die Puppenstiefelchen zurückbrachte. »Sie hat gesagt, daß sie sie dort nicht haben will, weil die anderen Kinder sie schmutzig machen«, erklärte er.

Ich strahlte innerlich über diese Nachricht, wollte aber nicht, daß Moody mitbekam, was gerade geschehen war. Die mutige kleine Mahtab hatte meinen Plan verstanden. Dies war ihre Art, Mommy, ich lebe noch, zu sagen. Und sie war mit anderen Kindern zusammen. Das schloß, Gott sei Dank, Ameh Bozorgs Haus aus.

Aber wo war sie bloß?

Aus Langeweile und Verzweiflung begann ich dann, Moodys Auswahl an englischsprachigen Büchern zu lesen. Die meisten von ihnen handelten vom Islam, aber das war mir egal. Ich las sie von der ersten bis zur letzten Seite. Es gab auch ein Wörterbuch von Webster, und das las ich auch. Ich wünschte, es wäre auch eine Bibel dabei gewesen.

Gott war mein einziger Gefährte in diesen öden Tagen und Nächten. Ich sprach die ganze Zeit mit ihm. Mit der Zeit, ich weiß nicht in wie vielen Tagen, entwickelte ich in meinem geplagten Geist eine Strategie. Hilflos in der Falle sitzend, unfähig, irgend etwas für meine eigene Verteidigung zu tun, war ich fest entschlossen, alles nur Mögliche zu tun, damit ich wieder mit Mahtab vereint sein konnte. Und so richtete ich meine Aufmerksamkeit auch auf Moodys Religion.

Mit großer Sorgfalt studierte ich ein Lehrbuch, das in Einzelheiten die Sitten und Rituale der islamischen Gebete erklärte und begann damit, alles genau so zu befolgen. Vor dem Gebet wusch ich mir Hände, Arme, Gesicht und die Oberseiten meiner Füße. Dann legte ich einen weißen Gebets-*Tschador* an. Wenn man beim islamischen Gebet niederkniet und sich zum Zeichen der Unterwerfung unter den Willen Allahs nach vorn beugt, soll der Kopf keinen von Menschen gefertigten Gegenstand berühren. Draußen ist das einfach. Im Haus muß der demütig Betende einen Mohr, einen Gebetsstein benutzen, und hier gab es mehrere davon. Es waren einfache kleine Klumpen aus getrocknetem Lehm, ungefähr zweieinhalb Zentimeter im Durchmesser. Man konnte sie aus jeder Erde machen, aber diese waren extra aus Lehm von Mekka gefertigt.

In den *Tschador* gehüllt beugte ich mich nach vorn, damit mein Kopf den Gebetsstein berührte. Mit dem aufgeschlagenen Lehrbuch vor mir auf dem Boden übte ich meine Gebete immer wieder.

Als Moody dann eines Morgens aufstand, versetzte ich ihn in Erstaunen, weil auch ich die rituellen Waschungen vornahm. Er sah mich verwundert an, als ich den *Tschador* anlegte und meine Gebetshaltung in der Diele einnahm. Ich kannte genau meinen Platz – nicht an seiner Seite, sondern hinter ihm. Gemeinsam blickten wir gen Mekka und begannen unseren feierlichen Sprechgesang.

Mein Ziel war ein zweifaches. Ich wollte Moody eine Freude machen, auch wenn er meinen nur schlecht getarnten Plan durchschaute. Er würde denken, daß ich versuchte, seine Gunst zu gewinnen, damit ich Mahtab wiederbekam, aber wär das nicht schon ein kleiner Erfolg? Mir Mahtab wegzunehmen war sein letzter Versuch gewesen, mich dazu zu bewegen, seine Pläne für unser Leben zu befolgen. Wär dies dann nicht der Beweis, daß seine Strategie funktionierte?

Aber das war nur mein zweites Ziel, denn mit meinen islamischen Gebeten war es mir ernster, als Moody auch nur im entferntesten ahnen konnte. Ich suchte wirklich verzweifelt nach Hilfe, woher auch immer sie kam. Wenn Allah dasselbe höchste Wesen wie Gott war, würde ich seine Forderungen so gut wie möglich erfüllen. Ich wollte Allah mindestens so sehr zufriedenstellen wie Moody.

Nachdem wir unsere Gebete beendet hatten, sagte Moody lakonisch: »Du solltest sie nicht auf Englisch sagen.«

Jetzt hatte ich noch eine Aufgabe. Den ganzen Tag lang und auch an den darauffolgenden übte ich die arabischen Worte und versuchte, mich gleichzeitig zu vergewissern, daß ich nicht tatsächlich eine gehorsame iranische Hausfrau wurde.

Ellen kam eines Tages und kündigte ihren Besuch mit der Türklingel an. Wir unterhielten uns durch das Fenster.

»Ich weiß, Moody hat gesagt, ich soll mich von dir fernhalten, aber ich mußte einfach kommen und nach dir sehen, um zu erfahren, ob du überhaupt noch am Leben bist«, sagte Ellen. »Hat sich etwas geändert?«

»Nein.«

»Weißt du, wo Mahtab ist?«

»Nein, du denn?«

»Nein«, sagte Ellen. Dann machte sie einen Vorschlag. »Vielleicht kann *Aga* Hakim helfen. Vor dem hat Moody Respekt. Ich könnte mit *Aga* Hakim reden.«

»Nein«, sagte ich schnell. »Wenn Moody herausfindet, daß ich mit irgend jemandem gesprochen habe, wird alles nur noch schlimmer werden. Ich will nur Mahtab sehen.«

Ellen verstand meine Befürchtungen und schüttelte enttäuscht ihren mit dem *Tschador* verhüllten Kopf.

»Etwas könntest du allerdings tun«, sagte ich. »Du könntest mir dein Neues Testament mitbringen.«

»Ja«, Ellen willigte ein, »aber wie werde ich es zu dir heraufbekommen?«

»Ich binde einfach einen Bindfaden an einen Korb, oder so was.«

»Okay.«

Ellen ging, aber sie kam nie mit dem Neuen Testament zurück. Vielleicht hatte sie Schuldgefühle wegen ihres heimlichen Besuchs bekommen und Hormoz davon erzählt.

An einem sonnigen Morgen stand ich draußen auf dem hinteren Balkon und fragte mich, ob ich noch im Besitz meiner geistigen Kräfte war oder nicht. Wie lange ging das jetzt schon so? Ich versuchte, zu dem Tag der Prügelei zurückzurechnen. War es einen Monat her? Oder zwei? Ich konnte mich nicht erinnern. Ich beschloß, die Freitage zu zählen, denn das waren die einzigen Tage, die anders waren. Da gab es noch zusätzliche Gebetsaufrufe. So sehr ich mich auch bemühte, ich konnte mich nur an einen Freitag seit unserem Streit erinnern. War es nur eine Woche her gewesen? Weniger als zwei? War es wirklich immer noch April?

Ich bemerkte, wie mich eine Nachbarin von der angrenzenden Straße hinter dem Betonhof aus ihrem Fenster heraus beobachtete. Ich hatte sie vorher noch nie gesehen.

»Woher kommen Sie?« fragte sie plötzlich in stockendem Englisch.

Ich war überrascht und erschrocken. Auch mißtrauisch. »Warum wollen Sie das wissen?« erwiderte ich.

»Weil ich weiß, daß Sie eine Ausländerin sind.«

Die Verzweiflung löste meine Zunge, und die Worte sprudelten nur so. Ich verlor keine Zeit damit, herauszufinden, ob die Frau Freund oder ein Feind war. »Ich bin hier in diesem Haus eingesperrt«, stammelte ich. »Sie haben mir meine Tochter weggenommen und mich hier drinnen eingeschlossen. Ich brauche Hilfe. Bitte, helfen Sie mir doch.«

»Sie tun mir leid«, antwortete sie. »Ich will sehen, was ich tun kann.«

Aber was konnte sie schon tun? Eine iranische Hausfrau hatte ja nur wenig mehr Freiheit als ich selbst. Dann hatte ich eine Idee. »Ich möchte einen Brief an meine Familie schicken«, sagte ich.

»Gut. Schreiben Sie den Brief. Dann komme ich hinüber auf die Straße, und Sie können mir den Brief herunterwerfen.«

Ich kritzelte hastig eine Mitteilung, die vermutlich noch nicht mal verständlich war. So schnell ich konnte, beschrieb ich diese schrecklichen neuen Entwicklungen und warnte Mom und Dad davor, die Botschaft und das Außenministerium im Augenblick zu sehr zu bedrängen. Nichts sollte unternommen werden, bis ich Mahtab wieder hatte. Ich schrieb ihnen, daß ich sie lieb hatte, und Tränen tropften auf das Blatt.

Ich schraubte die Scheibe vom vorderen Fenster ab und wartete mit dem Briefumschlag in der Hand, bis die Frau in der Gasse erscheinen würde. Es gab nicht sehr viele Fußgänger, aber ich war nicht sicher, ob ich sie erkennen würde, weil sie ja wie all die anderen Frauen verhüllt war. Ein paar Frauen gingen vorüber, aber sie machten keine Andeutung, daß sie mich erkannten.

Dann kam eine andere heran. Sie war in *Manto* und *Rusari* gekleidet und kam eilig näher, scheinbar auf einem alltäglichen Besorgungsgang. Aber als sie meinen Aussichtspunkt fast erreicht hatte, sah sie herauf und nickte kaum merklich mit dem Kopf. Der Brief glitt mir aus der Hand und segelte auf den Gehweg wie ein fallendes Blatt. Schnell hob meine neue Verschworene ihn auf und ließ ihn unter ihren Mantel gleiten, ohne ihren Schritt zu verlangsamen.

Ich sah sie nie wieder. Obwohl ich viel Zeit auf dem hinteren Balkon verbrachte in der Hoffnung, sie zu erblikken. Sie mußte offensichtlich entschieden haben, daß das Risiko zu groß war, um noch irgend etwas für mich zu tun.

Wie ich gehofft hatte, beruhigte meine Teilnahme an den Gebeten Moody ein bißchen. Zur Belohnung brachte er mir *The Khayan*, eine englischsprachige Tageszeitung. Die Berichte waren alle von iranischer Propaganda verfälscht, aber ich hatte wenigstens etwas außer religiösen Büchern und dem Wörterbuch zu lesen, das in meiner eigenen Sprache geschrieben war. Und nun wußte ich auch, welchen Tag wir hatten. Es fiel mir sehr schwer zu glauben, daß ich nur eineinhalb Wochen in Isolationshaft verbracht hatte. Vielleicht gab *The Khayan* auch das falsche Datum an, dachte ich, genauso wie das Blatt auch sonst Unwahrheiten berichtete.

Das Vorhandensein der Zeitung deutete auf eine plötzliche Veränderung meiner Situation oder zumindest in Moodys Verhalten hin. Er erschien jetzt jeden Abend in der Wohnung und brachte mir *The Khayan* und manchmal eine kleine Überraschung mit.

»Erdbeeren«, verkündete er, als er einmal spät am Nachmittag nach Hause kam. »Sie waren teuer und schwer zu finden.«

Was für ein unerwartetes und offensichtliches Friedensangebot! An dem Abend, als wir damals von Ellen und Hormoz zurückgekommen waren, hatte er Mahtab die Erdbeeren verweigert – das war die letzte Nacht gewesen, in der Mahtab und ich zusammen waren.

Es war fast ein Jahr her, daß ich zuletzt eine Erdbeere gegessen hatte. Diese waren winzig und trocken und hatten wahrscheinlich nicht viel Geschmack, aber in dem Moment waren sie etwas Außergewöhnliches. Ich verschlang drei davon, bevor ich mich zum Aufhören zwang. »Nimm sie Mahtab mit«, sagte ich.

»Ja«, antwortete er.

An einigen Abenden war Moody relativ freundlich zu mir und auch bereit, sich ein wenig mit mir zu unterhalten. An anderen Abenden wirkte er distanziert und drohend. Und obwohl ich ihn fortwährend nach Mahtab fragte, wollte er mir nichts erzählen.

»Wie lange soll das so weitergehen?« fragte ich ihn.

Er brummte nur.

Ein unglücklicher Tag türmte sich auf den nächsten.

Mitten in der Nacht weckte uns die Türklingel. Immer auf der Hut, um die Dämonen abzuwehren, die ihn plagten, sprang Moody aus dem Bett und rannte ans vordere Fenster. Aus meiner Lethargie erwachend, lauschte ich vom Schlafzimmer aus und konnte die Stimme von Mostafa hören, dem dritten Sohn Baba Hadschis und Ameh Bozorgs. Ich hörte Moody auf Farsi sagen, daß er sofort kommen würde.

»Was ist geschehen?« fragte ich Moody, als er ins Schlafzimmer zurückkam, um sich die Kleider überzuwerfen.

»Mahtab ist krank«, sagte er. »Ich muß sofort hin.«

Mein Herz machte einen Satz. »Laß mich mitgehen!« jammerte ich.

»Nein. Du bleibst hier.«

»Bitte.«

»Nein!«

»Bitte, bring sie nach Hause.«

»Nein. Ich werde sie nie wieder nach Hause bringen.«

Als er zur Tür ging, sprang ich aus dem Bett und lief hinter ihm her, bereit, im Nachthemd durch die Straßen Teherans zu eilen, wenn mir das meine Tochter zurückbringen würde.

Aber Moody schob mich beiseite, verschloß die Tür hinter sich und ließ mich mit diesem neuen Schrecken allein. Mahtab war krank! Und krank genug, um Mostafa mitten in der Nacht zu Moody zu schicken. Würde er sie in ein Krankenhaus bringen? War sie so krank? Was war denn nicht in Ordnung? Mein Liebling! Mein Liebling! Mein Liebling! jammerte ich.

Während einer endlosen Nacht mit Tränen und dunklen Vorahnungen versuchte ich die Bedeutung dieses neuen Stückchens Information über Mahtab herauszufinden. Warum Mostafa?

Dann besann ich mich darauf, daß Mostafa und seine Frau Malouk nur drei Häuserblocks entfernt wohnten. Für Moody wäre das ein bequemer Ort, um Mahtab zu verstekken. Mahtab kannte sie beide und verstand sich auch mit ihren Kindern ziemlich gut. Und Malouk war wenigstens etwas sauberer und freundlicher als einige andere Familienmitglieder. Der Gedanke, daß Mahtab bei Mostafa und Malouk war, beruhigte mich wenigstens ein bißchen, aber es war doch nur ein schwacher Trost für meinen Herzenskummer. Ein Kind braucht seine Mutter noch mehr, wenn es krank ist. Ich versuchte, ihr in Gedanken meine Liebe und meinen Trost zu schicken, und hoffte und betete, daß sie mich hörte und fühlte, welche Sorgen ich mir um sie machte.

Während der vergangenen Wochen hatte ich schon geglaubt, den allertiefsten Punkt erreicht zu haben, aber jetzt drückte mich die Verzweiflung noch tiefer hinunter. Endlich wichen die schweren, traurigen Nachtstunden dem Morgen, aber ich hatte immer noch keine Nachricht. Der Vormittag schleppte sich noch langsamer dahin. Mit jedem Schlag meines besorgten Herzen schrie ich meinem Kind entgegen: »Mahtab, Mahtab, Mahtab!«

Ich konnte nicht essen. Ich konnte nicht schlafen.

Ich konnte überhaupt nichts tun.

Ich konnte sie mir nur allein in einem Krankenhausbett vorstellen.

Ein langer, schmerzlicher, bedrückender Nachmittag verging. Ich hielt ihn für den längsten Tag in meinem jämmerlichen Dasein.

Ein wahnsinniger, verzweifelter Druck befiel mich. Ich

starrte aus unserem Schlafzimmerfenster, erblickte aber nur die Rückseiten der Häuser und sah eine Frau im Nachbarhof. Sie war die Hausangestellte, eine alte Frau, in einen *Tschador* gehüllt. Sie beugte sich über einen hübschen Springbrunnen und wusch Töpfe und Pfannen, so gut sie das mit nur einer freien Hand konnte. Ich hatte sie bei dieser Arbeit mehrmals beobachtet, hatte aber nie mit ihr gesprochen.

In dem Augenblick faßte ich einen Entschluß. Ich würde aus diesem Gefängnis ausbrechen, zu Mostafas und Malouks Haus rennen und mein krankes Kind retten. Ich war viel zu aufgewühlt, um einen klaren Gedanken fassen zu können, und machte mir keine Sorgen über eventuelle Konsequenzen dieser Handlung. Was auch immer sie sein mochten, ich mußte mein Kind *jetzt* sehen.

An diesem hinteren Fenster gab es keine Gitterstäbe und Glasscheiben. Ich zog einen Stuhl herüber, kletterte darauf und stieg rückwärts über den Rahmen, mit meinen Füßen nach dem schmalen Vorsprung tastend, der nur drei bis vier Zentimeter über die Hauswand hinausragte.

Als ich auf diesem Vorsprung stand und mich oben am Fensterrahmen festhielt, war ich nur einen Schritt vom Dach des eingeschossigen Nachbarhauses entfernt. Ich drehte meinen Kopf nach rechts und rief. *»Khanom!«*

Die alte Frau drehte sich erschrocken zu mir um.

»Schoma Englisi sohbat mikonid?« fragte ich. »Sprechen Sie Englisch?« Ich hoffte, daß wir uns gut genug verständigen konnten, damit sie mir erlaubte, auf ihr Dach zu klettern, mich ins Haus ließ und dann aus der Haustür wieder hinaus.

Als Antwort auf meine Frage griff die Frau ihren *Tschador* fester und rannte ins Haus.

Vorsichtig kletterte ich wieder zurück in die Wohnung. Es gab keine Hilfe, keinen Weg nach draußen. Ich lief im Zimmer umher und suchte nach Lösungen.

Ich suchte etwas zum Lesen und durchstöberte Moodys Bücherschrank nach etwas Englischem, das ich noch nicht von vorn bis hinten verschlungen hatte. Ich fand ein vierseitiges Faltblatt, das hinter einen Bücherstapel gerutscht war, und sah es mir neugierig an. Ich hatte es vorher noch nie gesehen. Es war ein in Englisch verfaßtes Unterrichtsbuch, das besondere islamische Gebete für bestimmte Rituale im einzelnen aufführte.

Ich ließ mich auf den Boden gleiten und überflog es träge, bis meine Augen an der Beschreibung eines *Nazr* hängenblieben.

Ein *Nazr* ist ein feierliches Versprechen an Allah, ein Schwur, eine Art Abmachung oder Geschäft. Reza und Essey hatten schon einmal ein *Nazr* gemacht. Wenn Allah es irgendwie bewerkstelligen würde, Mehdis verkrüppelte Füße zu richten, würden Reza und Essey die alljährliche Verpflichtung erfüllen, Tabletts mit Brot, Käse, *Sabzi* und anderen Lebensmitteln in die *Masdsched* zu bringen, um sie segnen zu lassen und unter den Bedürftigen zu verteilen.

Lautsprecher in der Straße riefen zum Gebet auf. Tränen rannen mir über das Gesicht, als ich die rituellen Waschungen vollzog und mich in den *Tschador* hüllte. Ich wußte jetzt, was ich tun würde. Ich würde ein *Nazr* machen.

Ich vergaß, daß ich die Glaubensgrundsätze des Islam und des Christentum durcheinanderwarf, als ich laut sprach: »Bitte, Allah, wenn Mahtab und ich wieder zusammensein können und sicher nach Hause zurückkehren, werde ich nach Jerusalem ins heilige Land pilgern. Das ist mein *Nazr.*« Dann las ich laut aus dem Buch vor, das vor mir lag, und stimmte ehrfürchtig und in ehrlicher Andacht ein langes, besonderes Gebet auf Arabisch an. Ich glaubte fest daran. Abgeschlossen von der Welt, kommunizierte ich jetzt direkt mit Gott.

Es wurde Abend. Dunkelheit senkte sich über Teheran. Ich saß auf dem Boden in der Halle und versuchte, mir die Zeit mit Lesen zu vertreiben.

Plötzlich gingen die Lichter aus. Zum ersten Mal seit Wochen drang das schreckliche Heulen des Fliegeralarms in mein arg mitgenommenes Bewußtsein.

Mahtab! dachte ich. Die arme Mahtab würde solche Angst haben. Voller Verzweiflung rannte ich zur Tür, aber natürlich war sie verschlossen, und ich war in der Wohnung im zweiten Stock gefangen. Gequält ging ich im Zimmer auf und ab, ohne an Schutzvorkehrungen für mich selbst zu denken. Die Worte aus Johns Brief kamen mir wieder ins Gedächtnis: »Bitte, paß auf Mahtab auf und laß sie nicht von Deiner Seite.« Ich weinte um meine Tochter und vergoß die bittersten, schlimmsten, schmerzvollsten Tränen, die ich je vergossen hatte oder noch vergießen würde oder vergießen konnte.

Draußen heulten die Sirenen, und das Donnern von Flugabwehrraketen war aus der Ferne zu vernehmen. Ich hörte die Motoren einiger Flugzeuge und Bombenexplosionen, aber auch die blieben weit weg. Wieder und wieder betete ich für Mahtab.

In wenigen Minuten war der Angriff vorüber, der kürzeste, den wir je erlebt hatten. Er ließ mich dennoch erzittern, ich war allein in einem verdunkelten Haus, in einer verdunkelten Stadt, in finsterer Verzweiflung. Ich lag da und weinte.

Es verging vielleicht eine halbe Stunde, bevor ich hörte, wie die Haustür aufgeschlossen wurde. Moodys schwerer Schritt hallte auf der Treppe, und ich rannte in die Diele, bereit, ihn auch um die winzigste Nachricht von Mahtab anzuflehen. Die Tür flog auf, und da stand er. Seine Silhouette hob sich im schwachen Lichtschein seiner kleinen Taschenlampe gegen den Hintergrund der nächtlichen Schatten kaum ab.

Er trug etwas, irgendein großes, schweres Bündel. Ich kam näher heran, um zu sehen, was es war.

Plötzlich hielt ich den Atem an. Es war Mahtab! Sie war in eine Decke gewickelt und lehnte sich an ihn, aufrecht, aber teilnahmslos. Ihr ausdrucksloses Gesicht wirkte sogar in der verdunkelten Wohnung geisterhaft blaß.

17

»Oh, danke lieber Gott, ich danke dir«, flüsterte ich laut. Das *Nazr* war das einzige, woran ich denken konnte, und an das besondere Bittgebet, das ich an dem Tag gesprochen hatte.

Gott hatte meine Gebete erhört.

Ich war begeistert und hatte gleichzeitig Angst. Mein Liebling sah so traurig, so geschunden, so krank aus.

Ich umschlang sie beide mit meinen Armen, meinen Mann und meine Tochter. »Ich liebe dich wirklich dafür, daß du sie nach Hause gebracht hast«, sagte ich zu Moody, und es erschien schon reichlich lächerlich, daß ich so etwas sagte, denn er war der Grund all meiner Qualen. Aber ich war so dankbar, Mahtab wiederzusehen, daß ich diese unlogische Aussage halb ernst meinte.

»Ich glaube, dieser Luftangriff war ein Zeichen Gottes«, sagte Moody. »Es gibt keinen Grund, weshalb wir auseinandergerissen sein sollten. Wir müssen in diesen Zeiten zusammen sein. Ich habe mir wirklich Sorgen um dich gemacht. Wir sollten nicht mehr getrennt sein.«

Auf Mahtabs Stirn stand fiebriger Schweiß. Ich streckte meine Arme nach ihr aus, und Moody gab sie mir. Es war so ein gutes Gefühl, sie wieder berühren zu können.

Sie sagte kein Wort, als ich sie ins Schlafzimmer trug und Moody uns folgte. Ich wickelte sie in Decken, griff ein Kleidungsstück, das ich in kaltes Wasser tauchte, und tupfte ihr die Stirn damit ab. Sie nahm alles zur Kenntnis, schien aber argwöhnisch und hatte offensichtlich Angst davor, in Moodys Gegenwart mit mir zu sprechen.

»Hat sie gegessen?« fragte ich.

»Ja«, versicherte er mir. Aber der äußere Eindruck stützte seine Aussage nicht. Sie war abgemagert.

Während der ganzen Nacht achtete er sorgfältig darauf, uns nicht allein zu lassen. Mahtab blieb still und teilnahmslos, aber meine Fürsorge ließ das Fieber etwas abklingen. Wir drei verbrachten die Nacht gemeinsam im selben Bett. Mahtab in der Mitte schlief unruhig und wachte häufig mit Magenschmerzen und Durchfall auf. Ich hielt sie die ganze Nacht lang im Arm, da ich auch nur kurzzeitig schlief. Ich hatte so viel Angst davor, Moody die Frage zu stellen: Und was geschieht jetzt?

Am Morgen, als Moody sich fertigmachte, um zur Arbeit zu gehen, sagte er mir, nicht unfreundlich, aber auch nicht mit der gleichen Zuneigung wie in der Nacht zuvor: »Mach sie fertig.«

»Bitte, nimm sie nicht mit.«

»Doch. Ich lasse sie nicht hier bei dir.«

Ich wagte in diesem schrecklichen Moment nicht, mich aufzulehnen. Moody hatte völlige Gewalt über mich, und ich konnte nicht wieder eine vollständige Isolation riskieren. Immer noch schweigend ließ Mahtab zu, daß er sie forttrug, und sie ließ eine Mutter zurück, die meinte, ganz sicher an gebrochenem Herzen zu sterben.

Mit uns dreien geschah etwas Seltsames. Ich brauchte einige Zeit, um die versteckten Veränderungen in unserem Verhalten zu entschlüsseln, aber intuitiv wußte ich: Wir traten in eine neue Phase unseres gemeinsamen Lebens ein.

Moody war beherrschter, weniger bedrohlich, dafür aber berechnender als zuvor. Nach außen hin schien er beruhigt, als hätte seine Persönlichkeit sich stabilisiert. In seinen Augen allerdings konnte ich die Anzeichen für größeren

Ärger sehen. Er war hauptsächlich mit dem Thema Geld beschäftigt. »Ich werde im Krankenhaus immer noch nicht bezahlt«, beschwerte er sich. »Die ganze Arbeit ist unentgeltlich.«

»Das ist doch lächerlich«, sagte ich. »Es ist kaum zu glauben. Woher hast du dann Geld?«

»Das Geld, von dem wir jetzt leben, borge ich von Mammal.«

Ich glaubte ihm immer noch nicht. Ich war überzeugt, er wolle mich glauben machen, daß er kein Geld hatte, damit es so aussah, als gäbe es keine Möglichkeit, unsere Lebensumstände zu ändern.

Aber aus einem unerfindlichen Grund verlagerte Moody allmählich das Ziel seiner Wutausbrüche. Er fing an, Mahtab fast jeden Abend nach Hause zu bringen, außer wenn er nachts Bereitschaftsdienst hatte. Nach ein oder zwei Wochen erlaubte er Mahtab dann, gelegentlich auch tagsüber bei mir zu bleiben, wenn er arbeitete, allerdings nicht ohne unsere Gefangenschaft mit dem Geräusch des zugeschobenen Riegels zu betonen, wenn er die Tür doppelt hinter sich abschloß.

Dann, eines Morgens, ging er wie immer weg, und ich wartete auf das bekannte Geräusch des Riegels, aber es kam nicht. Seine Schritte verhallten, als er das Haus verließ. Ich rannte zum Schlafzimmerfenster und sah, wie er die Gasse hinunterging.

Hatte er vergessen, uns einzuschließen? Oder war das ein Test?

Ich beschloß, letzteres anzunehmen. Mahtab und ich blieben in der Wohnung, bis er einige Stunden später zurückkam und dann viel besser aufgelegt schien als vorher. Es war ein Test gewesen, davon war ich überzeugt. Wahrscheinlich hatte er die Wohnung beobachtet – oder einen Spion engagiert –, und wir hatten uns als vertrauenswürdig erwiesen.

Moody sprach jetzt öfter und leidenschaftlicher von uns dreien als Familie und versuchte, uns als Schild gegen die Angriffe der Welt zusammenzuziehen. Als die Tage langsam in Wochen übergingen, wurde ich immer zuversichtlicher, daß er mir Mahtab ganz wiedergeben würde.

Mahtab veränderte sich auch. Zuerst sprach sie nur widerwillig über die Einzelheiten ihrer Trennung von mir. »Hast du viel geweint?« fragte ich. »Hast du Daddy gebeten, dich zurückzubringen?«

»Nein«, sagte sie mit leiser, ängstlicher Stimme. »Ich habe ihn nicht darum gebeten. Ich habe nicht mit den Leuten gesprochen. Ich habe nicht gespielt. Ich habe überhaupt nichts getan.«

Es bedurfte mehrerer eindringlicher Gespräche, um sie dazu zu bewegen, ihren Panzer wenigstens vor mir abzulegen. Schließlich erfuhr ich, daß sie zahlreichen Kreuzverhören ausgesetzt worden war, besonders durch Malouk, der Frau von Moodys Neffen. Sie hatte sie gefragt, ob ihre Mommy sie jemals mit zur Botschaft genommen hätte, oder ob sie versucht hätte, das Land zu verlassen. Aber Mahtab hatte immer nur »Nein« geantwortet.

»Mommy, ich habe wirklich versucht, wegzulaufen«, sagte sie, als wenn ich wütend auf sie gewesen wäre, weil sie es nicht geschafft hatte, zu fliehen. »Ich kannte den Weg zurück von Malouks Haus. Manchmal, wenn ich mit Malouk Gemüse oder sonst etwas eingekauft habe, wollte ich wegrennen und zurückkommen, um dich zu suchen.«

Wie dankbar ich war, daß ihr die Flucht nicht gelungen war. Die Vorstellung, sie allein auf den vollen Straßen von Teheran zu wissen, mit dem dichten Verkehr und den unvorsichtigen Fahrern, mit der herzlosen, bösartigen, mißtrauischen Polizei, war einfach schrecklich.

Sie war natürlich nicht weggerannt. Sie hatte nichts getan. Und das war die Veränderung, die in Mahtab vorgegangen war. Gegen ihren Willen paßte sie sich an. Schmerz und

Angst waren für sie zuviel geworden. Sie war unglücklich, kränklich, verzagt – und geschlagen.

Diese beiden Persönlichkeitsveränderungen brachten eine dritte mit sich, und zwar bei mir. Während der langen Tage, die ich immer noch größtenteils eingeschlossen in Mammals Wohnung verbrachte, konnte ich viel nachdenken. Ich formulierte meine Gedanken zu logischen Argumenten, analysierte und plante strategischer als zuvor. Es war eine unumstößliche Tatsache, daß ich mich nie an das Leben im Iran gewöhnen würde. Es stand für mich ebenso fest, nicht mehr darauf vertrauen zu können, daß Moodys zerrütteter Geist jemals wieder gesund werden würde. Im Augenblick ging es ihm zwar besser, er war vernünftiger, weniger bedrohlich, aber ich konnte mich darauf letztlich nie ganz verlassen. Ich konnte die Situation nur dazu benutzen, meine eigene Lage zeitweilig zu verbessern, bis der Ärger wieder von neuem begann, und das war abzusehen.

Wie konnte ich das am besten bewerkstelligen? Im Detail wußte ich es noch nicht genau, aber ich kam zu ein paar grundsätzlichen Überlegungen. Ich würde von jetzt an meine Anstrengungen, mit Mahtab den Iran zu verlassen und in die USA zurückzukehren, in eine andere Richtung lenken und verdoppeln, aber ein solcher Feldzug erforderte einen genau berechneten Angriff. Ich kam zu dem Schluß, daß ich von jetzt an Geheimnisse vor meiner Tochter haben mußte. Es beunruhigte mich sehr, daß sie von Malouk ins Kreuzverhör genommen worden war. Ich konnte meine Tochter nicht der Gefahr aussetzen, zu viel zu wissen. Ich würde nicht länger mit ihr über die Rückkehr in die Vereinigten Staaten sprechen. Diese Entscheidung tat mir in einer Hinsicht sehr weh. Ich brannte darauf, meine guten Neuigkeiten, wenn es welche geben sollte, mit Mahtab zu teilen. Aber andererseits war mir in meinem Innersten klar, daß ich ihr durch mein Schweigen mehr Liebe zuteil werden ließ. Ich würde keine Hoffnungen in ihr wecken. Erst wenn wir uns auf dem Weg nach Amerika befänden – und ich hatte immer noch keine Ahnung, wie wir das schaffen sollten –, würde ich es ihr sagen.

Und so begannen wir, jede für sich, ihre eigene schützende Mauer um sich zu bauen, während Moody sich aus seinen wahnsinnigen Beweggründen auf der Suche nach größerem emotionalen Rückhalt seiner Frau und seiner Tochter zuwandte.

All das führte zu einem gespannten Frieden, einem seltsamen Dasein, das in seinen äußeren Einzelheiten einfacher, ruhiger, sicherer war, dessen Spannungen jetzt aber nur tiefer verborgen lagen. Unsere Alltagssituation verbesserte sich, aber innerlich hatten wir einen Kollisionskurs eingeschlagen, der bedrohlicher und verhängnisvoller werden konnte als jemals vorher.

Mammal und Nasserine kamen nicht in ihre Wohnung zurück, sondern wohnten bei Verwandten, doch Reza und Essey zogen wieder unten ein. Essey und ich nahmen erneut unsere mißtrauische Freundschaft auf.

Der sechzehnte Tag des persischen Monats *Ordibehescht*, der in diesem Jahr auf den 6. Mai fiel, war der Geburtstag von Imam Mehdi, des zwölften Imams. Vor Jahrhunderten verschwand er, und die Schiiten glauben, daß er am Tag des Jüngsten Gerichts zusammen mit Jesus wieder erscheinen wird. Es ist Brauch, ihn an seinem Geburtstag um Gefälligkeiten zu bitten.

Essey lud mich in das Haus einer alten Frau ein, die das vierzigste Jahr eines *Nazr* vollendete. Ihr Abkommen bestand darin, daß sie als Gegenleistung für die Heilung ihrer Tochter von einer Krankheit, die beinahe tödlich ausgegangen war, jedes Jahr eine Feier zum Geburtstag des Imam veranstalten würde. Essey sagte, daß ungefähr zweihundert Frauen da sein würden, und da ich mir nur einen langen Tag voll Heulen und Gebet vorstellen konnte, sagte ich ihr: »Nein, ich will nicht mitgehen.«

»Bitte, komm doch«, sagte Essey. »Jeder, der einen Wunsch hat, der ihm in Erfüllung gehen soll, geht zu der Frau und bezahlt ihr Geld, damit sie aus dem Koran liest und für ihn betet. Bevor noch ein Jahr vergangen ist, vor dem nächsten Geburtstag des Imam Mehdi, wird der Wunsch wahr werden. Hast du denn keinen Wunsch, der dir erfüllt werden soll?« Sie lächelte mich in echter Freundschaft an. Sie kannte meinen Wunsch!

»Gut«, sagte ich, »wenn Moody mich gehen läßt.«

Zu meiner Überraschung gab Moody die Erlaubnis. Fast alle seiner weiblichen Verwandten würden da sein, und Essey würde auf Mahtab und mich aufpassen. Er wollte, daß ich an heiligen Festen teilnahm.

An dem entsprechenden Morgen war das Haus voller Leute. Die Männer versammelten sich in Rezas Wohnung, während sich die Frauen zu Dutzenden für die ungefähr einstündige Fahrt nach Süden, zum Haus der alten Frau, die beim Flughafen wohnte, in Autos drängten.

Der Tag brachte eine große Überraschung für mich. Wir betraten ein Haus voll unverschleierter Frauen, die die schönsten Festtagskleider trugen – karmesinrote Partykleider mit tiefen Ausschnitten, trägerlose, mit Pailletten besetzte Kleider und hautenge Hosenanzüge. Alle hatten ihr Haar frisch frisiert und reichlich Make-up aufgelegt. Goldschmuck wurde zur Schau getragen. Laute *Bandari*-Musik mit den charakteristischen Trommeln und Becken schallte aus mehreren Stereo-Lautsprechern. Überall in der Halle führten Frauen sinnliche Tänze auf, hielten ihre Arme über den Kopf und schwangen die Hüften. Niemand blieb verhüllt.

Essey warf ihren *Tschador* ab, und zum Vorschein kam ein türkisfarbenes Kleid mit einem skandalös tiefen Ausschnitt und viel Goldschmuck.

Nasserine trug ein zweiteiliges dunkelblaues Kleid, das mit einem roten Paisley-Muster verziert war.

Zohreh und Fereschteh waren da, aber von ihrer Mutter, Ameh Bozorg, war nichts zu sehen. »Sie ist krank«, erklärten sie.

Jetzt, wo ich merkte, was für eine Party das war, konnte ich verstehen, weshalb. Ameh Bozorg konnte Fröhlichkeit nicht ausstehen; diese Party hätte sie sicher krank gemacht.

Bald begann der Unterhaltungsteil mit einer Frauentanzgruppe, die eine Art Bauchtanz aufführte. Ein paar Frauen sangen. Es folgten andere Tänzerinnen, die bunte Kleider trugen.

Eine Frau nach der anderen ging zur Koranleserin in einer Ecke der Halle, die den Wunsch jeder Frau über Lautsprecher verkündete und dann ein Lied anstimmte.

Fereschteh wünschte, daß sie eine Prüfung in der Schule bestand.

Zohreh wünschte sich einen Mann.

Essey wünschte sich, daß Mehdi laufen konnte.

Nasserine hatte keinen Wunsch.

Die wilde Party ging noch eine Weile weiter, bevor Essey mich fragte: »Hast du keinen Wunsch?«

»Doch, ich habe einen, aber ich weiß nicht, wie ich das hier machen soll.«

Essey gab mir etwas Geld. »Geh einfach zu der Frau und gib ihr das Geld«, sagte sie. »Setz dich nur zu ihr, dann wird sie für dich beten. Du mußt ihr deinen Wunsch auch nicht sagen. Aber wenn sie betet, mußt du dich fest darauf konzentrieren.«

Ich nahm Mahtab bei der Hand und ging zu der heiligen Frau. Ich gab ihr das Geld und sagte nichts. Ich setzte mich nur neben sie.

Sie legte einen seidenen, schwarzgemusterten Stoff auf meinen Kopf und stimmte die Gebete an.

Wie dumm ich doch bin! dachte ich. Das kann ja unmöglich funktionieren. Dann überlegte ich, daß es vielleicht doch eine winzige Chance gab, daß es doch klappte. Ich mußte alles versuchen. Also konzentrierte ich mich: Ich wünsche mir, daß Mahtab und ich in die Vereinigten Staaten zurückkehren können.

Das Ritual dauerte nur ein paar Minuten. Als ich wieder zu Essey zurückging, fiel mir ein, daß es Schwierigkeiten geben könnte. Essey, Nasserine, Zohreh, Fereschteh – irgendeine von Moodys zahllosen »Nichten« in diesem Raum, konnte und würde ihm wahrscheinlich erzählen, daß ich mir etwas gewünscht hatte. Er würde dann verlangen, es zu erfahren.

Ich beschloß, es Moody selbst zu erzählen, sobald ich nach Hause kam, und bevor es jemand anders tun konnte.

»Ich habe mir heute etwas gewünscht«, sagte ich. »Ich habe Imam Mehdi gebeten, mir einen Wunsch zu erfüllen.«

»Was hast du dir denn gewünscht?« fragte er mißtrauisch.

»Ich habe mir gewünscht, daß wir drei wieder ein glückliches Familienleben führen können.«

Moody verringerte seine Bewachung schrittweise, bis wir ungefähr einen Monat, nachdem er Mahtab zum ersten Mal über Nacht zurückgebracht hatte, fast wieder wie eine Familie zusammenlebten. Er erlaubte Mahtab, mehrere Tage pro Woche bei mir zu verbringen. Manchmal ließ er uns ausgehen, damit wir Besorgungen machen konnten; zu anderen Zeiten wiederum bewachte er uns eifersüchtig. Wir führten ein ungewöhnliches Klosterdasein.

Es war ungeheuer schwer für mich, auf den richtigen Zeitpunkt zu warten, aber das war das Einzige, was ich tun konnte. Ich spielte mein verzweifeltes Spiel mit Mahtab jetzt genauso gut wie mit Moody. Ich sagte gewissenhaft meine islamischen Gebete, und Mahtab tat dasselbe nach meinem Beispiel. Nach und nach fiel Moody auf die Täuschung herein, denn er wollte glauben, daß ein normales Leben wieder in Sicht war. Eine mögliche Katastrophe machte mir entsetzliche Angst. Nun, da wir unser Leben als Familie wieder aufnahmen, war ich dazu gezwungen, Zuneigung zu heucheln. Was würde geschehen, wenn ich schwanger würde? Ich wollte meine Schwierigkeiten nicht noch vergrößern, indem ich ein neues Leben in diese wahnsinnige Welt setzte. Ich wollte kein Kind von einem Mann austragen, den ich verabscheute. Durch eine Schwangerschaft würde ich noch mehr gefangen sein als je zuvor.

Am 9. Juni war mein vierzigster Geburtstag. Ich versuchte, nicht an das Ereignis zu denken. Moody hatte in der Nacht Bereitschaftsdienst, so daß er verlangte, daß Mahtab und ich unten blieben, wo Essey uns beaufsichtigen konnte. Ich erhob Einwände dagegen, aber er blieb unerbittlich. So mußten Mahtab und ich uns in der Nacht zu meinem Geburtstag auf Esseys Fußboden Platz schaffen, die Leichen der riesigen Kakerlaken wegwischen, die von Mehdis nie versiegendem Urin angelockt wurden, unsere Decken dort ausbreiten und versuchen, zu schlafen.

Mitten in der Nacht klingelte das Telefon. Essey hob ab und ich hörte, wie sie die Worte *»Na, na«* wiederholte.

»Das ist meine Familie«, sagte ich. »Ich möchte mit ihnen sprechen. Ich habe heute Geburtstag.« In einem für mich uncharakteristischen Anflug von Aufbegehren entriß ich ihr den Hörer und vernahm die Stimme meiner Schwester Carolyn. Sie berichtete mir von Dads momentanem Gesundheitszustand, der stabil war, und erzählte mir alle Einzelheiten über den Fließbandjob, den Joe bei meinem alten Arbeitgeber, ITT Hancock, in Elsie bekommen hatte. Meine Augen füllten sich mit Tränen, und der Kloß in meinem Hals machte mir das Sprechen schwer. »Sag ihm, daß ich ihn lieb habe«, war alles, was ich herausbringen konnte. »Sag auch John…, daß ich ihn… lieb habe.«

Am nächsten Morgen kam Moody von seinem langen Bereitschaftsdienst im Krankenhaus zurück. Er brachte einen kleinen Strauß Gänseblümchen und Chrysanthemen als Geburtstagsgeschenk mit. Ich bedankte mich bei ihm und erzählte dann schnell, daß Carolyn angerufen hatte, bevor Essey oder Reza es tun konnten. Zu meiner Erleichterung reagierte er darauf eher mit Gleichgültigkeit als mit Verärgerung.

Eines Tages nahm Moody uns mit zu einem Spaziergang in der Sommersonne, der uns ein paar Häuserblocks weit zur Wohnung eines älteren Ehepaares führte, das zu Moodys Verwandtschaft gehörte. Ihr Sohn Morteza, der ungefähr in Moodys Alter war, wohnte bei ihnen. Er hatte seine Frau vor einigen Jahren verloren, und seine Eltern halfen ihm nun, seine Tochter Elham aufzuziehen, die ein paar Jahre älter war als Mahtab. Sie war ein süßes Mädchen, hübsch, aber mürrisch und einsam, meist unbeachtet von ihrem Vater und den Großeltern.

Schon am Anfang des Gesprächs gab Morteza deutlich zu erkennen, daß die Verwandtschaft Moody dazu gedrängt hatte, mir mehr Freiheit zu geben. »Wir freuen uns so, dich zu sehen«, sagte er zu mir. »Keiner hat dich in der letzten Zeit irgendwo getroffen. Wir haben uns schon gefragt, was mit dir geschehen sein könnte und ob es dir auch gut geht.«

»Es geht ihr gut«, sagte Moody und Unbehagen klang aus seiner Stimme. »Du kannst ja sehen, daß es ihr gut geht.«

Morteza arbeitete für das Regierungsministerium, das die Fernschreiben kontrolliert, die ins Land hereinkommen und hinausgehen. Das war eine wichtige Position, und sie brachte viele Privilegien mit sich. An jenem Tag erklärte er im Laufe des Gesprächs, daß er vorhatte, Elham auf eine Reise in die Schweiz oder vielleicht nach England mitzunehmen. »Es wäre schön, wenn sie etwas Englisch lernen könnte, bevor wir abreisen«, sagte er.

»Oh, ich würde ihr gerne Englischunterricht geben«, sagte ich.

»Das ist eine großartige Idee«, stimmte Moody zu.

»Warum bringt ihr sie nicht morgens zu uns herüber? Betty kann ihr Englisch beibringen, während ich zur Arbeit gehe.«

Später, auf dem Heimweg, erklärte Moody, daß er sehr zufrieden sei. Elham war ein liebenswertes Kind, das sich viel besser benahm als die meisten iranischen Kinder, und Moody wollte ihr helfen. Er fühlte sich ihr besonders verbunden, denn wie er selbst hatte sie als Kind ihre Mutter verloren. Außerdem, sagte er mir, sei er froh, eine Beschäftigung für mich gefunden zu haben. »Ich möchte, daß du hier glücklich bist«, sagte er.

»Ich möchte hier auch glücklich sein«, schwindelte ich.

Elham Englischunterricht zu geben, war die Antwort auf meine Gebete. Moody machte sich nicht länger die Mühe, Mahtab während des Tages in Malouks Haus zu bringen. Elham und ich brauchten Mahtab als Übersetzerin, und wenn wir nicht lernten, spielten die beiden Mädchen fröhlich zusammen.

Reza und Essey planten eine Pilgerreise zur heiligen *Masdsched* in Meschad, wohin auch Ameh Bozorg auf der Suche nach einer Wunderheilung gereist war. Vor Mehdis Geburt hatten Reza und Essey ein *Nazr* gemacht und versprochen, die Pilgerfahrt zu unternehmen, wenn Allah ihnen einen Sohn schenkte. Die Tatsache, daß Mehdi mißgebildet und geistig zurückgeblieben war, tat nichts zur Sache; sie mußten ihr *Nazr* erfüllen. Als sie uns einluden, sie zu begleiten, drängte ich Moody, das Angebot anzunehmen.

Mir war sofort in den Sinn gekommen, daß wir, um nach Meschad zu kommen, in den äußersten Nordosten des Irans fliegen mußten. Es hatte in der letzten Zeit einige Flugzeugentführungen im Lande gegeben, und so tat sich die vage Möglichkeit auf, daß unser Flug eine unplanmäßige Zwischenlandung in Bagdad haben könnte.

Mir war auch klar, daß die Reise vermutlich Moodys Ängste besänftigen würde. Sicher bestärkte mein Wunsch, die Pilgerfahrt zu machen, ihn in der Annahme, daß ich mit wachsender Hingabe seine Lebensbedingungen annahm.

Aber für meinen Eifer gab es einen viel tieferliegenden Grund. Ich wollte die Pilgerfahrt aus ehrlicher Überzeugung machen. Essey hatte mir erzählt, daß man, wenn man die Rituale am Grabmal von Meschad vorschriftsmäßig durchführt, drei Wünsche frei hat. Ich hatte nur einen Wunsch, aber ich wollte inbrünstig an die Wunder von Meschad glauben. »Einige Leute bringen Kranke und Verrückte mit und binden sie mit Seilen an das Grabmal und warten, daß sich die Wunder ereignen«, erzählte Essey mir ernsthaft. »Viele sind schon geschehen.«

Ich wußte nicht länger, was ich von Moodys Religion glauben sollte, und was nicht. Ich wußte nur, daß die Verzweiflung mich trieb.

Moody war sofort zu der Pilgerfahrt bereit. Er hatte auch Wünsche.

Der Flug nach Meschad war kurz, und bei unserer Ankunft scheuchte Moody uns alle in ein Taxi zur Fahrt in unser Hotel. Er und Reza hatten Zimmer im besten Hotel der Stadt gebucht. »Was ist das denn«, murmelte er, als wir in unser kaltes, feuchtes Zimmer kamen. Ein riesiges Bett erwartete uns. Ein zerrissenes Stück Stoff, das man über das Fenster geworfen hatte, diente als Sichtblende. Große Risse durchzogen die grauverputzten Wände, die offensichtlich seit Jahrzehnten nicht mehr gestrichen worden waren. Der Teppich war so dreckig, daß wir nicht wagten, ohne Schuhe darüberzulaufen. Und der Geruch von der Toilette war nicht auszuhalten.

Rezas und Esseys »Suite«, die an unser Zimmer angrenzte, war auch nicht besser. Wir beschlossen, sofort zum *Haram*, dem Grabmal, zu gehen, teils aus religiösem Eifer, zum Teil aber auch, um dem Hotel zu entfliehen.

Essey und ich legten die *Abas* an, die wir für diese Gelegenheit ausgeliehen hatten. Das sind arabische Kleidungsstücke, die ganz ähnlich wie *Tschadors* aussehen, aber mit einem Gummiband festgehalten werden. Für einen Amateur, so wie mich, war ein *Aba* viel leichter zu handhaben.

Wir gingen alle zur *Masdsched*, die ungefähr fünf Häuserblocks von unserem Hotel entfernt lag. Die Straßen waren verstopft mit Verkäufern, die laut schreiend miteinander wetteiferten, als sie ihre Auswahl an *Tasbih,* Gebetsperlen, und *Mohrs,* Gebetssteinen, anpriesen. Andere Verkäufer handelten mit schönen Stickereien und Schmuck, der aus Türkisen gemacht war. Überall um uns plärrten Gebete aus Lautsprechern.

Die *Masdsched* war größer als alle, die ich bisher gesehen hatte, und mit phantastischen Kuppeln und Minaretts verziert. Wir gingen durch die Mengen der Gläubigen, machten draußen an einem Wasserbecken Halt und wuschen uns in Vorbereitung auf das Gebet. Dann folgten wir einem Führer über einen großen Hof und besichtigten kurz mehrere Räume, die mit kostbaren Perserteppichen ausgelegt waren, und deren Wände riesige vergoldete und versilberte Spiegel schmückten. Monströse Kristallüster beleuchteten die Szene, und ihr von den Spiegeln reflektiertes Licht blendete die Augen.

Als wir uns dem *Haram* näherten, wurden Männer und Frauen getrennt. Essey und ich zogen Maryam und Mahtab hinter uns her und versuchten, uns mit den Ellbogen einen Weg durch die Menge der ekstatischen Büßer zu bahnen und uns dabei nah genug an das *Haram* heranzumanövrieren, damit wir es berühren und Gott darum bitten konnten, uns unsere Wünsche zu erfüllen. Aber wir wurden mehrmals zurückgedrängt. Schließlich gingen wir zum Beten in einen Nebenraum.

Nach einer Weile beschloß Essey, es noch einmal zu versuchen. Sie ließ Mahtab und mich zurück und stürzte sich mit Maryam auf dem Arm in die fromme Menge. Am

Ende schaffte sie es durch bloße Beharrlichkeit bis zum *Haram* und hob Maryam hoch über die Menschenmasse, damit sie das Grab berühren konnte.

Moody wurde später sehr wütend auf mich, weil ich Mahtab nicht dieselbe Gelegenheit gegeben hatte. »Morgen nimmst du Mahtab mit«, befahl er Essey.

Drei Tage vergingen in religiöser Ekstase. Ich schaffte es, mich zum *Haram* durchzukämpfen, und als ich das Grab berührte, betete ich inbrünstig, Allah möge mir nur einen Wunsch erfüllen: Mahtab und mir zu gestatten, sicher in die Vereinigten Staaten zurückzukehren und rechtzeitig, um Dad noch zu sehen, bevor er starb.

Diese Pilgerfahrt bewegte mich tief und brachte mich mehr als alles andere dazu, wirklich an Moodys Religion zu glauben. Vielleicht war das die Folge meiner Verzweiflung in Verbindung mit der hypnotischen Wirkung meiner Umgebung. Was auch immer der Grund war, ich begann, an die Macht des *Haram* zu glauben. An unserem vierten und letzten Tag in Meschad war ich dazu entschlossen, das heilige Ritual mit aller Hingebung, die ich aufbieten konnte, zu wiederholen.

»Ich will heute allein zum *Haram* gehen«, sagte ich Moody.

Er stellte mir keine Fragen. Meine Frömmigkeit war auch ihm aufgefallen. Sein leichtes Grinsen zeigte sogar, wie sehr ihm meine Verwandlung gefiel.

Ich verließ das Hotel früh am Morgen, bevor die anderen fertig waren, und bereitete mich auf mein letztes und ernstestes Bittgebet vor. Als ich an der *Masdsched* ankam, stellte ich erfreut fest, daß ich den Menschenmassen zuvorgekommen war. Ich steckte einem Turbanmann, der sich dazu bereiterklärte, für mich – für meinen unausgesprochenen Wunsch – zu beten, ein paar Rials zu und saß viele Minuten in tiefer Meditation versunken am Grab. Wieder und wieder wiederholte ich Allah gegenüber meinen Wunsch und bemerkte, wie sich ein seltsam friedliches Gefühl in mir ausbreitete. Irgendwie wußte ich, Allah oder Gott würde mir meinen Wunsch erfüllen. Und zwar bald.

In meinem Kopf begannen sich die Teile eines Puzzles zusammenzusetzen.

Eines Tages nahm uns Moody mit zu Ameh Bozorg, aber er machte sich nicht die Mühe, dort die übliche Besuchsuniform, den Gesellschaftspyjama, anzuziehen. Er blieb im Anzug, und innerhalb weniger Minuten war er in ein scharfes Wortgefecht mit seiner Schwester verwickelt. Sie wechselten in den Schustari-Dialekt, die Sprache, die sie als Kinder gesprochen hatten, so daß weder Mahtab noch ich etwas vom Inhalt verstanden, aber es schien um die Weiterführung eines laufenden Streits zu gehen.

»Ich muß etwas erledigen«, sagte Moody plötzlich. »Du und Mahtab, ihr bleibt hier.« Dann ging er schnell mit Madschid weg.

Ich kam nicht gern in dieses Haus zurück, das für mich so schreckliche Erinnerungen barg, und ich blieb auch nicht gern mit irgend jemand allein, der hier wohnte. Mahtab und ich schlenderten nach draußen auf die hintere Terrasse beim Schwimmbecken, um alle Sonnenstrahlen auszunutzen, die durch unsere Gewänder fallen konnten, und um uns vom Rest der Familie zu distanzieren.

Zu meinem Kummer folgte Ameh Bozorg uns nach draußen.

»Azizam«, sagte sie sanft.

»Meine Liebste!« Ameh Bozorg nannte mich Liebste!

Sie legte ihre großen knochigen Arme um mich. *»Azizam«*, wiederholte sie. Sie sprach in Farsi und benutzte die einfachsten Worte, damit ich sie verstand oder damit Mahtab übersetzen konnte. *»Man khayli, khayli, khayli mota'asefam, azizam.* Du tust mir so, so, so leid, meine Liebste.« Sie schlug die Hände über dem Kopf zusammen und schrie: »*Ay Khoda!* Oh, Gott!« Dann sagte sie: »Geh ans Telefon und ruf deine Familie an.«

Das ist ein Trick, dachte ich. »Nein«, sagte ich. Mit Mahtabs Übersetzungshilfe erklärte ich ihr: »Ich kann nicht anrufen, weil Moody das nicht will. Ich habe keine Erlaubnis.«

»Doch, ruf nur deine Familie an.« Ameh Bozorg bestand darauf.

»Daddy wird entsetzlich wütend werden«, sagte Mahtab.

Ameh Bozorg sah uns vorsichtig an. Ich studierte ihre Augen und das bißchen Gesichtsausdruck, das unter ihrem *Tschador* hervorsah. Was ging hier vor? fragte ich mich. Ist das eine Falle, die Moody mir gestellt hat, um zu sehen, ob ich ihm etwa nicht gehorche? Oder hat sich hier etwas verändert, etwas, wovon ich noch nichts weiß?

Ameh Bozorg sagte zu Mahtab: »Dein Daddy wird nicht wütend werden, weil wir ihm nichts davon erzählen.«

Ich weigerte mich immer noch und wurde immer mißtrauischer und verwirrter, als ich mich an all die Male erinnerte, an denen sie mich hereingelegt hatte, besonders in Ghom, wo sie mir erst befohlen hatte, mich hinzusetzen, und sich nachher darüber beschwerte, ich hätte mich geweigert, meine Pilgerfahrt zum Grab des heiligen moslemischen Märtyrers zu vollenden.

Ameh Bozorg verschwand für kurze Zeit, kam aber bald mit ihren Töchtern Zohreh und Fereschteh wieder, die Englisch mit uns sprachen. »Geh und ruf deine Familie an«, sagte Zohreh. »Wir haben wirklich ein schlechtes Gewissen, daß du so lange nicht mit ihnen gesprochen hast. Ruf alle an. Sprich mit ihnen, so lange du willst. Wir werden es ihm nicht sagen.«

Das Wort »ihm« wurde mit einer Spur Bosheit gesprochen.

Dies war es, was mich schließlich überzeugte. Im Augenblick hatte ich die Gelegenheit, mit meiner Familie zu reden, und wie kurz und gleichermaßen freudevoll und schmerzlich die Unterhaltung auch sein würde, sie war es wert, Moodys Zorn dafür zu riskieren.

Und so rief ich denn an und weinte meinen Kummer und meine Liebe ins Telefon. Sie weinten auch, und Dad gestand mir, daß sein Zustand sich täglich verschlechterte, daß er immer mehr Schmerzen hatte, und daß die Ärzte eine weitere Operation in Betracht zogen. Ich sprach auch mit Joe und John, die bei ihrem Vater zu Hause waren und die ich mitten in der Nacht aufgeweckt hatte.

Ameh Bozorg ließ uns während der Telefongespräche allein und machte sich nicht die Mühe, uns zu belauschen. Nachher bat sie mich, in der Diele Platz zu nehmen. Mit Mahtab, Zohreh und Fereschteh als Übersetzerinnen führten wir ein aufschlußreiches Gespräch.

»Ich war es, die Moody gesagt hat, er soll Mahtab zu dir zurückbringen«, behauptete sie. »Ich habe ihm gesagt, daß er dir so etwas nie wieder antun soll. So kann er dich nicht behandeln.«

War es möglich, daß diese Frau, die ich so haßte, die sich mir gegenüber so feindselig verhalten hatte, zu einer Verbündeten wurde? Hatte sie genügend Verstand, um den wachsenden Wahnsinn ihres jüngeren Bruders zu bemerken? Und war sie mitleidig genug, um alles zu tun, was in ihrer Macht stand, damit Mahtab und ich vor noch unbekannten Fährnissen beschützt wurden? Es war zu viel, als daß ich mir sofort darüber hätte Klarheit verschaffen können. Ich sprach zurückhaltend mit Ameh Bozorg, aber das schien sie zu akzeptieren und meine Gründe zu verstehen. Das war eindeutig ein Pluspunkt für diese äußerst seltsame Frau. Sie wußte, daß ich an ihr eine mir unverständliche Veränderung bemerkte. Ich konnte ihr natürlich keine wirklichen Geheimnisse anvertrauen, egal, worum es sich handelte. Aber konnte ich ihr zutrauen, daß sie Moodys Verhalten in lenkbaren Bahnen hielt?

An diesem Tag nahm ich noch ein anderes Problem in Angriff. Der Großteil unseres Gepäcks war immer noch in dem freistehenden Schrank im Schlafzimmer verstaut, wo wir vor ewigen Zeiten gewohnt hatten. Sonst benutzte den Raum niemand, es war immer noch unserer. Da ich etwas Zeit für mich hatte, ging ich ins Schlafzimmer und sortierte den Arzneivorrat, den Moody aus den USA mitgebracht hatte.

Die kleinen rosa Pillen waren in einer Plastikfolie eingeschweißt. Sie hießen Nordette. Ich habe nie verstanden, wie Moody es geschafft hatte, die Pillen durch den Zoll ausgerechnet in eine islamische Republik zu schmuggeln, wo Geburtenkontrolle rechtswidrig war. Vielleicht hatte er jemanden bestochen. Jedenfalls waren die Pillen hier, die einzelnen Packungen in einem Sortiment von Medikamenten verteilt. Hatte Moody sie gezählt? Ich wußte es nicht. Ich wog meine Angst, entdeckt zu werden, gegen die Angst, schwanger zu werden, ab und riskierte es, eine Monatspakkung mitzunehmen.

Als ich die kleine Schachtel unter meiner Kleidung versteckte, raschelte die Plastikverpackung. Sie knisterte bei jeder Bewegung. Ich konnte nur beten, daß es niemand hörte.

Als Moody wiederkam, um Mahtab und mich mit nach Hause zu nehmen, erzählte ihm niemand von den Telefongesprächen nach Amerika. Wir machten uns zum Gehen fertig, und bei dem leise knisternden Geräusch zuckte ich zusammen, aber anscheinend hörte nur ich es.

Sobald wir zu Hause ankamen, versteckte ich die Pillen unter der Matratze. Am folgenden Tag schluckte ich die erste davon, ohne zu wissen, ob es der richtige Zeitpunkt war, und betete, daß es klappte.

Es war ein paar Abende später, als Baba Hadschi Moody anrief und sagte, er wolle zu einem Gespräch herüberkommen. Moody konnte das nicht ablehnen. Ich eilte geschäftig in die Küche, goß Tee auf und machte dem ehrenwerten Gast etwas zu essen. Ich hatte Angst, daß sein Sendungsbewußtsein Moody über die Telefongespräche nach Hause aufklären könnte. Aber statt dessen belauschten Mahtab und ich vom Schlafzimmer aus eine Unterhaltung, die mich mit plötzlichem Optimismus erfüllte.

So gut wir verstehen konnten, sagte Baba Hadschi zu Moody: »Dies ist Mammals Wohnung. Deinetwegen wohnt Mammal jetzt bei seinen Schwiegereltern, weil Nasserine keine Lust hat, sich die ganze Zeit in ihrem eigenen Haus zu verschleiern, und weil du immer da bist. Sie sind es leid. Unten ist Rezas Wohnung, und die nimmst du auch in Beschlag. Sie sind das auch leid. Du mußt sofort umziehen. Du mußt hier heraus.«

Moody antwortete ruhig, respektvoll. Natürlich würde er Baba Hadschis »Bitte« Folge leisten. Der alte Mann nickte, er wußte, daß seine Worte die Kraft göttlicher Autorität hatten. Dann, nachdem er seinen Auftrag ausgeführt hatte, ging er wieder.

Moody war wütend auf seine Familie, auf seine eigenen Verwandten. Plötzlich waren Mahtab und ich alles, was er hatte. Jetzt standen wir drei allein gegen die ungerechte Welt.

Wir brachten Mahtab ins Bett, und Moody und ich redeten bis spät in die Nacht.

»Ich habe Reza durch die Universität gebracht«, beklagte er sich. »Ich habe ihm alles gegeben, was er brauchte. Ich habe ihm Geld gegeben, ich habe ihm ein neues Auto gekauft, habe ihm eine Wohnung zur Verfügung gestellt. Mammal ist gekommen, und ich habe seine Operation bezahlt und alle Vorbereitungen getroffen. Ich habe meiner Familie immer alles gegeben, was sie wollte. Wenn sie mich in Amerika angerufen haben und Mäntel wollten, habe ich ihnen welche geschickt. Ich habe viel Geld für sie ausgegeben. Das haben sie anscheinend vergessen, sie haben alles vergessen, was ich für sie getan habe. Nun wollen sie einfach, daß ich gehe.«

Und dann hackte er auf Nasserine herum.

»Und Nasserine! Sie ist so dumm – und sie muß sich gar nicht die ganze Zeit verschleiern. Warum kann sie denn nicht wie Essey sein? Sicher, es war schön für uns hier, aber du hast geputzt, gekocht und Amirs Windeln gewechselt. Du hast hier alles gemacht. Sie tut nichts, außer Amir alle zwei Monate einmal zu baden, immer wenn ein *Eid*, ein Feiertag, kommt. Was für eine Mutter und Ehefrau ist sie überhaupt? Aber jetzt hat sie den ganzen Sommer lang Semesterferien und ist zu Hause. Da braucht sie natürlich keinen Babysitter, also heißt es schlicht ›Verschwindet!‹ Ich weiß nicht, wohin ich gehen soll, und ich habe kein Geld; wie können sie da verlangen, daß ich ausziehe?«

Das waren erstaunliche Worte. Moody hatte sich in seiner islamischen Rechthaberei während der vergangenen Monate über Esseys Lässigkeit beim Verschleiern beschwert und auf Nasserine als ein Musterbeispiel an Tugend verwiesen. Der Wandel in seinen Ansichten war verblüffend.

Ich murmelte vorsichtige Worte des Mitgefühls. Wenn ich Nasserine gewesen wäre, hätte ich sicherlich Moody aus meinem Haus gewünscht, aber diese Tatsache erwähnte ich nicht. Ich ergriff vielmehr völlig die Partei meines Mannes, wie er das erwartete. Ich war wieder seine Verbündete, seine unerschrockene Helferin, seine treueste Anhängerin – ich streichelte sein Ego mit der ganzen unehrlichen Schmeichelei, die ich mit meinem schwer arbeitenden Gehirn aufbringen konnte.

»Haben wir denn wirklich kein Geld?« fragte ich.

»Wirklich nicht. Ich bin immer noch nicht bezahlt worden. Sie haben die Formalitäten noch nicht erledigt.«

Jetzt glaubte ich ihm, und ich fragte ihn: »Wie sollen wir denn dann umziehen?«

»Madschid hat gesagt, daß er für uns jede Wohnung

finden wird, die wir haben wollen, und er und Mammal werden sich um die Kosten kümmern.«

Nur mit größtem Willen konnte ich meine Freude unterdrücken. Für mich war es keine Frage, daß wir aus diesem Gefängnis im Obergeschoß ausziehen würden, denn Moody hatte Baba Hadschi sein Wort gegeben. Außerdem wußte ich jetzt, daß ich nicht mehr befürchten mußte, in Ameh Bozorgs Haus zurückkehren zu müssen, denn Moody ließ seinem böswilligen Zorn gegen seine einst so verehrte Schwester freien Lauf. Tatsächlich stand es im Augenblick nicht zur Diskussion, überhaupt bei irgendeinem Verwandten zu wohnen, jetzt, da sie seine Würde so untergraben hatten.

Konnte ich zu hoffen wagen, daß Moody beschließen würde, es wäre an der Zeit, uns zurück in die Vereinigten Staaten zu bringen?

»Sie verstehen dich nicht«, sagte ich ihm sanft. »Du hast so viel für sie getan. Aber das ist schon in Ordnung. Das wird sich alles klären. Wenigstens haben wir einander, wir drei.«

»Ja«, sagte er. Er umarmte mich. Dann küßte er mich. Und während der wenigen folgenden Minuten der Leidenschaft gelang es mir, die Gegenwart zu vergessen. In diesem Augenblick war mein Körper nur ein Werkzeug, das ich, wenn es nötig war, dazu benutzte, um für meine Freiheit zu arbeiten.

Wir suchten ein Haus, das wir mieten konnten, und zogen mit einem iranischen Immobilienmakler durch dreckige Straßen und schmutzige Gegenden. Jede Wohnung, die wir besichtigten, war in einem verfallenen Zustand und hatte seit Jahrzehnten keinen Schrubber und keinen Pinsel mehr gesehen.

Moodys Reaktionen waren ermutigend, denn auch er sträubte sich gegen den Schmutz überall. Er hatte fast ein

Jahr gebraucht, um sich aus der Macht der Kindheitserinnerungen zu befreien und die Verwahrlosung wirklich zu bemerken, die seine Landsleute als normal hinnahmen. So wollte er nicht mehr leben.

Eine durch die äußeren Umstände bedingte Schlinge zog sich um seinen Hals zusammen. Obwohl er eine respektable Stelle am Krankenhaus hatte, praktizierte er immer noch inoffiziell, konnte die anti-amerikanische Regierung nicht dazu bewegen, ihm seine Zeugnisse zu beglaubigen, konnte nicht bezahlt werden, konnte es nicht zu dem Ansehen bringen, das er als rechtmäßigen Anspruch seiner Familie ansah.

Moody ertappte sich dabei, wie er sich gegen die Verpflichtung sträubte, die Wünsche seiner Familienältesten zu respektieren. Baba Hadschi hatte einen Freund, der Immobilienmakler war. Er zeigte uns eine Wohnung, die nur einen Häuserblock von Mammals Haus entfernt lag. Sie gefiel uns nicht, und wir wollten sie nicht mieten, und so entfachte sich ein Streit zwischen Moody und Baba Hadschi.

»Es gibt keinen Hof«, beschwerte sich Moody. »Mahtab braucht einen Hof zum Spielen.«

»Das ist kein Grund«, sagte Baba Hadschi. Die Bedürfnisse oder Wünsche von Kindern interessierten ihn nicht.

»Es gibt weder Möbel noch Haushaltsgeräte«, sagte Moody.

»Das macht nichts. Ihr braucht keine Möbel.«

»Wir haben nichts«, betonte Moody. »Wir haben keinen Herd, keinen Kühlschrank, keine Waschmaschine. Wir haben weder Teller noch Löffel.« Als ich das Gespräch mit anhörte, fand ich nicht nur heraus, daß ich mittlerweile Farsi besser verstehen konnte, sondern war auch erstaunt und erfreut, Moodys Begründungen zu hören. Er wollte einen Hof für Mahtab. Er wollte Küchengeräte für mich. Er wollte Sachen für uns, nicht nur für sich selbst. Und er fand das so wichtig, daß er dafür sogar dem ehrenwerten Familienoberhaupt widersprach.

»Das ist doch alles nicht wichtig«, sagte Baba Hadschi zum wiederholten Male. »Du bekommst deine eigene Wohnung, und jeder wird dir geben, was du brauchst.«

»Ta'arof«, gab Moody zur Antwort und schrie den heiligen Mann fast dabei an. »Das ist doch nur *Ta'arof*.«

Baba Hadschi ging wütend, und Moody machte sich Sorgen, weil er vielleicht zu weit gegangen war. »Wir müssen ziemlich bald eine eigene Wohnung finden«, sagte er. »Wir müßten eine Wohnung finden, die groß genug ist, daß ich eine Praxis eröffnen kann, damit ich selbst etwas Geld verdiene.« Nachdem er eine Weile nachgedacht hatte, machte er noch eine mich beunruhigende Bemerkung. »Wir müssen uns unsere Sachen aus Amerika hierher schicken lassen«, sagte er.

Reza Shafiee, ein Verwandter von Moody, war Anästhesist in der Schweiz. Seine regelmäßigen Besuche bei seinen Eltern waren immer Anlaß für große Festlichkeiten, und als wir eine Einladung zu einem Abendessen ihm zu Ehren erhielten, war Moody ganz begeistert. Jetzt, da er am Krankenhaus arbeitete und plante, seine eigene Praxis zu eröffnen, war ein geschäftliches Gespräch wirklich wichtig.

Moody wollte Reza Shafiee ein besonderes Geschenk überreichen, und er befahl mir, es mit Mahtab zu kaufen. Er gab mir eine genaue Wegbeschreibung zu einer bestimmten Konditorei, in der schöne aus Pistazien gefertigte Bilder verkauft wurden. Mahtab und ich kamen in der Hitze des Nachmittags dort an, nur um festzustellen, daß das Geschäft für das Gebet geschlossen war.

»Komm, wir warten dort drüben«, sagte ich zu Mahtab und zeigte auf die gegenüberliegende Straßenseite, wo ein Baum Schatten spendete. »Es ist so heiß.«

Als wir warteten, bemerkte ich, daß eine Truppe

Pasdaran weiter unten in der Straße auf der Lauer lag. Dort standen ein weißer Lieferwagen voll mit uniformierten Männern und ein Pakon, in dem vier mit dem *Tschador* verhüllte Mitglieder der weiblichen *Pasdar* saßen. Instinktiv faßte ich mit der Hand an die Stirn und war froh, daß sich keine Haare unter meinem *Rusari* hervorgestohlen hatten. Diesmal werden sie mich nicht kriegen, sagte ich zu mir.

Nach einer Weile wurde uns das Warten zu langweilig, so daß wir wieder über die Straße gingen, um nachzusehen, ob es nicht irgendeinen Hinweis darauf gab, wann das Geschäft wieder geöffnet wurde. Als wir auf die Straße traten, fuhr der Pakon schnell heran und hielt mit quietschenden Reifen vor uns. Vier weibliche *Pasdaran* sprangen heraus und umzingelten uns. Nur eine von ihnen sprach.

»Sie sind wohl keine Iranerin?« fragte sie anklagend in Farsi.

»Nein.«

»Woher kommen Sie?«

»Ich komme aus den Vereinigten Staaten«, sagte ich in Farsi.

Sie sprach scharf und schnell, sah mir voll ins Gesicht und testete boshaft meine begrenzten Sprachkenntnisse.

»Ich verstehe Sie nicht«, stammelte ich.

Das machte die weiblichen *Pasdaran* nur wütender. Sie fiel in ihrer unverständlichen Sprache über mich her, bis die kleine Mahtab schließlich eine Übersetzung zustande brachte. »Sie will wissen, warum du nichts mehr verstehst«, erklärte Mahtab. »Sie hat gesagt, du hättest ja ganz gut begonnen, in Farsi zu reden.«

»Sag ihr, daß ich nur ein paar Worte verstehe, sonst nichts.«

Das besänftigte die *Pasdar*-Frauen etwas, aber sie plapperten weiter, bis Mahtab erklärte: »Sie haben dich angehalten, weil deine Strümpfe rutschen.«

Ich zog meine anstoßerregenden Strümpfe hoch und die

Pasdar-Frauen wandten sich zum Gehen, nicht ohne Mahtab eine letzte Anweisung zu geben. »Sag deiner Mutter, sie soll nie wieder mit rutschenden Strümpfen auf die Straße gehen.«

So gemaßregelt, kaufte ich endlich die Pistazien und bat Mahtab auf dem Heimweg, ihrem Daddy nichts von diesem Zwischenfall zu erzählen. Ich wollte nicht, daß Moody irgend etwas hörte, was ihn veranlassen konnte, unsere Bewegungsfreiheit wieder einzuschränken. Mahtab verstand das.

An dem Abend gingen wir zu *Amu* (»Onkel« väterlicherseits) Shafiees Haus im Geisha-Viertel von Teheran und überreichten seinem Sohn das Pistazienbild. Es waren fünfzig oder sechzig Leute anwesend.

Spät am Abend, nachdem einige der Gäste schon gegangen waren und wir uns auch auf den Weg machen wollten, kündigte plötzlich das unheilvolle Heulen der Sirenen einen Fliegeralarm an. Die Lichter gingen aus. Ich zog Mahtab an mich, und wir suchten ein Plätzchen, wo wir, engumschlungen, mit ungefähr vierzig anderen an einer Wand kauerten.

In gespannter Stille warteten wir wie sonst auf das Geräusch der Flugabwehrraketen. Aus der Ferne hörten wir das schreckliche Dröhnen der herannahenden Flugzeuge, aber immer noch keine Flugabwehrraketen.

»Irgend etwas stimmt nicht«, sagte jemand. »Vielleicht haben wir keine Munition mehr.«

Die angreifenden Flugzeuge flogen kreischend entsetzlich nahe über uns hinweg.

Es gab eine ohrenbetäubende Explosion, und im gleichen Augenblick hatte ich das unheimliche Gefühl, ein dunkler Geist husche durch den Raum und ließ uns kalt und verletzlich zurück. Die Wand stieß gegen meinen Rücken und schob Mahtab und mich nach vorne. Teetassen klapperten. Wir hörten Glas zerbrechen.

Bevor wir reagieren konnten, erschütterte uns eine zweite Explosion, dann eine dritte. Das Haus zitterte. Putz brökkelte herunter. Ich hörte Schreie an meiner Seite, die dennoch seltsam schwach klangen. In der Dunkelheit warteten wir, daß das Dach auf uns herabfiel. Mahtab heulte. Moody umklammerte meine Hand.

Wir warteten hilflos, hielten den Atem an, kämpften gegen die Panik.

Nur langsam kehrte die Wirklichkeit wieder zurück. Minuten vergingen, bevor irgend jemand merkte, daß statt des Heulens der Flugzeuge und des schrecklichen Dröhnens der Explosionen jetzt die Sirenen von Krankenwagen zu hören waren. Wir konnten die Opfer draußen schreien hören.

»Wir müssen aufs Dach!« sagte jemand, und alle zusammen rannten wir auf das flache offene Dach des Hauses. Die Lichter der Stadt waren verdunkelt, aber das Glühen vieler noch nicht unter Kontrolle gebrachter Feuer und die Scheinwerfer der zusammenkommenden Ambulanzen, Polizeiwagen und Löschzüge beleuchteten eine verwüstete Stadtlandschaft. Wir starrten durch Luft, die durch Staubpartikelchen in dichten Nebel verwandelt wurde, und sahen überall um uns herum Tod und Zerstörung. Anstelle der Gebäude in der Nähe gab es jetzt nur noch tiefe Risse in der Erde. Die Nacht roch nach Schießpulver und verbranntem Fleisch. Auf der Straße unter uns rannten hysterische Männer, Frauen und Kinder wie wild umher, schreiend, weinend und nach ihren verlorenen Familien suchend.

Einige der Männer verließen das Haus und gingen das kurze Stück bis zur Hauptstraße, um Näheres zu erfahren. Sie kamen mit der Nachricht zurück, daß die Straßen für jeglichen Verkehr, außer für Rettungsfahrzeuge gesperrt waren. »Heute nacht kommt ihr aus Geisha nicht heraus«, sagte jemand.

In jener Nacht kampierten wir auf dem Fußboden in *Amu*

Shafiees Haus. Mahtab und ich dankten Gott im Gebet für unser Überleben und wiederholten unsere verzweifelten Bitten um Befreiung.

Die Straßen blieben auch am nächsten Morgen gesperrt, aber ein Krankenwagen kam, der Moody ins Krankenhaus brachte. Während er dort den ganzen Tag lang arbeitete und sich um die Opfer kümmerte, stellten diejenigen von uns, die im Haus geblieben waren, Vermutungen darüber an, weshalb die Flugabwehrraketen in der vergangenen Nacht ausgeblieben waren. Viele Leute vertraten die pessimistische Ansicht, daß die Regierug keine Munition mehr hatte. Wenn das stimmte, würden sicher bald neue Höllenfeuer über uns hereinbrechen.

Vielleicht hatten diese Gerüchte sich in der Stadt verbreitet, denn am Nachmittag kam über die Fernsehstation der Regierung eine Stellungnahme, um solche Befürchtungen zu zersteuen. Nach dem, was ich verstehen konnte, rieten die Kommentatoren der Bevölkerung, sich nicht aufzuregen. Die Regierung probiere eine neue Strategie aus, deshalb waren die Flugabwehrraketen nicht eingesetzt worden. Aber sie sagten nicht, um welche Strategie es sich dabei handelte.

Moody kam am Abend zu *Amu* Shafiees Haus zurück. Der Geisha-Stadtteil war immer noch für den normalen Verkehr gesperrt, so daß wir eine zweite Nacht dort verbringen mußten. Moody war müde und gereizt, weil er den ganzen Tag lang Narkosen bei zahlreichen Notoperationen hatte überwachen müssen. Er brachte traurige Nachrichten von unzähligen Opfern mit. Allein in einem Haus, das wegen einer Geburtstagsfeier voller Menschen gewesen war, waren acht Kinder getötet worden.

Reza Shafiee mußte seine Rückkehr in die Schweiz verschieben, und an diesem Abend machte er Moody einen Vorschlag. »Du kannst Betty und Mahtab nicht hier lassen«, sagte er. »Es ist einfach zu gefährlich für sie. Laß mich sie mit in die Schweiz nehmen. Ich werde sicherstellen, daß sie bei mir bleiben. Ich werde sie nichts unternehmen lassen.«

Was wußte Reza Shafiee von meiner Situation? fragte ich mich. Plante er wirklich, uns in der Schweiz zu bewachen, oder versuchte er nur Moodys Befürchtung, daß wir fliehen könnten, zu zerstreuen? Es war egal, denn ich war sicher, daß wir von der Schweiz aus in die Vereinigten Staaten zurückkehren konnten.

Aber Moody zerschlug diese schwache Hoffnung in einem einzigen Augenblick. »Nein«, knurrte er. »Auf keinen Fall.« Er würde uns eher den Gefahren des Krieges aussetzen.

Wir verbrachten einen zweiten und dann auch noch einen dritten Tag in *Amu* Shafiees Haus, bevor die Rettungskräfte den Abtransport der Verletzten und Toten beenden konnten. Jeden Tag wurden die Nachrichten der Regierung mysteriöser. Reporter verbreiteten die Information, der Grund für das Fehlen des Flugzeugabwehrfeuers sei, daß der Iran jetzt hochentwickelte Luft-Luft-Raketen hätte, die den bodengestützten Flugabwehrraketen überlegen seien. Ein Reporter meinte, daß die Iraner überrascht sein würden, wenn sie wüßten, woher diese neuen Raketen kämen.

Aus den USA? Aus Rußland? Aus Frankreich? Aus Israel? Jeder stellte Vermutungen darüber an, aber Moody war sicher, daß die neuen Raketen aus den Vereinigten Staaten kamen. Wegen des Waffenembargos, sagte er, würden sie vermutlich durch ein drittes Land geschleust, weshalb der Iran höhere Preise dafür zahlen mußte. Moody war überzeugt, daß die geldgierigen amerikanischen Waffenhändler einen Kunden nicht ignorieren konnten, der einen so unstillbaren Appetit hatte.

Ich wußte nicht, woher die Waffen kamen, und mir war es auch egal; ich betete nur darum, daß sie nicht benutzt werden mußten.

Ein paar Tage später, nachdem wir wieder in Mammals Wohnung zurückgekehrt waren, gab es neue Entwicklungen. Die Regierung kündigte für die Bombardierung des Geisha-Viertels schwere Vergeltungsschläge gegen den Irak an. Jetzt machte sie bekannt, daß es einen Großangriff auf Bagdad gegeben hatte, bei dem eine andere neue Waffe, eine Boden-Boden-Rakete, eingesetzt worden war, die von iranischem Boden aus direkt, ohne ein Flugzeug, Bagdad erreichen konnte.

Die Existenz dieser zweiten, neuen Waffe heizte die Spekulationen darüber weiter an, wer den Iran mit dieser hochentwickelten Kriegstechnologie belieferte. Die Regierung erklärte triumphierend, daß die neuen Waffen direkt im Iran hergestellt wurden. Moody war skeptisch.

Eines Tages erlaubte Moody Mahtab und mir, mit Essey und Maryam einkaufen zu gehen, um nach Sommerkleidern für die Mädchen zu suchen.

Nach einem Einkaufsmorgen hielten wir ein orangenfarbenes Taxi an, das uns nach Hause bringen sollte, und quetschten uns zu viert auf den Vordersitz. Ich saß in der Mitte und hatte Mahtab auf dem Schoß. Der Fahrer raste davon, und während er den Schaltknüppel betätigte, fühlte ich, wie seine Hand über mein Bein strich. Zuerst hielt ich es für ein Versehen, aber während wir uns durch den Verkehr schlängelten, glitt seine Hand höher und preßte sich auf meinen Oberschenkel.

Er war ein stinkender, häßlicher Mann, der mich lüstern aus den Augenwinkeln heraus ansah. Mahtabs Aufmerksamkeit wurde von Maryam abgelenkt, also nutzte ich die Gelegenheit, den Fahrer mit dem Ellbogen fest in die Rippen zu stoßen.

Das ermutigte ihn allerdings nur, weiterzumachen. Er legte seine Hand über mein Bein und drückte es. Schnell wanderte seine Hand höher und höher.

»Motaschakker indschas!« rief ich. »Hier, danke!« Das

war das Signal dafür, daß man sein Ziel erreicht hatte. Der Fahrer trat auf die Bremse. »Sag nichts, steig einfach schnell aus«, sagte ich zu Essey. Ich schob sie und die Mädchen auf den Bürgersteig und kletterte hinter ihnen hinaus.

»Was ist los?« fragte Essey. »Hier wollen wir doch gar nicht hin.«

»Ich weiß«, sagte ich. Ich zitterte am ganzen Körper. Ich schickte die Mädchen weg, sich ein Schaufenster anzusehen, und dann erzählte ich Essey, was passiert war.

»Davon habe ich schon gehört«, sagte sie. »Mir ist es noch nie passiert. Ich glaube, sie machen es nur bei Ausländerinnnen.«

Der Gefahr einmal entronnen, kam mir ein anderer Gedanke. »Essey«, flehte ich, »bitte, erzähl es Moody nicht, denn wenn er das erfährt, läßt er mich nicht mehr ausgehen. Bitte, sag es auch Reza nicht.«

Essey überlegte sich meine Bitte gründlich und nickte dann zustimmend.

Moodys schlechter werdendes Verhältnis zu seinen iranischen Verwandten gab mir viel zu denken. Bei dem Versuch, diesen Mann so gut es ging zu verstehen, um berechnen zu können, wie ich am wirkungsvollsten zurückschlagen konnte, beschäftigte ich mich mit allen Einzelheiten seines Lebens. Sowie er alt genug gewesen war, hatte er den Iran verlassen und war nach England gegangen. Nach ein paar Jahren dort war er in die Vereinigten Staaten gekommen. Er hatte in einer Schule unterrichtet, hatte das aber aufgegeben, um Ingenieurwissenschaften zu studieren. Nach ein paar Jahren als Ingenieur hatte er Medizin studiert. Drei Jahre in Corpus Christi, zwei in Alpena und eins in Detroit folgten, bevor er sein Leben auf den Kopf stellte und mit uns nach Teheran zog. Jetzt war fast ein Jahr vergangen, und wieder einmal war Moodys Leben in Aufruhr.

Er konnte einfach nicht zur Ruhe kommen. Nur für kurze Zeit konnte er sein Leben im Lot halten, dann mußte er weiterziehen. Es hatte dafür immer äußere Gründe gegeben, etwas, das er verantwortlich machen konnte. Aber im nachhinein konnte ich sehen, daß er immer selbst an seinen Problemen schuld gewesen war. Er wurde von einem Wahn getrieben, der ihn nicht zur Ruhe kommen ließ.

Ich fragte mich, was er wohl als nächstes tun würde.

Es schien für ihn keinen Ausweg aus diesem Dilemma zu geben. Er lieferte immer mehr den Beweis dafür, daß ich seine einzige Freundin und Verbündete war, wir beide gegen die grausame Welt.

All das gab zu der schwachen Hoffnung Anlaß, daß er sich auf eine Entscheidung zu bewegte, mich und Mahtab nach Amerika zurückzubringen, aber es gab Komplikationen.

Eines Abends, als ich vorsichtig das Thema einer Rückkehr in die Vereinigten Staaten anschnitt, wurde Moody eher verzagt als wütend. Er erzählte mir eine Geschichte, an die er anscheinend selbst glaubte, die ich aber für sehr unwahrscheinlich hielt.

»Erinnerst du dich an Dr. Mojallali?« fragte er.

»Natürlich.« Dr. Mojallali war Moodys engster Freund in Corpus Christi gewesen bis, kurz nach der Besetzung der US-Botschaft in Teheran, ihre Freundschaft abrupt zu Ende gegangen war.

»Er hat für den CIA gearbeitet«, behauptete Moody. »Und er hat auch mich gebeten, für den CIA zu arbeiten und die Studenten gegen Khomeini aufzuhetzen. Ich weigerte mich natürlich. Aber wir haben jetzt nichts mehr in Amerika zu suchen. Wenn ich zurückgehe, werde ich umgebracht. Der CIA ist hinter mir her.«

»Das stimmt nicht«, entgegnete ich. »Das sagst du nur.«

»Es *stimmt*!« schrie er.

Angesichts seiner aufkommenden Wut vertiefte ich das

Thema nicht weiter. Ich konnte nicht glauben, daß er wichtig genug war, um auf einer »Hit-Liste« des CIA zu stehen, aber er war offensichtlich davon überzeugt. Und diese wahnsinnige Schlußfolgerung hielt ihn im Iran.

Schließlich erfuhr ich noch von einem anderen, vielleicht wichtigeren Beweggrund, der Moody davon abhielt, eine Rückkehr in Betracht zu ziehen. Als Moody Mahtab und mir eines Tages erlaubte, auf dem Markt einkaufen zu gehen, machte ich bei Hamids Herrenbekleidungsgeschäft halt, um Helen in der Botschaft anzurufen. Mit ihr diskutierte ich Moodys Möglichkeiten einer Rückkehr in die USA.

»Nein«, sagte sie. »Seine Grüne Karte ist abgelaufen.«

Der einzige Weg für ihn, jetzt in die Vereinigten Staaten zurückzukehren, wäre, wenn ich – als seine amerikanische Ehefrau – ihm die Erlaubnis dazu erteilen würde. Das würde ich sicherlich tun, um Mahtab und mich zurückzubringen, aber es wäre ein furchtbarer Schlag für sein Ego.

So war es also. Er hatte zu lange gewartet. Sein großartiger Plan hatte eine dramatische, bittere Wendung genommen. *Moody* war jetzt derjenige, der im Iran in der Falle saß!

18

Eines Tages stieß ich in der *Khayan* auf eine Anzeige, in der Wohnungen für Ausländer angeboten wurden. »Eventuell sprechen die Englisch«, sagte ich zu Moody. »Vielleicht sollte ich dort anrufen?«

»Ja«, lautete seine Antwort.

Eine Frau war am Apparat, sie sprach perfekt Englisch und war ganz entzückt, als sie hörte, daß ein amerikanisches Ehepaar eine Wohnung suchte. Wir trafen eine Verabredung für den folgenden Tag, am späten Nachmittag, wenn Moody seine Arbeit im Krankenhaus beendet hatte.

Im Laufe der nächsten paar Nachmittage zeigte uns die Maklerin einige Wohnungen, die sauber, hell und komfortabel nach westlichem Geschmack möbliert waren. Keine davon war für uns ganz richtig. Einige waren zu klein, einige zu weit vom Krankenhaus entfernt. Aber wir wußten, daß wir auf der richtigen Spur waren. Es waren Häuser von im Ausland lebenden Investoren oder von kultivierten Iranern, die sie gut erhalten wissen wollten. Die einfachste Art, das zu erreichen, war, nicht an Iraner zu vermieten.

Wir wußten, daß wir früher oder später die richtige Wohnung für uns finden würden, aber Moodys Arbeitsplan ließ uns zum Suchen wenig Zeit, und deshalb machte die Maklerin einen logischen Vorschlag. Nichts von unseren persönlichen Problemen ahnend, fragte sie unschuldig: »Wie wäre es, wenn Betty einen ganzen Tag mit mir herumführe? So könnten wir viele Wohnungen anschauen, und wenn sie etwas Interessantes entdeckt, können Sie es sich auch ansehen.«

Gespannt auf seine Reaktion sah ich Moody an.

Er willigte ein.

Er schränkte die Erlaubnis später, als wir allein waren, ein. »Sie muß dich abholen. Du mußt immer mit ihr zusammenbleiben. Und sie muß dich nach Hause bringen«, befahl er.

»Prima«, sagte ich. Langsam, ganz allmählich lockerten sich die Ketten.

Schon am folgenden Tag fand ich, unter den gegebenen Umständen, die ideale Bleibe für uns. Es war eine geräumige Wohnung mit zwei Wohnebenen, die größte von drei Wohneinheiten in einem Einzelhaus. Sie lag weiter im Norden Teherans, wo die Häuser im allgemeinen neuer und besser instand waren, und sie lag nur fünfzehn Minuten im Taxi vom Krankenhaus entfernt.

Das Haus war noch während des Schah-Regimes gebaut worden, und die Wohnung, für die ich mich erwärmte, war wunderschön italienisch möbliert. Dort gab es bequeme Sofas und Sessel, ein elegantes Eßzimmer und eine moderne Einbauküche. Telefon war bereits installiert, wir würden unsere Namen demnach nicht auf eine endlose Warteliste setzen müssen. Vor dem Haus war ein üppiger Garten mit Rasen und einem großen Schwimmbecken.

Die Wohnung nahm den überwiegenden Teil von zwei Etagen ein und war geradezu ideal gebaut, damit Moody in einem der beiden Flügel – die Maklerin nannte sie Villas – seine Praxis einrichten konnte. Die Villa auf der rechten Seite, die sich bis in den hinteren Teil des Hauses erstreckte, konnte unsere Privatwohnung werden, und Moodys Praxis konnte den vorderen Teil des Hauses einnehmen. Große Holztüren trennten einen Flügel von dem Hauptteil der Wohnung, und dort war Platz für einen Warteraum und ein Behandlungszimmer.

Das Elternschlafzimmer und Mahtabs Kinderzimmer lagen auf der zweiten Etage, zusammen mit einem volleingerichteten Badezimmer mit Wanne, Dusche und einem amerikanischen WC. Das Elternschlafzimmer grenzte an eine kleinere Wohnung, die der Straße zugewandt nach hinten lag.

Noch am selben Abend kam Moody mit mir, um sich die Wohnung anzusehen, und auch er verliebte sich in sie. Ohne daß ich ihm auf die Sprünge helfen mußte, bemerkte er, daß sie ideal gebaut war, um darin eine Praxis einzurichten.

Und ich glaubte, daß sie für meine eigenen Pläne ideal war. Hier als die Herrin im eigenen Reich, als Arztfrau, würde ich noch mehr Freiheit genießen. Moody würde nicht in der Lage sein, meine Schritte im Auge zu behalten oder mich vom Telefon fernzuhalten. Es würde keinen hauseigenen Spion geben, keine Möglichkeit, mich hinter Schloß und Riegel zu halten.

Es störte mich ein bißchen, daß wir uns so endgültig niederließen. Und es störte mich auch, daß ich Mahtab nicht sagen konnte, daß dieses neue Zuhause keinesfalls für immer sein sollte. Sie sprach nicht mehr von einer Rückkehr nach Amerika. Ich konnte in ihren Augen erkennen, daß sie noch davon träumte, aber sie wagte nicht, darüber zu sprechen, nicht einmal unter vier Augen mit mir.

Ende Juni zogen wir mit Hilfe des Geldes um, das Madschid und Mammal uns zur Verfügung stellten. Sie gaben Moody außerdem eine ansehnliche Summe Bargeld, damit wir das Notwendigste kaufen konnten – Handtücher, Decken, Kissen, Töpfe, Pfannen und Lebensmittel.

Auch andere Verwandte unterstützten uns, sie waren froh, daß wir uns niederließen. Glücklich über unsere Versöhnung, luden uns *Aga* und *Khanom* Hakim zum Abendessen ein und präsentierten Moody eine Überraschung, die sich für mich als wohltuende Entwicklung herausstellte. Als wir bei ihnen eintrafen, erhellte sich Moodys Miene plötzlich beim Anblick von zwei unerwarteten Gästen.

»Chamsey!« rief er. »Zaree!«

Sie waren Schwestern, die in Schuschtar als Nachbarn von Moodys Familie aufgewachsen waren. Er hatte die Verbindung zu ihnen verloren, als er den Iran verlassen hatte, aber jetzt war er überglücklich, sie zu sehen. Mir war Chamsey Najafi sofort sympathisch, noch bevor ich Einzelheiten über ihr Leben erfuhr. Chamsey trug zwar einen *Tschador*, aber er glich keinem, den ich bisher gesehen hatte. Dieser *Tschador* war aus durchsichtigen Spitzen geschneidert und widersprach so ganz seinem Zweck. Unter diesem Kleidungsstück trug Chamsey ein schwarzes Hemd und eine rosa Wolljacke, beide westlich geschnitten. Und sie sprach freundlich mit mir, in fehlerlosem Englisch.

Moody war begeistert, als er hörte, daß Chamseys Mann Chirurg an einer der wenigen Privatkliniken Teherans war. »Vielleicht kann Dr. Najafi dir dort eine Stelle verschaffen«, bemerkte *Aga* Hakim.

Im Laufe der Unterhaltung erfuhr ich von der wundervollen Tatsache, daß Chamsey und Zaree jedes Jahr zehn Monate in den USA verbrachten. Dr. Najafi teilte sich seine Zeit zwischen den beiden Ländern; hierher kam er, um sich in seiner Privatpraxis eine goldene Nase zu verdienen, und die übrigen sechs Monate verbrachte er in Kalifornien, besuchte Seminare, studierte und genoß Freiheit und Sauberkeit. Zaree war etwa fünfzehn Jahre älter als Chamsey. Als Witwe wohnte sie nun bei ihrer Schwester. Ihr Englisch war nicht so einwandfrei wie Chamseys, aber auch sie war sehr freundlich zu mir. Beide Frauen betrachteten sich als Amerikanerinnen.

Während wir auf dem Fußboden saßen und unser Abendessen zu uns nahmen, lauschte ich den Gesprächen, die um mich herum, teils in Farsi, teils in Englisch geführt wurden. Was ich hörte, gefiel mir. Zaree fragte Moody: »Was hält deine Schwester von Betty?«

»Nun ja, sie haben so ihre Probleme«, antwortete Moody.

Chamsey fiel über ihn her. »Es ist nicht richtig von dir, deiner Frau jemanden wie deine Schwester zuzumuten«, sagte sie. »Ich kenne sie, und ich kann nicht sehen, wie Betty und sie jemals miteinander auskommen könnten. Betty könnte ihr niemals etwas recht machen. Die Kulturen sind zu unterschiedlich. Ich bin sicher, Betty kann sie nicht ausstehen.«

Weit entfernt davon, sich durch diese Tirade einer Frau beleidigt zu fühlen, nickte Moody zustimmend. »Ja«, sagte er, »das war ungerecht.«

»Ihr solltet wirklich wieder nach Hause gehen«, sagte Chamsey. »Warum bleibt ihr so lange hier?«

Moody zuckte mit den Achseln.

»Macht keinen Fehler«, fuhr Chamsey fort. »Seid nicht verrückt. Geht zurück.« Zaree nickte bekräftigend.

Moody zuckte wieder nur mit den Achseln.

Wir müssen mehr Zeit mit diesen Frauen verbringen, sagte ich mir.

Bevor wir gingen, sagte Moody höflich: »Wir werden euch zum Essen einladen«, und auf der Heimfahrt bemühte ich mich, sicherzustellen, daß diese Einladung mehr war als nur *Ta'arof*.

»Die waren aber nett«, sagte ich. »Laß uns sie schon bald einladen.«

»Ja«, sagte Moody zustimmend, als hätte er seinen Geschmack an gutem Essen und guten Freunden wiedergefunden. »Sie wohnen nur vier Straßen weiter.«

Endlich teilte Moodys Vorgesetzter im Krankenhaus ihm mit, er sei bezahlt worden. Das Geld sei auf ein Konto bei einer besonderen Bank neben dem Krankenhaus eingezahlt worden. Um das Geld zu bekommen, brauche Moody nur die richtige Kontonummer vorzulegen.

Überglücklich ging Moody geradewegs zur Bank, um sich das erste Einkommen nach fast einem Jahr im Iran auszahlen zu lassen. Aber ein Bankangestellter sagte, es sei kein Geld auf dem Konto.

»Doch, wir haben es eingezahlt«, versicherte ihm die Krankenhausverwaltung.

»Es ist kein Geld da«, beharrte der Bankangestellte.

Moody ging abermals zwischen den beiden Männern hin und her, und sein Zorn wuchs von Augenblick zu Augenblick, bis er schließlich hinter die Ursache des Problems kam. Es war der Papierkram. Jede Kontoführung im Iran wird per Hand erledigt. Moody war erbost, als er hörte, daß er erst in etwa zehn Tagen über das Geld würde verfügen können.

Er berichtete mir voll leidenschaftlichem Ärger von der Geschichte und tat dabei die bemerkenswerte Äußerung: »Das einzige, was je Ordnung in dieses verkrachte Land bringen könnte, ist eine Atombombe! Von der Landkarte löschen und von vorne anfangen.«

Das sollte nicht das Ende des Ärgers sein, denn als das Geld schließlich eintraf, war der Betrag viel geringer als versprochen. Außerdem legte das Krankenhaus eine merkwürdige pauschale Form der Bezahlung zugrunde. Moody rechnete sich aus, daß er ebenso viel verdienen konnte, wenn er nur zwei, statt wie bisher sechs Tage die Woche arbeitete. Demzufolge unterrichtete er das Krankenhaus, daß er nunmehr nur noch Dienstags und Mittwochs arbeiten würde. Das würde ihm Zeit geben, seine Praxis in Gang zu bringen.

Er hängte ein Schild , ein einfaches Schild, nach draußen, auf dem in Farsi stand:

DR. MAHMOODY
IN USA AUSGEBILDET
SPEZIALIST FÜR SCHMERZBEHANDLUNG

Sein Neffe Morteza Ghodsi, ein Rechtsanwalt, kam schreiend ins Haus, als er das Schild gesehen hatte. »Tu das nicht«, schimpfte er. »Es ist ein großer Fehler, ohne Lizenz zu praktizieren. Man wird dich verhaften.«

»Das ist mir egal«, erwiderte Moody. »Ich habe bis jetzt gewartet, und sie haben noch nichts für meine Lizenz getan. Ich werde nicht mehr länger warten.«

Wenn Moody sich noch Sorgen machte, daß Mahtab und ich versuchen könnten, seinem Zugriff zu entfliehen, konnte er sich dennoch nicht entsprechend verhalten. Jetzt brauchte er uns mehr denn je. Wir waren seine Familie; wir waren die einzigen Menschen, die er hatte. Auch wenn die Vernunft ihm sagte, daß es tollkühn sei, so mußte er jetzt trotzdem vertrauensvoll auf unsere Liebe und Treue setzen. Und Gelegenheit macht Diebe.

Fast direkt hinter unserem Haus lag eine Hauptstraße mit drei Geschäften, in die ich fast täglich mußte. Um sie zu erreichen, ging ich unsere Straße entlang, überquerte sie und mußte dann nur noch eine Straße weiter.

Eines der Geschäfte war ein »Super«, nicht mit amerikanischen Supermärkten vergleichbar, aber dennoch der Laden für den täglichen Bedarf, wenn es denn Waren zu kaufen gab. Sachen wie Bohnen, Käse, Ketchup und Gewürze hatte er immer vorrätig. An bestimmten Tagen gab es Eier und Milch. Das zweite Geschäft war ein *Sabzi*-Laden, wo es Obst und Gemüse gab. Das dritte war ein Fleischer.

Moody pflegte feundschaftliche Beziehungen mit den Besitzern dieser drei Geschäfte. Sie und ihre Familien ließen sich von Moody behandeln, umsonst. Als Gegendienst gaben sie uns stets Bescheid, wenn knappe Artikel zu haben waren, und sie hoben die besten Stücke für uns auf.

Fast täglich brachte ich diesen Ladenbesitzern Dinge wie einen Stapel Zeitungen oder Bindfäden, die sie benutzten, um ihre Waren einzupacken. *Aga* Reza, der Besitzer des

»Super« sagte zu mir: »Sie sind die beste Frau im Iran. Die meisten Iranerinnen sind verschwenderisch.«

Alle drei nannten mich »*Khanom* Doktor« und sie fanden stets einen Jungen, der mir meine Einkäufe nach Hause brachte.

Moody wollte seinen Traum verwirklichen, ganz wie der wohlhabende, in den USA ausgebildete Arzt kultiviert und standesbewußt, über den Schmutz seiner Umgebung erhaben, zu leben, aber er hatte nicht die Zeit, sich um die Einzelheiten zu kümmern. Er überschüttete mich mit Geld.

»Kaufe, was wir brauchen«, sagte er. »Mach das Haus schön, statte die Praxis aus.«

Für mich bedeutete das, die Herausforderung anzunehmen und als Fremde in einer Stadt von vierzehn Millionen, zuweilen feindseligen und immer unberechenbaren Menschen das Alltagsleben zu meistern. Ich kannte keine andere Frau, weder iranisch, noch amerikanisch, noch sonst eine, die die Risiken ganz normaler Besorgungen innerhalb Teherans ohne Begleitung eines Mannes oder zumindest einer anderen erwachsenen Frau auf sich nahm.

Eines Tages bat mich Moody, ins Zentrum zu fahren, in ein Geschäft, das dem Vater von Malouk gehörte, der Frau, die für Mahtab gesorgt hatte, als Moody sie mir weggenommen hatte. Er wollte, daß ich Handtücher kaufte und Stoff für Bettlaken, Luxusartikel, die uns deutlich in die Oberschicht aufrücken ließen.

»Nimm den Bus«, schlug Moody vor. »Es ist eine lange Fahrt, und er kostet nichts.« Er gab mir ein ganzes Heft Fahrkarten, wie sie kostenlos an Regierungsangestellte ausgeteilt wurden.

Mir war es gleichgültig, ob ich Moody ein paar Rial sparen konnte, aber ich wollte gern alle möglichen Verkehrsmittel meistern lernen, deshalb folgten Mahtab und ich seinen Anweisungen. Zuerst liefen wir in die Pasdaran-

Straße, eine der Hauptverkehrsadern, und nahmen ein Taxi bis zu einer Bushaltestelle in der Nähe von Mammals Haus. Wir stiegen in einen Bus, der eher einem Reisebus glich als einem amerikanischen Nahverkehrsbus. Alle Plätze waren besetzt, und viele Passagiere mußten stehen.

Die Fahrt in das Stadtzentrum dauerte über eine Stunde. Der Bus hielt oft an, und jedesmal stiegen Dutzende von Menschen aus und ein. Niemand wartete geduldig, sondern alle versuchten gleichzeitig aus- und einzusteigen, stießen einander dabei mit den Ellbogen und fluchten lauthals.

Endlich fanden wir das Geschäft und machten unsere Besorgungen. Mittlerweile waren Mahtab und ich erschöpft. Mit Paketen schwer beladen, kämpften wir uns durch die überfüllten Straßen, bis wir an ein Busdepot kamen, an dem viele Busse standen. Ich konnte keinen Bus mit der Nummer finden, die Moody uns angegeben hatte, und ich geriet in Panik. Es war für mich wichtig, diese Aufgabe richtig zu erledigen. Wenn ich versagte, würde Moody annehmen, daß ich solche Dinge nicht allein schaffen konnte. Schlimmer noch, er könnte mißtrauisch werden, wenn wir ohne Erklärung länger ausblieben.

Meine Aufregung muß mir deutlich im Gesicht gestanden haben, denn ein Iraner fragte: *»Khanom, tschi mikhahi?* Was suchen Sie, meine Dame?«

»Sayyed Khandan«, sagte ich. Das war das Stadtviertel, in dem Mammal wohnte, dort konnten wir in ein orangefarbenes Taxi umsteigen und leicht nach Hause kommen. Ich zeigte auf einen Bus. *»Sayyed Khandan?«*

»Na«, sagte er und schüttelte den Kopf. Er bedeutete Mahtab und mir, ihm zu folgen und führte uns zu einem leeren Bus. *»Sayyed Khandan«,* sagte er.

Ich nickte zum Dank. Mahtab und ich kletterten schwerbeladen hinein. Da wir die Wahl hatten, setzten wir uns auf den ersten verfügbaren Sitz, direkt hinter dem Fahrer.

Schon bald füllte sich der Bus mit Fahrgästen nach *Sayyed*

Khandan. Zu meiner Überraschung stieg auch der Mann, der mir den Bus gezeigt hatte, ein und setzte sich auf den Fahrersitz. Der Zufall wollte, daß er der Fahrer war.

Ich hielt ihm unsere Fahrkarten hin, aber er winkte ab. Jetzt tat es mir leid, daß wir diesen Sitz genommen hatten, denn der Fahrer war ein besonders übelriechender Iraner. Er war klein und glattrasiert, aber das war das einzig Saubere an ihm. Seine Kleider stanken und sahen aus, als wären sie seit Monaten nicht gewaschen worden.

Als es Zeit war abzufahren, ging der Fahrer durch den schmalen Gang nach hinten und begann die Fahrkarten einzusammeln. Ich schenkte ihm keine Beachtung. Mahtab war sehr müde und quengelig. Unsere Pakete lagen schwer auf unserem Schoß. Wir versuchten vergeblich, auf unserem Sitz eine bequeme Haltung zu finden.

Der Fahrer kam vorne an und streckte uns seine Hand hin. Als ich ihm die Fahrkarten hinschob, ergriff er meine Hand und hielt sie einen Augenblick fest, bevor er seine Hand langsam mit den Fahrkarten zurückzog. Ich hielt das für ein Versehen. Iranische Männer berühren Frauen nicht so. Ich verdrängte die Angelegenheit und wollte nur schnell mit Mahtab nach Hause.

Sie nickte während der Fahrt immer wieder ein, und als wir schließlich in *Sayyed Khandan*, der Endstation, ankamen, schlief sie fest. Wie soll ich sie mit diesen ganzen Paketen zusammen auf den Arm nehmen, fragte ich mich. Ich versuchte, sie zu wecken.

»Komm mit, Mahtab«, sagte ich sanft. »Wir müssen aussteigen.«

Sie rührte sich nicht. Sie schlief fest.

Inzwischen hatten sich alle anderen Passagiere aus der Tür geschoben. Ich blickte auf und sah, daß der Fahrer auf uns wartete. Er lächelte und streckte seine Hände aus, um zu zeigen, daß er Mahtab aus dem Bus tragen würde. Wie nett von ihm, dachte ich.

Er hob Mahtab hoch, und zu meinem Entsetzen küßte er mit seinen dreckigen Lippen mein schlafendes Kind auf die Wange.

Ich sah mich um, denn plötzlich bekam ich es mit der Angst zu tun. Der leere Bus war dunkel, der Gang schmal. Ich sammelte meine Pakete zusammen und stand auf, um auszusteigen.

Aber der Fahrer, der Mahtab in einen Arm gedrückt hielt, verstellte mir den Weg. Ohne ein Wort, lehnte er sich vor und preßte seinen ganzen Körper gegen meinen.

»Babakscheed«, sagte ich. »Entschuldigung.« Ich streckte meine Arme aus und entriß Mahtab dem Fahrer. Ich versuchte, mich an ihm vorbeizudrängeln, aber er blockierte mir mit einem Arm den Weg. Er sagte immer noch nichts. Immer noch preßte er seinen ekelhaften, übelriechenden Körper gegen meinen.

Jetzt hatte ich wirklich Angst. Ich fragte mich, was ich als Waffe benutzen könnte, fragte mich, ob ich riskieren sollte, ihm ein Knie in den Unterleib zu stoßen. Vor Erschöpfung und Ekel war ich einer Ohnmacht nahe. »Wo wohnen Sie?« fragte er in Farsi. »Ich helfe Ihnen nach Hause.«

Er streckte eine Hand aus und legte sie mir auf die Brust.

»Babakscheed!« schrie ich, so laut ich konnte. Mit einem plötzlichen Energieanfall und einem glücklichen Ellbogenstoß, schob ich mich an ihm vorbei und schoß mit der immer noch schlafenden Mahtab aus dem Bus.

Die Gefahren für Leib und Leben in einer verarmten, mit Flüchtlingen überfüllten Stadt zeigten sich mir eines Tages aufs neue, als ich Ellen besuchte.

Ellen und ich hatten einen unausgesprochenen Waffenstillstand erreicht. Trotz ihrer Drohung, mich im Namen ihrer islamischen Pflicht zu verraten, hatten Hormoz und sie ihr Möglichstes getan, um mir durch die schlimmsten Zeiten hindurchzuhelfen, und sie hatten nie wieder das Thema angesprochen, Moody von meinem Fluchtplan zu berichten. Obwohl unsere Ansichten sich grundlegend unterschieden, waren Ellen und ich beide Amerikanerinnen, und wir hatten immer noch eine Menge gemeinsam.

Es wurde schon dunkel, als ich an diesem Tag ihr Haus verlassen wollte.

»Du gehst nicht allein«, sagte Ellen.

»Ach, das geht schon«, sagte ich.

»Nein, Hormoz fährt dich.«

»Nein, ich will ihn nicht stören. Es geht schon. Ich nehme ein Taxi.«

»Ich laß dich nicht gehen.« Dann erklärte Ellen den Grund ihrer Vorsicht. »Gestern wurde ein Mädchen in unserer Nachbarschaft ermordet. Sie haben sie hier in der Nähe gefunden. Sie war dreizehn Jahre alt und war morgens um fünf losgegangen, um Fleisch auf Marken zu kaufen. Sie ist nicht wiedergekommen, und die Eltern machten sich auf die Suche. Sie haben ihren Körper in dieser Straße gefunden. Sie war vergewaltigt und ermordet worden.«

Ich war natürlich geschockt.

»Das passiert tagtäglich«, fuhr Ellen erschrocken fort. »Es passiert jetzt dauernd.«

Ich wußte nicht, ob ich ihr glauben sollte. Wenn Ellen von diesen Dingen wußte, warum hatte sie mir früher nie etwas gesagt? Ich las nie etwas über Raub, Vergewaltigung oder Mord in der Zeitung.

»Die Afghanen sind die Übeltäter«, sagte Ellen. »Es gibt so viele Afghanen im Iran, und sie haben keine eigenen Frauen, deshalb vergewaltigen sie alle, die sie in die Finger bekommen.«

Bald nach diesem Zwischenfall kam Madschid zu uns. Ich berichtete ihm von Ellens Geschichten.

»Oh, ja, das stimmt«, sagte Madschid. »So was passiert jeden Tag. Es ist wirklich gefährlich, allein auszugehen. Du mußt vorsichtig sein.«

Eines Nachmittags rief Essey an, sie war den Tränen nahe. »Ich habe schreckliche Angst«, sagte sie. »Deine Mutter hat aus Amerika angerufen, und ich habe ihr gesagt, daß ihr umgezogen seid. Sie wollte deine neue Nummer wissen. Ich habe ihr gesagt, ich wüßte sie nicht, und sie wurde schrecklich böse und nannte mich eine Lügnerin. Also habe ich ihr eure Nummer gegeben, aber jetzt weiß ich, daß ich mit *Da'idschan* Ärger bekommen werde.«

»Mach dir darum keine Gedanken«, sagte ich. »Moody ist nicht zu Hause, es ist schon in Ordnung. Laß uns schnell einhängen, damit meine Mutter zu mir durchkommen kann.«

Innerhalb weniger Minuten klingelte das Telefon, und ich riß den Hörer von der Gabel. Am anderen Ende brach Mutters Stimme, als sie Hallo sagte. Vater kam auch ans Telefon. Das Sprechen fiel mir schwer, mit dem großen Kloß in meinem Hals.

»Wie geht es dir?« fragte ich Vater.

»Es geht«, sagte er. »Wo ein Wille ist, ist auch ein Weg.« Seine Stimme klang, als wäre er völlig erschöpft.

»Wie geht es *dir*?« fragte Mutter.

»Besser.« Ich erzählte ihnen von unserer neuen Wohnung und meiner größeren Freiheit. »Wie geht es Joe und John?« fragte ich. »Ich vermisse sie so!«

»Ihnen geht es prima, sie werden schon richtige Männer«, sagte Mom.

Joe arbeitete in der zweiten Schicht bei ITT Hancock. John, im zweiten Jahr der Oberschule, spielte in der Fußballmannschaft. Ich verpaßte einen so großen Abschnitt ihres Lebens.

»Erzählt ihnen, wie lieb ich sie habe.«

»Machen wir.«

Wir überlegten uns Zeiten, zu denen es möglich sein sollte, anzurufen. Da Moody dienstags und mittwochs im Krankenhaus war, konnten sie dann anrufen, und wir konnten frei sprechen. Es hieß zwar, daß sie um drei Uhr morgens aufstehen mußten, um den Anruf zu tätigen, aber das war es wert. Nächste Woche würden sie versuchen, Joe und John mit am Telefon zu haben, sagte Mom.

Am nächsten Tag besuchte ich Essey, um sie zu decken. Dann als ich nach Hause kam, erzählte ich Moody, daß meine Familie bei Essey angerufen hatte, während ich da war, und daß ich ihnen unsere neue Nummer gegeben hatte.

»Fein«, sagte er. Es machte ihm gar nichts aus, daß ich mit ihnen gesprochen hatte, und er schien sich sogar über den Zufall zu freuen.

»Komm zum Tee«, schlug Chamsey am Telefon vor.

Ich bat Moody um Erlaubnis. »Klar«, sagte er. Was sollte er auch sagen? Er achtete Chamsey und Zaree, und er wollte offensichtlich nicht, daß sie wußten, wie er mich in der Vergangenheit mißhandelt hatte.

Der Nachmittagstee an jenem Tag war ein wunderbares Erlebnis. Chamsey und ich freundeten uns schnell gut an und verbrachten im Laufe des Sommers viele gemeinsame Tage.

Normalerweise lebte Chamsey nur zwei Monate im Jahr in ihrem schönen Heim in der Nähe unserer Wohnung, aber sie hatte vor, diesmal ein bißchen länger in Teheran zu bleiben, weil sie und ihr Mann das Haus verkaufen wollten, um soviel wie möglich von ihrem Besitz nach Kalifornien zu schaffen. Chamsey war ganz aufgeregt über die Aussicht, die meisten ihrer Bindungen an den Iran lösen zu können, und freute sich auf die Rückreise nach Kalifornien, doch der Gedanke daran, daß wir unsere schwesterliche Verbindung abbrechen sollten, stimmte uns beide traurig.

»Ich weiß nicht, wie ich nach Kalifornien zurückfahren und Betty hierlassen kann«, sagte sie eines Tages zu Moody. »Du mußt Betty mit mir fahren lassen.«

Weder Moody noch ich riskierten eine Auseinandersetzung, indem wir auf diese Bemerkung reagierten.

Chamsey bedeutete eine frische Brise in meinem Leben, aber in den ersten Wochen wagte ich nicht, ihr zu viele Details meiner Geschichte anzuvertrauen. Ich wußte, daß ich mich auf ihre Unterstützung verlassen konnte, aber ich machte mir Sorgen um ihre Verschwiegenheit. Ich war schon einmal verraten worden. Sie würde zu Moody laufen und ihn anklagen, daß er mich gegen meinen Willen hier festhielt. Ihre natürliche Reaktion würde Moody wieder gegen mich aufbringen, gerade jetzt, wo ich begann, Fortschritte zu machen. Deshalb genoß ich ihre Freundschaft, hielt mich aber zurück, bis sie nach und nach selbst hinter die Einzelheiten kam. Vielleicht lag es daran, daß ich Moody bei jeder Kleinigkeit um Erlaubnis bitten mußte. Jeder Ausflug, jeder Rial, alles mußte erst mit ihm abgesprochen werden.

Schließlich fragte sie eines Tages, als ich ihr erzählt hatte, welche Sorgen ich mir um meinen Vater in Michigan machte: »Ja, warum fährst du dann nicht nach Hause und besuchst ihn?«

»Ich kann nicht.«

»Betty, du machst einen großen Fehler, wenn du nicht zu ihm fährst.« Sie erzählte mir eine Geschichte. »Als ich in Schuschtar lebte und mein Vater hier in Teheran war, hatte ich eines Tages eine böse Ahnung. Irgendwas sagte mir, daß ich zu meinem Vater mußte, und das sagte ich meinem Mann. Er sagte: ›Nein, du fährst jetzt nicht. Du fährst nächsten Monat, wenn die Schule aus ist.‹ Wir stritten uns furchtbar, das erste und einzige Mal in unserem Leben. Ich sagte: ›Wenn du mich nicht zu meinem Vater fahren läßt, verlasse ich dich.‹ Also ließ er mich fahren.«

Als Chamsey im Hause ihres Vaters in Teheran eintraf, entdeckte sie, daß er am darauffolgenden Tag für einige Routine-Tests ins Krankenhaus eingeliefert werden sollte. Sie blieben an jenem Abend lange zusammen und unterhielten sich, tauschten Neuigkeiten und Erinnerungen aus, und am folgenden Morgen begleitete sie ihn ins Krankenhaus, wo er noch am gleichen Tag überraschend an einem Herzschlag starb.

»Wenn ich nicht zu ihm gefahren wäre, als mir das Gefühl es eingab, hätte ich mir das niemals verziehen«, sagte Chamsey zu mir. »Ich hätte mich wahrscheinlich deswegen von meinem Mann scheiden lassen. Aber aus irgendeinem Grund mußte ich meinen Vater sehen. Du mußt auch zu deinem Vater fahren.«

»Ich kann nicht«, schluchzte ich, und die Tränen strömten mir über das Gesicht. Dann erzählte ich ihr, warum nicht.

»Ich kann nicht glauben, daß Moody dir so etwas antun würde.«

»Er hat mich hierher gebracht, und jetzt läuft es auch wirklich gut. Ich bin froh, dich zur Freundin zu haben, aber wenn er davon erfährt, daß du Bescheid weißt, und erfährt, daß ich so dringend heim will, wird er mir verbieten, deine Freundin zu sein.«

»Keine Angst«, sagte Chamsey. »Ich sage ihm nichts.«

Sie hielt Wort. Und von jenem Tag an gab es einen merklichen Wandel in ihrer Einstellung zu Moody. Sie war kühl, unnahbar, unterdrückte ihre Wut, aber nur ungefähr so gut, wie ihr *Tschador* aus durchsichtigen Spitzen ihre Kleidung verhüllte.

Irgendwie huschte der Sommer vorüber. Die Kriegswoche in den letzten Augusttagen kam als böse Erinnerung daran, daß Mahtab und ich nun schon über ein Jahr im Iran gefangen waren. Jeden Abend gab es auf den Straßen laute Aufmärsche. Männer marschierten in Formation und führten die rituellen Geißelungen durch. In einem präzisen Rhythmus schlugen sie sich mit Ketten auf die Schultern, über den bloßen Rücken – erst über die rechte, dann über die linke Schulter. Mit ihrem kontinuierlichen Singsang steigerten sie sich in eine Art Trance. Blut floß ihnen über den Rücken, aber sie fühlten keinen Schmerz.

Die Fernsehnachrichten waren in ihrer Rhetorik noch bösartiger als sonst, aber diesmal war das leichter zu ertragen, weil ich inzwischen besser Bescheid wußte über den riesengroßen Abstand zwischen iranischen Worten und iranischen Taten. Die wütenden Ansprachen und die laut tönenden Gesänge waren alle *Ta'arof*.

»Ich möchte wirklich gern eine Geburtstagsfeier für Mahtab geben«, sagte ich.

»Gut, aber wir werden niemanden aus meiner Familie einladen«, sagte Moody. Zu meiner Überraschung fügte er hinzu: »Ich mag sie ohnehin nicht im Hause haben. Sie sind schmutzig und stinken.« Noch vor wenigen Monaten wäre das unvorstellbar gewesen. »Wir werden Chamsey und Zaree und Ellen und Hormoz und Maliheh und ihre Familie einladen.«

Maliheh war unsere Nachbarin aus der Wohnung, die an unser Schlafzimmer angrenzte. Sie sprach nicht viel Englisch, aber sie war sehr freundlich zu mir. Wir redeten täglich mit einander, und sie verbesserte meine Farsi-Kenntnisse sehr.

Moodys Gästeliste machte deutlich, wie sehr sich unser Freundeskreis verändert hatte, und wieviel nachgiebiger seine Einstellung zu Ellen und Hormoz geworden war. Auch er hatte begriffen, daß sie ihr Möglichstes getan hatten, um in der Krise zu helfen. In dieser relativ klaren Zeit in Moodys trübem Leben war seine Bereitschaft, sich Ellen und Hormoz anzunähern, eine stille Anerkennung, daß ein Teil des ganzen Kummers von seiner Verrücktheit herrührte.

Mahtab wollte diesmal keinen Kuchen aus der Bäckerei. Statt dessen wollte sie, daß ich einen backte. Das war eine große Herausforderung. Die Höhenlage von Teheran und die Maßeinteilung am Backofen machten meine Backkünste zunichte. Der Kuchen war brüchig und trocken, aber er gefiel Mahtab trotzdem gut, besonders wegen der billigen Plastikpuppe, die ich oben in die Mitte setzte.

In diesem Jahr fiel Mahtabs Geburtstag mit *Eid e Ghadir* zusammen, einem der zahllosen religiösen Feiertage. Keiner würde arbeiten müssen, deshalb planten wir ein Mittagessen statt einer Abendeinladung.

Ich machte Roastbeef mit allen traditionellen Beilagen, sowie Kartoffelpüree und gebackene Bohnen – letztere als Leckerbissen für Ellen.

Alles war vorbereitet; alle Gäste außer Ellen und Hormoz waren schon da. Während wir auf sie warteten, packte Mahtab ihre Geschenke aus. Maliheh schenkte ihr eine Mooseh-Maus-Handpuppe, ein im Iran beliebtes Zeichentricktier mit überdimensionalen orangefarbenen Ohren. Chamsey und Zaree hatten etwas ganz Besonders für Mahtab, eine ganz rare frische Ananas. Moody und ich schenkten ihr eine Bluse und eine Hose in Lila, ihrer Lieblingsfarbe. Unser schönstes Geschenk war ein in Taiwan hergestelltes Fahrrad, für das wir umgerechnet vierhundertfünfzig Dollar bezahlt hatten.

Wir schoben die Mahlzeit so lange hinaus, wie wir konnten, hörten aber schließlich auf unseren Hunger und fingen ohne Ellen und Hormoz an. Sie kamen erst am späten Nachmittag und waren überrascht, daß unser Essen schon vorbei war.

»Du hast mir gesagt, zum Abendessen, nicht zu Mittag«, brauste Ellen ärgerlich auf.

»Ich bin sicher, daß ich das nicht gesagt habe«, sagte ich. »Offensichtlich handelt es sich um ein Mißverständnis.«

»Du machst andauernd Fehler«, brüllte Hormoz Ellen an. »Wir gehen immer zur falschen Zeit, weil du alles durcheinanderbringst.« Vor den anderen Gästen beschimpfte Hormoz Ellen viele Minuten lang, während sie ihren mit dem *Tschador* verhüllten Kopf demütig gesenkt hielt.

Ellen war für mich eine starke Motivation bei meiner stillen Suche nach einem Fluchtweg aus dem Iran. Ohne ihr negatives Beispiel hätte ich zwar auch weitergemacht, aber sie verstärkte mein Gefühl der Dringlichkeit. Je länger ich blieb, desto größer war das Risiko, so zu werden wie sie.

Unser Leben im Iran hatte einen Wendepunkt erreicht. Es war nun wesentlich komfortabler, und das barg die Gefahr der Trägheit in sich . War es möglich, hier im Iran einen Zustand relativen Glücks mit Moody zu erreichen? Einen bequemen Alltag, der die sehr realen Gefahren aufwog, denen Mahtab und ich uns stellen mußten, wenn wir zu fliehen versuchten?

Jeden Abend, wenn ich mit Moody ins Bett ging, wußte ich, daß die Antwort eindeutig nein lautete. Ich haßte den Mann, mit dem ich schlief, und schlimmer noch, ich hatte Angst vor ihm. Im Moment war er stabil, aber das würde nicht von Dauer sein. Es war nur eine Frage der Zeit bis zu seinem nächsten Wahnsinnsanfall.

Da ich nun häufig das Telefon benutzen und mal kurz in der Botschaft vorbeischauen konnte, nahm ich wieder verstärkt meine Anstrengungen auf, jemanden zu finden, der bereit und in der Lage war, zu helfen. Unglücklicherweise schien sich mein vielversprechendster Kontakt in heiße Sommerluft aufgelöst zu haben. Miss Alavis Telefonanschluß funktionierte nicht mehr. Ich machte einen vergeblichen Versuch, nochmal mit Raschid zu verhandeln, dessen Freunde Menschen in die Türkei schmuggelten. Er weigerte sich erneut, ein Kind mitzunehmen.

Ich mußte jemanden Neuen finden. Aber wen? Und wie?

19

Ich starrte auf die Anschrift, die mir ein Ungenannter auf einen Zettel gekritzelt hatte.

»Gehen Sie dorthin und fragen sie nach dem Manager«, hatte dieser Jemand mich instruiert. Der Weg wurde mir erklärt. Die Identität meines Wohltäters zu offenbaren, würde bedeuten, jemanden durch die Hand der Islamischen Republik Iran zum Tode zu verurteilen.

Die Anschrift bezeichnete ein Büro am entgegengesetzten Ende der Stadt. Dahin zu gelangen, bedeutete eine lange Fahrt durch überfüllte Straßen, aber ich war entschlossen, mich sofort auf den Weg zu machen, auch wenn das Unternehmen riskant war. Mahtab war bei mir. Der Nachmittag war schon angebrochen, und ich wußte nicht, ob wir wieder zu Hause sein konnten, bevor Moody aus dem Krankenhaus heimkam. Aber meine Freiheit machte mich mutiger. Wenn es sein mußte, würde ich etwas kaufen – irgendwas – für den Haushalt und Moody erklären, daß Mahtab und ich uns beim Einkaufen verspätet hätten. Moody würde die Erklärung zumindest einmal schlucken.

Ich beschloß, daß ich unmöglich warten konnte. Ich mußte jetzt fahren.

Um Zeit zu sparen, nahmen Mahtab und ich anstelle des orangefarbenen Taxis ein teures Telefon-Taxi. Trotzdem war es eine lange, mühselige Fahrt. Mahtab fragte nicht, wohin die Fahrt ging, vielleicht spürte sie, daß es Dinge gab, die sie um unserer Sicherheit willen besser nicht wußte.

Endlich erreichten wir die Adresse auf dem Zettel, ein Bürogebäude, in dem geschäftige Angestellte eine in dieser Stadt äußerst seltene Effizienz an den Tag legten. Ich fand eine Pförtnerin, die Englisch sprach, und fragte nach dem Manager.

»Gehen Sie nach links«, sagte sie. »Dann die Treppe hinunter bis ans Ende des Gangs.«

Mahtab und ich folgten der Beschreibung und fanden uns im Keller in einem Bürokomplex wieder. In einer Ecke des Arbeitsbereichs gab es einen Warteraum mit bequemen westlichen Möbeln. Es gab Bücher und Zeitschriften zum Lesen.

»Warum wartest du nicht hier, Mahtab?« schlug ich vor.

Mahtab war einverstanden.

»Zum Manager?« fragte ich einen vorbeigehenden Arbeiter.

»Am Ende des Gangs.« Er zeigte auf ein Büro, das von den anderen getrennt lag, und ich ging zielbewußt darauf zu.

Ich klopfte an, und als ein Mann antwortete, sagte ich, wie man mir vorgeschrieben hatte: »Ich bin Betty Mahmoody.«

»Kommen Sie herein«, sagte ein Mann in perfektem Englisch und schüttelte mir die Hand. »Ich habe Sie erwartet.«

Er schloß die Tür hinter uns, bot mir mit einem zuvorkommenden Lächeln einen Stuhl an. Er war ein kleiner, dünner Mann, sauber in Anzug und Krawatte gekleidet. Er setzte sich hinter seinen Schreibtisch und unterhielt sich ruhig mit mir, er war sich der Sicherheit seiner Umgebung deutlich bewußt. Im Sprechen klopfte er mit seinem Kugelschreiber auf den Schreibtisch.

Jemand hatte mir ein paar Einzelheiten erzählt. Dieser Mann hoffte, eines Tages sich und seine Familie aus dem Iran herauszubekommen, aber seine Lebensumstände waren außerordentlich kompliziert. Bei Tage war er ein erfolgreicher Geschäftsmann, der nach außen hin das Ayatollah-

Regime unterstützt. Bei Nacht bestand sein Leben aus einem Netz von Intrigen.

Man kennt ihn unter vielen Namen; ich nannte ihn Amahl.

»Ich bedaure wirklich sehr, daß Sie sich in dieser Lage befinden«, sagte Amahl ohne Vorrede. »Ich werde alles tun, was ich kann, um Sie hier herauszubekommen.«

Seine Offenheit war zugleich erfreulich und beängstigend. Er kannte meine Geschichte. Er glaubte helfen zu können. Aber ich war schon früher diesen Weg gegangen, mit Trish und Suzanne, mit Raschid und seinem Freund, mit der rätselhaften Miss Alavi.

»Schauen Sie«, sagte ich, »ich habe dies schon ein paar Mal durchgemacht, und ich habe ein Problem. Ich gehe nicht ohne meine Tochter. Wenn sie nicht mitkommen kann, gehe ich nicht. Es hat keinen Sinn, Ihre Zeit zu verschwenden – nur so kann es gehen.«

»Das respektiere ich«, sagte Amahl. »Wenn Sie es so wollen, dann schaffe ich Sie beide aus dem Land – unter der Bedingung, daß Sie Geduld haben. Ich weiß nicht, wie oder wann es arrangiert werden kann. Haben Sie nur Geduld.«

Seine Worte ließen mein Herz warm erglühen, und ich zwang mich zur Mäßigung. Er machte mir Hoffnung, aber er gab freimütig zu, daß er nicht wußte, wie oder wann wir fliehen konnten.

»Hier sind meine Telefonnummern«, sagte er und schrieb sie auf einen Notizblock. »Lassen Sie sich von mir zeigen, wie man sie kodiert. Das sind meine Privatnummern, eine hier im Büro, eine zu Hause. Sie können mich jederzeit, Tag und Nacht, anrufen. Bitte zögern Sie nicht. Ich muß so oft wie möglich von Ihnen hören. Haben Sie bitte nie das Gefühl, daß Sie mich stören. Sie müssen mich immer anrufen, denn ich kann es nicht tun. Ihr Mann könnte das mißverstehen. Er könnte eifersüchtig werden.«

Amahl lachte.

Seine Laune war ansteckend. Schade, daß er verheiratet ist, dachte ich und spürte sogleich ein leises Schuldgefühl.

»In Ordnung«, sagte ich und nickte verwundert. Amahl hatte etwas wunderbar Tüchtiges an sich.

»Wir werden uns am Telefon nicht unterhalten«, instruierte er mich. »Sagen sie nur ›Wie geht's‹ oder so. Wenn ich Neuigkeiten für Sie habe, sage ich Ihnen, daß ich Sie sehen muß, und Sie müssen herkommen, weil wir am Telefon nichts sagen können.«

Die Sache mußte einen Haken haben, dachte ich. Vielleicht Geld. »Soll ich meine Eltern Geld an die Botschaft schicken lassen?« fragte ich.

»Nein. Machen Sie sich jetzt keine Sorgen um Geld. Ich bezahle für Sie. Sie können es später zurückzahlen, wenn Sie in Amerika sind.«

Mahtab schwieg während unserer langen Taxifahrt nach Hause. Das war gut, denn in meinem Kopf wirbelten die Gedanken durcheinander. Ich hörte Amahls Worte immer wieder und versuchte die Erfolgschancen abzuschätzen. Hatte ich wirklich den Weg gefunden, aus dem Iran herauszukommen?

»Sie können es später zurückzahlen, wenn Sie in Amerika sind«, hatte er vertrauensvoll gesagt.

Aber ich mußte auch an die Worte denken: »Ich weiß nicht, wie und wann es arrangiert werden kann.«

20

Der Sommer war vorbei, und es war an der Zeit, daß die Schule wieder anfing. Ich mußte so tun, als sei ich dafür, daß Mahtab in die erste Klasse kam, und deshalb erhob ich keine Einwände, als Moody den Punkt ansprach.

Erstaunlicherweise erhob Mahtab auch keine. Sie begann sich tatsächlich an die Idee zu gewöhnen, im Iran zu leben.

Eines Morgens unternahmen Moody, Mahtab und ich einen zehnminütigen Spaziergang, um eine nahegelegene Schule zu inspizieren. Dieses Gebäude sah weniger wie ein Gefängnis aus als *Madrase* Zainab, da es viele Fenster hatte, die das Sonnenlicht einließen. Aber diese Atmosphäre schien keinen Einfluß auf die Direktorin zu haben, eine mißmutige alte Frau im *Tschador*, die uns mißtrauisch beäugte.

»Wir wollen unsere Tochter hier anmelden«, sagte Moody ihr in Farsi.

»Nein«, schnauzte sie. »Wir haben in dieser Schule keine freien Plätze.« Unwirsch gab sie uns eine Wegbeschreibung zu einer anderen Schule, die erheblich weiter von unserer Wohnung entfernt lag.

»Wir sind hierher gekommen, weil es näher ist«, versuchte Moody zu erklären.

»Keine freien Plätze!«

Mahtab und ich wandten uns zum Gehen, und ich konnte spüren, wie dankar Mahtab war, daß sie nicht unter die Aufsicht dieses alten verdrießlichen Weibes gestellt wurde.

»Also«, murmelte Moody. »Ich habe wirklich keine Zeit,

heute zu dieser anderen Schule zu gehen. Ich muß jetzt in den OP.«

»Oh!« sagte die Direktorin. »Sie sind Arzt?«

»Ja.«

»Oh, dann kommen Sie noch einmal herein. Nehmen Sie Platz.« Es gab immer Platz für die Tochter eines Arztes. Moody strahlte über diesen Beweis seines hohen Ansehns.

Die Direktorin besprach das Wichtigste mit uns. Mahtab brauchte eine graue Uniform, einen Mantel, eine Hose und einen *Maghna'e* – ein Schal, der nicht gebunden wird, sondern vorn zusammengenäht ist, etwas unhandlicher als ein *Rusari*, aber nicht ganz so schlimm wie ein *Tschador*. Ich wurde angewiesen, Mahtab an einem bestimmten Tag zu einem Mutter-Tochter-Treffen herzubringen.

Als wir die Schule verlassen hatten, sagte ich zu Moody: »Wie kann sie mit nur einer Uniform auskommen? Erwarten sie etwa von ihr, jeden Tag dieselbe Uniform zu tragen?«

»Die anderen tun das auch«, sagte Moody. »Aber du hast recht. Sie sollte mehrere haben.«

Er ging zur Arbeit und ließ uns Geld da, um die Uniformen zu kaufen. Und als wir unseren Geschäften nachgingen, heiterte mich die warme Sonne des frühen Septembernachmittags auf. Hier war ich also und konnte mit meiner Tochter frei herumlaufen. Ich hatte ein anderes wichtiges Ziel erreicht. Wenn Mahtab allein in der Schule und Moody bei der Arbeit war, konnte ich in Teheran gehen, wohin es mir gefiel.

Ein paar Tage später nahmen Mahtab und ich an der Mutter-Tochter-Orientierungssitzung teil und nahmen unsere Nachbarin Maliheh als Übersetzerin mit. Sie verstand nur wenig Englisch, aber mit ihrer und Mahtabs Hilfe konnte ich wenigstens teilweise den Vorgängen folgen.

Das Treffen dauerte fünf Stunden, wobei die meiste Zeit zum Beten und zum Koranlesen gebraucht wurde. Dann hielt die Direktorin eine leidenschaftliche Ansprache, in der sie die Eltern zu Spenden aufforderte. Sie erklärte, daß es keine Toiletten in der Schule gab, und daß sie Geld brauchten, um die sanitären Einrichtungen zu bauen, bevor die Schule anfing.

Ich sagte zu Moody: »Das kommt überhaupt nicht in Frage! Wir geben ihnen kein Geld, um Toiletten zu bauen, wenn sie es sich leisten können, alle diese *Pasdaran* fortwährend durch die Gegend zu schicken, um herauszufinden, ob einer Frau ein Haar unter dem *Rusari* hervorgerutscht ist oder ob ihre Strümpfe rutschen, dann könnten sie etwas von dem Geld benutzen, um in Schulen Toiletten für die Kinder zu bauen.«

Er war anderer Ansicht. Er machte eine großzügige Spende, und als die Schule eröffnet wurde, war sie ordentlich mit Löchern im Boden ausgestattet.

Nach kurzer Zeit wurden diese neuen Dinge zur Routine. Mahtab ging früh am Morgen zur Schule. Alles, was ich tun mußte, war, mit ihr zur Bushaltestelle zu gehen und sie nachmittags dort wieder abzuholen.

An den meisten Tagen blieb Moody zu Hause und arbeitete in seiner Praxis. Als sich seine Fachkompetenz herumgesprochen hatte, bekam er viele Patienten. Die Leute genossen besonders die Erleichterung, die ihnen durch seine Manipulationsbehandlungen verschafft wurde, obwohl es da einige Probleme mit den vorsichtigeren weiblichen Patienten gab. Um dieser Schwierigkeit Herr zu werden, wies Moody mich in die Vorgänge dieser Behandlungsmethode ein. Dazwischen und neben meinen Pflichten als Empfangsdame hatte ich am Tag normalerweise nur wenig Möglichkeit, mich frei zu bewegen.

Ich lebte nur für Dienstag und Mittwoch, die Tage, an denen Moody im Krankenhaus arbeitete. Diese Tage hatte ich ganz für mich, und ich konnte mich ganz nach Belieben überall in der Stadt bewegen.

Ich begann jetzt, Helen regelmäßig in der Botschaft aufzusuchen, entweder am Dienstag oder Mittwoch. Wöchentlich schickte ich Briefe ab und bekam auch welche von meinen Eltern und meinen Kindern. Einerseits war das ein wundervolles Gefühl, aber es war auch deprimierend. Ich vermißte sie ja so! Und ich machte mir bei jedem Brief meiner Mutter Sorgen, in dem sie Dads sich verschlechternden Zustand beschrieb. Sie wußte nicht, wie lange er noch durchhalten würde. Er sprach täglich von uns und betete, daß er uns vor seinem Tod noch einmal sehen konnte.

Ich rief Amahl täglich an, wenn ich konnte. Jedesmal erkundigte er sich nur nach meiner Gesundheit und fügte »Haben Sie Geduld« hinzu.

Eines Tages mußte ich mehrere Besorgungen machen. Moody hatte mich angewiesen, einen zusätzlichen Schlüssel für unsere Wohnung machen zu lassen. Ich wußte, es gab einen Schlüsselladen ein paar Geschäfte vom Pol-Pizza-Laden entfernt. Auf meinem Weg dorthin kam ich an einer Buchhandlung vorbei, die ich zuvor nicht bemerkt hatte, und aus einem inneren Impuls heraus trat ich ein.

Der Geschäftsinhaber sprach Englisch. »Haben Sie Kochbücher in englischer Sprache?« fragte ich.

»Ja. Unten.«

Ich ging hinunter, fand einige gebrauchte Kochbücher mit Eselsohren und fühlte mich wie im Himmel. Wie hatte ich diese einfache Möglichkeit, Rezepte zu studieren, vermißt! Ganze Menüs setzte ich im Geiste zusammen und hoffte nur, die nötigen Zutaten zu finden oder sie ersetzen zu können.

Ich wurde von einer Kinderstimme aus meiner Verzükkung gerissen. Ein kleines Mädchen sagte auf Englisch: »Mommy, kaufst du mir ein Märchenbuch?«

In einem Seitengang sah ich eine Frau und ein Kind, beide in Mäntel und Schals gehüllt. Die Frau war groß und dunkelhaarig, und ihre Haut hatte den leichten Bronzestich der meisten Iraner. Sie sah nicht amerikanisch aus, aber dennoch fragte ich sie: »Sind Sie Amerikanerin?«

»Ja«, antwortete Alice Sharif.

Wir wurden sofort Freundinnen in diesem fremden Land. Alice war eine Grundschullehrerin aus San Francisco und mit einem amerikanischen Iraner verheiratet. Kurz nachdem ihr Mann Malek seinen Dr. phil. in Kalifornien gemacht hatte, war sein Vater gestorben. Er und Alice lebten nun für einige Zeit in Teheran, um den Nachlaß zu regeln. Es gefiel ihr hier nicht, aber sie machte sich keine ernstlichen Sorgen. Ihre Tochter Samira – sie nannten sie Sammy – war in Mahtabs Alter.

»Ach du meine Güte!« sagte ich, als ich auf die Uhr sah. »Ich muß meine Tochter vom Schulbus abholen. Jetzt muß ich aber rennen.« Wir tauschten noch unsere Telefonnummern aus.

Am Abend erzählte ich Moody von Alice und Malek. »Wir müssen sie einladen«, sagte er mit ehrlicher Vorfreude. »Sie müssen Chamsey und Zaree kennenlernen.«

»Wie wäre es mit Freitag?«, schlug ich vor.

»Ja«, er stimmte sogleich zu.

Er war genauso gespannt wie ich, als der Freitagnachmittag kam. Er mochte Alice und Malek sofort leiden. Alice war eine intelligente, temperamentvolle Person, eine großartige Gesprächspartnerin, immer für eine lustige Geschichte zu haben. Als ich an dem Abend unsere Gäste beobachtete, fiel mir auf, daß von allen Leuten, die ich im Iran kannte, Alice und Chamsey die einzigen waren, die wirklich glücklich zu sein schienen. Vielleicht lag es daran, weil sie beide wußten, daß sie bald in die Vereinigten Staaten zurückkehren würden.

Alice erzählte einen Witz: »Ein Mann ging in ein Bildergeschäft und sah ein Gemälde von Khomeini. Er wollte das Bild kaufen, und der Besitzer sagte, es koste fünfhundert Tumons.« Ein Tumon sind zehn Rial.

»›Ich gebe Ihnen dreihundert‹, sagte der Kunde.

›Nein, fünfhundert.‹

›Dreihundertfünfzig.‹

›Fünfhundert.‹

›Vierhundert‹, sagte der Kunde. ›Das ist mein letztes Angebot.‹

Genau in dem Augenblick kam ein anderer Kunde herein, fand ein Bild von Jesus Christus, das ihm gefiel, und erkundigte sich beim Verkäufer nach dem Preis.

›Fünfhundert Tumons‹, sagte der Verkäufer.

›Gut‹, sagte der Kunde, bezahlte die fünfhundert Tumons und ging.

Da sagte der Geschäftsinhaber zu dem ersten Kunden: ›Mein Herr, sehen Sie sich diesen Mann an. Er ist hereingekommen, hat ein Bild gesehen, das ihm gefiel, hat mir das Geld gegeben, das ich dafür verlangte und ist wieder gegangen.‹

Darauf sagte der erste Kunde: ›Also, wenn Sie Khomeini ans Kreuz schlagen können, gebe ich Ihnen auch fünfhundert dafür!‹«

Alle im Zimmer lachten, einschließlich Moody.

Chamsey rief mich am nächsten Tag an. Sie sagte: »Betty, diese Alice ist ja eine wunderbare Frau. Du solltest dich wirklich mit ihr anfreunden.«

»Ja«, ich war ganz ihrer Meinung.

»Aber vergiß Ellen«, fügte Chamsey hinzu. »Ellen ist eine Niete.«

Alice und ich trafen uns regelmäßig. Sie besaß als einzige Frau, die ich jemals im Iran getroffen hatte, eines von diesen neumodischen Luxusgeräten, die man Wäschetrockner nannte. Sie hatte Weichspülmittel! Und Senf!

Und sie besaß einen Paß, der ihr gestattete, nach Hause zu fliegen.

»Erzähl Chamsey bloß nie, wie es dir im Iran ergangen ist«,

warnte mich Moody. »Und auch Alice nicht. Wenn du es doch tust, siehst du die beiden nie wieder.«

»Ja«, versprach ich.

Er war damit zufrieden, das zu glauben, was er glauben wollte, und das Thema einer Rückkehr in die USA würde nie wieder aufs Tapet kommen. Er hatte gewonnen. Er hatte mir angetan, was Hormoz Ellen angetan hatte.

Und aufgrund meines Versprechens konnte er mir erlauben, ungezwungenen Kontakt mit Chamsey und Alice zu haben. Eigentlich hatte er auch kaum eine andere Wahl, denn wenn er versuchen sollte, mich in unserer neuen Wohnung einzusperren, würde er die Scharade einer glücklichen Ehe vor unseren Freunden nicht aufrechterhalten können.

Obwohl sich Moodys Verhältnis zu seiner Familie abgekühlt hatte, mußten wir noch sozialen Verpflichtungen nachkommen. Moody wollte zwar Baba Hadschi und Ameh Bozorg nicht zum Abendessen einladen, aber er mußte ihnen doch Respekt zollen. Wir hatten diese obligatorische Einladung schon viel zu lange aufgeschoben.

»Mahtab hat Schule, und sie muß um acht Uhr im Bett sein, also kommt um sechs«, sagte er seiner Schwester am Telefon.

Sie erinnerte ihn daran, daß sie nie vor zehn zu Abend aßen.

»Das ist mir egal«, sagte Moody. »Ihr eßt um sechs, oder ihr kommt überhaupt nicht.«

In die Enge getrieben, nahm Ameh Bozorg an.

Damit uns ihre Anwesenheit nicht zu schwer fiel, hatten wir auch die Hakims eingeladen, uns an diesem Abend Gesellschaft zu leisten.

Ich bereitete ein besonderes Essen vor. Als Entrée sollte es Hähnchencrèpes geben, denn ich wollte das beste Fleisch verwenden. Wegen der erfolgreichen Marktausbeute gab es den ersten Rosenkohl, den ich im Iran entdeckt hatte, zusammen mit Porrée und Möhren, die ich leicht blanchierte.

Baba Hadschi und Ameh Bozorg, die noch Madschid und Fereschteh mitbrachten, kamen eher gegen acht als um sechs, aber das hatten wir erwartet, und es war ein akzeptabler Kompromiß. Zusammen mit den Hakims setzten wir uns zum Essen an unseren Eßzimmertisch.

Die Hakims waren weltgewandt genug, sich anzupassen, aber Baba Hadschi und Ameh Bozorg hatten Schwierigkeiten, sich gut zu benehmen, obwohl sie sich redliche Mühe gaben. Baba Hadschi starrte das ungewohnte Silberbesteck an und war nicht sicher, wie er es benutzen sollte. Ich merkte, daß er sich fragte, was er mit der Stoffserviette machen sollte, und daß er es wahrscheinlich als lächerliche Extravaganz betrachtete, wenn jeder sein eigenes Glas hatte.

Ameh Bozorg wand sich auf ihrem Stuhl, weil es ihr nicht gelang, eine bequeme Stellung zu finden. Schließlich nahm sie ihren Teller vom Tisch, setzte sich auf den Eßzimmerfußboden und plapperte hocherfreut vom Rosenkohl, den sie »Bettys kleine Kohlköpfe« nannte.

In wenigen Augenblicken herrschte in meinem Wohnzimmer großes Durcheinander. Stücke von Essensresten flogen überall auf dem Tisch und auf dem Boden herum, da die Gäste die Hände und nur gelegentlich einen Löffel nahmen. Moody, Mahtab und ich aßen still und benutzten die richtigen Utensilien.

Das Abendessen war schnell vorüber, und die Gäste ließen sich im Wohnzimmer nieder. Moody raunte mir zu: »Sieh mal, wo Mahtab gesessen hat. Da liegt nicht ein Körnchen Reis neben ihrem Teller oder auf dem Boden. Und dann sieh dir an, wo die Erwachsenen gesessen haben.«

Ich wollte gar nicht hinsehen. Ich wußte, daß ich bis spät in die Nacht hinein auf sein würde, um die Reiskörner aufzulesen und andere Essensreste von den Wänden und aus dem Teppich zu kratzen.

Im Wohnzimmer servierte ich Tee. Ameh Bozorg tauchte tief in die Zuckerdose und hinterließ eine dicke, süße Spur auf dem Teppich, als sie Löffel für Löffel in ihr kleines Gläschen schaufelte.

Eines Abends gingen wir zum Haus von Akram Hakim, der Mutter Jamals, einem von Moodys »Neffen«, der uns – das war allerdings schon viele Jahre her – zum Frühstück in einem Hotel in Austin getroffen hatte und uns damals die Nachricht überbrachte, daß die US-Botschaft in Teheran besetzt worden war. Akram Hakims Nichte war da, und sie war sichtlich aufgeregt. Ich fragte sie warum, und sie erzählte mir ihre Geschichte auf Englisch.

Früher am selben Tag hatte sie in ihrer Wohnung Staub gesaugt, als sie plötzlich Lust auf Zigaretten bekam. Sie zog ihren *Manto* und ihren *Rusari* an und ging auf die andere Straßenseite, während ihre Töchter, die zehn und sieben Jahre alt waren, allein in der Wohnung blieben. Als sie die Zigaretten gekauft hatte, wurde sie auf dem Weg zurück über die Straße von der *Pasdar* angehalten. Mehrere *Pasdar*-Frauen zogen sie in ihr Auto und entfernten mit Aceton ihren Nagellack und Lippenstift. Sie schrien sie eine Weile an und erklärten ihr dann, daß sie sie ins Gefängnis bringen würden.

Sie flehte sie an, vorher ihre Töchter aus der Wohnung holen zu dürfen.

Die *Pasdar*-Frauen machten sich keine Gedanken über die Mädchen und hielten die Mutter ungefähr zwei Stunden lang im Auto fest, um ihr die Leviten zu lesen. Sie fragten sie, ob sie ihre Gebete gesagt hätte, und sie verneinte das. Bevor sie sie laufen ließen, verlangten sie von ihr, zu versprechen, nie wieder Nagellack oder sonst irgendein Make-up zu tragen. Sie mußte außerdem versprechen, daß sie von jetzt an fromm ihre Gebete sagte. Wenn nicht, warnten die *Pasdar*-Frauen sie, sei sie ein schlechter Mensch und würde in die Hölle kommen.

»Ich hasse die *Pasdar*«, sagte ich zustimmend.

»Sie machen mir Angst«, sagte die Frau. »Sie sind gefährlich.« Sie erzählte, daß die *Pasdar* auf den Straßen Teherans, wo sie die Einhaltung der Kleidungsvorschriften erzwangen, nur ein Ärgernis wären. Aber sie erfüllten auch die Aufgaben einer Geheimpolizei auf der Suche nach Feinden der Republik – oder auch nur nach hilflosen Menschen, die sie einschüchtern konnten. Wann immer die *Pasdar* eine Frau gefangennahmen, die hingerichtet werden sollte, wurde sie vorher von den Männern vergewaltigt, weil sie sich an das Motto hielten: »Eine Frau sollte nie als Jungfrau sterben.«

Mein erster und letzter bewußter Gedanke jeden Tag war, den Stand meiner Fluchtpläne zu beurteilen. Es geschah nichts Besonderes, aber ich tat mein Bestes, um jeden nur möglichen Kontakt aufrechtzuerhalten. Ich blieb mit Helen von der Botschaft in Verbindung und rief Amahl fast jeden Tag an.

Jedes Detail des Alltags wurde auf mein größeres Ziel hin abgestimmt. Ich war jetzt entschlossen, eine gute und tüchtige Ehefrau und Mutter zu sein, und zwar aus drei Gründen. Erstens, um den Schein von Normalität und Glück zu verfestigen und jedem Mißtrauen zu begegnen, daß Moody noch hegen könnte. Zweitens, um Mahtab eine Freude zu machen und ihre Gedanken von unserer Häftlingssituation abzulenken.

»Können wir nach Amerika zurück, Mommy?« fragte sie gelegentlich.

»Nein, jetzt noch nicht«, sagte ich dann. »Vielleicht wird Daddy eines Tages seine Meinung ändern, und dann gehen wir alle nach Hause, aber das dauert sicher noch lange.«

Diese Vorstellung verringerte ihren Kummer ein wenig, aber meinen nicht.

Mein dritter Grund, ein »fröhliches« Zuhause zu schaffen, war, mich selbst vor dem Verrücktwerden zu bewahren. Ich hatte keine Möglichkeit, zu erfahren, was mit

Mahtab und mir geschehen würde, wenn wir endlich in die Freiheit ausbrachen. Ich wollte mir über die möglichen Gefahren nicht so viele Gedanken machen. Manchmal dachte ich an Suzanne und Trish, und wie ich vor ihrer Forderung zurückgeschreckt war, daß Mahtab und ich sofort mit ihnen fliehen sollten. Hatte ich einen Fehler gemacht? Ich konnte es nicht mit Sicherheit sagen. Würde ich jemals genügend Mut aufbringen? Würden Mahtab und ich, wenn es soweit war, in der Lage sein, allen Herausforderungen, denen wir uns stellen mußten, ins Gesicht zu sehen? Ich konnte es nicht wissen. Bis dahin waren die Tage leichter, wenn ich beschäftigt war.

Moody versuchte, mir eine Freude zu machen und schlug vor, ich sollte einen nahegelegenen Schönheitssalon besuchen. Das erschien mir absurd in einem Land, in dem es nicht erlaubt war, mein Haar und mein Gesicht zu zeigen, aber ich ging trotzdem hin. Als eine Frau mich fragte, ob ich meine Augenbrauen gezupft haben wollte und ob sie ein paar Härchen im Gesicht entfernen sollte, willigte ich ein.

Statt Wachs oder Pinzetten zu benutzen, brachte die Kosmetikerin einen langen dünnen Baumwollfaden zum Vorschein. Den hielt sie stramm, zog ihn über meinem Gesicht hin und her und riß so die Haare aus.

Ich hätte vor Schmerz schreien können, aber ich ließ die Prozedur über mich ergehen und fragte mich, warum Frauen es zuließen, im Namen der Schönheit so gepeinigt zu werden. Als es vorbei war, fühlte sich mein Gesicht ganz rauh an. Die Haut brannte.

Am Abend bemerkte ich einen Ausschlag in meinem Gesicht, der sich schnell über Hals und Dekolleté ausbreitete. »Es muß ein schmutziger Faden gewesen sein«, brummte Moody.

Eines Abends kam ich vom Supermarkt nach Hause und fand Moodys Wartezimmer vollgestopft mit Patienten.

»Mach die Türen auf«, sagte Moody zu mir. »Laß ein paar im Wohnzimmer sitzen.«

Eigentlich wollte ich die fremden Iraner nicht in mein Wohnzimmer lassen, aber ich tat wie geheißen, öffnete die getäfelten Holztüren und bedeutete einigen stehenden Patienten, sich auf das Sofa und die Stühle zu setzen.

Eine meiner Pflichten an der Rezeption war es, den Patienten Tee zu servieren. Ich verabscheute die Aufgabe, und an diesem Abend hatte ich besonders schlechte Laune, weil ich wußte, daß mein Wohnzimmer schnell mit verschüttetem Tee und Zuckerspuren bedeckt sein würde.

Dennoch servierte ich den Tee, und als ich mich umdrehte, um das Tablett wieder in die Küche zu bringen, fragte mich eine Frau in meinem Wohnzimmer: »Sind Sie Amerikanerin?«

»Ja«, sagte ich. »Sprechen Sie Englisch?«

»Ja. Ich habe in den Vereinigten Staaten studiert.«

Ich setzte mich neben sie und bekam sogleich bessere Laune. »Wo?« fragte ich.

»In Michigan.«

»Oh, ich komme aus Michigan. Wo in Michigan haben Sie studiert?«

»In Kalamazoo.«

Sie hieß Fereschteh Noroozi. Sie war eine hübsche junge Frau, die jemand aus dem Krankenhaus an Moody verwiesen hatte. Sie litt an Hals- und Rückenschmerzen, deren Ursache man nicht feststellen konnte, und sie hoffte, daß die Manipulationsbehandlung ihr helfen würde.

Wir sprachen ungefähr eine Dreiviertelstunde miteinander, während sie wartete.

Fereschteh kam häufig zur Behandlung wieder, und ich lud sie immer ins Wohnzimmer ein, damit wir uns unterhalten konnten. Eines Abends vertraute sie sich mir an. »Ich weiß, woher die Schmerzen kommen«, sagte sie.

»Ja? Woher denn?«

»Sie kommen vom Streß.« Sie begann zu weinen. Vor einem Jahr, erzählte sie mir, war ihr Mann eines Abends weggefahren, um zu tanken, und nie wiedergekommen. Verzweifelt hatten Fereschteh und ihre Eltern alle Krankenhäuser abgesucht, aber sie hatten keine Spur von ihm gefunden. »Nach fünfundzwanzig Tagen rief die Polizei an«, sagte Fereschteh unter Tränen. »Sie sagten: ›Kommen Sie und holen Sie seinen Wagen ab‹, aber weiter wollten sie mir nichts über ihn sagen.«

Fereschteh und ihre ein Jahr alte Tochter zogen zu ihren Eltern. Vier schreckliche Monate vergingen, bevor die Polizei ihr mitteilte, daß ihr Mann im Gefängnis war und daß sie ihn besuchen durfte.

»Sie haben ihn einfach festgenommen und ins Gefängnis gesteckt«, schluchzte Fereschteh. »Es ist jetzt über ein Jahr her, und sie haben ihn noch nicht mal wegen irgend etwas angeklagt.«

»Wie können sie das denn machen?« fragte ich. »Warum?«

»Er hat ein Diplom in Wirtschaftswissenschaften«, erklärte Fereschteh. »Ich auch. Und wir haben beide in den USA studiert. Vor solchen Leuten hat die Regierung Angst.«

Fereschteh wollte nicht, daß ich irgend jemandem von ihrem Mann erzählte. Sie hatte Angst, daß sie auch eingesperrt würde, wenn sie sich zu sehr beschwerte.

Später am Abend, nachdem Moody die Praxis geschlossen hatte, sagte er zu mir: »Ich mag Fereschteh. Was macht denn ihr Mann?«

»Er ist Diplombetriebswirt«, sagte ich.

»Kommen Sie so schnell Sie können.«

Es war ein dringlicher Ton in Amahls Stimme, der mir das Herz klopfen ließ.

»Ich kann frühestens am Dienstag kommen«, sagte ich,

»wenn Moody im Krankenhaus ist.« »Rufen Sie mich vorher an, damit ich Sie erwarten kann«, sagte Amahl.

Was konnte denn los sein? Ich setzte eher auf gute Nachrichten als auf Schwierigkeiten, denn Amahl klang vorsichtig optimistisch.

Am Dienstag wurde ich früh wach, sagte mit Moody meine Gebete und wartete auf das langsame Verstreichen der Zeit. Mahtab ging um sieben Uhr zur Schule, Moody ging fünfundvierzig Minuten später.

Ich beobachtete ihn aus dem Fenster, bis er in einem Taxi verschwand, und dann rief ich Amahl an, um die Verabredung zu bestätigen. Ich raste nach draußen die Gasse hinunter bis zur Hauptdurchgangsstraße, um für mich selbst ein Taxi zu rufen.

Es war Anfang November. Eine kalte Brise deutete auf möglichen Schneefall hin. Der morgendliche Verkehr war stockend, und die schwierige Fahrt wurde dadurch verschlimmert, daß ich auf meinem Weg durch die Stadt mehrmals das Taxi wechseln mußte. Als ich endlich das Bürogebäude erreichte und an Amahls Tür klopfte, schwirrte mein Kopf vor lauter Fragen.

Er antwortete meinem Klopfen sofort und grinste breit. »Kommen Sie herein«, sagte er. »Setzen Sie sich. Möchten Sie Tee? Oder Kaffee?«

»Kaffee«, sagte ich. »Bitte.«

Ungeduldig wartete ich darauf, daß er meine Tasse bereitstellte, aber er genoß es, diesen Augenblick in die Länge zu ziehen.

Endlich gab er mir eine Tasse Kaffee, setzte sich hinter seinen Schreibtisch und sagte: »Also, ich glaube, Sie nehmen besser Verbindung mit Ihrer Familie auf.«

»Was ist passiert?«

»Sie sollten ihnen sagen, daß sie noch zwei Gedecke für diesen Feiertag, den Sie Thanksgiving oder Erntedankfest nennen, auflegen sollen.«

Ein großer Seufzer der Erleichterung entwich meinen Lippen. Diesmal, das wußte ich, diesmal würde es klappen. Mahtab und ich würden nach Amerika zurückkehren! »Wie?« fragte ich.

Er erläuterte den Plan. Mahtab und ich würden mit einem iranischen Flugzeug nach Bandar Abbas in den äußersten Süden des Landes fliegen. Von dort würden wir mit einem Schnellboot über den Persischen Golf in eines der arabischen Emirate geschmuggelt werden. »In den Emiraten wird es einige bürokratische Schwierigkeiten geben«, sagte Amahl. »Aber dann sind Sie ja aus dem Iran heraus, und man wird Sie nicht zurückschicken. Sie werden schnell einen Paß von der Botschaft bekommen und nach Hause fliegen können.«

Der Gedanke, auf einem offenen Boot über das Meer zu rasen, war etwas beängstigend, aber wenn es die Eintrittskarte in die Freiheit für mich und meine Tochter war, würden wir es riskieren.

»Brauche ich Geld?« fragte ich.

»Ich bezahle das schon«, sagte Amahl und wiederholte das Angebot, das er schon einmal gemacht hatte. »Wenn Sie wieder in den Staaten sind, können Sie es mir ja schicken.«

»Hier«, sagte ich und warf ihm ein Bündel Banknoten zu. »Ich möchte, daß Sie dies für mich aufbewahren. Ich will nicht riskieren, daß Moody es findet.« Es waren ungefähr neunzig Dollar in amerikanischer Währung, die fast sechshundert Rials wert waren, das Geld, das von meinem alten Schatz übrig war. Amahl wollte es für mich aufheben.

»Sie brauchen Ausweise«, sagte er, »um ins Flugzeug zu kommen.«

»Die Botschaft hat meinen Führerschein«, sagte ich, »und meine Geburtsurkunde und meine Kreditkarten.«

»Ihre iranische Geburtsurkunde?«

»Nein. Sie haben nur meine amerikanische Geburtsurkunde, die ich mitgebracht habe. Moody muß meine iranische irgendwo versteckt haben.«

»Wir könnten versuchen, Ihnen ein Ticket auf Ihre amerikanische Geburtsurkunde zu besorgen«, überlegte Amahl. »Aber es wäre besser, wenn Sie Ihre iranische bekommen könnten. Holen Sie Ihre Sachen von der Botschaft, aber versuchen Sie auch, Ihre iranischen Papiere zu bekommen.«

»Ja. Wann fliegen wir?«

»Im Augenblick habe ich jemanden nach Bandar Abbas hinuntergeschickt, der alles vorbereitet, und ich erwarte ihn in zwei Tagen zurück in Teheran. Machen Sie sich keine Sorgen, Sie und Mahtab werden zum Erntedankfest zu Hause sein.«

Aus Amahls Büro rief ich Helen in der Botschaft an. »Ich muß Sie sofort sehen«, sagte ich.

Die offiziellen Besuchszeiten der Botschaft waren schon vorbei, aber Helen sagte: »Ich gehe sofort hinunter und sage der Wache Bescheid, damit man Sie hereinläßt.«

Nach dem Telefongespräch fügte Amahl noch einen warnenden Hinweis hinzu. »Sagen Sie den Leuten in der Botschaft nicht, was los ist.«

Aber ich war so aufgeregt, daß Helen in dem Moment, als sie mein Gesicht sah, ausrief: »Mein Gott! Was ist denn mit Ihnen geschehen? Sie sehen so glücklich aus, so anders.«

»Ich fliege nach Hause«, sagte ich.

»Das glaube ich Ihnen nicht.«

»Doch, ich fliege nach Hause, und ich brauche meine Papiere und meine Kreditkarten.«

Helen freute sich wirklich für mich. Ihr Gesicht zeigte ein begeistertes Lächeln. Sie nahm mich fest in den Arm. Wir weinten beide Freudentränen. Sie fragte nicht wie oder wann oder wer, und wollte es eigentlich auch gar nicht wissen.

Helen gab mir die Papiere, die sie für mich aufbewahrt hatte, meinen Führerschein, unsere amerikanischen Geburtsurkunden und die neuen amerikanischen Pässe, die sie für uns erhalten hatte, wie auch meine Kreditkarten. Zusammen gingen wir zu Mr. Vincop. Er freute sich auch für mich, aber verhaltener. »Es ist unsere Pflicht, Sie vor einem Fluchtversuch zu warnen«, sagte er. »Sie sollten Mahtabs Leben nicht aufs Spiel setzen.«

Aber etwas in seinem Gesichtsausdruck strafte seine Worte Lügen. Ja, es war seine Pflicht, mich zu warnen. Aber offensichtlich jubelte er über das Gelingen meiner Pläne.

Er fügte noch eine weitere Warnung hinzu, die sich sehr vernünftig anhörte. »Ich mache mir wirklich Sorgen um Sie«, sagte er. »Sie sind so glücklich, daß man es Ihnen sofort ansieht. Ihr Mann wird bemerken, daß etwas im Gange ist.«

»Ich werde mich bemühen, es zu verbergen«, sagte ich.

Als ich auf meine Uhr sah, merkte ich, daß ich schon spät dran war. Moody würde erst später am Nachmittag vom Krankenhaus zurückkommen, aber ich mußte um ein Uhr fünfzehn zu Hause sein, wenn Mahtab aus der Schule kam. Also entschuldigte ich mich und eilte die Straße hinunter, um die lange Reise nach Hause anzutreten.

Es war fast halb zwei, als ich endlich ankam, zum Haus hetzte und Mahtab mit tränenüberströmtem Gesicht schon wartend vor verschlossener Tür fand.

»Ich dachte schon, du wärst ohne mich nach Amerika gefahren!« weinte sie.

Wie gern wollte ich ihr erzählen, wo ich gewesen war und was geschehen würde! Aber jetzt wagte ich es weniger denn je, die freudige Nachricht mit ihr zu teilen. Der Termin lag zu nahe. Es gab zu viele Einzelheiten, auf die man achten mußte. Ihr würde es genauso schwer fallen wie mir, ihr Glück zu verbergen.

»Ich würde nie ohne dich nach Amerika fahren«, versicherte ich ihr. Ich nahm sie mit ins Haus. »Mahtab, bitte sag Daddy nicht, daß ich erst nach dir nach Hause gekommen bin.«

Sie nickte. Ihre Angst war vergangen, sie eilte zum Spielen. Mittlerweile summte mir mein Kopf von den vielen Gedanken. Ich versteckte meine Papiere in dem mit einem Reißverschluß versehenen Überzug unserer Wohnzimmercouch und versuchte, eine Strategie zu entwickeln, wie ich meine Freude unterdrücken konnte.

Eine Idee nahm in meinem Kopf Gestalt an, und so rief ich Alice an.

»Ich würde gern das Erntedankfest bei uns feiern«, sagte ich. »Wir könnten zusammen ein Essen machen. Wir laden auch Chamsey und Zaree ein, und ich möchte, daß du Fereschteh kennenlernst.«

Alice war sofort einverstanden.

Das ist großartig! dachte ich. Ich werde nicht hier sein, aber ich kann so tun als ob.

Moody kam spät am Nachmittag nach Hause, und ich plapperte sofort los. »Alice und ich machen ein Erntedankfest-Essen!« verkündete ich.

»Gut!« erwiderte Moody. Truthahn war sein Lieblingsessen.

»Wir müssen auf den Basar gehen, um einen Truthahn zu kaufen.«

»Kannst du das mit Alice erledigen?«

»Sicher.«

»Okay«, sagte Moody und strahlte vor Freude, daß seine Frau in so fröhlicher Stimmung der Zukunft entgegensah.

In den nächsten paar Wochen, während Mahtab in der Schule und Moody mit seiner Arbeit beschäftigt war, lief ich mit der Energie und der Vitalität eines Schulmädchens in Teheran herum. Zusammen mit Alice suchte ich nach den raren Zutaten für das Erntedank-Essen.

Alice war beeindruckt, wie gut ich mich mittlerweile in Teheran zurechtfand. Sie ging auch gerne aus, wagte es aber allein nicht, sich sehr weit von zu Hause zu entfernen. Es machte ihr Spaß, sich meiner Führung anzuvertrauen, als wir uns auf der Suche nach einem Truthahn für das Erntedankfest zum Basar aufmachten.

Wir brauchten mehr als eine Stunde, um unser Ziel zu erreichen. Wir gingen durch einen riesigen Torbogen, der auf den Basar führte, und betraten eine wilde Welt voll unbekannter Anblicke und Gerüche. Vor uns erstreckten sich über viele Häuserblocks, sich wabenartig in den Seitenstraßen fortsetzend, die Stände von Hunderten von Händlern, die ihre Waren feilboten. Alle möglichen Sachen wurden mit lauten Stimmen angepriesen. Dichte Menschenmassen drängten sich mittendurch, schoben Handkarren und stritten miteinander. Es gab viele afghanische Männer in sackartigen verknitterten Hosen, die unglaublich schwere Lasten auf ihren Rücken trugen.

»Hier ist eine ganze Straße, in der es alle möglichen Lebensmittel gibt«, erklärte ich Alice. »Fisch, Hähnchen, Truthahn – alle Sorten Fleisch sind dort erhältlich.«

Wir schoben und boxten uns unseren Weg langsam durch die ungewaschene Menge, den dröhnenden Lärm in unseren Ohren, bis wir die Seitenstraße erreichten, die wir suchten. Wir fanden schließlich einen Stand, an dem ein paar magere Truthähne, an den Köpfen aufgehängt, von der Decke baumelten. Sie waren nur teilweise ausgenommen, und der Dreck der Stadt klebte an ihrem Gefieder, aber sie waren die einzigen, die es gab. Ich wollte einen, der ungefähr fünf Kilo wog, aber der größte, den wir finden konnten, wog drei. »Wir können dazu noch ein Roastbeef machen«, schlug Alice vor.

Also kauften wir den Truthahn und machten uns auf den Heimweg.

Lange warteten wir auf ein orangefarbenes Taxi. Viele fuhren vorbei, denn dies war der belebteste Teil der Stadt, und deshalb waren sie alle schon voll. Vom Gewicht des Truthahns taten meine Arme weh. Schließlich reagierte ein Taxi auf unsere Schreie. Der Rücksitz war voll, also quetschten wir uns auf den Vordersitz, Alice zuerst.

Als die Sehenswürdigkeiten dieser verhaßten Stadt an meinen Augen vorbeihuschten, versank ich in Träumereien. Ich würde diesen Truthahn nie braten müssen, das wußte ich. Statt dessen würde ich Mom helfen, ein Abendessen vorzubereiten, für das Mahtab und ich ewig dankbar sein würden.

»Motaschakker indschas!« Alices Stimme unterbrach meinen Tagtraum. »Danke, hier!« befahl sie dem Fahrer.

»Aber hier...«, sagte ich.

Ich merkte, was los war, als Alice mich aus der Tür schob. Das Taxi brauste davon. »Du kannst dir nicht vorstellen, was der Fahrer mit mir gemacht hat«, sagte Alice.

»O doch, das kann ich. Das ist mir auch schon passiert. Wir dürfen unseren Männern nicht erzählen, was geschehen ist, sonst lassen sie uns nicht mehr allein ausgehen.«

Alice nickte zustimmend.

Wir hatten noch nie von derartigen Tätlichkeiten gegenüber iranischen Frauen gehört, und wir fragten uns, ob die iranische Presse, wenn sie dauernd Berichte über die amerikanische Scheidungsrate brachte, bei den iranischen Männern nicht die Vorstellung erweckte, wir seien sexbesessene Sirenen.

Wir winkten ein anderes Taxi heran und quetschten uns diesmal auf den *Rück*sitz.

Nachdem wir wieder zu Hause angekommen waren, verbrachten wir Stunden damit, den mageren Vogel zu säubern und peinlich genau alle Federn mit einer Pinzette auszurupfen, bevor wir ihn einfroren.

Wir mußten aber noch viele Besorgungen machen. Ein paarmal nahm ich Alice schnell mit und brachte sie noch am Vormittag wieder nach Hause. Das erste Mal, als ich dies tat, sagte ich: »Falls Moody fragen sollte, ich bin nach dem Einkaufen auf einen Kaffee hier vorbeigekommen und ungefähr um ein Uhr wieder gegangen.« Alice sah mich verwundert an, aber sie nickte und stellte keine Fragen. Später tat sie dann immer so, als sei ich »bei ihr zu Hause«, wenn ich wieder in die geschäftige Stadt eilte.

Von Alices Wohnung ging ich oft zu Hamids Geschäft und benutzte dessen Telefon, um Amahl anzurufen. Ich mußte ihn noch mehrmals treffen, weil er ein paar Einzelheiten mit mir besprechen wollte. Er blieb optimistisch, als sich das Erntedankfest näherte.

Hamid dagegen war pessimistisch. Als ich mein erfreuliches Geheimnis meinem alten Mitverschwörer offenbarte, sagte er: »Nein, das glaube ich nicht. Sie werden noch im Iran sein, wenn Imam Mehdi wiedererscheint.«

Die Tage waren so hektisch, daß die Abende zu Hause mit Moody zu seltsamen Zwischenspielen wurden, die fast unmenschliche Kraft erforderten. Ich konnte es mir nicht leisten, meine Erschöpfung zu zeigen, wenn Moody nicht mißtrauisch werden sollte. Kochen, putzen, mich um Mahtab kümmern, alle normalen Pflichten eines normalen Tages mußten verrichtet sein. Dennoch fiel es mir schwer, nachts Schlaf zu finden, denn meine Gedanken waren in Amerika. Nachts war ich schon zu Hause.

Aus einem tiefen Reservoir schöpfte ich die Kraft, um weiterzumachen.

Alice war eine unschätzbare Verbündete, obwohl sie nichts über mein heimliches Leben wußte. Eines Tages, als wir beim Einkaufen waren, sagte ich zufällig: »Ich würde schrecklich gern meine Familie anrufen. Ich vermisse sie richtig.«

Alice wußte, daß Moody mich zu Hause nicht anrufen ließ. Auch ihr Mann ließ sie nicht oft nach Kalifornien telefonieren, weil es ihm zu teuer war. Aber Alice hatte eigenes Geld, das sie verdiente, weil sie Studenten Englischunterricht gab, und manchmal nahm sie es, um ein verbotenes Telefonat nach Hause zu führen. »Ich nehme dich mit zum *Tupkhune*«, sagte sie.

»Was ist das denn?«

»Die Telefonzentrale. Im Geschäftsviertel, in der Nähe vom Basar. Man muß bar bezahlen, aber man kann dort Ferngespräche führen.«

Das waren gute Neuigkeiten. Sofort am nächsten Tag, unter dem glaubhaften Vorwand, Sellerie für die Füllung des Erntedanktruthahns ausfindig zu machen, gingen Alice und ich ins Geschäftsviertel zum *Tupkhune*. Während Alice ihre Familie in Kalifornien anrief, sprach ich mit Mom und Dad in Michigan.

»Ich habe jetzt eine Stelle gefunden, von wo aus ich anrufen kann«, sagte ich. »Es ist einfacher, als von der Botschaft aus, und sicherer, als wenn ihr versucht, mich zu Hause zu erreichen. Ich werde versuchen, von jetzt an öfter zu telefonieren.«

»Oh, das hoffe ich auch«, sagte meine Mutter.

Dad war glücklich, meine Stimme zu hören. Er sagte, daß es ihm dann gleich besser ginge.

»Ich habe ein Geschenk für dich«, verkündete ich. »Mahtab und ich kommen zum Erntedankfest nach Hause!«

21

»Nicht sprechen«, sagte Amahl. »Setzen Sie sich still hin. Sagen Sie kein Wort.«

Ich tat, wie mir befohlen war, und blieb reglos im Sessel in Amahls Büro sitzen. Er ging hinter mir zur Tür, öffnete sie, und sagte leise ein paar Worte in Farsi.

Ein dunkelhäutiger Mann trat ein und ging um mich herum, so daß er mich von vorne sehen konnte. Im Bemühen sich alle Einzelheiten meiner Erscheinung einzuprägen, starrte er mir ins Gesicht. Ich überlegte, ob ich meinen *Rusari* abnehmen sollte, damit er mein ganzes Gesicht sehen konnte, beschloß aber, nichts ohne Amahls Anweisung zu tun. Ich wußte nicht, wer dieser Mann war; ich wollte ihn nicht beleidigen.

Er blieb ein bis zwei Minuten und verließ dann ohne ein Wort das Büro. Amahl setzte sich wieder hinter seinen Schreibtisch und sagte nichts weiter über den Besucher.

»Ich habe jemanden nach Bandar Abbas geschickt, um die Absprachen für das Schnellboot zu treffen«, sagte er. »Ich warte auf seine Rückkehr nach Teheran. Ich bin auch dabei, alles für den Flug nach Bandar Abbas zu klären. Es werden andere von uns mit Ihnen im Flugzeug sein, aber Sie werden nicht wissen, wer sie sind. Sie werden nicht bei Ihnen sitzen.«

Amahl flößte mir Vertrauen ein, aber ich hatte dennoch keine Ruhe. Es ging nur langsam voran. Zeit bedeutet den Iranern so wenig; es ist schwierig, Dinge nach einem bestimmten Zeitplan zu erledigen. Schon wieder waren unversehens viele Tage vergangen. Nun war Montag vor Thanksgiving, und ich wußte, daß es unmöglich war, daß Mahtab und ich rechtzeitig zu dem Feiertag daheim in Michigan sein konnten.

»Vielleicht können Sie es zum Wochenende schaffen«, sagte Amahl im Bemühen, mich zu trösten. »Oder am Wochenende danach. Es ist einfach noch nicht alles geregelt. Ich kann Sie nicht losschicken, ehe alles ganz in Ordnung ist.«

»Und wenn das nie der Fall ist?«

»Machen Sie sich darum keine Sorgen. Ich arbeite auch an anderen Fluchtwegen. Einer meiner Leute trifft sich mit einem Stammesführer aus Zahidan; vielleicht können wir Sie über Pakistan aus dem Land schaffen. Ich führe Gespräche mit einem Mann, der eine Frau wie Sie und eine Tochter wie Mahtab hat. Ich versuche ihn zu überreden, Sie und Mahtab als seine Frau und seine Tochter mitzunehmen, vielleicht auf einem Flug nach Tokio oder in die Türkei. Bei seiner Rückkehr kann ich einen Mann bezahlen, der seinen Paß abstempelt, um zu beweisen, daß seine Frau und seine Tochter mit zurückgekommen sind.«

Dies klang riskant, weil ich nicht wußte, ob ich eine iranische Ehefrau spielen konnte. Auf dem Paßfoto trug die Frau ihren *Tschador*, und ihr Gesicht war verborgen. Aber wenn ein Zöllner mich in Farsi ansprach, würde ich Probleme haben.

»Bitte beeilen Sie sich«, sagte ich zu Amahl. »Die Zeit ist gegen mich. Ich möchte so gern meinen Vater sehen. Ich möchte nicht, daß er stirbt, bevor wir nach Hause kommen. Er wird einen besseren Frieden finden, wenn er weiß, daß wir es geschafft haben. Bitte, finden sie schnell einen Weg.«

»Ja.«

Thanksgiving im Iran verbringen zu müssen, war ein trauriges Erlebnis, besonders nachdem ich meiner Familie gesagt hatte, daß Mahtab und ich bei Ihnen sein würden. Gott sei Dank hatte ich Mahtab nichts gesagt!

An jenem Donnerstag wachte ich tief deprimiert auf. Wofür sollte ich dankbar sein?

In dem Bemühen, meine Stimmung zu heben oder zumindest heil durch den Tag zu kommen, stürzte ich mich in die Vorbereitungen für das Abendessen. Nach Möglichkeit sollte aus dem mageren Vogel ein Meisterwerk entstehen.

Der Tag wurde um einiges erträglicher, als nachmittags meine Freunde eintrafen. Für sie war ich dankbar – ein ganzer neuer Kreis wunderbarer, liebenswerter Menschen, denen ein zivilisiertes Leben am Herzen lag, die ungeachtet ihrer Ursprünge eher amerikanisch als iranisch waren. Sie kamen in unserem Heim zusammen, um einen einzigartigen amerikanischen Feiertag zu begehen. Chamsee und Zaree, Alice, Fereschteh – ich liebte sie alle, wie sehr aber sehnte ich mich nach der Heimat.

Meine Melancholie kehrte jedoch nach dem Essen zurück. Nachdem wir den nachgemachten Kürbisauflauf aus einer hiesigen Kürbisart aufgegessen hatten, lehnte sich Moody in einen Sessel zurück, legte seine Hände auf den Bauch und nickte ein, für den Moment ganz mit seinem Los zufrieden, als wäre im Laufe der letzten anderthalb Jahre nichts geschehen, was seine Lebensumstände verändert hätte. Wie ich dieses schlafende Scheusal haßte! Wie schmerzlich ich mich danach sehnte, mit Mutter und Vater, Joe und John zusammen zu sein!

An einem Dienstag rief mein Bruder Jim, der wußte, daß Moody dann arbeitete, aus Amerika an. Er erzählte mir, wie Vaters Zustand sich sensationell gebessert hatte, als ich ihm versprochen hatte, daß ich Thanksgiving zu Hause sein würde.

»Drei Tage hintereinander ist er aufgestanden und herumgelaufen«, sagte Jim. »Das hat er davor lange nicht mehr gekonnt. Er ist sogar bis in den Garten gegangen.«

»Wie geht es ihm jetzt?« fragte ich.

»Deshalb rufe ich an. Als du Thanksgiving nicht eingetroffen bist, war er deprimiert. Es geht ihm von Tag zu Tag schlechter. Er braucht eine Hoffnung. Kannst du ihn nochmal anrufen?«

»Es ist nicht einfach«, erklärte ich. »Ich kann nicht von hier aus anrufen, weil Moody es auf der Rechnung sieht. Ich muß zu dieser Stelle in der Stadt, und das ist sehr schwierig, aber ich will es versuchen.«

»Wirst du mit Mahtab bald kommen können?« fragt er.

»Ich versuche alles, um noch vor Weihnachten nach Hause zu kommen. Aber ich sollte Vater lieber nichts versprechen.«

»Nicht, wenn du nicht hundertprozentig sicher bist«, stimmte Jim zu.

Nach dem Anruf war ich verzagt. Ich kam mir wie ein Versager vor, weil ich mein Thanksgiving-Versprechen nicht hatte halten können. Weihnachten! Bitte lieber Gott, laß mich dann in Michigan, nicht im Iran sein.

Weihnachten vergeht im Iran offiziell unbemerkt. Teherans große armenische Volksgruppe macht aus den Weihnachtsfeiertagen traditionsgemäß ein fröhliches Fest, aber dieses Jahr erhielt sie eine drohende Warnung. Anfang Dezember druckte die iranische Presse einen großen Leitartikel, der die Armenier anwies, das Fest nicht zu begehen. Glück und Frohsinn seien in dieser Kriegszeit so voller Leiden und Schmerzen fehl am Platz, sagte der Ayatollah.

Moody war das gleichgültig. Er protzte offen mit seiner Praxis, hatte das Interesse an der iranischen Politik verloren und beschlossen, daß seine Tochter ein schönes Weihnachtsfest haben sollte.

Um mich von meinen Sorgen und Moodys Aufmerksamkeit von meinen häufigeren Stadtausflügen abzulenken, vertiefte ich mich in Weihnachtseinkäufe.

»Mahtab hat hier nicht viel Spielzeug«, sagte ich zu Moody. »Ich möchte, daß sie eine schöne Weihnacht hat. Ich werde ihr eine Menge Spielzeug kaufen.«

Moody war einverstanden, und ich machte mich fast täglich zu Einkaufsfahrten auf, manchmal begleitet von Alice, manchmal allein. Auf einer solchen Fahrt verbrachten Alice und ich den Morgen im Basar und fuhren mit dem Bus heim. Alice stieg in der Nähe ihrer Wohnung aus, so daß ich die letzten paar Stationen allein fuhr. Ein Blick auf die Uhr sagte mir, daß ich rechtzeitig an meiner Haltestelle ankommen und ein orangefarbenes Taxi erreichen konnte, das mich an unserer Ecke absetzen würde, um Mahtabs Schulbus abzupassen.

Doch plötzlich brach der Mißklang vieler Sirenen in den allgemeinen Straßenlärm ein. Sirenen sind in Teheran eine Alltagserscheinung, so gewöhnlich, daß Autofahrer ihnen normalerweise keinerlei Beachtung schenken, aber diese waren lauter und durchdringender als sonst. Zu meiner Überraschung fuhr der Busfahrer an die Seite, um Rettungswagen passieren zu lassen. Mehrere Polizeifahrzeuge rasten vorbei, gefolgt von einem riesigen, merkwürdig aussehenden Lastwagen, der mit massiven mechanischen Armen ausgestattet war.

»Bomb, Bomb!« kreischten einige der Fahrgäste.

Es war das Bombenkommando. Ellen hatte diesen Lastwagen schon einmal gesehen und mir davon berichtet; ich erkannte ihn sofort. Seine Roboterarme konnten eine Bombe heben und in einen geschützten Behälter hinten auf dem Lastwagen deponieren.

Ich machte mir Sorgen. Irgendwo vor uns, in der Richtung unseres Hauses, tickte eine Bombe.

Der Bus erreichte die Endstation, und ich winkte schnell

ein orangefarbenes Taxi heran, das mich nach Hause fuhr. Schon bald saßen wir in einem Verkehrsstau fest. Der Fahrer beschimpfte andere Autofahrer, und ich sah auf die Uhr. Als das Taxi endlich die paar Blocks bis zu meiner Haltestelle gekrochen war, war ich in Panik. Es war fast Zeit für Mahtabs Schulbus. Sie würde Angst haben, wenn ich nicht da war, um sie abzuholen, und die viele Polizei würde sie noch mehr in Aufregung versetzen. Irgendwo vor uns lag eine Bombe!

Der Verkehr wurde in eine Nebenstraße umgeleitet, und als das Taxi um die Ecke fuhr, sah ich Mahtabs Schulbus vor uns. Sie stieg an ihrer Haltestelle aus und sah sich verwirrt um. An der Straßenecke wimmelte es von Polizei und Neugierigen.

Ich warf dem Fahrer ein paar Rial zu, sprang aus dem Taxi und holte Mahtab ein. Der Verkehrsstau war ein deutliches Zeichen, daß die Bombe nicht weit entfernt war.

Hand in Hand liefen wir nach Hause, aber als wir in unsere Straße einbogen, sahen wir den großen blauen Lastwagen am anderen Ende stehen, nur ungefähr hundert Meter von unserem Haus entfernt.

Wir schauten in krankhafter Faszination zu. In diesem Augenblick hoben die riesigen Roboterarme gerade einen Kasten aus einem gelben Pakon, der am Straßenrand abgestellt war. Trotz ihrer Größe faßten die Arme die Bombe wie mit Samthandschuhen an und deponierten sie sicher in dem Stahlbehälter auf der Ladefläche.

Binnen weniger Minuten war das Bombenkommando verschwunden. Die Polizei durchsuchte den gelben Pakon nach Spuren, die zweifelsohne zu den *Monafeghin*, den Anti-Khomeini-Rebellen, zurückführen würden.

Für die Polizei war es Routine. Für mich war es eine grausige Mahnung an die Bedrohung unseres Lebens in Teheran. Wir mußten aus dieser Hölle heraus, und zwar bald, bevor die Welt um uns herum explodierte.

Ich erzählte Moody, daß ich den größten Teil der Weihnachtsgeschenke im Basar gekauft hätte, aber das war nur die halbe Wahrheit. Mittlerweile kannte ich ein paar Geschäfte mehr in der Nähe, wo ich einige Dinge schnell einkaufen und dadurch Zeit für kurze Besuche bei Amahl gewinnen konnte.

Eines Tages machte ich einen wahren Großeinkauf an Spielsachen für Mahtab. Doch ich ließ sie bei Alice, anstatt sie mit nach Hause zu nehmen.

»Kann ich sie bei dir lassen? Ich hole sie nach und nach ab«.

»Okay«, sagte Alice. Sie erwies sich als wahre Freundin, indem sie keine Fragen stellte. Ich wagte nicht, ihr von meinen Plänen zu berichten. Aber Alice war eine äußerst intelligente Frau mit einer hervorragenden Menschenkenntnis. Sie wußte, daß ich über mein Schicksal im Iran unglücklich war, und sie selbst mochte Moody auch nicht. Alice mußte sich über meine heimlichen Aktivitäten Gedanken gemacht haben. Vielleicht dachte sie, daß ich ein Verhältnis hatte.

In einem gewissen Sinne traf das vielleicht auch zu, obwohl es keine physische Verbindung zwischen Amahl und mir gab. Er war ein treuer Familienvater, und ich hätte nie etwas unternommen, was seine Ehe in Gefahr gebracht hätte.

Dennoch war er ein attraktiver Mann, sowohl körperlich wie auch durch eine Aura von Kontrolliertheit und Tatkraft, verbunden mit einer echten Fürsorge für Mahtab und mich. Wir standen uns in dem Sinne nahe, daß wir ein intensives Interesse an einem gemeinsamen Ziel hatten. Amahl – und nicht Moody – war der Mann in meinem Leben. Ich dachte ständig an ihn. Nach der Thanksgivings-Enttäuschung versicherte er mir, daß Mahtab und ich Weihnachten zu Hause sein würden.

Ich mußte ihm vertrauen oder den Verstand verlieren,

aber die geschäftigen Tage vergingen ohne sichtbare Fortschritte.

Eines Morgens, kurz nachdem Mahtab zur Schule gegangen und Moody in einem Taxi zur Arbeit ins Krankenhaus gefahren war, eilte ich die Straße zum »Super« entlang. Es war Milchtag, und ich wollte früh einkaufen, ehe der Vorrat erschöpft war. Aber als ich in die Hauptstraße einbog, blieb ich vor Schreck erstarrt stehen.

Mehrere *Pasdar*-Fahrzeuge parkten direkt vor dem »Super«, dem *Sabzi*-Geschäft und dem Fleischer. Uniformierte *Pasdaran* standen auf dem Gehsteig herum und richteten ihre Gewehre auf den Laden. Während ich zuschaute, stellte sich ein großer Lastwagen neben die *Pasdar*-Fahrzeuge.

Ich drehte mich um und entfernte mich schnell, denn ich wollte jede Konfrontation vermeiden. Ich winkte ein Taxi heran und fuhr ein paar Straßen weiter zu einem anderen »Super«, um dort meine Einkäufe zu machen.

Als ich in unsere Gegend zurückkam, konnte ich sehen, wie die *Pasdaran* Waren aus den drei Geschäften auf den großen Lastwagen luden. Ich eilte in die Sicherheit meiner eigenen vier Wände.

Sowie ich zu Hause war, fragte ich meine Nachbarin Maliheh, ob sie wüßte, was in den Geschäften vorgehe, aber sie zuckte nur die Achseln. Bald erschien der Müllmann, der immer alles wußte, was in der Nachbarschaft geschah, auf seiner Runde, und Maliheh fragte ihn. Er wußte nur, daß die *Pasdar* den Lagerbestand der drei Geschäfte beschlagnahmt hatte.

Neugier und Sorge um die drei Ladenbesitzer trieb mich wieder aus dem Haus. Ich versicherte mich, daß ich schicklich verhüllt war, und beschloß, zum »Super« zu gehen, als wäre nichts geschehen. *Aga* Reza stand draußen auf dem Bürgersteig als ich näherkam. Verzagt beobachtete er, wie die *Pasdar* seinen weltlichen Besitz stahl.

»Ich möchte Milch kaufen«, sagte ich zu ihm in Farsi.

»Nistesch«, erwiderte er. »Keine da.«

Dann seufzte er achselzuckend mit der stoischen Ruhe desjenigen, der mit den Launen von staatlich unterstützten Dieben großgeworden ist: »*Tamum*, alle.«

Ich ging weiter zum *Sabzi*-Geschäft, wo ich mehrere *Pasdaran* vorfand, die eifrig damit beschäftigt waren, Gemüsebündel aufzuschlitzen und frisches Obst und Gemüse auf ihren Lastwagen zu laden. Nebenan schleppten sie Fleisch heraus.

Später am gleichen Tag berichtete ich Moody, als er von der Arbeit kam, daß unsere drei Freunde ihre Geschäfte verloren hatten, und er sagte: »Naja, sie müssen wohl Schwarzmarktgeschäfte gemacht haben, sonst wäre das nicht passiert.«

Moody hatte eine seltsame Auffassung von Moral. Er war genauso wie alle anderen von den Leckereien begeistert, die man auf dem schwarzen Markt finden konnte, aber er verteidigte die Verpflichtung seiner Regierung, Schwarzhändler zu bestrafen. Er war überzeugt, die *Pasdaran* hätten das Recht, die Läden zu plündern.

Das Ereignis betrübte Mahtab, der die drei Männer auch ans Herz gewachsen waren. An jenem und vielen folgenden Abenden betete sie: »Bitte lieber Gott, laß etwas geschehen, daß diese Leute wieder ihren Laden aufmachen können. Sie sind so nett zu uns gewesen. Bitte sei du auch nett zu ihnen.«

Das Gerücht ging um, daß die Regierung die Häuser für Büros brauchte, aber die Geschäfte blieben leer. Diese guten Iraner mußten ohne ersichtlichen Grund ihr Geschäft aufgeben. Das reichte natürlich als Rechtfertigung für alle Aktionen der *Pasdar* völlig aus.

Die Wochen flogen nur so vorbei. Der tägliche Anruf bei Amahl und die Besuche in seinem Büro, die ich so häufig wie möglich dazwischenschob, brachten immer das gleiche Ergebnis. Wir warteten immer noch auf die Klärung von Einzelheiten.

Manchmal fragte ich mich, ob alles bloß *Ta'arof* war.

»Wir werden Sie zu Silvester zu Hause haben, wenn es mit Weihnachten nicht klappt«, versicherte Amahl mir. »Ich arbeite an allem so schnell ich kann. Einer dieser Wege wird sich auftun. Haben Sie Geduld.«

Ich hatte die Worte schon so oft gehört, zu oft, von meinem ersten Besuch bei Helen in der Botschaft an, und bei jedem Besuch bei Amahl. Es war ein Rat, den ich immer weniger befolgen konnte.

Es gab einen neuen Plan, zusätzlich zu den anderen. Amahl hatte Kontakte zu einem bestimmten Zöllner, der sich dazu bereiterklärte, unsere amerikanischen Pässe aus der Schweizer Botschaft mit Gültigkeitsstempeln zu versehen. Er würde uns gestatten, einen Flug nach Tokio zu nehmen, der jeden Dienstagmorgen ging – während Moody im Krankenhaus arbeitete. Amahl war damit beschäftigt, die Zeitpläne zu koordinieren. Der Zöllner arbeitete Dienstagmorgen gewöhnlich nicht, und er versuchte, seine Schicht mit einem anderen zu tauschen. Der Plan klang vernünftig, aber ich fand ihn für den Zöllner ziemlich riskant.

»Was ist mit Bandar Abbas?« fragte ich.

»Wir arbeiten dran«, sagte Amahl. »Haben Sie Geduld.«

Meine Frustration war nicht zu übersehen. Die Tränen liefen mir über die Wangen. »Manchmal glaube ich, wir kommen hier nie raus«, sagte ich.

»Doch, Sie kommen raus«, tröstete er mich. »Und ich auch.«

Trotz der Zuversicht seiner Worte mußte ich ihn verlassen, mußte zurück in die Straßen Teherans, zurück zu meinem Mann.

Die geringsten Begebenheiten über das Leben in dieser kaputten Gesellschaft reizten mich zur Weißglut.

Eines Nachmittags sah Mahtab eine Kindersendung im Fernsehen, die aus ein bis zwei Gewaltcomics und einer leidenschaftlichen islamischen Predigt bestand. Nach der Kindersendung kam eine Sendung über Gesundheit, die Mahtab und mich gefangennahm. Sie handelte von der Geburt, und im Laufe der Sendung hat es mich erneut erschlagen, wie absurd diese Gesellschaft war. Der Film zeigte eine echte Geburt. Da war die islamische Mutter, die von männlichen Ärzten versorgt wurde, und die Kamera zeigte ihren nackten Körper ganz – aber Kopf, Gesicht und Hals waren im *Tschador* verhüllt.

»Willst du dem Weihnachtsmann nicht einen Teller mit Keksen und ein Glas Milch hinstellen?« fragte ich Mahtab.

»Kommt er denn wirklich zu uns? Letztes Jahr ist er auch nicht gekommen.« Mahtab und ich hatten uns schon oft darüber unterhalten, und sie war schließlich zu dem Ergebnis gekommen, daß der Iran zu weit vom Nordpol entfernt war, als daß der Weihnachtsmann die Reise schaffen konnte.

Ich sagte ihr, daß er sich in diesem Jahr vielleicht mehr Mühe geben würde. »Ich weiß zwar nicht, ob er kommt, aber vorsichtshalber solltest du ihm etwas hinstellen«, sagte ich.

Damit war Mahtab einverstanden. Sie machte sich in der Küche daran, dem Weihnachtsmann einen Imbiß zu bereiten. Dann ging sie in ihr Zimmer und kam mit einer Anstecknadel von Alice zurück, auf der der Weihnachtsmann mit seiner Frau abgebildet war. »Vielleicht möchte der Weihnachtsmann ein Bild von seiner Frau angucken«, sagte sie und legte sie neben die Kekse auf das Tablett.

In die Vorbereitungen für den Weihnachtsabend vertieft, trödelte Mahtab mit dem Zubettgehen. Als ich sie endlich noch einmal zudeckte, sagte sie zu mir: »Wenn du den

Weihnachtsmann kommen hörst, könntest du mich dann bitte wecken, weil ich mit ihm sprechen möchte?«

»Was willst du dem Weihnachtsmann sagen?« fragte ich.

»Ich möchte, daß er Omi und Opa ›Guten Tag‹ sagt und ihnen sagt, daß es mir gut geht, weil sie sich dann Weihnachten besser fühlen.«

Ein Kloß im Hals erstickte mich. Der Weihnachtsmann hatte Dutzende Geschenke für Mahtab, aber das, was sie sich am meisten wünschte, konnte er ihr nicht bringen. Wenn er sie doch nur in Geschenkpapier einwickeln und in seinen Schlitten werfen könnte, dann würde Rudolph die anderen Rentiere über die Berge aus dem Iran hinaus, übers Meer und auf das Dach eines bestimmten kleinen Hauses bei Bannister, Michigan führen! Wenn der Weihnachtsmann sie doch nur mit durch den Schornstein nehmen und sie unter den Tannenbaum legen könnte, damit sie ihre Nachricht selbst abliefern könnte!

Statt dessen stand uns noch ein Weihnachtsfest im Iran bevor, noch ein Weihnachten weit von Joe und John, noch ein Weihnachten ohne Mutter und Vater.

Moody behandelte bis abends spät Patienten, da ihnen Heiligabend nichts bedeutete. Als er fertig war, fragte ich: »Kann Mahtab morgen aus der Schule fernbleiben?«

»Nein!« raunzte er. »Sie nimmt nicht schulfrei, nur weil morgen Weihnachten ist.« Ich gab keine Widerrede, denn seine Stimme hatte plötzlich einen autoritären Unterton, der mich erschreckte. Er begann wieder einmal unter plötzlichen Stimmungsschwankungen zu leiden. Einen Augenblick lang war der alte, verrückte Moody wieder da, und ich verspürte nicht den leisesten Wunsch, ihn herauszufordern.

»Mahtab, komm, wir gucken, ob der Weihnachtsmann heute nacht da war!«

Ich weckte sie früh, damit sie alle Geschenke noch vor

der Schule auspacken konnte. Mit einem Sprung war sie aus dem Bett und die Treppe hinunter und kreischte vor Freude, als sie sah, daß der Weihnachtsmann Kekse und Milch verzehrt hatte. Dann erblickte sie die hübsch eingewickelten Pakete. Moody kam dazu, in besserer Stimmung als am Abend zuvor. In Amerika hatte er Weihnachten geliebt, und dieser Morgen steckte voller warmer Erinnerungen. Er grinste breit, als Mahtab in den großen Haufen Geschenke eintauchte.

»Ich kann wirklich nicht glauben, daß der Weihnachtsmann ganz bis in den Iran gekommen ist, um mich zu bescheren«, sagte Mahtab.

Moody verknipste mehrere Rollen Film, und als sieben Uhr nahte und Mahtab in ihr Zimmer gehen wollte, um sich fertig zu machen, damit sie rechtzeitig zum Schulbus kam, sagte Moody zu ihr: »Du brauchst heute nicht zur Schule zu gehen. Oder du könntest vielleicht ein bißchen zu spät kommen.«

»Nein, ich darf die Schule nicht versäumen«, sagte Mahtab. Sie warf die Bemerkung wie eine Selbstverständlichkeit hin; die islamischen Lehrerinnen hatten es ihr ordentlich eingebleut. Sie hatte kein Verlangen, zu spät in der Schule anzukommen und ins Sekretariat geschleppt zu werden, um sich als *bad* abkanzeln zu lassen.

Unsere Freunde kamen abends zum Weihnachtsbraten, aber die festliche Stimmung war durch unser Mitgefühl für Fereschteh getrübt. Sie war der Hysterie nahe. Nach über einem Jahr im Gefängnis war ihr Mann endlich vor Gericht gekommen und verurteilt worden.

Selbst nach allem, was ich in diesem verrückten Land gesehen und gehört hatte, traute ich meinen Ohren kaum, als Fereschteh stöhnte: »Sie haben ihn für schuldig befunden, *gegen die Regierung zu denken!*« Er wurde zu sechs Jahren Gefängnis verurteilt.

Moody hatte Mitleid, denn er hatte Fereschteh genauso

gern wie ich. Aber unter vier Augen sagte er zu mir: »Es muß noch mehr dran sein.«

Ich widersprach im Innern, aber mir war klar, wie nötig es für Moody war, an die Gerechtigkeit der iranischen Gerichtsbarkeit zu glauben. Moody hatte sich selbst schon in Gedanken gegen die Regierung des Ayatollah gestellt. Er mußte bei dem Bericht geschaudert haben, denn der mußte auch bei ihm Ängste hervorrufen. Moody handelte offen gesetzeswidrig, indem er ohne Lizenz praktizierte. Wenn sie einen Mann seiner Gedanken wegen sechs Jahre ins Gefängnis stecken konnten, wie hoch würde dann die Strafe für jemanden ausfallen, der offen die Gesetze brach?

Am Tag nach Weihnachten hatte ich reichlich zu tun und kaum Zeit für Selbstmitleid. Moodys gesamte Sippschaft schneite unangemeldet herein und überreichte Speisen, Kleidung, Haushaltsgegenstände, Geschenke für Mahtab und Blumensträuße. Dies war eine komplette Kehrtwendung gegenüber dem letzten Jahr und stellte offensichtlich einen Versuch der Familie dar, zu zeigen, daß sie mich akzeptierte.

Der einzige nahe Verwandte, der nicht kam, war Baba Hadschi, aber seine Frau machte seine Abwesenheit mit ihrem Überschwang wett. *»Azizam! Azizam!«* sprudelte sie beim Hereinkommen. »Meine Liebste!«

Sie war mit Geschenken schwer beladen – winzige Töpfe und Pfannen, Blumen und Strümpfe für Mahtab; seltenes und kostbares reines Safran in Zellophan aus der heiligen Stadt Mesched, ein Kilogramm Berberitzen, einen neuen *Rusari*, und ein teures Paar Strümpfe für mich; für Moody nichts.

Sie war wie üblich in Plauderstimmung, und ich stand im Mittelpunkt ihres Geplappers. Sie bestand darauf, daß ich mich neben sie setzte und daß alles für mich übersetzt wurde. Jeden Satz fing sie mit *»Azizam«* an, und sie konnte mich nicht genug loben. Ich war so gut. Alle mochten mich.

Sie hörte von allen Seiten nur Gutes über mich. Ich sei so fleißig. Ich sei eine so gute Ehefrau, Mutter – und *Schwester*!

Mir drehte sich alles bei diesem Ansturm von Komplimenten, und ich begab mich in die Küche, voller Sorge, daß ich für die Menge unerwarteter Gäste nicht genug zu essen im Haus hatte. Ich hatte nur Reste vom Festmahl des Vortages. So gut ich konnte, bereitete ich diese zu. Es gab Hühnchenreste und Lasagne, Scheiben vom Früchtebrot, verschiedene Gemüse und Soßen, Käsewürfel und Pralinen.

Ameh Bozorg befahl, daß jeder Gast von allem probieren müsse, denn diese seltsamen amerikanischen Speisen seien, da ihre Schwester sie zubereitet hatte, heilig.

Spätabends, als einige der Gäste schon gegangen waren, trafen *Aga* und *Khanom* Hakim ein. Als Turbanmann bestimmte *Aga Hakim* wie üblich das Gesprächsthema, er wandte sich der Religion zu.

»Ich möchte über die Weihnachtsgeschichte sprechen«, sagte er. Er las aus dem Koran die Verse 17–37 der 19. Sure:

Erwähne (Bedenke) auch in dem Buch (im Koran) die Geschichte Marias. Als sie sich einst von ihrer Familie nach einem Ort zurückzog, der gegen Osten lag, und sich verschleierte, da sandten wir ihr unseren Geist in der Gestalt eines schöngebildeten Mannes. Sie sagte: »Ich nehme, aus Furcht vor dir, zu dem Allbarmherzigen, meine Zuflucht; wenn auch du ihn fürchtest, dann nähere dich mir nicht.« Er erwiderte: »Ich bin von deinem Herrn gesandt, dir einen heiligen Sohn zu geben.« Sie aber antwortete: »Wie kann ich einen Sohn bekommen, da mich kein Mann berührt hat und ich auch keine Dirne bin?« Er erwiderte: »Es wird dennoch so sein; denn dein Herr spricht: ›Das ist mir ein leichtes. Wir machen ihn zu einem Wunderzeichen für die Menschen, und er sei ein Beweis unserer Barmherzigkeit. So ist die Sache fest beschlossen.‹« So empfing sie den Sohn, und sie zog sich mit ihm an einen entlegenen Ort zurück. Und eines Tages befielen sie die Wehen der Geburt am Stamm einer Palme,

da sagte sie: »O wäre ich doch längst gestorben und ganz vergessen!« Da rief eine Stimme unter ihr: »Sei nicht betrübt, schon hat dein Herr zu deinen Füßen ein Bächlein fließen lassen, und schüttle nur an dem Stamme des Palmbaumes, und es werden genug reife Datteln auf dich herabfallen. Iß und trink und erheitere dein Auge (beruhige dich). Und wenn du einen Menschen triffst, der dich vielleicht wegen des Kindes befragt, dann sage: ›Ich habe dem Allbarmherzigen ein Fasten gelobt, und ich werde daher heute mit niemandem sprechen.‹« Sie kam nun mit dem Kind in ihren Armen zu ihrem Volke, welches sagte: »O Maria, du hast eine sonderbare Tat begangen! O Schwester Aarons, dein Vater war wahrlich kein schlechter Mann, und auch deine Mutter war keine Dirne.« Da zeigte sie auf das Kind hin, damit es rede; worauf die Leute sagten: »Wie, sollen wir mit einem Kind in der Wiege reden?« Das Kind (Jesus) aber sagte: »Wahrlich, ich bin der Diener Allahs, er gab mir die Schrift und bestimmte mich zum Propheten. Er gab mir seinen Segen, wo ich auch sei, und er befahl mir, das Gebet zu verrichten und Almosen zu geben, solange ich lebe, und liebevoll gegen meine Mutter zu sein. Er machte keinen elenden Hochmütigen aus mir. Friede kam über den Tag meiner Geburt und werde dem Tage meines Todes und dem Tag, an welchem ich wieder zum Leben auferweckt werde, zuteil.« Das ist nun Jesus, der Sohn der Maria; das Wort ist Wahrheit, das sie bezweifeln. Aber es ziemt sich nicht für Allah, daß er einen Sohn hätte. Lob und Preis sei ihm! Wenn er etwas beschließt und nur sagt: »Werde!« – so ist es.
Der Koran machte deutlich, daß Jesus nicht der Sohn Gottes war, auch wenn er durch ein Wunder empfangen wurde.

Ich war natürlich anderer Meinung, aber ich sagte nichts.

Moody war wohlgelaunt und sonnte sich in der Tatsache, daß unser Haushalt während der Feiertage im Mittelpunkt stand. Deshalb machte ich mir nicht die Mühe, ihn um

Erlaubnis zu bitten, als ich unsere engsten Freunde einlud, Silvester bei uns zu verbringen. Zu meiner Überraschung war Moody furchtbar aufgebracht.

»Ihr werdet keinen Alkohol trinken!« befahl er.

»Woher soll ich wohl Alkohol bekommen?« fragte ich.

»Vielleicht bringen sie welchen mit.«

»Ich werde ihnen sagen, daß sie nichts mitbringen sollen. Ich will keinen Alkohol im Haus haben. Es ist zu riskant.«

Das befriedigte Moody in einem Punkt, aber er hatte noch mehr Einwände. »Ich werde auch kein Tanzen oder Küssen dulden«, sagte er. »Du wirst niemanden küssen oder ein frohes neues Jahr wünschen.«

»Ich werde nichts dergleichen tun. Ich will nur mit unseren Freunden zusammen sein.«

Moody grunzte. Er wußte, es war zu spät, um die Einladungen zurückzunehmen. Er legte sich Patiententermine auf den ganzen Nachmittag bis spät in den Abend hinein und arbeitete noch in seiner Praxis, als die Gäste kamen: Alice und Chamsey und ihre Männer, sowie Fereschteh und Zaree. Wir hielten das Essen über eine Stunde lang warm, nippten am Tee und aßen Obst. Es kam ein Anruf für Zarees Mann, Dr. Najafi. Er wurde zu einer Notoperation gerufen, aber er sagte ab. »Sagen Sie ihnen, sie sollen jemand anders finden«, sagte er, nicht bereit, unser kleines Fest zu verlassen.

Als Moody endlich aus seiner Praxis kam, verkündete er: »Das Krankenhaus hat angerufen. Ein Notfall. Ich muß hin.« Alle fragten sich, warum Moody das Fest mied. Genau wie Dr. Najafi hätte er einen Ersatz suchen lassen können. Binnen weniger Minuten traf mit blinkenden Lampen ein Krankenwagen vor unserer Tür ein. Das war die schnellste Methode, einen Arzt ins Krankenhaus zu befördern, und es unterstrich Moodys Behauptung, daß ein Notfall vorlag.

Ohne ihn setzten wir uns an unser Silvestermahl. Wir aßen noch, als er gegen halb elf Uhr wiederkam. »Komm, iß mit uns«, sagte ich.

Doch das Telefon klingelte, und Moody eilte davon.

»Es ist eine Patientin«, verkündete Moody. »Sie hat schwere Rückenschmerzen und kommt sofort vorbei.«

»Nein«, protestierte ich. »Sag ihnen doch, sie sollen sie morgen früh bringen.«

»Du solltest so spät keine Patienten mehr annehmen und dich an feste Stunden halten,« sagte Chamsey.

»Nein«, sagte er. »Ich muß sie heute abend behandeln.« Er verschwand in seine Praxis.

»Er verdirbt uns den Abend«, murmelte Alice.

»So ist es oft«, sagte ich. »Ich gewöhne mich allmählich dran. Es macht mir nichts mehr aus.«

Ich merkte, daß ich allen leid tat, doch in Wahrheit genoß ich die Gesellschaft meiner Freunde viel mehr, wenn mein Mann nicht dabei war.

Das Essen war schön, aber die Gäste mußten früh zu Hause sein. Der Neujahrstag der westlichen Welt würde in Teheran unbemerkt vorübergehen; morgen würde ein normaler Geschäftstag sein. Nur fünf Minuten nach Mitternacht machten sich alle zum Gehen bereit, und da kam Moody endlich aus seiner Praxis.

»Ihr wollt doch nicht schon gehen?« sagte er, sein Bedauern offensichtlich vortäuschend. »Ich bin gerade mit der Arbeit fertig.«

»Wir müssen morgen früh aufstehen«, sagte Dr. Najafi.

Kaum waren sie aus der Tür, nahm Moody mich plötzlich in die Arme und küßte mich mit ausdauernder Leidenschaft.

»Was soll denn das?« sagte ich erschrocken.

»Naja, frohes neues Jahr.«

In der Tat ein frohes neues Jahr, dachte ich. Neunzehnhundertsechsundachtzig. Wieder ein Jahr vorbei, und ich bin immer noch hier. Wie lange noch?

Das Ende der Feiertage kam, und ich war verzweifelter denn je. Ich hatte sie benutzt, um mich abzulenken. Jeder Feiertag war ein Ziel gewesen. Ich würde ihn in Michigan verbringen, und nicht hier. Aber als Thanksgiving, dann Weihnachten, dann Neujahr kamen und gingen, versprach der Kalender nur noch einen langen trüben Winter.

Die Zeit schlich träge dahin.

»Haben Sie Geduld«, sagte Amahl, wann immer ich mit ihm sprach.

Schnee bedeckte die Stadt. Die Straßen verwandelten sich in eine braune Schlammwüste. Jeden Morgen wachte ich verzweifelter auf, und jeden Tag geschah etwas, das das umfassende Gefühl der Hoffnungslosigkeit noch zu vertiefen schien.

Eines Tages, als ich über einen belebten Platz in der Nähe unserer Wohnung ging, hielt mich eine weibliche *Pasdaran* an. Ich erinnerte mich an eine frühere Begegnung, als ich ein paar Worte Farsi zustande gebracht hatte, und die *Pasdaran* mißtrauisch geworden waren, weil ich nicht der ganzen Unterhaltung folgen konnte. Mahtab war in der Schule; keiner konnte übersetzen. Diesmal beschloß ich, mich dumm zu stellen.

»Ich verstehe nicht«, sagte ich auf Englisch.

Zu meiner Überraschung antwortete mir die *Pasdaran* auf Englisch, es war das erste Mal, daß mir das passierte. Sie sagte wütend: »Als Sie über die Straße gingen, sah ich einen kleinen Streifen von Ihrem Knie zwischen dem Mantel und den Strümpfen. Sie sollten bessere Strümpfe tragen.«

»Meinen Sie, mir gefallen diese Strümpfe?« erwiderte ich. »Sowas habe ich mein ganzes Leben noch nicht tragen müssen. Wenn ich die Wahl hätte, wäre ich in Amerika und würde Strumpfhosen tragen, und nicht diese Strümpfe, die nicht halten. Sagen Sie mir, bitte sagen Sie mir: Wo kann ich ein Paar Strümpfe kaufen, die nicht rutschen?«

Die *Pasdaran* wurde nachdenklich und mitfühlend.

»Ich weiß, *Khanom,* ich weiß«, sagte sie freundlich. Und dann ging sie und ließ mich verwirrt zurück. Ich war tatsächlich auf eine verständnisvolle *Pasdaran* getroffen.

Im gleichen Moment grub sich der Schmerz tiefer denn je in meine Seele ein. Wie ich mich danach sehnte, in eine Gesellschaft zurückzukehren, wo ich mich anziehen konnte, wie ich wollte. Wo ich atmen konnte.

Es war Mitte Januar, gegen vier Uhr nachmittags, als der Anruf kam. Ich saß im Wartezimmer in Moodys Praxis, von Patienten umgeben, als ich den Hörer abnahm und die Stimme meiner Schwester Carolyn aus Amerika hörte. Sie weinte.

»Die Ärzte haben die Familie herbeigerufen«, sagte sie. »Dad hat einen Darmverschluß, und sie haben sich entschlossen zu operieren. Ohne Operation wird er nicht überleben, aber sie glauben auch nicht, daß er noch genügend Kraft hat, die Operation zu überstehen. Sie glauben, er wird heute sterben.«

Das Zimmer verschwamm, als mir die Tränen aus den Augen strömten und meinen *Rusari* durchtränkten. Mir brach das Herz. Mein Vater lag Tausende von Kilometern entfernt im Sterben, und ich konnte nicht da sein, um seine Hand zu halten, ihm meine Liebe zu übermitteln, den Schmerz und die Trauer mit meiner Familie zu teilen. Ich fragte Carolyn nach Einzelheiten über den Zustand meines Vaters aus, aber in meinem Schmerz konnte ich die Antwort nicht verstehen.

Plötzlich blickte ich auf und sah Moody neben mir, die Sorge stand ihm ins Gesicht geschrieben. Er hatte genug gehört, um sich den Rest zu denken.

Leise sagte er: »Fahr nur. Fahr deinen Dad besuchen.«

22

Moodys Worte trafen mich vollkommen unvorbereitet. Ich mußte mich versichern, richtig gehört zu haben. Mit meiner Hand über der Sprechmuschel sagte ich zu ihm: »Vater geht es wirklich schlecht. Sie glauben nicht, daß er den Tag überstehen wird.«

»Sag ihr, daß du kommst.«

Für den Bruchteil einer Sekunde war ich von Glückseligkeit überwältigt. Aber dann beschlich mich sofort der Argwohn. Woher dieser plötzliche Sinneswandel? Warum sollte Moody plötzlich, nach anderthalb Jahren, Mahtab und mir erlauben, nach Amerika zurückzukehren?

Ich versuchte Zeit zu gewinnen. »Wir müssen das besprechen«, sagte ich. Dann wandte ich mich wieder dem Telefon zu. »Carolyn«, sagte ich, ich brüllte, um die Entfernung zu überbrücken, »ich möchte mit Vater sprechen, vor seiner Operation.«

Moody erhob keinen Einspruch. Er hörte zu, wie Carolyn und ich die Einzelheiten überlegten. Ich sollte ein Gespräch ins Carson City Hospital anmelden, für in genau drei Stunden. Sie würde alles so organisieren, daß Dad mit mir sprechen konnte, bevor er in den Operationssaal kam.

»Sag ihr, daß du kommst«, wiederholte Moody.

Verwirrt ignorierte ich seinen Befehl.

»Sag es ihr *jetzt*«, sagte er.

Irgendwas geht hier vor, dachte ich. Irgend etwas Furchtbares.

»Jetzt!« wiederholte Moody mit deutlich drohender Miene.

»Carolyn«, sagte ich, »Moody sagt, ich kann nach Hause fahren.«

Meine Schwester schrie vor Freude und Glück auf.

Nach dem Anruf wandte Moody sich sogleich wieder dem Wartezimmer voll Patienten zu, die seiner Aufmerksamkeit bedurften, und machte jede weitere Diskussion unmöglich. Ich flüchtete mich in die tröstliche Ruhe meines Schlafzimmers und weinte in Trauer um meinen Vater. In mir drehte sich alles in einer Mischung aus Verwirrung und Freude über Moodys Verkündung, daß wir in die USA fahren durften.

Ich weiß nicht, wie lange ich weinte, bevor ich Chamsey im Zimmer bemerkte. »Ich habe zufällig angerufen, und Moody berichtete mir von den schlechten Nachrichten über deinen Vater«, sagte sie. »Zaree und ich sind gekommen, um bei dir zu sein.«

»Vielen Dank«, sagte ich und trocknete meine Tränen. Ich stand vom Bett auf und warf mich in ihre Arme, neue Tränen strömten mir aus den Augen.

Chamsey führte mich die Treppe hinunter ins Wohnzimmer. Dort saß Zaree, um ihr zu helfen, mich zu trösten. Sie wollten alles über Vater hören und gedachten dabei des seltsamen, plötzlichen Todes ihres eigenen Vaters vor Jahren.

»Ich habe heute morgen ein langes Gespräch mit Moody geführt, noch ehe du den Anruf bekommen hast«, sagte Zaree. »Ich habe mir deinetwegen über deinen Vater große Sorgen gemacht, und ich habe Moody bearbeitet, daß er dich hinfahren lassen sollte.«

Ich horchte auf. Hatte Moody deshalb so plötzlich seine Meinung geändert?

Zaree faßte das Gespräch zusammen. Moody hatte gesagt, er würde mich nicht nach Amerika reisen lassen, weil er wußte, daß ich nicht wiederkommen würde.

»Wie kannst du so etwas tun?« hatte Zaree ihn gefragt. »Du kannst sie nicht ihr ganzes Leben lang hier festhalten, bloß weil du meinst, daß sie nicht zurückkommt.« Zaree hatte ihn *bad* genannt, wenn er mich nicht zu meinem Vater ließe. Das war natürlich eine böse, demütigende Beleidigung, insbesondere aus dem Munde von Zaree, die älter war als Moody, und der als alter Freundin der Familie große Hochachtung gebührte.

Trotzdem hatte Moody nicht nachgegeben, bis Zaree unabsichtlich für eine Lösung seines Dilemmas sorgte. In ihrer Unschuld hatte sie gedacht, daß Moody sich Sorgen machte, wer für Mahtab sorgen könnte, während ich fort war, deshalb sagte sie zu ihm: »Wenn du dir Sorgen darum machst, wer sich um Mahtab kümmert: Sie kann bei Chamsey bleiben, während Betty fort ist.«

In den achtzehn Monaten Hölle, die ich schon durchgestanden hatte, hatte ich noch keinen *so* scharfen Stich gespürt. Zaree meinte es gut, aber sie hatte eine Falle für mich zuschnappen lassen. Wann immer Moody und ich von einer Reise nach Amerika gesprochen hatten, dann immer über mich und *Mahtab*! Davon gingen Mahtab und ich aus. Ich konnte die Last dieser neuen Befürchtungen nicht mit ihr teilen.

Ohne Mahtab würde ich nicht nach Amerika fahren. Und wenn Moody versuchte, mich dazu zu zwingen?

»Opa, wir kommen zu euch!« sagte Mahtab in den Hörer. Ihre Worte ließen ihre Aufregung spüren, aber ihr Gesicht zeigte Verwirrung. Ich konnte sehen, daß sie nicht daran glaubte, daß ihr Vater uns reisen lassen würde. Sie machte sich Sorgen, aber ihrem Großvater wollte sie nur Freude vermitteln. Er konnte nur kurz mit seiner kleinen Tabby sprechen, denn jedes Wort kostete ihn große Mühe.

»Ich freue mich so, daß ihr kommt«, sagte er zu mir. »Beeilt euch. Wartet nicht zu lange.«

Ich weinte innerlich, während ich versuchte, ihn zu beruhigen, denn mir war klar, daß er den Tag wahrscheinlich nicht lebend überstehen würde, daß ich ihn nie wiedersehen würde. Wenn ich denn tatsächlich heimführe, dann zur Beerdigung. »Ich bete während der Operation für dich«, sagte ich ihm.

»Wo ein Wille ist, ist auch ein Weg«, sagte er. Ich spürte, wie seine Stimme kräftiger zu werden schien. Dann sagte er: »Ich möchte mit Moody sprechen.«

»Dad will dich sprechen«, sagte ich und reichte ihm den Hörer.

»Opa, wir wollen dich besuchen«, sagte Moody. »Wir vermissen dich alle sehr.« Chamsey und Zaree hörten seine Worte mit, zusammen mit Mahtab und mir. Wir alle wußten, daß Moody ein Lügner war.

Das Gespräch war allzu schnell vorbei; es war Zeit für die Operation.

»Vielen Dank, daß du das zu Vater gesagt hast«, sagte ich zu Moody im Bemühen, alles zu versuchen, um den anschwellenden Orkan in ihm zu ersticken.

Er brummte. Er war, wenn er wollte, ein guter Schauspieler. Ich wußte, daß er keinerlei Absicht hegte, selbst nach Amerika zu fahren oder Mahtab die Reise zu erlauben. Aber welches Spiel spielte er jetzt mit mir?

Moody hatte bis spät in den Abend hinein Patienten. Mahtab lag im Bett und schlief unruhig, denn sie machte sich Sorgen um ihren Großvater, und die Aussicht auf eine Reise nach Michigan regte sie auf. Auf meinem eigenen Bett liegend, ließ ich meinen Tränen freien Lauf. Ich weinte in tiefer Trauer um meinen Vater, der mittlerweile wahrscheinlich schon tot war. Ich weinte um den Kummer meiner Mutter, für meine Schwestern und Brüder, für Joe und John, die den Verlust ihres Großvaters ertragen mußten, ohne daß ich da war, um sie zu trösten. Ich weinte wegen

Mahtab; wie sollte sie mit dieser zusätzlichen Belastung fertigwerden? Sie hatte gehört, wie ihr Vater gesagt hatte, daß wir nach Hause nach Amerika fahren würden, um Großvater zu besuchen. Wie konnte ich – wie konnte überhaupt jemand – ihr erklären, daß *sie* nicht mit sollte und daß es keinen Großvater mehr zu besuchen gab?

Moody kam gegen halb elf ins Schlafzimmer. Er setzte sich neben mich auf das Bett. Er war jetzt sanfter, versuchte Mitgefühl zu zeigen und mich zu trösten.

Selbst in meiner Verzweiflung bemühte ich mich um eine Strategie, Mahtab und mich hier herauszuholen. »Komm mit uns«, sagte ich. »Ich will nicht allein nach Amerika. Ich will, daß du mitkommst. Ich will, daß wir alle drei fahren. In einer Zeit wie dieser brauche ich dich. Ich komme ohne dich nicht zurecht.«

»Nein, ich kann nicht mit«, sagte er. »Wenn ich wegfahre, verliere ich meine Arbeit im Krankenhaus.«

Meine nächsten Worte kamen in einem letzten Versuch, das Unmögliche möglich zu machen. Ich versuchte sie leichthin zu sagen, als ob ich sie nicht eingeübt hätte. Ich sagte: »Naja, wenigstens kann ich Mahtab mitnehmen, nicht wahr?«

»Nein. Sie muß in die Schule.«

»Wenn sie nicht mitkommt, fahre ich nicht«, erklärte ich. Ohne ein weiteres Wort erhob er sich vom Bett und ging aus dem Zimmer.

»Mammal macht alles klar«, sagte Moody am nächsten Morgen zu mir. »Ich bin so froh, daß du zu deiner Familie fahren kannst. An welchem Tag willst du fahren? Wann willst du wiederkommen?«

»Ich will ohne Mahtab nicht fahren.«

»Doch«, sagte Moody in eisigem Ton. »Doch, du fährst.«

»Wenn ich fahre, dann nur für zwei Tage.«

»Was sagst du da?« sagte Moody. »Ich werde für dich einen Flug nach Corpus Christi buchen.«

»Was habe ich denn dort zu tun?«

»Das Haus verkaufen. Du fährst nicht nach Amerika, ohne das Haus zu verkaufen. Dies ist keine kleine Reise. Du fährst nicht nur für ein paar Tage. Du fährst hin, um alles, was wir besitzen, zu verkaufen. Du wirst dafür sorgen, daß die Dollars herkommen. Du kommst nicht zurück, bevor ich das Geld gesehen habe.«

Da war es also, das waren die verrückten Überlegungen, die hinter Moodys plötzlichem Entschluß standen, mich nach Hause fahren zu lassen. Er gab keinen Pfifferling um meinen Vater, meine Mutter, meine Söhne oder den Rest meiner Familie. Er machte sich nichts aus der Freude, die ein solcher Besuch mir bedeuten könnte. Ihm ging es um das Geld. Und offensichtlich wollte er Mahtab als Geisel behalten, um meine Rückkehr zu garantieren.

»Das werde ich nicht tun!« schrie ich ihn an. »Ich fahre nicht. Wenn, dann gehe ich zur Beerdigung meines Vaters. Ich werde nicht in der Stimmung sein, alles zu verkaufen. Du weißt, wie viele Sachen wir überall eingelagert haben. Es ist nicht leicht, alles zu verkaufen. Und in einer solchen Zeit, wie könnte ich das auch nur annähernd schaffen?«

»Ich weiß, daß es nicht leicht ist«, schrie Moody zurück. »Es ist mir gleich, wie lange du wegbleibst. Es ist mir egal, wie lange du brauchst. Aber du kommst nicht eher zurück, als bis alles verkauft ist!«

Sowie Moody zur Arbeit ins Krankenhaus gefahren war, raste ich nach draußen zu einem Taxi, das mich zu Amahls Büro bringen würde. Er hörte sich meinen Bericht über die neuen Entwicklungen in meinem verzwickten Leben aufmerksam an. Ein Ausdruck von Schmerz und Sorge stand in seinem Gesicht.

»Vielleicht kann ich für zwei Tage fahren – nur zur Beerdigung – und dann wiederkommen«, schlug ich vor. »Dann könnten Mahtab und ich wie geplant fliehen.«

»Fahren Sie nicht«, riet Amahl. »Wenn Sie fahren, werden Sie Mahtab nie wiedersehen. Davon bin ich überzeugt. Er wird Sie nicht wieder einreisen lassen.«

»Was ist mit meinem Versprechen an meinen Vater? Ich habe ihn schon so oft enttäuscht.«

»Fahren Sie nicht.«

»Und wenn ich fahre, und das Geld mitbringe – dann könnte ich auch Geld für eine Flucht mitbringen!«

»Fahren Sie nicht. Ihr Vater würde sie gar nicht sehen wollen, wenn er wüßte, daß Mahtab noch im Iran ist.«

Amahl hatte recht. Das wußte ich. Ich wußte, wenn ich den Iran auch nur für fünf Minuten ohne Mahtab an meiner Seite verließ, würde Moody dafür sorgen, daß ich für immer von Mahtab getrennt war. Trotz des komfortableren Lebens, das wir inzwischen im Iran führten, wußte ich im Herzen, daß er froh und glücklich wäre, mich aus dem Weg zu haben. Er würde unsere Tochter haben. Er würde mich hinhalten, indem er mich erst einmal zwang, unseren gesamten Besitz zu veräußern, und dann verlangte, daß ich ihm das Geld vor meiner Rückkehr schickte. Sobald er das Geld in Händen hielt, würde er sich von mir scheiden lassen, mir die Einreise in den Iran verweigern und sich eine iranische Frau suchen, die an meiner Stelle für Mahtab sorgte.

Meine Unterhaltung mit Amahl nahm eine neue Wendung. »Können wir unsere Pläne nicht beschleunigen und fliehen, bevor er mich zur Reise zwingt?«

Amahl rutschte unruhig auf seinem Stuhl hin und her. Er wußte, daß seine Pläne viel zu lange dauerten. Er wußte, daß wir einen kritischen Punkt erreicht hatten. Aber er konnte keine Wunder vollbringen.

»Es ist sehr wichtig«, sagte er, wie er mir schon früher erklärt hatte, »daß alles stimmt, bevor Sie und Mahtab Moody verlassen. Es ist zu riskant, zu versuchen, Sie in

Teheran versteckt zu halten, bis wir alle Einzelheiten geregelt haben. Es gibt so wenig Autobahnen, die aus der Stadt hinausführen. Wenn sie Sie am Flughafen oder an den Autobahnausfahrten suchen, werden Sie leicht entdeckt.«

»Ja«, pflichtete ich ihm bei. »Aber wir müssen schnell arbeiten.«

»Ich will es versuchen«, sagte Amahl. »Aber sorgen Sie sich nicht zu sehr.« Er erklärte mir, daß ich einen iranischen Paß benötigen würde. Unser jetziger iranischer Paß, mit dem wir eingereist waren, galt für uns alle drei. Um ihn zu benutzen, würden wir als Familie reisen müssen. Ich konnte ihn allein nicht benutzen, und auch nicht den amerikanischen Paß, den Moody irgendwo versteckt hatte. Ich brauchte einen eigenen iranischen Paß. »Er hat keine Möglichkeit, Ihnen sehr schnell einen Paß zu beschaffen«, beruhigte mich Amahl. »Die normale Wartezeit beträgt ein Jahr. Selbst wenn jemand es wirklich eilig hat, selbst mit Beziehungen, kann es sechs Wochen oder zwei Monate dauern. Das schnellste, was ich gehört habe, sind sechs Wochen. In der Zeit kann ich Sie rausschaffen. Haben Sie Geduld.«

Noch am selben Nachmittag sprach ich mit meiner Schwester Carolyn. Dad hatte die Operation überlebt. Er lebte noch! Carolyn erzählte, daß er auf dem Weg in den Operationssaal allen Ärzten und Schwestern gesagt hatte, daß Betty und »Tabby« nach Hause kämen. Sie war sicher, daß ihm das die Kraft gegeben hatte, die Sache durchzustehen. Aber er war noch bewußtlos, und die Ärzte glaubten, er schwebe noch in Lebensgefahr.

An jenem Abend kamen Mammal und Madschid zu Besuch. Sie verbrachten einige Zeit bei Moody in der Praxis und besprachen die Vorbereitungen für die Reise, die ich nicht zu machen entschlossen war. Ich war allein in der Küche, als Mahtab hereinkam. Ihr Gesichtsausdruck sagte mir, daß etwas Schreckliches vorgefallen sein mußte. Sie weinte nicht, aber in ihren Augen stand eine Mischung aus tiefsitzendem Zorn und Schmerz.

»Du willst mich verlassen, nicht?« sagte sie.

»Wovon redest du?«

»Daddy hat mir gesagt, daß du ohne mich nach Amerika fährst.« Dann strömten die Tränen.

Ich machte einen Schritt auf sie zu, um sie in die Arme zu nehmen, aber sie wich zurück, zur Tür hin.

»Du hast mir versprochen, daß du nie ohne mich fahren würdest«, weinte sie. »Und jetzt willst du mich verlassen.«

»Was hat Daddy dir gesagt?«

»Er hat gesagt, du läßt mich hier, und du wirst mich nie mehr wiedersehen.«

»Komm mit«, sagte ich und schnappte ihre Hand. In mir stieg eine heiße Wut hoch. »Wir sprechen mit Daddy darüber.«

Krachend öffnete ich die Tür zu seinem Behandlungszimmer und trat den Männern, die dort ein Komplott gegen mich schmiedeten, gegenüber. »Warum hast du Mahtab gesagt, daß ich ohne sie nach Amerika fahre?« schrie ich.

Moody schrie zurück. »Nun, es hat keinen Sinn, es vor ihr zu verbergen. Sie wird sich daran gewöhnen müssen. Damit kann sie ebenso gut gleich anfangen.«

»Nein, ich fahre nicht.«

»Doch, du fährst.«

»Nein, ich denke nicht daran.«

Wir brüllten einander viele Minuten lang an, keiner von uns kam dem anderen entgegen. Mammal und Madschid schienen von meiner Erklärung und der Wirkung dieser Geschichte auf Mahtab ganz und gar unberührt zu bleiben.

Schließlich stürmte ich aus dem Zimmer. Mahtab und ich gingen nach oben, in mein Schlafzimmer. Ich hielt sie in meinen Armen und wiederholte immer wieder: »Mahtab, ich fahre nicht ohne dich. Ich werde dich nie verlassen.«

Mahtab wollte mir glauben, aber ihren Augen konnte ich ansehen, daß es ihr nicht gelang. Sie kannte die Macht, die ihr Vater über uns hatte.

Ich versuchte es noch einmal. »Ich will nicht, daß Daddy davon weiß, aber wenn er seine Meinung nicht vor dem Flug ändert, dann werde ich furchtbar krank, so krank, daß ich nicht ins Flugzeug kann. Das darfst du Daddy auf keinen Fall sagen.«

Dennoch wußte ich, daß sie mir nicht glaubte, und ich wagte nicht, ihr von Amahl zu erzählen. Noch nicht.

Sie weinte sich in den Schlaf und klammerte sich die ganze lange Nacht hindurch an mich.

Moody fuhr zum Paßamt, verbrachte den ganzen Tag dort, frustriert von langen Schlangen und bürokratischer Unfähigkeit. Wie von Amahl vorhergesagt, kam er mit leeren Händen zurück.

»Du mußt selbst hingehen«, sagte er. »Du gehst morgen, und ich komme mit.«

»Was ist mit Mahtab?« fragte ich schnell auf der Suche nach einem Ausweg. »Du warst den ganzen Tag dort. Ich weiß, daß wir morgen den ganzen Tag brauchen werden. Wir kommen nicht nach Hause, bevor sie aus der Schule kommt.«

Moody dachte nach. »Du fährst allein«, sagte er schließlich. »Ich gebe dir die Anweisungen. Ich bleibe zu Hause und warte auf Mahtab.«

Abends machte er sich in seiner Praxis daran, einen Paßantrag für mich auszufüllen, und schrieb einen sauberen Brief über den bevorstehenden Tod meines Vaters. Er gab mir eine genaue Wegbeschreibung zum Paßamt und den Namen des Mannes, der mich erwartete.

Ich sah ein, daß ich gehen mußte. Ich mußte die Verabredung mit dem Paßbeamten einhalten, denn Moody würde mich ohne jeden Zweifel bespitzeln. Aber ich vertraute darauf, daß ich mit neuen Formularen zurückkommen würde und mit vielen Entschuldigungen für die Verzögerungen.

Das Paßamt war ein verwirrendes Labyrinth aus Korridoren und Türen, mit langen Schlangen von Männern und ebenso langen von Frauen, die alle hofften, die schwer zu bekommende Erlaubnis zu ergattern, um den Iran verlassen zu dürfen. Lange hatte ich von dieser Möglichkeit nur träumen können. Wie seltsam und bedrückend, daß mir jetzt davor graute, einen Paß und ein Ausreisevisum zu bekommen.

Ich suchte den Mann auf, mit dem Moody für mich eine Verabredung getroffen hatte. Er begrüßte mich fröhlich, unverständliches Farsi murmelnd, und geleitete mich durch eine ganze Reihe von Zimmern, wobei er seine Autorität und seine Ellbogen einsetzte, um sich an den Kopf der jeweiligen Schlange zu setzen. Wir schienen jedoch wenig zu erreichen, und das machte mir Mut. Schließlich führte er mich in einen großen Raum, in dem dicht gedrängt einige hundert Männer standen. Seine Augen suchten den Raum sorgfältig ab, bis er entdeckte, was er suchte: einen jungen Iraner, den er zu mir herzog und in Farsi ansprach.

»Ich spreche Englisch«, sagte der junge Mann. »Dies ist die Abteilung für Männer.« Soviel war offensichtlich. »Er will, daß Sie hier warten. In dieser Schlange. Er kommt in ein, zwei Stunden zurück, um nach Ihnen zu sehen.«

»Und was geschieht hier?«

Der junge Mann übersetzte ein paar Fragen und Antworten hin und her.

»Man wird Ihnen einen Paß aushändigen.«

»Heute?«

»Ja, hier, in dieser Schlange.«

Ich versuchte, die Sache aufzuhalten. »Ach, ich wollte heute eigentlich erstmal nur gucken.«

»Nein, das ist unmöglich.«

»Doch. Ich habe den Antrag erst heute morgen hierher gebracht.«

»Wie dem auch sei, man wird Ihnen einen Paß aushändigen. Warten Sie hier.«

Die beiden Männer überließen mich meiner Panik. War das möglich? Moody hatte doch bis jetzt vergeblich auf seine Lizenz für die Praxis gewartet. Trotz seiner Prahlereien hatten er und seine Familie in der medizinischen Bürokratie wenig Einfluß. Aber hatten ich – und Amahl – seinen Einfluß hier falsch eingeschätzt? Oder Mammals? Oder Madschids? Oder Baba Hadschis, mit seinen Beziehungen im Im- und Export? Ich erinnerte mich an den ersten Verwandten von Moody, dem ich im Flughafen begegnet war. Zia Hakim war an den Zöllnern vorbeigerauscht.

Eine Vorahnung ließ mich schwindlig werden. Inmitten von Hunderten von plappernden Iranern fühlte ich mich nackt und bloß, machtlos, eine Frau allein in einer Männergesellschaft. *Würde es wirklich geschehen? Würde Moody seinen teuflischen Plan ausführen können?*

Ich wäre am liebsten umgekehrt und weggelaufen. Ich hätte aber höchstens in die Straßen Teherans fliehen können. In die Botschaft? Zur Polizei? Zu Amahl? Mahtab war bei keinem von ihnen. Sie war zu Hause, in der Hand des Feindes.

So blieb ich, wo ich war, langsam in der Schlange vorankommend, wohl wissend, daß Moody zumindest von seinen Kontaktpersonen hier einen vollen Bericht verlangen und erhalten würde.

Die Schlange wurde besorgniserregend schnell kürzer. Ich hatte schon Stunden um ein Brot und ein Stück Fleisch und ein paar Eier, von denen die Hälfte einen Sprung hatte, angestanden. Sollte es nicht länger dauern, einen Paß zu bekommen? Mußte ich ausgerechnet jetzt auf Effizienz stoßen?

Und dann stand ich vorne und übergab meine Papiere

einem stirnrunzelnden Beamten. Er überreichte mir seinerseits einen Paß. Ich starrte ihn schockiert an und wußte nicht, was ich als nächstes tun sollte.

Mein Verstand war umnebelt, aber als ich das Büro verließ, kam mir der Gedanke, daß Moody Verzögerungen erwarten würde. Es war erst kurz nach dreizehn Uhr. Er würde nicht wissen, wie schnell ich dieses entsetzliche Dokument bekommen hatte.

Jetzt handelte ich kurzentschlossen. Im Bemühen, mir einen Weg aus dieser neuesten Falle zu erkämpfen, nahm ich ein Taxi zu Amahls Büro.

Es war das erste Mal, daß ich, ohne vorher anzurufen, zu ihm kam. Sein Gesicht zeigte Überraschung und Besorgnis, ihm war klar, daß ich in Not war.

»Ich kann es nicht glauben«, sagte er, als er den Paß betrachtete. »Sowas habe ich noch nie gehört. Er muß Verbindungen haben, von denen ich nichts weiß. Ich habe auch Beziehungen, aber das kann ich nicht erreichen.«

»Was mache ich nun?« fragte ich.

Amahl studierte den Paß sorgfältig. »Hier steht, daß Sie in Deutschland geboren sind«, bemerkte er. »Warum das? Wo sind Sie geboren?«

»In Alma, Michigan.«

Amahl dachte nach. »*Alman* bedeutet in Farsi Deutschland. Na gut. Sagen Sie Moody, Sie werden den Paß morgen zurückbringen müssen, um ihn ändern zu lassen. Dieser Paß wird keine Gültigkeit haben, wenn Sie ihn benutzen wollen. Also gehen Sie morgen wieder ins Paßamt. Liefern Sie ihn ab und lassen ihn da. Geben Sie ihnen keine Gelegenheit, ihn zu korrigieren. Dann sagen Sie Ihrem Mann, sie hätten ihn einbehalten. Wir gewinnen Zeit, bis das geklärt ist.«

»Okay.«

Ich eilte von Amahls Büro durch die Stadt nach Hause und versuchte, alles in meinem Kopf zu sortieren. Ich war so damit beschäftigt, mir für Moody eine Erklärung für den

Fehler im Paß zurechtzulegen, daß er mich völlig überraschte.

»Wo bist du gewesen?« knurrte er.

»Ich war im Paßamt.«

»Ja, die haben mich um eins angerufen und mir gesagt, daß sie dir den Paß ausgehändigt haben.« Seine Stimme war leise, aber der Ton war giftig.

»Sie haben dich angerufen?«

»Ja.«

»Na, es tut mir leid, wenn ich mich verspätet habe. Es war entsetzlicher Verkehr. Ich hatte Schwierigkeiten beim Umsteigen.«

Moody beäugte mich mißtrauisch. Er schien Lust zu haben, mich einer Lüge zu bezichtigen, aber ich lenkte ihn ab.

»Diese dummen Idioten!« sagte ich, und hielt ihm den Paß vor die Nase. »Guck dir das an. Nachdem ich den halben Tag da rumgestanden bin, haben sie meinen Paß falsch ausgestellt. Da steht Deutschland. Ich muß ihn zurückbringen und korrigieren lassen.«

Moody studierte den Paß sorgfältig und sah, daß ich die Wahrheit sprach. Der Paß würde nicht mit meiner Geburtsurkunde übereinstimmen.

»Morgen«, knurrte er. Dann sagte er nichts mehr.

Morgens versuchte ich, Moody zu bewegen, mich wieder allein ins Paßamt gehen zu lassen. Am Tage zuvor war es mir gelungen. Ich konnte die Aufgabe bewältigen. Aber er hörte sich meine Argumente gar nicht erst an. Obwohl er sich für den Morgen Patienten bestellt hatte, verfrachtete er mich in ein schnelles Telefon-Taxi. Er bellte dem Fahrer scharfe Befehle zu, und schon allzubald waren wir wieder im Paßamt. Er trieb seinen Freund auf, gab ihm den Paß und wartete nur fünf Minuten, bevor das korrigierte Dokument ihm wie von Zauberhand wieder in den Händen lag.

Nun hatte ich die offizielle Erlaubnis, den Iran zu verlassen.

Allein.

Moody buchte für mich einen Swissair-Flug, der Freitag, den 31. Januar, aus Teheran abfliegen sollte.

»Es ist alles bereit«, sagte Amahl. »Endlich.«

Es war Dienstagmorgen, drei Tage vor meinem Flug. Mahtab und ich würden morgen fliehen, während Moody im Krankenhaus arbeitete. Wir würden seinem Plan um zwei Tage zuvorkommen.

Amahl sprach alles sorgfältig mit mir durch. Trotz der langwierigen Vorbereitungen war der Plan, nach Bandar Abbas zu fliegen und ein Schnellboot außer Landes zu nehmen, immer noch nicht perfekt. Da Moody uns zum Handeln zwang, hatte Amahl Vorbereitungen für einen der anderen Pläne getroffen. Mahtab und ich würden mit dem Neun-Uhr-Flug von Teheran nach Zahidan fliegen und die zerklüfteten Berge nach Pakistan überqueren. Eine Gruppe von berufsmäßigen Schmugglern würde uns nach Quetta in Pakistan bringen. Von dort würden wir nach Karatschi fliegen.

Sofort stieg Panik in mir auf, denn ich hatte gerade eine schreckliche Meldung in der *Khayan* gelesen. Der Artikel berichtete von einem australischen Ehepaar, das von Stammesbanden in Quetta gekidnappt und nach Afghanistan verschleppt worden war, wo sie acht Monate festgehalten wurden, bevor man sie freiließ. Ich konnte mir die Schrekken, die sie durchgestanden hatten, nur ausmalen.

Ich erzählte Amahl von der Geschichte.

»Sie stimmt«, sagte er. »Solche Dinge kommen dauernd vor, aber es gibt keine Möglichkeit, den Iran ohne große Gefahr zu verlassen.« Er versuchte mich zu beruhigen, indem er mir sagte, daß der Stammesführer in der Gegend, der Mann, der beide Seiten der Grenze kontrollierte, sein persönlicher Freund sei. »Von allen Wegen aus dem Iran«, sagte er, »ist das der sicherste. Hier habe ich die besten Beziehungen. Bandar Abbas und die anderen Projekte gehen nicht schnell genug. Der Weg über die Türkei ist wegen des Schnees in den Bergen ausgeschlossen. Um diese Jahreszeit arbeiten dort keine Schmuggler. Der Schnee ist viel zu tief, und es ist zu kalt. Der Weg über Zahidan ist ohnehin viel sicherer als der über die Türkei. Einmal wegen meines Freundes und dann deshalb, weil die Grenze in die Türkei viel schärfer bewacht wird. Dort sind *Pasdaran* zuständig.«

Wir mußten fort. Wir hatten nicht mehr den Spielraum, uns auf Amahls Lieblingssatz »Haben Sie Geduld« einzulassen. Statt dessen würden wir Vaters Rat folgen müssen: »Wo ein Wille ist, ist auch ein Weg.«

Ich gab Amahl einen Plastikbeutel zur Aufbewahrung. Er enthielt eine Garnitur Kleidung zum Wechseln für Mahtab und mich und ein paar Gegenstände, die ich nicht zurücklassen wollte. Darunter war ein großer, schwerer Wandteppich, auf dem Männer, Frauen und Kinder sich an der Schönheit eines ländlichen Baches freuten. Die Farbzusammenstellung von Altrosa, Hellblau und Grün war wunderbar harmonisch. Ich hatte ihn zu einem kleinen quadratischen Paket zusammengefaltet. Außerdem hatte ich die Fläschchen mit Safran, die ich von Ameh Bozorg zu Weihnachten bekommen hatte, mitgenommen.

Während der Unterhaltung mit Amahl schossen mir jede Menge Gedanken durch den Kopf. Die Nachrichten aus Amerika waren bittersüß. Dad hielt hartnäckig am Leben fest, er wartete darauf, uns noch einmal zu sehen. Ich hatte den Willen, und Amahl sorgte für den Weg. Morgen würde ich Mahtab ohne ihr Wissen zwingen, zu trödeln, sie bei den Vorbereitungen für die Schule aufhalten. Ich mußte sicher sein, daß sie den Schulbus verpaßte. Dann würde ich mich zu Fuß mit ihr auf den Weg in die Schule machen. Draußen auf der Straße, in Sicherheit vor Moody, würde ich ihr die glückliche Mitteilung machen, daß wir nach Amerika fahren würden. Während mein nichtsahnender Mann zur Arbeit ins Krankenhaus eilte, würden Mahtab und ich uns mit Amahls Männern treffen, die uns für den Flug nach Zahidan auf schnellstem Wege zum Flughafen befördern würden.

Es war Ironie, daß wir dieselbe Route nehmen würden, die Miss Alavi geplant hatte. Ich fragte mich, was ihr wohl zugestoßen war. Vielleicht war sie verhaftet worden. Vielleicht war sie selbst aus dem Iran geflohen. Letzteres hoffte ich.

»Wieviel wird es kosten?« fragte ich Amahl.

»Sie verlangen zwölftausend Dollar«, erwiderte er. »Machen Sie sich darum keine Sorgen. Die schicken Sie mir, wenn Sie in Amerika sind.«

»Ich werde das Geld unverzüglich schicken«, schwor ich. »Und vielen Dank.«

»Keine Ursache.«

Warum sollte Amahl soviel für Mahtab und mich tun, sogar zwölftausend Dollar vertrauensvoll aufs Spiel setzen? Ich meinte, zumindest einige der Antworten zu kennen, obwohl ich ihn nie direkt gefragt hatte.

Erstens glaubte ich ernsthaft, daß Amahl die Antwort auf meine Gebete war, die christlichen und die islamischen, auf mein *Nazr*, auf meine Bitte an Imam Mehdi, auf meine Pilgerfahrt nach Mesched. Wir dienten doch dem gleichen Gott.

Amahl hatte etwas zu beweisen, sich selbst, mir, der Welt. Achtzehn Monate lang hatte ich in einem Land gefangen gesessen, das, wie mir schien, fast ausschließlich von Bösewichten bewohnt war. Der Ladeninhaber Hamid war der erste, der mich eines Besseren belehrte. Miss Alavi, Chamsey, Zaree, Fereschteh und ein paar andere hatten mir bewiesen, daß man einen Menschen nicht nach seiner Nationalität beurteilen darf. Selbst Ameh Bozorg hatte auf die ihr eigene seltsame Art bewiesen, daß sie ein paar gute Absichten hatte.

Nun war Amahl an der Reihe. Seine Motivation war zugleich einfach und komplex: Er wollte zwei unschuldigen Opfern der iranischen Revolution helfen. Er verlangte keine Gegenleistung. Seine Freude über unseren Erfolg würde ihm Belohnung genug sein.

Aber würde unsere Flucht gelingen?

Der Zeitungsartikel über das gekidnappte australische Ehepaar und Mr. Vincops Worte ängstigten mich. Als ich die Möglichkeit von Schmugglern zum ersten Mal erwähnt hatte, hatte Mr. Vincop von der Botschaft mich gewarnt: »Sie nehmen Ihr Geld, bringen Sie bis an die Grenze, vergewaltigen Sie, bringen Sie um oder liefern Sie an die Staatsmacht aus.«

Aber die Warnung hatte keine Gültigkeit mehr. Meine Entscheidung war klar. Ich konnte Freitag in aller Bequemlichkeit ins Flugzeug steigen und nach Amerika fliegen und meine Tochter niemals wiedersehen. Oder ich konnte morgen meine Tochter an die Hand nehmen und mich auf die gefährlichste Reise einlassen, die ich mir vorstellen konnte.

Eigentlich blieb mir keine Wahl.

Ich konnte in den Bergen zwischen Iran und Pakistan sterben, oder ich würde Mahtab sicher nach Amerika bringen.

Ich erschauerte in dem eisigen Wind, als ich aus dem orangefarbenen Taxi stieg. Während ich durch den Matsch auf dem Bürgersteig nach Hause stapfte, war ich in Gedanken vertieft. Bald würde Mahtab aus der Schule zurück sein. Später würde Moody aus dem Krankenhaus kommen. Abends würden Chamsey, Zaree und die Hakims vorbeischauen, um mir Lebewohl zu sagen. Soweit sie wußten, würde ich Freitag zu meinem sterbenden Vater fahren und nach der Beerdigung zurückkommen. Ich mußte mich gut vorbereiten, um alle die Hoffnungen und Befürchtungen zu verbergen, die mir im Kopf herumwirbelten.

Ich war schon fast zu Hause, als ich hochguckte und sah, wie Moody und Mammal am Tor standen und mich wütend anstarrten. Die Wut ließ Moody den kalten Wind vergessen, der den nun dichter fallenden Schnee vor sich hin trieb.

»Wo warst du?« schrie er.

»Einkaufen.«

»Lügnerin! Du hast keine Pakete.«

»Ich habe nach einem Geschenk für Mom gesucht, aber ich habe nichts gefunden.«

»Lügnerin! Du führst irgendwas im Schilde. Geh ins Haus. Du bleibst dort, bis du Freitag zum Flughafen mußt.«

Mammal ging los, um Besorgungen zu machen. Moody schob mich durch das Tor und wiederholte seinen Befehl. Ich durfte nicht aus dem Haus. Ich durfte das Telefon nicht benutzen. Er würde mich die nächsten Tage einsperren, bis ich ins Flugzeug stieg. Er hatte sich heute frei genommen. Er würde morgen auch frei nehmen und zu Hause bleiben, wo er mich im Auge behalten konnte. Während er sich um seine Patienten kümmerte, schloß er das Telefon in seine Praxis ein. Ich verbrachte den Nachmittag im abgeschlossenen vorderen Innenhof, der von Moodys Praxisfenster aus gut zu übersehen war. Mahtab und ich bauten einen Schneemann und schmückten ihn mit einem violetten Schal, Mahtabs Lieblingsfarbe.

Wieder einmal war ich in die Enge getrieben, in der Falle. Mahtab und ich würden morgen früh unsere Verabredung mit Amahls Männern nicht einhalten können, aber ich hatte keine Möglichkeit, ihn zu erreichen, um ihm von der neuesten beängstigenden Wendung zu berichten.

Abends zitterte ich vor Angst und Kälte, während ich die Vorbereitungen für unsere Gäste traf, und beschäftigte mich mit den Händen, während meine Gedanken rasten. Ich mußte Amahl irgendwie erreichen. Er mußte einen

Weg finden, mich und Mahtab aus diesem Haus herauszubekommen. Wieder zitterte ich, und diesmal merkte ich, daß das Haus wirklich kalt wurde. Mir kam eine Idee.

»Die Heizung ist aus«, murrte ich zu Moody hin.

»Ist sie kaputt? Oder haben wir kein Öl mehr?« fragte er.

»Ich geh' Maliheh fragen, was mit der Heizung los ist«, sagte ich und hoffte, daß es gelassen genug klang.

»Ist gut.«

Ich bemühte mich, nicht merken zu lassen, wie eilig ich es hatte, in Malihehs Wohnung zu kommen. In Farsi fragte ich sie, ob ich ihr Telefon benutzen dürfe. Sie nickte. Ich wußte, daß sie ein englisches Telefongespräch nicht verstehen konnte.

»Es wird nicht gehen«, sagte ich. »Ich komme nicht weg. Ich kann nicht aus dem Haus. Er war heute morgen hier, als ich nach Hause kam, und er hat Verdacht geschöpft.«

Amahl seufzte schwer. »Es hätte ohnehin nicht funktioniert«, sagte er, »ich habe gerade mit den Leuten in Zahidan gesprochen. Sie haben die schwersten Schneefälle seit hundert Jahren. In den Bergen gibt es kein Durchkommen.«

»Was sollen wir machen?« rief ich aus.

»Steigen Sie einfach nicht in das Flugzeug. Er kann Sie nicht selbst an Bord bringen.«

»Flieg nicht«, sagte Chamsey abends, als sie mich einen Moment allein in der Küche sprechen konnte. »Steig nicht in das Flugzeug. Ich kann sehen, was los ist. Sowie du fort bist, bringt er Mahtab zu seiner Schwester, und dann ist er sofort wieder völlig in den Händen seiner Familie. Flieg nicht.«

»Ich will ja nicht«, sagte ich. »Nicht ohne Mahtab.«

Aber ich fühlte, wie sich Moodys Schlinge fester um meinen Hals legte. Er hatte mich in die Ecke gedrängt; er konnte drohen, mir Mahtab wegzunehmen. Den Gedanken konnte ich nicht ertragen, und ich dachte auch keinesfalls daran, sie zurückzulassen, wenn ich nach Amerika flog. Beide Möglichkeiten bedeuteten, daß ich sie verlieren mußte.

An jenem Abend schmeckte ich nichts von dem Essen, das ich mir in den Mund stopfte. Ich hörte nur einen Bruchteil der Unterhaltung.

»Was?« fragte ich, auf eine Frage von *Khanom* Hakim hin.

Sie wollte, daß ich morgen mit ihr in den *Ta'awoni* ging, einen Laden für die Mitglieder von *Aga* Hakims *Masdsched*. Sie hatten gerade eine Ladung Linsen hereinbekommen, die man gewöhnlich kaum bekommen konnte. »Wir sollten welche kaufen, ehe sie alle weg sind«, sagte sie in Farsi.

Chamsey wollte auch mit. Geistesabwesend sagte ich zu. Meine Gedanken waren nicht bei Linsen.

Später am gleichen Abend, als Chamsey und Zaree schon gegangen waren, Mahtab im Bett lag und Moody in seiner Praxis die letzten paar Patienten abfertigte, saßen die Hakims und ich im Wohnzimmer, als plötzlich ein ungebetener und sehr unwillkommener Gast eintraf, Mammal.

Er begrüßte die Hakims, verlangte in einem unverschämten Ton nach Tee, und dann zog er mit einem gewöhnlichen, boshaften Grinsen die Flugkarte aus der Tasche und wedelte damit vor mir hin und her.

Achtzehn Monate der Wut brachen jetzt aus meinem tiefsten Innern hervor. Ich verlor die Kontrolle. »Gib mir das Ticket!« schrie ich. »Ich werde es zerreißen.«

Aga Hakim übernahm augenblicklich die Rolle des Friedensstifters. Der sanftmütige Turbanmann, der verständnisvollste unter Moodys Verwandten, stellte mir leise, forschende Fragen. Er sprach kein Englisch. Mammal hätte für uns übersetzen können, aber er tat es nicht. Es fiel mir schwer, mich in Farsi verständlich zu machen, aber ich versuchte es verzweifelt, denn ich sah *Aga* Hakim als Freund und Verbündeten an.

Die Geschichte brach aus mir heraus. »Ihr wißt nicht, was ich hier durchgemacht habe«, schluchzte ich. »Er hat mich gezwungen hierzubleiben. Ich wollte wieder nach Amerika, aber er hat mich gezwungen zu bleiben.«

Die Hakims waren aufrichtig schockiert. *Aga* Hakim stellte weitere Fragen, und bei jeder Antwort verzerrte sich sein Gesicht schmerzlich. Die entsetzlichen Einzelheiten aus den vergangenen anderthalb Jahren kam ans Licht.

Aber dann war er verwirrt. »Warum bist du dann jetzt nicht froh, zu deiner Familie fahren zu können?«

»Ich möchte gern zu meiner Familie«, erklärte ich. »Aber er will, daß ich bleibe, bis ich alles verkauft habe, und dann soll ich das gesamte Geld mitbringen. Mein Vater liegt im Sterben. Ich will nicht nach Amerika fahren, um geschäftliche Dinge zu erledigen.«

Moody hatte seine Patienten abgefertigt und setzte sich zu uns ins Wohnzimmer, wo *Aga* Hakim ihn einem strengen Verhör unterzog. Moodys Antworten in Farsi waren ruhig. Er spielte den Erstaunten, als ob er zum ersten Mal von meinen Einwänden gegen die Reise hörte.

Schließlich fragte *Aga* Hakim: »Was ist, wenn Betty nicht fahren will, muß sie dann fahren?«

»Nein«, erklärte Moody. »Ich wollte es nur für sie tun, damit sie ihre Familie sehen kann.« Moody drehte sich zu mir um: »Willst du fahren?«

»Nein«, sagte ich schnell.

»Gut. Wozu also der ganze Ärger? Ich habe es um deinetwillen getan, damit du deinen sterbenden Vater noch einmal sehen kannst. Wenn du nicht fahren willst, mußt du nicht.« Seine Worte trieften vor Aufrichtigkeit, vor Liebe und Achtung für mich, vor Ehrfurcht für *Aga* Hakims weisen Rat. Damit war die Sache erledigt.

Für die Dauer des Besuches plauderte Moody gutgelaunt mit den Hakims. Er war ganz der gute Gastgeber und brachte die Hakims zur Tür, als sie gingen, dankte allen für ihr Kommen, dankte *Aga* Hakim für seine Anteilnahme.

»Ich hole dich morgen früh um zehn zum *Ta'awani* ab«, sagte ich zu *Khanom* Hakim. Ich hoffte, auf der Einkaufsfahrt würde sich auch eine Gelegenheit ergeben, Amahl anzurufen. Moody machte die Tür leise hinter den Hakims zu und wartete, bis sie außer Hörweite waren, und dann drehte er sich in einer Wahnsinnswut zu mir um. Er schlug mir so heftig ins Gesicht, daß ich der Länge nach hinfiel.

»Jetzt hast du es geschafft!« schrie er. »Du hast alles zerstört. Du steigst in das Flugzeug. Wenn du das nicht tust, werde ich dir Mahtab wegnehmen und dich für den Rest deines Lebens in deinem Zimmer einsperren!«

23

Das konnte und das *würde* er auch tun.

In dieser Nacht fand ich keinen Schlaf. Vor lauter Qualen wälzte ich mich hin und her und erinnerte mich, daß ich Mahtab hierhergebracht hatte, wofür ich mich ununterbrochen verfluchte.

Der Ärger hatte fast vier Jahre vorher begonnen, am Abend des 7. April 1982, als Moody von der Arbeit im Alpena-Krankenhaus nach Hause gekommen war, in Gedanken versunken und distanziert. Zuerst nahm ich keine Notiz davon, denn ich war damit beschäftigt, ein besonderes Abendessen zu bereiten. Es war Johns zwölfter Geburtstag.

In den letzten zwei Jahren waren wir glücklich gewesen. 1980 war Moody mit dem festen Willen aus Corpus Christi zurückgekehrt, die politischen Entwicklungen im Iran aus seinem Leben auszuklammern. »Jeder weiß, daß ich Ausländer bin«, sagte er, »aber ich will nicht, daß jeder weiß, daß ich Iraner bin.«

Das Bild des finsteren Ayatollah Khomeini wurde auf den Speicher verbannt. Er gelobte, bei der Arbeit nicht über die Revolution zu reden, weil er wußte, daß ihm seine wiederaufgeflammte Leidenschaft für sein Heimatland in Corpus Christi nichts als Ärger eingebracht hatte. In Alpena gewöhnte er sich schnell an seine neue Arbeit, baute seine Karriere wieder auf und fand in das Leben eines Amerikaners zurück.

Mein Gemütszustand verbesserte sich augenblicklich, besonders als wir das Haus am Thunder Bay-River entdeckten. Es war klein und unauffällig in seiner äußeren Erscheinung, aber in dem Augenblick, als ich es zum ersten Mal betrat, verliebte ich mich darin. Das gesamte Haus war zum Fluß hin orientiert. Nach hinten hatte es große Fenster mit einem atemberaubenden Blick. Eine Treppe führte zur unteren Ebene, die wunderschön getäfelt, geräumig und hell war. Von dort trat man auf eine riesige Terrasse, die nur knapp fünf Meter vor dem Flußufer aufhörte. Ein hölzerner Steg reichte ins Wasser hinein, bestens geeignet zum Fischen oder um ein Boot dort festzumachen. Das Haus war an einer Biegung des Flusses gelegen. Stromabwärts, so daß man sie noch gut im Blick hatte, gab es eine malerische überdachte Brücke.

Das Innere des Hauses war überraschend geräumig mit großen Schlafzimmern, zwei Bädern, zwei Kaminen und erstaunlich viel Wohnraum. Die Aussicht auf den Fluß vermittelte sofort ein Gefühl der Ruhe.

Moody war genauso beeindruckt wie ich. Wir kauften das Haus auf der Stelle.

Alpena ist nur drei Stunden von Bannister entfernt, und so konnte ich meine Familie häufig sehen. Dad und ich frönten unserer gemeinsamen Leidenschaft, dem Angeln, und zogen Mondfische, Blaukiemen, Flußbarsche, Welse und gelegentlich einen Hecht aus dem ruhigen Fluß. Mom und ich verbrachten Stunden mit Häkeln, Kochen, Plaudern. Ich war dankbar für die Möglichkeit, mehr Zeit mit ihnen verbringen zu können, besonders als sie älter wurden. Mom litt an einer Hautflechte, und ich war froh, daß sie einige Zeit ihre Enkelkinder um sich haben konnte. Die kleine Mahtab, die im Hause herumtapste, machte Mom und Dad besondere Freude. Dad nannte sie »Tabby«.

Wir wurden sofort in die akademische Gesellschaft von Alpena integriert, hatten häufig Gäste und wurden oft eingeladen. Moody war glücklich mit seiner Arbeit, und ich war glücklich zu Hause als Ehefrau und Mutter – bis zu jenem Abend, als Moody mit dem stummen Ausdruck von Schmerz in den Augen von der Arbeit heimkam.

Er hatte einen Patienten verloren, einen dreijährigen Jungen, der zu einer einfachen Operation im Krankenhaus war. Während der Untersuchung des Falls war er vom Dienst suspendiert.

Meine Schwester Carolyn rief am folgenden Morgen an. Ich ging ans Telefon, benommen, weil ich zu wenig geschlafen hatte, mit geschwollenen und tränengeröteten Augen. Wie durch einen Nebel hörte ich Carolyn sagen: »Dad hat Krebs.«

Wir fuhren sofort zum Krankenhaus in Carson City, wo Moody und ich uns das erste Mal getroffen hatten, und wo wir jetzt in einem Wartezimmer nervös auf und ab gingen, während die Chirurgen eine erste Unterleibsoperation durchführten. Die Ergebnisse waren schlecht. Die Chirurgen machten eine Kolostomie, waren aber nicht in der Lage, das gesamte Krebsgeschwür zu entfernen. Die Krankheit hatte sich schon zu weit ausgebreitet. Wir berieten uns mit einem Chemotherapeuten, der erklärte, daß er Dads Leben für eine Weile verlängern könnte – für wie lange, konnte er allerdings nicht sagen. Am Ende würden wir ihn verlieren.

Ich schwor mir, so viel Zeit wie möglich bei ihm zu verbringen, seine Hand zu halten und all die Dinge zu sagen, die gesagt werden sollten, bevor es zu spät war.

Das Leben war auf einmal wie auf den Kopf gestellt. Ein paar Monate vorher waren wir noch glücklicher gewesen als je zuvor. Jetzt war plötzlich Moodys Karriere in Gefahr, mein Vater lag im Sterben, und die Zukunft sah trostlos aus. Der Streß forderte seinen Tribut von uns beiden als einzelnen und auch als Paar.

In den nächsten Wochen pendelten wir zwischen Alpena und Carson City hin und her. Moody half Dad durch das

Trauma der Operation hindurch. Wenn er Moody nur sah, schien das schon seine Schmerzen zu lindern. Moody bot seinen Rat als Arzt an, und er konnte einem Laien die medizinische Terminologie verständlich erklären.

Als Dads Gesundheitszustand sich soweit gebessert hatte, daß er reisen konnte, lud Moody ihn ein, uns in Alpena zu besuchen. Er verbrachte Stunden damit, Dad zu trösten, ihm zu helfen, die Realität seiner Krankheit zu akzeptieren und zu lernen, mit seiner Kolostomie zu leben.

Dad war tatsächlich Moodys einziger Patient. Immer wenn die beiden zusammen waren, fühlte sich Moody wieder als Arzt. Aber wenn er zu Hause in Alpena saß und tagaus, tagein nichts zu tun hatte, und immer mürrischer wurde, fühlte er sich als Versager. Und im Laufe der Wochen forderte der Müßiggang seinen Tribut.

»Es hat politische Gründe«, sagte er immer wieder und meinte damit die Untersuchung im Krankenhaus.

Moody versuchte sich auf dem laufenden zu halten, indem er an zahlreichen medizinischen Fortbildungsseminaren teilnahm, aber auch dabei fühlte er sich unausgefüllt, denn er konnte das Wissen, das er sich angeeignet hatte, nicht in die Praxis umsetzen.

Wir machten uns beide ernstlich Sorgen um Geld, und ich glaubte, daß Moodys Stimmung sich bessern würde, wenn er wieder arbeiten könnte. Kein Krankenhaus würde ihm erlauben, als Anästhesist zu praktizieren, solange die Untersuchungen nicht abgeschlossen waren, aber er hatte immer noch die Lizenz, als Arzt für chiropraktische Allgemeinmedizin zu arbeiten. Ich hatte sowieso immer gedacht, daß er auf dem Gebiet mehr leisten konnte.

»Du solltest nach Detroit gehen«, schlug ich vor. »Geh wieder in die Klinik an der Vierzehnten Straße. Die können immer Hilfe gebrauchen.« Dort hatte er während der Jahre seines Praktikums schwarz gearbeitet und hatte da immer noch Freunde.

»Nein«, antwortete er. »Ich bleibe hier und kämpfe.«

Innerhalb von wenigen Tagen hatte er sich brütend in ein Schneckenhaus zurückgezogen und schnauzte mich und die Kinder bei der geringsten, oft nur eingebildeten Provokation an. Er hörte auf, medizinische Seminare zu besuchen, weil er nicht länger mit anderen Ärzten zusammen sein wollte. Er verbrachte seine Tage damit, in einem Sessel zu sitzen und mit leerem Blick aus dem Fenster hinaus auf den Fluß zu starren, während die Stunden in Schweigsamkeit verstrichen. Wenn er davon genug hatte, schlief er. Manchmal hörte er auch Radio oder las ein Buch, aber er hatte Schwierigkeiten, sich zu konzentrieren. Er weigerte sich, das Haus zu verlassen und wollte niemanden sehen.

Als Arzt wußte er natürlich, daß sein Verhalten die klassischen Symptome einer klinischen Depression aufwies. Als die Frau eines Arztes wußte ich das auch, aber er wollte auf niemanden hören und wies alle Versuche, ihm zu helfen, zurück.

Eine Zeitlang versuchte ich, ihm Trost und Mut zuzusprechen, weil eine Frau das meiner Ansicht nach tun sollte. Die Aufregung hatte natürlich auch bei mir deutliche Spuren hinterlassen. An mehreren Tagen in der Woche fuhren die Kinder und ich nach Bannister, um meinen Vater zu besuchen, aber Moody begleitete uns nicht länger. Er blieb zu Hause und war schlechter Laune.

Wochenlang fand ich mich mit dieser Situation ab und vermied jede Konfrontation, weil ich hoffte, daß er seine Lethargie abschütteln würde. Ich war sicher, daß dies nicht mehr lange so weiter gehen konnte.

Aber mit der Zeit wurden die Wochen zu Monaten. Ich verbrachte mehr Tage in Bannister bei meinem Vater und weniger Zeit zu Hause, wo mir Moody mit seiner Teilnahmslosigkeit nur immer mehr auf die Nerven fiel. Wir hatten kein Einkommen, und unsere Ersparnisse schrumpften.

Nachdem ich eine Auseinandersetzung, so lange ich konnte, hinausgezögert hatte, explodierte ich endlich eines Tages.

»Fahr nach Detroit und such dir eine Arbeit!« sagte ich.

Moody sah mich böse an. Er haßte es, wenn ich meine Stimme erhob, aber das war mir egal. Er zögerte und überlegte, wie er mit der Forderung seiner Frau umgehen sollte. »Nein«, sagte er dann einfach und endgültig und ging aus dem Zimmer.

Mein Wutausbruch stürzte ihn in eine gesprächigere Phase seiner Depression. Fortwährend ritt er auf einem einzigen Grund herum, den er für alle Probleme verantwortlich machte, die ihm jemals widerfahren waren: »Ich bin vom Dienst suspendiert, weil ich Iraner bin. Wenn ich kein Iraner wäre, wäre das niemals geschehen.«

Einige Ärzte im Krankenhaus waren immer noch auf Moodys Seite. Sie schauten gelegentlich vorbei, um Hallo zu sagen und äußerten sich mir gegenüber besorgt über Moodys Trübsinngkeit. Einer von ihnen, der ziemlich viel Erfahrung in der Behandlung von emotional gestörten Patienten hatte, bot an, regelmäßig vorbeizukommen, damit er und Moody miteinander reden konnten.

»Nein«, erwiderte Moody. »Ich will darüber nicht sprechen.«

Ich bat ihn, zu einem Psychiater zu gehen.

»Ich weiß mehr als sie«, sagte er. »Die können mir doch nicht helfen.«

Keiner unserer Freunde und Verwandten war sich über das Ausmaß im klaren, in dem sich Moodys Persönlichkeit veränderte. Wir hatten längst aufgehört, Gäste einzuladen, aber das war verständlich im Hinblick auf unsere finanziellen Sorgen. Unsere Freunde und Verwandten führten ihr eigenes Leben, hatten eigene Probleme, die sie lösen mußten. Sie konnten sich den Umfang von Moodys Depression nicht vorstellen, wenn wir es ihnen nicht erzählten. Er konnte es nicht, und ich wollte nicht.

Ich suchte mir eine Teilzeitbeschäftigung und wurde in einem Anwaltsbüro angestellt. Moody war wütend auf mich, weil er meinte, daß es die Aufgabe einer Ehefrau sei, zu Hause zu bleiben und für ihren Mann zu sorgen.

Mit jedem Tag wurde seine Stimmung schlechter als am Tag zuvor. Sein Ego zerbrach schon an der Unterbrechung seiner Karriere, und meine Arbeit empfand er als erneute Erniedrigung seiner Männlichkeit. Er wehrte sich, versuchte seine Herrschaft über mich wiederzugewinnen, indem er von mir verlangte, daß ich jeden Mittag von der Arbeit nach Hause kam, um ihm sein Essen zu machen. Ich fügte mich dieser lächerlichen Forderung, zum Teil, um ihn zu beruhigen, und zum Teil, weil mich die Ereignisse der letzten Monate beunruhigt und verwirrt hatten. Ich hatte keine klare Vorstellung mehr von der Rollenverteilung in unserer Ehe. Oberflächlich mochte ich vielleicht als die Stärkere erscheinen, aber wenn das der Fall war, warum rannte ich dann nach Hause, um für ihn Essen zu kochen? Ich wußte keine Antwort.

Mittags fand ich ihn häufig noch im Bademantel. Er hatte den ganzen Morgen noch nichts getan, außer sich so wenig wie möglich um die Kinder zu kümmern. Nachdem ich seine Mahlzeit zubereitet hatte, eilte ich wieder zur Arbeit. Abends würde ich das schmutzige Geschirr immer noch auf dem Tisch vorfinden, und das Essen wäre kaum angerührt. Mein Mann würde auf dem Sofa liegen und dahinvegetieren.

Wenn er sich darüber aufregte, daß ich arbeitete, fragte ich ihn, warum *er* denn nichts täte.

Diese merkwürdige Situation zog sich über ein Jahr lang hin. Es war eine Zeit, in der mein Berufsleben mich immer mehr ausfüllte, während mein Privatleben immer bedeutungsloser wurde. Meine Arbeit, anfangs als Teilzeitjob geplant, wurde zu mehr als einer Vollzeitbeschäftigung.

Mein Gehalt war natürlich unserem bisherigen Lebensstandard nicht angemessen, und als unsere Ersparnisse zur Neige gingen, setzte ich noch einmal meinen Willen meinem Mann gegenüber durch und bot unser wunderschönes Haus zum Verkauf an.

Ich stellte ein Schild in unserem Vorgarten auf, auf dem zu lesen war: HAUS VOM BESITZER ZU VERKAUFEN, und wartete, was geschehen würde. Wenn wir Glück hatten, konnten wir so die Maklergebühren sparen.

Wochenlang berichtete Moody, daß Dutzende von Paaren vorbeigekommen waren, um sich unser nettes Häuschen mit seinem spektakulären Blick über den Fluß anzusehen, aber niemand hatte ein Angebot gemacht. Ich vermutete, daß Moody entweder den Leuten absichtlich vom Kauf abriet, oder daß seine düstere, schlampige Erscheinung sie verschreckte.

Schließlich erwähnte Moody eines Abends, daß ein Ehepaar an dem Haus interessiert gewesen war und am nächsten Tag wiederkommen wollte, um es sich noch einmal anzusehen. Ich beschloß, zu Hause zu sein, wenn sie eintrafen.

Als ich zur verabredeten Zeit von der Arbeit nach Hause ging, fand ich das Haus in totaler Unordnung vor. Ich schickte Moody weg, eine erfundene Besorgung zu machen, eilte umher, um alles in Ordnung zu bringen, und führte das Haus dann selbst vor.

»Es gefällt uns«, sagte der Mann zu mir, »aber bis wann könnten Sie ausziehen?«

»Wann wollen Sie das Haus haben?«

»In zwei Wochen.«

Das brachte mich ein bißchen aus der Fassung, aber sie waren einverstanden, unsere Hypothek zu übernehmen, und uns den Differenzbetrag bar auszuzahlen. Nach unseren Ausgaben würden wir mehr als zwanzigtausend Dollar übrigbehalten, und wir brauchten das Geld dringend.

»In Ordnung«, sagte ich.

Als Moody wieder nach Hause kam und von dem Geschäft erfuhr, wurde er fuchsteufelswild. »Wohin sollen wir denn in zwei Wochen ziehen?« tobte er.

»Wir brauchen das Geld«, sagte ich fest. »Wir müssen das Geld haben.«

Wir stritten lange, konzentrierten uns auf das augenblickliche Problem, schöpften aber auch aus unseren verschiedenen Reservoirs von aufgestauten Enttäuschungen. Es war ein ungleicher Kampf, denn Moody hatte kaum noch Widerstandskraft für eine solche Auseinandersetzung. Er unternahm einen schwachen Versuch, seine Autorität als Familienoberhaupt zu behaupten, aber wir beide wußten, daß er auf den Thron verzichtet hatte.

»Du hast uns in diese Situation gebracht«, sagte ich wütend. »Wir werden nicht warten, bis wir nichts mehr besitzen. Wir verkaufen jetzt.«

Ich zwang ihn dazu, den Verkaufsvertrag zu unterzeichnen.

Die nächsten zwei Wochen waren hektischer als alle vorherigen. Ich räumte alle Schränke und Schubladen aus und packte die Reste unseres Lebens in Alpena ein, obwohl ich nicht wußte, wohin wir jetzt gehen sollten. Moody half mir nicht dabei.

»Pack wenigstens deine Bücher zusammen«, sagte ich. Er hatte eine große Bibliothek, die sich in medizinische Wälzer und islamische Propaganda aufteilte. Eines Morgens drückte ich ihm ein paar Pappkartons in die Hand und sagte: »Du packst deine Bücher *heute* ein!«

Am Ende des anstrengenden Tages, als ich spät von der Arbeit nach Hause kam, fand ich ihn lustlos herumsitzend, immer noch im Morgenrock, unrasiert und ungewaschen. Seine Bücher standen noch in den Regalen. Wieder ging ich in die Luft.

»Ich verlange, daß du heute abend deinen Koffer packst. Morgen setzt du dich ins Auto und fährst nach Detroit, und du kommst mir nicht eher zurück, bis du eine Arbeit gefunden hast. Ich habe jetzt endgültig genug. So werde ich keine Minute länger leben.«

»Ich kann keine Arbeit finden«, wimmerte er.

»Du hast es noch nicht versucht.«

»Ich kann mir keine Stelle suchen, bis meine Suspension vom Krankenhaus nicht aufgehoben ist.«

»Du mußt ja nicht unbedingt Anästhesie machen. Du kannst als praktischer Arzt arbeiten.«

Er war geschlagen und konnte sich nur noch mit fadenscheinigen Entschuldigungen zur Wehr setzen. »Ich habe seit Jahren nicht mehr als praktischer Arzt gearbeitet«, sagte er kleinlaut. »Ich will keine Allgemeinmedizin machen.«

Er erinnerte mich an Reza, der keinen Job in den USA annehmen wollte, wenn er nicht gleich Chef der Firma werden konnte. »Es gibt eine Menge Dinge, die ich tun muß, obwohl ich eigentlich nicht möchte«, sagte ich, und meine Verärgerung wuchs. »Du hast mein Leben schon in so vielerlei Hinsicht zerstört. Ich will mit dir nicht mehr länger so leben. Du bist stinkfaul. Du nutzt die Situation aus. Du wirst nie eine Stelle finden, wenn du nur hier herumsitzt. Du mußt dich aufmachen und danach suchen. Sie wird dir nicht von Gott gegeben werden. Jetzt mach dich auf den Weg und komm nicht eher zurück, bis du Arbeit gefunden hast oder«, die Worte purzelten heraus, bevor mir klargeworden war, was ich sagte, »oder ich lasse mich von dir scheiden.«

Keine Frage, mein Ultimatum war ernst gemeint.

Moody tat, was ich ihm gesagt hatte. Am nächsten Abend rief er mich von Detroit aus an. Er hatte einen Job an der Klinik bekommen. Er würde am folgenden Montag, dem Tag nach Ostern, anfangen.

Warum, fragte ich mich, hatte ich bloß so lange gewartet? Und warum hatte ich mich in der Vergangenheit nicht öfter durchgesetzt? Am Osterwochenende 1983 waren wir in heller Aufregung. Wir sollten am Karfreitag aus unserem

Haus ausziehen, und Moody mußte am darauffolgenden Montag in Detroit seine Stelle antreten. Am Mittwoch hatten wir immer noch keine Wohnung gefunden. Die Hektik war entsetzlich, und dennoch war ein befriedigendes Gefühl dabei. Wenigstens taten wir *etwas*.

Ein Kunde aus dem Büro, in dem ich arbeitete, er war stellvertretender Vorsitzender einer örtlichen Bank, hörte von unserem Dilemma und bot uns eine Übergangslösung an. Ihm war gerade ein Haus aus einer Zwangsvollstreckung übereignet worden, und er machte den Vorschlag, es monatlich an uns zu vermieten. Wir unterzeichneten den Mietvertrag am Mittag des Karfreitags und fingen sofort an, unsere Sachen in das Haus hinüberzuschaffen.

Über das Wochenende zeigte Moody ein bißchen Energie, als er mir dabei half, den Haushalt einzurichten. Am Sonntag gab er mir einen Abschiedskuß, bevor er sich zur fünfstündigen Fahrt nach Detroit aufmachte. Es war das erste Mal seit Monaten, daß er mich geküßt hatte, und ich fühlte einen Hauch von Begehren, der mich überraschte. Er freute sich nicht auf die eintönige Plackerei in der Klinik, aber ich konnte sehen, daß er sich schon besser fühlte. Für sein ziemlich angeschlagenes Ego war es sehr gut gewesen, daß er so einfach eine Stelle bekommen hatte. Die Bezahlung war sehr gut, wenn auch nicht mit seinem Krankenhausgehalt in Alpena zu vergleichen, und betrug dennoch beinahe neunzigtausend Dollar im Jahr.

Nach kurzer Zeit befanden wir uns in einer täglichen Routine, die der der ersten Jahre unserer Bekanntschaft auf wohltuende Weise vergleichbar war. Während der Woche gingen wir unseren verschiedenen Geschäften nach, und an den Wochenenden wechselten wir uns ab, nach Alpena und Detroit zu fahren.

Moodys Gemütsverfassung regenerierte sich langsam wieder. »Wir kommen prima miteinander aus!« sagte er mir bei einem Besuch. Er war immer überglücklich, uns zu sehen.

Mahtab sprang in dem Moment, in dem sie ihn sah, in seine Arme und war froh, daß ihr Daddy wieder wie früher war.

Frühling, Sommer und Herbst flogen vorbei. Wenn Moody Detroit auch haßte, obwohl ihm in der großstädtischen Umgebung viel weniger Intoleranz zu begegnen schien, war er davon überzeugt, daß seine berufliche Zukunft in der einen oder der anderen Ausrichtung dort lag.

Ich für meinen Teil fühlte mich endlich wieder frei. Während der Woche traf ich sämtliche Entscheidungen. An den Wochenenden verliebte ich mich wieder. Vielleicht war dies ein Arrangement, wie wir es brauchten, damit unsere Ehe funktionierte.

Eine Zeitlang war ich zufrieden.

Im März 1984 erhielt ich einen Anruf aus Teheran. Eine Männerstimme sprach in stockendem Englisch mit einem starken Akzent und gab sich als Mohammad Ali Ghodsi aus. Er sagte, er sei einer von Moodys Neffen. Angesichts der Neigung der Familie zu Mischehen konnte das alles mögliche bedeuten. Anscheinend gab es Hunderte von Iranern, die Moody als seine Neffen betrachtete.

Er erkundigte sich, wie es Mahtab und mir ging, versuchte ein nichtssagendes Gespräch anzufangen. Als er nach Moody fragte, schrieb ich seine Telefonnummer auf und sagte, ich würde Moody ausrichten, daß er ihn zurückrufen sollte.

Ich gab die Nachricht nach Detroit weiter, und Moody rief mich am Abend nochmal an. Es war Mammal gewesen, berichtete er, der vierte Sohn seiner Schwester Ameh Bozorg. Moody erklärte, daß Mammal schon immer zu dünn gewesen war, aber in den letzten paar Monaten noch mehr Gewicht verloren hatte. Die Ärzte in Teheran hatten ein Magengeschwür diagnostiziert und eine Operation durchgeführt, aber er war immer schwächer geworden. In seiner Verzweiflung war er zu einer Untersuchung in die

Schweiz geflogen. Die Schweizer Ärzte teilten ihm mit, daß die iranischen Chirurgen die erste Operation verpfuscht hatten und daß sein Magen vollkommen neu wieder zusammengenäht werden mußte. Er hatte jetzt seinen Onkel in Amerika angerufen, um dessen Rat zu hören, wo er die Operation ausführen lassen sollte.

»Ich habe ihm nicht gesagt, was er tun soll«, sagte Moody. »Was denkst du?«

»Laß ihn herbringen«, schlug ich vor. »Wir können ihm helfen, ein Krankenhaus zu finden, wo er sich operieren lassen kann.«

Moody war glücklich mit dieser Idee. »Aber«, sagte er, »es ist ziemlich schwer, Geld mit aus dem Iran hinauszunehmen.«

»Warum bezahlst du nicht für die Operation?« fragte ich. »Ich würde auch von dir erwarten, das für meine Familie zu tun, wenn es nötig wäre.«

»Okay. Großartig!«

Die Vorbereitungen wurden getroffen, und innerhalb weniger Tage saß Mammal in einem Flugzeug in die Vereinigten Staaten. Laut Flugplan sollte er an einem Freitag Anfang April ankommen. Moody wollte ihn am Flughafen abholen, und von da aus dann direkt übers Wochenende nach Alpena kommen, damit Mammal uns kennenlernen konnte.

Anders als die lärmenden Revolutionäre, die in Corpus Christi in unser Leben eingedrungen waren, verhielten sich die meisten Iraner, die ich hier kannte, kultiviert und höflich. Sicher, sie hatten etwas altmodische Ansichten über Frauen, aber das drückte sich normalerweise in vornehmer Höflichkeit aus, die eigentlich eher schmeichelhaft war. Ich hatte mir vorgenommen, eine großzügige Gastgeberin für Moodys Neffen zu sein. Mit Freuden bereitete ich ein iranisches Abendessen vor, während ich und die Kinder auf die Ankunft der Männer warteten..

Unglücklicherweise haßte ich Mammal von dem Moment an, als er durch die Tür kam. Er war von kleiner Statur, wie die meisten iranischen Männer. Dennoch, oder vielleicht gerade deswegen, legte er ein anmaßend großspuriges Benehmen an den Tag. Durch seinen Stoppelbart wirkte er ungepflegt. Er hatte kleine tiefliegende Augen, die geradewegs durch mich hindurch starrten, als ob ich überhaupt nicht existierte. Sein ganzes Gebaren schien zu sagen: Wer bist du schon? Ich bin mehr wert als du!

Außerdem fand ich seinen Einfluß auf Moody beunruhigend. »Du mußt uns in Teheran besuchen kommen. Alle warten darauf, dich und Mahtab zu sehen.« Das waren beinahe die ersten Worte aus seinem Mund. Ich war von dem Gedanken entsetzt. An diesem ersten Abend verbrachten die Männer Stunden damit, sich aufgeregt in Farsi zu unterhalten. Vielleicht war das verständlich, denn sie konnten viele Neuigkeiten über die Familie austauschen, aber ich fürchtete, Moody könnte Mammals Einladung ernstnehmen. Doch da sie nur in Farsi sprachen, obwohl Mammals Englisch ganz ordentlich war, schlossen sie mich völlig aus ihrer Unterhaltung aus.

Nach kurzer Zeit begann ich, die noch verbleibenden Stunden des Wochenendes zu zählen, und freute mich schon auf einen ruhigen Sonntagabend, wenn Moody und Mammal wieder auf dem Weg zurück nach Detroit sein würden. Aber am Sonntag nachmittag sagte Moody zu mir: »Laß ihn hier bei dir wohnen, während ich die Vorbereitungen für seine Operation treffe.«

»Nein«, sagte ich. »Er ist dein Neffe und dein Gast.«

Ruhig wies Moody darauf hin, daß er in der Klinik arbeiten mußte. Mammal brauchte Pflege. Er war auf eine Schon-Diät gesetzt worden. Ich konnte ein paar Tage nicht zur Arbeit gehen, bis der Termin für die Operation feststand.

Ich beschloß, das Beste daraus zu machen. Ich hatte

Mitleid mit Mammal, weil die Fluglinie sein Gepäck verschlampt hatte. Meine Freundin Annie Kuredjian, eine Amerikanerin, die Schneiderin war, begleitete mich, um für Mammal neue Kleidung zum Wechseln zu kaufen. Annie änderte alle Sachen, damit sie Mammals ungewöhnlich schlanker Statur paßten.

Mammal nahm die Kleidungsstücke ohne Dank entgegen, verstaute sie in seinem Zimmer und trug weiterhin dasselbe stinkende Hemd und seine Bluejeans.

Als Mammals Koffer gefunden worden war und ihm endlich geschickt wurde, war er voller Geschenke für uns. Aber Kleidungsstücke waren nicht eingepackt worden. Obwohl Mammal vermutlich mehrere Monate in den Vereinigten Staaten sein würde, hatte er offensichtlich vor, täglich dieselben Sachen zu tragen.

»Willst du nicht, daß ich dir deine Kleider mal wasche?« fragte ich.

»Nein«, desinteressiert schüttelte er den Kopf.

Als Moody am folgenden Wochenende nach Hause kam, fand ich es unglaublich, daß er den Gestank nicht bemerkte, bis ich ihn darauf hinwies. »Geh und zieh deine Kleider aus, damit Betty sie waschen kann«, befahl Moody Mammal. »Und geh auch unter die Dusche.«

Moodys Neffe gehorchte und schnitt eine Grimasse. Duschen war ein seltenes Ereignis in seinem Leben, und er sah es eher als unangenehme Belästigung denn als neue Erfahrung an.

Zwei ganze Wochen lang war Mammal ein fauler, anspruchsvoller, unverschämter Gast in meinem Haus, bis ich ihn zu seiner Operation ins Krankenhaus von Carson City fuhr. Ich machte einen Besuch bei meiner Familie, kehrte dann nach Alpena zurück und entließ Mammal aus meinem Leben.

Später erzählte Moody mir, daß Mammal beleidigt gewesen war, weil ich mir nicht noch einmal frei genommen, für die Nacht einen Babysitter für die Kinder besorgt und die vierstündige Fahrt noch einmal auf mich genommen hätte, um ihm bei seiner Operation beizustehen.

Zehn Tage vergingen, in denen Mammal im Krankenhaus blieb, um sich zu erholen. Dann fuhr Moody seinen genesenden Neffen von Carson City nach Alpena und stellte ihn nochmals unter meine Obhut.

»Nein, ich will nicht mehr für ihn sorgen«, protestierte ich. »Was ist, wenn ihm etwas zustößt? Du bist der Arzt. Du kannst auf ihn aufpassen.«

Moody hörte meine Proteste kaum. Er fuhr nach Detroit zurück und ließ Mammal bei mir.

Ich haßte mich dafür, daß ich wieder die Rolle der sich unterordnenden Ehefrau angenommen hatte, dennoch spielte ich das Kindermädchen und bereitete ihm die fünf Schonkost-Mahlzeiten, die er täglich verschrieben bekommen hatte. Er mochte mein Essen genauso wenig wie ich für ihn kochen mochte. Es schien jedoch keinen anderen Ausweg zu geben, als die Zeit zu ertragen, bis Mammal so bei Kräften war, daß er in den Iran zurückkehren konnte.

Moody nahm an, daß Mahtab sofort eine Zuneigung für Mammal fassen würde. Er versuchte sie dazu zu zwingen, einige Zeit mit seinem Neffen zu verbringen, aber Mahtab reagierte auf den schmuddeligen Iraner genauso wie ich.

»Laß sie doch in Ruhe«, schlug ich vor. »Mahtab kann man nicht zu einer Freundschaft zwingen. So ist sie nun mal. Das weißt du genau. Versuch, ihr nicht besonders viel Aufmerksamkeit zu widmen, sie wird schon kommen, wenn sie es für richtig hält.«

Moody wollte nicht auf mich hören. Er verhaute Mahtab sogar ein paar Mal, weil sie vor Mammal zurückschreckte.

In der Woche, wenn Moody in Detroit war, rief er Mammal jeden Abend an. Sie sprachen in Farsi, manchmal stundenlang, und ich kam schnell zu dem Schluß, daß Moody Mammal dazu benutzte, mein Verhalten auszuspionieren. Eines Abends legte Mammal zum Beispiel plötzlich den Hörer hin und sagte mir, daß Moody mich sprechen wollte. Mein Mann war wütend. Warum hatte ich Mahtab gegen seine ausdrückliche Anordnung eine bestimmte Fernsehsendung sehen lassen?

Unsere friedlichen Wochenenden gehörten der Vergangenheit an. Moody kam jetzt nach Alpena, um Samstag und Sonntag im Gespräch mit Mammal zu verbringen, sich über Familienangelegenheiten unterrichten zu lassen und wieder einmal vom Ayatollah Khomeini zu schwärmen, wobei sie die westlichen – und besonders die amerikanischen – Sitten und Moralvorstellungen verunglimpften.

Was sollte ich tun? Jedes Wochenende brach bei meinem Mann, der fünfundzwanzig Jahre lang amerikanisiert worden war, wieder verstärkt seine iranische Persönlichkeit durch. Solange Mammal da war, wurde die Liebe zu meinem Mann auf eine harte Probe gestellt. Ich hatte den amerikanischen Moody geheiratet; dieser iranische Moody war ein unwillkommener Fremder. Und dazu kam, daß er und Mammal fortwährend davon sprachen, Mahtab und mich zu einem Besuch bei der Familie in Teheran mitzunehmen.

An den Wochenenden zogen sie sich zurück und führten ausgedehnte, erregte, aber unverständliche Gespräche. Obwohl sie Farsi sprachen, senkten sie ihre Stimmen immer, wenn ich das Zimmer betrat.

»Wann fährt er denn endlich wieder?« fragte ich eines Tages verzweifelt.

»Er kann uns nicht verlassen, bis die Ärzte ihre Zustimmung geben«, antwortete Moody.

Zwei Ereignisse beschworen eine Krise herauf. Erstens fand die Bank einen Käufer für das Haus, das wir gemietet hatten, so daß wir gezwungen waren, umzuziehen. Ungefähr zur selben Zeit wurde meine Arbeitszeit im Anwaltsbüro gekürzt. Allen Beteiligten war klar, daß es für mich Zeit zum Umziehen wurde.

Und Moody wußte schon, wohin ich ziehen sollte. Er verkündete, daß es an der Zeit für uns war, unser Leben neu anzufangen, und den Wochenend-Familienstatus aufzugeben.

Ich wollte nicht umziehen, und ich war überhaupt nicht sicher, ob ich meine Unabhängigkeit aufgeben wollte. Aber ich wußte, daß Mammal bald in den Iran zurückkehren würde, und ich setzte große Hoffnung darauf, daß Moody und ich dann unseren früheren, eleganten und bequemen Lebensstil wieder aufnehmen konnten. Obwohl des Thema nicht angeschnitten wurde, war meine einzige Alternative dazu eine Scheidung. Soviel wurde durch die Stärke von Moodys Drängen deutlich. Also willigte ich ein, nach Detroit zu ziehen. Das Schlimmste lag hinter uns, glaubte, hoffte, betete ich. Ich würde versuchen, wirklich versuchen, unsere Ehe noch einmal zu kitten.

Dennoch traf ich eine Vorsichtsmaßregel. Da ich mir über meine Zukunft nicht sicher war, fürchtete ich eine Schwangerschaft. In der Woche vor dem Umzug ging ich zum Arzt und ließ mir eine Spirale einsetzen.

Moody hatte die ganze Zeit in einem kleinen Apartment gelebt, so daß wir uns jetzt erneut auf Wohnungssuche begeben mußten. Ich hatte angenommen, daß wir ein Haus kaufen würden, aber Moody bestand darauf, eine Zeitlang eine Wohnung zu mieten und das passende Fleckchen Land zu suchen, auf dem wir dann unser eigenes Traumhaus bauen wollten. Noch bevor ich genau wußte, was vorging, mieteten wir ein Haus in Southfield und zogen ein: ich, Moody, Joe, John, Mahtab ... und Mammal.

Ich meldete Mahtab an einer exzellenten Montessori-Schule im nahegelegenen Birmingham an, die von einer Frau geleitet wurde, die das Konzept von Montessori aus Europa nach Amerika gebracht hatte.

Moody kaufte mir ein neues Auto, und fast jeden Tag nahm ich Mammal mit, damit er sich die Sehenswürdigkeiten von Detroit ansehen oder einfach nur, damit er mit dem Geld, das Moody ihm großzügig gab, einkaufen konnte. Mammals Benehmen war so unangenehm und herablassend wie immer, aber trotzdem schien er zu glauben, daß ich von seiner Gegenwart entzückt war. In Wirklichkeit lebte ich natürlich nur für den Tag, an dem er in den Iran zurückkehren würde.

Mammal blieb bis Mitte Juli bei uns, und als sich der Tag seiner Abreise näherte, bestand er immer hartnäckiger darauf, daß wir – Moody, Mahtab und ich – die Familie in Teheran besuchen sollten. Zu meinem Entsetzen willigte Moody ein und kündigte an, daß wir im August zu einem zweiwöchigen Urlaub kommen würden. Joe und John konnten solange bei ihrem Vater bleiben.

Plötzlich nahmen Moodys und Mammals geheime, spätabendliche Unterhaltungen eine viel bedrohlichere Form an. Während der wenigen Tage vor Mammals Abreise verbrachte Moody jede freie Minute mit ihm. Heckten sie einen Plan aus?

Einmal konfrontierte ich sie mit meinen dunkelsten Ängsten. »Was macht ihr eigentlich?« fragte ich. »Plant ihr, Mahtab zu entführen und sie nach Teheran zu schaffen?«

»Mach dich nicht lächerlich«, sagte Moody. »Du bist ja verrückt. Du brauchst einen Psychiater.«

»Ich bin nicht so verrückt, mit in den Iran zu fahren. Du kannst ja gehen. Die Kinder und ich bleiben hier.«

»Du und Mahtab, ihr kommt mit mir«, sagte Moody. »Ich lasse dir keine Wahl.«

Natürlich hatte ich eine Wahl. Es war eine bittere, aber sie begann in meinem Kopf Gestalt anzunehmen. Ich setzte immer noch auf die Hoffnung, daß wir unsere Ehe wieder flicken konnten, besonders wenn Mammal erst weg war. Ich wollte mich und die Kinder nicht der traumatischen Belastung einer Scheidung aussetzen. Aber ich wollte auch nicht in den Iran fahren.

Moody schwächte seine Haltung ab und versuchte mit mir zu diskutieren. »Warum willst du denn nicht fahren?« fragte er.

»Weil ich weiß, daß ich, wenn ich mitkomme und du beschließt, dort zu bleiben, nicht mehr nach Hause kann.«

»So, das beunruhigt dich also«, sagte Moody freundlich. »Ich würde dir so etwas niemals antun. Ich liebe dich.« Plötzlich hatte er eine Idee. »Bring mir den Koran.«

Ich holte das heilige Buch des Islam von seinem Platz in unserem Bücherregal und gab es meinem Mann.

Er legte seine Hand auf den Deckel und erklärte: »Ich schwöre auf den Koran, daß ich dich nie zwingen würde, im Iran zu bleiben. Ich schwöre auf den Koran, daß ich dich niemals zwingen würde, irgendwo gegen deinen Willen zu bleiben.«

Mammal gab mir seinerseits ein Versprechen: »Das könnte nie geschehen«, versicherte er mir. »Unsere Familie würde so etwas nicht zulassen. Ich verspreche dir, daß das nicht passieren wird. Ich verspreche, wenn es je irgendein Problem geben sollte, wird unsere Familie sich darum kümmern.«

Sofort überkam mich ein Gefühl der Erleichterung. »Okay«, sagte ich. »Wir fahren.«

Moody brachte die Flugtickets mit. Der 1. August kam schneller, als mir lieb war. Obwohl mein Mann dieses dramatische und feierliche Versprechen auf den Koran geleistet hatte, wurde ich von immer größeren Zweifeln geplagt. Seine aufgeregte Vorfreude wuchs. Er verbrachte Stunden damit, alle iranischen Bücher zu verschlingen, die er in die Finger bekam. Er sprach liebevoll von seiner Familie – besonders von Ameh Bozorg. Er fing an, seine Gebete zu sagen. Wieder verwandelte er sich vor meinen Augen von einem Amerikaner in einen Iraner.

Heimlich suchte ich eine Rechtsanwältin auf. »Ich muß

mit ihm fahren oder mich scheiden lassen«, erklärte ich. »Ich will nicht in den Iran fahren. Ich habe Angst davor, daß er mich, wenn ich dorthin fahre, nicht wieder nach Hause läßt.«

Wir diskutierten diese Möglichkeit, und während wir sprachen, überfiel mich noch eine andere Angst. Die Möglichkeit einer Scheidung war auch riskant – vielleicht sogar riskanter als die Reise selbst. Wenn ich mich scheiden lassen wollte, wenn ich mich von Moody abwandte, würde er mich aus seinem Leben streichen. Es würde für ihn keinen Weg mehr geben, *mich* in den Iran zu bringen, aber was war mit *Mahtab*? Wenn er sie mit in den Iran nehmen würde und beschlösse, dort zu bleiben, hätte ich meine Tochter für immer verloren.

»Müßte er denn das Recht zugesprochen bekommen, seine Tochter zu besuchen?« fragte ich. »Könnten wir nicht einen Richter von der Gefahr überzeugen und ihn dazu bringen, Moody von Mahtab fernzuhalten?«

Die Rechtsanwältin wies jedoch darauf hin, daß das amerikanische Gesetz eine Bestrafung vor dem eigentlichen Verbrechen nicht zuläßt. »Er hat ja noch kein Verbrechen begangen. Es gibt keinen Grund, weshalb sie ihm das Besuchsrecht vorenthalten könnten.«

»Ich sehe es wirklich nicht gern, wenn Sie in den Iran fahren«, fuhr sie fort. »Aber ich kann nichts Schlimmes daran finden. Vielleicht hat Moody ja auch nur über so lange Zeit unter großem Druck gestanden und ist so deprimiert gewesen, daß es ihm wieder besser gehen wird, wenn er erst seine Familie gesehen hat. Vielleicht kommt er dann zu einem neuen Anfang zurück. Ich glaube fast, es könnte ihm guttun, daß er fährt.«

Die Unterhaltung machte mich noch verwirrter, als ich vorher gewesen war. Wenn ich die Scheidung einreichte, würde Moody mir meine Tochter wegnehmen und zu einem trostlosen Leben im Iran verdammen. Ich hatte keine Wahl, als darauf zu spekulieren, daß unabhängig davon, was für wirkliche oder eingebildete Komplotte in Moodys bedrücktem Geist auch herumwirbelten, die gesellschaftlichen Unterschiede ihn letztendlich doch davon überzeugen würden, in die Vereinigten Staaten zurückzukehren. Damals konnte ich mir nur vorstellen, wie trostlos das Leben im Iran sein mußte, aber ich mußte es darauf ankommen lassen, daß zwei Wochen für Moody genug sein würden.

Der wirkliche Grund, weshalb ich Mahtab in den Iran mitnehmen würde, war folgender: Ich war verdammt, wenn ich es tat, aber Mahtab wäre verdammt gewesen, wenn ich es nicht getan hätte.

Der Tag kam. Mahtab und ich packten nur wenig ein, um Platz für die Geschenke zu lassen, die wir mit in den Iran nehmen wollten. Aber Moody hatte mehrere Taschen. Eine war mit rezeptpflichtigen Medikamenten vollgestopft, die er, wie er sagte, dem örtlichen medizinischen Versorgungszentrum spenden wollte. Im letzten Moment kam Mahtab noch auf die Idee, ihren Hasen mitzunehmen.

Und so hoben wir am 1. August 1984 ab, flogen zuerst nach New York und dann nach London. Dort hatten wir einen zwölfstündigen Aufenthalt, Zeit genug, um uns umzusehen. Ich kaufte Mahtab ein britisches Puppenpärchen. Als die Stunden vergingen, wurde bei mir die Angst, erneut ein Flugzeug zu besteigen, immer größer.

Während wir auf dem Flughafen in Heathrow warteten, kurz vor unserem Flug über Zypern nach Teheran, begann Moody eine Unterhaltung mit einem iranischen Arzt, der sich auf der Heimreise von einem Besuch in den USA befand.

»Gibt es irgendwelche Schwierigkeiten, wieder aus dem Land heraus zu kommen?« fragte ich nervös.

»Nein«, beruhigte er mich.

Der iranische Arzt gab uns einige Tips, wie man am besten durch den Zoll kam. Die Iraner, erklärte er, erhoben sehr hohe Einfuhrzölle auf alle in den USA hergestellten Waren, die in ihr Land gebracht wurden. »Wenn Sie ihnen sagen, daß Sie dort bleiben und arbeiten wollen, müssen Sie vielleicht keinen Zoll bezahlen«, riet er uns.

So etwas wollte ich nicht hören, noch nicht mal, wenn es nur darum ging, Geld zu sparen.

»Aber wir bleiben doch nicht –«

»Ich weiß«, unterbrach er.

»Wir haben überhaupt nicht vor, im Iran zu bleiben«, fuhr ich fort. »Wir bleiben nur zwei Wochen dort und kommen dann sofort wieder zurück.«

»Ja«, sagte er. Dann fingen er und Moody an, sich in Farsi zu unterhalten.

Als es Zeit war, an Bord der Maschine zu gehen, zitterte ich am ganzen Körper. Ich wollte schreien, mich umdrehen und die Rampe hinunterrennen, aber mein Körper gehorchte meinem Herzen nicht. Mit Mahtab, die sich zuversichtlich an meine Hand klammerte, bestiegen wir das Flugzeug, fanden unsere Plätze und schnallten uns an.

Auf dem Flug nach Zypern überdachte ich noch einmal die Zwickmühle, in der ich mich befand. Als die Räder den Boden der Mittelmeerinsel berührten, wußte ich, daß meine letzte Chance gekommen war. Ich sollte Mahtab nehmen, aus der Maschine rennen und den nächsten Flug nach Hause nehmen. Ich erwog diese letzte Möglichkeit in der Tat, aber ich konnte noch die Worte der Rechtsanwältin hören: »Er hat kein Verbechen begangen. Es gibt keinen Grund, weshalb Sie ihm das Besuchsrecht bei Mahtab vorenthalten könnten.«

Ich hätte sowieso nicht aus diesem Flugzeug entkommen können. Als die Maschine die Landebahn entlangrollte, erklärte ein Flugbegleiter über Lautsprecher, daß in Zypern nur ein kurzer Zwischenstopp war. Passagiere, die nach Teheran weiterflogen, mußten an Bord bleiben.

Es vergingen nur ein paar Minuten. Schnell waren wir

wieder auf der Rollbahn und beschleunigten. Die Nase des Flugzeugs zeigte nach oben; die Räder verloren den Kontakt zum Boden. Ich fühlte die mächtige Schubkraft der Motoren, die uns in den Himmel trugen.

Mahtab war an meiner Seite eingeschlummert, erschöpft von unserer langen Reise.

Moody las ein iranisches Buch.

Ich saß da, vor Anspannung fast wahnsinnig, in einem Schockzustand. Ich kannte mein Reiseziel, aber nicht das Schicksal, das mich erwartete.

24

Mittwoch, der 29. Januar 1986, dämmerte so kalt und düster herauf wie meine Stimmung war. Der Spiegel zeigte mir ein rotes verquollenes Gesicht, das Ergebnis einer durchheulten Nacht. Moody brachte Mahtab zum Schulbus und sagte mir dann, daß wir zum Swissair-Büro fahren würden, um meinen Paß abzugeben, den sie dortbehalten würden, bis ich Freitag abflog.

»Ich muß mit Chamsey und *Khanom* Hakim zum *Ta'awoni*«, erinnerte ich ihn. Er konnte meine Verabredung mit der Frau des Turbanmanns nicht mißachten.

»Wir gehen vorher zu Swissair«, sagte er.

Das nahm geraume Zeit in Anspruch, denn das Büro lag ganz am anderen Ende der Stadt. Während wir im Taxi durch die Stadt holperten, kreisten meine Gedanken um die Einkaufsfahrt. Würde Moody uns drei Frauen alleinlassen? Würde ich telefonieren können?

Zu meinem Kummer begleitete Moody mich zu Chamseys Wohnung.

»Was ist los?« fragte Chamsey, als sie mein Gesicht sah.

Ich gab keine Antwort.

»Sag mir, was los ist«, verlangte sie.

Moody stand drohend dabei.

»Ich will bloß nicht nach Amerika«, weinte ich. »Moody sagt, ich muß fahren und die geschäftlichen Dinge erledigen. Ich muß alles verkaufen. Aber ich will nicht fahren.«

Chamsey begehrte gegen Moody auf: »Du kannst sie zu

einem solchen Zeitpunkt nicht zwingen, Geschäfte zu erledigen. Laß sie nur für ein paar Tage zu ihrem Vater fahren.«

»Nein«, knurrte Moody. »Ihr Vater ist gar nicht krank. Es ist ein Trick. Sie haben sich das alles ausgedacht.«

»Doch, es ist wahr!« rief ich. »Dad ist wirklich krank, und das weißt du auch.«

Vor Chamseys und Zarees Ohren schrien Moody und ich unseren Haß, den wir füreinander empfanden, heraus.

»Du bist in deiner eigenen Falle gefangen!« tobte Moody. »Dies war ein Trick, um dich nach Amerika zu holen. Jetzt mußt du fahren. Du fährst, und du wirst mir das ganze Geld hierher schicken.«

»Nein!« schrie ich.

Moody ergriff mich am Arm und zerrte mich zur Tür. »Wir gehen«, verkündete er.

»Ameh Bozorg«, sagte Chamsey. »Beruhige dich.« »Ihr müßt das in Ruhe besprechen.«

»Wir gehen!« wiederholte Moody.

Als er mich grob nach draußen zog, drehte ich mich um und rief Chamsey und Zaree zu: »Bitte, helft mir. Seht nach mir. Er wird uns etwas antun.«

Moody knallte die Tür zu.

Meinen Arm fest umklammert, zog er mich den eisigen Bürgersteig entlang zu den Hakims. Der Weg dauerte fünfzehn Minuten, und die ganze Zeit über beschimpfte er mich mit den übelsten Kraftausdrücken. Die Flüche schnitten mir nicht so tief in die Seele wie seine Worte: »Du wirst Mahtab niemals wiedersehen!«

Als wir uns dem Haus der Hakims näherten, sagte er: »Reiß dich zusammen. Du weinst keine Träne vor *Khanom* Hakim. Laß dir nichts anmerken.«

Moody nahm die von *Khanom* Hakim angebotene Tasse Tee nicht an. »Laß uns gleich zum *Ta'awoni* gehen«, sagte er.

Wir gingen zu dritt zum Laden der *Masdsched*. Moody

ließ meinen Arm keinen Augenblick los. Wir kauften einen Vorrat an Linsen und fuhren heim.

Nachmittags arbeitete Moody in seiner Praxis. Ohne ein Wort mit mir zu reden, bewachte er mich nur schweigend, wie er es noch zwei Tage lang vorhatte, bis ich das Flugzeug nach Amerika bestieg.

Nachdem sie aus der Schule gekommen war und sich versichert hatte, daß Daddy beschäftigt war, kam Mahtab zu mir in die Küche. Plötzlich sagte sie: »Mommy, bitte bringe mich heute nach Amerika.« Es war das erste Mal seit Monaten, daß sie so etwas gesagt hatte. Auch sie spürte, daß die Zeit knapp wurde.

Ich wiegte sie in meinen Armen. Die Tränen liefen uns über die Wangen, meine mischten sich mit ihren. »Mahtab, wir können jetzt nicht weg«, sagte ich. »Aber mach dir keine Sorgen. Ich fahre nicht ohne dich nach Amerika.«

Aber wie sollte ich das Versprechen halten? Konnte Moody mich schreiend und strampelnd in das Flugzeug schleppen? Wahrscheinlich ja, dachte ich, und niemand würde auch nur daran denken, ihn aufzuhalten. Er konnte mich betäuben, mich besinnungslos machen. Er bekam alles fertig.

Fereschteh kam am späten Nachmittag vorbei, um Lebewohl zu sagen. Sie wußte, daß ich zutiefst deprimiert war, und sie versuchte mich, so gut es ging, zu trösten. Ich konnte ihr nun nichts mehr vorspielen, und auch nicht meinen anderen Freunden oder Moody. Ich konnte nicht mehr so tun, als wäre ich die glückliche moslemische Ehefrau. Wozu?

Moody drängte sich auf und verlangte nach Tee. Er fragte Fereschteh nach ihrem Mann, und das führte zu neuen Tränen. Wir hatten alle unsere Probleme.

Bitte, lieber Gott, betete ich, bitte, laß Mahtab und mich von Moody wegkommen. Bitte, bitte, bitte!

Hörte ich den Unfallwagen, oder fühlte ich ihn? Sah ich

die blinkenden Lichter, die sich durch die Fenster an der Wand spiegelten oder träumte ich sie nur? Es war keine Sirene zu hören gewesen. Er war einfach vor der Tür eingetroffen. Er war eine überirdische Erscheinung.

Ein Notfall! Moody mußte ins Krankenhaus fahren.

Seine Augen hielten meine fest. Ganze Ströme von Haß, Frustration und Verwunderung gingen unausgesprochen in unseren Blicken von einem zum anderen. Wie konnte er ins Krankenhaus fahren und mich unbewacht zurücklassen? Was konnte ich tun? Wohin sollte ich laufen? Er zögerte einen Augenblick lang, gefangen zwischen tiefem Mißtrauen zu mir und seinem Pflichtbewußtsein als Arzt. Er konnte den Notfall nicht ablehnen, aber auch nicht seine Überwachung lockern.

Fereschteh ahnte sein Dilemma: »Ich bleibe bei ihr, bis du wiederkommst«, sagte sie zu Moody.

Ohne ein weiteres Wort ergriff Moody seine Arzttasche und sprang in den wartenden Notfallwagen.

Er war fort. Ich wußte nicht, wann er wiederkommen würde. Fünf Stunden oder eine halbe Stunde – das hing von der Art des Notfalls ab.

Mein Verstand riß sich aus seiner Lethargie. Dies ist die Gelegenheit, um die ich gebetet hatte, sagte ich mir. Tu was! Jetzt!

Fereschteh war eine gute Freundin, liebevoll und vollkommen vertrauenswürdig. Ich hätte mein Leben in ihre Hände gelegt. Aber sie wußte nichts von Amahl, nichts von den Heimlichkeiten in meinem Leben. Um ihrer selbst willen konnte ich sie nicht in diese Sache verwikkeln. Ihr Mann saß im Gefängnis, weil er Gedanken gegen das Regime gehegt hatte, und das allein machte ihre Lage heikel genug. Ich durfte sie nicht noch mehr belasten.

Ich ließ ein paar Minuten vergehen und spielte dabei mit einem unbestimmten Vorrat an Zeit. Und dann sagte ich, darum kämpfend, meine Stimme gelassen klingen zu lassen: »Ich muß noch für heute abend ein paar Blumen kaufen.«

Wir waren bei unserer Nachbarin Maliheh zu einem weiteren Abschiedsessen eingeladen. Der Vorwand war glaubwürdig, denn Blumen mitzunehmen, gehörte zum guten Ton.

»Gut, ich fahre dich«, sagte Fereschteh.

Das war gut. Wir kamen so schneller aus unserer Straße und der Nachbarschaft heraus als zu Fuß. So schnell ich konnte, ohne hektisch zu wirken, packte ich Mahtab warm ein, und wir sprangen in Fereschtehs Auto. Sie parkte vor dem Blumengeschäft ein paar Straßen weiter, und als sie die Tür aufmachte, um uns aussteigen zu lassen, sagte ich. »Verlaß uns hier. Ich brauche ein bißchen frische Luft. Mahtab und ich gehen zu Fuß nach Hause.«

Selbst in meinen eigenen Ohren klang das lächerlich. Niemand hatte bei diesem Eis und Schnee das Bedürfnis nach einem Spaziergang.

»Bitte, laßt mich euch fahren«, drängte Fereschteh.

»Nein, ich brauche wirklich frische Luft. Ich will zu Fuß gehen.« Ich rutschte zum Fahrersitz hinüber und umarmte sie. »Verlaß uns«, wiederholte ich. »Fahr zu. Und vielen Dank für alles.«

Sie hatte Tränen in den Augen, als sie sagte: »Okay.«

Mahtab und ich stiegen aus dem Auto und sahen zu, wie Fereschteh davonfuhr.

Der kalte Wind schnitt uns ins Gesicht. Es war mir gleich. Ich würde die Kälte erst später spüren. Mahtab stellte keine Fragen.

Wir nahmen zwei verschiedene orangefarbene Taxis, um aus der Gegend herauszukommen und unsere Spuren zu verwischen. Endlich stiegen wir aus auf eine schneebedeckte Straße und fanden eine Telefonzelle. Mit zitternden Händen wählte ich Amahls private Büronummer. Er nahm sofort ab. »Das ist meine allerletzte Chance«, sagte ich. »Ich muß noch in dieser Minute fort.«

»Ich brauche mehr Zeit«, sagte Amahl. »Es ist noch nicht alles vorbereitet.«

»Das geht nicht. Wir müssen das Risiko auf uns nehmen. Wenn ich jetzt nicht gehe, werde ich Mahtab niemals bekommen.«

»Okay. Kommen Sie.« Er gab mir die Adresse einer Wohnung in der Nähe seines Büros und schärfte mir ein, mich davon zu überzeugen, daß wir nicht verfolgt wurden.

Ich hängte ein und wandte mich zu Mahtab um, um ihr die wunderbare Mitteilung zu machen. »Mahtab«, sagte ich, »wir sind auf dem Weg nach Amerika.«

Zu meiner Bestürzung fing sie an zu weinen.

»Was hast du?« fragte ich. »Du hast mir doch heute nachmittag gesagt, daß ich dich nach Amerika bringen soll?«

»Ja«, schnüffelte sie, »ich will nach Amerika, aber nicht sofort. Ich will erst nach Hause und meinen Hasen holen.«

Ich kämpfte um Fassung. »Hör zu«, sagte ich, »wir haben den Hasen in Amerika gekauft, stimmt's?« Sie nickte. »Wir können dir in Amerika einen neuen kaufen. Willst du nach Amerika oder willst du nach Hause zu deinem Vater?«

Mahtab trocknete sich die Tränen. Ich erblickte in den Augen meiner sechsjährigen Tochter eine wachsende Entschlossenheit, und ich wußte sofort, daß Moody es nicht gelungen war, sie gefügig zu machen. Ihre Lebensgeister waren nur geschwächt, nicht gebrochen. Sie war kein gehorsames iranisches Kind, sie war meine resolute amerikanische Tochter.

»Ich will nach Amerika«, beschloß sie.

»Komm schnell«, sagte ich, »wir müssen ein Taxi finden.«

25

»Betty?« fragte die junge Frau durch die nur spaltbreit geöffnete Tür.

»Ja.«

Sie trat beiseite und ließ uns in die Wohnung. Wir hatten über eine Stunde gebraucht, um uns im Schneesturm mit Hilfe mehrerer orangefarbener Taxis unseren Weg quer durch Teheran zu suchen. Das ließ Amahl genügend Zeit, die Vorbereitungen für unsere plötzliche Flucht in Gang zu bringen. »Amahl hat gesagt, wir sollen Ihnen etwas zu essen geben, falls Sie hungrig sind«, sagte die Frau.

Ich hatte keinen Hunger und Mahtab auch nicht. Wir hatten alles andere als Essen im Kopf. Aber mir war klar, daß wir jede Gelegenheit ergreifen mußten, um unsere Kräfte für die vor uns liegenden Anforderungen und die geheimnisvolle Ungewißheit der hereinbrechenden Winternacht wie für die kommenden gefahrvollen Tage und Nächte aufzubauen.

»Ja«, sagte ich, »bitte.«

Die Frau zog sich einen schwarzen *Rusari* über den Kopf, der ihr junges Gesicht verhüllte. Vielleicht war sie eine Studentin, dachte ich. Wieviel wußte sie von uns? Welcher Art war ihre Verbindung zu Amahl?

»Ich bin bald zurück«, sagte sie.

Sie ließ uns in unserer neuen Umgebung allein. Ich zog sogleich die Vorhänge zu.

Die Wohnung war klein und etwas verwahrlost, aber sie

war sicherer als die Straße. Im Wohnzimmer stand ein altes Sofa mit kaputten Federn. Im Schlafzimmer gab es kein Bett, lediglich aufgerollte Bettdecken lagen auf dem Fußboden.

Angst ist ansteckend, und ich konnte sehen, wie meine sich in Mahtabs Augen spiegelte. War Moody schon wieder zu Hause? Hatte er die Polizei alarmiert?

Aber in Mahtabs Augen lag mehr als nur Angst. Aufregung, Energie, Hoffnung? Zumindest unternahmen wir endlich eigene Schritte. Ob zum Guten oder zum Bösen, die langen lähmenden Monate der Untätigkeit lagen jetzt hinter uns.

Fragen jagten durch meinen Kopf. Was, wenn wir nicht schnell aus Teheran herauskommen konnten? Würden wir hier viele Nächte lang festsitzen? Zu viele Leute hatten mir gesagt, daß unsere einzige Hoffnung für eine sichere Flucht darauf beruhte, alles auf die Minute genau geplant zu haben. Wir verstießen gegen die Richtlinien.

Ich nahm den Hörer und rief, wie befohlen, Amahl an, um ihm unsere sichere Ankunft zu melden.

»Aahlo«, hörte ich die vertraute Stimme.

»Wir sind hier«, sagte ich.

»Betty!« rief er. »Ich bin so froh, daß Sie heil in der Wohnung angekommen sind. Machen Sie sich keine Sorgen. Es wird alles gutgehen. Wir passen auf Sie auf. Ich habe zu ein paar Leuten Kontakt aufgenommen und werde die ganze Nacht an einem Fluchtplan arbeiten. Es ist noch nichts endgültig, aber ich arbeite daran.«

»Bitte beeilen Sie sich.«

»Ja, keine Sorge. Es wird alles klappen.« Dann fügte er hinzu: »Das Mädchen wird Ihnen zu essen bringen, dann muß sie gehen. Aber ich komme morgen früh als erstes, um Ihnen das Frühstück zu bringen. Bleiben Sie im Haus. Verlassen Sie das Gebäude nicht und halten Sie sich von den Fenstern fern. Wenn Sie etwas brauchen, rufen Sie mich an.

Ich möchte, daß Sie auch nachts jederzeit anrufen, wenn es nötig ist.«

»Okay.«

»Nun habe ich mir etwas ausgedacht, und ich möchte, daß Sie es aufschreiben«, sagte er. Ich legte den Hörer hin und fischte ein Blatt Papier und einen Stift aus meiner Handtasche. »Um Sie aus Teheran hinauszuschaffen, brauchen wir von Ihrem Mann etwas Zeit«, sagte Amahl. »Ich möchte, daß Sie ihn anrufen. Sie müssen ihn überzeugen, daß Sie möglicherweise zu ihm zurückkehren werden.«

»Moody anrufen – ist etwas, was ich wirklich nicht will«, widersprach ich.

»Das weiß ich, aber Sie müssen es tun.« Er gab mir genaue Anweisungen, was ich zu sagen hätte, und ich machte mir Notizen.

Bald nach dem Gespräch mit Amahl kam die junge Frau zurück und brachte uns eine iranische Pizza – ein paar Tropfen Tomatensoße mit Hackfleisch auf trockenem *Lawasch* – und zwei Flaschen Cola. Sie nahm unseren Dank entgegen und ging dann schnell; ihre Mission war beendet.

»Ich will nichts davon«, sagte Mahtab mit einem Blick auf die unappetitliche Pizza. Ich mochte auch nichts. Im Augenblick war Adrenalin unsere Hauptnahrung.

Ich warf einen Blick auf meine Notizen, schrieb sie ins reine, las sie aufmerksam und spielte in Gedanken das Gespräch durch. Dann wurde mir klar, daß ich den Anruf nur vor mir herschob. Widerstrebend nahm ich den Hörer und wählte meine Telefonnummer zu Hause.

Moody antwortete beim ersten Klingeln.

»Ich bin's«, sagte ich.

»Wo bist du?« fuhr er mich an.

»Bei Freunden.«

»Welchen Freunden?«

»Das sage ich dir nicht.«

»Du kommst sofort nach Hause«, befahl er.

Moody war bezeichnenderweise aufbrausend, aber ich ließ mich nicht beirren, sondern befolgte Amahls Anweisungen.

»Wir müssen über ein paar Dinge reden«, sagte ich. »Ich würde das Problem gern lösen, wenn auch du dazu bereit bist.«

»Ja, das bin ich«, seine Stimme wurde ruhiger, berechnender. »Komm heim und laß es uns versuchen«, schlug er vor.

»Ich möchte nicht, daß alle erfahren, was vorgefallen ist«, sagte ich. »Ich möchte nicht, daß du Mammal oder Madschid davon erzählst, auch nicht deiner Schwester oder sonst jemandem. Wenn wir das hinbiegen wollen, ist es unser Problem, und wir müssen es zusammen lösen. In den letzten paar Tagen hat sich Mammal wieder in dein Leben eingemischt, und alles bei uns ist schiefgegangen. Ich bin zu keiner Diskussion bereit, wenn du damit nicht einverstanden bist.«

Moody war über den bestimmten Ton meiner Stimme nicht glücklich.

»Komm einfach nach Hause, und wir sprechen dann darüber«, wiederholte er.

»Wenn ich nach Hause komme, dann stellst du Mammal an die Tür, damit er sich Mahtab schnappt, und sperrst mich dann wie versprochen ein.«

Moody war verwirrt und wußte nicht, welchen Ton er anschlagen sollte. Seine Stimme wurde besänftigend. »Nein, das tue ich bestimmt nicht. Ich habe meine Sprechstunde für morgen abgesagt. Komm nach Hause. Wir essen zusammen, und dann können wir die ganze Nacht reden.«

»Ich werde das Flugzeug am Freitag nicht betreten.«

»Das kann ich dir nicht versprechen.«

»Okay, dann sage ich es dir hiermit. Ich werde das Flugzeug am Freitag nicht betreten.« Ich merkte, daß meine Stimme schriller wurde. Sei vorsichtig, warnte ich mich. Laß dich nicht einfangen. Du sollst für Aufschub sorgen und dich nicht in einen Streit verwickeln lassen.

Am anderen Ende der Leitung schrie Moody: »Ich mache keine Versprechungen! Komm jetzt sofort nach Hause! Ich gebe dir eine halbe Stunde Zeit, oder ich tue, was ich tun muß.«

Ich wußte, das hieß, er würde die Polizei alarmieren, und deshalb spielte ich den Trumpf aus, den Amahl mir zugespielt hatte.

»Hör zu«, sagte ich entschlossen, »du praktizierst ohne Lizenz. Wenn du mir Ärger machst, werde ich dich bei der Regierung melden.«

Moodys Ton wurde sofort sanfter. »Nein, bitte, tu das nicht«, bettelte er. »Wir brauchen das Geld. Ich mache das doch für uns, bitte, tu das nicht. Komm nur nach Hause.«

»Darüber muß ich erst einmal nachdenken«, sagte ich und hängte ein.

Ich wußte nicht, was Moody als nächstes vorhatte, aber ich wußte jetzt, daß er die Polizei noch nicht alarmiert hatte, und ich vertraute darauf, daß meine Drohung ihn auch weiter daran hindern würde, wenigstens heute abend.

Ich wandte mich nun Mahtab zu, die dem Ende meiner Unterhaltung mit Moody gespannt gelauscht hatte. Wir sprachen von unserer Flucht nach Amerika. »Bist du sicher, daß du es willst?« fragte ich. »Du weißt, wenn wir es tun, wirst du deinen Daddy niemals wiedersehen.«

»Ja«, sagte sie. »Das ist es, was ich will. Ich will nach Amerika gehen.« Ich war wieder einmal erstaunt, wie gut sie alles begriff. Die Entschlossenheit in ihrer Stimme machte auch mich stärker. Jetzt gab es kein Zurück mehr.

Im Laufe der nächsten paar Stunden tauschten wir aufgeregt Erinnerungen über Amerika aus. Wir waren schon so lange fort! Unser Plaudern wurde einige Male von Amahl unterbrochen, der anrief, um zu hören, ob wir wohlauf waren, und vage Mitteilungen über seine Fortschritte beim Fluchtplan zu machen.

Sein letzter Anruf kam um halb eins. »Jetzt rufe ich heute nacht nicht mehr an«, sagte er. »Sie brauchen Ihren Schlaf für die schweren Tage, die auf Sie zukommen. Schlafen Sie jetzt, ich werde morgen früh wieder mit Ihnen sprechen.«

Mahtab und ich schoben die Hälften des unebenen Sofas zusammen und verbrachten die nächsten Stunden zum Teil betend, zum Teil damit, uns unruhig hin und her zu wälzen. Mahtab gelang es einzunicken, aber ich blieb wach, bis sich die Morgendämmerung langsam im Zimmer ausbreitete, und da rief auch schon Amahl an, um zu sagen, daß er jetzt käme.

Er traf gegen sieben Uhr ein und brachte eine volle Picknick-Tasche mit Brot, Schafskäse, Tomaten, Gurken, Eiern und Milch mit. Er hatte Malbücher und Buntstifte für Mahtab dabei und den Plastikbeutel mit Ersatzkleidern und Erinnerungsstücken, den ich am Dienstag in seinem Büro abgeliefert hatte. Und er überreichte mir eine teure Ledertasche mit Schulterriemen – als Abschiedsgeschenk.

»Ich habe die ganze Nacht gearbeitet und mit allen möglichen Leuten gesprochen«, sagte er. »Der Plan sieht so aus, daß Sie über die Türkei fliehen werden.«

Die Türkei! Ich bekam einen Schreck. Ein Flug nach Bandar Abbas und eine Bootsfahrt über den Persischen Golf – ein Flug nach Zahidan und anschließend nach Pakistan geschmuggelt werden, ein Flug nach Tokio mit einem geliehenen Paß – das waren unsere machbaren Alternativen. Die Türkei war immer Amahls letzter Ausweg gewesen. Er hatte mir erzählt, daß eine Flucht über die Türkei nicht nur körperlich am anstrengendsten, sondern durch die daran beteiligten Menschen auch am riskantesten war.

»Da Sie nun als vermißt gelten, können Sie nicht über den

Flughafen ausreisen«, erklärte er. »Sie müssen Teheran im Auto verlassen. Bis zur türkischen Grenze ist es eine lange Fahrt, aber es ist immer noch die nächste Grenze.« Er traf gerade noch Vorbereitungen, daß uns jemand nach Tabriz in den nordwestlichen Teil des Irans fahren sollte, und dann weiter nach Westen, wo wir in einer Ambulanz des Roten Kreuzes über die Grenze geschmuggelt werden würden. »Sie haben dreißigtausend US-Dollar verlangt«, sagte Amahl. »Das ist zuviel. Ich bin dabei, sie runterzuhandeln. Ich habe sie jetzt bei fünfzehn, aber das ist immer noch zu viel.«

»Das ist in Ordnung, schlagen Sie ein«, sagte ich. Ich wußte wirklich nicht, wieviel Geld wir noch auf den Konten daheim hatten, aber das war mir egal. Ich würde schon irgendwie und irgendwann das Geld zusammenbekommen.

Amahl schüttelte mit dem Kopf. »Es ist immer noch zuviel«, sagte er.

Plötzlich wurde mir klar, daß wir über Amahls Geld sprachen und nicht über meins. Er mußte es vorerst bezahlen, ohne jede Garantie dafür, daß ich in Amerika ankam und es zurückerstatten würde.

»Ich werde versuchen, sie zu drücken«, sagte er. »Heute habe ich viel zu tun. Wenn Sie etwas brauchen, rufen Sie mich im Büro an.«

Mahtab und ich verbrachten einen spannungsgeladenen Tag mit gemeinsamem Herumsitzen, Reden, Beten. Von Zeit zu Zeit nahm sie eins der Malbücher in die Hand, aber ihre Aufmerksamkeit war nur von geringer Dauer. Ich marschierte aufgewühlt auf den abgenutzten persischen Teppichen auf und ab, und meine Stimmung schwankte zwischen Angst und freudiger Erregung. War ich egoistisch? Setzte ich das Leben meiner Tochter aufs Spiel? So schlimm es auch war, wäre es nicht besser, hier mit mir oder ohne mich aufzuwachsen, als überhaupt nicht?

Amahl kam gegen Mittag wieder vorbei und berichtete, es

sei ihm gelungen, den Preis auf zwölftausend Dollar zu drücken.

»Nehmen Sie an«, sagte ich. »Mir ist der Preis egal.«

»Ich glaube nicht, daß ich sie weiter runterhandeln kann.«

»Nehmen Sie an«, wiederholte ich.

»In Ordnung«, sagte er. Dann bemühte er sich, mich zu beruhigen. »Diese Leute tun Ihnen nichts. Das verspreche ich. Sie sind gute Menschen. Ich habe Erkundigungen eingeholt, und Sie wissen, wenn ich den Verdacht hätte, daß sie Ihnen Schaden zufügen könnten, würde ich Sie nicht mit ihnen losschicken. Es ist nicht meine erste Wahl, aber wir müssen schnell handeln. Sie werden gut für Sie sorgen.«

Die Nacht zum Freitag dauerte wieder eine schlaflose Ewigkeit. Das Sofa war so unbequem, daß wir diesmal den Fußboden ausprobierten und uns auf die dünnen Bettrollen legten. Mahtab schlief mit der Unschuld eines Kindes, aber für mich konnte es keine Ruhe geben, bis ich meine Tochter in Amerika hatte – oder bei dem Bemühen darum umkam.

Früh am Freitagmorgen kam Amahl wieder mit mehr Essen – einem in Zeitungspapier gewickelten Hähnchengericht und schwer aufzutreibenden Cornflakes als Leckerbissen für Mahtab – mehr Malbüchern, einer Decke, einem *Manto* für Mahtab, einem schwarzen *Tschador* für mich und einer kleinen Rolle aus Deutschland importierten Kaugummis. Während Mahtab diese besondere Nascherei begutachtete, trug Amahl unsere Lage vor: »Ich arbeite rund um die Uhr an den Plänen«, sagte er. »Es ist schwierig, weil die meisten Leute kein Telefon haben.«

»Wann geht es los?« fragte ich schnell.

»Das kann ich noch nicht sagen«, antwortete er. »Deshalb möchte ich, daß Sie heute nachmittag noch einmal Ihren Mann anrufen, aber nicht von hier aus. Ich komme dann her und bleibe bei Mahtab, damit Sie von einer Zelle aus telefonieren können. Wir schreiben vorher auf, was Sie sagen sollen.«

»Ja«, sagte ich. Mahtab und ich hatten beide Vertrauen zu Amahl. Bei keinem anderen würde sie bleiben, wenn ich fortging. Aber sie verstand, was um sie herum geschah. Sie nickte ihr Einverständnis zu Amahls Vorschlag und lächelte uns kaugummikauend an.

Nachmittags verließ ich die relative Sicherheit von Amahls Wohnung und ging hinaus in die eisigen, gefährlichen Straßen Teherans. Zum ersten Mal in anderthalb Jahren war ich dankbar, mich hinter dem *Tschador* verstecken zu können. Der kalte Wind pustete mich auf meinem Weg zu einer Telefonzelle, die in sicherer Entfernung lag, ordentlich durch. Meine Finger waren taub, als ich den Hörer abnahm und wählte. Ich nahm die Liste mit meinen Anweisungen aus der Handtasche.

Madschid war am Apparat.

»Wo bist du?« fragte er. »Wo bist du?«

Ohne seine Frage zu beantworten, stellte ich selbst eine. »Wo ist Moody? Ich möchte ihn sprechen.«

»Nun, Moody ist nicht zu Hause. Er ist am Flughafen.«

»Wann kommt er wieder?«

»In ungefähr drei Stunden ...«

»Ich möchte mit ihm über diese Sache sprechen.«

»Ja, er möchte auch mit dir sprechen. Komm bitte.«

»Gut, dann bringe ich morgen Mahtab und meinen Anwalt mit, und wir können miteinander reden, aber ich möchte sonst niemanden da haben. Sag ihm, ich kann zwischen elf und zwölf oder zwischen sechs und acht. Das sind die einzigen Zeiten, zu denen mein Anwalt Zeit hat«, log ich.

»Komm zwischen elf und zwölf«, sagte Madschid. »Er hat allen Patienten für morgen früh abgesagt. Aber bring keinen Anwalt mit.«

»Doch, ohne meinen Anwalt komme ich nicht.«

»Bring Mahtab mit und komm allein«, beharrte Madschid. »Wir kriegen das schon hin. Ich werde da sein.«

»Ich habe Angst«, sagte ich. »Letztes Mal hat Moody mich geschlagen und mich eingesperrt, und du und deine Familie habt nichts dagegen unternommen.«

»Mach dir darüber keine Gedanken. Ich werde hier sein«, wiederholte Madschid.

Es war ein gutes Gefühl, einem von Moodys Verwandten höhnisch ins Gesicht zu lachen, und das tat ich jetzt. »Das wird mir ja soviel nützen«, murmelte ich. »Ich habe dies alles schon einmal durchgemacht. Richte es ihm bitte einfach aus.«

Nach dem Gespräch zitterte ich vor Grauen. Ich wußte, warum Moody am Flughafen war. Er wollte meinen iranischen Paß von der Swissair abholen. Er wollte nicht riskieren, daß ich ihm zuvorkäme. Würde er als nächstes zur Polizei gehen?

Selbst im anonymen *Tschador* fühlte ich mich auf dem Weg zurück in die Wohnung nackt in den Straßen Teherans. Überall standen Polizisten mit Gewehr im Anschlag herum. Ich war sicher, sie suchten alle mich.

Mir war nun klar, daß ich die Flucht, so gefährlich sie auch sein mochte, auf jeden Fall wagen mußte. Mochten die Schmuggler im Nordwesten des Irans auch noch so entsetzlich und finster sein, sie konnten für mich keine ärgere Gefahr bedeuten als mein Mann. Ich war bereits beraubt, gekidnappt und vergewaltigt worden. Und Moody war sicher auch ein Mord zuzutrauen.

Als ich in die Wohnung kam, sagte Amahl: »Heute abend geht es los.« Er zog eine Landkarte hervor und zeigte mir unsere Reiseroute, eine lange, schwierige Fahrt von Teheran nach Tabriz, dann weiter hinauf ins Gebirge, das gleichermaßen von kurdischen Rebellen und *Pasdar*-Streifen kontrolliert wurde. Die Kurden hatten dem Schahregime ablehnend gegenübergestanden, und auch den Ayatollah betrachteten sie als Feind. »Wenn jemand mit Ihnen spricht, dürfen Sie keinerlei Auskunft geben«, warnte Amahl. »Sagen Sie ihnen nichts von mir. Sagen Sie nicht, daß Sie Amerikanerin sind. Sagen Sie nicht, was los ist.«

In der Verantwortung der Schmuggler lag es, uns von Teheran an die Grenze und mit einer Rotkreuz-Ambulanz in die Türkei hineinzuschaffen, bis in die Stadt Van in den Bergen der Osttürkei. Von dort an sollten wir auf uns selbst gestellt sein. Wir würden weiter vorsichtig sein müssen, warnte Amahl. Wir würden die Grenze nicht an einem Kontrollpunkt überqueren, und unsere amerikanischen Pässe würden keinen Einreisestempel haben. Die türkische Obrigkeit würde bei unseren Ausweisen mißtrauisch werden. Wenn sie uns erwischten, würde uns die türkische Polizei zwar nicht in den Iran zurückbringen, aber uns ganz sicher einsperren – und möglicherweise trennen.

Von Van würden wir mit Flugzeug oder Bus direkt nach Ankara fahren und die amerikanische Botschaft aufsuchen. Erst dort waren wir sicher.

Amahl gab mir einen Vorrat an Münzen. »Rufen Sie mich von jeder Telefonzelle unterwegs an«, sagte er. »Aber wählen Sie Ihre Worte mit Bedacht.« Er guckte einen Augenblick an die Decke. »Isfahan«, sagte er, den Namen einer iranischen Stadt. »Das wird unser Kodewort für Ankara sein. Wenn Sie in Ankara sind, sagen Sie mir, Sie seien in Isfahan.«

Ich wollte, daß Amahl noch blieb, um mit uns zu reden und uns Gesellschaft zu leisten. Solange er leibhaftig da war, fühlte ich mich sicher. Aber er eilte davon, um am moslemischen Sonntag die restlichen Dinge zu erledigen.

War dies mein letzter Freitag im Iran? Ich betete zu Gott – zu Allah, daß es so sein mochte.

Dann wurde ich praktisch. Was sollte ich mitnehmen? Ich sah mir den schweren Wandteppich an, den ich am Dienstag in Amahls Büro geschleppt hatte. Was ist mit mir los, dachte ich. Ich brauche ihn nicht. Ich brauche gar nichts. Nur nach Hause kommen will ich, das ist alles. Wandteppich und Safran sollten zurückbleiben.

Vielleicht konnte ich den Schmuck unterwegs in bares Geld verwandeln, und die Uhr brauchte ich, um feststellen zu können, wie spät es war. Diese Dinge stopfte ich also in meine Tasche, zusammen mit einem Nachthemd für Mahtab und frischer Unterwäsche für mich. Mahtab packte Cornflakes, Kekse und einige der Malbücher in ihre Schultasche.

Damit waren wir bereit. Wir warteten nur noch auf das Zeichen.

Gegen sechs rief Amahl an und sagte: »Sie werden um sieben losfahren.«

In einer Stunde. Nach all den Tagen, Wochen, Monaten hatten wir noch eine Stunde zu warten. Aber ich war schon häufiger enttäuscht worden. Wieder begann es in meinem Kopf zu wirbeln. Lieber Gott, betete ich, was tue ich? Bitte begleite uns. Bitte, sorge für meine Tochter, was auch geschehen mag.

Zehn nach sieben traf Amahl mit zwei Männern ein, die ich noch nie gesehen hatte.

Sie waren jünger, als ich erwartet hatte, vielleicht Anfang Dreißig. Einer von ihnen, der ein paar Worte Englisch sprach, trug Jeans, T-Shirt und eine Motorradjacke. Er erinnerte mich an Fonzi aus der amerikanischen Fernsehserie »Happy Days«. Der andere, ein bärtiger Mann, trug ein Sportjacket. Auf mich und Mahtab machten sie einen angenehmen Eindruck.

Wir hatten keine Zeit zu verlieren. Ich half Mahtab in ihren *Manto* und bedeckte mein Gesicht fast völlig mit meinem *Tschador*. Wieder war ich dankbar, mich hinter dem schwarzen Stoff verstecken zu können.

Ich wandte mich Amahl zu, und wir wurden beide von einer plötzlichen Gefühlswallung ergriffen. Der endgültige Abschied war gekommen.

»Sind Sie sicher, daß Sie dies tun wollen?« fragte Amahl.

»Ja«, erwiderte ich. »Ich will fort.«

Er hatte Tränen in den Augen, als er sagte: »Ich habe Sie beide sehr lieb«, und dann zu Mahtab: »Du hast eine ganz besondere Mommy, paß bitte gut auf sie auf.«

»Das werde ich tun«, sagte sie ernst.

»Ich danke Ihnen für alles, was Sie für uns getan haben«, sagte ich. »Ich werde Ihnen die zwölftausend Dollar für die Schmuggler zurückzahlen, sowie wir sicher in Amerika angekommen sind.«

»Ja«, stimmte er zu.

»Aber Sie haben auch soviel dafür getan«, fügte ich hinzu. »Sie sollten auch etwas bekommen.«

Amahl blickte auf meine Tochter. Sie fürchtete sich.

»Die einzige Bezahlung, die ich mir wünsche, ist ein Lächeln auf Mahtabs Gesicht«, sagte er. Dann zog er den Rand meines *Tschador* von meinem Gesicht und küßte mich leicht auf die Wange. »Und nun schnell!« kommandierte er.

Mahtab und ich schlüpften mit dem jungen Mann, den ich in Gedanken Fonzi nannte, aus der Tür. Der zweite Mann blieb mit Amahl zurück.

Fonzi führte uns zu einem unauffälligen Auto, das in der Straße geparkt war. Ich kletterte hinein und zog Mahtab auf meinen Schoß. Wir sausten in die zunehmende Finsternis des Freitagabends hinein, auf einem Weg mit ungeahnten Gefahren, mit unbekanntem Ziel. Jetzt ist es soweit, dachte ich. Wir schaffen es oder wir schaffen es nicht. Wir können es nur mit Gottes Willen schaffen. Wenn er es nicht will, dann hat er etwas anderes mit uns vor. Aber während wir uns durch die hupenden Autos, die zähnefletschenden Fahrer und die finster dreinblickenden, traurigen Fußgänger kämpften, konnte ich mich nicht dazu bringen zu glauben, daß ein Leben hier das war, was Gott für uns im Sinn hatte.

Sirenen und Hupen ertönten von überall. Der Lärmpegel war normal, aber ich hatte das Gefühl, man meinte damit uns. Ich hielt mir den *Tschador* fest vor das Gesicht und ließ nur ein Auge frei, und dennoch fühlte ich mich auffällig und verletzlich.

Wir fuhren etwa eine halbe Stunde ungefähr in die Richtung unserer Wohnung zurück in den Norden der Stadt. Plötzlich stieg Fonzi in die Bremse, bog scharf ein und steuerte das Auto in eine enge Gasse.

»Bia, zud basch! Kommen Sie, beeilen Sie sich!« befahl er.

Wir kletterten auf den Gehweg hinaus und wurden auf den Hintersitz eines zweiten Autos geschoben. Für Fragen war keine Zeit. Mehrere Fremde sprangen hinter uns herein, und wir fuhren schnell weiter und ließen Fonzi zurück.

Sofort musterte ich unsere neuen Mitreisenden. Mahtab und ich saßen hinter unserem neuen Fahrer, einem Mann um die dreißig. Neben ihm saß ein etwa zwölfjähriger Junge, und auf dem »Schießposten« daneben ein weiterer, älterer Mann. Rechts neben uns auf der Mitte des Hintersitzes saß ein kleines Mädchen in Mahtabs Alter, die einen Londoner Wintermantel trug, und neben ihr eine Frau. Sie unterhielten sich in Farsi, zu schnell für mich, aber aus dem traulichen Ton ihrer Unterhaltung entnahm ich, daß es sich um eine Familie handeln mußte.

Wir waren eine Familie! ging mir plötzlich auf. Das war unsere Tarnung.

Wer waren diese Menschen? Wieviel wußten sie von uns? Waren sie auch auf der Flucht?

Der Fahrer fuhr Richtung Westen, wand sich durch die Straßen der Stadt und näherte sich einer Autobahn, die in das offene Land hinausführte. Am Stadtrand hielten wir an einer Polizeikontrollstation an. Der Inspektor guckte ins Auto und richtete dabei sein Gewehr auf unsere Gesichter. Aber er sah nur eine typische iranische Familie auf einem Freitagabendausflug, sieben in einem Auto. Er winkte uns weiter.

Einmal auf der Autobahn, einer modernen, vierspurigen Straße, rasten wir schon bald mit hoher Geschwindigkeit, etwa hundertvierzig Stundenkilometer, durch die Nacht. Die Frau auf dem Rücksitz versuchte mit mir ins Gespräch zu kommen und mischte englische Brocken in ihr Farsi. Ich dachte an Amahls Warnung, niemandem von uns zu erzählen. Diese Frau sollte nicht wissen, daß wir Amerikanerinnen waren, aber offensichtlich wußte sie es doch. Ich gab vor, sie nicht zu verstehen. Sobald wie möglich tat ich so, als wäre ich eingeschlafen, um so die Bemühungen der Frau um ein Gespräch zu unterbinden. Mahtab schlief unruhig.

Ich wußte von Amahl, daß Tabriz mindestens fünfhundert Kilometer weit weg war und daß es von dort bis zur Grenze noch etwa hundertfünfzig Kilometer waren. Die anderen Mitreisenden wurden still und dösten ein. Auch mir hätte Schlaf gutgetan, aber er wollte nicht kommen.

Ich blinzelte mit dem linken Auge, um zu sehen, wie wir vorankamen. Endlose Minuten tickten auf meiner Uhr vorüber. Bei dieser Geschwindigkeit, so wurde mir klar, näherten wir uns mit jeder Minute der Grenze um über zwei Kilometer.

Wir fuhren an Straßenschildern vorüber, die unbekannte Städte ankündigten: Kazvin, Takistan, Ziaabad.

Irgendwann weit nach Mitternacht, irgendwo in der iranischen Wildnis zwischen Ziaabad und Zanjan, verlangsamte der Fahrer seine Geschwindigkeit. Meinem wachsamen Blick fiel auf, daß wir auf einen Parkplatz bei einer Tankstelle und einem kleinen Gasthaus hielten. Die anderen luden mich ein, mit hineinzukommen, aber ich wollte kein Risiko eingehen. Ich fürchtete, die Polizei könnte uns mittlerweile suchen.

Ich zeigte auf Mahtab, die in meinem Arm schlief, und machte ihnen begreiflich, daß wir im Auto bleiben würden.

Die Familie ging in das Restaurant und blieb, so schien mir, lange fort. Eine ganze Reihe Autos parkten vor der Tür. Durch die Glasfenster des Gasthauses konnte ich viele Leute sehen, die eine Pause einlegten und Tee tranken. Ich beneidete Mahtab um ihren Schlaf; auf diese Weise vergeht die Zeit so schön schnell. Wenn ich nur die Augen schließen und einschlafen, und in Amerika wieder aufwachen könnte!

Schließlich kam einer der Männer zum Auto zurück. »Nescafé«, grunzte er und bot mir zu meiner Überraschung eine Tasse Kaffee an. Es war fast unmöglich, in Teheran Kaffee zu bekommen, aber hier war eine dampfende Tasse voll aus einem schäbigen Restaurant mitten in dem unheimlichen Land. Es war starker, scheußlicher Kaffee, aber ich fand es sehr nett von dem Mann, an mich zu denken. Ich murmelte ein Dankeschön und trank. Mahtab rührte sich nicht.

Bald kamen alle ins Auto zurück, und wieder entfernten wir uns mit hoher Geschwindigkeit von Teheran in Richtung Grenze. Die Autobahn mit Mittelstreifen wurde zur zweispurigen Straße, die sich bergauf, in die Berge hinein, wand.

Schon bald prasselten Schneeflocken gegen die Windschutzscheibe. Der Fahrer stellte die Scheibenwischer und den Enteiser an. Der Sturm wurde stärker, geradezu wild. Die Straße vor uns wurde spiegelglatt, aber der Fahrer minderte seine rasende Geschwindigkeit nicht. Wenn wir das Glück haben sollten, von der Obrigkeit unentdeckt zu bleiben, werden wir sicher bei einem lächerlichen Autounfall umkommen, dachte ich. Zuweilen rutschten wir auf dem Eis, aber der Fahrer bekam das Auto jedesmal wieder schnell in den Griff. Er war ein guter Fahrer, aber wenn wir schnell bremsen müßten, dachte ich, gäbe es keine Hoffnung.

Müdigkeit überwand meine Furcht, ich döste unruhig vor mich hin und wurde bei jedem Rucken des Autos wieder halb wach.

Endlich ging die Sonne über einer eiskalten, fremdartigen Landschaft auf. Über uns türmten sich schneebedeckte Berge. Weit im Westen wurden die Gipfel noch höher und abschreckender. Immer noch rasten wir auf der vereisten Fahrbahn dahin.

Als sie sah, daß ich wach war, versuchte die Frau, mit mir

zu reden. Sie sagte etwas davon, daß sie auch nach Amerika wollte. »Iran ist so schlecht«, murmelte sie, »wir können kein Visum bekommen.«

Mahtab rührte sich an meiner Seite, sie räkelte sich und gähnte. »Tu so, als ob du nichts verstehst«, flüsterte ich ihr zu. »Nicht übersetzen.« Sie nickte.

Wir näherten uns Tabriz und verlangsamten die Fahrt, als wir an einen Kontrollpunkt kamen. Mir blieb das Herz stehen, als ich vor uns Soldaten erblickte, die einige Wagen anhielten, während sie andere durchwinkten. Unser Wagen war einer von den wahllos angehaltenen. Ein unverschämter junger Offizier der *Pasdar* steckte seinen Kopf ins Fenster und sprach mit dem Fahrer. Ich hielt den Atem an, denn Mahtab und ich hatten nur unsere amerikanischen Pässe mit. Standen wir auf einer Liste gesuchter Flüchtlinge? Der *Pasdaran* sprach kurz mit dem Fahrer und winkte uns dann durch, ohne unsere Ausweise zu kontrollieren. Alle im Auto entspannten sich sichtlich.

Wir fuhren nach Tabriz hinein. Es war kleiner als Teheran, sauberer und frischer. Vielleicht war das auch ein Effekt des frischgefallenen Schnees, vielleicht vermittelte mir diese Stadt aber auch einen ersten Vorgeschmack der Freiheit. Tabriz war ganz und gar Teil der Islamischen Republik Iran, aber es lag weit entfernt vom Zentrum revolutionärer Aktivitäten. *Pasdar* und iranische Truppen patrouillierten überall, aber ich gewann schnell den Eindruck, daß die Menschen in Tabriz eher ihre eigenen Herren waren als die Teheraner.

Wie Teheran, nur in kleinerem Maßstab, bot auch Tabriz das gegensätzliche Bild von hochmoderner Architektur und vergammelnden Hütten. Im Iran trifft der Osten auf den Westen, und niemand weiß, welcher Lebensstil sich durchsetzen wird.

Der Fahrer fuhr das Auto durch Hintergassen, bis er abrupt anhielt. In abgerissenen Sätzen befahl die Frau dem Jungen, auszusteigen. Ich verstand genug Farsi, um mitzubekommen, daß er seine Tante besuchen sollte. Er bekam die Anweisung, ihr nichts von uns oder unserem Vorhaben zu erzählen. Der Junge verschwand in eine kurze Gasse, aber schon nach wenigen Minuten kam er zurück. Seine Tante sei nicht da, sagte er. Die Frau stieg aus und ging mit ihm in die Gasse, und das machte mich unruhig, ohne daß ich wußte, warum. Dann wurde mir klar, daß ihre Anwesenheit im Auto beruhigend auf mich gewirkt hatte, obwohl sie eine Fremde war. Die Männer waren freundlich, aber ich wollte nicht mit ihnen allein sein. Ich wollte eine andere Frau dabei haben.

Mahtab wurde unruhig. »Mir geht es nicht gut«, jammerte sie. Ihre Stirn war heiß. Sie sagte, ihr sei übel. Ich rutschte mit ihr auf die Beifahrerseite und machte die Tür gerade noch so rechtzeitig auf, daß sie sich in die Gosse übergeben konnte. Auch sie litt unter der Anspannung. Wir warteten unruhig ein paar Minuten, bis die Frau allein zurückkam.

Die Tante sei zu Hause, berichtete sie, aber sie hatte das Klopfen des Jungen nicht gehört. Ich war erleichtert, daß die Frau bei uns bleiben würde. Wieder fuhren wir los.

Nur zwei bis drei Minuten später hielten wir an einer belebten Kreuzung. Es schien der Marktplatz zu sein. Unser Fahrer hielt direkt vor einem Polizisten, der den Verkehr regelte.

»*Zud basch! Zud basch!* Machen Sie schnell! Beeilen Sie sich!« sagte die Frau, als ein Mann auf dem Gehweg die Tür aufmachte und uns herauswinkte. Wir wurden in ein Auto gebracht, das direkt hinter uns stand, während unser erster Fahrer lebhaft mit dem Polizisten diskutierte, der ihm sagte, er dürfe hier nicht halten. Wenn das als Ablenkung geplant war, dann funktionierte sie prächtig. Noch ehe jemand merkte, was los war, waren Mahtab und ich im zweiten Auto verborgen. Mann, Frau und Tochter purzelten nach uns herein, und wieder sausten wir los und ließen unseren ersten Fahrer in seinem lautstarken Streit mit dem Polizisten zurück. Im Iran ist so etwas ohne Belang.

Die Frau machte eine Handbewegung zu unserem neuen Fahrer hin, einem älteren Mann, vielleicht Mitte Sechzig. »Nicht mit diesem Mann sprechen«, flüsterte sie. »Lassen Sie ihn nicht merken, daß Sie Amerikanerin sind.«

Der Fahrer schien zwar ganz freundlich zu sein, aber wahrscheinlich war ihm nicht bewußt, daß er an einem internationalen Drama beteiligt war. Vielleicht lautete sein Befehl ganz einfach, uns von A nach B zu bringen. Vielleicht wußte er gar nicht mehr als das.

Wir fuhren durch Tabriz und weiter in eine andere Stadt. Der Fahrer fuhr uns in einem scheinbar endlosen Kreis durch die Straßen. Um uns herum waren überall Zeichen des Krieges. Ganze Häuserblocks waren von Bomben zerstört. Jede Hauswand war von Kugeln durchlöchert. Soldaten patrouillierten überall. Nach einer Zeit hielten wir in einer Seitenstraße, hinter einem blauen Lieferwagen mit zwei Männern. Der Mann auf dem Beifahrersitz stieg aus, kam zielstrebig zu unserem Auto und sprach mit unserem Fahrer in einer fremden Sprache, die ich in meiner Aufregung für Türkisch hielt.

Der Mann ging wieder zum Lastwagen, der schnell davonfuhr. Unser Auto fuhr hinterher, verfuhr sich aber bald im Verkehr. Eine Weile kreisten wir in der Stadt umher. Warum dauert es so lange? fragte ich mich. Laß uns voran machen. Es war Samstag, der Tag, an dem ich mit meinem Anwalt zu Moody kommen sollte. Wie lange würde er warten, bis ihm bewußt war, daß ich ihn überlistet hatte? Wann würde sein Zorn so gewaltig werden, daß er mich bei der Polizei anzeigte? Oder hatte er das schon getan? Ich konnte es nicht wissen.

Ich dachte an Amahl. Ich hatte bisher keine Möglichkeit gehabt, ihn, wie gebeten, anzurufen. Er mußte sich Sorgen machen. Und was war mit Joe und John und meinen Eltern im fernen Michigan? Würde Moody sie anrufen? Würden sie anrufen, um mir von Dad zu erzählen? Was würde Moody ihnen sagen? Würden Sie sich plötzlich um Mahtabs und mein Leben genauso große Sorgen machen müssen, wie um Dads? Würde es in der nahen Zukunft drei Beerdigungen in meiner Familie geben?

Laßt uns schnell machen! hätte ich am liebsten gerufen.

Endlich verließen wir die Stadt und fuhren auf einer Landstraße nach Westen. Die Stunden vergingen in Schweigen, nur von einem Vorfall unterbrochen. *»Nakon!«* knurrte der Fahrer. Er guckte sich nach Mahtab um. *»Nakon!* Laß das.«

»Du stößt gegen seinen Sitz«, sagte ich zu Mahtab. Ich zog ihre Beine auf unseren Sitz.

Wir fuhren weiter. Schließlich hielten wir irgendwann am Nachmittag an einem verlassenen Haus an einer Landstraße. Ein Laster hielt unmittelbar hinter uns – derselbe, den wir in der Stadt gesehen hatten. Er mußte uns gefolgt sein. Mahtab und ich erhielten die Anweisung, in den Lastwagen zu steigen, und als wir umgestiegen waren, raste das Auto davon und ließ uns mit einem neuen Fahrer und einem weiteren fremden Mann allein.

Der Fahrer sah eher wie ein Indianer aus als ein Iraner. Sein blauschwarzes Haar war sorgfältig geschnitten und frisiert, und hohe, markante Backenknochen beherrschten grobe, brütende Gesichtszüge. Seine düstere Miene machte mir Angst.

Der andere Mann, der in der Mitte der Fahrerkabine saß, sah freundlicher aus. Er war groß und schlank, hatte eine selbstbewußte Haltung. Als der Lastwagen rückwärts aus der Auffahrt des verlassenen Hauses fuhr, lächelte er und sagte in Farsi: »Mein Name ist Mosehn.« Wir fuhren ein kurzes Stück, nur ein paar hundert Meter, und bogen dann in einen Weg ein, der in ein winziges Dorf führte. Kleine Hütten lagen verstreut, und obwohl es bitterkalt war, huschten Kinder draußen herum ohne Schuhe und in dünnen Kleidern. Wir kamen plötzlich zum Stehen, und unser Fahrer sprang aus dem Wagen. Er rannte zu einer Steinmauer und zog sich daran hoch, so daß er darüber hinwegschauen konnte. Der Weg war frei; er winkte uns heran. Mosehn rutschte auf den Fahrersitz und fuhr den Lastwagen zentimeterweise vor. Ein Metalltor flog auf, und wir rasten hinein. Hinter uns wurde das Tor sofort verschlossen.

»*Zud basch! Zud basch!*« sagte Mosehn.

Mahtab und ich stürzten uns aus dem Wagen in einen matschigen Hof voller Hühner und Schafe. Wir stolperten hinter Mosehn her in eine Art Scheune in der Mitte des Hofes. Einige der Tiere folgten uns hinein.

Die Betonwände der Scheune verstärkten noch die Kälte, die uns in die Knochen fuhr und uns unfreiwillig zum Zittern brachte. Mein Atem blieb als eisige Wolke in der Luft hängen, als ich flüsterte:

»Jetzt mußt du schüchtern sein, Mahtab. Nicht übersetzen, wenn ich dich nicht dazu auffordere. Zeig nicht, daß du etwas verstehst. Tu so, als wärst du müde, als wolltest du schlafen. Wir wollen nicht, daß diese Leute etwas über uns erfahren.«

Ich schlang meine Arme um mein Kind, um uns beide aufzuwärmen, und sah mich in der Scheune um. Lange Bahnen von grellbuntem Stoff lagen auf dem Fußboden verstreut und waren wie Flickendecken ohne Futter zusammengeheftet. An den Wänden lagen Decken. Die Männer brachten einen Kerosinofen herein, machten ihn an, zogen den Stoff an den Ofen heran und forderten uns mit einer Handbewegung auf, uns zu setzen. Während sie arbeiteten, stieß einer von ihnen an den Ofen, so daß ein bißchen Kerosin auf den Stoff spritzte. Ich machte mir Sorgen, daß die Decken Feuer fangen könnten.

Wir setzten uns so nahe an den Ofen wie möglich und zogen kalte, feuchte Decken um uns. Der kleine Herd nützte fast nichts gegen die betäubende Kälte. Der Geruch von Kerosin lag in der Luft. Ich konnte nicht stillsitzen und nicht entscheiden, ob es mit oder ohne die feuchten Decken wärmer wäre. Wir harrten der Dinge, die da kommen sollten.

»Ich komme später wieder«, versprach Mosehn. Dann gingen er und der andere Mann fort.

Bald trat eine Frau in die Scheune. Sie trug kurdische Kleidung, die sich so wohltuend von den farblosen Kleidern der Teheranerinnen unterschied. Sie trug viele Schichten bunter Röcke übereinander, die an der Taille eingefaßt und gerafft waren und so weit fielen, daß ihre Hüften sehr ausladend wirkten. Ein etwa einjähriges Baby war auf ihren Rücken gebunden. Es hatte den gleichen großen Kopf und die gleichen breiten Züge wie unser düsterer Fahrer. Ich dachte mir, er sei wohl dessen Sohn.

Die Frau war ein Studienobjekt für permanente Bewegung. Sie machte sich daran, *Sabzi* zu säubern, und ging dann nach draußen. Durch die offene Tür sah ich, wie sie den ganzen Hof mit Wasser abspritzte. Bald war sie wieder drinnen und hob die Flickenläufer und Decken vom Boden auf, faltete und stapelte sie und fegte dann den nackten Fußboden mit einem Besen aus getrocknetem Strauchwerk, das mit einem Lappen zusammengehalten wurde. Während sie arbeitete, verirrten sich ein paar Hühner in die Scheune. Die Frau scheuchte sie mit ihrem behelfsmäßigen Besen hinaus und machte weiter sauber.

Was wird nun als nächstes geschehen? fragte ich mich. Werden Mosehn und die anderen Männer wirklich zurückkommen, um uns zu holen? Was weiß diese Frau von uns? Wofür hält sie uns? Sie gab uns keinen Anhaltspunkt dafür, sondern ignorierte uns, während sie ihre Hausarbeit verrichtete.

Nach einer Weile ließ sie uns kurz allein und kehrte dann mit Brot, Käse und Tee zurück. Der Käse war so scharf, daß weder Mahtab noch ich ihn essen konnten, obwohl wir sehr hungrig waren. Wir schlürften unseren Tee und würgten soviel trockenes Brot herunter, wie wir konnten.

Der Abend verging in zermürbendem Schweigen und Untätigkeit. Mahtab und ich zitterten vor Angst und Kälte. Wir wußten, wie verletzlich wir waren. Jetzt waren wir wirklich verlassen, saßen irgendwo am abgerissenen Rande einer Nation, in der das Leben auch unter den besten Bedingungen primitiv war. Wenn es diesen Leuten irgendwie in den Kopf kam, uns auf irgendeine Weise auszubeuten, hatten wir keine Möglichkeit uns zu wehren. Wir waren ihnen ausgeliefert.

Wir warteten viele Stunden, bis Mosehn wiederkam. In seiner Art lag etwas beinahe Vornehmes. Mir war klar, daß es in meiner Hilflosigkeit nur natürlich war, mich zu jedem hingezogen zu fühlen, der eine Beschützerrolle übernahm. Es war traurig und erschreckend, Amahl zurückgelassen zu haben. Zuerst hatte ich vor der Frau im Auto Angst gehabt; dann hatte ich mich auf sie verlassen. Jetzt war es Mosehn. Mein Leben – und Mahtabs – lag in seinen Händen. Ich wollte mich bei ihm sicher fühlen. Ich mußte mich bei ihm sicher fühlen.

»Was haben Sie in Ihrer Tasche?« fragte er.

Ich leerte sie aus. Mahtabs Malbücher, unsere wenigen Kleidungsstücke, Schmuck, Geld. Münzen von Amahl für das Telefonieren, unsere Pässe legte ich auf den kalten Steinboden.

»Bedehman«, sagte Mosehn. »Geben Sie es mir.«

War er doch nur ein Dieb? fragte ich mich. Beraubte er uns hier und jetzt? Es gab keine Widerrede. Es gelang mir nur, ihm mitzuteilen, daß ich meine Armbanduhr behalten wollte, »für die Zeit«. Alles andere übergab ich ihm einfach.

Mosehn machte daraus saubere kleine Häufchen und durchstöberte sie. »Morgen«, sagte er in Farsi, »müssen Sie soviel Kleider anziehen, wie Sie können. Alles andere lassen

Sie hier.« Er befingerte meine beiden Perlenketten und ein Perlenarmband und steckte sie sich dann in die Tasche.

Im Versuch, ihn zu besänftigen, suchte ich mein Make-up zusammen und gab es ihm auch noch. »Schenken Sie es Ihrer Frau«, sagte ich. Hatte er eine Frau?

Er machte einen Haufen aus meinem Geld, unseren Pässen und meinem goldenen Halsband. »Behalten Sie die heute nacht«, sagte er. »Aber ich muß diese Sachen haben, bevor wir uns auf den Weg machen.«

»Ja«, stimmte ich schnell zu.

Er sah sich ein Schulbuch an, das Mahtab mitgenommen hatte. Es war ihre Farsi-Fibel. Als er es in seinen Mantel gleiten ließ, füllten sich Mahtabs Augen mit Tränen. »Das will ich mitnehmen«, weinte sie.

»Ich gebe es dir wieder«, sagte Mosehn. Der Mann wurde mir mit jeder Minute rätselhafter. Er war freundlich, aber seine Worte und Taten ließen uns keine Möglichkeit einer Wahl. Er lächelte uns väterlich herablassend zu, doch in seinen Taschen steckten meine Perlen. »Ich komme morgen wieder«, sagte er. Dann ging er in die dunkle, kalte Nacht hinaus.

Die Frau kehrte zurück und machte alles zum Schlafen bereit. Die Decken, die sie sauber in einer Ecke aufgestapelt hatte, wurden nun zu Betten für uns, für die Frau, ihren finster dreinblickenden Mann und das Baby ausgelegt.

Es war spät, und Mahtab und ich kuschelten uns der Wärme halber auf einem der Flickenläufer eng aneinander und nahe an den Ofen. Sie fiel endlich in einen unruhigen Schlaf.

Erschöpft und vor Kälte zitternd, hungrig und von Sorgen gequält, lag ich neben meiner Tochter. Ich machte mir Sorgen, daß unsere Decken am alten Ofen Feuer fangen könnten. Ich machte mir Sorgen, daß Moody auf irgendeine Weise von unserer Flucht erfahren haben könnte und uns auf den Fersen war. Ich machte mir Sorgen wegen der

Polizei, den Soldaten, der *Pasdar*. Ich machte mir Sorgen um den morgigen Tag und die teuflische Überquerung der Grenze. Wie würden sie es machen? Würden Mahtab und ich in einer Rotkreuz-Ambulanz Krankheit oder eine Verletzung vortäuschen müssen?

Ich machte mir Sorgen um Dad. Mom. Joe und John.

Irgendwie verfiel ich vor all den Sorgen in ein halbwaches Dösen, aus dem ich immer wieder aufschreckte.

Als es dämmerte, erschien mir die Scheune noch kälter als vorher. Mahtab zitterte heftig im Schlaf. Die Frau stand früh auf und brachte uns Tee und mehr von dem ranzigen, ungenießbaren Käse. Während wir den Tee tranken und das zähe Brot kauten, kam die Frau mit einer Überraschung zurück: Sie brachte Sonnenblumenkerne auf einem Blechtablett. Mahtab bekam vor Freude große Augen. Wir waren so hungrig, daß ich sicher war, sie würde die Kerne allesamt verschlingen. Statt dessen machte sie daraus zwei saubere Portionen.

»Mommy, wir können heute nicht alle essen«, sagte sie. »Wir müssen ein paar davon aufbewahren.« Sie zeigte auf den einen kleinen Haufen. »So viele essen wir heute, und die anderen heben wir für morgen auf.«

Ihr Plan, die kostbaren Kerne zu rationieren, überraschte mich. Auch sie machte sich Gedanken über unsere unsichere Lage.

Die Frau machte sich im Hof an einem kleinen, primitiven Herd zu schaffen. Sie kochte Hühnerfleisch, zweifellos von einem der Hofbewohner, den sie selbst geschlachtet und ausgenommen hatte. Wir hatten solchen Hunger!

Als das Huhn kochte und der wunderbare Duft durch die offene Tür in die Scheune trieb, kam sie wieder herein, um *Sabzi* zu machen. Ich setzte mich neben sie und half und freute mich auf eine warme Mahlzeit.

Das Huhn war fertig, die Teller wurden auf dem Fußboden verteilt, und wir wollten uns gerade zum Festmahl niederlassen, als Mosehn kam.

»Zud basch! Zud basch!« kommandierte er. Die Frau stand auf, eilte nach draußen und kehrte augenblicklich mit einem Arm voll Kleider zurück. Zügig zog sie mir die schweren kurdischen Gewänder an. Es waren vier Kleider, wovon das erste lange Ärmel hatte, von denen noch ein fünfundzwanzig Zentimeter langer und etwa acht Zentimeter breiter Stoffstreifen herabhing. Die anderen Kleider zog sie darüber, zog sie mir über den Kopf und glättete die Röcke. Die äußerste Schicht war aus schwerem Samtbrokat in knalligem Orange, Blau und Rosa. Als das letzte Kleid richtig saß, wurden mir die herabhängenden Stoffstreifen fest um die Handgelenke gewickelt, so daß eine dicke Manschette entstand.

Dann wurde mein Kopf ganz mit einem Stoffstreifen umwickelt, bis nur noch ein Stück seitlich herabhing. Ich war eine Kurdin.

Mahtab blieb im *Manto*.

Mosehn sagte mir, wir würden einen Teil des Weges zu Pferd zurücklegen.

»Ich habe keine lange Hose«, sagte ich.

Er verschwand kurz und kam mit einer langen schmalgeschnittenen Männerkordhose zurück. Ich schlug die Hosenbeine um und versuchte die Hose unter den dicken kurdischen Röcken hochzuziehen. Sie paßten mir kaum über die Oberschenkel, und es war nicht daran zu denken, den Reißverschluß zuzuziehen. Aber mir war klar, daß sie reichen mußte. Dann gab Mosehn Mahtab und mir dicke Wollsocken. Wir zogen sie an und stiegen in unsere Stiefel.

Nun waren wir bereit.

Mosehn bat um mein Geld, mein goldenes Halsband und unsere Pässe – alles, was wir noch an Wertsachen hatten, außer meiner Uhr. Es blieb keine Zeit, mir jetzt über diese Kinkerlitzchen Sorgen zu machen, die für das wirkliche Leben keine Bedeutung hatten.

»Zud basch! Zud basch!« wiederholte Mosehn.

Wir folgten ihm, ohne einen Bissen von dem heißen Essen bekommen zu haben, aus der Scheune und kletterten in den blauen Lieferwagen. Wie zuvor fuhr der andere Mann. Er fuhr rückwärts aus dem Tor und dann auf der gleichen Gasse, auf der wir gekommen waren, aus dem kleinen Dorf hinaus und zurück auf die gepflasterte Straße. *»Zud basch! Zud basch«*, wiederholte Mosehn. Er erklärte den Plan, so gut er konnte, in Farsi und verfiel dabei gelegentlich ins Kurdische oder Türkische. Er sagte, wir würden eine Weile mit diesem Wagen fahren, dann in einen anderen Lastwagen umsteigen und schließlich in ein rotes Auto.

Die Details klangen vage. Ich hoffte, daß sie besser geplant waren, als Mosehn mit seinen Worten zu sagen wußte.

Ich war immer noch über Mosehn irritiert. Sein Verhalten wirkte zuweilen bedrohlich. Er hatte mein Geld und meinen Schmuck. Die Pässe waren mir gleichgültig, denn ohne Visa waren sie nutzlos. Wenn wir es schafften, in die Botschaft nach Ankara zu kommen, würden wir neue bekommen können. Aber was war mit meinem Geld? Meinem Schmuck? Ich machte mir nicht wegen ihres Wertes Sorgen, sondern wegen Mosehns Absichten.

Andererseits war er fürsorglich und freundlich. Wie schon zuvor war er derjenige, durch den wir vorwärtskamen, meine einzige Hoffnung, in Sicherheit zu gelangen, und in mir erwachte der starke Wunsch, in ihm unseren Beschützer und Führer sehen zu können. Würde er uns auf der ganzen Flucht begleiten?

»Ich bin noch nie mit jemandem über die Grenze gegangen«, sagte er in Farsi. »Aber Sie sind meine Schwester. Mit Ihnen werde ich über die Grenze gehen.«

Seltsamerweise war mir dadurch plötzlich wohler.

Nach einer Weile kam uns ein Wagen entgegen. Als beide auf gleicher Höhe waren, brachten die Fahrer ihre Fahrzeuge mit einem Ruck zum Stehen.

Mosehn sagte: *»Zud basch!«*

Mahtab und ich kletterten auf die Straße. Ich drehte mich zu Mosehn um, in der Erwartung, daß er mit uns kommen würde.

»Gib dies dem Mann in dem Wagen«, befahl er und schob mir die Pässe in die Hand. Sein Gesicht flog vorüber, als der Fahrer auf das Gaspedal trat. Der blaue Lieferwagen war fort, und Mosehn mit ihm.

Also kommt er doch nicht mit, stellte ich fest. Wir werden ihn nie wiedersehen.

Der andere Wagen wendete und blieb neben uns stehen. Wir kletterten hinein. Ohne Zeit zu verschwenden, raste der Fahrer mit uns auf einer gewundenen Straße in die Berge hinauf.

Diesmal war es ein offener Wagen, eine Art Jeep. Zwei Männer saßen in der Kabine, und ich gab dem Mann in der Mitte unsere Pässe. Er nahm sie behutsam, als ob sie brannten. Keiner wollte mit unseren amerikanischen Pässen erwischt werden.

Wir fuhren nur ein kurzes Stück, ehe der Wagen anhielt und der Mann in der Mitte uns bedeutete, nach hinten auf die offene Ladefläche zu klettern. Ich konnte mir nicht vorstellen, warum er uns dort draußen in der Kälte haben wollte, aber ich gehorchte.

Sofort fuhren wir mit halsbrecherischer Geschwindigkeit weiter.

Am Abend vorher in der Betonscheune hatte ich gedacht, daß mir nicht kälter werden könnte. Das war ein Irrtum. Mahtab und ich kauerten uns, so eng es ging, auf der offenen Ladefläche aneinander. Eisiger Wind durchfuhr uns, aber Mahtab klagte nicht.

Weiter ging die Fahrt, wir holperten durch die Haarnadelkurven, wanden uns hinauf ins Gebirge.

Wieviel mehr würden wir ertragen können?

Der Fahrer bog von der Straße ab und begann quer über steiniges, holperiges Terrain zu fahren, dem Anschein nach folgte er einem Pfad. Nach etwa einem Kilometer hielt er an, und wir durften wieder vorne einsteigen.

Weiter ging es, der Wagen mit Allradantrieb bahnte sich seinen eigenen Weg. Wir rumpelten an vereinzelten Hütten und verstreuten Herden von mageren Schafen vorüber.

Der Mann in der Mitte zeigte plötzlich auf einen Berggipfel. Ich blickte hoch und sah in der Ferne die Silhouette eines einzelnen Mannes, der mit einem Gewehr an der Schulter auf dem Gipfel stand – ein Wachposten. Der Mann in der Mitte schüttelte den Kopf und grunzte. Während wir dahinrasten, zeigte er uns weitere Wachposten auf den umliegenden Bergen.

Plötzlich durchbrach das unverwechselbare, scharfe *Ping!* einer Gewehrkugel die Stille der kargen Gebirgslandschaft. Ein zweiter Schuß folgte schnell und hallte von der Gebirgswand wider.

Der Fahrer hielt unseren Wagen augenblicklich an. Sein Gesicht und das des anderen Mannes wurden grün vor Angst, und ihre Furcht verstärkte meine eigene. Mahtab versuchte förmlich, in mich hineinzukriechen. Wir warteten in angespanntem Schweigen, während ein Soldat mit dem Gewehr im Anschlag auf uns zugerannt kam. Er trug eine in der Taille geraffte Khaki-Uniform. Plötzlich befanden sich unsere Pässe wieder in meiner Hand. Ohne zu wissen, was ich mit ihnen tun sollte, stopfte ich sie mir oben in einen Stiefel und wartete, Mahtab noch fester an mich drückend, ab.

»Nicht den Mann ansehen«, flüsterte ich Mahtab zu. »Nichts sagen.«

Der Soldat näherte sich mißtrauisch dem Wagenfenster

und legte auf den Fahrer an. Mein Herz erstarrte vor Angst. Sein Gewehr auf das Gesicht des Fahrers gerichtet, sagte der Soldat etwas in einer Sprache, die mir fremd war. Während die Männer sich lebhaft unterhielten, bemühte ich mich, sie nicht anzusehen. Beide wurden zusehends lauter. Der Tonfall des Soldaten war bösartig, unverschämt. Mahtab krallte ihre Hand in meine. Ich hatte Angst, auch nur Luft zu holen.

Schließlich, nach einer Ewigkeit, machte der Soldat einen Schritt zurück. Unser Fahrer blickte seinen Begleiter an und stieß einen hörbaren Seufzer der Erleichterung aus. Seine Geschichte war glaubhaft gewesen.

Wir fuhren wieder weiter, holperten querfeldein, bis wir an eine Landstraße kamen. Militärfahrzeuge fuhren in beiden Richtungen an uns vorüber. Vor uns drohte ein Kontrollpunkt, doch bevor wir ihn erreichten, hielt unser Fahrer am Straßenrand und bedeutete uns, auszusteigen. Der andere Mann verließ den Jeep und winkte uns, ihm zu folgen. Offensichtlich mußten wir den Kontrollpunkt umgehen.

Mahtab und ich folgten dem Mann auf das flache, offene Feld, eine Hochebene, die mit Eis, Schnee und gefrorenem Schlamm bedeckt war. Wir waren von dem Kontrollpunkt aus gut zu sehen, konnten niemanden an der Nase herumführen. Ich kam mir vor wie eine Zielscheibe in einer Jahrmarktsbude. Wir stapften mehrere Minuten über das Feld, bis wir auf eine andere Landstraße trafen, auf der starker Verkehr in beide Richtungen floß.

Ich nahm an, der Jeep würde uns hier wieder einsammeln, oder vielleicht das rote Auto, von dem Mosehn gesprochen hatte. Aber anstatt stehenzubleiben, machte sich unser Führer auf den Weg. Wir folgten ihm frierend, unglücklich und verwirrt am Straßenrand entlanggehend.

Wir liefen gefährlicherweise mit dem Verkehr in dieselbe Richtung, bergauf, bergab, in gleichmäßigem Tempo, ohne den Schritt zu verlangsamen, selbst wenn furchterregend laute Militärlastwagen an uns vorüberrauschten. Zuweilen rutschten wir auf dem vereisten Schlamm aus, aber wir eilten weiter. Mahtab setzte einen kleinen Fuß vor den anderen, ohne sich auch nur einmal zu beschweren.

Wir stapften etwa eine Stunde lang so an der Straße entlang, bis unser Führer am Fuß eines besonders steilen Hügels einen ebenen Platz im Schnee fand. Er gab uns mit einer Handbewegung zu verstehen, daß wir uns dort ausruhen sollten. Mit ein paar Worten Farsi und etwas Zeichensprache erklärte er uns, wir sollten sitzenbleiben, er würde wiederkommen. Dann ging er mit schnellen Schritten davon. Mahtab und ich saßen im Schnee, alleingelassen, und sahen zu, wie er über den Kamm eines langen, eisbedeckten Hügels verschwand.

Warum sollte er wiederkommen? fragte ich mich. Es ist hier schrecklich. Amahl hat diese Männer im voraus bezahlt. Man hat eben auf uns geschossen. Warum in Gottes Namen sollte dieser Mann sich die Mühe machen, wiederzukommen?

Ich weiß nicht, wie lange wir dort saßen und voller Sorge warteten und beteten.

Ich hatte Angst, es würde jemand anhalten, um uns zu überprüfen oder uns Hilfe anzubieten. Was sollte ich dann sagen?

Einmal sah ich den offenen Jeep vorbeifahren, gesteuert von dem Mann, der sich bei dem Soldaten aus der Gefahr herausgeredet hatte. Er sah uns direkt an, gab aber nicht zu erkennen, daß er wußte, wer wir waren.

Der Mann wird nicht wiederkommen, wiederholte ich stumm. Wie lange würden wir hier sitzenbleiben und warten? Wohin konnten wir uns wenden?

Mahtab sagte nichts. Ihre Miene war entschlossener denn je. Sie war auf dem Weg nach Amerika.

Der Mann wird nicht zurückkommen, dessen war ich mir jetzt sicher. Wir würden bis zum Einfall der Dunkelheit hier sitzenbleiben. Dann würden wir etwas unternehmen müssen. Was? Uns selbst auf den Weg machen, Richtung Westen. Mutter und Tochter allein sollten sich bemühen, zu Fuß über die Berge in die Türkei zu kommen? Würden wir den Weg zurück zum Kontrollpunkt finden können, um dort unsere Träume und vielleicht unser Leben zu verlieren? Oder würden wir einfach im Laufe der Nacht erfrieren und einander in den Armen liegend an der Landstraße krepieren?

Der Mann wird nicht wiederkommen.

Ich mußte an die Geschichte denken, die Helen mir vor so langer Zeit erzählt hatte, die Geschichte von der iranischen Frau und ihrer Tochter, die auf genau die gleiche Art ausgesetzt worden waren. Die Tochter war gestorben. Die Frau war fast gestorben und hatte während der Tortur alle Zähne eingebüßt. Das Bild dieser erledigten Frau spukte durch mein Hirn.

Ich war zu starr vor Kälte und vor Panik, um das rote Auto zu bemerken, das herannahte. Es hielt schon am Straßenrand an, bevor ich es erblickte.

Der Mann war zurückgekommen! Er schob uns schnell in das rote Auto und befahl dem Fahrer, weiterzufahren.

Eine Viertelstunde später erreichten wir ein Haus an der Landstraße, das nur wenig abseits lag. Es war ein rechteckiger weißer Flachdachbau aus Beton. Die Auffahrt führte hinter das Haus in einen Hof, in dem eine große, schmutzige Promenadenmischung laut bellte und dürftig bekleidete Kinder im Schnee herumrannten.

Überall hingen zu verformten Skulpturen gefrorene Wäschestücke an Ästen, Pfählen und Fensterbalken.

Frauen und Kinder kamen herbei, um uns zu betrachten. Die Frauen waren häßlich, hatten einen mürrischen Gesichtsausdruck und große Nasen. Ihre kurdische Tracht ließ sie so lang wie breit erscheinen, was dadurch betont wurde, daß sie noch weiter fallende Röcke trugen als ich. Sie beäugten uns, die Hände auf die Hüften gestützt, argwöhnisch.

»Zud basch!« sagte der Mann, der uns abgeholt hatte. Er führte uns zur Straßenseite des Hauses zurück, von wo aus wir in eine Vorhalle traten. Mehrere Frauen zeigten uns, daß wir dort unsere Stiefel ausziehen sollten. Angst und Erschöpfung forderten bei mir ihren Tribut. Alles wirkte unwirklich auf mich.

Die Frauen und Kinder standen weiter Wache und begafften uns, während wir unsere eis- und matschverkrusteten Stiefel auszogen. Wir wurden in ein großes, kaltes, karges Zimmer gebracht. Eine Frau forderte uns wortlos auf, uns hinzusetzen.

Wir saßen auf dem harten Lehmfußboden und starrten die Kurdinnen schweigend und argwöhnisch an, die uns ihrerseits in einer Manier, die auf uns nicht freundlich wirkte, anstierten. Die Eintönigkeit der schmutzigen gekalkten Wände des Zimmers wurde nur von zwei kleinen, mit Eisenstangen vergitterten Fenstern und einem Bild eines Mannes, eines Kurden mit hohen Backenknochen und einer russischen Fellmütze auf dem Kopf, aufgelockert.

Eine der Frauen schürte das Feuer und brühte Tee auf. Eine andere bot uns ein paar Stücke hartes, kaltes Brot an. Eine dritte brachte Decken.

Wir wickelten uns fest ein, konnten aber nicht aufhören zu zittern.

Was mögen diese Frauen denken? fragte ich mich. Was sprechen sie untereinander in diesem unverständlichen Kurdisch? Wissen sie, daß wir Amerikanerinnen sind? Hassen die Kurden die Amerikaner auch? Oder sind wir Verbündete, gemeinsame Feinde der schiitischen Mehrheit?

Der »Mann, der wiedergekommen war« setzte sich zu uns, ohne etwas zu sagen. Ich hatte keine Möglichkeit zu erfahren, wie es weitergehen würde.

Nach einer Weile trat eine Frau ein, die einen so ausladend gerüschten Rock trug, wie ich ihn noch nie gesehen hatte. Ein Junge von vielleicht zwölf Jahren war bei ihr. Die Frau marschierte auf uns zu, sagte etwas in scharfem Ton zu dem Jungen und bedeutete ihm, sich neben Mahtab zu setzen. Er tat wie geheißen und blickte mit einem schüchternen Kichern zu der Frau hoch. Die Frau, von der ich annahm, sie sei seine Mutter, stand wie ein Wachposten über uns.

Mich überkam große Angst. Was ging hier vor? Die Szene war so befremdend, daß ich kurz davor war, in Panik auszubrechen. Eine Abtrünnige in diesem fremden Land, eine hilflose Geisel, auf Gedeih und Verderb diesen Menschen ausgeliefert, die in ihrem eigenen unheimlichen Land als Gesetzlose galten. Stumm schrie ich um Hilfe. War dies die Wirklichkeit? Wie kam eine ansonsten durchschnittliche Amerikanerin in so eine unmögliche Lage?

Ich wußte, wie. Es fiel mir wieder ein. Moody! Hämisch grinsend versteckte sich sein Gesicht in den flackernden Schatten an der Wand. Das Feuer in seinen Augen, als er mich und Mahtab schlug, glühte jetzt im Kerosinofen. Die kurdischen Stimmen um mich herum wurden lauter und verschmolzen mit Moodys bösen, gewalttätigen Schreien.

Moody!

Moody hatte mich gezwungen, davonzulaufen. Ich mußte Mahtab mitnehmen. O mein Gott, dachte ich, wenn ihr etwas zustößt...

Planen diese Menschen ein Komplott? Haben sie vor, mir Mahtab wegzunehmen? Wer waren dieser Junge und seine eindrucksvolle Mutter? Wollten sie Mahtab zu seiner kindlichen Braut machen? Die vergangenen anderthalb Jahre hatten mich überzeugt, daß ich in diesem seltsamen Land mit beinahe allem rechnen mußte.

Ich versuchte, mich zu beruhigen, indem ich mir einredete, daß meine Befürchtungen nur die düsteren Phantasien von Erschöpfung und Anspannung seien.

»Mommy, ich mag nicht hier sein«, flüsterte Mahtab. »Ich will fort.«

Das machte mir noch mehr Angst. Auch Mahtab spürte also etwas.

Von Zeit zu Zeit rührte sich der Junge von seinem Platz neben Mahtab, aber die Frau – seine Mutter? – starrte ihn böse an, und er saß wieder still. An meiner anderen Seite blieb der »Mann, der wiedergekommen war« weiter stumm.

Wir saßen vielleicht eine halbe Stunde so da, als ein anderer Mann das Zimmer betrat. Sein Erscheinen rief bei den Frauen einige Geschäftigkeit hervor. Sie brachten ihm sofort heißen Tee und Brot. Sie bedienten ihn und füllten seine Tasse immer wieder nach. Er saß auf dem Fußboden, uns gegenüber, und schenkte uns keinerlei Beachtung. Er holte eine Rolle Tabakpapier aus einer Falte seiner Kleider, machte sich daran, sich eine Art Zigarette zu rollen, aber aus irgendeiner weißen Substanz. Marihuana, Haschisch, Opium? Ich kannte mich in diesen Dingen nicht aus, aber jedenfalls sah es nicht wie Tabak aus.

Plötzlich erkannte ich diesen Mann! Er war der Mann auf dem Bild an der Wand. Offensichtlich war er der Herr des Hauses. Waren dies alles seine Frauen? Hatte ich eine Männergesellschaft verlassen, um nun in eine noch extremere zu geraten?

»Wann können wir fort?« flüsterte Mahtab. »Ich mag dies Haus nicht.«

Ich sah auf die Uhr. Der Abend nahte. »Ich weiß nicht, was kommt«, sagte ich zu Mahtab. »Halte dich einfach bereit.«

Langsam wurde das Zimmer dunkler. Jemand brachte eine Kerze herein, und als sich die Finsternis auf uns senkte, machte ihr kleines, flackerndes Licht die Szene noch unwirklicher. Das regelmäßige Geräusch des Kerosinofens versetzte uns in eine Art Trance.

So blieben wir stundenlang sitzen und beobachteten argwöhnisch die seltsamen Männer und Frauen, die uns ebenso argwöhnisch beäugten.

Der Bann wurde endlich durch Hundegebell gebrochen, das jemanden ankündigte. Alle im Zimmer sprangen auf die Füße, wachsam, erwartungsvoll.

Nach wenigen Minuten schlüpfte ein alter Mann ins Haus. Er mag um die sechzig gewesen sein, aber ich konnte es nur raten. Dies ist ein hartes Land, die Haut altert schnell. Er trug Khaki-Kleidung, wahrscheinlich aus Armeebeständen, eine Fellkappe und eine olivfarbene Militärjacke. Der Herr des Hauses sagte etwas zu uns, es war wohl eine Art Vorstellung.

»Salam«, murmelte der alte Mann. Er ging schnell im Zimmer auf und ab, wärmte sich die Hände kurz am Ofen und plauderte mit den anderen. Er war frisch, voller Energie, bereit für alles, was da kommen mochte.

Eine der Frauen brachte uns neue Kleider und bedeutete mir, die vielen Schichten meiner kurdischen Kleidung auszuziehen, bis ich nur noch meine eigenen Kleider trug. Dann half sie mir, vier andere Kleider überzuziehen, die sich in einigen Kleinigkeiten von den anderen unterschieden. Sie waren, gemäß der Sitte einer anderen Gegend, noch stärker gerüscht als die anderen. Als die Frauen mit mir fertig waren, war ich so fest eingepackt, daß ich mich kaum rühren konnte.

Während des Umziehens war der alte Mann die ganze Zeit ungeduldig im Zimmer umhergehüpft, denn er wollte gehen. Sowie ich fertig war, winkte er Mahtab und mir, ihm in das kleine Zimmer, in dem unsere Stiefel waren, zu folgen. Er sagte etwas, und eine der Frauen blies die Kerze aus und tauchte damit das ganze Zimmer in Dunkelheit, nur der Kerosinofen verbreitete noch ein schwaches Licht. Dann öffnete er die Tür gerade weit genug, daß wir hinauslangen und unsere Stiefel holen konnten. Er schloß die Tür wieder, schnell und geräuschlos.

Mahtab hatte Schwierigkeiten, sich die Stiefel anzuziehen, und ich konnte mich kaum bücken, um ihr zu helfen. Schnell! Schnell! trieb uns der alte Mann an.

Endlich waren wir fertig. Mahtab ergriff tapfer meine Hand. Wir wußten nicht, wohin es ging, aber wir waren froh, von hier fortzukommen. Vielleicht brachte uns dieser alte Mann zur Rotkreuz-Ambulanz. Schweigend folgten wir dem Herrn des Hauses und unserem neuen Führer in die eiskalte Nacht. Der »Mann, der wiedergekommen war« folgte uns. Schnell schloß sich die Tür hinter uns. Geräuschlos wurden wir hinter das Haus geleitet.

Der Hund bellte wütend, sein Geheul hallte durch die Nacht und wurde im aufkommenden orkanartigen Wind weitergetragen. Er kam zu uns gelaufen und stieß uns mit seiner Schnauze an. Ängstlich wichen wir zurück.

Ich hörte das Wiehern eines Pferdes.

Es war eine sternenklare Nacht, aber aus irgendeinem Grunde erhellten sie den Boden nicht. Statt dessen leuchtete der Himmel in unheimlichem Grau-Weiß. Wir konnten kaum ausreichend sehen, um unserem Führer zu folgen.

Als wir uns einem wartenden Pferd näherten, trat unser Gastgeber der letzten vier Stunden dicht an mich heran, so daß ich in dem trüben Licht die Umrisse seines Gesichts erkennen konnte. Er machte eine Geste, um Lebewohl zu sagen, und ich versuchte, ein Dankeschön zu übermitteln.

Der alte Mann, unser Führer, hieß uns nun auf das Pferd steigen. Der »Mann, der wiedergekommen war« machte seine Hand hohl, so daß ich meinen Fuß daraufsetzen konnte, und der alte Mann schob mich auf den Rücken des Pferdes.

Es gab keinen Sattel – nur eine Decke, die ich unter mir zurechtzurücken versuchte. Der »Mann, der wiedergekommen war« hob Mahtab vor mich aufs Pferd. Der Wind pfiff durch die vielen Schichten meiner Kleidung. »Versuche, den Kopf nach unten zu halten«, sagte ich zu Mahtab. »Es ist so kalt.« Ich schlang meine Arme schützend um sie und griff nach vorne, um mich an der Mähne festzuhalten. Es war kein so großes Tier wie ein amerikanisches Pferd. Vielleicht war es eine Art Maulesel.

Der alte Mann schritt schnell voraus, passierte das Hoftor und verschwand in der Dunkelheit. Der »Mann, der wiedergekommen war«, nahm die Zügel und führte uns hinterher.

Ich hatte seit Jahren nicht auf einem Pferd gesessen und war noch nie ohne Sattel geritten. Unter mir rieb sich die Decke am Fell und drohte herunterzurutschten und uns mit auf den gefrorenen Boden zu reißen. Ich hielt mich mit aller Kraft, die ich noch in meinem erschöpften Körper übrig hatte, an der Mähne fest. Mahtab zitterte in meinen Armen und konnte nicht mehr aufhören.

Wir kamen nur langsam über ein freies Feld vorwärts. Häufig kam der alte Mann zurückgelaufen, um uns flüsternd zu warnen. Einige Eisfelder waren zu riskant, weil sie laut unter den Hufen des Pferdes krachen würden. In dieser Gebirgslandschaft hallte jedes Geräusch wie ein Gewehrschuß, und würde damit die unablässig patroullierenden *Pasdar*-Streifen alarmieren. Lärm war unser ärgster Feind.

Allmählich ging es bergauf in ein Vorgebirge, das uns in noch steilere Berge führen sollte. Bald gab es keine ebenen Flächen mehr. Das Pferd suchte sich mühselig den Weg und schüttelte uns auf und ab und hin und her. Es war geschickt und tat ruhig seine schwere Pflicht. Es war möglich, daß es den Weg schon vorher gemacht hatte.

Als wir auf den Kamm eines Hügels gelangten, torkelte das Pferd unerwartet auf die abwärts geneigte Seite hinüber, und wir verloren den Halt. Mahtab und ich fielen zu

Boden, und noch im Fallen hielt ich sie an meine Brust gepreßt, um sie vor dem Aufprall zu schützen. Wir krachten schwer auf das Eis und den Schnee. Der »Mann, der wieder gekommen war« half uns eilig auf die Füße und klopfte uns den Schnee von den Kleidern. Mahtab, deren Gesicht vom scharfen Wind brannte, und deren Körper wund, hungrig und erschöpft war, blieb stumm und entschlossen, stark genug, nicht laut zu weinen.

Wir stiegen wieder auf, und ich versuchte, mich noch besser in der Mähne festzukrallen, während wir uns bergab auf unser unbekanntes Ziel zubewegten.

Wir haben noch nicht einmal die rauhesten Berge erreicht, dachte ich. Wie soll ich diese verrückte Sache nur überstehen? Ich kann mich nicht einmal auf dem Pferd halten. Sie werden mich aufgeben.

Sofern das noch möglich war, wurde die Nacht noch kälter und düsterer. Die Sterne verschwanden. Ein böser, eisiger Schnee blies uns, vom rauhen Wind getragen, ins Gesicht.

Hinauf und hinunter führte uns der Weg, bis die Hügel in Berge übergingen, einer bedrohlicher als der andere.

Die Hänge hinauf war es weniger schwierig, weil wir dort vor dem Sturm geschützt waren. Bergauf ging das Pferd schnell, nur gelegentlich störten hindernde Eisflächen und pieksten die Zweige kleiner Sträucher.

Die Abwärtshänge jedoch waren tückisch. Jedesmal, wenn wir über einen Kamm kletterten, schlug uns der Wind mit voller Wucht ins Gesicht. Schnee prasselte auf unsere Haut wie Schrotkugeln. Hier war der Schnee besonders hoch, und wir kämpften uns durch Wehen hindurch, die zuweilen drohten, die Männer, die zu Fuß gingen, zu verschlucken.

Meine Arme schmerzten. Meine Zehen waren taub. Am liebsten hätte ich geweint, mich vom Pferd fallenlassen und der Bewußtlosigkeit hingegeben. Ich hatte Angst vor Erfrierungen. Bestimmt würden wir nach dieser Schreckensnacht ein paar Zehen einbüßen. Die arme Mahtab konnte nicht aufhören zu zittern.

Es war ein endloser Kampf, mich in Gedanken auf meine Aufgabe zu konzentrieren. Ich hatte keinerlei Möglichkeit, zu erfahren, wie lange, wie weit wir uns auf diese Weise noch durchschlagen mußten. Ich hatte keine Ahnung, wieviel Zeit vergangen war. Selbst wenn ich die Zifferblätter meiner Armbanduhr in der Dunkelheit zu erkennen vermocht hätte, konnte ich meinen Griff nicht einen Augenblick lang lockern. Zeit und Raum waren leere Begriffe. Wir waren für alle Ewigkeit in der finsteren, eisigen Einöde verloren.

Plötzlich hörte ich vor uns Stimmen. In meinem Herzen machte sich eine tiefe Verzweiflung breit. Das mußte *Pasdar* sein, ich war mir sicher. Sollten wir jetzt, nachdem wir soviel durchgemacht hatten, gefangen werden?

Aber der »Mann, der wiedergekommen war« führte uns sorglos weiter, und in wenigen Minuten trafen wir auf eine Schafherde. Wie seltsam, diesen Tieren hier zu begegnen! Wie überlebten sie in diesem widrigen Klima? Ihr Fleisch mußte zäh sein, dachte ich, und beneidete sie um ihre Wollmäntel.

Als wir uns nahten, sah ich, daß der alte Mann, unser Pfadfinder, sich mit dem Hirten unterhielt, einem Mann, der ganz in Schwarz gekleidet war. Ich konnte von ihm nur die Umrisse seines Gesichts und den Hirtenstab erkennen.

Der Schäfer begrüßte den »Mann, der wiedergekommen war« mit leiser Stimme. Er nahm ihm die Zügel aus der Hand und führte uns einfach weiter, ließ die Schafe zurück und benutzte seinen Stab, um sein Gleichgewicht zu halten. Ich sah mich um, instinktiv auf der Suche nach meinem Beschützer. Aber er war fort, ohne Lebewohl.

Der alte Mann ging wieder voraus, um den Weg zu suchen, und weiter ging es, jetzt unter Führung des Hirten.

Wir überquerten einen weiteren Berg. Dann noch einen. Wir schafften es, uns auf dem Pferd zu halten, aber meine Arme fühlten sich an, als wären sie vom Körper abgetrennt und an die Mähne angefroren. Ich spürte sie nicht mehr. Wir werden es nicht schaffen, weinte ich stumm vor mich hin. Nach all diesen Strapazen werden wir es nicht schaffen. In meinen Armen zitterte Mahtab, es war das einzige Lebenszeichen von ihr.

Irgendwann blickte ich zufällig nach oben. Vor uns, auf dem Kamm eines höheren, steileren Berges, sah ich etwas Gespenstisches, schwarze Umrisse hoben sich gegen den unheimlichen gedämpft-weißen Sturmhimmel ab. Dort oben standen mehrere Pferde mit Reitern. *»Pasdar«*, flüsterte ich vor mich hin.

Von allen denkbaren Schicksalsschlägen war, in die Hände der *Pasdar* zu fallen, der schlimmste. Ich hatte schon so viele Geschichten über die *Pasdar* gehört – und alle waren schlimm. Unweigerlich vergewaltigten sie ihre weiblichen Opfer – auch junge Mädchen –, bevor sie sie umbrachten. Mich schauderte, als ich an ihr widerliches Motto dachte. »Eine Frau sollte nicht als Jungfrau sterben.«

Wenn es möglich war, noch tiefer zu erschauern als je zuvor, dann tat ich es jetzt.

Weiter ging es.

Nach einer Weile hörte ich wieder Stimmen vor uns, diesmal lautere, sie schienen sich zu streiten. Jetzt wußte ich sicher, daß wir von den *Pasdar* geschnappt worden waren! Ich umklammerte Mahtab fest, bereit, sie zu verteidigen. Tränen von Schmerz und Verzweiflung gefroren auf meinen Wangen.

Wachsam hielt der Hirte das Pferd an.

Wir lauschten.

Der Wind trug die Stimmen bis zu uns. Vor uns waren mehrere Männer, die anscheinend keinen Versuch machten, ihre Anwesenheit geheimzuhalten. Aber der Ton ihrer Unterhaltung klang nicht mehr nach Streit.

Wir warteten darauf, daß der alte Mann zurückkam, aber er kam nicht. Minuten voller Anspannung vergingen.

Endlich schien der Hirte der Meinung zu sein, es sei sicher genug, um weiterzugehen. Er zog am Zügel und führte uns schnell auf die Stimmen zu.

Als wir uns näherten, stellte unser Pferd seine Ohren auf, weil es andere Pferde hörte. Wir kamen zu einer Gruppe von vier Männern, die sich friedlich unterhielten, als befänden sie sich auf einem normalen Ausflug. Sie hatten drei Pferde dabei.

»*Salam*«, sagte einer der Männer leise zu mir. Selbst inmitten des Sturms klang die Stimme vertraut, aber ich brauchte einen Augenblick, bis ich sein Gesicht erkennen konnte. Es war Mosehn! Er war gekommen, sein Versprechen einzulösen. »Ich habe noch nie jemanden mit über die Grenze genommen«, sagte der Anführer dieser Banditen. »Aber Sie nehme ich mit. Heute Nacht bringe ich Sie hinüber. Steigen Sie jetzt vom Pferd herunter.«

Ich reichte ihm zuerst Mahtab und glitt dann dankbar hinunter, um zu entdecken, daß meine Beine genauso taub waren wie meine Arme. Ich konnte kaum stehen.

Mosehn erklärte mir, daß die Pläne geändert werden mußten. Am Nachmittag, als unser Auto beschossen und von dem Soldaten angehalten worden war, waren wir nur durch die Gewitztheit unseres Fahrers entkommen, der sich eine Erklärung für unsere Anwesenheit im kriegerischen Grenzgebiet aus den Fingern gesogen hatte. Der Vorfall hatte alle in Alarmbereitschaft versetzt. Mosehn befand nun, es sei zu gefährlich, die Grenze in einer Ambulanz zu überqueren und sich einer erneuten Befragung auszusetzen. Deshalb würden wir zu Pferd weiter müssen und weit abseits von allen Straßen über die kahlen, gefährlichen Berge in die Türkei reiten.

»Lassen Sie Mahtab mit einem der anderen Männer auf einem anderen Pferd reiten«, sagte Mosehn in Farsi.

»Nein, ich will nicht«, weinte Mahtab plötzlich.

Nach fünf Tagen auf der Flucht, nach endlosen Stunden voll Hunger, Schmerzen und Verwirrung, brach sie schließlich zusammen. Die Tränen strömten ihr über die Wangen und bildeten kleine Eiszapfen auf ihrem Schal. Es war das erste Mal, daß sie weinte, der erste Moment der Verzweiflung, seitdem sie sich damit abgefunden hatte, ohne ihren Hasen nach Amerika zu gehen. Mein tapferes kleines Mädchen hatte dies alles ohne Klagen überstanden, bis jetzt, bis ihr eine Trennung von mir drohte. »Ich will bei dir bleiben, Mommy«, schluchzte sie.

»Schhhh«, sagte ich zu ihr. »Nun sind wir schon so weit. Wir sind direkt an der Grenze. Wenn wir es nur noch ein kleines Stück schaffen, sind wir über die Grenze, und dann können wir nach Amerika. Sonst müssen wir zurück zu Daddy. Bitte, versuch es für mich.«

»Ich will nicht alleine auf ein Pferd«, schluchzte sie wieder.

»Ein Mann wird bei dir sein.«

»Ich will nicht ohne dich auf ein Pferd.«

»Du mußt. Die Leute wissen, was das Beste ist. Bitte tu es. Hab Vertrauen.«

Irgendwo im tiefsten Innern fand Mahtab die Kräfte, die sie brauchte. Sie trocknete ihre Tränen und faßte wieder Mut. Sie würde tun, was Mosehn sagte, aber erst wenn eine Kleinigkeit erledigt war. »Ich muß mal«, sagte sie. Dort auf dem Berg, im Dunkel der Nacht, von fremden Männern umgeben, inmitten eines wütenden Eissturmes, verschaffte sie sich Erleichterung.

»Mahtab«, sagte ich. »Mir tut alles so schrecklich leid. Ich wußte nicht, daß es so anstrengend werden würde. Ich weiß nicht, wie du dies schaffen wirst. Ich weiß nicht, ob ich es schaffen werde oder nicht.«

Obwohl sie erschöpft war und vor Hunger und Kälte in der eisigen Winterluft zitterte, hatte sich Mahtab jetzt wieder gefaßt. »Ich kann es schaffen«, sagte sie voller Entschlossenheit. »Ich bin stark. Ich kann alles, was ich muß, um nach Amerika zu kommen.« Dann fügte sie hinzu: »Ich hasse Daddy, weil er uns gezwungen hat, das zu tun.«

Sie ließ es zu, daß sie auf den Schoß eines Mannes gehoben wurde, der schon auf einem frischen Pferd saß. Mosehn half mir auf ein anderes Pferd, und ein neuer Mann ergriff die Zügel. Die Männer gingen alle zu Fuß, führten Mahtab und mich und zwei Reservepferde. So ging es weiter. Ich sah mich um, um zu sehen, wie es Mahtab erging. Ich konnte den Schritt ihres Pferdes hören, aber ich konnte es nicht sehen, und Mahtab auch nicht.

Sei stark, mein Kind, sagte ich stumm zu ihr und zu mir.

Die endlose, furchtbare Nacht dauerte an. Die Berge waren noch viel steiler als vorher. Bergauf, bergab. Wann würden wir die Grenze erreichen? Waren wir schon auf der anderen Seite?

Ich machte meinen Führer auf mich aufmerksam: »Türkei? Türkei?« flüsterte ich und zeigte auf den Boden.

»Iran, Iran«, flüsterte er.

Nun kamen wir an einen Berg, der zu steil war, als daß die Pferde eine Last tragen konnten. Mosehn befahl uns abzusteigen und zu Fuß unseren Weg zu suchen, bergauf über das Eis. Ich rutschte vom Pferd. Meine Beine waren zu schwach, um mich zu halten. Mein Fuß verfing sich in meinen langen Röcken, und meine Stiefel rutschten auf dem Eis ab. Schnell fing mich einer der Männer auf, bevor ich zu Boden stürzte. Er stützte mich. Dann half er mir, indem er mich am Arm festhielt, bergauf zu stapfen. Hinter mir hob ein anderer Mann Mahtab auf seine Schultern und trug sie Huckepack. Ich mühte mich entschlossen weiter, aber ich hielt die ganze Gruppe auf, weil ich ausglitt, abrutschte und ständig über meine Röcke stolperte.

Als wir schließlich den Kamm erreichten, kam meinem erschöpften Verstand der Gedanke, dies könnte die Grenze sein, weil dies der bisher steilste Berg gewesen war.

»Türkei? Türkei?« fragte ich den Mann, der meinen Arm hielt.

»Iran, Iran«, sagte er.

Wir stiegen wieder auf die Pferde und wandten uns dem Abstieg zu. Bald blieben wir in hohen Schneewehen stecken. Die Vorderbeine meines Pferdes knickten ein und meine Füße schleiften im Schnee. Die Männer zogen und zerrten, bis das mutige Tier wieder auf den Füßen stand und bereit war, seinen Weg fortzusetzen.

Als wir uns dem Fuß des Berges näherten, kamen wir an einen Abgrund, ein klaffendes Loch, das sich tief in das Plateau eingegraben hatte, das diesen und den nächsten Berg voneinander trennte.

Mein Führer drehte sich um und beugte sich so dicht zu meinem Gesicht, daß ich ihn sehen konnte. Er legte seinen Finger auf die Lippen. Ich hielt den Atem an.

Die Männer warteten schweigend ein paar Minuten. In den Bergen waren wir vor Entdeckung geschützt, aber das schneebedeckte Plateau vor uns wurde vom trüben Licht des Himmels erhellt. Dort würden sich unsere Schatten gegen den glatten weißen Untergrund abzeichnen.

Wieder ermahnte mich mein Führer, still zu sein.

Endlich machte einer der Männer vorsichtig einige Schritte nach vorn. Ich konnte seine blassen grauen Umrisse sehen, als er auf das Plateau hinaustrat. Dann entschwand er.

Einige Minuten darauf war er wieder da und flüsterte Mosehn etwas zu, der sich umdrehte und meinem Führer seinerseits etwas zuflüsterte. Dann sprach er mit kaum vernehmlicher Stimme mit mir.

»Wir müssen euch einzeln hinüberbringen«, erklärte er in Farsi. »Der Weg um die Schlucht ist zu schmal, zu gefährlich. Wir bringen zuerst Sie, dann das Kind.«

Mosehn gab mir keine Gelegenheit, zu widersprechen. Er ging voraus. Mein Führer zog an den Zügeln meines Pferdes und schritt schnell, aber ruhig in Mosehns Fußstapfen und brachte mich von Mahtab fort. Ich betete, sie möge meine Abwesenheit nicht bemerken.

Wir traten hinaus auf das Plateau und versuchten, die riesige Spalte so schnell und so leise wir konnten zu überwinden. Bald stießen wir auf einen schmalen Pfad, der hart am Felsen vorbeiführte und gerade breit genug für ein Pferd war. Wir folgten dem vereisten Pfad, der sich scharf auf dem Berghang abzeichnete. Er führte in die Schlucht hinunter und den Hang auf der anderen Seite des Plateaus hinauf. Die Männer verstanden ihr Handwerk. In zehn Minuten waren wir drüben.

Mein Führer blieb bei mir, als Mosehn ging, um Mahtab zu holen. Ich saß schweigend auf dem Pferd, zitternd und ängstlich wartend. Meine Blicke versuchten die Dunkelheit zu durchdringen. Bitte, bitte, macht schnell, weinte ich vor mich hin. Ich befürchtete, Mahtab könnte hysterisch werden.

Dann war sie da, auf den Schoß eines der Männer gekuschelt. Sie zitterte unkontrollierbar, aber sie war wach und ruhig.

Da fing mein Führer meinen Blick auf. Er deutete auf den Boden.

»Türkei! Türkei!« flüsterte er.

»Al-hamdu lillah!« sagte ich mit einem tiefen Seufzer. »Gott sei Dank!«

Trotz der unglaublichen Kälte durchschauerte mich kurz eine wohlige Wärme. Wir waren in der Türkei! Wir waren aus dem Iran heraus!

Aber wir waren noch lange nicht frei. Wenn türkische Grenzer uns fanden, könnten sie einfach das Feuer auf eine Bande von Eindringlingen eröffnen. Wenn wir das überlebten, dann würden die Türken uns ganz bestimmt festnehmen, und dann würden wir viele schwierige Fragen zu beantworten haben. Aber zumindest wußte ich – Amahl hatte mir das versichert –, daß die Türken uns nie wieder an den Iran ausliefern würden.

Ein eisiger Gedanke durchfuhr mich. Mit einem Schaudern wurde mir klar, daß ich zwanzig Minuten lang, während ich auf der einen Seite der Schlucht auf Mahtab gewartet hatte, schon in der Türkei gewesen war, während Mahtab noch im Iran war. Gott sei Dank wurde mir das erst bewußt, als die Gefahr schon vorüber war.

Nun spürte ich auch wieder den kalten Wind. Wir waren noch immer im Gebirge, mitten im eisigen Sturm. Ein imaginärer Strich auf der Landkarte brachte keine echte Wärme, der wir jetzt so dringend bedurften. Welchen Preis würde ich für die Freiheit zu zahlen haben? Ich war überzeugt, daß einige meiner Zehen nicht mehr zu retten waren. Ich hoffte, daß es Mahtab besser ging als mir.

Wieder ritten wir einen unglaublich steilen Berg hinauf. Diesmal rutschte ich vom Pferd und fiel ungeschickt in den Schnee, ehe mein Führer mir helfen konnte. Er und Mosehn hoben mich auf die Füße und stützten mich beim Gehen. Wie lange kann Adrenalin wirken? fragte ich mich. Bestimmt würde ich bald zusammenbrechen.

Eine Zeitlang schien mein Geist meinen Körper zu verlassen. Ein Teil von mir beobachtete distanziert und staunte über die Fähigkeiten eines verzweifelten Menschen, während ich den Berg erklomm. Ich sah mir zu, wie ich versuchte, mich ein wenig auszuruhen, während ich bergab ritt. Dann beobachtete ich mich, wie ich mich wieder zu Fuß bergan kämpfte.

»Wie viele Berge noch?« fragte ich Mosehn.

»Nazdik«, sagte er. »Nicht mehr weit.«

Ich versuchte angesichts dieser mageren Information Erleichterung zu fühlen, aber ich brauchte dringend Wärme und Ruhe. Gab es wohl irgendwo einen Ort, an dem wir

Unterschlupf finden und unsere Kräfte wieder aufbauen konnten?

»Der da vorn ist der letzte«, flüsterte Mosehn.

Diesmal gaben meine Beine ganz nach, als ich vom Pferd glitt. Ich strampelte verzweifelt im Schnee, aber ich konnte nicht stehen, auch nicht mit der Hilfe der beiden Männer. Ich konnte nicht einmal spüren, ob meine Beine noch mit dem Körper verbunden waren. Trotz der unglaublichen Kälte hatte ich das Gefühl, als würde ich brennen.

»Da daghighe digar«, und zeigte nach oben. »Noch zehn Minuten.«

»Bitte«, flehte ich ihn an. »Lassen Sie mich ausruhen.«

Mein Führer erlaubte es nicht. Er zog mich auf die Füße und zerrte mich vorwärts. Mein Fuß rutschte auf dem Eis aus, und ich schwankte so, daß der Führer meinen Arm nicht festhalten konnte. Ich purzelte den Abhang hinunter und rutschte gute drei Meter, bevor ich als hilfloser Haufen liegenblieb. Der Führer eilte zu mir.

»Ich schaffe es nicht«, stöhnte ich.

Der Führer rief leise nach Hilfe, und Mosehn kam.

»Mahtab«, flüsterte ich. »Wo ist sie?«

»Es geht ihr gut. Die Männer tragen sie hinauf.«

Mosehn und der Führer zogen mich hoch. Die beiden Männer legten meine Arme um ihre Schultern und hoben mich vom Boden auf. Wortlos schleiften sie mich den steilen Hang hoch. Meine baumelnden Beine pflügten durch den Schnee.

Trotz ihrer Last schritten die Männer mühelos bergauf, sie atmeten nicht einmal schwer. Mehrmals lockerten sie ihren Griff und versuchten, mich allein laufen zu lassen. Aber jedesmal knickten meine Knie sofort wieder ein, und sie mußten mich auffangen.

»Bitte«, rief ich, »ich muß mich ausruhen!«

Die Verzweiflung in meiner Stimme ließ Mosehn aufhorchen. Er half mir, mich im Schnee flach hinzulegen, dann legte er mir seine eigene eiskalte Hand auf die Stirn, um zu sehen, ob sie heiß war. Sein Gesicht – oder was ich davon sehen konnte – zeigte einen Ausdruck von Sorge und Mitgefühl.

»Ich schaffe es nicht«, keuchte ich. Ich wußte jetzt, daß ich noch in der Nacht sterben mußte. Ich würde es nicht schaffen, aber ich hatte Mahtab aus dem Iran herausgeschafft. Sie würde durchkommen.

Das war genug.

»Laßt mich hier«, sagte ich zu Mosehn. »Gehen Sie mit Mahtab und holen Sie mich morgen.«

»Nein!« bellte Mosehn scharf.

Die Kraft seiner Stimme beschämte mich mehr als ein Schlag ins Gesicht. Wie kann ich so etwas machen? schalt ich mich. Ich habe so lange auf diesen Tag gewartet. Ich muß weiter.

»Okay«, flüsterte ich.

Aber ich hatte keine Kraft. Ich konnte mich nicht rühren.

Die beiden Männer boten mir ihre Kraft als Ersatz an. Sie zogen mich erneut auf die Füße und schleiften mich den Berg hinauf. Stellenweise reichten die Schneewehen höher als ihre Knie. So sicher sie auch auf den Beinen waren, so stolperten sie doch unter ihrer hilflosen Last. Ein paar Mal fielen wir zusammen in den Schnee. Aber die Männer gaben nicht nach. Jedesmal, wenn wir stürzten, rappelten sie sich ohne Kommentar wieder auf, ergriffen meine Arme und schleiften mich weiter.

Meine Welt wurde dumpf. Vielleicht verlor ich die Besinnung.

Ein paar Jahre später, wie es schien, hörte ich aus weiter Ferne Mahtab flüstern: »Mommy!« Sie war bei mir. Wir waren auf der Spitze des Berges.

»Den Rest des Weges können Sie reiten«, sagte Mosehn.

Er legte mir eine Hand an die Hüfte und hielt meinen Fuß mit der anderen Hand fest. Der andere Mann faßte mich auf der anderen Seite genauso an. Zusammen hoben sie meinen steifgefrorenen Körper über das Hinterteil des Pferdes auf seinen Rücken. Es ging abwärts.

Irgendwie gelang es mir, mich auf dem Pferd zu halten, bis wir unten ankamen. Noch umgab uns die Finsternis, obwohl ich wußte, daß bald der Morgen nahen mußte. Ich konnte Mosehns Gesicht kaum erkennen, als er vor mir stand und mit dem Finger in eine Richtung zeigte, bis ich weit in der Ferne den trüben Schein von Lichtern erkannte. »Dort wollen wir hin«, sagte er. Endlich näherten wir uns einem Unterschlupf. Ich kämpfte schwer, nur um für das letzte Wegstück in dieser unglaublich langen Nacht im Sattel zu bleiben.

Wir ritten etwa zehn Minuten, als ich Hunde hörte, die unsere Ankunft meldeten. Bald kamen wir an ein Haus, das versteckt in den Bergen lag. Mehrere Männer kamen in den Vorhof hinaus, offensichtlich erwarteten sie uns. Beim Näherkommen sah ich, daß das Haus nicht viel mehr war als eine schäbige Hütte, ein einsam gelegener Unterschlupf für Schmuggler an der östlichen Grenze der Türkei.

Die Männer am Haus begrüßten unsere Gruppe mit breitem Lächeln und aufgeregtem Gerede. Sie zogen Mosehn und die anderen in ihre Mitte und gratulierten ihnen zu ihrer erfolgreichen Mission. Der Mann, mit dem Mahtab geritten war, setzte sie sanft auf dem Boden ab und gesellte sich dann den Feiernden zu. Unbemerkt, unfähig die Beine vom Pferd zu schwingen, lockerte ich meinen Griff, rutschte zur Seite und fiel auf einen niedrigen Betonvorbau. Ich war bewegungsunfähig. Mahtab lief, um mir zu helfen, aber die Männer – selbst Mosehn – schienen uns ganz und gar vergessen zu haben. Einige kümmerten sich um die Pferde, die anderen gingen ins warme Haus.

Unter Aufbietung meiner allerletzten Kräfte robbte ich auf meinen Armen weiter und ließ meine nutzlosen Beine hinterherschleifen. Mahtab versuchte, mich zu ziehen.

Meine Ellbogen scheuerten auf dem harten, kalten Beton. Meine Augen waren starr auf die Tür gerichtet.

Irgendwie schaffte ich es bis zur Schwelle. Erst da bemerkte Mosehn meinen Jammer. Er und die anderen Männer schleiften mich in das bescheidene Haus. Ich heulte vor Schmerz auf, als Mosehn mir die Stiefel von den gefühllosen Füßen zog. Männer trugen mich und Mahtab in die Mitte des Zimmers und legten uns vor einen glühend heißen Holzofen.

Es dauerte viele Minuten, bis ich den ersten Muskel rühren konnte. Ich lag still und versuchte, mich an der Wärme des Feuers zu erholen.

Die Hitze war ein langsam wirkendes Tonikum, das allmählich meine Lebensgeister weckte. Ich brachte ein Grinsen für Mahtab zustande. Wir hatten es geschafft! Wir waren in der Türkei!

Endlich konnte ich mich hinsetzen. Ich bearbeitete meine Zehen und meine Finger, um das Blut wieder in Zirkulation zu bringen. Meine Belohnung bestand in starken, brennenden Schmerzen.

Mit der Rückkehr meiner Sinne stieg mir der Geruch in die Nase, der im Zimmer herrschte. Und schon kam mir wieder die Angst. Das Haus war voller Männer. Nur Männer, Mahtab und ich, die wir uns vor dem Feuer erholten. Ja, wir waren in der Türkei. Aber es kam mir zum Bewußtsein, daß wir immer noch einer Bande gesetzloser Schmuggler auf Gedeih und Verderb ausgeliefert waren. Hatten diese Männer uns so weit gebracht, nur um uns noch unsäglicheren Torturen auszusetzen? War Mosehn zu so etwas fähig?

Vielleicht weil er meine Furcht spürte, brachte einer der Männer Mahtab und mir heißen Tee. Ich legte mir mehrere Zuckerwürfel in den Mund und schlürfte durch sie den Tee, wie die Iraner. Normalerweise mochte ich keinen Zucker im Tee, aber jetzt brauchte ich Energie. Ich ermutigte Mahtab, ebenfalls viel Zucker zu nehmen. Es half.

Es verging vielleicht eine Stunde, bis ich endlich das Gefühl hatte, wieder laufen zu können. Ich stolperte unsicher auf die Füße.

Als er das sah, winkte Mosehn Mahtab und mir, ihm zu folgen. Er führte uns wieder hinaus, in eine eisige Dämmerung, dann um das Haus herum in einen Hinterhof, wo eine zweite Hütte stand.

Wir traten ein und fanden ein Zimmer voll mit Frauen und Kindern. Einige redeten, einige waren in Decken gehüllt und schliefen fest auf dem Fußboden.

Bei unserer Ankunft eilten einige Frauen in vielen dicken kurdischen Röcken auf uns zu. In Farsi sagte Mosehn: »Dies ist meine Schwester!«

Mosehn legte mehr Holz auf das Feuer. »Morgen bringen wir Sie nach Van«, sagte er. Dann kehrte er ins Männerhaus zurück.

Mosehns Schwester gab uns schwere Federdecken und fand einen Platz für uns auf dem vollen Fußboden, direkt an der Wand, weit vom Feuer.

Dies Gebäude war kalt und feucht. Mahtab und ich kuschelten uns unter den Decken zusammen.

»Wir sind in der Türkei. Wir sind in der Türkei.« Immer wieder betete ich die Worte für Mahtab. »Kannst du es glauben?«

Sie hielt mich fest, bis sie in einen tiefen Schlaf fiel. Es war ein wunderbares Gefühl, sie in den Armen zu halten, und ich versuchte in ihrem vertrauensvollen Schlaf ein Quentchen Trost zu finden. In meinem Kopf rasten noch die Gedanken. Mein ganzer Körper pochte vor Schmerzen. Ich hatte einen Bärenhunger. Ein paar Stunden schlief ich unruhig. Die meiste Zeit aber betete ich und dankte Gott, daß er uns so weit geführt hatte. Und verlangte noch mehr. Bitte, lieber Gott, bleib auch den Rest des Weges bei uns. Nur so können wir es schaffen.

Ich war noch ganz benommen, als Mosehn uns gegen acht

Uhr morgens holte. Er sah nach den wenigen Stunden Schlaf erfrischt aus. Mahtab wachte langsam auf, bis ihr einfiel, daß wir in der Türkei waren. Dann sprang sie auf die Beine, voller Eifer, sich wieder auf den Weg zu machen.

Auch ich hatte mich ein bißchen erholt. Wir *waren* in der Türkei. Mahtab war bei mir. Mein Körper fühlte sich an, als wäre ich heftig verprügelt worden, aber ich hatte wieder Gefühl in den Fingern und Zehen. Auch ich war bereit, loszugehen. Mosehn führte uns hinaus zu einem relativ neuen Wagen mit Schneeketten. Einer der Schmuggler saß hinter dem Steuer, als wir hineinkletterten.

Wir fuhren auf einer schmalen Gebirgsstraße, die sich an einem Abgrund nach dem anderen entlangwand. Keine Leitplanke würde uns vor einem Unglück schützen. Aber der Mann war ein guter Fahrer, und die Ketten gaben guten Halt. Wir fuhren ständig weiter bergab, weiter in die Türkei hinein, und entfernten uns immer weiter vom Iran.

Nach wenigen Minuten hielten wir an einem Bauernhaus, das in den Berghang hinein gebaut war. Wir wurden hineingeführt, und dort erwartete uns ein Frühstück aus Brot und Tee und mehr von dem scharfen, ranzigen Käse. Obgleich ich großen Hunger hatte, konnte ich nur wenig essen. Aber ich trank gierig ein paar Gläser Tee mit soviel Zucker wie möglich.

Eine Frau brachte Mahtab ein Glas warmer Ziegenmilch. Sie probierte daran, sagte dann aber, daß sie lieber Tee trinken möchte.

Eine enorm dicke Frau, zahnlos, voller Falten und mit durch das rauhe Gebirgsleben vorzeitig ergrautem Haar, kam herein. Sie sah aus wie achtzig. Sie hatte neue Kleider für uns, und sie zog Mahtab und mich nach kurdischer Sitte an, diesmal anscheinend mit hiesigen – türkischen – Variationen.

Wir saßen eine Weile untätig herum, und ich wurde unruhig. Ich fragte jemanden, weshalb wir warteten, und erfuhr, daß Mosehn in die »Stadt« gefahren war, um ein Auto zu holen. Ich erfuhr außerdem, daß die dicke alte Frau, die uns umgezogen hatte, Mosehns Mutter war. Seine Frau war ebenfalls hier. Das war die Antwort auf eine meiner Fragen. Mosehn war Türke und nicht Iraner. Eigentlich war er weder noch. Er war Kurde und erkannte die Gültigkeit der Grenze, die wir gestern Nacht überquert hatten, nicht an.

Mosehns Rückkehr mit dem Auto löste rege Betriebsamkeit aus. Er warf mir ein kleines, in Zeitungspapier gewikkeltes Paket zu, und führte uns eilig zum Auto. Schnell stopfte ich das Paket in meine Tasche und drehte mich um, um mich bei Mosehns Mutter für ihre Gastlichkeit zu bedanken, doch zu meiner Überraschung kletterte sie an mir vorbei auf den Rücksitz und winkte uns, es ihr nachzutun.

Einer der Schmuggler setzte sich ans Steuer, und ein großer Junge setzte sich vorne neben ihn.

Als typisch türkisch-kurdische Familie getarnt, rasten wir durch die Gebirgslandschaft. Die riesigen Ausmaße von Mosehns Mutter ließen Mahtab und mich neben ihr fast verschwinden. Vielleicht war das der Sinn der Sache. Mosehns Mutter, die großes Vergnügen an unserer halsbrecherischen Fahrt durch die Berge fand, paffte zufrieden beißende türkische Zigaretten.

Am Fuß des Berges fuhr der Fahrer langsamer. Ein Wachhaus tauchte vor uns auf, ein Kontrollpunkt. Ich erstarrte. Ein türkischer Soldat blickte ins Auto. Er schwatzte und plauderte mit dem Fahrer und kontrollierte dessen Papiere, aber er verlangte keine Ausweise von uns. Mosehns Mutter blies ihm Zigarettenrauch ins Gesicht. Der Soldat winkte uns weiter.

Wir fuhren auf einer zweispurigen, gepflasterten Straße über eine Hochebene. Etwa alle zwanzig Minuten mußten wir an einem Kontrollpunkt halten. Jedesmal fühlte ich, wie mein Herz einen Augenblick aussetzte, aber wir passierten ohne Schwierigkeiten. Mosehns Mutter hatte uns gut verkleidet.

Einmal hielt der Fahrer am Straßenrand an einer Stelle, von der aus ein ausgefahrener Weg in ein entferntes Dorf führte, das aus ein paar Hütten bestand. Der Junge stieg aus und lief den Weg entlang. Wir fuhren weiter Richtung Van.

Mir wurde bewußt, daß ich im allgemeinen Durcheinander bei unserer Abfahrt vom Bauernhaus keine Gelegenheit gehabt hatte, mich von Mosehn zu verabschieden oder mich bei ihm zu bedanken. Einen Augenblick lang quälte mich ein schlechtes Gewissen.

Dann fiel mir wieder das Päckchen ein, das er mir gegeben hatte. Ich hatte es ungeöffnet in meine Handtasche gesteckt. Nun kramte ich es hervor, wickelte es aus dem Zeitungspapier und fand unsere Pässe, mein Geld und meinen Schmuck. Meine gesamten US-Dollar waren da, und die iranischen Rial waren in einen dicken Haufen türkischer Lire umgetauscht worden. Mosehn hatte bis auf meine goldene Halskette alles zurückgegeben. Es war ein merkwürdiges Ende eines kurzen, seltsamen Zusammentreffens. Ich verdankte mein und Mahtabs Leben Mosehn. Geld und Schmuck waren mir nicht mehr wichtig. Mosehn hatte sich anscheinend ausgerechnet, daß die goldene Halskette ein angemessenes Trinkgeld war.

Wir hielten an einem anderen Weg, der auch in ein schäbiges Dorf führte. Mosehns Mutter steckte sich an der Kippe der eben zu Ende gerauchten eine neue Zigarette an. Sie hüpfte aus dem Auto, und damit war auch sie ohne Lebewohl verschwunden.

Nun fuhren nur noch wir mit unserem Fahrer eilig Richtung Van.

Irgendwann während unserer Fahrt, mitten im öden Land, der Fahrer am Straßenrand und machte uns mit Gesten verständlich, daß wir die äußeren Schichten unserer Kleider ausziehen sollten. Wir zogen uns bis auf die amerikanische Kleidung aus. Nun waren wir amerikanische Touristen, wenn auch ohne die richtigen Stempel im Paß.

Als wir uns wieder auf den Weg machten, sah ich, wie die vorüberflitzenden Dörfer größer und zahlreicher wurden. Bald erreichten wir die Vororte von Van.

»Zum Flughafen«, versuchte ich dem Fahrer zu sagen. Mahtab fand das entsprechende Wort in Farsi, und das Gesicht des Fahrers hellte sich auf, als er verstand. Er hielt vor einem Büro, dessen Fenster mit Reiseplakaten geschmückt war, und bedeutete uns, daß wir im Auto bleiben sollten, während er hineinging. Nach wenigen Minuten kehrte er zurück und sagte mir mit Hilfe von Mahtab, das nächste Flugzeug nach Ankara gehe in zwei Tagen.

Das war zu lange. Wir mußten sofort nach Ankara, ehe uns jemand Fragen stellte.

»Bus?« fragte ich hoffnungsfroh.

Der Fahrer schaute irritiert.

»Otubus?«

»Ah«, der Fahrer seufzte verstehend. Er rammte einen Gang rein und röhrte durch die Straßen von Van, bis er das Busdepot fand. Wieder sollten wir im Auto bleiben. Er ging in den Busbahnhof und kam ein paar Minuten später wieder, um zu fragen: »Lire?«

Ich nahm den Bündel türkischer Lire aus meiner Handtasche und hielt sie ihm hin. Er nahm sich ein paar Scheine und verschwand. Schon bald war er wieder am Auto, grinste breit und winkte mit zwei Fahrscheinen nach Ankara. Er sprach, mit seinem Farsi kämpfend, mit Mahtab.

»Er sagt, der Bus geht um vier Uhr«, sagte Mahtab. Er würde nicht vor Mittag des nächsten Tages in Ankara ankommen.

Ich sah auf die Uhr. Es war erst eins. Ich wollte nicht drei Stunden am Busbahnhof herumhängen, und da die größere Nähe zur Freiheit mich ein bißchen entspannter machte, äußerte ich das eine Wort, das, wie ich wußte, auch Mahtab beschäftigte.

»Chaza«, sagte ich und hob meine Hand an den Mund. »Essen.« Seitdem wir das sichere Haus in Teheran verlassen hatten, waren Brot und Sonnenblumenkerne, die wir mit Tee hinunterspülten, unsere einzige Nahrung gewesen.

Der Fahrer sah sich in der Nachbarschaft um und winkte uns, mit ihm zu gehen. Er führte uns in ein Restaurant. Dann als wir saßen, sagte er: *»Tamum, tamum«,* und rieb seine Hände aneinander. »Erledigt.«

So gut wir konnten, dankten wir ihm für seine Hilfe. Er war den Tränen nahe, als er ging.

Mahtab und ich bestellten fremdartiges Essen von einer unverständlichen Speisekarte in einem fremden Land und waren nicht sicher, was uns aufgetischt werden würde. Wir wurden mit einem köstlichen Hühnergericht und Reis überrascht. Es war himmlisch.

Wir hielten uns lange an der Mahlzeit fest, aßen den letzten Krümel, schlugen die Zeit tot und redeten aufgeregt über Amerika. Insgeheim machte ich mir um Dad Sorgen. Mein Magen war zwar gefüllt, aber ich hungerte immer noch nach Nachrichten von der Familie.

Mahtabs Miene hellte sich plötzlich auf. »Oh«, sagte sie. »Da ist der Mann, der uns geholfen hat.«

Ich blickte hoch und sah unseren Fahrer wieder auf unseren Tisch zukommen. Er setzte sich und bestellte sich auch Tee und etwas zu essen. Offensichtlich hatte sein Gewissen nicht zugelassen, daß er abfuhr, ehe wir sicher im Bus saßen.

Schließlich gingen wir zu dritt wieder zum Busbahnhof. Dort suchte unser Fahrer einen Türken auf, vielleicht den Stationsvorsteher, und sprach mit ihm über uns. Der Türke begrüßte uns herzlich. Noch einmal sagte unser Fahrer *»Tamum, tamum.«* Wieder waren seine Augen feucht. Er ließ uns in der Obhut des Türken zurück.

Der Türke führte uns zu einer Bank an einem Holzofen. Ein etwa zehnjähriger Junge brachte uns Tee. Wir warteten.

Als es auf vier Uhr zuging, kam der Türke zu uns. »Pässe?« fragte er.

Mein Herz pochte laut. Ich sah ihn mit leeren Augen an und tat, als hätte ich nicht verstanden.

»Pässe?« wiederholte er.

Ich machte die Handtasche auf und griff widerstrebend hinein, ich wollte nicht, daß er unsere Pässe kontrollierte.

Er schüttelte schnell mit dem Kopf und hielt seine Handfläche hoch, um mich zu bremsen. Als er weiterging und die Papiere der übrigen Fahrgäste kontrollierte, bemühte ich mich, sein Verhalten zu begreifen. Wahrscheinlich war er dafür verantwortlich, daß alle Fahrgäste Papiere hatten. Er wußte, daß wir Pässe hatten, und mehr wollte er nicht wissen. Was mochte unser Fahrer ihm erzählt haben?

Wir befanden uns immer noch in einer Welt der Intrige, der Grenzen und der Ausweispapiere, einer Welt voll geflüsterter Erklärungen und verständnisvollem Kopfnicken.

Eine amtliche Stimme machte eine Ansage, und ich verstand das Wort Ankara, also standen Mahtab und ich auf und folgten den anderen drängelnden Fahrgästen zu einem modernen Überlandbus, der ganz wie ein Greyhound aussah.

Wir fanden zwei Plätze hinten links. Mehrere Passagiere waren schon an Bord, und bald kletterten die anderen herein und besetzten fast alle Plätze. Der Motor lief im Leerlauf, und der Bus war warm.

Eine vierundzwanzig Stunden dauernde Fahrt nach Ankara war alles, was wir noch überstehen mußten, dann waren wir in Sicherheit.

Innerhalb weniger Minuten hatten wir die Stadt verlassen und rasten über kurvige, dick vereiste Gebirgsstraßen. Der Fahrer entging mehrmals knapp einem Unglück, wenn er schwungvoll um die Kurven schlidderte, die keine Leitplanken besaßen. Mein Gott, dachte ich, sind wir so weit gekommen, nur um in irgendeine Schlucht zu stürzen?

Die Erschöpfung holte mich ein. Mein ganzer Körper klopfte noch von den Anstrengungen der Grenzüberquerung, aber die Schmerzen konnten den Schlaf nicht mehr aufhalten. Ich dämmerte vor mich hin, immer noch wachsam, aber warm und voller Träume für den kommenden Tag.

Ich erwachte mit einem Ruck mitten in der schwarzen Nacht. Der Fahrer war voll auf die Bremse getreten, und der Bus rutschte gefährlich, bis er zum Halten kam. Draußen tobte ein Schneesturm. Andere Busse standen vor uns. Ich konnte sehen, daß weiter vorne, in einer Kurve, die Straße durch Schneeverwehungen versperrt war. Ein oder zwei Busse saßen im Schnee fest und blockierten die Straße.

In der Nähe lag ein Gebäude, ein Hotel oder Restaurant. In der Erkenntnis, daß wir hier eine Weile aufgehalten würden, waren einige der Fahrgäste ausgestiegen und machten sich auf den Weg in das warme Gebäude.

Es war fast Mitternacht. Mahtab schlief fest an meiner Seite, und ich sah das winterliche Schauspiel draußen nur durch einen Dunst der Benommenheit. Ich schlief wieder ein.

Ich kam ab und zu zu mir, während die Stunden vergingen. Ich wachte zitternd vor Kälte auf, da der Bus nicht mehr geheizt war, aber ich war zu müde, um mich zu rühren. Schnell schlief ich wieder ein.

Der Morgen dämmerte schon fast herauf, als ich vom Geräusch eines Schneepflugs geweckt wurde, der die Straße vor uns räumte. Mahtab zitterte an meiner Seite, aber sie schlief noch.

Schließlich, nach einem Aufenthalt von sechs Stunden, fuhren wir durch die schneebedeckte Landschaft weiter.

Mahtab rührte sich neben mir, rieb sich die Augen und starrte einen Augenblick aus dem Fenster, ehe sie sich daran erinnerte, wo wir waren. Sie stellte die uralte Frage reisender Kinder: »Mommy, wann sind wir da?«

Ich erzählte ihr von dem langen Aufenthalt. »Wir kommen viel später an«, sagte ich.

Der Bus holperte stundenlang in halsbrecherischem Tempo weiter und pflügte sich durch einen schneidenden Schneesturm. Meine Angst wuchs, als der Fahrer versuchte, mehr Tempo aus seinem Bus herauszuholen. In jeder eisglatten Kurve der Gebirgsstraße sah ich uns sterben. Es erschien mir unmöglich, daß der Bus seine Spur halten konnte. Wie blöd wäre es, so zu sterben!

Dann, am späten Nachmittag, hielt der Bus an, und wir standen Auge in Auge mit dem Tod. Auf der Straße vor uns herrschte großer Betrieb, und als der Bus Meter um Meter vorrückte, konnten wir sehen, daß sich ein schrecklicher Unfall ereignet hatte. Mindestens ein halbes Dutzend Busse hatten sich, in dem Bemühen, eine Haarnadelkurve zu meistern, überschlagen. Verletzte, stöhnende Fahrgäste lagen im Schnee herum. Andere versorgten sie. Mir drehte sich der Magen um.

Unser Fahrer wartete, bis er an der Reihe war, den Bus um den Schauplatz des Unglücks herumzumanövrieren. Ich versuchte, nicht hinzusehen, aber ich konnte nicht anders.

Es war unglaublich, aber kaum waren wir am Unfallort vorbei, trat unser Fahrer wieder das Gaspedal durch. Bitte, lieber Gott, laß uns sicher nach Ankara kommen, betete ich.

Wieder senkte sich die Dunkelheit – zur zweiten Nacht auf dieser eigentlich nur vierundzwanzig Stunden dauernden Reise. Auch ich stellte mir Mahtabs Frage: Wann sind wir da?

Unruhiger, sorgenvoller Schlaf kam und ging. Jede Bewegung schmerzte, aber das Stillsitzen schmerzte genauso. Jeder Muskel in meinem Körper schrie. Ich wand mich auf meinem Sitz und konnte keine bequeme Stellung mehr finden.

Es war zwei Uhr morgens, als wir schließlich mitten in Ankara an einem großen modernen Busbahnhof ankamen. Die Vierundzwanzig-Stunden-Fahrt von Van hatte sich auf zweiunddreißig qualvolle Stunden verlängert, aber sie war vorüber.

Jetzt war es Mittwoch, der 5. Februar, genau eine Woche seit unserer plötzlichen, verzweifelten Flucht aus Moodys würgender Umklammerung. Jetzt kann nichts mehr schiefgehen, dachte ich.

Als wir aus dem Bus in die belebte Wartehalle traten, rief ein Mann das internationale Wort »Taxi!«, und wir gingen sofort mit ihm, weil wir auf gar keinen Fall auf einen Polizisten treffen wollten.

»Sheraton. Hotel Sheraton«, sagte ich, ohne zu wissen, ob es in Ankara eins gab.

»Na.«

»Hotel Hyatt.«

»Na.«

»Khub Hotel«, sagte ich. »Gutes Hotel.« Er schien das Wort in Farsi zu verstehen und fuhr schnell in das Geschäftsviertel der Stadt. Auf dem Weg durch die Straßen verlangsamte er einen Augenblick seine Fahrt und zeigte auf ein trübe beleuchtetes Gebäude, das über Nacht geschlossen war. *»Amerika«*, sagte er.

Die Botschaft! Dorthin würden wir morgen früh sofort gehen.

Der Fahrer fuhr eine Straße weiter, dann zurück in einen Boulevard und hielt mit seinem Wagen vor einem eleganten Gebäude, das sich auf einem englischsprachigen Schild als HOTEL ANKARA auswies.

Mit einer Handbewegung bedeutete der Taxifahrer uns zu warten und ging hinein, um gleich darauf mit einem Empfangschef, der Englisch sprach, wiederzukommen.

»Ja, wir haben noch ein Zimmer für heute Nacht frei«, sagte er. »Haben Sie Pässe?«

»Ja.«

»Kommen Sie herein.«

Ich gab dem Fahrer ein großes Trinkgeld. Mahtab und ich folgten dem Empfangschef in ein komfortables Foyer. Dort füllte ich die Meldekarte aus und gab als Adresse die meiner Eltern in Bannister, Michigan, an.

»Darf ich bitte Ihre Pässe haben?« fragte der Empfangschef.

»Ja.« Ich wühlte in meiner Handtasche und beschloß einen Trick Amahls zu benutzen. Als ich dem Empfangschef die Pässe gab, überreichte ich ihm auch die unvorstellbare Summe von einhundertfünfzig Dollar in US-Währung. »Hier ist das Geld für das Zimmer«, sagte ich.

Er schenkte dem Geld mehr Beachtung als den Pässen. Er grinste breit und begleitete uns dann mit einem Pagen in das, was uns als das schönste Hotelzimmer der Welt erschien. Es hatte zwei weiche Doppelbetten, Liegesessel, ein großes modernes Bad mit einem getrennten Ankleidezimmer und einen Fernseher. Sowie sie uns alleingelassen hatten, umarmten Mahtab und ich uns, um unsere Begeisterung zu teilen.

»Kannst du es glauben?« fragte ich. »Wir können uns die Zähne putzen und baden ... und schlafen.«

Mahtab ging schnurstracks ins Bad, um sich für immer den Iran vom Körper zu schrubben.

Plötzlich ertönte ein lautes Klopfen an der Tür.

Ärger mit den Pässen, ich hatte es gewußt. »Wer ist da?« fragte ich.

»Der Empfangschef«, kam die gedämpfte Antwort.

Ich machte die Tür auf und fand ihn dort mit den Pässen in der Hand. »Wo haben Sie diese Pässe her?« fragte er streng. »Sie enthalten kein Visum, keinen Einreisestempel für die Türkei.«

»Es ist schon in Ordnung«, sagte ich. »Es gibt ein Problem, aber das werde ich morgen früh regeln. Ich gehe gleich in der Früh sofort zur Botschaft.«

»Nein. Sie können nicht hierbleiben. Diese Pässe sind nicht in Ordnung. Ich muß die Polizei rufen.«

Bloß das nicht, nach allem, was wir durchgemacht hatten.

»Bitte«, flehte ich ihn an. »Meine Tochter ist im Bad. Wir sind müde. Wir sind hungrig, und wir frieren. Bitte lassen sie uns die eine Nacht hierbleiben, und ich werde morgen früh als erstes in die Botschaft gehen.«

»Nein. Ich muß die Polizei rufen«, wiederholte er. »Sie müssen aus dem Zimmer raus.«

Er war höflich, aber bestimmt. So leid wir ihm tun mochten, er würde seine Stellung nicht aufs Spiel setzen. Er wartete, während wir unsere paar Sachen in meine Handtasche schmissen. Dann begleitete er uns ins Foyer.

Wir waren zwei ganze Minuten lang sicher, dachte ich trübselig.

Auf dem Weg nach unten versuchte ich es noch einmal. »Ich gebe Ihnen mehr Geld. Bitte lassen Sie uns heute Nacht hierbleiben.«

»Nein. Wir müssen alle Fremden, die hier übernachten der Polizei melden. Wir können Sie nicht bleiben lassen.«

»Können wir nicht einfach bis zum Morgen im Foyer bleiben? Bitte, zwingen Sie mich nicht, sie mit in die Kälte hinauszunehmen.«

Mir kam eine Idee. »Können Sie die Botschaft anrufen?« fragte ich. »Vielleicht können wir mit jemandem sprechen und noch heute nacht die Sache klären.«

Er war bereit, uns im Rahmen seiner Vorschriften zu helfen und rief dort an. Er sprach einen Augenblick mit jemandem und reichte dann den Hörer an mich weiter. Am anderen Ende war ein Amerikaner, ein Wachposten der Marine.

»Was ist los, Ma'am?« fragte er mit einem Unterton, der Argwohn verriet.

»Man will mich hier nicht bleiben lassen, weil wir keinen

Stempel im Paß haben. Wir brauchen einen Platz zum Schlafen. Können wir bitte in die Botschaft kommen?«

»Nein!« brauste er auf. »Sie können nicht herkommen!«

»Was sollen wir denn tun?« jammerte ich frustriert.

Seine Militärstimme wurde jetzt zu Eis. »Wie sind Sie in die Türkei gekommen, ohne daß Ihr Paß abgestempelt wurde?«

»Das möchte ich am Telefon nicht sagen. Vielleicht denken Sie einmal drüber nach.«

»Wie sind Sie in die Türkei gekommen?« fragte er wieder.

»Zu Pferd.«

Der Marinesoldat lachte laut und verspottete mich. »Hören Sie, meine Dame, es ist drei Uhr morgens«, sagte er. »Ich habe keine Zeit, mich mit Ihnen über sowas zu unterhalten. Sie haben kein Botschaftsproblem. Sie haben ein Problem für die Polizei. Gehen Sie zur Polizei.«

»Das können Sie mir nicht antun!« rief ich. »Seit einer Woche meide ich die Polizei, und jetzt sagen Sie mir, ich soll mich dort melden. Sie *müssen* mir helfen.«

»Nein, wir müssen Ihnen keineswegs helfen.«

Vollkommen frustriert, nur eine Straße von der Freiheit und doch noch eine bürokratische Welt davon entfernt, hängte ich ein und sagte dem Empfangschef, daß ich erst morgens jemanden in der Botschaft sprechen könnte. Noch einmal bettelte ich, im Foyer bleiben zu dürfen.

»Ich kann Ihnen keinen Aufenthalt hier gestatten«, sagte er. Seine Worte waren fest, aber sein Ton wurde weicher. Vielleicht hatte er selbst eine Tochter. Sein Ton gab mir Hoffnung, ich probierte eine weitere Taktik.

»Können Sie ein R-Gespräch in die USA arrangieren?« fragte ich.

»Ja.«

Während wir darauf warteten, daß wir nach Bannister, Michigan, durchkamen, bellte der Empfangschef ein paar Befehle, und sofort kam jemand mit einem Teetopf, mit

Teegläsern und echten Leinenservietten angerannt. Wir tranken unseren Tee langsam, genossen den Augenblick und hofften, wir würden nicht in die kalte dunkle Nacht hinaus müssen.

Es war Mittwoch in Ankara, aber noch Dienstag in Michigan, als ich mit Mutter sprach.

»Mahtab und ich sind in der Türkei!« sagte ich.

»Gott sei Dank!« rief Mom. Durch Tränen der Erleichterung hindurch erklärte sie, daß meine Schwester Carolyn gestern abend in Teheran angerufen hatte, um mich zu sprechen, und daß Moody ihr wütend mitgeteilt habe, wir seien fort und er wüßte nicht, wo wir seien. Sie hatten sich schreckliche Sorgen gemacht.

Ich stellte voller Furcht vor der Antwort eine Frage: »Wie geht es Vater?«

»Noch hält er durch«, sagte Mom. »Er ist nicht einmal im Krankenhaus. Er ist hier. Ich bringe das Telefon an sein Bett.«

»Betty!« brüllte Vater ins Telefon. »Ich freue mich so, daß ihr es geschafft habt. Kommt so schnell wie möglich heim. Ich werde... durchhalten, bis ich euch wiedersehe«, sagte er mit schwächer werdender Stimme.

»Ich weiß, du wirst es schaffen, Dad. *Wo ein Wille ist, ist auch ein Weg.*«

Mom nahm wieder den Hörer, und ich bat sie, den Mitarbeiter des Außenministeriums zu kontaktieren, mit dem sie zusammengearbeitet hatte, und zu veranlassen, daß jemand aus Washington der Botschaft in Ankara meine Situation erklärte.

»Ich rufe euch an, sowie ich in der Botschaft bin«, sagte ich.

Nach dem Anruf trocknete ich meine Tränen und wandte mich wieder dem unmittelbaren Problem zu: »Was soll ich tun?« fragte ich den Empfangschef. »Ich kann sie nicht mitten in der Nacht durch die Straßen schleppen.«

»Rufen Sie ein Taxi, und fahren Sie von einem Hotel zum anderen«, sagte er. »Vielleicht finden Sie eins, das Sie aufnimmt. Zeigen Sie Ihre Pässe nicht, wenn es nicht sein muß.« Er gab uns die Pässe und meine hundertfünfzig Dollar wieder, dann rief er uns ein Taxi.

Offensichtlich hatte er nicht vor, die Polizei zu rufen. Er wollte nur selbst keinen Ärger haben. Und als das Taxi ankam, sagte er zum Fahrer: »Hotel Dedeman.«

Dort war der Empfangschef nachgiebiger. Als ich ihm sagte, wir würden die Sache mit den Pässen am nächsten Morgen klären, fragte er: »Haben Sie Ärger mit der Polizei?«

»Nein«, erwiderte ich.

»Gut«, sagte er. Dann bat er mich, mich unter einem falschen Namen einzutragen. Ich unterzeichnete mit meinem Mädchennamen, Betty Lover.

Sowie wir auf dem Zimmer waren, nahmen Mahtab und ich ein heißes Bad. Wir putzten uns die Zähne und fielen in einen gesegneten Schlaf.

Am nächsten Morgen rief ich Amahl an.

»Bett-i-e!« brüllte er voll Freude. »Wo sind Sie?«

»Esfahan!« sagte ich jubelnd.

Amahl kreischte vor Freude, als ich unseren Kodenamen für Ankara aussprach. »Geht es Ihnen gut? Ist alles glatt gegangen? Haben sie Sie gut behandelt?«

»Ja«, versicherte ich ihm. »Danke, vielen Dank! O Gott! Vielen Dank!«

Mahtab und ich stopften uns mit einem Frühstück aus Eiern und Bratkartoffeln, die in Ketchup schwammen, voll. Wir tranken Orangensaft. Ich stürzte amerikanischen Kaffee hinunter.

Dann nahmen wir ein Taxi zur Botschaft der Vereinigten Staaten von Amerika. Als ich bezahlte, quietschte Mahtab: »Mommy, schau mal, schau!« Sie zeigte auf die Fahne der USA, die frei im Wind flatterte.

Drinnen nannten wir einer Empfangsdame unsere Namen. Sie saß in einem Käfig hinter kugelsicherem Glas. Wir gaben ihr unsere Pässe.

Binnen weniger Minuten erschien ein Mann und stellte sich hinter die Empfangsdame. Er stellte sich als Vizekonsul Tom Murphy vor und hatte schon aus Washington von uns gehört.

»Es tut mir wirklich leid wegen gestern nacht«, sagte er. »Ich verspreche Ihnen, der Wachposten wird nächstes Jahr keine Gehaltszulage bekommen! Möchten Sie nicht ein paar Tage bleiben und sich die Türkei anschauen?«

»Nein!« rief ich. »Ich will den ersten Flug hinaus.«

»Gut«, willigte er ein. »Wir bringen Ihre Pässe in Ordnung, und schon heute nachmittag sitzen Sie im Flugzeug auf dem Weg nach Hause.«

Er bat uns, ein paar Minuten im Foyer zu warten. Mein Blick fiel auf noch eine amerikanische Flagge, diesmal an einem senkrechten Mast im Foyer. Ich bekam einen dicken Kloß im Hals.

»Kannst du glauben, daß wir nach Hause fahren, Mahtab?« fragte ich. »Kannst du glauben, daß wir endlich heimfliegen?«

Wir sprachen zusammen ein einfaches Gebet. »Danke, lieber Gott. Danke.«

Während wir warteten, fand Mahtab – oder jemand gab ihr – Wachsstifte. Sie malte eifrig drauflos und benutzte dazu Briefpapier aus unserem Hotel. In meinem Kopf wirbelten die Gedanken so durcheinander, daß ich nicht weiter darauf achtete, bis sie fertig war und mir das fertige Bild zeigte.

Oben im Bild schien goldgelb die Sonne. Im Hintergrund lagen vier Reihen brauner Berge. Im Vordergrund befand sich ein Segelboot in Erinnerung an unser Haus in Alpena. An einer Seite flog ein Flugzeug oder ein Vogel. In Schwarz sah man ein typisches kurdisches Haus, wie wir sie so zahlreich auf dem Weg gesehen hatten. Sie hatte Einschußlöcher in die Wände gemalt. Im Mittelpunkt wehte eine rot-weiß-blaue Flagge im Wind. Mit einem schwarzen Stift hatte Mahtab ein Wort gemalt, das von der Fahne strahlte.

Obwohl sie saubere Druckbuchstaben geschrieben hatte, konnte ich das Wort kaum lesen, weil mir die Tränen nun hemmungslos aus den Augen strömten. Mit kindlicher Schrift hatte Mahtab

AMERIKA

gekritzelt.

Nachbemerkung

Mahtab und ich kamen am 7. Februar 1986 in Michigan an und mußten entdecken, daß die Freiheit bittersüß ist. Unsere Freude über das Wiedersehen mit Joe und John, Mom und Dad, war riesengroß. Unsere Ankunft half Vater, seine Kräfte zu sammeln. Eine Zeitlang reagierte er mit Kraft und Freude und erlag seinem Krebs dann doch am 3. August 1986 – auf den Tag zwei Jahre, nachdem Mahtab und ich in Teheran angekommen waren. Wir vermissen ihn alle schrecklich.

Mom kämpft um die Anpassung an ein Leben ohne Dad, sie weint oft, ist dankbar, daß ihre Tochter und Enkelin aus der Hölle entkommen sind, aber sie hat Angst vor der Zukunft.

Joe und John halfen uns eifrig, unser Leben wieder in Ordnung zu bringen. Sie sind gute Söhne, mittlerweile eher Männer als Jungen, und bieten uns mit ihrer jugendlichen Kraft wertvolle Unterstützung.

Ich habe keine Nachricht von meinen Freundinnen Chamsey, Zaree, Alice und Fereschteh. Keine von ihnen kannte meine Fluchtpläne, und ich hoffe, daß sie meinetwegen keine Schwierigkeiten hatten. Ich kann ihre Sicherheit nicht aufs Spiel setzen, indem ich versuche, mit ihnen Kontakt aufzunehmen.

Helen Balassanian arbeitet noch heute in der Interessenvertretung der USA in der Schweizer Botschaft in Teheran und tut, was sie kann, um anderen, die in einer ähnlichen

Situation stecken wie ich damals, zu helfen. Ich habe Hamid, dem Inhaber des Männerbekleidungsgeschäfts in Teheran, von dem aus ich Helen immer angerufen hatte, Amahl und anderen eine kurze Nachricht geschickt. Ich habe als Antwort einen Brief erhalten, der mir durch Dritte zugeleitet wurde. Hier ist ein Ausschnitt aus dem Brief:

Meine tapfere Schwester Betty,
Wie kann ich Ihnen zu verstehen geben, wie es mir ging, als ich Ihren Brief bekam? Ich setzte mich hinter meinen Schreibtisch, und nach einer langen Zeit ging es mir sehr gut. Ich rief meine Frau und erzählte ihr von Ihrer Situation. Sie wurde auch froh. Es ist sehr schön für uns zu hören, daß Sie jetzt zu Hause sind und daß es Ihnen dort gut geht. Wie Sie wissen, mag ich Sie und Ihre kleine Partnerin M! Mein ganzes Leben werde ich Sie nicht vergessen.

Mein Geschäft wurde vor circa fünfzig Tagen geschlossen, weil ich T-Shirts verkaufte, die mit englischen Buchstaben gekennzeichnet waren. So arbeiten wir jetzt nicht. Die Lage wird hier mit jedem Tag schlechter. Ich glaube, Sie haben wirklich Glück.

Bitte, sagen Sie M Hallo, und sagen herzliche Grüße an Ihre Eltern.

Möge Gott Sie segnen,
Hamid

Ein mitfühlender Bankangestellter gab mir ein Darlehen, damit ich Amahl sofort sein Geld zurückzahlen konnte. Ende 1986 arbeitete er einen Fluchtplan für sich selbst aus, aber die Flucht wurde durch die auflohdernde Auseinandersetzung wegen der amerikanischen Waffenlieferungen in den Iran vereitelt, denn die Sicherheitsbestimmungen wurden verschärft. Bei Erscheinen dieses Buches bemüht er sich noch immer um eine Fluchtmöglichkeit.

Die Aufregung über die Waffenlieferungen der USA überraschte mich, ebenso wie alle, die in den letzten Jahren im Iran gelebt hatten, sehr. Dort war es schon immer allgemein bekannt, daß die USA beide Seiten im Krieg zwischen Iran und Irak unterstützen.

Die Wiederanpassung an das Leben in Amerika ist Mahtab nicht leichtgefallen, aber sie hat mit jugendlicher Elastizität darauf reagiert. Sie bringt ein glattes Einser-Zeugnis aus der Schule heim, und sie ist wieder ein glückliches Kind, ein Sonnenschein. Zuweilen vermißt sie ihren Daddy, nicht den Wahnsinnigen, der uns im Iran als Geiseln festhielt, sondern den liebevollen Vater, der uns einst beide auf Händen trug. Sie vermißt auch ihren Hasen. Wir haben alle Spielzeugwarengeschäfte abgesucht, haben aber keinen zweiten finden können.

Nach unserer Rückkehr in die USA habe ich Teresa Hobgood kennengelernt, die Mitarbeiterin des Außenministeriums, die meiner Familie während der quälenden achtzehn Monate Beistand geleistet hat. Sie stimmt mit mir überein, daß ich meine Geschichte erzählen soll, um andere zu warnen. Die Abteilung, für die Teresa arbeitet, verfolgt sämtliche Fälle US-amerikanischer Frauen und Kinder, die gegen ihren Willen im Iran und in anderen islamischen Ländern festgehalten werden. Die Abteilung bearbeitet über tausend Fälle.

Mahtab und ich leben nun mit der Tatsache, daß wir uns vielleicht nie ganz aus Moodys Klauen befreien können. Selbst um die halbe Welt könnte er noch eingreifen. Seine Rache kann uns jederzeit einholen, persönlich oder mit Hilfe seiner unzähligen Neffen. Moody weiß, wenn es ihm gelänge, Mahtab wieder in den Iran zu zaubern, stünden ihm die Gesetze seiner fremden Gesellschaft voll und ganz zur Seite.

Was Moody vielleicht nicht weiß, ist, daß meine Rache ebenso mächtig ist wie seine. Ich habe unterdessen mächtige Freunde in den Vereinigten Staaten und im Iran, und die würden niemals zulassen, daß er siegt. Ich kann das Ausmaß meiner Vorsichtsmaßnahmen hier nicht aufzählen. Möge es genügen, wenn ich sage, daß Mahtab und ich nun unter neuem Namen an einem nicht genannten Ort wohnen – irgendwo in den USA.

Von Moody weiß ich nichts, bis auf eine Mitteilung in einem Brief von Ellen vom 14. Juli 1986, den sie an meine Mutter geschickt hat, die ihn an mich weiterleitete. Ellen schrieb:

Liebe Betty,
ich hoffe wirklich, daß dieser Brief Dich bei guter Gesundheit und glücklich erreicht. Eigentlich hatte ich gehofft, Du würdest einmal schreiben, um mir zu berichten, was geschehen ist. Schließlich waren wir doch gute Freunde.

Ein paar Mal haben wir nach Deiner Abreise Deinen Mann noch besucht. Ich habe ihm sogar geholfen, überall anzurufen, weil ich mir solche Sorgen machte. Du kannst Dir vorstellen, daß ich die schrecklichsten Befürchtungen hegte. Ich bin immer noch neugierig, was mit Dir passiert ist.

Wir haben Dr. Mahmoody jetzt seit einigen Monaten nicht mehr gesehen. Wir wollten eines Tages bei ihm vorbeischauen, aber er war nicht da. Den ganzen Winter hindurch haben wir es immer mal wieder probiert, um den Kontakt zu halten. Jedesmal war der Schneemann, den Du mit Mahtab gebaut hattest, kleiner geworden, bis eines Tages nur noch der violette Schal auf der Erde lag. Er hat sich in Luft aufgelöst, wie Du anscheinend auch …

Glossar

Aahlo	Hallo
Aba	Ärmelloser Umhang, heutzutage meist von Mullahs und von Männern auf dem Lande getragen
Aga	Herr (auch Anrede)
Al-hamdu lillah	Gott sei Dank
Allahu akbar	Allah ist groß (mächtig)
Alman	Deutschland
Ameh	Tante väterlicherseits
Ameh Bozorg	Großtante; ehrwürdige Tante
Amu	Onkel väterlicherseits
Aschghali	Müllmann
Ay khoda	O Gott; mein Gott
Azan	Gebetsruf
Azizam	Meine Liebste
Bad	Schlecht
Baba	Vater; Anrede für älteren Mann
Baba Hadschi	Respektvolle Anrede für einen Mann, der eine Pilgerfahrt nach Mekka gemacht hat
Babakscheed	Entschuldigung!
Baklava	Honiggebäck
Bandari	Fröhliche Volksmusik aus Südiran, die von Ayatollah Khomeini verboten wurde
Barbari	Gesäuertes Fladenbrot

Bedehman	Gib es mir!
Beschin	Setz dich; setzt euch!
Bia	Komm; kommen Sie!
Bibi Hadschi	Anrede für eine Frau, die die Pilgerfahrt nach Mekka gemacht hat
Bomb	Bombe
Bozorg	Groß; der Große
Chaza	Essen; Speise
Da daghighe digar	Noch zehn Minuten
Da'idschan	Lieber Onkel (*da'i:* Onkel mütterlicherseits; *dschan* am Ende eines Namens heißt lieber, lieber, liebe)
Dombe	Fettbeutel, der bei Fettschwanzschafen unter dem Schwanz hängt
Dohezari	Zwei-Rial-Münze
Eid	Fest
Eid e Ghadir	Religiöser Feiertag
Eid e Ghorban	Opferfest
Estekan	Kleines Teeglas
Ghaza	Essen; Speise
Haft sin	*Sofre* (s. dort), auf dem zu *Nouruz* (s. dort) symbolhafte Dinge arrangiert werden, die mit dem Buchstaben S anfangen (*haft:* sieben, *sin:* S)
Hadschi	Person, die eine Pilgerfahrt nach Mekka gemacht hat
Hammum	Badehaus, öffentliches Bad
Haram	Grab einer großen islamischen Persönlichkeit in einer Moschee; die Pilger berühren den *Haram* und beten davor
Indschas	Hier
Insch-Allah	Wie Allah es will; hoffentlich

Khanom	Dame; Frau (auch Anrede)
Khayan (The)	Teherans englischsprachige Zeitung
Khayli	Sehr
Khoresch	Eine dicke Soße aus Gemüse, Gewürzen und kleinen Fleischstücken
Khub	Gut
Lawasch	Dünnes Fladenbrot
Madrase	Schule
Maghna'e	Großes Kopftuch, das nicht gebunden, sondern zusammengenäht wird und den ganzen Hals bedeckt
Mahmud	Eigenname: »der Gepriesene«
Mahtab	Mondschein
Man	Ich
Manto	Langer Mantel ohne Taillenbetonung
Marg bar Amrika	Nieder mit Amerika!
Marg bar Israil	Nieder mit Israel!
Marze	Gewürz, Küchenkraut
Ma scha Allah	Wie schön! Wörtlich: »Was Allah will.« Ausruf, um den bösen Blick abzuwehren
Masdsched	Moschee
Mohadschabe	Englischsprachige Zeitung für die moslemischen Frauen in der ganzen Welt
Moharram	Schiitischer Trauermonat
Monafeghin	Bezeichnung, die die gegenwärtige Regierung für die Mudschaheddin-e Chalk, eine radikale linke islamische Gruppe, benutzt
Morde	Tot
Mostaghim	Geradeaus; direkt
Mota'asefam	Es tut mir leid
Motaschakker	Danke
Mullah	Schiitischer Geistlicher

Na	Nein
Nadsches	Unrein; schmutzig
Nagu	Nichts sagen; sei still!
Nakon	Tu das nicht; laß das!
Namaki	Salzverkäufer
Nani	Brotladen
Nazdik	Nahe; nicht mehr weit
Nazr	Gelöbnis im Namen Allahs
Nistesch	Ist nicht da; gibt es nicht
Nouruz	Persisches Neujahr
Ordibehescht	Persischer Monatsname
Otubus	Autobus
Pasdar	Wache; spezielle Polizeieinheit, die in den Straßen patroulliert – die Männer in weißen Nissan-Transitwagen, die Frauen in weißen Pakons –, um sicherzustellen, daß alle Frauen ordnungsgemäß gekleidet sind; diese Wacheinheit kontrolliert auch die Grenzen Irans
Pasdaran	Angehöriger der Pasdar
Pakon	Im Iran hergestellte Automarke
Rial	Iranische Geldeinheit, ungefähr 1 amerikanischer Cent wert
Rusari	Kopftuch
Sabzi	Frisches Grünzeug (Kräuter und Gemüse: Basilikum, Pfefferminze, Lauchgrün, Spinat, Petersilie, frischer Koriander)
Sag	Hund; auch als Schimpfwort.
Salam	Guten Tag
Sar-e Zafar	Anfang der Zafar-Straße
Savak	Geheimpolizei des Schahs
Sayyed	Nachkomme des Propheten Mohammed

Sayyed Khandan	Wohnviertel in Teheran
Schoma Englisi sohbat mikonid?	Sprechen Sie Englisch?
Sofre	(Wachs-)Tuch, das zum Essen auf dem Boden ausgebreitet wird
Sure	Kapitel des Koran
Ta'arof	Iranische Höflichkeitsfloskel, die manchmal freundliche, aber nicht ernstgemeinte Angebote enthält
Ta'awoni	Co-op-Laden
Tamum	Fertig; alle; erledigt
Tasbih	Gebetsperlen; eine Kette aus Plastik- oder Steinperlen mit 33 Perlen in jedem Abschnitt
Taskabob	Persische Speise
Tschador	Großes halbmondförmiges Tuch, das über Kopf und Schultern getragen wird und nur Augen, Nase und Mund freiläßt
Tschasch	Ja, gerne!
Tschelonkebab	Iranisches Kebab aus Lammfleisch, auf Reis serviert
Tschi mikhali?	Was möchten Sie; was suchen Sie?
Tupkhune	Großer Platz in Teheran, an dem sich die Haupt-Telefonzentrale befindet.
Zud basch	Schnell, beeile dich.